ऋग्वेदिक आर्य

ऋग्वेदिक आर्य:

ऐतिहासिक और सांस्कृतिक अध्ययन

राहुल सांकृत्यायन

GYAN

Published by

Gyan Publishing House
5, Ansari Road
Daryaganj, New Delhi-110002
Phone: 011-47034999, 9811692060
E-mail: books@gyanbooks.com

Distribution Network
gyanbooks.com
India, USA, Canada, UK, Australia

ISBN: 978-93-6920-743-5 (PB)

First Published, 1957

2nd Impression 2025

Printed at: Gyan Press, Delhi.

ऋग्वेदिक आर्य

Author: राहुल सांकृत्यायन

ऋग्वेदिक आर्य

(ऐतिहासिक और सांस्कृतिक अध्ययन)

राहुल सांकृत्यायन

समर्पण

वेदके महान् मर्मज्ञ और

लेखनीके परम आलसी

श्री श्री श्री क्षेत्रेशचन्द्र चट्टोपाध्यायके करकमलोंमें

सादर सस्नेह

भूमिका

"नमः ऋषिभ्यः पूर्वजेभ्यः।" (१०।१०।१५)

दो वर्ष पहले यदि कोई कहता, कि मैं इस प्रकारकी एक पुस्तक लिखूंगा, तो मुझे इस पर विश्वास नहीं होता। वस्तुतः, ऐसी एक पुस्तकको अपनी या पराई किसी भी भाषामें भी न पाकर मुझे कलम उठानी पड़ी। ऋग्वेदसे ही हमारे इतिहासकी लिखित सामग्री का आरंभ होता है। जिस प्रकार एक ईश्वर झूठके साथ-साथ महान् अनिष्टोंका कारण है, पर अनेक देवता सुन्दर कलाका आधार होनेके कारण अनमोल और स्पृहणीय हैं; उसी तरह वेद, भगवान् या दिव्य पुरुषोंकी वाणी न होने पर भी अपने सांस्कृतिक, वैज्ञानिक, ऐतिहासिक सामग्री के कारण, हमारी सबसे महान् और अनमोल निधि हैं। जिन्होंने इसको रचा, और जिन्होंने पीढियों तक कंठस्थ करके बड़े प्रयत्नसे इसे सुरक्षित रक्खा, वह हमारी हार्दिक कृतज्ञताके पात्र हैं।

जहां तक देश-विदेशके भाषातत्वज्ञों और बुद्धिपूर्वक वेदाध्ययन करने वालोंका सम्बन्ध है, ऋग्वेदके कालके बारेमें बहुत विवाद नहीं है। पर, जो हरेक चीजमें अध्यात्मवाद, रहस्यवादको देखनेके लिये उतारू हैं, वह अचिकित्स्य हैं, उनसे कुछ कहने की अवश्यकता नहीं। अपनी श्रद्धाके अनुसार वह अपने विश्वास पर दृढ़ रहें, उन्हें विचलित कौन करता है? लेकिन, आजकी भी तथा आनेवाली पीढ़ियां और भी अधिक, हरेक बातको वैज्ञानिक दृष्टिसे देखना चाहेंगी। उनके लिये ही यह मेरा प्रयत्न है।

ऋग्वेद के जिज्ञासुओंको अपनी कल्पना की सीमाओंको जान लेना आवश्यक है। ऋग्वेद हमारे देशके ताम्र-युगकी देन है। ताम्र-युग अपने अन्तमें था, जबकि सप्तसिन्धु (पंजाब) के ऋषियोंने ऋचाओं की रचना की, जब कि सुदासने "दाशराज्ञ" युद्ध में विजय प्राप्त करके आर्यों की जन-व्यवस्थाकी जगह पर एकताबद्ध सामन्ती व्यवस्था कायम करनेका प्रयत्न किया।

सप्तसिन्धुके आर्योंकी संस्कृति प्रधानतः पशुपालोंकी संस्कृति थी। आर्य खेती जानते थे, और जौकी खेती करते भी थे। पर, इसे उनकी जीविका का मूल नहीं, बल्कि गौण साधन ही कहा जा सकता है। वह अपने गौ-अश्वों, अजा-अवियों (भेड़-बकरी) को अपना परम धन समझते थे। उनके खान-पान और पोशाकके ये सबसे बड़े साधन थे। अपने देवताओंको संतुष्ट करनेके लिये भी इनकी उन्हें बड़ी अवश्यकता थी। पशुधनको परमधन माननेके कारण ही आर्योंको नगरोंकी नहीं, बल्कि प्रायः चरिष्णु ग्रामोंकी अवश्यकता थी। इस प्रकार ऋग्वेदिक आर्योंकी संस्कृति पशुपालों और ग्रामोंकी संस्कृति थी। इन सीमाओं को हमें ध्यानमें रखना होगा।

ऋग्वेदके बारेमें निर्णय करते समय यह भी ध्यान रखने की बात है, कि ऋग्वेदिक आर्य केवल भारतसे ही सम्बन्ध नहीं रखते थे, बल्कि उनकी भाषा और पूज्य भावनाओंके सम्बन्धी भारतसे बाहर भी थे। बाहरके सबसे नजदीकके सम्बन्धी ईरानी थे। सौभाग्यसे उनके धार्मिक आचार-विचारोंके जाननेके लिये अवेस्ता और पारसी धर्मके माननेवाले अब भी मौजूद हैं। तुलनात्मक अध्ययनसे मालूम होता है, कि वेद और अवेस्ताके माननेवाले अपनी भाषा और धर्ममें एक दूसरेके बहुत नजदीक थे। ईरानियों के बाद दूसरे जो सबसे नजदीकके आर्योंके विदेशी सम्बन्धी हैं, वह स्लाव जातियां हैं। स्लाव स्कलाव (शक लाव) का ही अपभ्रंश है। रूसी, अक्रइनी, बेलोरूसी, बुलगारी, युगोस्लावी, चेकोस्लावी पोल—स्लाव जातियां—शकोंकी ही सन्तान हैं। इन्होंने अपने पूर्वजोंके धर्मको आज से सात-आठ सौ वर्षों पहले छोड़ दिया। ईसाई धर्म स्वीकार करते समय इनके पूर्वजोंको लिपिका ज्ञान नहीं था, और न उन्होंने अपने पवित्र विश्वासों और देवताओंके सम्बन्धमें अवेस्ता या वेद जैसे कोई प्राचीन संग्रह बनाये थे। जो भी पुराने साम या गाथायें रही होंगी, वह ईसाई धर्म स्वीकार करते ही पुराने विश्वासके साथ नष्ट हो गईं। पेरुन, सूर्य आदि स्लाव देवताओंकी मूर्तियोंका भी इतना पूरी तरह से ध्वंस हुआ, कि संग्रहालयों में भी उनका पता नहीं मिलता।

ईरानियों और शकोंके बाद लेत-लिथुवानियों का सम्बन्ध नजदीकका है। यह दोनों भाषाएं सगी बहनें और एक दूसरेके बहुत नजदीक हैं। इनसे भी सहायता मिल सकती थी, यदि पुराने पादरियोंकी धर्मान्धता ने सर्वसंहार करनेका व्रत न ले लिया होता। लिथुवानी सोलहवीं सदी तक अपने प्राचीन धर्मपर आरूढ़ थे। उनके देवताओंमें वैदिक देवताओंकी प्रतिध्वनि मिलती है। बाबर-हुमायूं या विद्यापति-जायसी-के समय तक लिथुवानी अभी अपनी पुरानी सांस्कृतिक निधियोंको जोगाये हुये थे। पर, एक बार ईसाई धर्म स्वीकार कर लेनेपर वह अपने पुराने धार्मिक सम्पर्कको नष्ट कर देनेके लिये मजबूर थे। बहुत पीछे ईसाइयों ने संस्कृतिके मूल्यको समझा, और उनके भीतर सहिष्णुता ही नहीं, बल्कि अपनी और पराई सांस्कृतिक निधियोंकी रक्षाका ख्याल भी पैदा हुआ। भाषाकी दृष्टिसे लिथुवानी वैदिक भाषाके उतना नजदीक नहीं हैं, जितना कि रूसी; पर, अपने व्याकरणमें वह बहुत अधिक प्राचीनता रखती है।

इसके बाद पश्चिमी युरोपकी प्राचीन—ग्रीक, लातिन—और आधुनिक जर्मन, फ्रेंच, अंग्रेजी आदि भाषाओंका सम्बन्ध वैदिक भाषाके साथ हैं। बेदके अर्थ करने में यह सभी भाषायें अधिकार रखती हैं। हमारी कितनी ही संस्कृत धातुओंका प्रयोग प्राचीन या नवीन संस्कृत साहित्यमें नहीं मिलता, पर उनका आज भी उपयोग भारत के बाहर इन भाषाओंमें देखा जाता है। उदाहरणार्थ दाबना, संस्कृतमें नहीं प्रयुक्त होता, हमारी आजकी भाषाओंमें यह मौजूद है, और रूसीमें भी दव्ल्यात मिलता है। सप्तसिन्धु केवल वेदमें ही नहीं मिलता, बल्कि अवेस्ता और ईरानी प्राचीन साहित्यमें भी हफ्त-हिन्दू पाया जाता है, जो केवल सात नदियोंके लिये नहीं, बल्कि सातों नदियोंवाले प्रदेश और वहां बसनेवाले लोगों के लिये भी इस्तेमाल होता रहा। जैमिनि वेदके बारेमें बड़े कट्टरपंथी हैं। उन्हें ईश्वर मान्य नहीं हैं, पर वह वेदको सर्वोपरि प्रमाण मानते हैं। वह भी शब्दोंके अर्थ करनेमें कितनी ही जगहोंपर आर्योंकी प्रसिद्धि छोड़कर म्लेच्छोंकी प्रसिद्धिको स्वीकार करते हैं—

"चोदितं तु प्रतीयेताविरोधात्प्रमाणेन" (मीमांसा १।३।६।१०)

आर्यों (भारतीयों) में कोई शब्दार्थ परम्परा लुप्त हो गई, इसलिये यहां वह नहीं मिलती, पर म्लेच्छोंमें वह परम्परा मौजूद है, इसलिये उसे प्रामाणिक मानना पड़ेगा। वह इसके लिये पिक, नेम (आधा) आदि शब्दोंका उदाहरण देते हैं।

हित्तित जाति मसोपोतामियामें उसी समयके आसपास रहती थी, जिस समय कि सप्तसिन्धुमें आर्य थे। नासत्य (अश्विनीकुमार), इन्द्र, वरुण, मित्र आदि देवताओंको हित्तित्त भी पूज्य मानते थे। इसलिये ऋग्वेदिक आर्यों के सम्बन्धमें जो गुत्थियां पैदा होती हैं, उनके सुलझानेकी इजारेदारी हमारा साहित्य ही नहीं ले सकता।

आर्यों के आनेके समय भारतमें उनसे कहीं बढ़कर उन्नत एक प्राचीन संस्कृति मौजूद थी, जिसके अवशेष मोहनजोडरो और हड़प्पा में पहिले मिले, और अव वह जमुना-गंगा उपत्यका और सौराष्ट्र तक मिल रहे हैं। सप्तसिन्धुके आर्योंकी ग्राम-संस्कृतिसे यह नागरिक संस्कृति कहीं आगे बढ़ी हुई थी। यदि आर्य अपनी पशुपाल संस्कृति और जीवनसे चिपटे रहनेका जबर्दस्त आग्रह न करते, तो वह तुरन्त इस नागरिक संस्कृतिके अधिकारी हो सकते थे। पर, अध्ययन करनेसे उनके जीवनका सम्पर्क इस संस्कृतिसे भी मालूम होता है। उसकी और भी कितनी ही चीजें उन्होंने स्वीकार की होंगी। इस प्रकार ऋग्वेदिक आर्योंके अध्ययनके लिये सिन्धु-उपत्यकाकी संस्कृति सहायक है।

आर्योंकी संस्कृतिके पुरातात्विक अवशेष मिलें, तो उनके द्वारा सप्त-सिन्धुके आर्योंके जीवनको हम और अधिक अच्छी तरह समझ सकते हैं। चाहे ग्रामीण ही जीवन पसन्द करते हों, लेकिन आर्य सोम और अपने खाने-पीनेके रखने के लिये कितनी ही तरहके काठ, मिट्टी और तांबेके बर्तनोंको इस्तेमाल करते थे, सोने और रतनके आभूषण पहनते थे, तांबेके हथियार इस्तेमाल करते थे। उनके अवशेष जरूर मिलने चाहिये। धूमिल मृत्पात्र आर्यों के साथ जोड़े जाते हैं। यह रोपडमें भी मिले हैं, और कुरुक्षेत्रमें भी। यदि गंगासे पूर्व इस तरहके मृत्पात्र मिलते हैं, तो वह ऋग्वेदके कालके बाद

भी मौजूद रहे, इसलिये उनपर सप्तसिन्धुके आर्योंके सम्बन्धमें एकान्ततः विश्वास नहीं किया जा सकता। चाहे अभी हम उन्हें अच्छी तरह पा या पहचान न सके हों, लेकिन सप्तसिन्धुकी भूमिमें वह मिलेंगे जरूर। सप्त-सिन्धुका यद्यपि आधा ही अब भारतमें है, पर यह वह आधा है, जिसमें सप्तसिन्धुके आर्योंके सबसे प्रभुताशाली जन पुरु, तृत्सु, कुशिक रहते थे।

सिन्धु-संस्कृतिवालोंके अतिरिक्त एक और जाति सप्तसिन्धुके आर्योंके सम्पर्क और संघर्षमें आई, जिसे ऋग्वेद दास और दस्युके नामसे याद करता है। पर, जो किर, किरात अथवा किलात-चिलात के नामसे सम्भवतः उस समय भी प्रसिद्ध थी, और जिसके लोगों और भाषाके अवशेष अब भी हिमा-लयमें मिलते हैं। वह भी वैदिक आर्योंके इतिहासके ऊपर अपनी भाषा और अपने पुरातात्विक अवशेषों द्वारा प्रकाश डालनेकी अधिकारी हैं। हिमालयमें किरात अब थोड़े रह गये हैं, लेकिन वह और उनके साथ रहनेवाले खश अब भी कितनी ही जगहोंमें ऐसे सांस्कृतिक तलपर मौजूद हैं, कि उनके जीवन और धार्मिक विश्वासोंकी सहायतासे ऋग्वेदिक आर्योंके समझनेमें आसानी हो सकती है—विशेषकर वैदिक देवताओंका आर्योंके साथ जिस तरहका सम्बन्ध था, वह कितने ही अंशोंमें अब भी हिमालयकी इन जातियों में मौजूद है।

ऋग्वेद स्वतः प्रमाण है। उसके अपने क्षेत्रमें ऋचायें जितना अधिकार-पूर्वक कह सकती हैं, उतना कोई दूसरा नहीं बतला सकता। यजुर्वेद और सामवेदको लेकर वेदत्रयी माना जाता था। बुद्धके समय ईसा-पूर्व पांचवीं-छठी शताब्दीमें तीन वेदोंका स्पष्ट उल्लेख आता है। पर, ऋग्वेदकी तुलना करने पर सामवेद ऋग्वेदसे भिन्न नहीं मालूम होता। इसके २८१४ मन्त्रोंमें ७५ को छोड़ कर बाकी सभी ऋग्वेद के हैं। सोमपान या सोमयागके समय गानेकी अवश्यकता थी। ऋग्वेदमें भी साम और अनेक प्रकारके उक्थों, स्तोमोंका उल्लेख आता है। जैसे सूरसागरके सागरमेंसे बहुतसे पदोंको गानेके स्वर आदिके साथ अलग संग्रह किया गया, वैसे ही सामवेदको ऋग्वेदसे अलग करके रक्खा गया।

यजुर्वेदकी वाजसनेयी संहितामें ४० अध्याय और १९८८ कंडिका या मन्त्र हैं। यह गद्य और पद्य मिश्रित वेद है। पद्य भागमें अधिकतर ऋग्वेदकी ऋचायें ले ली गई हैं। जिस तरह साम गेय मन्त्रोंकी संहिता (संग्रह) है, उसी तरह यजुर्वेदमें ऋग्वेदकी बहुत सी ऋचायें तथा कितनी ही दूसरी रचनायें सम्मिलित करके यज्ञोंके उपयोगके लिए एक संहिता बना दी गई है। दर्श-पूर्णमास, अग्निष्टोम, वाजपेय, राजसूय, सौत्रामणि, अश्वमेध, सर्वमेध, पितृमेध आदि यज्ञोंमें उपयुक्त होनेवाले मन्त्रोंका यह संग्रह है। केवल अन्तिम (४० वां) अध्याय ब्रह्मज्ञानके लिये है, जिसे ईशावास्य उपनिषद् कहा जाता है। वेदके अन्तमें होनेके कारण इसे वेदान्त कहा गया, और आगे ब्रह्मज्ञान-सम्बन्धी इस और दूसरी उपनिषदोंके ऊपर विवेचना-नात्मक ग्रंथको भी वेदान्त कहा जाने लगा। ऋग्वेदके सोमपान आदि अनुष्ठानोंमें दिव्य और मानुप अंश मिले-जुले हैं। ऋग्वेद-कालके बाद यह विधि-विधान दिव्यताका रूप ले लेते हैं। उसी समय यजुर्वेदकी रचना हुई। कृष्ण यजुर्वेद शुक्ल यजुर्वेदसे भी पुराना माना जाता है। प्रायः ईसा-पूर्व १००० से ईसा-पूर्व ७०० तक यजुर्वेद, अथर्ववेद और ब्राह्मणोंकी रचनाका समय है। ऋग्वेदके पीछेके इन ग्रंथोंसे भी ऋग्वेद और ऋग्वेदिक आर्योंके बारेमें सूचनायें मिलती हैं। लेकिन, साथ ही ऋग्वेदिक कालकी ऐतिहासिक सामग्रीको गड़बड़ करनेकी जो प्रवृत्ति महाभारत, रामायण और पुराणोंमें मिलती है, उसका आरम्भ इसी समय हो चुका था। इसलिए उनके इस्तेमालमें बहुत सावधानी बरतनेकी जरूरत है।

यह अध्ययन अधूरा है। इसमें ऋग्वेदकी ऋचाओंके करीब छठे भागका उपयोग किया गया है, जिन्हें दो हजार तक किया जा सकता था। इससे अधिक ऋचायें शायद ही, ऐतिहासिक ज्ञान बढानेमें साधक सिद्ध हों। ग्रंथमें उपयुक्त ऋचाओंको परिशिष्टमें अर्थ सहित दे दिया गया है, जो विद्यार्थियों और अनुसन्धानकर्ताओंके लिए उपयोगी साबित होगा। नाम और देवतासूची में भी कितनी ही उपयुक्त सामग्रीको सन्निविष्ट करनेकी

कोशिश की गई है। "हम और हमारे पूर्वज" में सांस्कृतिक परिवर्तनके बारेमें कुछ आवश्यक तथ्य दिये जाते हैं।

हम और हमारे पूर्वज---आज हम अपने देशमें मानवको देखते हैं। उसके सामाजिक, राजनीतिक और धार्मिक जीवनसे भी परिचित हैं। उसका खान-पान, वेष-भूषा हमारे रोजमर्रेके उपयोगकी चीज है।, इसलिए हम उसको पूरी तौरसे जानते हैं। यह मान लेनेमें तो किसीको आपत्ति नहीं, कि हमारी हरेक बातमें परिवर्तन होता है। लेकिन, वह परिवर्तन कितना जबर्दस्त हुआ, इसे समझ पाना हमें मुश्किल मालूम होता है। इसके लिये सौ-सौ वर्षके बाद ऐतिहासिक काल और ज्यादा अन्तरसे प्राग्-ऐतिहासिक कालको यदि हम देखें, तो पता लगेगा, कि परिवर्तन अविश्वसनीय रहा। हम १९५६ को न ले १९५० ई० से पीछेकी यात्रा करते हैं। यहां १९५७ के सम्बन्धमें भी एक बात कह देनी जरूरी है। कितने ही अकल बेंच खाये हुए लोग यह समझते हैं, कि चूँकि १८५७ में अंग्रेजोंके खिलाफ विद्रोह और १७५७ में पलासीकी विजयके बाद अंग्रेजी राज्यकी स्थापना हुई, इसलिए हमेशासे '५७ का सन् हमारे लिये अनिष्टकर रहा है। लेकिन, १६५७, १५५७, १४५७ आदिके बारेमें कोई ऐसी बात हमारे यहां नहीं देखी जाती।

(१) १९५० ई०---१. अब हम पाषाण, ताम्र, लौह, बारूद, वाष्पके युगोंको पार कर परमाणु-युगमें हैं। वायुमण्डलपर हमारा अधिकार है। पांच-पांच सौ मील प्रतिघंटेकी चालवाले विमान उसमेंसे इधर उधर दौड़ रहे हैं रेलों-मोटरोंकी तो बात ही नहीं करनी है। (३, ४.) हमारी शासन-व्यवस्था गणतंत्र है, हमारे गणराज्यके राष्ट्रपति डा० राजेन्द्र प्रसाद राजधानी दिल्लीमें रहते हैं। (५) हमारे देशकी मुख्य सम्मिलित भाषा हिन्दी है, और भिन्न-भिन्न भागोंकी असमिया, बंगला, उड़िया, तेलगू, तमिल, मलयालम, कन्नड, मराठी, गुजराती, पंजाबी आदि साहित्यिक भाषायें हैं। इनके अतिरिक्त मैथिली, मगही, भोजपुरी, अवधी, ब्रज, मालवी, राजस्थानी, कौरवी, पहाड़ी आदि भाषायें भी साहित्यिक भाषायें हैं या होने जा रही हैं।

(६) हम पूंजीवादी व्यवस्थामें हैं। (७) राज्यशक्ति अपने हाथमें रखनेके लिये परमास्त्र हमारे युगमें लड़ाकू विमान और परमाणु बम हैं, भीषण तोपों, मशीनगनोंकी बात ही क्या? (८) हमारे देशके प्रधान धर्म हैं हिन्दू और इस्लाम, जिनके प्रति शिक्षित वर्गकी पहिले जैसी आस्था नहीं है। (९) शिक्षित वर्ग खान-पानमें छूतछात नहीं मानता। ब्याहके लिए भी जातिकी मर्यादायें टूट रही हैं। (१०) हमारे काव्य-गगनमें रवीन्द्र और प्रसाद लुप्त हो चुके हैं, हिन्दीके निराला और पन्त अब भी देदीप्यमान हैं। (११) हमारी अधिक मान्य पोशाक कोट-पेन्ट है, यद्यपि अचकन-पायजामा और कुर्ता-धोती भी पहने जाते हैं। स्त्री-जगत्पर साड़ीका, कभी-कभी सलवारका भी राज्य है। अब भी घाघरा-लुगरी, कुर्ता-पायजामा और प्रादेशिक साड़ियां स्त्रियोंमें चलती हैं। अधिकांश लोग मांसाहारी हैं। यद्यपि अधिकांशको सालमें दो-चार ही बार वह मुयस्सर होता है। पीढ़ियोंके निरामिषाहारी पहले अण्डेपर पहुंचते हैं, फिर मांस-मछली पर। पुराने कालमें मांस-मछली भले ही भक्ष्य समझे जाते हों, लेकिन अण्डा अभक्ष्य माना जाता था। सभ्य दुनियामें चीनियोंने इसका पहले-पहल आरम्भ किया, फिर युरोप और मुस्लिम जगत्ने स्वीकार किया। यह है १९५० ई०।

२. १८५० ई०——(१) हम वाष्प-युगमें हैं। रेलोंका अभी-अभी हमारे देशमें आरम्भ हुआ। वाष्प-चालित जहाज भी हमारे बन्दर-गाहोंमें आने लगे हैं। (३, ४) हमारी राजधानी कलकत्ता है, जहांपर इंग्लैण्डकी रानी विक्टोरियाका गवर्नर-जनरल शासन करता है। (५) राजभाषा अंग्रेजी हो चुकी है। प्रदेशोंमें नीचेके कामोंकेलिए उर्दू, बंगला आदि भाषाओंको इस्तेमाल किया जाता है। (६) पूंजीवादी इंगलेण्डके हाथ में देश पराधीन है। (७) १८५३ में रेल भी युद्धका साधन होनेवाली है। तोपें-बन्दूकें पहलेसे शक्तिशाली हैं, पर अभी कारतूस या उस ढंगके गोलेका रवाज नहीं है। (८) हिन्दू और इस्लाम दो प्रधान धर्म हैं, लोगोंका धार्मिक रूढ़ियोंपर बहुत विश्वास है। (९) अधिकांश लोग मांसाहारी हैं। छूतछात और जात-पांतका बहुत जोर है। मुसलमानके हाथका पानी पीते

ही हिन्दू धर्मभ्रष्ट हो जाता है। खान-पानमें अधिक लोग मांसाहारी और व्यापारी वर्ग तथा कितने ही पुरोहित लोगोंमें निरामिष आहारकी प्रधानता है। (१०) हमारे हिन्दी-गगनमें गालिब महान् कवि हैं। कलामें पुरानी लकीर पीटी जा रही है। (११) मिर्जयी (चौबंदी) सुत्थन सम्भ्रान्त पुरुषोंकी पोशाक है। स्त्रियोंमें अपने-अपने प्रदेश और वर्गकी पोशाकें हैं। पश्चिमके राजाओं और नवाबोंकी महिलायें चूड़ीदार पायजामेके ऊपर पेशवाज पहनती हैं। दूसरी स्त्रियां घाघरा-लुगड़ी और भिन्न-भिन्न प्रकार की साड़ियां पहनती हैं। यह है सन् १८५०।

३. १७५० ई०—(१) बारूदका युग है। (३) दिल्ली राजधानी है, (४) शक्तिहीन अहमदशाह मुगल-बादशाह है। (५) राजभाषा फारसी है। (६) सामन्ती निरंकुशता तथा दासता-प्रथाका जोर है। (७) पलीतेदार तोपें हमारे सबसे शक्तिशाली हथियार (परमास्त्र) हैं। (९) (८) हिन्दू और मुसलमान प्रधान धर्म हैं। बहुसंख्या हिन्दुओंकी है। मांसाहारी अधिक हैं। छूतछात बहुत मानी जाती है। हिन्दू-मुसलमान एक दूसरेके हाथका पानी भी नहीं पी सकते। रोटी-बेटी जातके भीतर ही चलती है। (११) चौबन्दी-मिर्जयी और सुत्थन सम्भ्रान्त पोशाक है। उत्तर-भारतके सामन्तों-की स्त्रियां पायजामा और पेशवाज पहनती हैं। दूसरी घाघरा-लुगड़ी या प्रादेशिक साड़ियोंको इस्तेमाल करती हैं। यह है सन् १७५०।

४. १६५० ई०—(१) हम लौह-युगके बारूद-उपयुगमें हैं। (३, ४) राजधानी दिल्ली और राजा शाहजहां बादशाह है। (५) राज-भाषा फारसी है। (६) व्यवस्था राजतंत्रीय सामन्तवाद और दासताकी है। (७)पलीतेकी तोपें परमास्त्र हैं। (८) हिन्दू और इस्लाम प्रधान धर्म हैं।(९)अधिकांश लोग मांसाहारी हैं। छूतछात हद्द दर्जेकी है। रोटी-बेटी हिन्दुओंमें अपनी जाति तक ही सीमित है। (१०) साहित्य-गगनमें तुलसी अस्त हो चुके हैं। (११) उत्तरी भारतके सामंत-पुरुषोंकी पोशाक मिर्जयी-सुत्थन और स्त्रियोंकी पायजामा-पेशवाज है। दूसरे अपनी प्रादेशिक पोशाक पहनते हैं।

५. १५५० ई०—(१) हम लौह-युगके बारूद-उपयुगमें हैं। (३, ४) दिल्ली राजधानीमें शूरवंशी इस्लामशाह गद्दीपर हैं। (५) फारसी राजभाषा है। (६) सामन्तवादी शासनमें दासताका अखण्ड राज्य है। (७) तोपें परमास्त्र हैं। (८) हिन्दू और इस्लाम दो प्रधान धर्म हैं। (९) लोग अधिकांश मांसाहारी हैं। खान-पानमें छूतछातका बहुत जोर है। रोटी-बेटी अपनी जाति और प्रदेशमें ही हो सकती है। (१०) जायसी हिन्दी साहित्य-गगनसे हाल हीमें लुप्त हुए हैं। (११) सामन्त-वर्गमें मिर्जयी और सुत्थन पुरुषोंकी और पायजामा-पेशवाज स्त्रियोंकी पोशाक है। यह है सन् १५५०।

६. १४५० ई०—(१) बारूद-युगका भारतमें आरम्भ है। (३, ४) राजधानी दिल्लीमें बहलोल लोदीका शासन है। (६) सामन्तवाद और दास-प्रथा हमारी सामाजिक व्यवस्थाके प्रधान रूप हैं। (७) तोप परमास्त्र है, लेकिन उसका प्रचार हमारे यहां अभी बहुत कम हुआ है। (८) हिन्दू अधिक और मुसलमान भी काफी हैं। (९) अधिकांश लोग मांसाहारी हैं। खानपानमें जबर्दस्त छूआछूत है। रोटी-बेटी जात और प्रान्तके भीतर ही हो सकती है। (१०) साहित्य-गगनमें कबीर अस्त हो चुके हैं। (११) वेष-भूषा उत्तरी भारतके सामन्तोंकी चौबन्दी, लम्बी मिर्जयी, कोगा और पायजामा या धोती है। स्त्रियां अपनी-अपनी प्रादेशिक पोशाक-घाघरा-लुगड़ी, धोती, सलवार आदि पहनती हैं। हिन्दू-मुसलमानकी पोशाकमें उच्च वर्गमें भी अन्तर है। यह है सन् १४५०।

७. १३५० ई०— (१) युरोपमें बारूद के प्रचारका आरम्भ है, पर, हमारे यहां उसका प्रवेश नहीं है। हम शुद्ध लौह-युगमें हैं। (३, ४) दिल्ली राजधानी है, राजा मुहम्मद तुगलक है। (५) राजभाषा फारसी है। (६) सामन्ती शासन और दास-दासियोंका खुला क्रय-विक्रय हो रहा है। (७) तीर-धनुष और तलवार-भाला हमारे परमास्त्र हैं। (८) हिन्दू प्रधान धर्म है, मुसलमान भी विशेषकर पंजाब और दिल्लीके आसपास काफी हैं। (९) अधिकांश मांसाहारी हैं, छुआछूतका राज्य है। मुसलमान या अछूतके

हाथका पानी नहीं पिया जा सकता। रोटी-बेटी जाति और प्रान्तके भीतर ही हो सकती है। (११) मुसलमानोंकी पोशाक चोगा और पायजामा है। उनकी स्त्रियां भी वही पोशाक पहनती हैं। हिन्दुओंके यहां सामन्तोंमें चौबन्दी-सुत्थन और चौबन्दी-धोती है, स्त्रियोंमें घाघरा-लुगड़ी या साड़ी। यह है सन् १३५०।

८. १२५० ई०—(१) लौह-युग है। (३, ४) दिल्ली राजधानीमें सुल्ताननासिरुद्दीन खिलजीका शासन है। (५) फारसी राजभाषा है। (६) सामन्ती व्यवस्था और दास-दासियोंका रवाज है। (७) तीर-धनुष हमारे परमास्त्र हैं। (८) हिन्दू धर्मकी प्रधानता है। बौद्ध भी हैं, और इस्लामका अभी प्रवेश ही हुआ है। (९) अधिकांश लोग मांसाहारी हैं अछूत और मुसलमानके हाथका पानी नहीं चलता। रोटी-बेटी जाति और प्रान्तमें ही होती है। (११) मुसलमान सामन्त और उनकी स्त्रियां चोगा-पायजामा पहनते हैं। हिन्दू चौबन्दीके साथ सुत्थन या धोती रखते हैं। उनकी स्त्रियां घाघरा-लुगड़ी या दूसरी प्रादेशिक पोशाक पहनती हैं। यह है सन् १२५०।

९. ११५० ई०—(१) लौह-युगमें हैं। (३, ४) कान्यकुब्ज राजधानी है। महाराज गोविन्दचन्द गहड़वारका शासन है। (५) संस्कृत राजभाषा है, और मध्यदेशी या अपभ्रंश (पांचाली, कनौजी) भारतकी सम्मिलित और सम्भ्रान्त भाषा है। (७) तीर-धनुष परमास्त्र हैं। (८) हिन्दू धर्मके दो रूप ब्राह्मण और बौद्ध देशमें बहु प्रचलित हैं, जिनमें ब्राह्मण धर्मियोंकी संख्या अधिक है। इस्लाम अभी पंजाबमें ही थोड़ा-बहुत देखा जाता है। लेकिन, अफगानिस्तान हिन्दूसे मुसलमान हो गया है। (९) लोग अधिकांश मांसाहारी हैं। छुआछूत और जात-पांतका जोर है। पर, बौद्ध धर्म हिन्दू धर्मका अंग होनेसे उसमें कुछ बाधक भी है। बाहरके किसी भी देशके बौद्ध अछूत नहीं माने जाते। रोटी-बेटी भी अपनी जातिके ब्राह्मण धर्मियों और बौद्धोंमें हो जाती है। (१०) हर्ष कान्यकुब्जके महान् कवि अभी तरुण हैं। (११) पोशाक चौबन्दी और धोती है। स्त्रियां घाघरा-लुगड़ी ज्यादा पहनती हैं। प्रादेशिक पोशाक भी उनकी अपनी-अपनी है। कान्यकुब्जकी वेष-

भूषा, खान-पान और चाल-व्यवहारको आदर्श माना जाता है। यह है सन् ११५०।

१०. १०५० ई०—(१) हम लौह-युगमें हैं। (३, ४) कान्यकुब्ज राजधानी है। प्रतिहार वंशका नाश हुआ है, देशकी स्थिति अस्त-व्यस्त है। (५) संस्कृत राज-सम्मानित भाषा है। पर, पांचाली (मध्य-देशीया) अपभ्रंश सारे देशकी सम्मिलित साहित्य और व्यवहारकी भाषा है। (६) सामन्तवादी व्यवस्था और दास-प्रथाका प्रचार है। (७) तीर-धनुष परमास्त्र हैं। (८) ब्राह्मण और बौद्ध प्रधान धर्म हैं। (९) अधिकांश मांसाहारी हैं। छुआछूतका खान-पानमें प्रचार है। अछूतको न छूते न उसके हाथसे पानी पीते हैं। बौद्ध-ब्राह्मण धर्मोंमें रोटी-बेटीका कोई भेद नहीं है; पर, अपनी जाति और वर्गमें व्याह किया जाता है। (१०) साहित्य-गगनमें कविराज राजशेखर अस्त हो चुके हैं। (११) पोशाक पुरुषोंकी चौबन्दी-धोती-सुत्थन और स्त्रियोंकी घाघरा-लुगड़ी या साड़ी-अंगिया सम्भ्रान्त मानी जाती है। यह है सन् १०५०।

११. ९५० ई०—(१) हम लौह-युगमें हैं। (३, ४) कान्यकुब्ज राजधानीमें महाराज देवपाल प्रतिहारका शासन है। (५) संस्कृत राजमान्य भाषा है, पर पंचाली (मध्यदेशीया) अपभ्रंश साहित्य और व्यवहारकी सारे देशमें मान्य भाषा है। (६) सामन्ती शासन और दास-प्रथा चल रही है। (७) तीर-धनुष परमास्त्र हैं। (८) ब्राह्मण और बौद्ध प्रधान धर्म हैं, जिनमें शैव और तान्त्रिक बौद्ध धर्म मुख्यता रखते हैं। पूर्वमें बौद्ध और पश्चिममें पाशुपतोंकी संख्या अधिक है। (९) अधिकांश मांसाहारी हैं, छुआछूत अछूतों और परधर्मी म्लेच्छों के साथ बरती जाती है। रोटी-बेटी अपने जाति-वर्गमें होती है। (११) चौबन्दी-धोती, सुत्थन पुरुषोंकी और घाघरा, साड़ी, चुनरी, अंगिया स्त्रियोंकी पोशाक है। यह है सन् ९५०।

१२. ८५० ई०—(१) हम लौह-युग में हैं। (३. ४) कन्नौजमें राजा मिहिरभोज प्रतिहारका शासन है। (५) संस्कृत राज्यमान्य तथा मध्य-देशीया (कन्नौजी) अपभ्रंश सर्वमान्य भाषा है। (६) सामन्तवादी व्यवस्था

तथा दास-प्रथा चल रही है। (७) तीर-धनुष परमास्त्र हैं। (८) शैव और बौद्ध प्रधान धर्म हैं---पूर्वमें बौद्ध अधिक और पश्चिममें शैव अधिक हैं। (११) पोशाक पुरुषोंकी चौबन्दी-धोती-सुत्थन और स्त्रियोंकी साड़ी-घाघरा-चुनरी-चौबन्दी-अंगिया है। यह है सन् ८५० ।

१३. ७५० ई०---(१) लौह-युगमें हैं। (३) (४) कान्यकुब्जमें प्रतापी यशोवर्माका शासन है। (५) संस्कृत राजमान्य और मध्यदेशीया (पांचाली) अपभ्रंश भारतकी साहित्य और व्यवहारकी सर्वमान्य भाषा है। (६) सामन्तवादी समाज है, जिसमें दासता निराबाध चल रही है। (७) तीर-धनुष परमास्त्र हैं। (८) शैव और बौद्ध प्रधान धर्म हैं---बौद्ध पूर्वमें और शैव पश्चिममें अधिक हैं। बौद्धोंमें महायानका जोर है, तन्त्रयान भी ऊपर आ रहा है। (९) खाने-पीनेके सम्बन्धमें छूतछात हरिजनोंके साथ मानी जाती है, बाकीमें उसका कम प्रभाव है। लोग मांसभक्षी ज्यादा हैं, यद्यपि गरीबोंको वह कभी ही कभी मिलता है। (१०) भवभूति और सरहपा साहित्य-गगनके सूर्य हैं। (११) चौबन्दी-धोती-सुत्थन पुरुषोंकी और साड़ी-चौबन्दी-अंगिया स्त्रियोंकी पोशाक है। यह है सन् ७५०।

१४. ६५० ई०---(१) लौह-युग है। (३) (४) कान्यकुब्ज राजधानी है। हर्षवर्धनके मरे तीन ही वर्ष हुए हैं, सिंहासनके लिये झगड़ा चल रहा है। (५) संस्कृत राजमान्य और पांचाली (मध्यदेशीया) अपभ्रंश सर्वमान्य साहित्य और व्यवहारकी भाषा है। (६) सामन्तवादी व्यवस्था तथा दासप्रथा चल रही है। (७) तीर-धनुष परमास्त्र है। (८) बौद्ध और शैव-ब्राह्मण धर्मोंकी प्रधानता है। पूर्वमें बौद्ध और पश्चिममें अबौद्ध अधिक हैं। (९) अधिकांश लोग मांसभक्षी हैं। छुआछूत हरिजनोंसे बरती जाती है। विदेशियों के साथ भी छुआछूतका बर्ताव नहीं है। रोटी-बेटी अपनी जाति और प्रान्तमें अधिक होती है, पर अभी बाहरके लिये दरवाजा बन्द नहीं है। वाणको साहित्य-गगनसे अस्त हुए थोड़ा ही समय बीता है। (११) पोशाक पुरुषोंकी (१०) चौबन्दी-धोती-सुत्थन और स्त्रियोंकी साड़ी-अंगिया-कंचुकी है। यह है सन् ६५०।

१५. ५५० ई०—(१) लौह-युग है। (३) (४) राजधानी कन्नौजमें राजा ईशानवर्मा मौखरीका शासन है। (५) संस्कृत राजमान्य भाषा है। प्राकृत अपना स्थान पांचाली अपभ्रंशके लिये छोड़ रही है। साहित्यमें संस्कृतके बाद प्राकृत अधिक सर्वमान्य है, लेकिन व्यवहारमें अपभ्रंश आगे आ रही है। (६) सामन्तवादी व्यवस्था तथा दास-प्रथा चल रही है। (७) बौद्ध, शैव और ब्राह्मण धर्मोंकी प्रधानता है। बौद्ध महायानी हैं। शैव लकुलीश पाशुपत हैं। ब्राह्मण वैदिक और पौराणिक कर्मकाण्डी हैं। (९) लोग अधिकतर मांसाहारी हैं। छूतछातका बर्ताव हरिजनोंके साथ ही ज्यादा है। दूसरोंमें रोटी बहुत कुछ चल जाती है। ब्याह अपने वर्ग और प्रान्तमें ज्यादा होता है, पर इससे बाहर करनेका रास्ता बन्द नहीं है। (१०) अजन्ताकी कलाका यह मध्याह्न है। (११) पुरुष चौबन्दी-धोती-सुत्थन और स्त्रियां घाघरा साड़ी-कंचुकी पहनती हैं। यह है सन् ५५०।

१६. ४५० ई०—(१) लौह-युग है। (३) (४) पाटलिपुत्र (पटना) में गुप्तवंशी परमभट्टारक महाराज कुमारगुप्तका शासन है। (५) संस्कृत राजमान्य और प्राकृत सर्वमान्य साहित्यिक तथा सारे भारतमें पारस्परिक व्यवहारकी भाषा है। (६) दास-प्रथाके साथ सामन्ती व्यवस्था चल रही है। (७) तीर-धनुष परमास्त्र हैं। (८) बौद्ध और ब्राह्मण धर्मकी प्रधानता है। पूर्वमें बौद्ध और पश्चिममें ब्राह्मण अधिक हैं। (९) मांसाहारी प्रायः सभी हैं। हरिजनोंके साथ खान-पान और रोटी-बेटीमें छूआछूतका विचार किया जाता है। बाकीमें उतनी कड़ाई नहीं है, सिर्फ वर्गका ख़्याल है। विदेशी सामन्त भी भारतीय सामन्तोंके साथ रोटी-बेटी करते हैं। (१०) हमारे साहित्य-गगनके महानक्षत्र कालिदास हाल हीमें अस्त हुए हैं। मूर्ति-चित्रकला पराकाष्टा पर हैं। (११) पोशाक पुरुषोंकी चौबंदी-धोती-सुत्थन और स्त्रियोंकी साड़ी-कंचुकी है। सामन्त-चोगा भी पहनते हैं। यह है सन् ४५०।

१७. ३५० ई०—(१) लौह-युग है। (३) (४) पाटलिपुत्र राजधानी है। गुप्त-सम्राट् समुद्रगुप्तका शासन है। (५) संस्कृत राजमान्य और मागधी प्राकृत सर्वमान्य भाषा है। (६) सामन्तवादी व्यवस्था और दास-

प्रथाका जोर है। (७) तीर-धनुष परमास्त्र हैं। (८) बौद्ध ब्राह्मण प्रधान धर्म हैं---बौद्ध पूर्वमें और ब्राह्मण पश्चिममें अधिक हैं। (९) मांसाहारी प्रायः सभी हैं। छूआछूतका विचार हरिजनोंके साथ किया जाता है। व्याह-शादीमें वर्गका निर्बन्ध ज्यादा है, पर अभी अधिक कड़ाई नहीं है। (१०) मूर्तिकला और चित्रकला अपनी पराकाष्टापर पहुंचना चाहती हैं। कालिदासके आनेकी तैयारी हो रही है। (११) पोशाक पुरुषोंकी चौबन्दी-धोती है, पर गुप्त-सम्राट् और सामन्त, शकोंके सुत्थन और चोगेको भी धारण करते हैं। स्त्रियां साड़ी-कंचुकी पहनती हैं। यह है सन् ३५०।

१८. २५० ई०---(१) लौह-युग है। (३) (४) मथुरामें वीरसेन नागका शासन है। (५) संस्कृतका मान है, लेकिन सौरसेनी प्राकृत अधिक सर्वमान्य है। (६) सामन्तवादी व्यवस्था तथा दास-प्रथाका जोर है। (७) तीर-धनुष परमास्त्र हैं। (८) बौद्ध और ब्राह्मण धर्मोंकी प्रधानता है। (९) छूआछूतका बर्ताव हरिजनोंके साथ ही किया जाता है। बाकीमें खान-पान एक है। प्रायः सभी लोग मांसाहारी हैं, यद्यपि वह कमके लिये ही प्रतिदिन सुलभ है। व्याहमें भी जात-पांतका ख्याल बहुत कम है, और शासकोंमें बिल्कुल नहीं है। देशी-विदेशी सामन्त आपसमें खुलकर शादी-व्याह करते हैं। (१०) साहित्य-गगनमें नाटककार भास प्रकाशमान हैं। (११) पोशाक चौबन्दी-धोती या शकोंका चोगा-पायजामा पुरुषोंमें चलता है। स्त्रियां साड़ी-कंचुकी पहनती हैं। यह है सन् २५०।

१९. १५०ई०---(१) लौह-युग है। (३, ४) मथुरा राजधानी है। शक-सम्राट् हुविष्कका शासन है। (५) संस्कृतका जोर बहुत नहीं है। सौरसेनी प्राकृत सर्वमान्य भाषा है। (६) समाजमें सामन्ती व्यवस्था और दासता-प्रथाका जोर है। (७) तीर-धनुष परमास्त्र हैं। (८) बौद्ध और ब्राह्मण प्रधान धर्म हैं, जिनमें बौद्धोंका पल्ला भारी है। महायान अभी गर्भमें हैं। (९) छुआछूत का बर्ताव केवल हरिजनों तक सीमित है। रोटी-बेटीका भी निर्बन्ध नहीं है। विदेशी शक भारी संख्यामें भारतीय समाजमें मिलकर एक हो रहे हैं। (११) पोशाक चौबन्दी-धोती या शकीय

चोगा-सुत्थन पुरुषोंकी, और स्त्रियोंकी साड़ी-कंचुकी है। यह है सन् १५० ।

२०. ५० ई०—(१) लौह-युग है। (३, ४.) मथुरा राजधानी है। शक राजा वीम कदफिसका शासन है। (५) सौरसेनी प्राकृत भाषा सर्वमान्य भाषा है, जो पालिसे अभी-अभी अलग हुई है। (६) सामन्ती व्यवस्था और दास-प्रथा चल रही है। (७) तीर-धनुष परमास्त्र है। (८) ब्राह्मण, बौद्ध प्रधान धर्म हैं, जिनमें बौद्धों का पलड़ा भारी है। (९) लोग अधिक मांसाहारी हैं। छूतछातका बर्ताव केवल हरिजनोंके साथ है। रोटी-बेटीमें वर्ण या देश-विदेशका विचार उठ सा गया है। (१०) साहित्य-गगनमें महाकवि अश्वघोष चमक रहे हैं। (११) पोशाक पुरुषोंकी धोती-चादर या शकीय चोगा-सुत्थन है, स्त्रियोंकी साड़ी-कंचुकी। यह है सन् ५०।

२१. ५० ई० पू०—(१) लौह-युग है। (३, ४) पाटलिपुत्र राजधानी है। शुंग भूमिमित्रका शासन है। (५) मागधी-पालि सर्वमान्य भाषा है। (६) सामन्ती व्यवस्था तथा दास-प्रथाका चलन है। (७) तीर-धनुष परमास्त्र हैं। (८) बौद्ध और ब्राह्मण धर्मोंकी प्रधानता है। (९) मांसाहारी प्रायः सभी हैं। छूतछात सिर्फ अछूतोंके साथ बरती जाती है। ब्याहमें वर्गका ख्याल किया जाता है, जात या देशका नहीं। (११) धोती-चादर पुरुषोंकी और साड़ी-कंचुकी स्त्रियोंकी पोशाक है। स्त्रियां कभी-कभी साड़ीको दो टुकड़ोंमें उत्तरीय और अन्तर्वासकके तौरपर पहनती हैं। यह है सन् ५० ई० पू०।

२२. १५० ई० पू०—(१) लौह-युग है। (३, ४) पाटलिपुत्रमें शुंगवंशी महाराजा पुष्यमित्रका शासन है। (५) संस्कृतको मान्यता देनेकी कोशिश की जा रही है, पर मागधी-पालि सर्वमान्य भाषा है। (६) सामन्ती व्यवस्था तथा दास-प्रथाका चलन है। (७) तीर-धनुष परमास्त्र हैं। (८) बौद्ध और ब्राह्मण धर्मोंकी प्रधानता है। (९) मांसाहारी प्रायः सभी हैं। छूआछूत सिर्फ हरिजनोंके साथ बरती जाती है। ब्याहमें वर्गका ख्याल ज्यादा है, देशी और विदेशीका विचार नहीं किया जाता। १०. महावैयाकरण पतंजलिकी तपी है। (११) पुरुष अन्तर्वासक और उत्तरीय पहनते हैं,

स्त्रियोंकी भी यही पोशाक है। दोनों केशोंके जूड़ेपर पगड़ी (उष्णीष) बांधते हैं। यह है सन् १५० ई० पू०।

२३. **२५० ई० पू०**—(१) लौह-युग है। (३, ४) पाटलिपुत्रमें देवानां-प्रिय प्रियदर्शी राजा अशोकका शासन है। (५) मागधी-पालि सर्वमान्य भाषा है। (६) सामन्ती शासन व्यवस्था और दास-प्रथाका चलन है। (७) तीर-धनुष परमास्त्र हैं। (८) बौद्ध, ब्राह्मण, जैन धर्म हैं, जिनमें ब्राह्मण धर्म प्रधान है। (९) लोग मांसाहारी हैं। छूआछूत बहुत कम है। व्याहमें भी देश-कुलका ख्याल न करके "स्त्रीरत्नं दुष्कुलादपि" को माना जाता है। (११) पोशाक स्त्री-पुरुष दोनोंकी अन्तर्वासक और उत्तरीय है। दोनों लम्बे बालोंको सिरपर जूड़ा बनाकर पगड़ी (उष्णीष) बांधते हैं। यह है सन् २५० ई० पू०।

२४. **३५० ई० पू०**—१. लौह-युग है। (३, ४) पाटलिपुत्र राजधानी है। महानंदका शासन है। (५) मागधी-पालि सर्वमान्य भाषा है। (६) सामन्ती व्यवस्था और दासप्रथा चल रही है। (७) तीर-धनुष परमास्त्र हैं। (८) ब्राह्मण धर्मकी प्रधानता है। जैन और बौद्ध धर्म अपने प्रभावको बढ़ा रहे हैं। (९) लोग मांसाहारी हैं, खान-पानमें छूआछूतका विचार नहीं सा है। व्याहमें देश-कुलकी कड़ाई नहीं है। (११) पोशाक स्त्री-पुरुष दोनोंकी उत्तरीय-अन्तर्वासक और लम्बे केशोंको जूड़ा बनाकर पगड़ी है। यह है सन् ३५० ई० पू०।

२५. **४५० ई० पू०**—(१) लौह-युग है। (३, ४) पाटलिपुत्र राजधानी है। शिशुनाग वंशीय राजा उदायीका शासन है। (५) मागधी-पालि सर्वमान्य भाषा है। (६) सामंती व्यवस्था और दास-प्रथाका चलन है। (७) धनुष-वाण परमास्त्र हैं। (८) ब्राह्मण धर्मकी प्रधानता है। जैन, बौद्ध, आजीवक आदि भी कुछ-कुछ फैलने लगे हैं। (९) मांस भक्ष्य हैं। छूआछूतका विचार बहुत कम, सो भी चाण्डालोंके साथ है। व्याहमें भी बन्धन वर्गका ही अधिक है। (११) पोशाक उत्तरीय, अन्तर्वासक, जूड़ायुक्त उष्णीष (पगड़ी) स्त्री-पुरुष दोनोंकी है। यह है सन् ४५० ई० पू०

२६. **५५० ई० पू०**—(१) लौह-युग है। (३, ४) सारा देश एक राज्य नहीं है। राजगृह और वैशाली प्रधान राजधानियां हैं। राजगृहमें बिन्दुसारका शासन है, और वैशालीमें गणराज्य। (५) कोसली-पालि भाषाकी प्रधानता है। (६) सामन्ती व्यवस्था और दास-प्रथा चल रही है। (७) तीर-धनुष परमास्त्र हैं। (८) ब्राह्मण धर्मकी प्रधानता है। आजीवक, निर्ग्रंथ, बौद्ध धर्मोंके प्रचारका आरम्भ है। (९) सभी मांसाहारी हैं। छूआछूतका विचार नहीं सा है। व्याहमें देश-जातिका नहीं वर्णका ख्याल ज्यादा है। (१०) भारतीय दो महान् विचारक बुद्ध और तीर्थंकर महावीर काम कर रहे हैं। (११) पोशाक स्त्री-पुरुष दोनोंकी उत्तरीय, अन्तर्वासक और उष्णीष है। यह है सन् ५५० ई० पू०।

२७. **६५० ई० पू०**—(१) लौह-युग है। (३, ४) अलग-अलग राज्य और राजधानियां हैं, जिनमें कोसलकी राजधानी श्रावस्ती प्रधानता रखती है। (५) कोसली-पालि अधिक व्यापक भाषा है। (६) सामन्ती व्यवस्था और दासता प्रचलित है। गणराज्य और राजतन्त्र दोनों प्रकारके शासन हैं। (७) तीर-धनुष परमास्त्र हैं। (८) ब्राह्मण धर्मकी प्रधानता है। (९) छूआछूत-का विचार नहीं सा है। व्याहमें वर्णका विचार किया जाता है। लोग मांस-भोजी हैं। (११) पोशाक स्त्री-पुरुष दोनोंकी उत्तरीय-अन्तर्वासक और उष्णीष है। यह है सन् ६५० ई० पू०।

२८. **७५० ई० पू०**—(१) लौह-युग के आरम्भिक दिन है। (३, ४) कुरु-पांचाल देशकी सांस्कृतिक और राजनीतिक प्रधानताका समय है। (५) छन्द (वैदिक) भाषा का ऊपरी (आर्य) वर्गमें अधिक प्रचार है, लेकिन द्रविड़ भाषा भी काफी बोली जाती है। (६) सामन्ती व्यवस्था और दास-प्रथाका चलन है। गणों और राजाओं दोनोंके शासन चल रहे हैं। (७) तीर-धनुष परमास्त्र हैं। (८) ब्राह्मण धर्म और वैदिक कर्मकाण्ड आर्योंमें चलते हैं। दूसरे द्राविड़, किरात देवताओंको मानते हैं। (९) सभी मांसाहारी हैं। वर्णका विचार बहुत कड़ा है। आर्य अपनेसे भिन्न जातिके लोगोंके साथ व्याह करनेके विरुद्ध हैं। (१०) उपनिषद्के महान् ऋषि याज्ञवल्क्यका यह समय है। (११)

पोशाक अन्तर्वासक, उत्तरीय और उष्णीष स्त्री-पुरुष दोनोंकी है। आर्य ऊनी वस्त्रोंको ज्यादा पसन्द करते हैं। यह है सन् ७५० ई० पू०।

२९. ८५० ई० पू०—(१) लौह-युगका अभी-अभी अरम्भ हुआ है। (३, ४) कुरु जनपदकी प्रधानता है। (५) छन्द (वैदिक) भाषा आर्योंकी और प्राचीन द्रविड़ और किरात भाषा दूसरोंकी है।(६) गण और राज दोनों तंत्र चल रहे हैं। दास-प्रधान सामन्ती समाज है। (७) परमास्त्र तीर-धनुष हैं। तीरके फल अब तांबेकी जगह लोहेके बनने लगे हैं। (८) वैदिक धर्म आर्योंमें और दूसरोंमें अपने-अपने धर्म प्रचलित हैं। (९)वर्ण-भेद उसी तरह घोर है, जिस तरह दक्षिणी अफ्रीका और दक्षिणी युक्तराष्ट्र अमेरिकामें आज देखा जाता है। (११) पोशाक ऊपर द्रापि (एक तरहका चोगा) और नीचे अन्तर्वासक है। आर्य ऊनी वस्त्र ज्यादा पहनते हैं। स्त्री-पुरुषोंकी पोशाकमें कोई अन्तर नहीं है। दोनों अपने लम्बे बालोंको समेटकर उष्णीष बांधते हैं। यह है सन् ८५० ई० पू०।

३०. ११५० ई० पू०—(१)हम अब तीन सौ वर्ष पीछे जाते हैं। ताम्र-युग है।(३, ४) सप्तसिन्धु (पंजाब) में भरत जनके राजा सुदासकी तपी है। (५) वैदिक(छन्द)भाषा आर्योंकी भाषा है, दूसरोंकी किरात और द्रविड़ भाषायें। (६) जन-व्यवस्थासे अभी-अभी आर्य सामन्ती व्यवस्थामें आये हैं। अनार्य्य बहुत भारी संख्यामें उनके यहां दासके तौरपर काम करते हैं।(७)तांबेके फलवाला तीर और धनुष परमास्त्र हैं। (८)आर्योंमें वैदिक देवताओंकी पूजा होती है। किरातों और द्रविड़ों(मोहनजोदड़ो वासियों) में अपने शिश्न या दूसरे देवता मान्य हैं। (९) सभी मांसाहारी हैं। आर्य-अनार्य और काले-गोरेका भारी भेद है। दोनोंका सशस्त्र संघर्ष अभी खतम नहीं हुआ है। (१०) ऋषि वसिष्ठ और विश्वामित्र महान् कवि और राजनीतिज्ञके तौरपर विराजमान हैं।(११)द्रापि, अन्तर्वासक और उष्णीष स्त्री-पुरुषोंकी पोशाक है, जो ऊन या चमड़ेके होती हैं।

३१. १४५० ई० पू०—तीन सौ वर्ष और पीछे जाते हैं। (१)ताम्र-युग है। (३, ४) सिन्धु-उपत्यकापर पांच आर्य जनोंका शासन स्थापित हो

गया है। (५) आर्य प्राचीन वैदिक भाषा बोलते हैं। हिमालयके पहाड़ोंमें किरात और नीचे प्राचीन द्रविड़ या आर्य भाषा चलती हैं। हिमालयके किरातों में जन-व्यवस्था और दूसरोंमें सामन्ती या जन-व्यवस्था है। दासताका अखण्ड राज्य है। (७) ताम्रफलवाले तीर और धनुष परमास्त्र हैं। (८) वैदिक और प्राग्-द्रविड़ या किरात देवता अपनी-अपनी जातियोंमें पूजे जाते हैं। (९) सभी मांसाहारी हैं। भयंकर वर्णभेदका प्रचार है—जहां तक आर्यों और अनार्योंका सम्बन्ध है। द्रविड़ोंमें वर्गभेद है। (११) पोशाक आर्योंकी द्रापि, अन्तर्वासिक और उष्णीष स्त्री-पुरुष दोनोंकी है, जो ऊन और चमड़ेकी होती हैं। किरात शायद चमड़े और ऊनकी लम्बी चादरें पहनते हैं। प्राग्-द्रविड़ कपासके अन्तर्वासिक, उत्तरीय और शायद उष्णीष भी व्यवहार करते हैं। यह है सन् १४५० ई० पू०।

३२. **१५५० ई०पू०**—(१) ताम्र-युग है। (३, ४) सिन्धु-उपत्यकामें द्रविड़ सामन्तोंका शासन है, जिनकी राजधानियां मोहनजोदड़ो, हड़प्पा आदि हैं। (५) भाषा मैदानमें प्राग्-द्रविड़ है और हिमालयके पहाड़ियोंमें प्राग्-किरात। (६) प्राग्-द्रविड़ोंमें दासतायुक्त सामन्ती व्यवस्था है, किरातोंमें जन-व्यवस्था है। प्राग्-द्रविड़ोंमें आर्थिक स्वार्थोंने वर्ग स्थापित किये हैं। प्राग्-किरातोंमें पितृसत्ताक या जन-व्यवस्था है। (७) धनुष और तांबेके फल लगे तीर परमास्त्र हैं। (८) प्राग्-किरात और प्राग्-द्रविड़ देवता पूजे जाते हैं। (९) सभी मांसाहारी हैं। (१०) प्राग्-द्रविड़ कपासके अन्तर्वासिक, उत्तरीय पहनते हैं, और किरात चमड़े या ऊनकी लम्बी चादरें जाड़ोंमें पहनते हैं, नहीं तो नंगे रहते हैं।

३३. **२५५० ई० पू०**—(१) अभी-अभी ताम्र-युगका आरम्भ हुआ है। (३, ४) उत्तरी भारतमें प्राग्-द्रविड़ जाति कहीं कहीं बसती है। हिमालयके पहाड़ोंमें कश्मीरसे आसाम और आगे तक किरात जाति जहां-तहां है। (५) दोनों अपनी-अपनी भाषा बोलते हैं। (६) प्राग्-द्रविड़ पितृसत्ताक जन-व्यवस्थामें है, और प्राग्-किरात उनसे भी पीछे हैं। (७) पत्थरके हथौड़ों और तीरपर चकमक-पत्थरका अभी भी प्रयोग है,

कभी-कभी तांबेके टुकड़े भी जोड़े जाते हैं। तीर-धनुष ही परमास्त्र हैं। (११) पोशाक सिर्फ जाड़ेके लिए चमड़े या ऊनकी पहनी जाती है, नहीं तो अधिकतर स्त्री-पुरुप नंगे रहते हैं। जीविकाका साधन खेती और शिकार दोनों है।

३४. ३०५० ई० पू०—(१) और भी पांच सौ वर्ष पीछे जानेपर हम नव-पाषाण-युगमें हैं। (३, ४) भारतके भिन्न-भिन्न भागोंमें भिन्न-भिन्न जन रहते हैं। किरात पहाड़ों और तराईके जंगलोंमें तथा मुण्डा और निषाद मैदानी घोर जंगलोंमें निवास करते हैं। (५) किरात, मुण्डा, निषाद भाषाओंके प्राचीन रूप लोग बोलते हैं। (६) पितृसत्ताक जन-व्यवस्था है। (७) शिलामुख वाण और धनुष परमास्त्र हैं। (८) मृतात्माओं और वृक्षों-पशुओंको लोग पूजते हैं। (९) भक्षाभक्ष्यका कोई परहेज नहीं है। मांसाहार प्रधान खाद्य है। अन्न खेतीसे उत्पन्न होने लगा है, पर उसका उपयोग कम है। (११) सिर्फ जाड़ेके लिये चमड़ेका व्यवहार करते हैं, नहीं तो स्त्री-पुरुष नंगे रहते हैं।

३५. १००५० ई० पू०—(१) हम और सात हजार वर्ष पीछे जाते हैं। अब ऊपरी पुरापाषाण-युगमें हैं। (३, ४) किरात और निषाद जातिके थोड़े से लोग भारतके जंगलोंमें जहां-तहां मिलते हैं। (५) वह अपनी-अपनी भाषा बोलते हैं, जिसका शब्दकोश कुछ सौ शब्दोंसे अधिक नहीं है। (६) मातृसत्ताक व्यवस्था है, सम्पत्ति और श्रम सामूहिक है। (७) छिले हुए पत्थरके हथियार—कुल्हाड़े, छुरे आदि—ही परमास्त्र हैं। (८) मृतकों और भयप्रद वस्तुको संतुष्ट करनेकी मनुष्य कोशिश करता है। (९) केवल शिकार का मांस और जंगलके फल जीविकाके साधन हैं। (११) जाड़ोंसे बचनेके लिये आदमी चमड़े और आगका इस्तेमाल करता है। हिंसक जन्तुओंको भगानेमें भी अग्नि सहायक है।

पिछले १२००० वर्षोंमें भारतमें मानव समाजका विकास इस प्रकार हुआ है, उसे हम यहां तालिकामें दे रहे हैं—

युग १	काल २	राजधानी ३	राजा ४	भाषा ५	व्यवस्था ६
1 पाषाण	१००५०ई.पू.	०	०	०	मातृसत्ताक
2 नवपाषाण	३०५० ,,	०	०	०	पितृसत्ताक
3 ताम्र	२५५० ,,	०	०	०	दासता
4 ,,	१५५० ,,	०	०	प्राग्द्रविड	सामन्त, दासता
5 ,,	१४५० ,,	०	०	वैदिक	जन, सामंत
6 ,,	११५० ,,	(सप्तसिंधु)	सुदास	,,	सा० दा०
7 लौह	८५० ,,	(कुरु)	०	,,	,,
8 ,,	७५० ,,	,,	०	,,	,,
9 ,,	६५० ,,	श्रावस्ती	कोसलराज	कोसली-पालि	,,
10 ,,	५५० ,,	राजगृह	बिंबिसार	मागधी-पा०	,,
11 ,,	४५० ,,	पटना	उदायी	,,	,,
12 ,,	३५० ,,	,,	महानंद	,,	,,
13 ,,	२५० ,,	,,	अशोक	,,	,,
14 ,,	१५० ,,	,,	पुष्यमित्र	,,	,,
15 ,,	५० ,,	,,	भूमिमित्र	,,	,,
16 ,,	५० ई०	मथुरा	वीम	सौरसेनी-प्राकृत	,,
17 ,,	१५० ,,	,,	हुविष्क	,,	,,
18 ,,	२५० ,,	,,	वीरसेन	,,	,,
19 ,,	३५० ,,	पटना	समुद्रगुप्त	माग०	,,

परमास्त्र	धर्म	छुआछूत	कवि (कला)	वेष
७	८	९	१०	११
पाषाण परशु	०	०	०	नग्न
शिलामुख वाण-धनु	०	०	०	,,
नवपाषाण परशु, वाण	०	०	०	,,
ताम्रमुख तीर	प्रागूद्रविड	०	०	उत्तरासंग अंतर्वासक (सूती)
ताम्रवाण	वैदिक	वर्ण-संघर्ष	वर्ग	द्रापि, अंतर्वासक
,,	,,	,,	वसिष्ठ	,,
लौहतीर	,,	,,	०	,,
,,	,,	,,	याज्ञवल्क्य	,,
,,	,,	,,	०	उत्तरासंग,अंतर्वासक, उष्णीश
,,	ब्रा० वौ० जै०	,,	वृद्ध	,,
,,	,,	,,	०	,,
,,	,,	,,	०	,,
,,	,,	,,	०	,,
,,	,,	,,	पतंजलि	,,
		छुआछूत		
,,	,,	,,	०	,,
,,	,,	,,	अश्वघोष	चोगा-चौबंदी धोती-सुत्थन
,,	,,	,,	०	,,
,,	,,	,,	भास	,,
,,	,,	,,	०	,,

युग	काल	राजधानी	राजा	भाषा	व्यवस्था
१	२	३	४	५	६
लौह	४५० ई०	पटना	कुमारगुप्त	माग०	सा० दा०
,,	५५० ,,	कन्नौज	ईशानवर्मा	मध्यदेशीय अपभ्रंश	,,
,,	६५० ,,	,,	अर्जुन	,,	,,
,,	७५० ,,	,,	यशोवर्मा	,,	,,
,,	८५० ,,	,,	मिहिरभोज	,,	,,
,,	९५० ,,	,,	देवपाल	,,	,,
,,	१०५० ,,	,,	प्रतिहार	,,	
,,	११५० ,,	,,	गोविंदचंद	,,	,,
,,	१२५० ,,	दिल्ली	नासिरुद्दीन	पारसी	,,
,,	१३५० ,,	,,	मुहम्मद तुगलक	,,	,,
बारूद	१४५० ,,	,,	बहलोल लोदी	,,	,,
,,	१५५० ,,	,,	इसलामशाह	,,	,,
,,	१६५० ,,	,,	शाहजहां	,,	,,
,,	१७५० ,,	,,	अहमदशाह	,,	,,
वाष्प	१८५० ,,	कलकत्ता	अंग्रेज	अंग्रेजी	पूंजीवाद
परमाणु	१९५० ,,	दिल्ली	राजेन्द्रप्रसाद	हिन्दी	,,

परमास्त्र	धर्म	छुआछूत	कवि (काल)	वेष
७	८	९	१०	११
लौहतीर	ब्रा० बौ० जै०	छुआछूत	कालिदास	चोगा-चौबंदी
,,	,,	,,	(अजन्ता)	धोती-सुत्थन
,,	,,	,,	०	,,
,,	,,	,,	भवभूति	,,
,,	,,	,,	०	,,
,,	,,	,,	राजशेखर	,,
,,	,,	,,	०	,,
,,	,,	,,	हर्ष	चौबंदी-धोती
		जातपात		
,,	हिंदू-इस्लाम	,,	०	चोगा-सुत्थन
,,	,,	,,	०	,,
तोप	,,	,,	कबीर	,,
,,	,,	,,	जायसी	,,
,,	,,	,,	०	,,
,,	,,	,,	०	,,
रेल (१८५३) तार	,, ईसाई		गालिब	,,
परमाणुबम, विमान	शिथिल	शिथिल	निराला	कोट-पैन्ट

मसूरी
१२-५-१९५६.

राहुल सांकृत्यायन

विषय सूची

अध्याय — पृष्ठ

भाग १
(भौगोलिक) १

१. सप्त सिन्धु

§१. आर्यों का आगमन ३, २५२
§२. उसके पीछे ऋग्वेद ३
§३. ऋग्वेद परम प्रमाण ६
§४. सप्तसिन्धु की भूमि १०

२. आर्य-जन १३, २५८

§१. सिन्धु-सभ्यता १३
§२. आर्य-जन १८, २५८
१. पांच जन १८
२. अन्य जन २२

भाग २
(सामाजिक, आर्थिक) २७

३. वर्ण और वर्ग २९, २६४

§१. वर्ण (रंग) २९
१. आर्य वर्ण ३०
२. अनार्य वर्ण ३२
§२. वर्ग ३३
१. दास-दासियां ,,
(आजीविका) ३४
२. चार वर्ण ३५
३. पराजित ३७
४. उत्पीड़न और वर्ण-विभेद ३८

४. खान-पान ४१

§१. खाद्य ,,
१. मांस ,,
२. अन्न ४४
§२. पान ४६
१. सोम ४७
२. सुरा ४९

भाग ३
(राजनीतिक) ५१

५. ऋग्वेद के ऋषि ५३, २९०

§१. प्रधान ऋषि ५३
१. भरद्वाज ५९, २९०
२. वसिष्ठ ६१, २९२
३. विश्वामित्र ६६, २९६
४. वामदेव ६९, ३०२
§२. अन्य ऋषि ७०
५. गृत्समद ७०, ३०६
६. कक्षीवान् ७१, ३१०
७. अगस्त्य ,, ३१४
८. दीर्घतमा ७२, ३१६
९. गोतम ,, ३१८
१०. मेधातिथि ७३, ३२०

अध्याय	पृष्ठ
११. श्यावाश्व	,, ३२४
१२. कुत्स	७३
१३. मधुच्छन्दा	७३, ३२६
१४. प्रस्कण्व	७४
६. दस्यु	७६, ३२८
§१. सिन्धु-जाति (पणि)	७६
§२. शंबरीय पहाड़ी	८१
§३. मोन्ख्मेर (किरात)	,,
७. आदिम आर्य राजा	८६, ३३६
१. मनु	८७
२. पुरूरवा (उर्वशी)	८८, ३३८
३. नहुष	९१, ३४२
४. ययाति	,, ३४४
५. मन्धाता	९१
८. शंबर	९२, ३४४
§१. दस्यु	९२
§२. शंबर के सेनापति	९६, ३५२
१. शुष्ण	९६
२. पिप्रु	९९, ३५८
३. वंगृद	९९
४. करंज	,,
५. पर्णय	९९
६. वर्ची	१००, ३६०
§३. शंबर	१०१
§४. किरात	१०५
९. दिवोदास	१०८, ३६६
§१. पूर्वकालके आर्य-नेता	१०८
१. दध्यङ	,,
२. रुम	,,
३. रुशम	,,
४. श्यावाक	,,
५. कृप	,,
६. वध्र्यश्व	,,
७. अभ्यावर्ती चायमान	११०, ३६८
८. सुमीळ्ह	११०
९. पुरुणीथ	,,
१०. प्रस्तोक	,,
११. कुत्स आर्जुनेय	१११
१२. श्रुतर्य	१११, ३७२
१३. तुर्वीति	१११
१४. दभीति	,,
१५. ध्वसंति	,,
१६. पुरुषंति	,,
१७. देवक मन्यमान	,,
१८. सुश्रवा	११२
१९. तुर्वयाण	११२, ३७२
२०. ऋणंचय	,,
२१. पाकस्थामा कौरयाण	,, ३७४
२२. देवश्रवा	११३
२३. देववात	,,
२४. सृजय दैववात	११४, ३७६
२५. सहदेव साञ्जय	११४
२६. पुरुकुत्स	,,
२७. त्रसदस्यु पौरुकुत्स्य	११५
२८. कुरुश्रवण त्रसदस्यु-पुत्र	११६, ३७८
§२. दिवोदासके कार्य	११६, ३८०
१. दिवोदास अतिथिग्व	११६

अध्याय — पृष्ठ

२. शंबर-हत्या — ११६, ३८४

§३. हथियार — १२०

१. इषु — ,,

२. निषंग — ,,

३. धनुष — ,,

४. ज्या — ,,

५. वर्म — १२०, ३८६

६. कुलिश — १२१

७. परशु — १२१, ३८८

८. वशी — ,,

९. ऋष्टि — ,,

१०. वज्र — ,,

११. अत्क — ,,

१२. नाव — १२२, ३९०

१०. सुदास — **१२३**

§१. सुदास वीतहव्य — ,,

१. वसिष्ठ पुरोहित — १२४

२. सुदास — १२६, ३९२

§२. दाशराज्ञ युद्ध — **१२७, ३९४**

१. शत्रु — १२७

२. युद्ध — १२९, ३९८

३. सुदेवी रानी — १३०, ४०२

§३. अश्वमेध — १३०

१. विश्वामित्र पुरोहित — ,,

२. अश्वमेध — १३१, ४०२

११. राजव्यवस्था — **१३३, ४०६**

§१. शासक, शासित — **१३३**

१. ग्रामणी — १३४, ४०६

२. राष्ट्र — १३४

३. विश् — १३५

४. राजा — १३५, ४०८

अध्याय — पृष्ठ

§२. राजा — ६, १३ ४१०

१. राजाभिषेक — १३६

२. सम्राट् — १३७

३. शास — १३७, ४१२

४. ईशान — १३७

५. स्वराट् — १३८

६. नृपति — ,,

७. पति, राजा — ,,

८. राजपुत्र, राजदुहिता — १३९, ४१४

§३. शासन-यन्त्र — **१३९**

१. सभा — ,,

२. समिति — १४०

३. व्राजपति, कुलप — १४१, ४१६

४. पुरोहित (प्रधानमन्त्री) — १४२

भाग ४

(सांस्कृतिक) — **१४३**

१२. शिक्षा, स्वास्थ्य — **१४५, ४१८**

§१. शिक्षा — **१४५**

§२. स्वास्थ्य — **१४८**

§३. रोग — **१५०**

§४. चिकित्सा — **१५२, ४२२**

१३. वेश-भूषा — **१५४, ४२४**

§१. वस्त्र — **१५४, ४२६**

१. द्रापि — ४२६

२. अत्क — ,,

३. शिप्र — ४२८

§२. भूषा — **१५८**

१. कर्ण आभूषण — ,,

२. सोने का कण्ठा — १५८, ४३०

अध्याय — पृष्ठ

३. रुक्मवक्ष १५९
४. खादि ,,
५. ऋष्टि ,,
६. शिप्र ,,
§३. सज्जा १६०, ४३२
१. कपर्द १६०
२. क्षौर ,,

१४. क्रीडा, विनोद १६३, ४३४

§१. नृत्य १६३
§२. संगीत ,,
§३. पान १६४
१. सोम १६४
२. सुरा १७३, ४४६
§४. जूआ १७३, ४४८
§५. समन (मेला) ४४८

१५. देवता (धर्म) १७५, ४५०

§१. देवता १७५
(देवसंख्या) १७६
१. अग्नि १७७, ४६०
२. अरण्य १७८, ४६४
३. आप १७८
४. इळा १७९, ४६६
५. इन्द्र १७९
६. ऋभु १८६, ४७६
७. क (प्रजापति) १८६, ४७८
८. पर्जन्य १८७, ४८०
९. पितरौ १८७
१०. पुरुष १८८
११. पूषन् १८८, ४८२
१२. प्रजापति १९०, ४८४
१३. मन्यु १९२, ४८६
१४. मित्र १९२, ४८८
१५. यम ४९०
१६. रुद्र १९३
१७. वरुण १९४, ४९२
१८. वायु १९६, ४९४
१९. वास्तोष्पति १९६
२०. विश्वकर्मा ,,
२१. विष्णु १९७, ४९६
२२. सरस्वती १९८
२३. सविता १९९, ५००
२४. सोम २००
§२. (पितर आदि अन्य) २०२, ५०२
§३. सकाम कर्म २०४, ५०४
§४. अर्चना सामग्री २०७, ५०८
१. हवि (पुरोडाश) ,, ५०८
२. पशुबलि २०९, ५१२
§६. मन्त्र-तन्त्र २१०, ५१४
§७. परलोक २११, ,,
१. यमलोक २१२, ,,
२. स्वर्ग ,, ,,

१६. ज्ञान-विज्ञान २१३, ५१६

§१. कृषि ,, ,,
१. हल, फाल ,, ,,
२. कुआं २१४, ५१८
३. कुल्या ,, ,,
§२. वास्तु २१५, ५२०
§३. काल २१६, ,,
१. मास ,, ,,
२. ऋतु ,, ,,

अध्याय	पृष्ठ
३. नक्षत्र	२१७, ५२२
§४. **तोल, माप**	,, ,,
१. तोल	,, ,,
२. माप	२१८, ५२४
§५. **संख्या**	,, ,,
१७. आर्य-नारी	२२२, ५३२
१. अदिति	२२३, ,,
२. इन्द्रमाताएँ	,, ५३४
३. इन्द्राणी	२२४, ,,
४. उर्वशी	२२५, ५३६
५. घोषा	२२६, ५३८
६. जुहू	२२७, ५४०
७. दक्षिणा	२२८, ५४२
८. निवावरी, सिकता	२२९, ५४४
९. यमी वैवस्वती	२३०, ५४६
१०. रात्रि	२३२, ५४८
११. लोपामुद्रा	२३३, ,,
१२. वसुक्रपत्नी	,, ५५०
१३. वाक्	,, ,,
१४. विश्ववहा	२३४, ५५२
१५. विश्पला	,, ,,
१६. विश्ववारा	,, ,,
१७. शची	,, ,,
१८. शश्वती	२३५, ,,
१९. शिखंडिनी काश्यपी	२३५, ५५४
२०. श्रद्धा कामायनी	,, ,,
२१. सरमा	,, ,,
२२. सार्पराज्ञी	,, ,,
२३. सिकता	२३६, ,,
२४. सुदेवी	,, ,,

अध्याय	पृष्ठ
२५. सूर्या	२३६, ५५६
१८. भाषा और काव्य	२३९, ५५८
§१. **भाषा**	२३९, ५६०
§२. **छन्द**	२४२
§३. **रचना**	२४३, ५६०
१. वाणी	२४३, ,,
२. सूक्त	२४४, ,,
३. श्लोक	,, ५६२
४. साम	,, ,,
५. स्तोम	,, ,,
§४. **काव्य**	२४५, ५६२
§५. **कवि**	२४६, ५६६
१. वसिष्ठ	,, ,,
२. विश्वामित्र	२४७, ५६८
३. वामदेव	,, ,,
४. भौम	२४९, ५७२

परिशिष्ट १

१. सप्तसिन्धु	२५२
२. आर्यजन	२५८
३. वर्ण, वर्ग	२६४
४. खानपान	२७२
५. प्रधान ऋषि	२९०
६. दस्यु (अन्-आर्य)	३२८
७. आदिम आर्य राजा	३३६
८. शम्बर	३४४
९. दिवोदास	३६६
१०. सुदास	३९१
११. राजव्यवस्था	४०६
१२. शिक्षा आदि	४१८
१३. वेष-भूषा	४२४

अध्याय	पृष्ठ
१४. क्रीड़ा, विनोद	४३४
१५. देवता (धर्म)	४५०
१६. ज्ञान-विज्ञान	५१६
१७. आर्य नारी	५३२
१८. भाषा और काव्य	५५८

अध्याय	पृष्ठ
परिशिष्ट २	
नामसूची	५७४
परिशिष्ट ३	
शब्दसूची	५९२
परिशिष्ट ४	
देवता सूची	६०४

भाग १

भौगोलिक

अध्याय १

सप्तसिन्धु

§१. आर्यों का आगमन

आर्यों के रक्तसम्बन्धी पड़ोसी ईरानी 'स' का उच्चारण 'ह' किया करते थे, इसलिए सप्त-सिन्धुकी भूमिमें आ बसे अपने भाइयोंके देशको वह 'हप्त हिन्दु' कहा करते थे, जिसका ही संक्षेप 'हिन्द' हुआ। पश्चिमके देशोंके उस समयके सरताज ग्रीसके निवासी 'ह' का उच्चारण करनेमें असमर्थ हो उसकी जगह 'अ' बोलते थे, इस प्रकार हिन्दु इन्दु या इन्द बन गया; जो ही हमारे देश का नाम आज सर्वत्र प्रचलित है। ऋग्वेदमें 'सप्तसिन्धु' नाम अनेक बार आया है, कहीं वह सात नदियोंके अर्थमें और कहीं सातों नदियोंकी भूमि के लिए। देश या जनपद के नाम उस समय जन (कबीले) के नाम पर पड़ते थे, इसलिए उसे बहुवचन में बोलते थे। यह क्रम बुद्ध के समय और कितना ही पीछे तक रहा। पालि में 'कोसल में,' 'काशी में' की जगह 'कोसलेसु' (कोसलोंमें), 'कासीसु' (काशियोंमें) कहा गया है। अपेक्षाकृत नवीन ऋषि हिरण्यस्तूपने अपनी ऋचामें सविता (सूर्य) की महिमा गाते हुए कहा है—"सविता ने दाता को श्रेष्ठ रत्न (धन) देते सप्त-सिन्धुओं को प्रकाशित किया"[१] (१।३५।८)।

सप्त सिन्धु, सातों नदियों या आर्य जनोंके बारेमें कुछ कहने से पहले उस स्थिति के बारे में कुछ कहना है, जिसमें आर्य ऋग्वेद-काल में थे।

आर्य भारत में बाहर से आए, यदि यह न माना जाए, तो आर्यों की भाषा पश्चिमकी जिन भाषावालों से अपना एक पारिवारिक सम्बन्ध बत-

लाती है, उन्हें भी भारत से गया मानना होगा। इसके कारण और अनेक समस्याएँ उठ खड़ी होंगी, जिनका समाधान अतिकठिन है। अधिकतर यह ख्याल आर्य और हिन्दी-युरोपीय भाषाओं एवं तत्सम्बन्धी दूसरी सामग्रियों की ओर पर्याप्त ध्यान न देने के कारण ही होता है। उसीके कारण हमारे इतिहासवेत्ता कलियुग और महाभारत कालकी धारणा बनाकर इतिहासको हज़ारों वर्ष पीछे ले जानेकी कोशिश करते हैं। वस्तुतः क्षुद्र - एसियामें हित्तितों, ग्रीस में यूनानियों और ईरान में ईरानी-आर्योंके प्रवेशके समय पर ध्यान देनेसे आर्योंका भारत में प्रवेश ई० पू० १५०० से पहले नहीं मालूम होता। और ऋग्वेद के पुरातनतम प्रसिद्ध ऋषि भरद्वाज, वसिष्ठ और विश्वामित्र[२] तो उससे बहुत पीछे, कम-से-कम ३०० वर्ष पीछे, हुए।

§२. उसके पीछे ऋग्वेद

काफ़ी काल बीते बिना उनके उच्चारण में वह भारी परिवर्तन नहीं हो सकता, जो कि ऋग्वेद में देखा जाता है। भारती आर्य हिन्दी-युरोपीय वंशकी पूर्वी या शतम् - शाखाके अन्तर्गत आते हैं, जिसमें ही रूसी आदि स्लाव और ईरानी भी सम्मिलित हैं। ईरानी और स्लाव मूर्धन्य वर्णों (टवर्ग आदि) का उच्चारण कर नहीं सकते, जबकि ऋग्वेद की प्रथम ऋचा में ही[३] (१।१।१) 'अग्निमीळे' में ळ आ गया है। आर्यों के मुँह से इन मूर्धन्य वर्णों का उच्चारण सप्त-सिन्धुके पुराने निवासियों—मोहन-जोदड़ो, हड़प्पा के लोगों—के घनिष्ठ सम्पर्कके कारण ही हुआ। ईरानी आर्य अपने मूल स्थान 'आर्याना बेइजा' का स्मरण रखते थे, पर भारतीय आर्य उसे भूल गए थे, यह ऋग्वेद के मौन - धारण से मालूम होता है। इसमें यह भी कारण हो सकता है, कि उनका प्रसार बीच के स्थानों को छोड़ कर नहीं हुआ, इसलिए उन्हें मूल-स्थान से निर्वासित होनेका ख्याल नहीं हो सकता था। आख़िर ऋग्वेदिक आर्यों के सब से पश्चिम में रहने वाले पख्त, भलान आदि जन भारत के पश्चिमी द्वार खैबर और

बोलान के काफी पीछे तक बसे हुए थे। उनके भी पश्चिम आर्य जन रहे होंगे, पर प्रकरण में न आ सकने के कारण ऋग्वेद के ऋषि उनका नाम-स्मरण नहीं कर सके।

ऋग्वेदके ऋषियों का उद्देश्य इतिहास लिखना नहीं था। वह अपने देवताओं और दाताओं को प्रसन्न करना चाहते थे। इसी के सम्बन्ध से कितनी ही ऐतिहासिक और भौगोलिक बातें वहाँ आ गई हैं। इसमें शक नहीं, उन्हीं के कारण ऋग्वेद का मूल्य अनर्घ हो जाता है। उसके इस मूल्य की तुलना बाकी तीनों वेदों से भी नहीं की जा सकती, महाभारत और पुराण आदि तो इस काल के सम्बन्ध के ज्ञान में अत्यन्त दरिद्र तथा अविश्वसनीय हैं। ऋग्वेद के काल पर ऋग्वेद स्वयं सर्वोपरि प्रमाण है। और कहीं जो भी उस काल के सम्बन्ध की बात ऋग्वेद के विरुद्ध आये, उसे जरा भी देर किए बिना त्याज्य समझना चाहिए। कितने ही आजकल के ऐतिहासिक दोनों का समन्वय करनेकी कोशिश करते हैं, जिसका परिणाम एक ग़लतीके लिए सात ग़लती करना होता है। दिवोदास और सुदास पिता-पुत्र ऋग्वेदके सर्वोपरि नायक हैं। वह तृत्सु-भरत जनके प्रतापी राजा थे, जिनकी सीमा पर परुष्णी—आज की रावी—बहती थी। सिन्धु पार के रहने वाले आर्य-जन पक्थ, भलानस, अलिन, विषाणि और उनके सिन्धु इस पारके पड़ोसी शिव एक बार तृत्सुओं पर आक्रमण करने के लिए परुष्णी (४।२२।२) के तट तक पहुँच गए थे, और बड़ी कठिनाई से भगाए जा सके। परुष्णी तट पर रहने वाले इन राजाओं को महाभारत ने गंगा तट के पञ्चाल (काम्पिल्य-कन्नौज और रुहेलखण्ड) का राजा बना दिया है। ऐसी ऐतिहासिक गड़बड़ी के ठीक करने का प्रयत्न करना व्यर्थ है। जब ऋग्वेदिक इतिहास के बारेमें महाभारत की यह हालत है, तो पुराण दस कदम और आगे जाएँ, तो क्या आश्चर्य? इसका यह अर्थ नहीं, कि उनका कोई ऐतिहासिक मूल्य नहीं। पीछे के काल के बारे में वह प्रामाणिक सामग्री प्रदान करते हैं, मानवतत्वआदि सम्बन्धी अनुसन्धान में भी उनसे सहायता मिल सकती है।

§३. ऋग्वेद परमप्रमाण

ऋग्वेदके रूप में उस समय के सम्बन्ध की अत्यन्त मूल्यवान् सामग्री हमारे पास है। प्राय: तीन हज़ार वर्षों से इस निधि को हमारे पूर्वजों ने भरसक ज़रा-सा भी परिवर्तन किए बिना रक्षित रखा। पर यह सामग्री दिवोदास और सुदास के काल के पीछे ले जाने में असमर्थ-सी है। प्राग्-आर्य कालीन इतिहास लिखित सामग्री के बिना भले ही हो, और वह ऐसा नहीं है, क्योंकि मोहनजोडरो और हड़प्पा में हजारों ऐसी मुहरें मिली हैं, जिन पर अक्षर उत्कीर्ण हैं, पर हम उन्हें अभी पढ़ने में असमर्थ हैं। लिखित सामग्रीके न पढ़े जाने पर भी हमारे इन दोनों प्राचीनतम नगरों से इतने प्रचुर परिमाण में मानव-जीवन की सामग्री प्राप्त हुई है, कि हम उसे खूब जान सकते हैं। ताम्र-पीतल युगमें होते हुए भी सिन्धुवासी लोग धन-धान्य-सम्पन्न भव्य अट्टालिकाओं में स्वच्छतापूर्वक रहते थे। नागरिक स्वास्थ्य और सफ़ाई के नियमों के पालन में वह अपने आजके उत्तराधिकारियों से कहीं आगे थे। वह सुन्दर कपास के कपड़े पहनते थे, जबकि उनकी जगह लेने वाले आर्य गरम देश में भी सदा ऊनी और चमड़े की पोशाक ही पहनते रहे। मोहनजोडरो-हडप्पा (सिन्धु) की सभ्यता का अन्तिम उत्कर्ष काल ई० पू० २५०० माना जाता है। उसके हज़ार वर्ष बाद आर्यों का प्रवेश उनकी भूमि में हुआ और उससे कम-से-कम तीन सौ वर्ष बाद (१२००. ई० पू०) भरद्वाज-वसिष्ठ-विश्वामित्र आदि ने अपनी ऋचाएँ (पद) रचीं। आर्यों और सिन्धु के पुराने निवासियों के संघर्ष का परिचय ऋग्वेद में देवों और असुरों के युद्ध की प्रतिध्वनि के रूप में ही मिलता है। तब से दिवोदास-सुदास के काल (ई० पू० १२००) तक का इतिहास अन्धकारावृत है। उसके लिए हमें पुरातात्विक उत्खनन पर ही भरोसा करना पड़ेगा।

इस काल की पुरातात्विक सामग्री भी विरल ही मिल सकती है, क्योंकि भारत में प्रवेश करने वाले आर्य चाहे जौ जैसे कुछ अनाजों का नाम जानते हों, पर थे वह पशुपाल और घुमन्तू। ऐसे लोगों पर नागरिक जीवन का प्रभाव

देर से पड़ता है, यह हमें चंगेजखान के मंगोलों के उदाहरण से मालूम होता है। मध्य-एसियामें भी एक सप्त-सिन्धु, इलि-चू आदि सात नदियोंकी उपत्यकाओं में था। यही रूसी भाषामें आज का सेमि-रेच्ये (सात नदी) प्रदेश है, जो जान पड़ता है; प्राचीन कालसे चले आते नामका अनुवाद मात्र है। तेरहवीं सदी के प्रथम पाद में मंगोलों के आक्रमण के पहले इस प्रदेश में बहुत से समृद्ध ग्राम-नगर थे। पशुपाल मंगोलोंके लिए उनका उपयोग नहीं था, इसलिए उन्होंने लोगों के खेतों को चरागाहों में वदल दिया। उस समय के यात्रियों ने कितनी ही बस्तियाँ देखीं, जिनकी दीवारें अभी भी खड़ी थीं, उनके बाहर मंगोलों के तम्बू लगे हुए थे और उनके पशु पहले के खेतों के स्थान पर बनी चरागाहों में चर रहे थे। घुमन्तू आर्यों ने भी अपने विरोधियों के साथ इससे बेहतर सलूक नहीं किया होगा। मंगोलों के तम्बुओं के समूह को ओर्द (उर्दू) कहा जाता था। आर्य अपने निवासों के समूह को ग्राम कहते थे, जिसका अर्थ भी समूह ही है। शायद ताम्रयुग के अन्तिम काल के लोगोंके लिए, जिसमें कि ऋग्वेदिक आर्य रहते थे, ऊनी या सूती कपड़ों के तम्बू क्षमता के बाहर की चीज थे। उस समय प्राकृतिक जंगलों से भरे देश में घास-लकड़ी की बनी झोपड़ियाँ अधिक सस्ती थीं। इनका एक यह भी लाभ था, कि यहाँ की वर्षा में वह तम्बुओं से अधिक उपयुक्त थीं। आखिर, सप्त-सिन्धु की वर्षा मध्य-एसिया की तरह नाम मात्र की नहीं थीं। ऐसी झोपड़ियों वाले प्राचीन आर्य ग्रामों के अवशेष हड़प्पा या मोहनजोडरो की तरह के नहीं हो सकते। तीन, साढ़े तीन हजार वर्षों को पार कर हमारे पास तक पहुँचने वाली उनकी सामग्री बहुत कम ही हो सकती है। ऐसी सामग्री पञ्जाब में ही मिल सकती है। दिवोदास-सुदास के काल में भी आर्य अभी नागरिक नहीं हो सके थे। उनके धन उनके अश्व और गाएँ ही थीं, जिनके लिए वह अपने देवताओं से प्रार्थना किया करते थे।

आर्यों के बहुत-से जनों के नाम ऋग्वेद में मिलते हैं, पर जिस तरह बुद्ध-काल के सोलह जनपदों की भूमिको हम आज भी जान सकते हैं,

वही बात सप्त-सिन्धुके जनपदों के बारे में नहीं है। वैदिक काल के बाद, जनों के नामों को सप्त-सिन्धुकी भूमि पर से जान बूझ कर मिटा दिया गया। जो पाँच प्राचीन जन[५] (१।१०८।८)—पुरु, यदु, तुर्वश, अणु, द्रुह्य—सप्त-सिन्धु के प्रधान स्वामी थे, उनका वहाँ फिर पता नहीं लगता। उस समय के छोटे-छोटे जनों में एक पख्त जन अब भी मौजूद हैं, जिसके वंशज आज पख्तूनिस्तान की माँग कर रहे हैं, और जिसके कारण आज कल अफ़ग़ानिस्तान और पाकिस्तान में तनातनी चल रही है। दूसरे जन भलान का नाम बोलन दर्रेके साथ लगा हुआ है। उस समय पख्त इतने विशाल क्षेत्र में नहीं रहे होंगे। जनोंकी वृद्धि स्वाभाविक सन्तान के द्वारा ही नहीं होती, बल्कि कभी-कभी छोटे या निर्बल जन किसी बड़े और शक्तिशाली जन में विलीन हो जाने को अपने लिए श्रेयस्कर समझ वैसा कर लेते हैं, यह हमें मध्य-एसियाके अवारों, तुर्कों और मंगोलोंके इतिहास से मालूम होता है। सप्तसिन्धु के आर्यजनोंमें भी ऐसा ही हुआ होगा। सप्त-सिन्धुकी नदियोंके नामों में भी ऐसा देखा गया। जिस परुष्णी पर इन्द्र[६] (४।२२।२) की विशेष कृपा थी, वह आज रावी (इरावती) कही जाती हैं। असिक्नी बदल कर चनाव (चन्द्रभागा) हो गई। विपाट्[७] (विपाश्) जिसने कभी विश्वामित्र की सुन्दर स्तुति[७] (३।३३।१८) को सुनकर सुदास की सेना के लिए रास्ता दे दिया था, उसका नाम व्यास ऋषि के साथ जोड़ दिया गया। वितस्ता अब जेहलम है। हाँ, सिन्धु अब भी सिन्धु है। शुतुद्रि का पुराना नाम सतलुज में अब भी मौजूद हैं। सातवीं नदी सरस्वती अल्पपरिचित-सी घग्घरकी शाखा मात्र रह गई है, जो कुरुक्षेत्र से होकर बहती है। सातों नदियों को भरद्वाज ने (ऋ. ६. ६१. १०) 'सप्तस्वसा सरस्वती' (सात बहनें सरस्वती) कहा है। सरस्वती घग्घर में मिलकर उसी नामसे कुछ दूर जा राजस्थान के रेगिस्तान में लुप्त हो जाती है। उसकी सूखी धाराका पता बहुत दूर वहाँ तक मिलता है, जहाँ से चनाब - सतलुजका संगम कुछ ही मील रह जाता है, और सिन्धु भी बहुत दूर नहीं रह जाती।

हो सकता है, सरस्वती ऋग्वेदके काल में जाके सीधे सिन्धु में मिलती हो, पर वह हिमालय की हिमानियों से निकलने वाली नदी नहीं है, जैसी कि उसकी दूसरी छ बहनें। घग्घरकी तरह उसकी दोनों शाखाएँ मरकण्डा और सरस्वती भी सिवालिक की तराई से निकलने-वाली छोटी नदियाँ हैं, जो वर्षाके जलको पाकर ही दो महीने इतरा के चल सकती हैं। ऋग्वेदमें तराई से निकल कर रेगिस्तान तक जानेवाली नदी का नाम सरस्वती था। जिस क्रम से तीनों नदियों के नाम सतलुज से पहले आये हैं, उससे जान पड़ता है, (३।२३।४) मारकण्डा का नाम आपया था, और घग्घर का दृषद्वती।

सप्त-सिन्धुकी भूमि सात बहनों सरस्वतीसे सींची जानेवाली धरती है। इस प्रकार आर्य जनों की भूमि सरस्वती (अम्बाला जिले) से सिन्धु उपत्यका तक फैली हुई थी। ऋषित्रयमें वृद्धतम भरद्वाजने यमुना का भी नाम लिया है, पर वह सीमान्त की नदी थी। अन्तिम ऋषियोंमें से एक प्रियमेधकी सन्तान सिन्धुक्षित्‌ने[10] (ऋ. १०।७५।६) गंगाका नाम भी दिया है, पर न वह सप्त-सिन्धुकी नदी थी, न उसे उस समय कोई प्रतिष्ठा प्राप्त थी। यह भी उल्लेखनीय बात है, कि आज की यह सर्वपुनीत नदी अपने अनार्य (सम्भवतः किरात) नामसे प्रसिद्ध है। ऋग्वेदमें गंगा का नाम सिर्फ़ एक बार यहीं नदी-सूची में आया है। यह सूची बहुत महत्त्वपूर्ण है, इसमें शक नहीं। इसमें गंगासे लेकर अफ़ग़ानिस्तान के पहाड़ों तककी नदियोंके नाम क्रमशः पूरब से पच्छिमकी ओर गिनाये गये हैं—गंगा, यमुना, सरस्वती, शुतुद्री, परुष्णी (रावी), असिक्नी (चनाब), मरुद्‌वृधा, वितस्ता (जेहलम), आर्जिकीया, सुषोमा, तृष्टामा, रसा, श्वेत्या, सिन्धु, कुभा, गोमती, क्रमु, मेहत्नु। सुषोमा शायद रावलपिण्डी की तराई से निकल कर अटक से काफ़ी नीचे सिन्धु में जाकर गिरने वाली छोटी नदी सोहान है। सोहान हमारे इतिहास की एक पुनीत नदी है, क्योंकि इसकी ऊपरी उपत्यका हमारे देश के उन चन्द स्थानों में से है, जहाँ खुशालगढ़ और मक्खड में पुरापाषाण युगके

मानव-चिह्न उसके हथियारों के रूपमें मिले हैं। सिन्धु के पश्चिम की कुभा (काबुल), क्रमु (कुर्रम), गोमती (गोमल) की पहिचान हो चुकी है।

§४. सप्तसिन्धु की भूमि

सप्त-सिन्धु-भूमि की नदियों की सूची इतने से पूरी नहीं हो जाती। महर्षि विश्वामित्रके पुत्र अष्टक[११] (१०।१०४।८) ने सप्त-आप (पंच-आप, पञ्जाब नहीं), और निन्यानबे छोटी नदियों का उल्लेख किया है। इन निन्यानवे नदिकाओं में से कुछ के नाम ऋग्वेदमें निम्न हैं: अंशुमती, अंजसी, अनितभा, अपित्, अश्मन्वती, उद्री, ऊर्णावती, लिशीकुलिशी, क्षिप्रा, देष्ट्री, पुरीषिणी, यव्यावती, रसा, विबाली, वीरपत्नी, शिफा, श्वेत्यावरी, सरयू, सीलमावती, सुवास्तु, सुसर्तु, हरियूपीया। सुवास्तु आंज स्वात के नाम से प्रसिद्ध है। जिस तरह ऋग्वेद की क्षिप्रा को उज्जैन की क्षिप्रा से मिलाना निरी लालबुझक्कड़ी है, उसी तरह वहाँ की सरयू को पूर्वी उत्तर प्रदेश की सरजू (घाघरा) से मिलाना उपहासास्पद है। मूल भूमिके नामोंको प्रवासी अपनी नई निवासभूमिमें फैलाते ही हैं, यह बृहत्तर भारतके चम्बा, कम्बोज, विदेह नामोंसे देखा जाता है। आधुनिक कालमें भी आस्ट्रेलिया, अमेरिका, कनाडा आदिमें जाकर अंग्रेज प्रवासियोंने अपनी मूल-भूमिके नामोंका इसी तरह प्रयोग किया है। सरयू सप्त-सिन्धु की नदी थी। प्लति-सूनु गय[१२] (१०।६४।९) ने सरस्वती, सरयू और सिन्धुको देवी आप् (दिव्य नदी) कहा है। अपेक्षाकृत नवीन गयने ही नहीं, बल्कि पुराने ऋषि अत्रिके पौत्र और अर्चनानाके पुत्र श्यावाश्वने[१३] (५।५३।९) क्रमशः कुभा (काबुल), क्रमु (कुर्रम), सिन्धु, सरयू और पुरीषिणीका नाम लिया है, जिससे जान पड़ता है, कि सरयू पश्चिमी सप्तसिन्धुकी कोई नदी थी। सिन्धुके बाद उल्लेख होने से हो सकता है, वह सिन्ध और जेहलम (वितस्ता) के बीचकी कोई नदी हो। सरयूके पार अर्ण और चित्ररथ मारे गये थे।

यह तो निश्चित है, कि ऋग्वेदके ऋषि (सबसे पिछले भी) गंगाके पूर्वके किसी भूभाग या नदीका परिचय नहीं रखते। जिस तरह महमूद

गजनवीके समयसे मुस्लिम शासक पञ्जाबको लेकर वहीं जम गये, और प्राय: दो सदियों तक पूर्वमें नहीं बढ़ सके, वही बात कुछ सदियोंके लिए सप्त-सिन्धुके आर्यों की हुई। इस प्रकार पश्चिममें खैबरसे पूर्वमें यमुनाके किनारे तक आर्योंका प्रभाव फैला हुआ था। उत्तरमें हिमवन्त[१४] (१०।१२१।४), या बड़े पहाड़[१५] (१।७७।३) उनके रास्तेको रोके हुए थे। जहाँ ही प्रतापी राजा शम्बरने दिवोदासके छक्के छुड़ाये थे। उसके सौ पहाड़ी दुर्ग[१६] (६।३१।४) आर्योंके लिए लोहेके चने थे। यद्यपि ऋग्वेदमें[१७] (३।२०।७) आर्योंके "कृष्ण-योनि" (काली सन्तान) और[१८] (१।१३०।८) "कृष्ण-त्वक्" (काले चमड़ेवाले) में शम्बरको भी सम्मिलित किया गया है, पर शम्बर प्राग्द्रविड जातिका नहीं, बल्कि प्राचीन किरात जातिका था। ईसा-पूर्व द्वितीय सहस्राब्दीमें सारा हिमालय किरात-भूमि (किन्नर-भूमि) था। कांगड़ेके प्रसिद्ध मन्दिर बैजनाथकी प्रशस्तिमें इस बस्तीका नाम किरग्राम लिखा है। चम्बा-लाहुलसे आसाम तक हिमालयके पहाड़ोंकमें आज भी किरात-भाषाभाषियोंके अवशेष मिलते हैं, जिन्हींको आजकल के वैज्ञानिक मोन्-ख्मेर कहते हैं। शम्बर इस अंचलके किरात जनोंका वीर और प्रतापी नेता था। इसे पीछेकी किंवदन्तियोंने मानवसे दानव तथा विकराल शरीरका बना दिया। इसी शम्बरको पीछेकी परम्परा ने जलन्धर असुरका नाम दिया, जिससे इस पहाड़ी भूभागका नाम जलन्धर खण्ड पड़ा। काँगड़ामें उसका कान पड़ा, इसलिए उसका नाम कान-गढ़ कनगढ़ा, (काँगड़ा) हुआ। पहाड़में व्यास और रावीके बीचवाले प्रदेशका राजा शम्बर था, और मैदानमें इन्हीं दोनों नदियोंके बीचका राजा दिवोदास, इसलिए दोनोंकी प्रतिद्वन्द्विता स्वाभाविक थी।

हिमालय और पश्चिमी सीमान्तके सुलेमान (कृष्णगिरि) का परिचय ऋषियोंको था, पर उनके अलग-अलग भागोंमें[१९] (१०।३४।११),[२०] (१०।३५।२) केवल मुँजवत्, शर्यणावत्का ही नाम मिलता है। मुंजवत् अपने सोम (भांग) के लिए प्रसिद्ध था, और शर्यणावत् सुषोमा (सोहान)

नदीके ऊपरवाले प्रदेशका नाम मालूम होता है, जो आर्जिकीयाके क्षेत्रमें पड़ता था।

सप्तसिन्धुकी दक्षिणी सीमा राजस्थानकी महामरुभूमि थी। मरुको वेदमें धन्व कहा गया है, पर इस महाधन्वका वहाँ स्पष्ट वर्णन नहीं मिलता। मध्य-एसिया के घुमन्तुओंकी तरह आर्य व्यापार (पण्य) और व्यापारियों (पणियों) को घृणाकी दृष्टिसे देखते थे (२।२४।६)[२१]। पर, उन्हें पता था, कि व्यापारके लिए समुद्रमें नावें चलती हैं।[२२] (६। ५८।३)। सिन्धु उस समय नदियोंका साधारण और सिन्धुनदका विशेष नाम था। अर्ण (अर्णव) भी नदियोंको कहते थे। पीछे इन शब्दोंका प्रयोग समुद्रके लिए किया जाने लगा। पर, महासागरको तब भी समुद्र कहते थे। सप्तसिन्धुसे बड़ी-बड़ी नावें सिन्धुनद होकर ही समुद्रमें पहुँचती होंगी। निम्न-सिन्धु उपत्यकामें आर्य जरूर गये। वहीं उनके प्रतिद्वन्द्वियों का महान् नगर था, जिसके भव्य ध्वंसावशेष आज मोहन-जो-डरोके नामसे प्रसिद्ध हैं। निम्न-सिन्धु सप्तसिन्धुके भीतर था, यह कहना मुश्किल है। वहाँ किसी परिचित जनका बसना निश्चित नहीं मालूम होता। चाहे सप्तसिन्धुके भीतर यह भाग न गिना जाता हो, पर वह ऋग्वेदिक आर्योंके अधीन था और उस के रास्ते पणनके लिए जानेवाले पणि आर्योंकी नजरमें हीन होते हुए भी उनके लिए पशु और अन्नसे भी महार्घ धनको प्रस्तुत करते थे। उनकी सहायता बिना आर्य न "निष्कग्रीव" हो सकते थे, न "रुक्मवक्ष" (छातीपर सोना झुलानेवाले)।

पणि आर्योंके पुराने तथा दक्षिण दिशाके शत्रुओंमेंसे थे, जिनके साथके संघर्ष ऋग्वेदके समयसे बहुत पूर्व ही समाप्त हो चुके थे। अब उनके संघर्ष जिन शत्रुओंसे हो रहे थे, वह पहाड़के निवासी अर्थात् हिमवन्तवासी किरात थे।

———

अध्याय २

आर्य-जन

§१. सिंधु-सभ्यता

ऋग्वेद उस समय नहीं अस्तित्व में आया, जबकि आर्य पहले-पहल सप्तसिन्धुमें आकर बसे। आर्योंका सप्तसिन्धु में छा जाना शान्तिपूर्वक नहीं हुआ। अपने से अधिक सभ्य तथा नागरिक होनेसे अपेक्षाकृत मृदुल-प्रकृति वाले प्रतिद्वन्द्वियोंसे उनका खूनी संघर्ष १५०० ई० पू० के आस-पास हुआ था। हड़प्पा की खुदाईमें ऐसे निर्मम हत्याकाण्डका प्रमाण मिला है, जिसका उल्लेख मोर्टिमोर ह्वीलर ने अपनी पुस्तक[१] 'इण्डस् सिविलिजेशन' में किया है। ऋग्वेदमें इन्द्र-वृत्र के युद्ध के रूपमें इसकी बहुत क्षीण-सी प्रतिध्वनि आती है, जिसे फिर इन्द्र-शम्बर के युद्ध से मिलाया गया है। सभी जनयुगीन जातियोंकी तरह आर्य-पुरोहित अपनी सभी बड़ी-बड़ी सफलताओं का श्रेय अपने देवता को देना चाहते थे, इसीलिए अपने भरतों और दूसरे आर्य-जनों के साथ मिल कर पहाड़ (जलन्धर खण्ड) के किरात राजा शम्बर से अनेक ज़बर्दस्त लड़ाइयाँ लड़ते ४० वर्ष बाद दिवोदास विजयी होने में सफल हुआ, उसका सारा श्रेय उस काल का पुरोहित-वर्ग (ऋषि) अपने आराध्य इन्द्र को देना चाहता है। ऋग्वेद के इन स्थलोंको पढ़ने से मालूम होता है, कि पराक्रमी दिवोदास महान् इन्द्र के एक हथियार से बढ़ कर कुछ नहीं था।

---

१. Indus Civilization—M. Wheeler, Cambridge History of India, appendix.

यह बतला चुके हैं, कि ऋग्वेदके ऋषि भरद्वाज, वसिष्ठ, विश्वामित्र तथा उनके यजमान दिवोदास, सुदास आर्यों के सप्तसिन्धु में प्रवेश करने से बहुत पीछे पैदा हुए थे, इतना पीछे जबकि उनकी भाषा में मूर्धन्य उच्चारण वाले टवर्ग, और ळ जैसे रूपान्तर का सन्निवेश हो चुका था, और प्रथम संघर्ष की बहुत ही क्षीण-सी स्मृति रह गई थी। उच्चारण तक में परिवर्तन आना बतलाता है, कि विजेताओंका अपने विजितोंके साथ कहाँ तक घनिष्ठ सम्बन्ध हो चुका था। ऐसी घनिष्ठता के पक्षपाती न उनके ऋषि थे, न जन-साधारण; पर आर्योंके लिए मजबूरियाँ भी थीं। उन्हें काम करने के लिए दास चाहिये थे। उनको अपने भूतपूर्व शत्रुओं के कितने ही विलास-साधनों को अपनाने में एतराज़ नहीं था। आर्यों ने वस्तुतः सिन्धु की पुरानी सभ्यता को ध्वस्त करने, समाज के चक्र को उल्टे घुमाने की कोशिश की थी। वह अपने साथ लाए घुमन्तू जीवन को ही बरकरार नहीं रखना चाहते थे, बल्कि नगरों और नागरिक जीवन से संसार-विजेता चंगेज़ के मंगोलों की तरह ही घृणा करते थे। उनके विजेता दिवोदास और सुदास के किसी नगर या राजधानी का उल्लेख नहीं मिलता। अश्वों और गायों को ही अपना परम धन मानने वाले वह नगरों में रह कैसे सकते थे? अश्व-गो-पालक आर्योंने कैसी संस्कृतिका स्थान लिया था? सिन्धु-सभ्यता के धनियों के पास मोहन-जो-डरो जैसे भव्य नगर थे, जिसके बारे में एक अंग्रेज़ लेखक ने लिखा है— "मालूम होता है, हम आज कल के लंकाशायर जैसे किसी नगरके ध्वंसों से घिरे खड़े हैं।" वहाँ, उत्तरसे दक्खिनकी ओर जानेवाली सड़क इतनी चौड़ी थी, जिसपर पहियेवाली सवारियाँ और पादचारी मज़े में चल सकते थे। नगरको एक सुव्यवस्थित योजना के अनुसार बनाया गया था। सड़कें ९ से ३४ फुट तक चौड़ी थीं, जिनमें से कोई-कोई आधी मील तक ऋजु चली गईं थीं। वह एक दूसरे को समकोण पर काटती चौरस्ता बनाती थीं। प्रत्येक वीथी और सड़क पर सार्वजनिक उपयोग के कुँए थे। अधिकांश घरोंमें अपने निजी कुँए और

नहान - कोट्ठक थे। . . .पानीके निकलने के लिए नालियाँ और मोरियाँ इस तरह लगाई गई थीं, जिससे कितने ही आजकलके नगरोंको भी ईर्ष्या हो सकती है। अमीरों, व्यापारियों, शिल्पियों और मजदूरों के मुहल्लों को उनके ध्वंसों को देखकर बतलाया जा सकता है। नगर देखने में 'एक लोकतान्त्रिक पूँजीवादी नगर' सा दीख पड़ता है। मकान अधिकतर पक्की ईंटोंके बने थे, जो आकार-प्रकार में आजकल की ईंटों-सी और रंगमें मटमैली लाल सूर्ख थीं। उनका जोड़ इतना बारीक है, कि उसमें बारीक चाकू के फल को घुसाना मुश्किल है।

हरेक घर बहुत सुखद और स्वच्छ था। सबसे छोटे घरोंमें दो कमरे थे, और बड़े-बड़े घर तो महल जैसे थे। बीच में ईंटों से बिछा आँगन था, जिसके किनारे कमरे, उनके द्वार और खिड़कियाँ थीं। मुख्य दरवाजा सड़क की ओर खुलता था। हरेक घरका नहान-कोट्ठक सड़क के पास होता था। नीचे की ही मंजिल में नहीं कोठों पर भी नहान-कोट्ठक थे। पाखाना शायद छत पर होता था, जैसा कि पञ्जाब के पुराने घरों में देखा जा सकता है। यह भी पता लगता है, कि शहर में सड़कों पर रात को दीपक जला करते थे।

लोग गेहूँ और जौ की खेती करते थे। धान, तिल और मटर भी पैदा की जाती थी। कम-से-कम पिण्ड-खजूर के फल उनके खानेमें था। झीलों, नदियोंकी ताज़ी मछलियों के अतिरिक्त वे गाय, बकरी, भेड़, सूअर, मुर्गी ही नहीं कछुए और घड़ियाल के माँस को भी खाते थे। भैंस, हाथी और ऊँटकी हड्डियाँ भी वहाँ मिली हैं, अर्थात् वे बैल, भैंस, हाथी और ऊँट का इस्तेमाल जानते थे।

वे सूती-ऊनी कपड़े पहनते थे। आम तौर से एक कपड़ा धोती की तरह पहना जाता और दूसरा उपरने या चादर के तौर पर जनेऊ की तरह दाहिना कन्धा खुला रखकर। स्त्रियोंकी पोशाक भी पुरुषों की तरह ही थी। वे कुषाणोंके आने से पहले तक की हमारे यहाँ की स्त्रियों की तरह सिर को पगड़ी या कपड़ेसे ढाँक कर रखती थीं। पुरुषोंके बाल लम्बे

होते थे, जिनको माँग फाड़ कर रखा जाता था। मूँछ छँटी और दाढ़ी छोटी या छँटी रखते थे। स्त्रियोंको सोने, चाँदी, ताँबे, पीतल और मिट्टी-पत्थरके ज़ेवरों से बहुत प्रेम था। पुरुष कड़ा, कण्ठमाला और अँगूठी पहनते थे, केशों का चूड़ाभूषण भी उन्हें प्रिय था। स्त्रियाँ मुखचूर्ण और काजल ही नहीं शायद अधरराग का भी इस्तेमाल करती थीं।

घर के सामान में ताँबे या पीतल की सूइयाँ, कुल्हाड़ा, आरा, हँसिया, चाकू, मछली की बन्सी आदि का इस्तेमाल होता था। नाप-तोल के साधनोंसे पता लगता है, कि वे उनका विभाजन आजकल के रुपयों की तरह सोलह से करते थे।

लड़ने के लिए उनके पास ताँबे या पीतल के फरसे, भाले, कटार, तलवार थे। धनुप-बाण भी थे, जिनमें फल ताँबे-पीतलके होते थे। ताँबेकी पतली चादरोंसे कवच बनाना भी वे जानते थे। गदाएँ उनकी पत्थर की थीं।

सोने-चाँदी, दूसरी धातुओं और रत्नों के लिए उनका सम्बन्ध मैसूर, काश्मीर, पूर्वी भारत ही नहीं, मध्य-एसिया और पश्चिमके देशों से भी था। उनकी नावें समुद्र में चलती थीं, और मसोपोतामिया ही नहीं शायद मिस्र से भी वह व्यापारिक सम्बन्ध रखते थे। उनके ऊँचे वर्ग में पुरोहित, योद्धा और व्यापारी थे। व्यापारियों का ऐश्वर्य और प्रभाव कम नहीं था। पुरोहितों और योद्धाओं का प्रभाव आर्यों की विजय के बाद कम हो गया होगा, पर व्यापारी तब भी अपना महत्त्व रखते थे। पणि कहकर आर्य उनकी लोलुपता को घृणाकी दृष्टिसे देखते थे। पणि शब्द मालूम नहीं किस भाषा का है, आर्य-भाषाका शायद नहीं है। यद्यपि संस्कृत में पण् धातु क्रय-विक्रयके लिए आता है, पर इसका अभाव भारत के बाहर की स्ववंशीय भाषाओंमें बतलाता है, कि यह उधार लिया हुआ है।

फाब्री सिन्धु-सभ्यता का समय २८००–२५०० ई० पू० मानते हैं, ह्वीलरके अनुसार यह समय २३००–१५०० ई० पू० है, अर्थात् उसका अन्त और आर्योंका आगमन एक ही समय होता है।

हम देख चुके, आर्यों ने कैसी सभ्यता और भौतिक जीवन के नष्ट करने का प्रयत्न किया था। वस्तुत: अश्वको छोड़ वह कोई नई चीज़ देने में असमर्थ थे। मोहन-जो-डरो, हड़प्पा तथा ऐसे ही कितने और नगरों के संहार के बाद सप्त-सिन्धुकी विजित भूमि को पशुपाल आर्य-जनोंने आपस में बाँटकर उसे गोचर-भूमि में परिणत कर दिया। बहुत से नगर वीरान हो गए। गाँवोंके भी बहुत-से लोग पूर्व और दक्षिण की ओर भाग गए। जो रह गए, उन्हें विजेताओंने दास या कमकर बना लिया। मोहन-जो-डरोकी भूमि किसी अल्पपरिचित आर्य-जन ने सँभाली, इसीलिए उसका नाम ऋग्वेद में नहीं मिलता। प्रधान जनों ने सिन्धु से पूर्व की भूमि पर अधिकार किया। जहाँ जो जन बसा, उस भूमि या जनपद का नाम उस जन के नाम पर पड़ा। जनों का नाम भी पहले किसी पूर्वज या प्रधान व्यक्ति के नाम पर ही पड़ा होगा। पर, प्राचीन आर्य-जनों के ऐसे नामकरण का पता लगाना सम्भव नहीं है। कुरु (कोरोश्), मद्र (मेद) जैसे ईरान में भी प्रचलित नाम बतलाते हैं, कि कुछ आर्य-जन अपने इस नाम से भारत से बाहर भी प्रसिद्ध रहे। सिन्धु-विजय के समय के उनके नामोंका पता नहीं है। ऋग्वेदके समय आर्यों के पाँच जन मुख्य थे। सारी आर्य-प्रजा को बल्कि पञ्चजन, पञ्चचर्षणि, पञ्चक्षिति कहना बतलाता है, कि शायद वह पहले पाँच ही जनों में विभक्त थे। लेकिन ऋग्वेद के जनों की संख्या एक दर्जन से भी अधिक है, जिसमें यह निश्चय करना मुश्किल है, कि इनमें सबसे पुराने जन कौन रहे होंगे।

यदि मूल आर्य-जन-जिन्होंने सिन्धु-विजय किया था-पाँच थे, और अब उनकी संख्या एक दर्जन, तो यह इसी बातको बतलाता है, कि तब तक आर्योंको आए काफ़ी समय बीत चुका था। यह भी उल्लेखनीय बात है, कि ऋग्वेदके प्रमुख आर्य-जन निम्न सिन्धु या उसके पासके इलाके में—जहाँ मोहन-जो-डरो और हड़प्पा हैं—नहीं रहते थे, वह सिन्धु से ही नहीं वितस्ता (जेहलम्) और असिक्नी (चनाब) से

भी पूर्व रहते थे। पाँच जनों में सबसे प्रतापी पुरु लोग सप्तसिन्धु के पूर्वी छोर पर बसे हुए थे, जो यही बतलाता है, कि ऋग्वेद के समय में ही आर्यों का प्रतापकेन्द्र पूर्वकी ओर काफ़ी दूर हट गया था। ब्राह्मण-उपनिषत्-काल (ई० पू० सातवीं सदी) में यह और भी पूर्व की ओर हटकर पश्चिमी उत्तरप्रदेश (कुरु-पञ्चाल) में पहुँच गया, जहाँ से अगली शताब्दी में (बुद्ध से थोड़ा पहले) काशी-कोसल और उससे अगली शताब्दी में मगध पहुँचकर हमारे ऐतिहासिक काल से मिल गया।

§२. आर्य-जन

१. पांच जन

(१) **पुरु**—यह जन ऋग्वेद-काल से कुछ पहले एक जन के रूप में, जान पड़ता है, परुष्णी (रावी) के पूर्व में रहता था। ऋग्वेद के समय इसकी कई शाखाएँ हो चुकी थीं, जिनमें भरत, तृत्सु और कुशिक का नाम हमें मालूम है। कुशिक के नेता विश्वामित्र सुदास के परम - समर्थक थे। भरतों की एक शाखा तृत्सु थी। भरतों के मुखिया बध्र्यश्व, दिवोदास और सुदास—तीनों पितामह, पिता और पुत्र थे। दिवोदास-सुदास को पुरु-भरत भी कहा जाता था, और वह तृत्सु के भी मुखिया थे। इससे जान पड़ता है, अभी इन जनों में उतना बिगाड़ नहीं हुआ था। पीछे मूल जन पुरु अपनी शाखा भरतजन से इतना हट चुका था, कि दाश-राज्ञ युद्ध में उसने भरतों का नहीं बल्कि उनके शत्रुओं का साथ दिया।

भरत कभी परुष्णी (रावी) के तीर पर रहते थे, पर आज उनके नाम पर हमारा सारा देश प्रसिद्ध है। सिन्धुने यदि भारत से बाहर हमारे देश को अपने नाम पर प्रसिद्ध किया, तो देश में परुष्णीके तीर - वाले भरतोंने अपना नाम हमारे देशको दिया। पुरुओं की भरतों द्वारा पराजय में वसिष्ठ का भी हाथ था। उन्होंने कहा है[१] (७।८।४) अग्नियों ने भरत की (प्रार्थना) सुनी, युद्ध में पुरुओं के विरुद्ध खड़े हुए। दाशराज्ञ युद्ध

का वर्णन करते समय[१] (७।१८।१३) वह फिर दुष्ट वचन बोलनेवाले पुरुओं को युद्धमें पराजित करनेके लिए इन्द्र की प्रशंसा करते हैं। पुरुओंके साथ तृत्सुओंका ऐसा बुरा सम्बन्ध दिवोदासके समय नहीं था। दिवोदास के पुत्र परुच्छेप ऋषि ने[२] (१।१३०।७) बल्कि दिवोदास को मूल-जन के सम्पर्क के कारण पुरु कहा है। पर किसी समय दिवोदास का पुरुओं से झगड़ा भी हो गया[३] (७।८।४)। पुरुओं के तीन राजाओं के नाम ऋग्वेद में मिलते हैं—पुरुकुत्स, तत्पुत्र त्रसदस्यु, तत्पुत्र कुरुश्रवण। कुरुश्रवण नाम से यह भी पता लगता है, कि भावी कुरु-वंश का विकास पुरुओं से हुआ।

(२) यदु—ऋग्वेद का यह एक ऐसा जन है, जिसका पीछे भी पता लगता है। मथुरा का यदुवंश कृष्ण के कारण प्रसिद्ध है। करौली के राजा ब्रज में ही हैं, जो सम्माननीय यदुवंशी माने जाते हैं। जैसलमेर के भाटी भी यादव हैं, और उनसे अपना सम्बन्ध जोड़नेवाले नाहन (सिरमौर) के पर्वतीय राजा भी यादव कहे जाते हैं। मुसलमानों द्वारा ध्वस्त देवगिरि (दौलताबाद) महाराष्ट्र का एक शक्तिशाली राज्य भी यादव था। इस प्रकार मथुरा, राजस्थान, हिमालय ही नहीं सुदूर दक्षिण तक यदुओं का विस्तार रहा, पर ऋग्वेद-कालमें वह सप्त-सिन्धुमें ही और सोभी काफ़ी पश्चिममें रहते थे। पुरु तो घरके ही शत्रु थे, पर पिता-पुत्र दिवोदास और सुदास को सबसे अधिक संघर्ष यदु और तुर्वश जनों से करना पड़ा था। तुर्वश और यदु की जोड़ी थी, जिससे इनके कुल या स्थान की घनिष्ठता मालूम होती है। बहुत-से स्थानों में मंगलकामना या नाशकामना में इन दोनों जनों का नाम साथ आता है। अगस्त्य (शायद वसिष्ठके भाई) ने एक स्थान पर[४] (१।१७४।९) इन दोनों के लिए इन्द्र से मंगलकामना करते हुए कहा है—"इन्द्र, तुम तुर्वश और यदु का पालन और मंगल करो।" सव्य आंगिरस ने भी[५] (१।५४।६) इन्द्र से प्रार्थना की है— "शतक्रतो, तुमने नर्य, तुर्वश, यदु की रक्षा की, तुमने तुर्वीति की (रक्षा की)।" कण्व के पुत्र वत्स भी तुर्वश-यदु की मंगलकामना करते

है[६] (८।७।१८)—"(मरुतो), क्योंकि तुमने तुर्वश-यदुकी, धनेच्छुक (मेरे पिता) कण्वकी रक्षा की, धनके लिए मैं (भी) तुम्हारा ध्यान धरता हूँ।" यदुओं और तुर्वशों के पुरोहित कण्व और उनके पुत्र वत्स आदि थे, इसलिए वह अपने यजमान की अमंगल कामना कैसे कर सकते थे? लेकिन इससे उल्टा वसिष्ठ चाहते हैं[७] (७।१९।६८)—"मघवन्, अतिथिसेवक (सुदास) की भलाई करनेवाले हो, तुम तुर्वश और यादव को पराजित करो।"

(३) तुर्वश—ऋग्वेद में तुर्वश का नाम बराबर यदु के साथ आता है। दोनों के पुरोहित कण्व, तत्पुत्र वत्स और उनके वंशज थे। भरतों और पुरुओं ही ने नहीं अनार्य शत्रुओंका मुकाबला किया था, बल्कि इन्होंने भी उन्हें पराजित कर पञ्च जनों में नाम कमाया था। अत्रि (ऋग्० पाँचवें मण्डल के रचयिता) और उनके वंशज वैसे पुरुओं के पुरोहित थे, जो सतलुज से पूरब में रहते थे, पर अवस्यु आत्रेय यदु-तुर्वश के भी प्रशंसक थे[८] (५।३१।८)—"इन्द्र, तुमने यदु और तुर्वश को इच्छापूरक (सुदुधा) जल (या नदियाँ) प्रदान किए।" भरतों के पुरोहित होने से भरद्वाज तुर्वशों की सफलताओं का गान नहीं कर सकते थे। उन्होंने सृंजयों के हाथ तुर्वशों की पराजय का उल्लेख किया है[९] (६।२७।७)—"उस (इन्द्र) ने सृंजय के हाथ में तुर्वश दे दिये।" भरद्वाज बृहस्पतिके पुत्र थे। बृहस्पतिके दूसरे वंशज शंयु इन्द्रकी स्तुति करते तुर्वश-यदुका गुणगान करते हैं[१०] (६।४५।१)—"वह तरुण इन्द्र हमारा सखा है, जो तुर्वश और यदु को दूर (पच्छिम) से अच्छी तरह लाया।"

तुर्वश और यदु भरतोंके प्रतिद्वन्द्वी थे, जिनके मुखिया दिवोदास और सुदास थे। उधर सृंजयोंसे तुर्वशोंकी पराजय बतलाती है, कि वह इनकी भूमिके नजदीक रहते थे। जान पड़ता है, ये दोनों जन शतद्रु (सतलुज) और परुष्णी (रावी) के निचले भागोंमें नदीके दोनों तरफ ऐसी जगह बसते थे, जहाँ से सतलुज-व्यास (विपाश्) के बीच बसनेवाले सृंजयोंकी भूमि पास पड़ती थी। शंयुके कहनेसे मालूम होता है, कि पहले ये दोनों जन

कहीं दूर (शायद सिन्धु के पास) रहते थे, जहाँ से आकर वह इस भूमिमें बस गए। यद्यपि वह उसी इन्द्रके "लाए हुए थे", जिसके भक्त भरत और सृंजय जन भी थे, पर उनका स्वार्थ एक दूसरेका अविरोधी नहीं था। भरतोंने जब अपनी प्रभुता सारे सप्तसिन्धु पर फैलाकर उसे एकताबद्ध करना चाहा, तो उनका सबसे अधिक मुकाबला तुर्वशों और यदुओंने किया।

(४) द्रुह्यु—पंच जनोंमेंसे एक इस प्रतापी जनके पुरोहित भृगु थे। कुत्स आंगिरस अपनी एक ऋचा[११] (१।१०८।८) में आर्योंके दोनों प्रधान देवताओं—इन्द्र-अग्निकी महिमा गाते उनके वास-स्थान अथवा उपासकके तौर पर पाँचों जनोंका नाम लेते कहते हैं—"हे इच्छापूरक, इन्द्र-अग्नि, जो तुम (दोनों) यदुओंमें, तुर्वशोंमें, द्रुह्युओंमें, अनुओंमें, पुरुओंमें रहते हो, वहाँसे आकर तैयार किए हुए (हमारे) सोमको पियो"। यदु-तुर्वशके बाद और पास-पासमें द्रुह्यु-अनुके जनपद थे। सभी पाँचों जन इन्द्र और अग्निके भक्त थे। द्रुह्यु, पुरुओं और तृत्सुओंके जैसे बलशाली थे, यह शंयु बार्हस्पत्यकी निम्न उक्ति[१२] (६।४६।८) से मालूम होता है—"हे मघवन्, तृत्सु, या द्रुह्यु अथवा पुरु जनमें जो कुछ बल है, उसे अमित्रोंको युद्धमें हरानेके लिए हमें दो"। लेकिन वसिष्ठ अपने यजमान सुदासके इन प्रतापी शत्रुओंको फूटी आँखों भी नहीं देख सकते थे। दाशराज्ञ युद्धमें सुदासके इन प्रतिद्वन्द्वियोंको भारी हानि उठानी पड़ी, यह वसिष्ठकी निम्न ऋचाओं[१३] (७।१८।६७१२, १४) से मालूम होता है—"धनके लिए . . . तुर्वशोंने, भृगुओं और द्रुह्युओंने (इन्द्रके) सखा (सुदासका) मुकाबला किया—(६)। "श्रुत कवष, बृद्ध और द्रुह्युको वज्रबाहु (इन्द्र)ने पानी (नदी) में डुबो मारा" (१२)। "गाय (छीनने) की इच्छावाले अनुओं और द्रुह्युओंके छियासठ हजार छियासठ वीर (मरकर) सो गए,—" (१४)। इससे मालूम होता है, अनुओं, द्रुह्युओं और पुरोहित कुलवाले भृगुओंने मिलकर सुदासपर आक्रमण किया था। शायद वह सीमान्तकी नदी (परुष्णी, रावी) को पारकर भरतोंकी भूमिमें आगए थे। नदीके पास लड़ाई हुई, जिसमें हारकर भागते हुए उनके श्रुत कवष जैसे मुखिया नदीमें डूब गए और रणक्षेत्रमें उनके छियासठ हजारसे

अधिक आदमी मारे गए। द्रुह्य और अनुकी भूमि परुष्णी (रावी) के पश्चिम वितस्ता (जेहलम्) तक फैली थी। द्रुह्युओंके उत्तरमें अनु और दक्षिणमें तुर्वश लोग रहते मालूम होते हैं। स्थानका निर्देश ऋचाओंमें नहीं मिलता। किस पानीमें इतने सरदार डूब गए, इसका भी उल्लेख नहीं मिलता, पर दाशराज्ञ युद्धके पश्चिमी जनोंने परुष्णीको पकड़कर एक बार सुदासकी स्थिति भयानक बना दी थी, यह हम पक्थोंके प्रकरणमें बतलाएँगे, जिससे परुष्णीके पश्चिम ही द्रुह्युओंका निवास माना जा सकता है।

(५) **अनु**—यह आर्योंके पाँच प्रधान जनोंमें एक तथा द्रुह्यओंका जोड़ीदार था। छियासठ हज़ार मारे जानेवालोंमें इनके वीर भी रावीके किनारे सदाके लिए सो गए थे। अनु कितने महत्त्वशाली थे, यह अवस्यु आत्रेयकी एक ऋचा[१४] (५।३१।४) से मालूम होता है, जिसमें उन्हें इन्द्रके रथका निर्माता बतलाया गया है। तुर्वशोंके पुरोहित कण्वके वंशज देवातिथिका तो अपने यजमानोंकी तरह अनुओंके प्रति विशेष पक्षपात मालूम होता है। वह कहते हैं[१५] (८।४।१)—"इन्द्र यद्यपि (तुम्हें) पूरब, पश्चिम, उत्तर, दक्षिण (चारों ओर) से आदमी आह्वान करते हैं, लेकिन तुम तुर्वशों और अनुओंके लिए अधिक बुलाए जाते हो।" पर सौ जादू जाननेवाले (शतयातु) वसिष्ठ[१६] (६।६२।९) झूठे (द्रोघवाक्) अनुओंके ऊपर अश्वि देवता-युगलका हथियार गिरवाना चाहते हैं।

२. अन्य जन

इन पाँच मूल जनोंके अतिरिक्त और भी कुछ जनोंका उल्लेख ऋग्वेदमें मिलता है। उनमें कितने ही सिन्धु और असिक्नी (चनाब) के बीचके भी थे, जिन्होंने सुदासके विरुद्ध हथियार उठाए थे। पर उनसे अधिक उन जनोंके निवासका पता मिलता है, जो सिन्धुके पश्चिममें रहते थे। इनमें पक्थोंका नाम पहले आता है।

(६) **पक्थ**—सुदासकी महत्त्वाकांक्षाको असफल करनेके लिए जिन दस राजाओं (जनों) और दूसरे कितने ही आर्यजनोंने तलवार उठाई थी,

उनमें पक्थ भी थे। पक्थ जन अब भी पख्तून (पठान) के नामसे सिन्धुके पश्चिममें काबुल तक बसा हुआ है, यद्यपि उनके बारेमें यह नहीं कहा जा सकता, कि वह केवल पक्थोंके वंशज हैं। शायद अलिन, गन्धारि, विपाणि और भलानस भी आजके पख्तूनोंके रूपमें हमारे सामने मौजूद हैं। पक्थ अश्विद्वयके उपासक आर्य थे। कण्वपुत्र सोभरिने[17] (८।२२।१०) इन जमुये देवताओंकी प्रार्थना करते हुए कहा है—"जिन (प्रेरणाओं) से तुमने पक्थकी, अध्रिगुकी और बभ्रुकी रक्षा की, उनके साथ हमारे पास जल्दी आओ, (और) व्याधिग्रस्त की चिकित्सा करो।" सुदासके इन विरोधियों का उल्लेख करते हुए वसिष्ठ कहते हैं[18] (७।१८।७-९)—"पक्थ, भलान, अलिन, विषाणी, शिव (जब) आए, तो तृत्सुओंके नेता आर्य की गायें युद्ध करके (बचा) ले आए। दुष्टों, भूखोंने परुष्णी (रावी) को आ पकड़ा।"

(७-९) भलान, अलिन, विषाणी—उपरोक्त ऋचामें दाशराज्ञ युद्धके एक प्रमुख नेता वसिष्ठ पक्थोंके साथ इनका भी नाम लेते हैं, अतः ये पक्थोंके पड़ोसी जन होंगे। भलान नाम अब भी बोलान दर्रेके नाममें सुरक्षित है, इससे जान पड़ता है, कि बाकी दो जन भी सिन्धु पारके लोग थे।

(१०) शिव—यह शायद पीछेका शिवि देश वाला जन था, जो सिन्धुके इस पार जेहलम् (वितस्ता) से पश्चिम रहता था, और जिसके नाम वाला एक अभिलेख शोरकोटमें मिला है। सुदासके प्रतिद्वन्द्वी ये दस राजा मिलकर लड़े थे, जिसके कारण वह युद्ध दस राजाओंके युद्ध (दाशराज्ञ-युद्ध) के नामसे ऋग्वेद और पीछेके ग्रंथोंमें प्रसिद्ध हुआ।

इनके अतिरिक्त सुदासके शत्रुओंमें निम्न जन या व्यक्ति भी गिनाए गए हैं, जिनमेंसे दो-तीन को छोड़ बाकीके लिए यह कहना मुश्किल है, कि वह नेता थे, या जन—

(११) शिम्यु (जन), (१२) क्रिवि (जन), (१३) मत्स्य (जन), पीछे यह जन आधुनिक जयपुरवाले प्रदेशमें रहता था।

(१४) वैकर्ण (व्यक्ति ?), (१५) कवष, (१६) देवक मन्यमान, (१७) चायमान कवि, (१८) सुतुक, (१९) उचथ, (२०) श्रुत, (२१) बृद्ध, (२२) मन्यु, (२३) पृथु, (ये सब व्यक्ति)। सबसे बलवान् जन था (२४) भरत, जो कि पुराने पुरुओंकी एक शाखा थी, यह हम बतला आए हैं। भरतोंकी शाखा तृत्सु थे। दिवोदास और सुदास भरत भी कहे गए हैं, और तृत्सुओंके उन्नायक भी। यद्यपि एक समय तृत्सुओंसे सुदासकी खटपट भी देखी जाती है, पर उससे उनका और तृत्सुओंका घनिष्ठ सम्बन्ध असिद्ध नहीं होता।

इन एक दर्जन आर्य जनोंमें पाँच बहुत पुराने थे। यह पाँचों भी एक ही जगहके स्थायी निवासी नहीं थे, यह शंयु बार्हस्पत्यके इस कथन[१९] (७।४५।-१) से मालूम होता है—इन्द्र उन्हें सुदूर पश्चिमसे (परावतः) लाया था।

अथर्व ऋग्वेदसे पीछे (प्रायः ई० पू० सातवीं-आठवीं सदी) की कृति है, उसमें पूरबमें अंग-मगधसे पश्चिममें बाह्लीक (बलख) तक के देशोंके नाम मिलते हैं, जैसे—अंग, अन्तदेश, गन्धार, धन्व (मरुभूमि), पटूर, बह्लिक, मगध, मद्य, मुंजवत्, रुम (मरु), रुशत्, विक्षर, सोन्त देश। ऋग्वेदमें निम्न देशोंके नाम भी आते हैं—

(१) उदव्रज (पानी और गोचर भूमिवाला देश, शायद कांगड़ा में नूरपुर के पास)।

(२) कीकट (यह मगध नहीं, सप्तसिन्धु के पास ही कोई देश था।

(३) कृत्वन्।

(४) गांग्य (गंगावाला प्रदेश, जो पीछे कुरुदेश कहलाया)।

(५) गुंगु (शायद कोई आर्य-भिन्न देश)।

(६) दुर्ग (?)

(७) यक्षु (गंगा-यमुनाके बीच गांग्य देशमें ही किसी आर्य-भिन्न जनका देश)।

(८) रुशम (?)

(९) वेतंसु (?)

(१०) सरस्वतीवत्, सारस्वत (कुरुक्षेत्रकी सरस्वतीके पासका देश)।

(११) सिन्धु (निम्न सिन्धवाला देश)।

अथर्ववेदके समयमें आर्योंकी पहुँच अंग और मगध तक अर्थात् बंगालकी सीमातक हो गई, पर ऋग्वेदमें वह सप्तसिन्धु तक ही रहते थे, यहीं उनके जन अपना स्वतन्त्र पशुपाल जीवन बिताते थे।

भाग २

सामाजिक, आर्थिक

अध्याय ३

वर्ण और वर्ग

§१. वर्ण (रंग)

ऋग्वेदिक आर्योंके काल (ई० पू० १२००-१०००) में भारतमें चार जातियां मुख्यतः बसती थीं, जिनमें कोल या कोलारी (निषाद, आस्ट्रिक) सप्तसिन्धुसे बहुत दूर रहते थे, इसलिए उनसे उस समय आर्योंका कोई संबंध नहीं था। आर्योंके घनिष्ट सम्पर्क और संघर्षमें आनेवाले (१) मोहनजोडरो और हडप्पाकी सभ्य जाति—द्रविड और (२) कश्मीरसे आसाम और आगे के पहाड़ों तथा तराईमें बसनेवाली जाति किरवा किरात (मोन्-ख्मेर) मुख्य थी। आते ही आर्योंको नागरिक द्रविड़ोंसे पहले भुगतना पड़ा। फिर सप्तसिन्धुमें छा जानेके बाद जब वह हिमालयकी तराई और उसके भीतर घुसने लगे, तो उनका संघर्ष किरोंसे हुआ। ऋग्वेदिक आर्योंका वास्ता किरातों और उनके नायकों शम्बर, चुमुरि आदिसे पड़ा था, यह भी हम बतलाने वाले हैं। द्रविड़ और किरात दोनोंमें ऋग्वेदने कोई भेद नहीं किया और दोनों हीको कृष्णचर्म, कृष्णयोनि या कृष्णवर्ण कहा है। यद्यपि किरात कृष्ण नहीं, बल्कि पाण्डुवर्ण मंगोलायित थे। उनके चेहरेमें द्रविड़ोंसे काफी अन्तर था। आज भी तिब्बती और मुण्डा मनुष्य के चेहरेको देखकर यह भेद स्पष्ट जाना जा सकता है। आर्योंने दोनोंको कृष्ण, दस्यु या दास कहा। किसी भी विजेता जातिको, यदि वह विजितको अपना साझीदार नहीं बनाती तो, वर्णभेद कायम रखना पड़ता है। आज दक्षिणी अफरीकामें विशेष तौरसे और अफ्रीकाके दूसरे भागोंमें सामान्य तौरसे यह वर्णभेद देखा जा

रहा है। आजके वैज्ञानिक और जन-जागृतिके युगमें यदि यह अन्धेरखाता, चल सकता है, तो आजसे सवा तीन हजार वर्ष पहलेके बारेमें कहना ही क्या है?

१. आर्य-वर्ण

ऋग्वेदमें आर्योंके वर्णका सविवरण निर्देश नहीं है, पर अपने देवताओंका जो रंग-रूप उन्होंने वर्णन किया है, वह उनका अपना ही रंग हो सकता है। मनुष्य अपने देवताको भी अपने रूपमें देखता है। "यदन्नं पुरुषो ह्यत्ति, तदन्नं तस्य देवता" (जो भोजन आदमी खाता है, वही उसका देवता भी खाता है); इतना ही नहीं, बल्कि साथ ही यह भी कहना चाहिए "यद् रूपः पुरुषो भवति, तद् रूपा तस्य देवता" (जिस रूपवाला आदमी होता है, उसी रूपवाला उसका देवता होता है)। इस तरह अग्नि, इन्द्र आदिका जैसा रंग-रूप ऋग्वेदमें वर्णित है, वही उनके भक्तोंका भी था। यह भी ख्याल रखना चाहिये, कि ऋग्वेदिक आर्योंसे छः शताब्दियों बाद हुये बुद्ध और हजार वर्ष बाद हुए महाभाष्यकार पंतजलिके समय आर्योंका जो वर्ण उल्लिखित है, वह भी इसी बातको बतलाता है। आर्य अपना विशेष रंग रखते थे। पतंजलिने (महाभाष्य २।२।६ में) लिखा है—"गौरः शुच्याचारः कपिलः पिंगलकेश इत्येनान् अभ्यन्तरान् ब्राह्मण्ये गुणान्कुर्वन्ति" (गोरा शुद्ध आचारवाला, कपिल, पीले केशवाला इन्हें ब्राह्मण होनेके गुण बतलाते हैं)। यह स्पष्ट है, कि ब्राह्मणका जो जो रूप-रंग पंतजलिने बतलाया है, वह अपवादरूपेण नहीं था, क्योंकि उसके बाद वर्णके सम्बन्धमें बौद्धों और ब्राह्मणोंका जो विवाद हुआ, उसमें ब्राह्मणके इस रंग-रूपको प्राकृतिक कहकर वर्णव्यवस्थाको स्वाभाविक साबित करनेकी कोशिश की जाती थी। बुद्धके रंगको सुवर्ण-वर्ण और आँखोंके रंगको अलसीके फूलके रंगका अभिनील बतलाया गया है। अपेक्षाकृत नवागन्तुक और दूसरोंके साथ रक्त-सम्मिश्रण न करनेके लिये उतारू ऋग्वेदिक आर्योंका रंग जरूर कपिल, केश पीले (पिंगल) और आँखोंका रंग बुद्धकी तरह प्रायः अभिनील रहा होगा।

(१) **केशोंका रंग**——ऋषि इषने ऋग्वेद (५।७।७)[१] में अग्निकी मूँछ-दाढ़ी (श्मश्रु) के बारेमें कहा है——"वह पीले दाढ़ीवाले शुचिदांत-युक्त बड़े और अप्रतिहत बलवान् हैं।" अंगिरस-गोत्री वरुने इन्द्रके श्मश्रु और केशके बारेमें[२] (१०।९६।८) कहा है——"जो पीले श्मश्रु, पीले केशवाला पत्थर सा दृढ़ है।" विश्वामित्रने[३] (३।२।१३) अग्निके केशोंको भी पीला कहा है——"हम उन विचित्र गतिवाले हरित पिंगल केशवाले सुप्रकाशमान अग्निसे नवीन धनके लिये प्रार्थना करते हैं।" गोतम राहूगण[४] (१।७९।१) के अग्नि भी "हिरण्यकेश (सुनहले केश), मेघ बिखेरनेवाले कम्पक, वायुकी तरह शीघ्रगामी, शुभ्र प्रकाश-युक्त हैं।" हरिकेश और हिरण्यकेशका एक ही अर्थ है, यहां यह स्पष्ट हो जाता है, क्योंकि अग्निको पहले हरिकेश कहा गया, और इस मन्त्रमें उसीको हिरण्यकेश कहा गया। यहां पीलेके लिये हरि (हरित) शब्दका प्रयोग किया गया है। संस्कृतका हरित और फारसी ज़र्द, रूसी ज़ोल्त, अंग्रेजी गोल्ड एक ही मूल शब्दके भिन्न-भिन्न रूप हैं। अभारतीय हिन्दू-युरोपीय भाषाओंमें इसका अर्थ अब भी पीला लिया जाता है। यद्यपि पीछे संस्कृतमें इसका वह अर्थ नहीं लिया गया परन्तु ऋग्वेदके कालमें अभी उस मूल अर्थका त्याग नहीं हुआ था। इन्द्र और अग्नि दोनों ऋग्वेदिक आर्योंके परमपूज्य देवता हैं। दोनोंकी दाढ़ी-मूँछका पीला होना उनके भक्तोंकी दाढ़ी-मूँछके पीले होनेको बतलाता है। यदि अग्निकी शिखाओंके स्वाभाविक रंग पीले होनेसे उसे अनिवार्य समझा जाय, तो इन्द्रके लिये वह बात नहीं कही जा सकती। इन्द्रका रूप तो सबल आर्य पुरुषका रूप था।

भरद्वाजने[५] (६।२९।६) इन्द्रकी नासिका या मुखको हरि (पिंगल) कहा है——"इस प्रकार हरित शिप्रवाले इन्द्र सु-आह्वान योग्य हैं, जो उपस्थित या अनुपस्थित होनेपर स्तोताओंको धन देते हैं, और इस प्रकार वह उत्तम बल-युक्त प्रकट हो दस्युओंका हनन करते हैं।"

वसिष्ठके कथनानुसार[६] (७।३३।१) आर्योंका रंग श्वेत था। वह अपने कुलवालोंके बारेमें कहते हैं "कर्मपूरक दक्षिणकी ओर जूड़ा रखनेवाले श्वेत

वसिष्ठ-सन्तानें मुझे प्रसन्न करती हैं। मैं यज्ञसे उठते कहता हूँ, कि वह मुझसे दूर न जायें।" वसिष्ठने ही मरुत् देवताओंके बारेमें कहा है[७] (७।५९।-११) "स्वयं बलि कवि सूर्यसी त्वचावाले मरुतो, मैं यज्ञको पसन्द करता हूं।" सूर्य-त्वक् अर्थात् सूर्यके समान चमड़ेके रंगवाला का अर्थ अत्यन्त गौर वर्ण ही है। अत्रिकी सन्तान अपालाने इन्द्रकी स्तुति करते हुए[८] (८।८०।७) कृतज्ञता प्रकट की है—"सौ यज्ञ करनेवाले रथके छिद्र और शकटके छिद्रको मूँदनेवाले इन्द्र, तुमने अपालाको सूर्यत्वक् बनाया।" अपाला किसी चर्मरोग से पीड़ित थी, जिससे मुक्त होनेका इसमें संकेत है।

पिशंग हिरण्य या हरित वर्णको ही (पिंगल) भी कहते हैं। गृत्समदने[९] (२३।१०) पुत्रकी कामना करते हुए कहा है—"त्वष्टा हमें पिशंगरूप सुभर आयुष्मान् क्षिप्रकारी देव-भक्त वीर सन्तान दें। देवोंका अन्न हमारे पास और आये।"

(२) **शरीर**—इन्द्रका शरीर आर्योंके सबसे शक्तिशाली वीरके शरीर जैसा था। उसके वर्णनसे हमें सप्तसिन्धुके किसी पहलवानका संकेत मिलता है। ऋषि इरिन्विठ[१०] (८।१७।८) ने इन्द्रके शरीरके बारेमें कहा है—"बड़ी ग्रीवा, पुष्ट उदर, सुन्दर बाहुवाले इन्द्र भोजनसे प्रसन्न हो शत्रुओं को मारते हैं।" प्रगाथ कण्व-पुत्रने भी[१२] (८।५३।७)—"वृषभ, युवा, तुविग्रीव (बड़ी ग्रीवा) न झुकनेवाला इन्द्र है। कौन उसकी सपर्या (पूजा) करता है?"

ऋग्वेदके इन उद्धरणोंसे आर्योंके शरीर और वर्ण (रंग) का पता लगता है। उनके प्रतिद्वंद्वियोंके शरीर-लक्षणका पता भी ऋग्वेदकी कितनी ही ऋचाओंसे मिलता है।

२. अनार्य-वर्ण

विश्वामित्रने आर्योंके प्रतिद्वंद्वियोंके बारेमें कहा है[११] (३।३१।२१) "शत्रुनाशक गोपति गायें हमें दे। दीप्तिमान् तेजसे कालों (कृष्णों) को

नष्ट करे। सत्यसे अंगिरा सन्तानको गायें दें। उसने सारे दरवाजोंको बन्द कर दिया।"

आंगिरस शुनहोत्र-पुत्र गृत्समदने[13] (२।२०।७) आर्योंके शत्रुओंके बारेमें कहा है—"शत्रुनाशक दुर्गध्वंसक इन्द्रने कृष्णयोनि (काले दास) सेनाओंको नष्ट किया। मनुष्यके लिये पृथिवी और जलको जन्म दिया। वह यजमानकी इच्छा पूरी करें।"

§२. वर्ग

१. दास-दासियाँ

पराजित शत्रु स्त्री-पुरुषोंमें बहुतोंको विजेता दास-दासी बना कर काम लेते थे, यह दास-प्रथा के समय सर्वत्र देखा जाता था। हमारे देशमें दास-प्रथाका अन्त १९ वीं शताब्दीके दूसरे पादमें हुआ। ऋग्वेदिक कालमें, जब कि विजेता और बिजितके रंग-रूप और स्वार्थोंमें भारी भेद था, दास-प्रथा और भी क्रूर रही होगी, यह निश्चित है। बालखिल्य सूक्तों[14] (१४। (८।८।३) में पृषध्र ऋषिने इन्द्रसे प्रार्थना की है—"मुझे सौ गदहे, सौ भेड़ और सौ दास दो।" आर्य अपने शत्रुओंको भी दास और दस्यु कहा करते थे। उनको ही लेकर क्रय-विक्रय होनेव ले पुरुषोंका नाम पीछे दास पड़ गया। यहां ऋषिने सौ दासोंकी जो कामना की है, वह जातिसे भी और कार्य से भी दास होते, यह निश्चित है। ऋषि गृत्समदने इन्द्रकी प्रार्थना करते[15] (२।२।४) कहा है—"हे इन्द्र, हम तुम्हारे शुभ्र बलको बढ़ाते हैं। हाथोंमें शुभ्र वज्रको धारण करते शुभ्र हो वढ़ते तुम सूर्यसे अपने तेज द्वारा दास लोगों (दासः विशः) को पराजित करो।" इसी ऋषिने फिर[16] (२। १२।४) कहा है—"जिसने इस विश्व (सारे) को बनाया, जिसने दास-वर्णको निकृष्ट (नीच) और गुहावासी बनाया, जो व्याधिकी तरह आर्य पुष्ट धनको देता है, लोगों, वही वह इन्द्र है।" वामदेव गौतमने भी उन्हींके बारेमें कहा है[17] (४।२८।४) "हे सोम, तुम्हारी मित्रतासे युक्त हो इन्द्रने तुम्हारी सहायतासे मनुष्यके लिये सुख (जल) प्रवाहित किया, शत्रु (अहि)

को मारा, सप्तसिन्धुको प्रेरणा दी। ढँके हुए छिद्रोंको खोला।" कण्व गोत्री या कण्व-पुत्र ऋषि सोभरिको पुरुकुत्स-पुत्र राजा त्रसदस्युने पचास बधुयें दी थीं। बधूका मूल अर्थ बांदी है, यद्यपि वह बहूके अर्थमें भी ऋग्वेदमें प्रयुक्त हुआ है, किन्तु इस स्थल[१८] (८।१९।३६, ३७) पर दासीके लिए ही इस्तेमाल हुआ है—"पुरुकुत्स-पुत्र अतिमहान् स्वामी (अर्य) सच्चे मालिक त्रसदस्युने मुझे पचास बधुयें दीं।" सुवास्तु (स्वात) नदी के तटपर तीन-सत्तर (२१०) काली गायोंके लानेवाले पतिने धन दिया।"

(आजीविका)

आर्योंका मुख्य धन गाय-घोड़े और भेड़-बकरियां थीं। वह कुछ खेती भी करते थे, क्योंकि जौका सत्तू और रोटी उनके आहारमें शामिल थे। अधिक धनी और प्रभुताशाली आर्य अपने पशुपालन और कृषिमें दासों और दासियोंसे सहायता लेते थे। आखिर पचास-पचास दासियों और दासोंको लेनेका प्रयोजन क्या हो सकता था? पर, साधारण स्थितिके आर्य अपने ही कृषि और पशुपालन कर लिया करते थे। आर्योंको पहननेके लिये कपड़ों की भी अवश्यकता थी, जो ऊन या चमड़ेके होते थे। सप्तसिन्धुकी गर्मी उस समय भी कम असह्य नहीं रही होगी, पर वह ऊनकी पोशाक पसन्द करते थे। इसे आदत कहना चाहिये, नहीं तो सिन्धु-उपत्यका के निवासी उनसे पहले ही सूती कपड़ोंको पहनते थे। आज भी गड़ेरिये लोग कड़ी धूपमें कम्बलको ओढ़े अपनी भेड़ोंको चराते हैं। कहते हैं: कम्बल तरावट देता है। यही बात सप्तसिन्धुके आर्य भी कहते होंगे। उनके घरोंमें कपड़े बुने जाते थे। कपड़े बुनने और दूसरे कामोंके बारेमें आंगिरस-गोत्री ऋषि शिशु[१९] (९।११२।१-४) ने कहा है—"हमारे और दूसरोंके भी अनेक प्रकारके कार्य हैं। तरखान (बढ़ई) अपना काम चाहता है, वैद्य रोगकी चिकित्सा करता है, ब्राह्मण सोम छाननेवाले यजमान को चाहता है। इन्द्रके लिये सोम परिस्नुत हो (छाना) जाये।

"पुरानी औषधियों, पक्षियोंके पंखों द्वारा अश्म (धातु)के हथियारों से तोड़नेवाले कमार सोनेवाले आदमीको चाहते हैं ।।२।।

"मैं कवि हूँ। मेरा पुत्र वैद्य है। मेरी कन्या पत्थरकी चक्की चलानेवाली है। धनकी कामना करनेवाले नाना कर्मोंवाले हम गौओंकी तरह एक गोष्ठमें रहते हैं ।।३।।

"बाहक घोड़े अच्छे रथको, पासवाले मन्त्री (उप-मन्त्री) हंसनेको, पुरुषेन्द्रिय रोम-युक्त भग्न स्थानको, मेढक जल-युक्त सरको चाहता है ।।४।।

यहां वैद्य, ब्रह्मा (पुरोहित) कमार, कारु (कवि), पिसनहारी और उपमंत्रीके कामोंका उल्लेख हैं।

२. चार वर्ण

डा० बटेकृष्ण घोष ऋग्वेदकी भाषाके बारेमें कहते हैं*—"सब मिलाकर पहले नौ मण्डलोंकी भाषा एक समान हैं, यद्यपि पहलेकी बोलीके भेदोंका असर, विशेषकर र और ल के बारेमें मिलता है।" दसवें मण्डलको सभी विद्वान् भाषा और दूसरे विचारोंसे भी पीछेका मानते हैं। पहले नौ मण्डलोंमें चारों वर्णोंका नाम नहीं मिलता हैं, पर दसवें मण्डलमें इसका स्पष्ट उल्लेख आया है[३०] (१०।९०।१२)—"इस (पुरुष) का ब्राह्मण मुख है राजन्य (क्षत्रिय) दोनों बाहु। जो वैश्य हैं, वह उसकी जांघ है, और पैरोंसे शूद्र उत्पन्न हुआ।" ब्राह्मण या पुरोहित ऋग्वेदिक आर्योंके आरम्भिक कालमें भी रहे, लेकिन वह लड़ाईमें दूसरोंकी तरह ही भाग लेते थे। भरद्वाज, वसिष्ठ, विश्वामित्रके पुत्रों और कुलवालोंने दिवोदास और सुदासके अनेक युद्धोंमें शस्त्र चलाये। ब्राह्मणों और राजन्यमें वैसा भेद उस समय नहीं था, जो उपनिषद्-काल और पीछे देखा जाता हैं, अथवा जो इस पुरुष-सूक्तमें मिलता है। विश् प्रजा या लोकका पर्याय था। इसमें सारी आर्य जाति शामिल थी। राजाको विशांपति (विशोंका स्वामी) कहते थे। विश्से उत्पन्न वैश्य शब्दको नये अर्थोंमें

---

*The Vedic Age, P. 336

बहुत पीछे इस्तेमाल किया जाने लगा, जिसे ही हम यहां पाते हैं। शूद्रसे दास वर्णका मतलब है, जो कि पहले आर्योंके प्रतिद्वन्द्वी और पीछे उनके शासित या दास बन गये। चारों वर्णोंकी कल्पना पीछे हुई, यह साफ मालूम होता है। पहलेकी आर्य प्रजामें, चाहे ब्रह्म (ब्राह्मण) हो या राजन्य (क्षत्रिय), उनके रोटीबेटीका कोई भेद नहीं था। पर, जब चारों वर्णोंकी कल्पना हो गई, तो उसके साथ ऊंच-नीचका भाव भी आने लगा। उसके साथ ही धन और भोगमें उनके भागको कम-बेशी माना जाने लगा। इस विषमतासे वैमनस्य बढ़ना आवश्यक था। वैमनस्यको हटानेकी इच्छा न आर्य ऋषियोंको हो सकती थी, और न वह हटाया जा सकता था। तो भी आर्योंके भीतर समानता और भेदभावको हटानेका प्रयत्न वह जरूर करते रहे। ऋग्वेदके अन्तिम सूक्त[१] (१०।१९१) में संवनन ऋषि इसीकी ओर ध्यान दिलाते हैं:

"तुम साथ चलो, साथ बोलो। तुम्हारे मन साथ सोचें। जैसे कि पूर्वकालके देव एकमत हो उपासना (भोग) करते थे ।।२।।

"इन (आर्यजनों) का मन्त्र एक सा हो। समिति एक सी हो, चित्त-सहित मन एक सा हो। एक से मन्त्रको तुम्हारे लिये मैं आमन्त्रण करता हूं। एक समान हविसे तुम्हारे लिए हवन करता हूं ।।३।।

"तुम्हारा अध्यवसाय समान हो, तुम्हारे हृदय समान हों। तुम्हारा मन समान हो, जिसमें कि तुम्हारा सुन्दर संगठन हो ।।४।।"

यह अनेक बार बतला चुके हैं, कि ऋग्वेदिक ऋषियों का काम आर्योंका सामाजिक या राजनैतिक इतिहास लिखना नहीं था। उनका उद्देश्य था देवताओंको प्रसन्न करनेके लिये स्तुतियां और विधि-विधान बनाना। दूसरी बातें वहां आनुषंगिक रूपसे ही आई हैं। पर, जिस सामाजिक और आर्थिक स्थितिमें आर्य थे, उससे उनके जीवनके अनेक अंगोंपर प्रकाश पड़ता है। आर्यों और आर्य-भिन्नों—द्रविड़ों और किरातों—में भारी आर्थिक-सामाजिक भेद था। विजेता और स्वामी होनेके कारण सबसे अधिक सम्पत्ति और भोगको आर्य अपने लिये चाहते थे, और बचे-खुचेको

ही दूसरे पा सकते थे। पणि व्यापारी थे—पणि शब्दसे ही वणिक या बनियाँ शब्दकी उत्पत्ति हुई है। ये सम्पत्तिशाली थे। व्यापार भी उनके हाथमें था, और उनके पास गायें भी बहुत होती थीं। पणियोंकी गायोंको लूटना आर्य अपना धर्म समझते थे। इसके लिये बहानेकी भी जरूरत नहीं थी। यह सरमा और पणियोंके संवादमें हम देखेंगे। यदि सर्वस्व-हरण कर लिया जाता, तो व्यापार हो ही नहीं सकता था। इसीलिये आर्य पणियोंकी पूँजी और उनके व्यवसायके साधनोंका हरण करना नहीं चाहते थे। उन्हें सोनेकी जरूरत थी। मणि और रत्न की भी कदर उनमें बढ़ी थी। ये चीजें पणियों द्वारा ही मिल सकती थीं। इसलिये पणियोंकी रक्षा करना भी वह अपना कर्तव्य समझते थे। पणि भी उदारतापूर्वक आर्य ऋषियोंको दान देते थे, यह भी हम देखेंगें।

२. पराजित

पणि जिस जाति—द्रविड़—के थे, उसके सभी लोग ऐसे सौभाग्य-शाली नहीं थे। उनमें कितने ही आर्योंकी कृपापर कृषक या शिल्पी-रहकर जीवन-निर्वाह करते थे, कितने ही आर्योंके दास-दासी बने थे। पर्वत गुहावासी शम्बरकी लोग—किरात—नरनारी सभी लड़ने मरनेको तैयार थे। उन्हें आर्योंकी पकड़से बाहर जानेका सुभीता भी था। कांगड़ेकी उपत्यका और पासके पहाड़ोंपर आर्योंके साथ जो खूनी संघर्ष चला था, और दिवोदास चालीस साल की लड़ाईके बाद ही शम्बरका संहार कर सका; इसीके कारण किरात पराजित हुये। उस वक्त जो भी युद्धबन्दी हाथ आये होंगे, वह दास- दासी बन गये होंगे, इसमें भी सन्देह नहीं। पर, द्रविड़ोंकी तरह किरात एक जगह रहनेके लिये मजबूर नहीं थे। उनके उत्तर और भी दुर्गम पर्वत, वहांकी चरागाहें और हरी-भरी उपत्यकायें मौजूद थीं। शंवर- वंशी उधर हट सकते थे, और वैसा ही हुआ भी। किर (किरात) लोग कांगड़ेके निचले पहाड़ोंमें किरग्राम (बैजनाथ) जैसे नाम छोड़ गये हैं। आज उनका पता कांगड़ासे

शताधिक मील दूर लाहुल, मलाणा (कुल्लू) और कनौरमें मिलता है। इसलिये आर्योंके पास जो दास-दासी थे, वह अधिकतर द्रविड़ जातिके ही रहे होंगे, किरात बहुत कम, इसमें सन्देह नहीं।

४. उत्पीडन और वर्ण-विभेद

आर्थिक तौरसे पराजितोंका भीषण शोषण तो होता ही था, सामाजिक तौरसे भी उन्हें बहुत हीन समझा जाता था। गृत्समदने मान लिया था, कि देवताओंने ही नहीं उन्हें अधर (नीच) वर्णका बना दिया है। आर्योंको रक्त-सम्मिश्रणका डर कितना था, इसका अन्दाज हमें अमेरिकाके नीग्रों और श्वेतांगोंसे लग सकता है। अमेरिका सारी दुनियामें स्वतंत्रता और समानताकी ढोल पीटता है, पर वहां चिरागके नीचे अन्धेरा है। विश्व-विद्यालयोंमें काले छात्र गोरोंके साथ पढ़ नहीं सकते। किसी गोरी तरुणीका सम्बन्ध यदि नीग्रोसे हुआ समझा जाता, तो गोरे स्वयं कानूनको हाथमें लेकर उसे जला देते हैं। ऐसे खूनी काण्ड वहां हर साल हुआ करते हैं। दक्षिणी अफ्रीकाके गोरे तो इस बातमें और भी निर्लज्ज तथा क्रूर हैं। अपनेसे चौगुनी-पंचगुनी संख्यावाले अफ्रीकियोंको वह मनुष्यरूपी पशु मानते हैं। उनको अपने घरों और बस्तियोंके पास नहीं रहने देना चाहते। रेलों और सवारियोंमें कालोंको अलग रखते हैं, जीविकाके साधनोंको कमसे कम देकर उन्हें अछूत बनाये हुए हैं। वर्ण-भेदके यह दो रूप हमारे सामने युक्त-राष्ट्र अमेरिका और दक्षिणी अफ्रीकामें मौजूद हैं। आर्योंने वर्ण-भेदकी खाईको सुदृढ़ रखनेकी कोशिश की। यद्यपि वर्ण—रंग—का इस तरहका भेदभाव हमारी जातियोंमें आज बिल्कुल नहीं मिलता। ब्राह्मण भी कोयलेसे काले मिलते हैं, और शूद्र या अछूत अच्छे खासे गोरे। एक सा साफ-सुथरा कपड़ा पहनाकर ब्राह्मण, क्षत्रिय, वैश्य, शूद्रके लड़कोंको खड़ा कर दिया जाये, तो कोई उन्हें नहीं बतला सकता। इतना होनेपर भी पुराने शास्त्रोंकी दुहाई देकर पुराने नीच-ऊँचके भेदको कायम रखनेकी कोशिश की जा रही है। इसका बुरा परि-णाम हमारी तीन-चौथाई जनताको भोगना पड़ रहा है। बड़े वर्ण या जातिका

मतलब है सम्पत्तिका स्वामी होना, और छोटे वर्ण या जातिका अर्थ है सम्पत्तिसे वंचित होना। सम्पत्तिसे वंचित होनेका मतलब है, मनुष्यताके दूसरे अधिकारोंसे भी वंचित होना। सम्पत्तिके न होनेपर शिक्षा और संस्कृतिकी सुविधा नहीं रह जाती। हरेक देशमें विजेता और विजित के सम्बन्ध कटु होते हैं, पर यदि उनमें वर्ण-भेद, जाति-भेद न हो, तो कुछ समय बाद दोनोंमें एकता स्थापित हो जाती है, सम्बन्ध अच्छे हो जाते हैं। हमारे देशमें ऐतिहासिक कालमें यवन (ग्रीक), शक, श्वेत-हूण आये। उनके प्रति आरम्भमें कुछ भेदभाव जरूर रक्खा गया, लेकिन रंगका सवाल नहीं उठ सकता था, क्योंकि नवागन्तुक वर्ण-सम्पत्तिमें आदिम आर्यों जैसे थे, जिनके रूप-रंग, नख-शिखको हमारे यहाँ बराबर सौन्दर्यकी कसौटी माना जाता रहा। इसीलिए यवन-शक उच्च वर्णके लोगोंमें मिल गये और उन्हें अछूत या सम्पत्तिहीन नहीं बनाना पड़ा।

तीव्र वर्ण-भेदके ख्यालसे आर्य अपने दास-दासियोंके साथ घनिष्ठ सम्बन्ध स्थापित करनेके विरोधी थे। पर, दास-दासियोंके श्रमका वह कैसे त्याज्य कर सकते थे? दक्षिणी अफ़्रीकाके गोरे भी कालोंके श्रमसे लाभ उठानेसे बाज नहीं आते। सिन्धु-उपत्यकावासी भौतिक संस्कृतिमें आर्योंसे बहुत आगे बढ़े हुए थे। मोहनजोडरो जैसे ताम्र-युगके भव्य नगरके निर्माण करनेवाले उनके शिल्पी, अपने कला-कौशल तथा शिल्पसे आर्योंके लिये लाभदायक थे। इस लाभसे वह अपनेको वंचित नहीं करना चाहते थे। कपड़ा बुनना, चिकित्सा करना, हथियार बनाना आदि कुछ शिल्प आर्योंको भारतमें आनेसे पहले ही मालूम थे। उन्होंने सिन्धु-उपत्यकावासियोंके अधिक विकसित शिल्प भी कुछ सीखे। उससे भी अधिक उन्हीं द्वारा काम करवा कर लाभ उठाया। पर, खान-पानकी जो छूत-छात पीछे पैदा हुई, उसका अस्तित्व उस कालमें था, यह कहना मुश्किल है। जहाँ तक उत्तर भारतका सम्बन्ध है "शूद्राः संस्कर्तारः" (शूद्र पाचक हैं) बराबर माना जाता रहा। रोटी-पानीमें शूद्रोंसे नहीं, बल्कि अतिशूद्रोंसे भेद बरता जाता रहा, जिसका कारण वर्ण नहीं, बल्कि अधिक गन्दे समझे जानेवाले काम थे। यह बिल्कुल

सम्भव है, कि ऋग्वेदिक आर्योंके धनी परिवारोंमें दसियाँ भोजन बनाती थीं। उनके हाथके खाने-पीनेमें किसी को एतराज नहीं था। छूत-छातका रवाज़ आर्योंमें क्रमशः बढ़ा। सूत्र-ग्रन्थोंमें शौचके लिए जल लेनेका विधान नहीं है। गुरु-कुलसे सुशिक्षित होकर निकले स्नातकको वहाँ सूखे काठ इस्तेमाल करनेकी बात कहनेका मतलब यही है, कि अभी जलकी प्रथा नहीं चली थी। कच्चे-पक्के खाने और उसके छू जानेका भाव उस युगमें नहीं हो सकता था। ऊनके वस्त्रको पवित्र माननेकी भावना भी ऋग्वेदिक आर्योंकी ही देन है। आर्योंका कपासके वस्त्र न व्यवहार कर ऊनी वस्त्रको अपनाना दोनों वस्त्रोंके प्रति दो प्रकारके भावोंके पैदा करनेका कारण हुआ। कालान्तरमें ऊनको शुद्ध मान लिया गया, और कपासको अशुद्ध। सूती कपड़ेको बदल कर खाना खाने या रसोईमें जाना चाहिए। पर ऊनी कपड़ा स्वतः पवित्र है। कश्मीरमें सर्दीके कारण गीला चौका लगाना सुखद नहीं है, वहां ऊनी लोई चौकेका काम देती है और ऊनी कपड़ेसे ढँके घड़ेका पानी या भात मुसलमानके हाथमें पड़कर भी अशुद्ध नहीं होता। किसी समय बैलके चमड़ेको भी ऊनके समान शुद्ध माना जाता था। कल्प-सूत्रोंमें (पारस्कर) वर-वधूको बैलके चमड़ेपर बैठा कर मधुपर्क देनेका विधान है। गायके चर्मकी शुद्धता पीछे जाती रही, पर मृगछाला अब भी शुद्ध-पवित्र माना जाता है। यह आर्योंके चमड़ेकी पोशाक होने के कारण ही।

अध्याय ४

खान-पान

§१. खाद्य

१. मांस

ऋग्वेदिक आर्य कृषि भी करते थे, लेकिन उनका सबसे बड़ा धन गौ-अश्व, अज-अवि था; इसीलिए उनमें शायद ही कोई ऐसा हो, जो मांस न खाता था। बड़े-बड़े ऋषियोंके लिए भी आतिथ्य करनेके वास्ते मांस अत्यावश्यक चीज थी। पीछेके धर्म-सूत्रकारोंने तो कहा—"नामांसो मधुपर्को भवति"* (बिना मांसका मधुपर्क नहीं हो सकता)। अतिथिके सत्कारके लिए जो खाद्य तैयार किया जाता, उसे मधुपर्क कहते थे। ऋग्वेदके बाद ब्राह्मण-काल (८०० ई० पू०) में भी मांस आर्योंका प्रधान भोजन था, और इसके टोटके-टोने भी प्रचलित थे। बृहदारण्यक (६।४।१८) में बतलाया गया है, कि यदि कोई इच्छा करे, कि मेरा पुत्र पण्डित, प्रसिद्ध, सभा-समाज़वाला हो, और ऐसी वाणी बोले, जिसे लोग सुनना चाहें, तथा वह सारे वेदोंको पढ़े, पूरी आयुको प्राप्त होवे; तो माताको चाहिए, कि घी-सहित सांड या बैलके मांसवाला ओदन पकाकर खाये।

"य इच्छेत् पुत्रोमे पण्डितो विगीतः समितिंगमः शुश्रूषितां वाचं भाषिता जायेत, सर्वान् वेदां अनुब्रवीत, सर्वमायुरियादिति, मांसोदनं पाचयित्वा सर्पिष्मन्तं अश्ननीयताम् ईश्वरौ जनयितवा औक्षेण वाऽऽर्षभेण वा।"

---

* आश्वलायनगृह्यसूत्र १।२४

कोई सन्देहकी गुंजाइश न रहे, इसके लिए शंकराचार्य अपनी टीकामें कहते हैं—"मांस-मिश्रमोदनम् । तन्मांसनियमार्थमाह—औक्षेण वा मांसेन । उक्षा सेचनसमर्थः पुंगवस्तदीयं मांसम् । ऋषभस्ततोऽप्यधिकवयाः तदीय-मार्षभं मांसम् ।" अर्थात् मांस वयस्क बैल या उससे अधिक आयुके बैलका होना चाहिए । गोमांसके प्रति आज चाहे जितनी जुगुप्सा हो, पर प्राचीन-कालमें इसके प्रति यह भावना नहीं थी । बुद्ध-कालमें भी यह बहुप्रचलित भक्ष्य था । मज्झिमनिकाय (३।५।४) में आता है—

"जैसे चतुर गोघातक या गोघातकका शागिर्द गायको मार कर गाय काटनेके तेज छुरेसे गायके भीतरी मांस और बाहरी चमड़ेको नुकसान पहुँचाये बिना गायको काटे—जो जो वहाँ भीतर विलिम, स्नायु, बन्धन हैं, उसे तेज छुरेसे छेदन करे, काटे . . . । छेदन कर काट कर . . ., बाहरी चमड़ेको झाड़ फटकार कर, उसी चमड़ेमें उस गायको ढाँक कर यह कहे—'यह गाय पहिलेकी तरह ही इस चर्मसे युक्त है' ।"

गोमांस काट कर गोघातकके चौरस्तेमें बेचनेके लिए राशि करके रखने का भी उल्लेख मिलता है । गौ काटनेके लिए जो स्थान होता था, उसे गोघातक सूना कहते थे । वहाँपर हड्डियोंकी लालचसे कुत्ते प्रतीक्षा करते रहते थे । मज्झिमनिकायमें (२।१।४) है—

"गृहपति, जैसे भूखसे अति-दुर्बल कुक्कुर गोघातकके सूना के पास खड़ा हो । चतुर गो-घातक या गोघातकका अन्तेवासी उसको मांस-रहित लोहूमें सनी . . . हड्डी फेंक दे । तो क्या मानते हो, गृहपति ! क्या वह कुक्कुर उस हड्डी . . .को खाकर भूखकी दुर्बलताको हटा सकता है ?"

गाय काटनेके छुरेको गोभिकर्तन कहते थे (मज्झिमनिकाय २।४।५) । ऋग्वेद (१०।७९।६) में ऋषिने कहा है "विपर्वशश्चकर्त गामिवासिः" (जैसे तलवार पोर-पोर गायको काटे) । यह भी उसी बातकी तरफ इशारा है । बहुत पीछे यदि सातवीं-आठवीं सदीके भवभूति अतिथिके लिए बछिया मारनेकी बात कहते हैं, तो वह अवश्य अपने समयके प्रतिकूल है, परन्तु जहाँ तक प्राचीनकालका सम्बन्ध है, यह बिल्कुल साधारणसी बात थी । जैन

आगमके "उपासगदसा" से भी इस बातकी पुष्टि मिलती है। वहाँ एक सेठानी ने अपने पीहरसे दो गायके बच्चों (गोपोतक) का मांस मँगवाया था। वस्तुतः आर्योंके आनेसे ईसवी-सन्के आरम्भ तक यह भक्ष्य इतना प्रचलित था, कि उसके बारेमें अधिक कहनेकी अवश्यकता नहीं। लेकिन, सबसे अधिक प्रिय मांस आर्योंका मोटा भेड़ा और बकरा था। भेड़के लिए ऋग्वेद[1] (१०।२७।१७) में कहा गया है "पीवानं मेषमपचन्त वीराः" (मोटे मेषको वीरोंने पकाया)।

उस कालमें घोड़ेका मांस भी भक्ष्य था, और उसके पके सोंधे मांसको आर्यजन बहुत चावसे खाते थे। दीर्घतमा ऋषि कहते हैं[2] (१।१६२।१२) जो घोड़ेको अच्छी तरह पका देखते हैं और उसकी सुगन्धको बखानते हैं, और जो घोड़ेके मांस भोजन का सेवन करते हैं। (ये वाजिनं परिपश्यन्ति पक्वं य ईमाहुः सुरभिं निर्हरेति। ये चार्वतो मांसभिक्षामुपासते)।

यह पहले ही बतलाया जा चुका है, कि ऋग्वेदका काम इतिहास या सामाजिक जीवनका चित्रण करना नहीं है। वहाँ देवताओंकी प्रशंसाके प्रसंगमें ही कहीं-कहीं दूसरी बातें आती हैं। उससे यह मालूम ही होता है, कि प्रधान तौरसे मांसभोजी आर्य गौ, अश्व, अजा, अविका न मांस खाते थे। मछली खाते तो जरूर होंगे, पर ऋचाओंमें उसका उल्लेख नहीं है।

कई तरहका गोरस भी उनका प्रधान भोजन था। घृत तो मुख्य था ही, पुरोडाश[3] (४।२४।५) भी उनका और उनके देवताओंका प्रिय खाद्य था, जो शायद दूध और किसी अन्नको मिलाकर बनाया जाता था। पीछे तो खीरका यह पर्याय हो गया, लेकिन, ऋग्वेदमें चावलका कहीं उल्लेख नहीं है, अधिकतर जौका नाम आया है। हो सकता है, जौकी दलियाको दूधमें पकाया जाता हो, जिसे वह पुरोडाश कहते थे। विश्वामित्र[4] (३। २८।२) भी पुरोडाशके पकानेकी बात कहते हैं। दूध या दही से एक तरहका भोजन अशिर तैयार किया जाता था, जिसका उल्लेख बहुत जगहों पर हुआ है—[5] (१।१३४।६, ३।५३।१४; ८।२।१०;११; ९।७५।५; ८६.२१ १०।४६।१० ; ६७।६) अशिर कई तरह के होते थे, जैसे गवाशिर,

दध्याशिर । गवाशिर [6] (३।४२।१,७) और दध्याशिर [7]. (५।५१।७) दोनों भोजन सोम और दूध-दहीके योगसे अथवा दूध-दही और दूसरी चीजोंके मिश्रणसे बनते थे। एक जगह [8] (८।७७।१०) क्षीरपाकका उल्लेख है। आजकल खीरपाक दूधमें पके चावलका ही दूसरा नाम है। उस समय क्षीरके साथ पका हुआ दूसरा अन्न जौ हो सकता था। पशुपालनकी प्रधानता रखनेवाले आर्योंके भोजनमें मांस और गोरसकी प्रधानता थी। मांसमें मसालेका उपयोग बहुत पीछे हुआ। लहसुन-प्याजका इस्तेमाल होता था, इसका भी कोई पता नहीं। घीमें तलने या बधाड़नेको छोड़कर और तरहका कोई मसाला उस समय उपयोगमें नहीं आता था। नमकका पहाड़ सप्तसिन्धुकी भूमि में था, इसलिए वह सुलभ था। हो सकता है, उसका इस्तेमाल किया जाता हो। आगमें भूनकर मांसको खाना यह कृषि-युगसे पहले भी प्रचलित था। इस समय तो अब पकानेके लिए उखा (हंडिया) का उपयोग होने लगा था [9] (१।१६२।१३), इसलिए उबले मांसको भी खाया जाता था। "सुरभि पक्वं मांस" से भी इसी बातकी पुष्टि होती है।

२. अन्न

अन्नका अर्थ पुराने कालमें भोजन होता था, लेकिन धान्यकी प्रचुरताके कारण अब अन्न अनाजके अर्थमें भी प्रयुक्त होता हैं। तभी तो एक जगह [10] (१०।१४६।६) कहा गया है—"बहवन्नामकृषीवलां" (किसान-रहित बहुत अनाजवाली)। इससे किसान और अनाजका सम्बन्ध निश्चित है। "धाना, करंभ, अपूप" [11] (८।८०।२) धाना, करंभ [12] (३।५२।१,७), करंभ [13] (६।५६।१, ५ । ७ । २) के उल्लेख भरद्वाज, विश्वामित्र और वामदेव जैसे प्राचीन ऋषियोंने अनेक बार किये हैं। धाना भुने हुए अनाजको कहते हैं, आज भी उसे दाना कहा जाता है। करंभ सत्तूका नाम था, और अपूप रोटीको कहते थे। आजकल पूआ या मालपूआ यद्यपि एक खास तरहके बहुत स्वादिष्ट घृतपक्व भोजनको कहते हैं, लेकिन ऋग्वे-

दिक आर्योंका अपूप कण्डेपर या मिट्टीके तवेपर पकाई रोटी होगी। कृषिके आरम्भिक युगमें तन्दूरकी रोटी मध्य-एसियामें अनौके लोगोंको मालूम थी, और तन्दूर आज भी सप्तसिन्धुकी रोटियोंके लिए प्रसिद्ध है। हो सकता है, आर्य लोग तन्दूरी रोटियाँ पकाते हों। इनके अतिरिक्त सक्तु [१४] (१०।७१।२) का भी उल्लेख हुआ है, जो करंभका ही दूसरा नाम था। सत्तूको छानकर इस्तेमाल करते थे, जैसा कि "सक्तुमिव तितउना' से मालूम होता है। भोजन बनानेके लिए इस्तेमाल होनेवाली चीजोंमें उलूखल (ओखल) [१५] (१।२८।१), तितउ (छलनी), एक प्रकारकी हाँडी चपाल [१६] (१।१६२।६) और उखाका उल्लेख हुआ है। हो सकता है, इससे अधिक भी पात्र रहे हों। कमसे कम मोहनजोडरोमें इस्तेमाल होनेवाले पात्रोंको तो आर्य अपने सामने देख रहे थे।

आर्य कृषि भी करते थे, यह कृषीबल (किसान) (१०।१४६।६) से ही मालूम होता है। भूमि क्षेत्र और अरण्यमें विभक्त थी [१७] (६।६१।१४), जिनमें क्षेत्रोंमें वह जौकी खेती करते थे, और अरण्य पशुओंके चरानेके काम आते थे। जाड़े में वनोंके पत्ते झड़ जाते थे—"हिमेव पर्णा मुषिता वनानि" [१८] (१०।६८।१०)। आजकल इसे ऊंचे पहाड़ोंमें ही देखा जा सकता है। सप्तसिन्धुके कमसे कम मध्य और पूर्वी भागमें इतना जाड़ा नहीं होता था, कि हिमकालमें वृक्षोंपर पत्ते न रहे। उनके गिरनेका समय जाड़ोंके अन्तमें आता है। पत्तों और घासोंकी पशुपालोंको बड़ी अवश्यकता थी, इसलिए ऋतु-अनुसार जो परिवर्तन आते थे, उसकी ओर उनका ध्यान जाता था।

उनकी खेतीमें जौकी प्रधानता थी। खेतोंको वह बैलोंसे जोतते थे—"गोभिर्यवं न चर्कृषत्" [१९] (१।२३।१५ जैसे बैलोंसे जौके खेतको जोता जाये)। खेतीके लिए नहरोंका भी इस्तेमाल करते थे। ये नहरें छोटी नालियाँ होंगी, जिनको कुल्या [२०] (५।८३।८) कहते थे। आजकल भी पहाड़ोंमें इन्हें कूल या गुल कहते हैं। हल (लांगल) का भी जिक्र [२१] (४।५७।४) वाम देव ऋषिने किया है, और उन्होंने ही जोती हुई हराई सीता [२२] (४।

५७।४) और फाल[२३] (४।५७।८) का जिक्र किया है। लांगलमें आजकल लोहेका फाल इस्तेमाल करते हैं। उस समय लोहा अज्ञात था ताँबेका फाल भी लग सकता था, लेकिन ताँबा अभी महार्घ धातु थी। इसलिए फाल भी लकड़ीका रहा होगा, हाँ, अपेक्षाकृत कड़ी लकड़ीका ;

फल भी आर्य लोगोंका भक्ष्य था। वह तो कृषि और गोपालनसे अपरिचित जातियोंके लिए भी जंगलमें सुलभ था। आर्य "स्वादोः फलस्य जग्ध्वाय"[२४] (१०।१४६।५, स्वादिष्ट स्वादु फलके खाने) की बात कहते हैं। फलको अधिक स्वादु बनानेका काम आदमीने कृत्रिम रूपसे किया। जंगली फल संयोगसे भले स्वादु निकल आयें, नहीं तो अधिकतर वह स्वादिष्ट नहीं होते, यह हम जंगली सेब, नास्पाती, अंगूर या जंगली जामुन, शरीफे, आम आदिको देख कर जानते हैं। फलोंको स्वादिष्ट बनानेके लिए बगीचोंके लगानेकी जरूरत थी, जिसका उल्लेख ऋग्वेदमें ही नहीं, बल्कि काफ़ी पीछे तक नहीं मिलता। आर्य लोग जंगलोंमें स्वतः उगे वृक्षोंके ही स्वादु फलोंपर सन्तोष करते होंगे। पक्व फल वृक्ष[५] (३।५४।४) का भी उल्लेख देखा जाता है। आर्योंके भोजनमें फल भी शामिल थे। जिन्हें वह सुखा कर रख सकते थे, और दूसरे समयमें भी इस्तेमाल करते रहे होंगे। पञ्जाबकी भूमिमें कौन से फली वृक्ष प्राकृतिक रूपमें मौजूद थे, इनकी गिनती करना मुश्किल है। आम रहा होगा, जामुन भी होगी, करौंदे, कुँदरू जैसे फल भी रहे होंगे, केलाके होनेमें सन्देह है, क्योंकि उसे अधिक वर्षाकी जरूरत है। कटहल-बड़हल अब भी पञ्जाबमें दुर्लभ फल हैं। जंगली बेर जरूर रही होगी।

§२. पान

गोरस-सम्बन्धी पान अर्थात् दूध, दही, छाछ उनके सबसे प्रिय और सुलभ थे, जैसाकि अब भी पञ्जाबमें देखा जाता है। सत्तू खानेमें दहीका इस्तेमाल जो पीछे देखा जाता है, वह उस समय भी रहा होगा। बहुत अधिक गायोंके रखनेसे छाछ या दही बहुत अधिक पैदा होता होगा। पनीर की शकलमें

सुखाकर रखनेका रवाज था, या नहीं, इसके बारेमें नहीं कहा जा सकता। पिछले कालमें पनीरकी तरहकी ही एक गीली-सी चीज आमिक्षाका उल्लेख मिलता है आर्य मधु [२६]. (१०।१०६।१०) से सुपरिचित थे बल्कि वह इस खाद्यसे बहुत पहलेसे परिचित थे, क्योंकि आर्योंके दूरके सम्बन्धी रूसियोंके पूर्वज भी इसे जानते थे, यह दोनों भाषाओंमें मधु और मेदुके एक-से नामसे मालूम होता है।

१. सोम

आर्योंका सबसे प्रिय पेय सोम था। सोमका उल्लेख ऋग्वेदके सारे नवे मण्डल और सैकड़ों दूसरी ऋचाओंमें हुआ है। सोम कोई ऐसी पेय चीज नहीं थी, जो कि दुर्लभ होनेके कारण बहुत कम लोग ही उसे पी सकते हों। उसके घड़ेके घड़े (चमू) भरे रहते थे [२७] (९।२०।६)। सोम छननेमें छना जाता था। छना हुआ (सुत) साम उस समयके आर्यों का बहुत प्रिय पान था। सोम उनके लिए दिव्य वस्तु था। ऋषि मधुच्छन्दा कहते हैं [२८]. (९।१।१)—"स्वादिष्टया मदिष्टया पवस्व सोम धारया। इन्द्राय पातवे सुतः।" (इन्द्रके पीनेके लिए छाने हुए हे सोम, स्वादिष्ट और मदिष्ठ धारासे क्षरित होओ)। सोमपान स्वादिष्ट भी होता था। स्वादु ही नहीं, बल्कि अत्यन्त स्वादु और मदिष्ट भी। कहते हैं [२९] (८। ४८।३)—"अपाम सोमं अमृता भवेम' (हमने सोम पिया और अमर हो गये)। सोम दुर्लभ अमृत संजीवनीका नाम नहीं था। सोम घड़ोंके घड़े तैयार किये जाते थे,—"सोमः चमूषु" [३०]. (९।२०।६)। मदिर सोम [३१] (८।२१।५) आर्योंका नित्य-प्रतिका पान था। सोम-यागमें विशेष तौरसे पीनेका विधि-विधान पीछे हुआ। हम देख चुके हैं, कि पके घोड़के मांसकी तारीफ सोंधा-सोंधा कह कर आर्य लोग करते थे, यह मांस केवल अश्वमेध यज्ञ तक ही सीमित नहीं था। उसी तरह मदिरसोमका पान केवल सोम-याग तक ही सीमित नहीं था। शामके वक्त नृत्य और पानगोष्ठी आर्योंके स्वच्छन्द और सुखी जीवनका एक अभिन्न अंग थीं। उस समय घड़ों सोम की जरूरत होती थी।

सोमको भाँग बतलानेपर पुराणपन्थी चौंक उठते हैं। प्राचीनोंने उसके बारेमें बहुत सी गप्पें उड़ाई हैं। चन्द्रमाका भी नाम सोम है, इसलिए सोमको उनके साथ जोड़ कर कहते हैं—सोमलता चन्द्रमाकी तरह एक-एक अंश बढ़ती पूर्णिमाको अपनी पूरी ऊँचाई पर पहुँचती है, उसके बाद घटते-घटते अमावस्याको अत्यन्त खर्व हो जाती है। कोई वनस्पति ऐसी देखने में नहीं आती। सूर्यके प्रकाश या हाथके स्पर्शसे छूई-मूई हो जानेवाली लाजवन्तीका हमें पता है। ऐसे भी वनस्पति मालूम हैं, जो कीड़ों-मकोड़ोंको अपने विशेष स्थानपर पकड़ कर भख जाते हैं। लेकिन, कला-कला बढ़ने-घटनेवाली वनस्पतिका हमें पता नहीं है। यह भी नहीं कहा जा सकता, कि साढ़े तीन हजार वर्ष पहले जो वनस्पति इतने परिमाणमें मौजूद थी, कि उसका घड़ों रस तैयार किया जा सके और अब वह बिल्कुल उच्छिन्न हो जाये। वस्तुत: सोमके साथ धीरे-धीरे जिन सैकड़ों दिव्य गुणोंको जोड़ दिया गया, वह भाँगमें नहीं है। भाँग कितनी ही जगहोंमें अधिक उपजनेवाली बेहया वनस्पति है, जिसको लोग भाड़ झोंकनेके काममें लाते हैं; इसलिए दिव्य सोम यही भाँग है, इसे वह कैसे माननेके लिए तैयार हो सकते थे? पर, सोम है वस्तुत: भाँग। तिब्बतमें आज भी उसे "सोमराजा" कहते हैं। पठान लोग भाँगको "ओम" कहते हैं, जो सोमसे होम होकर बना है। सोममें दूध और मधु मिला कर सोमरस तैयार किया जाता था। दूधिया भाँग अपने स्वादके लिए हमारे यहाँ प्रसिद्ध है ही। अगर पता न हो, तो सामने रख देनेपर आदमी लोटा भर भाँग पी सकता है। भाँगकी माजून उस समय नहीं बनती थी, जिसकी खोयेवाली बर्फी अपने स्वादके लिए प्रसिद्ध है। एक बार खतरेको न जानकर इन पंक्तियोंके लेखकने कई बर्फियाँ खा डालीं, जिसका दण्ड हफ्तों भुगतना पड़ा था। सोमको बहुत स्वादिष्ट बनाते थे, उसकी स्वादिष्ट धाराकी बड़ी ख्याति थी। और मदिर होनेसे वह गम-गलत करनेके लिए किसी भी नशीली चीजसे कम नहीं था।

आर्य स्वास्थ्यप्रेमी थे। पशुपालनका जीवन परिश्रमका जीवन होता है। फिर आर्योंको सैनिकका जीवन भी बिताना पड़ता था, इसलिए दुर्बल

आदमियोंकी उनके यहाँ कदर नहीं हो सकती थी। इन्द्र उनके इष्टदेवता पौरुषके आगर थे। उनके लिए कहा गया है[११] (८।१७।८)—"तुबि-ग्रीवः बपोदरः सुबाहुः" (पुष्ट गर्दन चर्बीदार पेट और सुन्दर भुजाओंवाला)। चर्बीवाला पेट अर्थात् तोंदको शायद इन्द्रके प्रौढ़ होनेके ख्यालसे कहा गया है, नहीं तो आर्य-तरुणोंका आदर्श तुंदिल शरीर नहीं हो सकता। हाँ, मोटी गर्दन और बलिष्ट भुजाके साथ विशाल छातीको वह पसन्द करते थे, जैसाकि गुप्तकालकी मूर्तियों और अजन्ताके चित्रोंमें देखा जाता है। भरद्वाज के बुढ़ापेका चित्र ऐत्रेय ब्राह्मण (३।५।४९) में मिलता है, जहां वह दुबले लम्बे और श्वेतकेश (कृश, दीर्घ, पलित) बतलाये गये हैं। तरुणाईमें वह पलितकेश नहीं सुवर्णकेश रहे होंगे, लम्बे होंगे और मांसल, पर छरहरा बदन रहा होगा।

आर्योंका खानपान बहुत पुष्टिकर और स्वास्थ्यकर था। सप्तसिन्धुकी गर्मियाँ उस समय भी असह्य रही होंगी, लेकिन अब १५ पीढ़ियोंसे रहते वह उनके लिए सह्य हो गई होगी। पञ्जाब (सप्तसिन्धु) आजकी तरह ही तब भी अधिक स्वास्थ्यकर रहा होगा। सत्तू-रोटी और मांस-गोरसका उस समय कोई अभाव नहीं था। कृषि और गोरक्ष्य ही उनकी जीविकाके साधन थे, गौओं की लूटसे भी कभी-कभी आमदनी हो जाती थी। पर, अब सारी सप्तसिन्धु भूमि उनकी अपनी थी, आर्य-भिन्न लोग भी उनके अधीन थे; इसलिए वह तीन शताब्दियों पहलेकी तरह अपने लिए भी लूटकी छूट नहीं कर सकते थे। उनके कर्मठ जीवनको कायम रखनेके लिए उत्तरके पहाड़ोंके शम्बर और उसकी जातिवाले शत्रु मौजूद थे।

२. सुरा

सुरा भी आर्य पीते थे, यद्यपि उसे सुपान नहीं मानते थे। इसके बारेमें अध्याय १४ में हम लिखेंगे।

भाग ३

राजनीतिक

अध्याय ५

ऋग्वेद के ऋषि

§१. प्रधान ऋषि

यदि इन्द्र, अग्नि आदि अमानुष तथा कल्पित नामोंको छोड़ भी दिया जाय, तो भी ऋग्वेदके ऋषियोंकी संख्या साढ़े तीन सौ से कुछ ऊपर है। इनमें सबसे पुराने अंगिरा, रहूगण, कुशिक हैं, परन्तु उनके एकाध ही मन्त्र मिलते हैं। उनके बाद सबसे पुराने तथा प्रधान ऋषि एक सूक्तमें साथ आये हैं, जो क्रमशः भरद्वाज, कश्यप, गोतम, अत्रि, विश्वामित्र, जमदग्नि और वसिष्ठ हैं। यदि ऋग्वेदके दसों मण्डलोंके क्रमके अनुसार देखा जाय, तो द्वितीय मण्डलके गृत्समद, तृतीय मण्डलके विश्वामित्र, चतुर्थ मण्डलके वामदेव, पञ्चम मण्डलके अत्रि, षष्ठ मण्डलके भरद्वाज, सप्तम मण्डलके वसिष्ठ और आठवें मण्डलके कण्व प्रधान मालूम होते हैं। प्रथम, नवम और दशम मण्डलोंमें किसी एक ऋषि या उसके कुल-गोत्रकी प्रधानता नहीं है। बौद्ध त्रिपिटकके दीघनिकाय के तेविज्जसुत्त (१।१३) में और दूसरे स्थानोंमें भी मन्त्रोंके कर्ता मन्त्रोंके प्रवक्ता दस ऋषि गिनाए गए हैं—अष्टक, वामक, वामदेव, विश्वामित्र, जमदग्नि, अंगिरा, भरद्वाज, वसिष्ठ, कश्यप और भृगु। इनमें वामक नाम का कोई ऋषि नहीं मिलता, बाकी सबके मन्त्र ऋग्वेदमें मिलते हैं, और वामदेव, विश्वामित्र, भरद्वाज तथा वसिष्ठ तो सबसे अधिक मन्त्रोंके कर्ता हैं। यदि मन्त्रोंकी अधिक संख्याके कर्ताके अनुसार देखा जाय, तो सबसे अधिक—१०३ सूक्तों—के कर्ता वसिष्ठ हैं। उनके बाद दूसरे हैं—भरद्वाज ६०, वामदेव ५५, विश्वामित्र ४८, गृत्समद

४०, कक्षीवान् २७, अगस्त्य २६, दीर्घतमा २५, गोतम २०, मेधातिथि २०, श्यावाश्व १५, कुत्स १४, मधुच्छन्दा १०, प्रस्कण्व ९, पराशर ५, जमदग्नि ५। कम सूक्तोंके कर्ता किन्तु कुछ महत्त्व रखनेवाले ऋषि हैं—कवप ४, बृहस्पति २, हर्यंत १, अपाला १, अष्टक १, कुशिक १ और सुदास १। ऋग्वेदकालीन आर्यजनोंके पुरोहित निम्न ऋषि थे—

पुरोहित	जन	प्रदेश
१. भृगु	द्रुह्यु	(परुष्णी-असिक्नीके बीच)
२. अत्रि, गृत्समद (पञ्चम मण्डल)	पुरु	(विपाश्-शुतुद्रिके ")
३. भरद्वाज (षष्ठ मण्डल)	दिवोदास, सुदास (भरत)	(परुष्णी-विपाश्के ")
४. वसिष्ठ (सप्तम मण्डल)	सुदास (भरत)	(परुष्णी-विपाश्के ")
५. विश्वामित्र (तृतीय मण्डल)	सुदास (भरत)	(परुष्णी-विपाश्के ")
६. दीर्घतमा मामतेय	भरत-तृत्सु	(परुष्णी-विपाश्के ")
७. कण्व (अष्टम मण्डल)	तुर्वश, यदु	(परुष्णी-असिक्नीके ")

अधिक मन्त्रोंके रचयिता और ऐतिहासिक महत्त्व रखनेके कारण आर्यजनोंके इन पुरोहित-ऋषियोंको प्रधानता देनी पड़ेगी, जो उमरमें छोटे-बड़े हो सकते हैं, पर समकालीन हैं। इनमें भी भरद्वाज, वसिष्ठ और विश्वामित्रका सबसे अधिक महत्त्व है। यह शम्बर-युद्ध फिर राजा सुदास के दाशराज्ञयुद्धके समय मौजूद थे। वसिष्ठ और विश्वामित्रने धरू संघर्षमें मुख्य तौरसे हाथ बटाया था ["दाशराज्ञयुद्ध" का काल ईसा-पूर्व १२००के करीब है और आर्य सप्त-सिन्धुमें ई० पू० ५००१ में आए, अर्थात् तबसे विश्वामित्रके काल तक आर्योंकी चौदह-पन्द्रह पीढ़ियाँ बीत चुकी थीं

जब हम ऋषियोंके पूर्वजोंको देखते हैं, तो किसीकी पीढ़ी अपने परदादासे आगे नहीं जाती। भरद्वाज के पिता बृहस्पति, पितामह लोकनामा और

प्रपितामह अंगिरा थे। कण्वके पिता घोर और पितामह अंगिरा थे। कश्यपके पिता मरीचितक का ही नाम हमें मालूम है। गोतमकी भी एक ही पीढ़ी अर्थात् पिता रहूगणका पता मालूम है। अत्रिके पिताका भी नाम निश्चित मालूम नहीं है। विश्वामित्रकी चार पीढ़ी—अर्थात् पिता गाथी, पितामह कुशिक और प्रपितामह इषीरथ—मालूम है। वसिष्ठ और उनके भाई अगस्तके पिता मित्रावरुण बतलाए गए हैं, यदि वह मनुष्य नहीं देवता हैं, तो इसका मतलब है, कि उनके पूर्वजोंमें किसीका नाम मालूम नहीं है। भृगुके पिता वरुण थे। इस प्रकार चार पीढ़ी अर्थात् एक शताब्दी अथवा ई० पू० १३००से पहलेके किसी ऋषिपूर्वजका पता नहीं है। पीछेकी ओर देखते हैं, कि इन ऋषियोंकी परम्पराओंको काफ़ी सुरक्षित रखनेकी कोशिश की गई है। यह आश्चर्य की बात है, पूर्वजोंकी स्मृति क्यों नहीं कायम रखी गई। लेकिन आश्चर्य करनेकी कोई जरूरत नहीं। आर्य जब सप्त-सिन्धुमें आए, तो घुमन्तू जीवन विताते थे, अभी वह जनयुग—कबीलाशाही—से बाहर नहीं आए थे। गाय-घोड़ों और भेड़ोंको पालना उनकी जीविकाका मुख्य साधन था। यदि कृषि करते थे, तो नामात्र ही। उनके उपयोगके लिए अन्न जुटानेवाले पराजित सिन्धुवासी मौजूद थे। लेकिन जीवन तथा विलासकी बहुत-सी सामग्रियोंको स्वीकार कर वह सामन्तयुगीन संस्कृति और आर्थिक जीवनसे अछूते कैसे रह सकते थे? सामन्तवादकी ओर बढ़नेके लिए जनयुगकी दीवारोंको तोड़ना आवश्यक था, अर्थात् भिन्न-भिन्न जनों (कबीलों)को एकताबद्ध करना था। एकताबद्ध करनेके प्रयासका अन्तिम परिणाम "दाशराज्ञयुद्ध" हुआ था।

इस पृष्ठभूमिमें देखनेपर मालूम हो जाएगा, कि ऋषियोंकी जो पहले की तीन-चार ही पीढ़ियाँ हमें मालूम होती हैं, उसका कारण यही है, कि तभीसे वह जनयुगसे सामन्त-युगकी ओर दृढ़ कदम रखने लगे। जिस तरह ऋग्वेदके प्रधान तीन ऋषियोंसे पहलेके ३०० वर्षोंका आर्योंका इतिहास हमें अन्धकाराच्छन्न मालूम होता है, वैसे ही उसके बाद—जहाँ तक ऐतिहासिक साहित्यिक-सामग्रीका सम्बन्ध है—फिर तीन सौ वर्षों तक अन्धकार छा

ऋषियों के वंशवृक्ष—

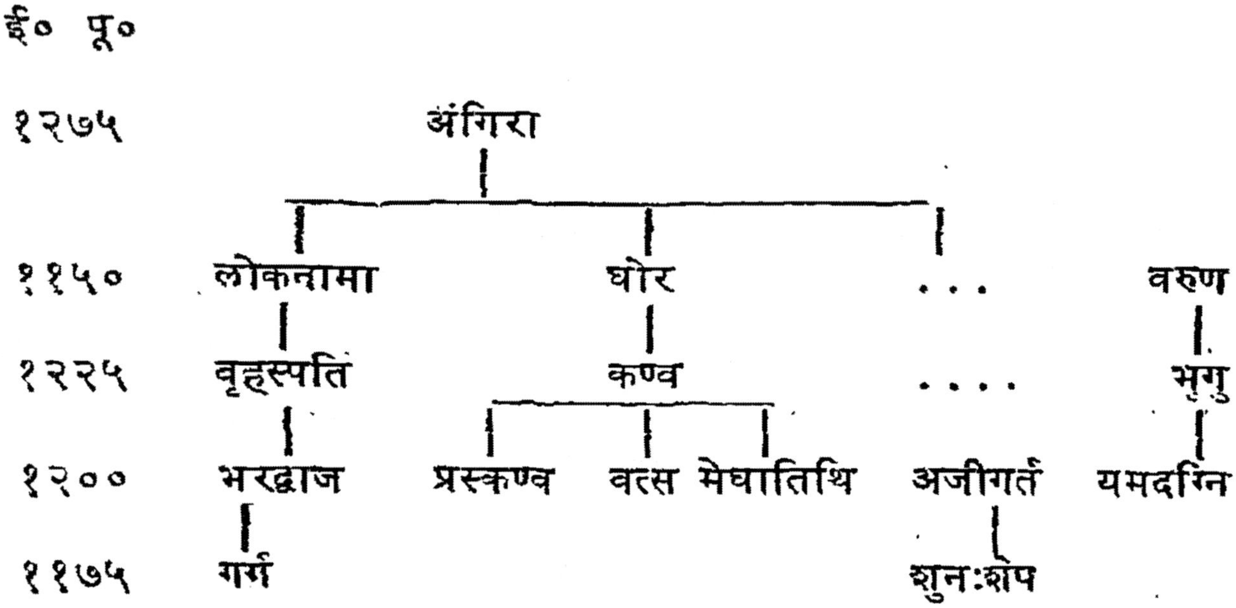
ई० पू०
१२७५
अंगिरा
११५०
लोकनामा
घोर
. . .
वरुण
१२२५
वृहस्पति
कण्व
. . . .
भृगु
१२००
भरद्वाज
प्रस्कण्व
वत्स
मेघातिथि
अजीगर्त
यमदग्नि
११७५
गर्ग
शुनःशेप

इषीरथ				१२७५
कुशिक		रहूगण	पिजवन	१२५०
गाथी	मित्रावरुण	गौतम	बध्र्यश्व	१२२५
विश्वामित्र	वसिष्ठ अगस्त्य	वामदेव	दिवोदास	१२००
मधुच्छन्दा	शक्ति		सुदास	११७५
	पराशर गौरवीति			११५०

जाता है। ऋग्वेदके ऋषि सप्तसिन्धुके ऋषि थे। उस वक्त आर्योंका निवास और प्रभुता क्षेत्र सप्तसिन्धु अर्थात् सरस्वतीसे लेकर सिन्धुकी उपत्यका तकका देश (हरियाणा, पञ्जाब और पख्तूनिस्तान) था। तीन सौ वर्ष बाद यजुर्वेद, अथर्ववेद, ऐतरेय, शतपथ ब्राह्मण जैसे प्राचीन ग्रन्थ मिलते हैं। इन ब्राह्मणोंके कर्ता ऐतरेय महीदास और याज्ञवल्क्य उस समय पैदा हुए, जबकि सप्तसिन्धु नहीं कुरु-पञ्चाल (पश्चिमी उत्तर-प्रदेश) आर्योंका गढ़ बन चुका था और उनका प्रभाव पूर्वमें विदेह (उत्तरी बिहार) और दक्षिणमें भोज (मध्य नर्मदा उपत्यका) तक पहुँच गया था। यदि इन तीन सौ वर्षों की बातें अविच्छिन्न रूपसे प्राप्त होतीं, तो मालूम होता, कि आर्य सप्तसिन्धुसे पूर्वकी ओर किस तरह बढ़े ?

सप्तसिन्धुमें प्रवेश करनेकी बातका भी हमारे साहित्यमें कोई उल्लेख नहीं मिलता। हमें उसके बारेमें तुलनात्मक भाषा-विज्ञान और नृतत्व से मदद लेनी पड़ती है। फिर एकाएक कूदकर तीन सौ वर्षों बाद हमें दिवो-दास और सुदास तथा उनके पुरोहित भरद्वाज, वसिष्ठ आदि एवं उनके संघर्षोंका पता लगता है। इसके बाद फिर इतिहासकी सरस्वती लुप्त होकर तीन सौ वर्ष बाद ब्राह्मणोंके रूप में हमारे सामने आती है। तब हमें कुरु और पञ्चालके समृद्ध जनपद और राज्य दिखाई पड़ते हैं, तथा इसी समय उपनिषद्के रूपमें आर्य-विचारक जनयुगीन देवमालासे अपनेको ऊपर उठाते दिखाई पड़ते हैं।

प्रधान ऋषियोंके राजनीतिक जीवनके सम्बन्धमें हम उनके यजमानोंके संघर्षके वर्णनमें बतलाएँगे। वह वस्तुतः केवल धार्मिक नेता (पुरोहित) और कवि (कारु) मात्र ही नहीं थे, बल्कि अपने लोगों के प्रधानमन्त्री तथा सेनानायक भी थे। यदि बुढ़ापेके कारण युद्धमें सीधे भाग नहीं ले सकते थे, तो अपनी तरुण सन्तानों और वंशजोंको उसमें शामिल होनेके लिए आह्वान करते थे। उनकी स्तुतियों और देवताओंकी कृपासे उनके यजमानोंको सफलता नहीं मिली, बल्कि उनके शक्तिशाली कुल-तरुणोंकी तलवारों और धनुष-बाणोंने सफलता में सहायता की।

१. भारद्वाज

रचनाके ख़्यालसे ६० सूक्तोंके रचयिता बृहस्पतिके पुत्र भरद्वाजका ऋग्वेदके ऋषियोंमें दूसरा नम्बर आता है। वह सुदास के पिता दिवोदासके पुरोहित थे। यदि आर्यजनोंके आपसी संघर्षमें वसिष्ठने सुदासकी बड़ी सहायता की थी, तो भरद्वाजका हाथ सुदासके पिता दिवोदासकी सफलताओं में कम नहीं था। ऋग्वेदका छठा मण्डल उनका और उनके वंशजोंका मण्डल है, जिसमें ऋषिने दिवोदासकी सफलताओंका वर्णन किया है। इनका अपना मोटो था "तरैं हम तरैं तेरी रक्षासे हम तरैं"[१] (५।१।१२)[२] (६।१५।१५ आदि)। दूसरा वाक्य जो इनकी ऋचाओंमें दोहराया जाता है, वह है—"हम अच्छे वीरोंके साथ सौ सर्दियोंतक आनन्दपूर्वक रहें"[३] (७।४।८; ७।२४।१०)। इन्होंने आधे दर्जन से अधिक स्थानोंमें "अद्रोघ-वाच" (अमिथ्यावादी) शब्दका प्रयोग किया है[४] (६।५।१; ६।६।१२ आदि)।

दिवोदासका उल्लेख इनकी बहुत-सी ऋचाओंमें मिलता है, किन्तु सुदासका कहीं नहीं है। तब मर गये होंगे या सुदासके लिए अमंगल कामनाएँ की हों, इसलिये उन ऋचाओंका संग्रह नहीं किया गया। लोभ, द्वेषमें यह पुराने ऋषि-पुरोहित अपने आजके वंश-धरोंसे बहुत ऊपर नहीं थे, इस-लिए जिस सुदास ने उनको राजपुरोहित पदसे दूधकी मक्खीकी तरह निकाल बाहर किया, उसके लिए वह अमंगल-कामना नहीं करेंगे, यह नहीं हो सकता ऋग्वेदमें संगृहीत ऋचाएँ मुख्यतः ऋषि-पुरोहितोंके इष्टदेवताओंकी महिमा-वर्णन करनेके लिए हैं। भरद्वाजके देवता असफल साबित हुए, फिर असफलताके प्रदर्शन के लिए उनकी की गई स्तुतिको क्यों सुरक्षित किया जाता ?

भरद्वाज अध्यात्म-शक्तिके कायल नहीं थे। उन्होंने प्रार्थनाकी थी "अश्मा भवतु नस्तनूः" (हमारे शरीर पत्थरके हों ६।७५।१२)[५]। इनके यजमान दिवोदास और सारे आर्यजनोंका प्रबल शत्रु शम्बर नामक दस्यु-राजा था। वह विपाश् (व्यास) और परुष्णी (रावी) के बीचके

वर्तमान कांगड़ावाले पहाड़का राजा था और जैसा कि हमने अन्यत्र बतलाया है, वह द्रविड़ (सिन्धु) जातिका नहीं बल्कि किरात (मंगोलायित) जातिका था। उसके सौ पहाड़ी दुर्ग थे, जिनमें १९वीं सदी तक शत्रुओंके दांत खट्टे करनेवाला कांगड़ा जैसा कोई किला (पुर) शायद इसी स्थान पर था। आयसी (तांबे जैसी दृढ़) के स्थान पर दूसरी जगह अश्मन्मयी (पत्थर जैसी दृढ़) पुरियां (किलों) का भी जिक्र आया है। ये पहाड़ी किले पत्थरके रहे होंगे। शम्बरके अलावा चुमुरि, धुनि, शुष्ण, अशुष, पिप्रु, नाम वाले दूसरे आर्य-विरोधी असुर राजाओंका उल्लेख भरद्वाजने किया है। यह भी पहाड़ी राजा तथा शम्बरके सहयोगी थे। इसमें शक नहीं कि सबसे प्रबल शत्रु शम्बर था। भयंकर युद्धोंके नेता-पुरोहित भरद्वाज यदि वर्म (कवच), धनु, ज्या, इषुधि (तर्कश), रथ, घोड़े, परशु (फर्से) जैसे युद्धके साधनोंका वर्णन करें, तो यह स्वाभाविक ही है।

क्षेत्र और अरण्यका भी उल्लेख भरद्वाज करते हैं[६] (६१।१४), जिससे पता चलता है, कि आर्योंको खेतों और जंगलों दोनोंसे काम था। खेतोंमें वे जौ और दूसरे अनाजोंकी थोड़ी-सी खेती करते थे, जिससे करम्भ (सत्तू) बना कर दही से खाते थे। पर, उनका प्रधान भोजन दूध और मांस था, जिसके लिए एक-एक परिवारके पास हजारों गायें होती थीं। इस प्रकार खेतोंसे भी अधिक चरागाहोंकी उनको अवश्यकता थी। घोड़े इस वक्त युद्ध और साधारण सवारीके अत्यन्त उपयोगी जानवर थे और उनके माँसका उपयोग भी होता था दिवोदासके पुत्र सुदाससे वसिष्ठने अश्वमेध यज्ञ कराया था (ऐतरेय ८।४।२१)। अश्वमेध यज्ञका यही सबसे पुराना उल्लेख है। चायमान अभ्यावर्ती राजाने दो हजार गायें दान दी थीं। गोदान उस समय अधिक हुआ करता था, आर्य ऋषि प्रभूत गौओं और अश्वोंकी कामना करते थे। भरद्वाजने दिवोदासकी सोम-गोष्ठियोंमें सह-भागी होनेका वर्णन किया है[७] (६।१६।५)। उस समय सोमपान इतना साधारण था, कि उसे सोमयाग कह कर दिव्य पूजाका रूप देनेकी अवश्यकता नहीं थी।

दिवोदासके पिता वध्र्यश्वने आर्योंमें कबीलाशाहीका अन्त करके उन्हें एकताबद्ध करनेका श्रीगणेश किया था, जिसको उसके सुपुत्र दिवोदासने आगे बढ़ाया। इसमें सबसे बड़े विरोधी यदु और दुर्वंश दो आर्यजन थे। दिवोदासने उनको दबानेमें सफलता पाई। उसने ६० हज़ार दासों (असुरों) का संहार किया था। बार्हस्पत्य भरद्वाजने सात बहनें सरस्वती[८] (६।६१।१०), तटोंको तोड़नेवाली सरस्वती[९] (६।६१।२) का भी उल्लेख किया है। दासोंकी सात पुरियोंको पुरुकुत्स (पुरुओंके राजा कुत्स) ने ध्वस्त किया था[१०] (६।२०।१०)। इससे मालूम होता है, कि भरतोंके राजा दिवोदासके ही कृपापात्र नहीं थे, बल्कि दूसरे जनोंमें भी भरद्वाज का मान था। बृहस्पति देवताका भी नाम है। भरद्वाजके पिता यदि बृहस्पति देवता थे, तो इसका अर्थ यही हुआ, कि उनके पिताके नामका पता नहीं है। पर ऋग्वेदके ऋषियोंकी अनुक्रमणीको देखनेसे मालूम होता है, कि इनके पिता बृहस्पति लोकनामा ऋषिके पुत्र और अंगिराके पौत्र थे। अंगिराके एक और पुत्र घोर थे। अंगिराकी सन्तानोंमें तिरश्ची, हिरण्यस्तूप, वसुश्रुत, श्रुतकक्ष भी थे। तिरश्चीके ऋजिश्वा और सुमित्र दो बेटोंके ऋषि होनेका पता लगता है। लेकिन अंगिराके घोर और लोकनामा दोनों पुत्रोंकी सन्तानें ही अधिक ख्याति-प्राप्त हुईं। घोरके पुत्र कण्व थे, जिनके वत्स, मेधातिथि, प्रस्कण्व, प्रगाथ जैसे प्रसिद्ध ऋषि पुत्र थे। प्रगाथके कई पुत्र ऋषि थे। अंगिराके प्रपौत्र भरद्वाज भी योग्य पुत्रों और सन्तानोंके लिए सौभाग्यशाली थे। उनके पुत्र गर्ग, ऋजिश्वा, शिरिन्बिठ ऋषि हुए।

२. वसिष्ठ

इन्होंने दूसरे सभी ऋषियोंसे अधिक संख्यामें (१०३) सूक्त रचे हैं। इनके बाद इनके प्रतिद्वन्द्वी भरद्वाजका नम्बर आता है, जिनके ६० सूक्त मिलते हैं। यह माना जा सकता है, कि इन ऋषियोंने जिन्दगीमें जितनी ऋचायें रचीं, सभी को उनके वंशज इकट्ठा नहीं कर सके। आखिर रचनाकालसे कम से कम दो सौ वर्ष बाद (ई० पू० १,०००) ऋचाओंका संग्रह किया गया, और सो भी लिपिबद्ध करके नहीं, बल्कि केवल श्रुतिके

रूपमें कंठस्थ करके; लिपिबद्ध करनेमें और कई शताब्दियाँ बीतीं। लिपिबद्ध होनेके बाद भी वेदपाठी अभी तक अपने-अपने वेदोंको स्वर-सहित कंठस्थ करके रखते हैं। आधुनिक युगमें यह डर है, कि वेदपाठियोंकी संख्या का जिस प्रकार ह्रास होता जा रहा है, उससे सौ-दो सौ वर्ष बाद शायद उनका मिलना मुश्किल हो जाय।

वसिष्ठके पिताका नाम मित्रावरुण देवता बतलाया जाता है। इनके सहोदर अगस्त्य मुनि थे। वसिष्ठके चित्रमह, मृलीक दो और पुत्रोंका भी नाम और उनकी रची ऋचायें मिलती हैं, पर उनके पुत्रोंमें प्रधान और शायद ज्येष्ठ भी शक्ति थे। इनके दो पुत्र पराशर, गौरवीति भी ऋग्वेदके ऋषि हैं। पराशरको व्यास या कृष्णद्वैपायनसे मिलानेकी कोशिश नहीं करनी चाहिए। ब्राह्मणोंके पिछले साहित्य—महाभारत, रामायण और सबसे अधिक पुराणोंमें इन ऋषियों और उनके समकालीन राजाओंकी वंशावलियों—में बहुत गड़बड़ी की गई है।

ऋग्वेदके सातवें मंडलके ऋषि वसिष्ठ हैं। एक-एक मंडलके प्रधान ऋषि और भी हैं। लेकिन उनमें और वसिष्ठमें यह भेद है, कि जहां दूसरे मंडलोंकी रचनामें उन ऋषियोंके पुत्र-पौत्रोंका भी काफी हाथ है, वहां वसिष्ठ सातवें मंडलके सभी १०४ सूक्तोंके कर्ता हैं। उनके पुत्र शक्तिकी रचना ३२ वाँ और कुमार ऋषिके १०१-१०२ वें सूक्त संदिग्ध रूपसे बतलाये जाते हैं। वसिष्ठके मंत्रोंकी सबसे महत्ता यह है, कि इनकी रचना द्वारा तत्कालीन इतिहास और भूगोल पर जितना प्रकाश पड़ता है, उतना दूसरे किसी भी ऋषिकी रचनासे नहीं पड़ता। इनका तकियाकलाम "यूयं पात स्वस्तिभिः सदा नः" (तुम स्वस्तिके साथ सदा हमारी रक्षा करो) है, जिसको उन्होंने एक दर्जनसे अधिक बार अपने मंत्रोंमें दोहराया है। आर्यों और उनके ऋषियोंकी तरह वसिष्ठके भी सबसे बड़े आराध्य देवता इन्द्र थे। उसके बाद मित्र, सूर्य, अग्नि, विश्वेदेव, वरुण, अश्विद्वय, उषा, सरस्वती थे। जिस तरह आज शैव लोग मरने पर कैलाशवासी बननेकी इच्छा रखते हैं वैष्णव लोग वैकुण्ठके, कुछ कृष्णभक्त गोलोकवासी बननेकी इच्छा से भी

मरे जाते हैं; उसी तरह उस समय आर्य मरनेपर इन्द्रलोकमें जानेकी इच्छा रखते थे।

ऋग्वेदके बाद यद्यपि कालक्रमसे साम, यजु और अथर्व-वेदोंका नम्बर आता है, पर जहां तक इतिहासका सम्बन्ध है, उनसे हमें अधिक सहायता नहीं मिलती। उसके बाद प्राचीन ब्राह्मणोंका नम्बर आता है। ऐतरेय ब्राह्मण ऋग्वेदका अपना ब्राह्मण है। ब्राह्मणोंका काम मंत्रोंकी व्याख्या करना नहीं है। ब्राह्मण (ब्रह्म-सम्बन्धी) ग्रंथ हैं, ब्रह्मसे अभिप्राय यज्ञ या मंत्रका है। यह यज्ञोंकी भिन्न-भिन्न क्रियाओं और उनमें वेद-मंत्रोंके विनियोगकी बात बतलाते हैं। ऐतरेय ब्राह्मणमें आधे दर्जन जगहों पर वसिष्ठका नाम आया है, एक (७।३।१६) से मालूम होता है, कि एक यज्ञमें विश्वामित्र होता, जमदग्नि अध्वर्यु, वसिष्ठ ब्रह्मा, अयास्य उद्‌गाता थे। इसी यज्ञमें सुयवसका पुत्र अजीगर्त एक पुरोहित था। लालची अजीगर्तने तीन सौ गौवोंके लोभमें अपने पुत्र शुनःशेपको खुद तलवारसे काट कर बलि देना स्वीकार किया। पुत्रने ऐसे बापसे पिंड छुड़ानेके लिए विश्वामित्र को अपना पिता बनाना चाहा और उनकी गोदमें जाकर बैठ गया। अजीगर्तने विश्वामित्रसे कहा—"ऋषि, मेरे पुत्रको मुझे दे दो।"

—"नहीं, देवोंने इसे मुझे दिया है।" उन्होंने शुनःशेपका नाम बदलकर देवरात वैश्वामित्र रख दिया। अजीगर्तने पुत्रसे प्रार्थना की—

"हम दोनों (माता-पिता) तुझे बुलाते हैं। तू आंगिरस-गोत्री अजीगर्तका पुत्र ऋषि है। हे ऋषि, तू अपने बाप-दादोंके घरको मत छोड़। हमारे पास आ जा।"

शुनःशेपने कहा—"मैंने तेरे हाथमें वह चीज (तलवार) देखी है, जो शूद्र भी नहीं लेता। हे आंगिरस, तूने तीन सौ गायोंको मुझसे बढ़कर समझा।"

अजीगर्तने कहा—"तात, मैं अपने किये पर दुःखी हूँ। मैं उसका निवारण करता हूँ। मैं सौ गायें तुझे देता हूँ।"

शुनःशेपने कहा—"जो एक बार पाप कर सकता है, वह दूसरी बार भी

कर सकता है। तू शूद्रतासे मुक्त नहीं है। जो पाप तूने किया है, वह किसी प्रकार निवारित नहीं हो सकता।"

विश्वामित्रने बीचमें कहा—"हाँ, निवारित नहीं हो सकता। यह सुयवस-का पुत्र जब हाथमें तलवार लिये मारनेको तैयार था, उस समय बड़ा भयानक लगता था। इसलिए तू अपनेको उसका पुत्र मत समझ, मेरा पुत्र होजा।"

ऐतरेयके इस उद्धरणसे पता लगता है कि वसिष्ठ, विश्वामित्र, जमदग्नि, अयास्य, अजीगर्त तथा शुनःशेप एक कालमें मौजूद थे। दूसरे वाक्य (७।५।३४) से मालूम होता है, कि एक यज्ञविधिको वसिष्ठने सुदास पैजवनको बतलाया था। आठवीं पंजिका (८।४।२१) में एक बड़ी महत्त्व-पूर्ण सूचना मिलती है—"इन्द्रके इसी महाभिषेकसे वसिष्ठने पैजवन सुदास का महाभिषेक किया और उसने पृथ्वी भरमें विजय पाई और अश्वमेध-यज्ञ किया।" उसके पिता दिवोदासके सम्माननीय पुरोहित भारद्वाजने क्यों नहीं सुदासका अभिषेक किया? वसिष्ठने क्यों किया? दिवोदासका एक पुत्र प्रतर्दन भी था, जिसे पीछे हुए काशिराज प्रतर्दनसे एक नहीं करना चाहिए। खानदानी पुरोहितको छोड़कर दूसरे पुरोहितको स्वीकार करना यही बतलाता है, कि दोनों भाइयोंमें पिताके सिंहासनके लिए झगड़ा था। प्रतर्दन शायद बड़ा लड़का था। दिवोदासकी गद्दी पर भरद्वाजने उसे अभि-षिक्त किया। चन्द्रगुप्त (गुप्त-वंशी) की तरह सुदास अपने पिताका योग्यतर अधिकारी था। दोनों भाइयोंमें झगड़ा हुआ। भरद्वाजने प्रतर्दन का पक्ष लिया, पर सुदासकी पीठपर वसिष्ठ जैसा चतुर और बहुवंश-वाला पुरुष था। ऐतरेय ब्राह्मणमें साफ बतलाया गया है, इस ऋषिने "इन्द्रके महाभिषेकसे पैजवन सुदासका महाभिषेक किया।" यद्यपि स्वयं ऋग्वेदमें प्रतर्दन और वसिष्ठके झगड़ेका वर्णन नहीं है, और न यही बतलाया गया है, कि सुदासको गद्दी पानेमें अपने भाईसे मुकाबला करना पड़ा। पर ऐतरेय ब्राह्मणके कथनका वहाँ कोई विरोध नहीं मिलता, बल्कि वसिष्ठ का सुदासका पुरोहित बनकर दाशराज्ञयुद्धमें सफलता प्राप्त करनेके लिए सब कुछ करना, इसकी पुष्टि करता है।

सुदासके पिता दिवोदासने वसिष्ठके अनुसार [११] (७।४।७) सौ आयसी पुरियोंका नाश किया था। वसिष्ठको इसका अभिमान था, कि भरतोंके प्रताप को बढ़ानेमें मेरा सबसे बड़ा हाथ है--"दण्डसे (पिटती) गौओंकी तरह पहले भरत लोग (अनाथ) शिशु जैसे तथा परिच्छिन्न थे। वसिष्ठ उनके पुरोहित हुए, तो तृत्सु बने लड़ेंगे।" [१२] (७।३३।६) भरतोंकी सफलताओंका वसिष्ठने अपने सातवें मण्डलमें कई जगह वर्णन किया है। भरतोंने पुरु लोगोंको अभिभूत किया [१३] (७।८।४) सुदासके साथ संघर्ष में द्रुह्युवों और अणुओंके ६६ हजार आदमी मारे गये [१४] (७।१८।१४)। तृत्सुओंने जमुनाके परे भेद, अज, शिग्रु और यक्षु लोगोंको परास्त किया [१५] (७।१८।१९)। ये अनार्य जन मालूम होते हैं। वसिष्ठने अनार्य लोगोंको "शिश्नदेव" (लिंगको देवता माननेवाले) बतलाया है [१६] (७।२१।५)। वसिष्ठके एक कथनसे मालूम होता है, कि दाशराज्ञयुद्ध सिन्धुके तीर पर हुआ था, जहां पर इन्द्रने सुदासकी रक्षाकी, अर्थात् सुदास विजयी हुआ [१७] (७।३३।३)।

पौराणिक युगमें वसिष्ठको वेश्या-पुत्र कहा गया है। देव-(जन युगीन) कन्यायें सदा कुमारियां रहती हैं उनका प्रणय स्थायी नहीं होता है, इसलिए उन्हें देवगणिका भी कहा जाता है। वसिष्ठको मैत्रावरुण (मित्र और वरुणकी सन्तान) और उर्वशीसे उत्पन्न बतलाया गया है [१८] (७।३३।११)। अप्सरासे वसिष्ठका उत्पन्न होना भी उल्लिखित है [१९] (७।३३।१२)। देवता या देवकन्यासे उत्पन्न होनेका मतलब यही है, कि पीछेके लोगोंको वसिष्ठके माता-पिताका नाम नहीं मालूम था। यातुधान, यातुमावान (जादूगर) [२०] (७।१०४।१५; ७।१।१५) का वर्णन वसिष्ठने किया है। झूठके लिए दरोग़ शब्द फारसीमें आज भी प्रयुक्त होता है, वसिष्ठने "द्रोघवाच" [२१] (७।१०४।१४) का प्रयोग किया है। वसिष्ठ और अगस्त्य पीछेके साहित्यमें भाई बतलाये जाते हैं, जिसकी पुष्ठि ऋग्वेदके एक मंत्र [२२] (७।३३।१०) से होती मालूम होती है। वसिष्ठके जीवनकी सबसे बड़ी घटना और सफलता दाशराज्ञयुद्धमें सुदासकी विजय अर्थात् सप्तसिन्धुके बिखरे हुए आर्यजनोंको एकताबद्ध करना है। "दस राजाओंने मिलकर

सुदासने लड़ाई की" [२३] (७।८३।७)। तृत्सुओंके देशमें दाशराज्ञ (युद्ध) में सुदासके लड़नेका भी उल्लेख है (७।८३।७-८)।

३. विश्वामित्र—

यद्यपि गाथीके पुत्र कुशिकके पौत्र और इषीरथके प्रपौत्र, विश्वामित्रकी ऋचाओंसे अधिक संख्या रचनावाले गोतमपुत्र वामदेव हैं, किन्तु विश्वामित्रका महत्त्व वसिष्ठ और भरद्वाजके समान है, इसलिए हम उनको यहां ले रहे हैं। यह ऋग्वेदके तीसरे मण्डलके ऋषि हैं। विश्वामित्र और वसिष्ठका जो वर्णन हम रामायणमें पाते हैं, उसका ऋग्वेदसे कोई सम्बन्ध नहीं है, और वह ऐतिहासिक तथ्य नहीं, बल्कि पौराणिक कल्पना मात्र है। इन्द्र, वरुण, बृहस्पति, पूषा, सविता, सोम, मित्र आदि देवताओंकी इन्होंने स्तुति की है, और ३३३९ देवों (३।९।९) ० ३३ करोड़ नहीं ३३ देवताओंका उल्लेख सबसे पहले इन्होंने ही किया—"त्रिशतं त्रींश्च देवान्" [२४] (३।६।९; ३।२४।३०)। अपने साथी यमदग्नि [२५] (१०।१६७।११३) और अपने वंश कुशिक (लोगों) [२६] (३।२६।१२) का इन्होंने उल्लेख किया है। पुरविये कुशिक संख्या और प्रभुत्वमें बढ़े-चढ़े थे, इसीलिए शायद सुदासको अपने अभिषेक करनेवाले तथा दाशराज्ञयुद्धमें परमसहायक वसिष्ठकी ओरसे मुँह मोड़कर विश्वामित्रकी ओर मुँह फेरना पड़ा। उस मनस्वी कार्यार्थी राजाके लिए एक उपकारक पुरोहितको छोड़कर दूसरे पुरोहितको अपनाना स्वाभाविक था। इस तोताचश्मीको देखकर वसिष्ठके पुत्र शक्तिने विरोध किया, लेकिन प्राण गँवानेके सिवा उन्हें कोई लाभ नहीं हुआ। नदियोंको थाहमें लानेका दावा वसिष्ठने भी किया है [२७] (७।१८।५ "सुदासे अर्णांसि गाधानि अकरोत्"), और विश्वामित्रने भी। विश्वामित्रने व्यास और सतलुजको गाधा (थाहवाली) होनेके लिए सवाल-जवाबमें जो प्रार्थना की है, वह ऋग्वेदकी बहुत सुन्दर ऋचाओंमेंसे तथा अच्छा काव्य है। नदियोंके भी दिलको हिला देने वाली कविता वसिष्ठने नहीं विश्वामित्रने ही की थी। इसके कुछ अंश निम्न प्रकार हैं— [२८] (३।३३)

विश्वामित्र—"विपाश् और शुतुद्री जल-सहित पर्वतोंके पाससे बन्धन-मुक्त घोड़ियोंकी तरह अट्टहास करती बछड़ोंके चाटनेकी इच्छावाली शुभ्र गौ-माताओंकी तरह समुद्रकी ओर दौड़ रही हैं।" ॥१॥

"हे दोनों नदियो, इन्द्र द्वारा प्रेरित, स्तुतियोंको सुननेवाली तुम रथियोंकी तरह स्वच्छ समुद्रकी ओर जा रही हो। साथ-साथ चलती ऊर्मियोंसे बढ़ी हुई हे शुभ्रो, दोनों पास-पाससे चल रही हो ॥॥२॥

मेरे सौम्य वचनको (सुननेके) लिए मुहूर्त्त भर अपनी दौड़ से रुक जाओ। कुशिकका सुत विशाल नदियोंका आह्वान मैं मनकी बात के लिए कर रहा हूँ" ॥५॥

नदियाँ—"वज्रहस्त इन्द्रने पर्वतका हनन कर हमारे लिए नदियोंकी परिधि खोदी। सुपाणि सवितादेव हमें ले जा रहा है। हम उसकी आज्ञामें विस्तृत होकर जा रही हैं" ॥६॥

विश्वा०—"ठहरो बहनो, (उस) कवि की बात सुनो, जो कि दूरसे बैलके रथ पर आया है। थोड़ा नीची होकर सुपारा हो और (रथके) अक्षसे नीचेके जलवाली नदी बन जाओ" ॥९॥

नदियाँ—"कवि, दूरसे अनस्-रथ द्वारा आये तेरे वचनको हम सुनती हैं। दूध पिलानेकी इच्छा वाली स्त्री, या पुरुषके लिए युवतीकी तरह हम तेरे लिए निम्न हो जाती हैं" ॥१०॥

विश्वा०—"प्यारियो, यदि संग्राममें गायोंके इच्छुक तथा इन्द्र-प्रेरित भरत तुम्हें तर जायें, तो इसके लिए मैं तुम्हें यज्ञ-योग्य मानकर स्तुति करूँगा" ॥११॥ गो-इच्छुक भरत लोग (नदी) पार हो गये। विप्रने नदियोंकी सुन्दर स्तुति की ॥१२॥

विश्वामित्रने सुदासको बड़ा किया, सिन्धु (नदी) को स्तम्भित किया[२९] (३।५३।९) और सुदासके पीछेकी विजयोंमें बड़ी सहायता की। अपने समकालीन दोनों ऋषियोंकी तरह इनका भी एक मोटो था, जिसे इनकी अनेक रचनाओंमें[३०] (३।१।२३; ३।७।११; ३।१५।७, ३।२२।५; ३।२३।५) दोहराया गया है—"स्यान्नः सूनुस्तनयो विजावा अग्ने सा ते

सुमतिर्भूत्वस्मे", जिसके अनुसार वह पुत्र-पौत्रोंको संतान और सुमति (सुस्तुति) वाले होनेकी प्रार्थना करते थे।[११] (३।३०।२२)। उनको विश्वास था कि "विश्वामित्रका यह वचन भारत जनकी रक्षा करेगा।"[१२] (३।५३।१२)।

तीन सौ गायोंके बदले बेंचकर मारनेके लिए तलवार उठाए अपने पिता अजीगर्तको छोड़कर शुनःशेपने किस तरह विश्वामित्रका पुत्र बनना स्वीकार किया, इसका उल्लेख हम पहले कर आए हैं। वामदेव यद्यपि गोतमके पुत्र थे, लेकिन ऐतरेय ब्राह्मणसे मालूम होता है, कि विश्वामित्रके सूक्तोंका उन्होंने प्रसार किया (ऐ० ६।४।१८)। ऐतरेयके अनुसार विश्वामित्र सबका मित्र था (६।४।२०), लेकिन बड़े-बड़े युद्धोंका समर्थक कैसे सबका मित्र हो सकता था? हाँ, शुनःशेपकी प्राणरक्षा जिस तरह विश्वामित्रके कारण हुई थी, उससे मालूम होता है, कि नर-बलिको वह मान्य नहीं समझते थे। विश्वामित्रके सौ पुत्रोंकी बात संदेहास्पद है। हो सकता है, इसमें उनके पुत्रों, पौत्रों और प्रपौत्रोंको भी गिन लिया गया हो। पर मधुच्छन्दा, ऋषभ, रेणु और ऋत ऋषि उनके पुत्र मालूम होते हैं। पौत्रोंमें मधुच्छन्दाके पुत्र अवमर्षण और जेता तथा ऋतके पुत्र उत्कील भी ऋषि हैं। ऐतरेय ब्राह्मणमें लिखा है—"विश्वामित्रके सौ पुत्र थे। ५० मधुच्छन्दा से बड़े और ५० छोटे। (शुनःशेपका गोद लिया जाना) बड़ोंको अच्छा नहीं लगा। तब विश्वामित्रने उनको शाप दिया—'तुम्हारी सन्तान अभक्ष्यभक्षी हो जाए।' इस प्रकार आन्ध्र, पुंड्र, शबर, पुलिंद आदि दस्यु लोग विश्वामित्रकी सन्तान हैं। लेकिन मधुच्छन्दा और उसके पचास भाइयोंने कहा—"हमारे पिता जो कुछ कहेंगे, हम उसीको मानेंगे। हम तुझ (शुनःशेप) को ज्येष्ठ मानते हैं। हम तेरा अनुसरण करेंगे। विश्वामित्र इस उत्तरसे प्रसन्न हो गये। उन्होंने निम्न मन्त्रोंसे पुत्रोंके लिए स्तुति की—

मेरे पुत्रो तुम पशु और सन्तानसे फूलो-फलो।
तुमने मेरा कहा मानकर मुझे पुत्रवान् बनाया।
हे गाधिकी सन्तानों, देवरातके संरक्षण में तुम पुत्रवान् होगे

वह तुमको सत्यके मार्गपर ले चलेगा।
हे कुशिक-सन्तानो, वीर देवरातके अनुचर बनो।
यह तुम्हारा पथ-प्रदर्शक और हमारी विद्याका दायभागी होगा।
विश्वामित्रके सब सच्चे पुत्र और गाथी के पौत्र जो देवरातके साथ हुए,
उनको धन, यश और कीर्तिकी प्राप्ति होगी।" (७।३।१८)

यद्यपि ऐतरेय ब्राह्मणने शुनःशेपको देवरात वैश्वामित्र प्रख्यापित करनेकी कोशिश की है, पर ऋग्वेदके ऋषि शुनःशेप आजीगर्तके नामसे ही प्रसिद्ध हैं।

४. वामदेव

गोतमके पुत्र वामदेव शायद वसिष्ठ, विश्वामित्रकी अगली पीढ़ीके ऋषि थे, पर उनकी प्रतिष्ठा इन तीन महान् ऋषियोंसे कम नहीं है। विश्वामित्रके सूक्तोंका वामदेवने प्रसार किया, इसे हम अभी बतला आए हैं। अपनी ऋचामें वामदेवने "गोतमात्पितुः"[33] (गोतम पिता से ४।४।११) और "मामतेय"[34] (ममताका पुत्र ४।४।१३) का उल्लेख किया है, जिससे वामदेवके पिताका नाम गोतम मामतेय जान पड़ता है। वामदेवने कहीं नाम और कहीं बिना नाम दिए दिवोदास और उसके पुत्र सुदासकी सफलताओंका वर्णन किया है। अतिथिग्व दिवोदासने सौ पुर जीते[35] (४।२६।३)। ये सौ पुर (किले) आयसी थे[36] (४।२७।१)। दिवोदासके लिए सौ अश्मन्मयी पुर इन्द्रने जीते[37] (४।३०।२०)। युद्धमें ३० हजार दास मूर्छित हुए। परुष्णी (भरतोंकी नदी रावी) पर इन्द्रने कृपा की[38] (४।२२।२)। इन स्थलों पर वामदेवने भरतों और उनके राजाकी महिमा गाई है। सहदेव-पुत्र कुमार सोमक,[39] (४।१५।७-९), सृंजयोंका राजा देवबात, वैदथी ऋजिश्वा, आर्जुनेय कुत्स---इन राजाओंकी भी वामदेवने प्रशंसा की है। हो सकता है, इनमेंसे कुछ उनके समकालीन और दाता हों। ५० हजार कृष्णों (काले असुरों) के मारे जानेका भी उल्लेख वामदेवने किया है[40] (४।१६।१३)। असिक्नी (चनाब)का भी

उल्लेख उनकी ऋचा [४२](४।१७।१५) में हुआ है। इनके समय आर्योंमें यह मशहूर था, कि, प्रातःकालकी देवी उषा जब आकाश में गमन कर रही थी, तो विपाश् (व्यास) नदीके तीर उसका शकट गिर गया [४२](४।३०।११)। दासों में कौलितर शम्बरका उल्लेख इन्होंने किया है [४३](४।३०।१४-१५)। तुर्वश और यदु दोनों प्रभावशाली आर्यजनोंका भी उल्लेख है। "कृषतु लांगलः" (४।५७।४), "सीता सुफला [४४](४।५७।६-७), "फाल" [४५](४।५७।८), हलके जोतने, हलकी हराइयोंके सुफल होने और हलके फालोंका जिक्र करके वामदेवने आर्योंमें कृषिके प्रचारका उल्लेख किया है। मुस्कुराती हुई सुन्दर स्त्रियाँ [४६](योषाः कल्याण्यः स्मयमानाः ४।५८।८) में उन्होंने सुन्दरियोंका उल्लेख कया है। वामदेव और नोधाके पिता गोतम और पितामह रहूगण थे। वामदेवके पुत्रोंमें मूर्धन्वा, बृहद्दिव और बृहदुक्थ ऋषियोंका नाम मिलता है।

§२. अन्य ऋषि

५. गृत्समद

यह शौनकके पुत्र थे। शौनकके तौरपर उल्लेख इनका [४७](९।८६।४६-४८) हुआ है। शायद यह अत्रिके वंशज थे। [४८](२-८-५) दिवोदास और शम्बरके संघर्षका इन्होंने भी उल्लेख किया है। दिवोदासने ९९ पुरों (किलों) को जीता [४९](२।१९।६), शम्बरकी सौ पुरियाँ ध्वस्त हुई [५०](२।१४।६-७), शत्रु कृष्णयोनि (काली जातियाँ, दास) थे [५१](२।२०।७)। शम्बरके अतिरिक्त स्वस्न, शुष्ण, अशुष, व्यंस, पिप्रु, नमुचि [५२](२।१४।५), चुमुरि, धुनि [५३](२।१५।९), कुयव [५४](५४।२।१९।६)जैसे दास-राजाओंका भी इन्होंने उल्लेख किया है। "पहाड़के वासी शम्वरको चालीसवें वर्षमें पकड़ा, [५५](२।१२।११) यह उल्लेख वामदेवने किया है, अर्थात् चालीस वर्ष तक पराक्रमी शम्बर आर्योंके हाथ नहीं आया था। भेड़के ऊनीवस्त्रमें छाने हुए सोम कलशोंमें रक्खे हैं [५६]("सोमो मेष्यः पुनानः कलशेषु

सीदति" ९।८६।४७) के कथनसे मालूम होता है, कि सोमको पीस और घोलकर ऊनी कपड़ेके छन्नेमें छानकर कलशोंमें रक्खा जाता था।

६. कक्षीवान्

यह दीर्घतमा औचथ्यके पुत्र थे। पीछेकी परम्परा बतलाती है, कि दीर्घतमा और गोतम एक ही व्यक्तिका नाम हैं। कक्षीवान्ने गोतमका उल्लेख [५७](१।११६।९) किया है, पर उससे यह नहीं मालूम होता, कि गोतमका इनसे पैतृक सम्बन्ध था। भरद्वाजका इन्होंने दो बार और अत्रिका दो बार उल्लेख किया, पर उससे इन्हें भरद्वाज या अत्रिके वंशका नहीं कहा जा सकता। दिवोदासका इन्होंने भी उल्लेख [५८](१।११६।१५, १६, १८, में) किया है। सौ पतवारोंवाली नौका ("नौ शतारित्रा) [५९](१।११६।५) का इनका उल्लेख बतलाता है, कि समुद्रगामी पोत उस वक्त सप्तसिन्धुमें भी देखे जा सकते थे। विश्पला (१।११७।७, ११) घोषा [६०](१।११७।७, ११) जैसी मेधाविनी आर्य महिलाओंका भी उल्लेख इन्होंने किया है। सिन्धुतटवासी राजा भाव्यने पुरोहितको बहुत-सा दान दिया था[६१] (१।१२६।१-४, ७)। इसमें शायद कक्षीवान्को भी कुछ प्राप्त हुआ। गन्धारकी भेड़ों ("गान्धारी अविका" (१।१२६।७) के उल्लेखसे मालूम होता है, कि वर्तमान पख्तूनिस्तान की भेड़ें अपने कोमल ऊनके लिए उस समय भी प्रसिद्ध हो चुकी थीं। गोतम और दीर्घतमा यदि एक ही होते, तो गोतमके पुत्र वामदेव और नोधाके साथ इनका भी नाम आना चहिए था।

७. अगस्त्य

मित्र-वरुणके पुत्र तथा वसिष्ठके भाई अगस्त्य ऋग्वेदके २६ सूक्तोंके रचयिता हैं। इनकी रचनायें प्रथम मण्डलके १६५-१९१ सूक्तोंमें आती हैं। अपनी ऋचाओंमें वसिष्ठका इन्होंने उल्लेख नहीं किया है, यद्यपि अपनी पत्नी लोपामुद्रा [६२](१।१७९।४) का नाम दिया है। प्रसिद्ध आर्यमहिला विश्पला [६३](१।१८२।१) का इन्होंने जिक्र किया

है और तुर्वश-यदु आर्यजनों का भी ६४ (१।१७ ।९), पर उनके संघर्षों के बारे में कुछ नहीं कहा है। तुर्वश-यदु आदिके साथ सुदासका जो दाशराज्ञयुद्ध हुआ था, उसके सारथी यदि इनके सगे भाई वसिष्ठ थे, तो उसकी कुछ प्रतिध्वनि अगस्त्यकी रचनाओंमें आनी चाहिए थी, पर उसका पता नहीं लगता। करम्भ (सत्तू) तथा लाभकारी तृण, शर, कुशर, दर्भ और मूंजका इन्होंने जिक्र किया है[६५] (१।१८७।१०; १।१९-१।३)। अगस्त्यके नाम पर जो कथायें पुराणोंमें मिलती हैं, उनका ऋचाओंमें कहीं भी आभास नहीं मिलता। वह पर्वतोंके गुरु थे, अन्तिम जीवनमें दक्षिणापथको चले गए, इसका भी कहीं पता नहीं है। उलटे यह "पंचक्षिति' (आर्योंके पाँच जनों) से चिपके रहनेवाले मालूम होते हैं[६६] (१।१७६।३)।

८. दीर्घतमा

उच्थ्य के पुत्र दीर्घतमा २५ सूक्तों के कर्ता हैं। औचथ्य[६७] (१।१५८।२,४) और मामतेय दीर्घतमा[६८] (१।१५८।१) के उल्लेख से मालूम होता है, कि इनके माता-पिता का नाम उचथ्य और ममता था। दासों का उल्लेख इन्होंने भी किया है[६९] (१।१५८।५)। वीरों का उल्लेख करना[७०] (१।१४०।१२) वतलाता है, कि इन्हें भी युद्ध में दिलचस्पी थी। घोड़े के पक्व सुगंधित मांस[७१] ("वाजिनं पक्वं सुरभि मांसम्" १।१६२।१२) से पता लगता है, कि घोड़े का मांस खाया जाता था। यज्ञ में मारे गए घोड़े के वारे में ये कहते हैं "न म्रियते वाजी"[७२] (घोड़ा नहीं मरता १।१६२१)

९. गोतम

रहूगण के पुत्र गोतम वीसेक सूक्तों (प्रथम मण्डल ७४९३)[७३] (१७८।५।७४)[७४] (१।१८०।१६)[७५] (१।८३।४।५)[७६] (१।८४।१,१४)[७७] (१।९१।१२),[७८] (१।९३।४) के कर्ता हैं।

१०. मेधातिथि

कण्व के पुत्र मेधातिथि २० सूक्तों के कर्ता हैं। अपने खानदान वालों को "कण्व लोग" (कण्वासः) के तौर पर इन्होंने याद किया है[७९] (१।१४।२,५)। आर्जुनेय कुत्स का आभार इनके ऊपर था[८०] (८।३।१६)। इनको मेध्यातिथि भी कहा जाता है[८१] (८।१।८,११)। मेधातिथि के पिता कण्व, पितामह घोर और प्रपितामह अंगिरा थे।

११. श्यावाश्व

१५ सूक्तों के कर्ता अत्रि के पुत्र (या सन्तान) श्यावाश्व भी प्रसिद्ध ऋषि हैं। इन्होंने सुन्दर दान देने वाले अर्हत्[८२] (५।५२।५) शब्द का प्रयोग किया है। उस समय अर्हत् शब्द का मुक्त-पुरुष अर्थ नहीं लिया जाता था, जैसा कि पीछे बौद्धों और जैनों में हुआ। सप्तसिन्धु के भूगोल के जानने में इनकी ऋचाएँ बड़ी काम की हैं। इन्होंने सप्तसिन्धु के पूर्वी छोर पर वहती यमुना[८३] ((५।५२।१७) का उल्लेख किया है। उसके सबसे पश्चिम में बहने वाली कुभा (काबुल), क्रमु (कुर्रम), सिन्धु (सिन्ध) और सरयू (सिन्ध के पश्चिम की कोई नदी) का भी जिक्र किया है। एक जगह सुदास का भी नाम लिया है[८४] (५।५३।२)। अत्रि के वंशजों में ये सबसे बड़े ऋषि थे।

१२. कुत्स

१५ सूक्तों के कर्ता यह अंगिरा के पुत्र (या सन्तान) थे। इन्होंने अपनी ऋचाओं में कुत्सका उल्लेख कई जगहों पर किया है[८५] (१।१०४। २; १।१०६।६)। **अर्हत्** (१।१९५।१) का, दास-राजाओं में शुष्ण, पिप्रु, वृत्र और शम्बर का भी उल्लेख किया है[८६] (१।१०३।८)। कहा है, कुयव असुर की दो स्त्रियाँ थीं[८७] (१।१०४।३)।

१३. मधुच्छन्दा

विश्वामित्र के पुत्र तथा अपने पिता के भक्त मधुच्छन्दा दस सूक्तों के कर्ता हैं। मुष्टिहत्या[८८] (१।८।२) का उल्लेख इन्होंने किया है और

स्वादिष्ट और मदिष्ट सोमका भी"[९] (९।१।१)। इनके पुत्रों में जेता और अवमर्पण दो ऋषि हुए हैं, जो एक-एक सूक्तों के रचयिता हैं।

१४. प्रस्कण्व

कण्व के पुत्र इस ऋषि ने दस सूक्त रचे हैं। अपनी ऋचाओं में इन्होंने कण्व का उल्लेख आधे दर्जन से अधिक स्थलों में किया है। अत्रि, अंगिरा जैसे ऋषियों तथा तुर्वश पक्थ जनों का भी उल्लेख किया है। इनके उल्लिखित दशव्रज और गोशर्य सम्भवत: सप्तसिन्धु के पश्चिमोत्तरी भाग में कोई स्थान थे। "सिन्धूनां तीर्थे"[१०] (सिन्धुओं के घाट पर १।४६।८) के कहने से हम सिन्धु नद का नाम नहीं ले सकते, क्योंकि उस समय सिन्धु शब्द नदी का भी पर्याय था। प्रस्कण्व घोड़े, भेड़, आदमी, नारी और गाय की मंगल कामना करते हैं--"शं नः करत्यर्वते मेषामेष्ये नृभ्यो नारिभ्यो गवे"[११] (१।४७।६)। सुदास और तुर्वश-जन का जिक्र इन्होंने किया है। तुर्वशों और यदुओं के कण्व और प्रस्कण्व पुरोहित थे, जिनका खूनी संघर्ष सुदास के साथ हुआ था। मुमकिन है पिता-पुत्रों ने अपने यजमानों की विजय के लिए इन्द्र से कामना की हो, पर विजय उनके शत्रु सुदास की हुई; इसलिए उन ऋचाओं के संग्रह करने की अवश्यकता नहीं समझी गई।

दस और उसके ऊपर सूक्तों के कर्ता ऋषियों के बारे में हमने यहाँ कहा। ऋषियों की संख्या साढ़े-तीन सौ से ऊपर है, यह हम बतला आये हैं। अन्य ऋषियों में शुनःशेप अजीगर्त-पुत्र, पराशर शक्ति-पुत्र और अत्रि नौ-नौ सूक्तों के रचयिता हैं। वसिष्ठ के पोते पराशर सप्तसिन्धु के ऋषि थे, उन्हें कुरु-पंचाल काल में नहीं लाया जा सकता। मेधातिथि के पिता तथा घोर के पुत्र काण्व, एवं मरीचि के पुत्र कश्यप आठ-आठ सूक्तों के रचयिता हैं। सोभरि कण्व, प्रगाथ काण्व और जमदग्नि ने पाँच-पाँच सूक्त रचे हैं। ऋषियों में एक अपाला आर्यनारी भी है, जिसका एक सूक्त ऋग्वेद (८।८०) में मिलता है। प्रार्थना करने पर देवताओं ने

इसके चर्मरोग को हटाकर इसे सूरज जैसी चमड़े वाली बना दिया। आर्यनारियो में पतियों से द्वेष करने वाली भी थीं, इसका उल्लेख अपाला ने किया है[१२] (८।८०।४)। बुद्ध के उल्लेख किए दस ऋषियों में विश्वा-मित्र-पुत्र अष्टक का सिर्फ एक सूक्त (१०।१०४) मिलता है, जिसमें सप्त-सिन्धु की सात नदियों, नौ शाखा नदियों और नब्बे नालों का उल्लेख किया गया है—"सप्तापो नवति स्रोत्या नव च स्रवन्ती"[१३] (१०।१०४।८)। कई ऋषियों के पूर्वज वरुण-पुत्र भृगु, इषीरथ-पुत्र कुशिक के एक-एक सूक्त मिलते हैं और कण्व-वंजश वत्स का भी एक सूक्त है। सप्तसिन्धु से १८-१९ शताब्दियों बाद वत्स की वास्तविक स्थिति का कितना अज्ञान हो गया था, इसका पता हमें "हर्षचरत" में वर्णित वत्स के जन्म आदि के बारे में बाण के कथन से मालूम होता है।

अध्याय ६

दस्यु

§१. सिंधु-जाति (पणि)

सिन्धु-उपत्यकामें प्रवेश करनेके समय जिस जातिसे घुमन्तू आर्य घोड़-सवारोंका मुकाबला हुआ था, वह वस्तुतः सिन्धु-उपत्यकाकी बहुत संस्कृत जाति थी, जिसके नगरोंके अवशेष मोहनजोडरो, हड़प्पामें तथा जिसकी संस्कृतिके चिह्न दक्षिणमें गुजरात और पूर्वमें यमुना-उपत्यका तक मिले हैं। यदि वह पूर्वमें और दूर तक मिलें, तो कोई आश्चर्यकी बात नहीं। पर, ऋग्वेदिक ऋषि अपने जिन भयंकर प्रतिद्वन्द्वियोंका उल्लेख करते हैं, वे मैदानके सिन्धु-संस्कृतिवाले—द्रविड़—नहीं थे, बल्कि वे पहाड़ोंमें रहते थे। उनके किले (पुर्) पत्थरोंके बने (अश्मन्मय) होते थे। इन किलोंके तोड़नेमें आर्योंको लोहेके चने चबाने पड़े। सिन्धु-जाति के साथ आर्योंके संघर्षका समय ई० पू० १,५०० और पत्थरोंके किलोंको तोड़नेका समय अर्थात् ऋग्वेदके प्राचीनतम ऋषियोंका काल, उससे तीन सौ वर्ष बाद है, जबकि मण्डूक-प्लुति (मेंढककुदान) करके नहीं, बल्कि सर्प-गतिसे क्रमशः बढ़ते हुए आर्य सारे सप्तसिन्धु (जमुनासे सिन्धु पारकी भूमि) तक फैल गये। मोहनजोडरो और हड़प्पा जैसे ताम्र-युगीन भव्य नगरोंके विजेता होनेपर भी आर्य घुमन्तू उनमें बसनेके लिए तैयार नहीं हुए। ये गौ, अश्व चराने वाले लोग घरोंके झुण्डों या ग्रामोंमें रहते थे। उनके ग्राम स्थायी नहीं थे। जिन लोगोंकी जीविका गायों-घोड़ों, अज-अवि (भेड़-बकरियों) के पालन पर निर्भर हो, तथा जिनको धाना और करम्भ (सत्तू) के लिए थोड़े-से जौकी जरूरत हो; वह एक जगह सालभर ठहरनेके लिए कैसे तैयार हो सकते थे?

ये भी मध्य-एसियासे शक, हूण, अवार और तुर्क घुमन्तुओंकी तरह घोड़ेके बालोंके तम्बुओंमें ही अपना गुजर-बसर करते। लेकिन उसमें सबसे बड़ी बाधा भारतकी वर्षा थी, जिसके लिए घास-फूसकी झोंपड़ियाँ अधिक अनुकूल और सस्ती थीं।

सिन्धु-जातिके लोगोंकी मुठभेड़ आर्योंके साथ पहले हुई। यह निश्चय है, कि उन लोगोंने आसानीसे हथियार नहीं रखा होगा। पर, ऋग्वेदके कालमें वे मुख्य प्रतिद्वन्द्वी नहीं थे। आर्य सिन्धु-जाति और अपने पहाड़ी दोनों प्रतिद्वन्द्वियोंको कृष्ण (काला) या कृष्णयोनि और अपने सभी प्रतिद्वन्द्वियोंको दास या दस्यु कहते थे। एक थोड़ा-सा भेद जरूर मिलता है। प्रतिद्वन्द्वियोंमें पणि प्रतिद्वन्द्वी नहीं, बल्कि दुधार गायें थे, जो अपने धनके लिए बहुत प्रसिद्ध थे। उनके पास भी बहुत गायें थीं। कभी-कभी उनसे झड़प भी होती थी, लेकिन वह ऐसी नहीं होती, जिसके लिए आर्य अधिक चिन्तित होते। सिन्धु-जातिके प्रतिनिधि यही पणि थे।

पणि—पणिसे ही पणन (बेचना), पण्य (विक्रेय वस्तु), आपण (बाजार) और वणिक (बनिया) शब्दोंका सम्बन्ध है। यह नाम शासनसे वंचित पर श्रेष्ठतर संस्कृतिके धनी सिन्धु जातिके लिए अधिक उपयुक्त था। राज्यसे वंचित होनेके बाद दासतासे बचे लोग कृषि और वाणिज्यसे ही अपनी जीविका कमा सकते थे, जिनमें वाणिज्य अधिक लाभदायक था। ऋग्वेदमें पणियोंका उल्लेख बहुत स्थानोंमें है। इनका जिक्र करने वालोंमें भरद्वाज, वसिष्ठ, दीर्घतमा औचथ्य, गोतम राहूगण, गृत्समद, हिरण्यस्तूप, असितदेवल जैसे प्रसिद्ध ऋषि हैं। सबसे वृद्ध भरद्वाजका कहना है, कि अग्नि पणियोंके धनको हरण करता है[1] (६।१३।३)। कुत्सका पणियोंसे झगड़ा हुआ था, जिसके बारेमें भरद्वाज कहते हैं[2] (६।२०।४): इन्द्र, तुम्हारे कृपापात्र कवि (कुत्स)से सैकड़ों पणि भाग गये। आर्य ऋषि केवल सीनाजोरीसे ही पणियोंका धन हरण नहीं करते थे, बल्कि उनको प्रभावित करके भी काम निकालना चाहते थे। भरद्वाजने ही कहा है[3] (६।५३।३): हे पूषा, न देनेकी इच्छा करने वालेको दान करनेके लिए प्रेरित करो, पणिके मनको मृदु

करो। फिर कहते हैं[४] (६।५३।५): पणियोंके हृदयको फाड़ दो, हमारे बसमें कर दो, आरासे पणिके हृदयको छेद दो। भरद्वाजके समकालीन ऋषि वसिष्ठ भी पणियोंके साथ शाम-दाम दोनों नीतिके पक्षपाती थे। वह कहते हैं[५] (७।९।२): सुयज्ञ अग्निने पणियोंका दरवाजा खोला। पणि श्रद्धाहीन अयज्ञ बकवासी हिंसावादी हैं। उन दस्युओंको अग्नि दूर करता है[६] (७।६।३)। इसी कालके ऋषि उचथ्य-पुत्र दीर्घतमाका कहना था[७] (१।१५१।९): हे मित्रावरुण, सिन्धुओंने तुम्हारे देवत्वको नहीं पाया और न पणियोंने। पीछेकी परम्पराके अनुसार दीर्घतमा ही अन्धे-से आँख-वाले होनेके बाद गोतमके नामसे प्रसिद्ध हुए, परन्तु यह ऋग्वेदके प्रतिकूल है। दीर्घतमा उचथ्यके पुत्र थे और गोतम राहूगण के। इन दोनोंके सूक्त भी अलग-अलग हैं। गोतम की भी दृष्टि पणियोंके गायों के ऊपर थी[८] (१।९३।४): हे अग्नि-सोम, तुम दोनोंने पराक्रमसे पणिसे गायें छीनीं। अपने शत्रुओंकी गायों या धनका अपहरण करना, मुषना (चुराना) आर्यों और उनके देवताओंके लिए कोई बुरी बात नहीं थी।

यही नहीं, ऋषि गृत्समद[९] (२।२४।६)के कहनेके अनुसार अत्यन्त गुह्य (गुहा)-स्थानोंमें निहित पणियोंकी निधिको भी आर्य ज्ञानियोंनें प्राप्त किया था। पणि धनी होनेके साथ अदित्सु (देनेके अनिच्छुक) हों, यह कोई नई बात नहीं थी। बनियोंके स्वभावके अनुसार वह कुछ अधिक कञ्जूस होते थे, जो अतिथि-सेवी अर्ध-घुमन्तू आर्योंकी प्रकृतिके विरुद्ध बात थी। हिरण्यस्तूप[१०] (१।३३।३) इन्द्रको पणियोंकी मनोवृत्ति न धारण करनेकी प्रार्थना करते हैं—हे इन्द्र, बहुत-सा धन देते पणि मत होना, हमसे अधिक लाभ नहीं चाहना। पणियोंके लिए भी "बनिया अपने बापका नहीं होता" वाली कहावत थी। कक्षीवान्[११] (१।१२४।१०) चाहते हैं, कि पणि बिना जागे ही सोये रहें। पणियोंके धन और गायकी अभिलाषा-हरेक आर्य करता था, इसलिए उनका सोये रहना अपहारकोंके लिए अनु कूल था। संवरण[१२] (५।३४।७) के अनुसार इन्द्र पणियोंसे अन्न मुषने (चुराने)के लिए जाते हैं और यजमानोंमें बाँटते हैं।

ऋजिश्वा[१३] (६।५१।१४) के कहनेके मुताबिक भोजन-सम्पन्न पणिको सोम नष्ट करे, क्योंकि वह वृक (भेड़िया) है। असित देवल[१४] (९।२२।७) सोमसे प्रार्थना करते हैं, कि तुम पणियोंसे वसु (धन) और गायोंको ले लो। दिवोदास-पुत्र परुक्षेपके सुपुत्र अनानत सोमसे प्रार्थना करते हैं[१५] (९।१११।२): तुमने पणियोंके धनको हथियाया।

वन्धु किसी राजासे कहते हैं[१६] (१०।६०।६) राजन् दो लाल घोड़ोंको रथमें जोड़ो और दान न देने वाले सारे पणियोंपर आक्रमण करो। शंयु[१७] (६।४५।३१) के समय पणियोंका सर्दार बृबु गंगाके विस्तृत कछारकी तरह ऊँचे स्थानपर रहता था। बृबु जानता था, कि पणियोंपर गजब ढोनेकी प्रेरणा यही ऋषि देते हैं, इसलिए उसने बृहस्पति-पुत्र शंयुके साथ ऐसी उदारता दिखलाई कि वह मगन हो बृबुकी प्रशंसा करने लगे[१८] (७।४५।३१-३३)। बृबु जिस भूमिमें रहता था, वही गंगाकी कछारकी तरह ही विस्तृत नहीं थी, बल्कि उसका हृदय भी उतना ही विशाल था। उसने वायुके वेग से धावित होते हजार गायोंका भारी दान तुरन्त किया। शायद शंयु ही उसकी उदारतासे लाभान्वित नहीं थे, बल्कि अनेक कारु (कवि, ऋषि) हजारों गायें देने वाले, हजारों प्रशंसाके पात्र बृबुका यशोगान करते थे।

पणियोंके साथ आर्योंके सम्बन्धके बारेमें ऋग्वेदके दसवें मण्डलमें एक पूरा सूक्त[१९] (१०।१०८) है, जिसमें पणि और सरमाका संवाद दिया हुआ है। सरमा देवताओंकी कुतिया थी, किन्तु यहाँ वह आर्योंकी हिंसापूर्ण लुब्धक मनोवृत्तिका प्रतिनिधित्व करती है। इन ऋचाओंके रचयिता (ऋषि) पणिगण और सरमाको बतलाया गया है, जिसका मतलब यही है, कि असली रचयिताका नाम अज्ञात है। यह मनोरञ्जक वार्तालाप इस प्रकार है—

पणिगण—सरमा, क्या इच्छा करके तुम आई? रास्ता बहुत दूरका है, जिसपर से नजर पीछे नहीं फेंकी जा सकती। हमारे पास क्या है? कैसे तुमने रास्तेकी नदियोंके जलको पार किया॥१॥

सरमा—हे पणियो, मैं इन्द्रकी दूती होकर तुम्हारे निधियोंकी चाह में डोलती हूँ। तुमने बहुत संग्रह किया, इसके लिए आई। जलने मुझे बचाया, मैं नदियों के जलको पार करती हुई आई ।।२।।

पणि—सरमा, कैसा इन्द्र है, जिसकी दूती होकर तुम दूरसे आयी ? वह इन्द्र आवे, हम उसे मित्र मानेंगे। वह गायोंको लेकर हमारा गोपति बने ।।३।।

सरमा—मैं नहीं जानती (कौन हैं) जो उसे हरा सकते हैं, जिसकी कि दूती बनकर मैं दूरसे आयी हूँ। गहरी नदियाँ भी उसको नहीं रोक सकतीं। हे पणियो, उस इन्द्र द्वारा निहत होकर तुम सो जाओगे ।।४।।

पणि—हे सुभगे सरमा, आकाशके अन्तिम भागसे जिनकी इच्छा करती आई हो, उन गायोंको बिना युद्धके कौन छीन सकता है? हमारे आयुध तीक्ष्ण हैं ।।५।।

सरमा—पणियो, तुम्हारे वचन सैनिकोंके से नहीं हैं, तुम्हारे शरीर पापी हैं। आनेका मार्ग अप्रचलित है। कहीं बृहस्पति तुम्हें संकटापन्न न कर दें ।।६।।

पणि—सरमा, हमारी निधि पर्वतोंसे सुरक्षित, घोड़ों, अश्वों, गायों और वसुओं (धनों)से पूर्ण है। सुरक्षक पणि उसकी रक्षा करते हैं। हमारे स्थानमें तुम व्यर्थ ही आई ।।७।।

सरमा—यहाँ सोममें मतवाले अयास, आंगिरस, नवगु जैसे ऋषि आयेंगे। वह इन गायोंको छीन ले जायेंगे। फिर पणियो, तुम्हारा यह वचन बकना भर है ।।८।।

पणिगण—हे सरमे, देवताओंने डरकर तुम्हें यहाँ भेजा। हम तुम्हें अपनी बहिन (स्वसा) बनाते हैं, तुम मत जाओ। हे सुन्दरि, हम तुम्हें गायें देंगे ।।९।।

सरमा—मैं न भ्रातृत्व जानती, न स्वसृत्व (भगिनीपन)। इन्द्र और वीर-अंगिरावंशी जानते हैं, जिन्होंने गायकी इच्छासे मुझे सुरक्षित भेजा, मैं आई। पणियो, यहाँसे दूर भाग जाओ ।।१०।।

पणियो यहाँसे, बहुत दूर भाग जाओ। गायें बाधासे कष्ट पा रही हैं, जिन निगूढ़ गायोंको बृहस्पति, सोम, सोम पीसनेवाले पत्थर और विप्र ऋषि प्राप्त करें।

पणि बेचारोंकी उस समय क्या स्थिति थी, यह इस संवादसे स्पष्ट मालूम होता है। यह ठीक उसी दृश्य को हमारे सामने उपस्थित करता है, जो १९वीं शताब्दीके पूर्वार्ध तक मध्य-एसियाके ग्राम-नगर निवासियों की उत्तरी घुमन्तुओंके सामने थी,जो कि लूटके धनको धर्मार्जित धन समझते थे।

§२. शम्बरीय पहाड़ी

ऋग्वेदिक आर्योंके असली शत्रु शम्बर और उसके पहाड़ी लोग थे। शम्बर दिवोदासका प्रतिद्वन्द्वी था। उससे पहले ही उसके पहाड़ी लोगोंने आर्योंके बढ़ावको रोकने के लिए संघर्ष छेड़ा था। इन पहाड़ियों को आर्य दास और दस्यु नाम से पुकारते थे। पणियों के लिये भी यह नाम इस्तेमाल होता था, जो कि सिन्धु जातिके थे। ऋग्वेदके ऋषियोंका उद्देश्य व्यवस्थित इतिहास लिखनेका नहीं था, वे कभी-कभी ही इन बातोंका जिक्र करते हैं। यह आशा नहीं रखनी चाहिए, कि वहां हमें सिन्धु-जाति और पर्वतीय जातिके स्पष्ट परिचायक वाक्य मिलेंगे। तो भी उस समयकी स्थिति देखनेसे बातें स्पष्ट हो जाती हैं।

पणि राजनीतिक संघर्ष छोड़ चुके सिन्धु-जातिके ही लोग थे। अब तलवार पहाड़ियोंने उठायी थी। शम्बरके पास सौ अजेय पर्वतीय दुर्ग थे, जिनको दिवोदासने नष्ट किया। दिवोदासका जन पुरुओंकी शाखा भरत था, जिसे त्रित्सु भी कहते थे। परुष्णी (रावी) इनकी पश्चिमी सीमा थी, जिसके किनारे तक पहुँचकर सुदासके समय एक बार पक्थों (पठानों) और दूसरे पश्चिमी आर्यजनोंने त्रित्सुओंकी हालत बुरी कर दी थी। पूर्वमें त्रित्सुओं की सीमा पर शुतुद्रि (सतलुज) और विपाश् (व्यास) नदियाँ थीं। पश्चिममें पख्तों, भलानसोंके पास पश्चिमी पहाड़ जरूर थे, लेकिन भरतोंके पासमें सिर्फ कांगड़ा ही का पहाड़ था। इसलिए जिस पहाड़ी जातिने आर्योंको लोहेके

चने चबवाये, वह कांगड़ाके पहाड़ोंकी ही होगी। लेकिन, वहाँके आजके खश या हिन्दी-आर्य निवासियोंको हम तीन हजार वर्ष पहले ताम्र-युगकी जाति नहीं कह सकते। तब यहाँ कौन जाति रही होगी? क्या सिन्धु-जातिके ही लोग यहाँ भी रहते थे? इन पहाड़ियोंके लिए भी कृष्ण और कृष्णयोनि (काला) शब्द यही बतलाता है कि शायद वह भी मोहनजोडरो-हड़प्पाके निवासियोंके भाई-बन्द थे। लेकिन यह भिन्न जातिके थे, इसे समझना आसान हो जाता है, यदि हम ताम्र-युगके हिमालयके किरातोंपर विचार करते हैं।

§३. मोन्-ख्मेर (किरात)

किसी समय सारे हिमालयमें किरात लोग बसते थे। पश्चिममें चम्बासे लेकर पूर्वमें आसामके नागा लोगोंकी भूमितक और आगे बर्मा-थाई होते हिन्द-चीन तक इस जातिका पता आज भी लगता है। आजकलके विद्वान् संस्कृतके किरातोंको मोन्-ख्मेरके नामसे पुकारते हैं। किर या किरात जाति का उल्लेख ऋग्वेदमें नहीं मिलता, पर इन पहाड़ोंमें उस समय केवल यही जाति निवास करती थी। आज इस जातिके अवशेष या तो तिब्बतकी सीमा के पास रह गये हैं या तराईके कितने ही स्थानोंमें। पश्चिमसे जितना ही पूर्व चलें, उतनी ही इनकी संख्या बढ़ती जाती है, और पूर्वी नेपालको तो आज भी किराती देश कहते हैं। किरात लोग चीनी, मंगोल, तिब्बती जातिसे सम्बध रखते हैं, लेकिन यह सम्बन्ध बहुत दूरका है, वैसे ही जैसा हिन्दी आर्योंक पश्चिमी यूरोपीयोंके साथ। किरात या मोन्-ख्मेरके मुखोंपर मंगोलायित मुख-मुद्रा होती है, इसलिए तिब्बती सीमापर बच रहे मोन्-ख्मेरोंको कितने ही विद्वान् भी तिब्बती समझ बैठते हैं, साधारण लोगोंकी तो बात ही क्या?

कितने ही मोन्-ख्मेर हैं, जो अपनी भाषा छोड़ बैठे हैं; कुछ ने अपनी मुख-मुद्रा को भी अल्पसंख्यक होनेके कारण खो दिया, तो इसमें आश्चर्यकी बात नहीं। कितने ही अबभी अपनी भाषा बोलते हैं। ये लोग हैं,

चम्बाके लाहुली, लाहुलके निम्न भागोंके निवासी कुल्लूके मलाणा गाँवके वासी, ऊपरी सतलुजके किन्नर या कनौर, माणा-नीतीके मारछा, अस्कोट (अल्मोड़ा) के राजी या राजकिरात, पश्चिमी नैपालके मगर, गुरुंग, मध्य नेपालके तमंग, नेपाल उपत्यकाके नेवार, पूर्वी नेपालकी तीनों किराती जातियां ——लिम्बू, याखा, राई——सिकिमके लेपचा, आसामके नागा आदि। गणना और महाभूतोंके कितने ही नाम इनकी बोलियोंमें तिब्बतीसे मिलते-जुलते हैं, लेकिन कितने ही शब्द इनके स्वतन्त्र हैं। पानीके पर्याय ती शब्दको ले लें। यह चम्बासे नागा पर्वतोंतक एक-सा चला गया है। नेवार लोग यद्यपि पानीके लिए इस शब्दको इस्तेमाल नहीं करते, लेकिन मांसके पानीके लिए वह ला-ती (मांस-जल) कहते हैं, जिससे पता लगता है, कि ती का प्रयोग उनके यहाँ भी रहा है। बदरीनाथसे कैलासकी ओर जाते वक्त एक निर्जन पड़ावका नाम ती-पानी है। यहाँ हिन्दी और किरात दोनों भाषाओंके एक ही अर्थके वाचक दो शब्दोंको रख दिया गया है। ये जातियाँ ऐसी हैं, जो अब भी किरात-भाषा बोलती हैं, और कितने ही जगहों पर इन्हें किरात कहा भी जाता है। लेकिन कुछ किरात ऐसी भी हैं, जो अपनी भाषा छोड़कर पहाड़ी या तिब्बती भाषा बोलने लगे। तिब्बती भाषा-भाषियोंके बारेमें कहना मुश्किल है, क्योंकि दोनोंकी मुख-मुद्रामें में कोई अन्तर नहीं है। तो भी यह हमें मालूम है कि तिब्बती लोग ईसाकी सातवीं सदीके उत्तरार्धसे पश्चिमी मानसरोवर और नैपालके हिमालयोंकी ओर बढ़े। वह यहाँके पुराने लोगोंको मोन्‌पा और उनके देशको मोन्-युल (मोनदेश) कहते थे। काठमाण्डूसे सीधे उत्तरकी तिब्बती सीमान्तके भीतरके इलाकेको आज भी मोन्-युल कहा जाता है।

यह मोन् शब्द बर्माके पुराने बाशिन्दोंके लिए भी इस्तेमाल किया जाता था। इन्हें मोन् और कम्बोडिया (कम्बुज) के ख्मेरको लेकर विद्वानोंने मोन्-ख्मेर नामको गढ़ा है। जान पड़ता है, स्पितीके लोग भी पहले मोन् (किरात) थे। गंगोत्रीसे ऊपर नेलंगके रहने वाले भी मोन् हैं, यद्यपि वह आज मोन् (किरात) भाषा नहीं बोलते। नीती-माणा के तोलछा आज

भी पहाड़ी भाषा बोलते हैं, उसी तरह अल्मोड़ाके मिलमवाले भी। पर इनके चेहरे-मोहरे किरातोंसे हैं। ये किरातोंके ही अवशेष हैं। नेपालमें जो मोन्-पा अधिक दक्षिणमें खस भाषा बोलने वाली बहुसंख्यक लोगोंमें बसे हैं, वे धीरे धीरे अपनी भाषा को भूल गये।

किरात या मोन् लोगोंकी एक शाखा हिमालयके नीचे तराईमें बसती है, जिसे थारू या भोग्ता कहते हैं। थारू लोग हरद्वार या जमुना से पश्चिम नहीं पाये जाते, पर उनके ताम्र-युगीन पूर्वज जम्मू तक रहे हों, तो कोई आश्चर्य नहीं। आज थारू नैनीतालकी तराईसे दरभंगाकी उत्तरवाली तराई तक मिलते हैं, जिनसे पूर्वके मेची, कोच आदि भी मोन् हैं। थारू लोग अपने दक्षिण वाले सबसे नजदीकी पड़ोसियोंकी भाषा बोलते हैं——उनमें मैथिली, भोजपुरी, अवधी भाषाएँ प्रचलित हैं। लेकिन उनके चेहरे पर मंगोलायित मुख-मुद्रा की छाप बतलाती है, कि वे अपने दक्षिणी पड़ोसियोंमें से नहीं हैं।

ऊपरके कथनसे मालूम हुआ, कि हिमालयमें मोन् या किरात जातिके लोग अब भी रहते हैं। यह अवश्य है, कि पश्चिममें उनकी संख्या कम होती गई है। इसका कारण यही है, कि वहाँ उनकी भूमिमें दूसरे लोग जबरदस्ती घुस आये। इस प्रयत्नका श्रीगणेश ऋग्वेदिक आर्योंने कांगड़ाके पहाड़ी किरातोंके दुर्गोंको छीन कर किया। कांगड़ा जिलेमें केवल कल्लू सब-डिवीजनकी मलाणा-उपत्यकामें किरात बोली बोलने वाला मलाणा एक बड़ा-सा गाँव है। वह भाषामें जरूर किरात है, किन्तु आसपासके खसोंके समुद्रमें एक छोटा-सा द्वीप कैसे जातीय तौरपर अपनेको अछूता रख सकता था? मिलमवाले मुख-मुद्रासे मोन् होते भाषामें खस हैं, उससे उलटे मलाणा वाले मुख-मुद्रासे खस होते भाषासे मोन् हैं। खास कांगड़ामें न अब किरात मुख-मुद्रा मिलती है, और न किरात भाषाका कहीं पता है। लेकिन स्थानोंके नामोंमें उसका पता जरूर लगता है। बैजनाथका ऐतिहासिक मन्दिर जिस गाँवमें है, उसे यद्यपि आजकल बैजनाथ कहते हैं, किन्तु दसवीं-ग्यारहवीं शताब्दीके शिलालेखमें उसे किरग्राम (किरातोंका ग्राम) कहा गया है। बैजनाथ तराई से बहुत दूर भीतर नहीं है।

परुष्णी, विपाश्-शुतुद्रिके बीच भरत त्रित्सुओंकी भूमिके पड़ोसके पहाड़ी कांगड़ाके लोग ही हो सकते थे और वे उस समय किरात थे। किरात काले नहीं, कुछ पीले रङ्गके होते हैं। ऋग्वेदिक आर्योंने क्यों पणियोंकी तरह इन्हें भी कृष्ण कहा, इसका कारण समझना आसान है। ऋग्वेदिक आर्य रङ्ग-रूपमें यूरोपियनोंकी तरह गोरे थे, उनके लिए यह दोनों ही काले हों, तो कोई आश्चर्य नहीं।

पणियोंकी तरह किरात-जनोंके धन-वैभवने आर्योंको अपनी ओर खींचा होगा, इसकी सम्भावना कम है। उस समय यद्यपि पहाड़ोंमें भी जंगल और अच्छी चरागाहें थीं, लेकिन पञ्जाबकी चरागाहों और जङ्गलोंका वह मुकाबला नहीं कर सकती थीं। तो भी आर्योंकी संख्या और उनके गो-अश्वोंकी वृद्धि ने उन्हें उत्तरकी तरफ बढ़नेके लिए मजबूर किया, फिर पशु-पाल मोनों और आर्योंका झगड़ा शुरू हो गया। आर्य बलपूर्वक पहाड़के नीचे रहने वाले मोनोंको भगानेमें सफल हुए। यह इससे भी साबित है कि सप्तसिन्धु—जमुनासे सिन्धु पार तककी भूमि—के उत्तरकी पहाड़ी तराईमें कहीं भी थारू जैसी मंगोलायित जाति नहीं मिलती। लेकिन इसे मोन् चुपचाप बर्दाश्त कैसे कर सकते थे? आखिर वह भी पशुपाल, घुमन्तू और लड़ाकू लोग थे। उन्होंने भी बदला लेने के लिए आर्यग्रामोंपर आक्रमण शुरू किया होगा। अब आर्य आगे बढ़े बिना रह नहीं सकते थे। फिर मोनोंके पहाड़ी दुर्गोंसे यही शम्बर युद्ध था, जिससे उन्हें पाला पड़ा।

अध्याय ७

आदिम आर्य राजा

प्रागैतिहासिक काल होते भी ऋग्वेदके आदिम ऋषियों—भरद्वाज, विश्वामित्र, वसिष्ठ—के समकालीन राजाओं दिवोदास और उसके पुत्र सुदासके समयमें पहुँचकर हम देश-कालके बारेमें कल्पनामें टँगे नहीं रहते। भीतरी और उससे भी अधिक बाहरी हिन्दू-युरोपीय जातियोंकी भाषा और दूसरी सामग्रियोंके आधार पर आर्योंके सिन्धु-उपत्यकामें दाखिल होनेका समय ई० पू० १५०० ठीक मालूम होता है। ऋग्वेदके ऋषि इस कालसे इतने बाद हुए, कि अपने प्रथम पूर्वजोंके बारेमें वह बहुत कम बतला सकते हैं। ऋग्वेदके ऋषियोंने अपनी ऋचायें इतिहास या ऐतिहासिक पुरुषोंके अमर करनेके लिए नहीं बनाईं। वह मुख्यतः पुरोहित थे, और अपने देवताओंके रिझानेके लिए ही इन ऋचाओंको उन्होंने रचा था। जहाँ-तहाँ बिखरी हुई यजमानोंकी प्रशंसाओंसे अनुमान होता है, शायद इस तरहकी और भी ऋचायें रही हों। लेकिन, अन्तमें तो ऋचाओंका लक्ष्य देवताओंको प्रसन्न करना ही था, इसलिए ऋषियोंके उत्तराधिकारी अपने पूर्वजोंकी हर तरहकी ऋचाओंके कण्ठस्थ रखनेके लिए तैयार नहीं हो सकते थे। ऋग्वेदके समकालीन राजाओं दिवोदास, त्रसदस्यु आदिको देखनेसे उनकी दो तीन पीढ़ियों तकका ही पता लगता है।

ऋग्वेदके सबसे पुराने पाँच जन (कबीले) थे—द्रुह्य, अनु, यदु, तुर्वश और पुरु। सम्भव है इन जनोंके नाम अपने किसी पूर्वज नेताके ऊपर पड़ा हो। उज्बेकोंकी तरह घुमन्तू जातियोंमें ऐसा अकसर देखा जाता है, और सप्तसिन्धुके आर्य घुमन्तू थे। यही क्यों? उनके ऋग्वेदकालीन उत्तराधिकारी

भी अर्ध-घुमन्तू थे, जिनके ग्राम वस्तुतः गौओं और अश्वोंके सुविधाके ख्यालसे तत्कालीन उपयोगके लिए इकट्ठे बसे घरोंके समुदाय थे। वहीं पासमें वह कुछ जौकी खेती भी कर लिया करते थे। इन्हीं पाँचों जनोंकी प्रधानता थी। इसीलिये पीछे पञ्चजन शब्द मनुष्यका पर्याय माना जाने लगा। पाँचों जनों में सबसे पूर्वमें पुरु लोग बसे हुए थे। ऋग्वेदके समयमें इनकी कुशिक, भरत, तृत्सु आदि कई स्वतन्त्र शाखाएँ हो गई थीं, जिनमें कुशिक जमुनाके करीब सरस्वती-उपत्यकामें बसे हुए थे। सीमान्तपर विरोधियोंका भारी डर था, इसलिए वहाँ आर्योंके वही जन टिक सकते थे, जो संख्या और बल में अधिक थे। पुरु जन ऐसा ही था। पीछे इसी पुरु जनमें कुरु पैदा हुए, जिन्होंने जमुना और गंगाकी उपत्यकाओंमें अपने प्रभुत्वका विस्तार किया; लेकिन, यह ऋग्वेदसे पीछेकी बात है।

ऋग्वेदकालीन राजाओंके पहलेके राजाओंकी ओर जब हम ध्यान देते हैं, तो पाँच ही प्रभावशाली राजा पाते हैं—मनु, पुरूरवा, नहुष, ययाति और मन्धाता। पुरूरवाका सम्बन्ध सम्भवतः पुरु जनसे था। मनुकी प्रजा होनेसे मनुष्य आदमियोंका वाचक समझा जाता है। वेदमें नाहुषी प्रजासे मनुष्य-साधारणका अर्थ लिया जाता है, जिससे नहुषकी विशेषता सिद्ध होती है।

१. मनु

ऋग्वेदमें मनुका नाम ३१ स्थानोंमें आया है, लेकिन इनमें से कुछ जगहोंमें वह इस प्राचीन राजाका वाचक नहीं है। वस्तुतः ऋग्वेदके पहलेके तीन सौ वर्षके कालमें सिर्फ तीन-चार राजाओंका नाम मिलना राजाओंकी दुर्लभताको ही बतलाता है, जिसका अर्थ यह है, कि अभी राजतन्त्र नहीं जनतन्त्र का बोलबाला था। मनुका नाम लेने वाले ऋषियोंमें भरद्वाज, गोतम और कुत्स जैसे अत्यन्त पुराने ऋषि हैं। वामदेव भी उसी समयके ऋषि हैं, जिन्होंने मनुका उल्लेख किया है। दिवोदासके पुत्र या वंशज परुच्छेपने भी मनुका जिक्र किया है। गृत्समद, सदापृण, कश्यप भी

उनका नाम लेते हैं। मनु देवताओंके भक्त थे, यह ऋचाओंसे मालूम होता हैं, और वैसे भी समझा जा सकता हैं। सदापृण ऋषिके कहने[1] (५।४५।६) से मालूम होता है, कि मनुने विशिशिप्रको जीता था। यह पता नहीं लगता कि विशिशिप्र आर्य शत्रु था या अनार्य ? अनार्य होने पर वह उत्तरके पहाड़ों (कांगड़ा- जम्मू) का निवासी था, या मैदानका ? पिता या पितरके तौर पर मनुका अंगिरस गोत्री कुत्स और गृत्समदने उल्लेख किया हैं। कुत्सके कहे अनुसार[2] (१।१४।२) पिता मनुने रुद्रकी पूजा की ? गृत्समदके अनुसार[3] (२।३३।।१३) पिता मनुने मरुत् देवताओंकी औषधि स्वीकार की। द्युवस्यु वान्दन (१०।१००।५) भी मनुको "हमारे पिता" कहते हैं। भरद्वाज[4] (६।२१।११) के अनुसार अग्नि देवताने मनुको दासोंके ऊपर किया। दास आर्य-भिन्न सप्तसिन्धुके या पासके पहाड़ोंके, निवासी थे, यह हमें मालूम ही है, कश्यप मारीच[5] (९।९२।५) कहते हैं, कि पवमान सोम देवताने दस्युसे मनुकी रक्षा की। इन कथनोंसे पता लगता है, कि दासों या दस्युओंके साथके संघर्षमें सफलता प्राप्त करनेपर ही मनुकी महिमा बढ़ी। इतना तो निश्चित ही हैं, कि मनु आर्योंके प्रथम या सवसे अधिक प्रभावशाली राजा थे। पर उनका राज्य सप्तसिन्धुमें कहाँ था, यह कहना मुश्किल हैं।

२. पुरूरवा

अंगिरा गोत्रीय हिरण्यस्तूप ऋषि[6] (१।३१।४) के अनुसार अग्निने मनुके लिए द्यौ (स्वर्ग) को बनाया, पुरूरवाके लिए सुकृत (सुकर्म, स्वर्ग) सुकृत्तर हुआ। पुरूरवा वीर था, इसका उल्लेख ऋग्वेदमें है। वह एक रङ्गीला राजा था। अप्सरा उर्वशीके साथ उसका प्रेम कुछ ऐसी रोमाञ्चक घटना थी, जिसे ऋग्वेदके संग्रहकर्ता नहीं भूल सके। यह प्रेम-गाथा वास्तविक घटना हो, तो कोई आश्चर्य नहीं। पर तब उर्वशी अप्सरा नहीं मानवी होगी। हो सकता है, वह किसी ऐसे पराक्रमी जनकी कन्या रही हो, जो पुरूरवाके प्रभावको नहीं मानता था। दोनों प्रेमी हृदयोंको अग्नि-परीक्षासे गुजरना पड़ा था। पुरूरवा अपनी प्रेमिकाके हृदय पर अधिकार

प्राप्त करनेमें सफल हुआ, लेकिन सदाके लिए नहीं। इसीका वर्णन ऋग्वेदके दसवें मण्डल[७] (७।१०।९५) में है। यह सूक्त पुरूरवा और उर्वशीके संवादके रूपमें है, और जो ऋचायें जिसके मुँहसे कहलवाई गई हैं, उनको उसीकी रचना बतलाया जाता है। यह ऋग्वेदके उन थोड़े से सूक्तोंमें है, जो बहुत सरस हैं। हम यहाँ कुछ ऋचाओंको देते हैं—

पुरूरवा—हे जाया, हे घोरे (निष्ठुर), मन इधर कर ठहर, हम आपसमें बात करें। यदि हम दोनों मंत्रणा न करेंगे, तो आनेवाले दिन हमारे सुखके नहीं होंगे ॥१॥

उर्वशी—इस हमारी बातसे क्या? प्रथम उषासी मैं तेरे पास आई हूँ। हे पुरूरवा, फिर अपने घर चला जा। वायुकी तरह मैं दुर्लभ हूँ॥२॥

पुरूरवा—तेरे बिना मेरे तूणीरसे वाण नहीं फेंका जाता, श्री नहीं मिलती, सैकड़ों गायोंको मैं जीत कर नहीं ला सकता, वीरों-रहित मेरे कार्य शोभते नहीं, न (मेरे) योद्धा नाद करनेकी सोचते हैं ॥३॥

उर्वशी—हे उषा, यदि वह उर्वशी श्वसुरको धन देनेकी इच्छा करती, तो पासके घरसे शयन-घरमें जाती और दिन-रात आरामसे रहती ॥४॥

हे पुरूरवा, दिनमें तीन बार मुझे तुम दण्डसे पीटते थे। मेरा किसी सौतसे झगड़ा नहीं था। मेरे ही घरमें तुम आते थे, तब तुम हे सुवीर, मेरे (अभिन्न) अंग थे ॥५॥

जब पुरूरवा पैदा हुआ, उस समय देवपत्नियाँ आईं, बहने वाली समर्थ नदियोंने उसे पालापोसा। हे पुरूरवा, भारी रणमें दस्युओंकी हत्याके लिए देवोंने तुम्हारा संबर्धन किया था ॥७॥

पुरूरवा—जब पुरूरवा मानुष होकर अमानुषियोंको सेवन करनेके लिए बढ़ा, तो वे हरिनीकी तरह या रथमें जोते अश्वोंकी तरह भयभीत होकर भागीं ॥८॥

जब (उसने) मरणधर्मा होते अमृताओंसे सम्पर्क करनेके लिए उनके पास जानेका प्रयत्न किया, तो वे अन्तर्धान हो गईं। उन्होंने शरीरको नहीं दिखाया, क्रीडा करते अश्वोंकी तरह भाग गईं ॥९॥

विजलीकी तरह चमक धारण करती जो उर्वशी मेरी कामनाओंको पूरा करती थी, जिसने (मेरे लिए) सुजात मानुष-पुत्र जना, वह उर्वशी उसे दीर्घायु करे ।।१०।।

उर्वशी—हे पुरूरवा, तू ने रक्षाके लिए (उसे) ऐसे पैदा किया, मेरे में ओज धारण किया। जानते हुए मैंने तुझे कहा था। उस मय मेरी वात तूने नहीं सुनी, (अब) क्यों व्यर्थ बोलता है ।।११।।

पुरूरवा—पैदा हुआ पुत्र (तेरी) इच्छा करेगा। क्या जानते हुए वह आँसू नहीं गिरायेगा? स्नेहयुक्त पति-पत्नीको कौन वियुक्त करेगा ?जो श्वसुरके घरमें आग जल रही है, उसे कौन बुझाएगा ।।१२।।

उर्वशी—मैं तुझे वतलाती हूँ। वह तेरे पास आँसू नहीं गिरायेगा, न रोयेगा। मैं उसका कल्याण करूँगी, उसे मैं तेरे पास भेज दूँगी। तू घर लौट जा, तू मुझे नहीं पा सकता ।।१३।।

पुरूरवा—सुदेव (पुरुरवा) आज गिरेगा, अत्यन्त दूर जाके (वह) फिर नहीं लौटेगा। वह आपदाओंके नीचे दबेगा, उसे भेड़िये बलात् खा जायेंगे ।।१४।।

उर्वशी—हे पुरूरवा, तू नहीं मरे, नहीं गिरे, न अशिव भेड़िये तुझे खायें। स्त्रियोंकी मित्रता नहीं हुआ करती, (उनके) ये हृदय (नहीं,वे तो) शालावृकों (भेड़ियों) के (हृदय) होते हैं ।।१५।।

नाना रूपमें घूमती मैंने मनुष्योंमें चार शरदों (सालों)की रात्रियाँ विताईं। थोड़ा-सा घी एक बार दिनमें खाया, उससे ही तृप्त हो विचरण करती रही ।।१६।।

पुरूरवा—आकाशको पूरनेवाली लोकोंकी विमानवाली उर्वशीकी मैं वसिष्ठ (वासेच्छुक) प्रार्थना करता हूँ, मैं सुकृतका दाता तेरे पास रहूँ। (हे) लौट आ, मेरा हृदय जल रहा है ।।१७।।

उर्वशी—हे ऐल (इला - पुत्र), यह देवता तुझसे कह रहे हैं, कि तू मृत्युका वन्धु होगा। तेरी प्रजा हविसे देवोंकी पूजा करेगी और तू भी स्वर्गमें सुखी होगा ।।१८।।

इस सूक्तसे पता लगता है, कि पुरूरवाने दस्युओंके युद्धमें भाग लिया था। उसकी माँ का नाम इला था। उर्वशीसे उसके एक पुत्र पैदा हुआ था। महाभारत और पुराणोंमें उर्वशी और पुरुरवाकी बहुत-सी कथाएँ आती हैं, पीछेके लेखकोंने प्रयागके सामने झूसी (प्रतिष्ठान) को पुरूरवाकी राजधानी बतलाया है। लेकिन, पीछेकी परम्पराओंका ऋग्वेदसे पग-पगपर इतना विरोध है, कि जो भी उनके सहारे वेदार्थ का उपबृंहण करना चाहेगा, वह दलदलमें गिरे बिना नहीं रहेगा।

३. नहुष

वसिष्ठ[८] (७।६।५)ने कहा है, कि अग्निने नहुषको प्रजाओंका बलिहृत् (शुल्क पानेवाला) बनाया। इसी बातको हिरण्यस्तूप आंगिरस[९] (१।३१।११) ने भी दोहराया है—देवोंने नहुषको प्रजाओं (विशों) का पति बनाया।

४. ययाति

गय प्लात ऋषि[१०] (१०।६३।१)के कहनेसे पता लगता है, कि ययाति नहुष्य, अर्थात् नहुषका पुत्र था। हिरण्यस्तूप आंगिरस[११] (३१।१७) से मालूम होता है, कि अग्नि देवता की तरह ययातिके पास मनु, अंगिरा आया करते थे।

५. मन्धाता

यह भी दस्युहन्ता[१२] (८।३९।८) प्राचीन आर्य राजा थे।

ऋग्वेदके प्राचीनतम राजाओंमें यही पाँच नाम मिलते हैं। इनका आर्य-जनोंके विरोधियोंके साथ संघर्ष भी हुआ था, पर यह नहीं कहा जा सकता, कि सप्तसिन्धु (जमुनासे सिन्धुके परले पार तकी भूमि)के किस स्थानके ये राजा थे, और आर्योंके सिन्ध-उपत्यकामें प्रवेश करने (१५०० ई० पू०) के कितने बाद हुए, तथा इनसे कितने वर्षों या पीढ़ियों बाद ऋग्वेदके प्रसिद्ध राजा दिवोदास और सुदास आये।

अध्याय ८

शम्बर

§१. दस्यु

आर्य अपने प्रतिद्वन्द्वियोंको दास कहते थे। ऋग्वेदके समय (१२०० ई० पू०) उनके मुख्य प्रतिद्वन्द्वी पर्वतवासी दास या दस्यु थे, मैदानी दासोंसे उनको कोई खतरा नहीं था। पर्वतीय दास हिमालयके किरात थे। यह हम बतला चुके हैं, कि इन्हींको नष्ट करनेके लिए आर्य तुले हुए थे। "इन कृष्ण-योनि दासोंका इन्द्रने नाश किया[1]" (२।२०।७)। "इन्द्रने कृष्ण चमड़े वालोंको मारा"[2] (१।१३०।८) परुच्छेपने कहा। परुच्छेप पर्वतीय दासोंके सबसे प्रतापी राजा शम्बरके विजेता दिवोदासका पुत्र था। दासोंका रूप काला बतलाया गया है। वसिष्ठ उन्हें शिश्नदेव कहते हैं[3] (७।२१।५)। शिश्नदेवका मतलब है, लिंगको देवता मानकर पूजनेवाले। पूजाके लिए पाषाण-लिंग मैदानी दासोंके प्राचीन नगरों मोहन-जोडरो और हड़प्पामें भी मिले हैं। किरातोंके ताम्र-युगीन अवशेषोंकी अभी उतनी छान-बीन नहीं हुई है। सम्भव है, उनमें भी लिंगको देवता माना जाता हो। नागको देवता तो वह मानते ही थे, जिसके बहुत से नामावशेष हिमालय में मिलते हैं। शिश्नको देवता माननेवाले पर्वतीय शत्रु आर्योंके सत्य (ऋत)को दबा न दें, इसकी वसिष्ठको बड़ी चिन्ता थी। भरद्वाज शम्बर-हन्ता राजा दिवोदासके पुरोहित थे। पुरोहितका अर्थ देवताओंकी स्तुति करनेवाला, यज्ञ-सम्पादक ही नहीं था। प्रधानपुरोधा अपने राजाका प्रधानमन्त्री भी था। दिवोदास और उसके पुत्र सुदास बड़े सेनानी थे। उनका सबसे बड़ा बल

योग्य पुरोहित था। पर्वतीय शत्रुओंके शिश्नदेव होनेका उल्लेख बभ्रु वैखानस ने भी किया है[४] (१०।९९।३)।

अपने उत्तरी शत्रुओंके जादू और मायासे भी आय बहुत डरा करते थे। वसिष्ठ भी शतयातु (सौ जादू वाले) कहे गये हैं[५] (७।१८।२१)। असुर(दस्यु) बड़े मायावी थे। गृत्समदके अनुसार इन्द्रने मायावी दानवको मायासे ही गिराया[६] (२।११।१०-१९)। जादू और मायाका अर्थ है, उनकी चालें बड़ी गम्भीर होती थीं, उनके पञ्जे आर्योंके गले पर पहुँचे रहते थे। वह केवल सीधी लड़ाई नहीं लड़ते थे, बल्कि अपने-से हजार वर्ष बाद पैदा होने वाले कौटिल्यके कुछ बातोंमें गुरु थे।

अपने शत्रुओंमें सभी दुर्गुणोंको और अपनेमें सारे गुणोंको देखना। आज भी देखा जाता है। आर्योंको शम्बरके लोग सारे दुर्गुणोंकी खान जान पड़ते थे। प्रजापति-पुत्र विमदके अनुसार[७] (१०।२२।८) वह अकर्म (दुष्कर्मा)थे, वह अमन्तु थे। वह अन्यव्रत (दूसरे धार्मिक आचारोंके माननेवाले) ही नहीं बल्कि वह अमानुष भी थे। आर्य ऋषि मनुकी सन्तान तो वह सचमुच ही नहीं थे, इसी अर्थमें उन्हें अमानुष कहा गया है। विमद गिड़गिड़ाकर कह रहे हैं, कि दस्यु हमारे चारों ओर हैं, अमित्रोंके हननकर्ता इन्द्र, इन दासोंको मार। लेकिन, क्या सचमुच ही दस्यु आर्योंको चारों ओरसे घेरे हुए थे। दक्षिणके मैदानी इलाकेके लिए वह दावेदार नहीं थे। अधिक-से-अधिक वह हिमालयके चरणपर अवस्थित तराईके जङ्गलोंसे वास्ता रखते थे, और आर्योंके आनेसे पहले ही उस भूमिमें उनका बसेरा था। पञ्जाबकी तराई उतनी अस्वास्थ्यकर न रही होगी, जितनी कि गंगासे पूर्व की। अपने पूर्वजोंके समयसे चली आई धरतीको यदि वह छोड़ना नहीं चाहते थे, तो इसमें अपराध क्या था? जब उनके भीतर आर्य पशुपाल घुस आये, तो वह उन्हें चैनसे कैसे रहने देते?

गीतामें कहा गया है "यत् करोषि यदश्नासि यज्जुहोषि ददासि यत्। यत् तपस्यसि कौन्तेय तत् कुरुष्व मदर्पणम्।" (जो करते हो, जो खाते हो, जो हवन करते हो, जो देते हो, जो तपस्या करते हो; उस सबको हे अर्जुन,

मुझे अर्पित करो)। सब कुछ को कृष्णार्पण करनेकी बात यद्यपि यहाँ कही गई है, लेकिन ऐसा सर्व-समर्पणकर्ता गीताकी इन पंक्तियोंके लिखे जानेके बाद शायद ही कोई हुआ हो। लेकिन, ऋग्वेदके ऋषि इस वचनका पूरा-पूरा पालन करते थे। गीताके लेखकके समय वेदकी ऋचायें सिर्फ रटी जाती थीं, उनके अर्थोंको जाननेकी जरूरत नहीं समझी जाती थी। ऐसा न होता, तो बाण जैसे प्रतिभाशाली लोग, बचपनमें वेदको पूरी तौरसे कण्ठस्थ करके भी ऋषियों के बारेमें ऐसी बातें न करते, जो वेदके विरुद्ध हैं। इसीलिए हम यह नहीं कह सकते, कि वेदके प्रभावके कारण गीतामें सर्व-समर्पणकी बात कही गई। वेदके ऋषि अपनी सारी सफलताओंका एकमात्र कारण अपने देवताओंको समझते थे। उनके लिए असली विजेता वध्र्यश्व, कुत्स, दिवोदास, सुदास या उनके प्रधान मन्त्रदाता भरद्वाज, वसिष्ठ, विश्वामित्र नहीं थे। वस्तुतः सारा काम इन्द्रने किया। मानुष विजेता केवल इन्द्रके हाथके हथियार थे।

वह नियति (विधिके विधान)को भी अपनी विजयोंका श्रेय नहीं देते थे। "इन्द्रने दास वर्णको नीचा और गुमनाम किया"[८] (गृत्समद २।१२।४)। "हे इन्द्र, धनी दस्युको मारो"[९] (हिरण्यस्तूप १।३३।४)। "इन्द्र, दास प्रजाको अभिभूत कर"[१०] (गृत्समद २।११।४) ऋषि साधनके तौरपर आर्योंके पौरुषसे इन्कार नहीं करते थे। कण्व-पुत्र घोरके अनुसार[११] (१।३६।१८) अग्नि के साथ यदु और तुर्वश लोग बुलाये गए। अग्नि इसी उद्देश्यसे नववास्तु बृहद्रथ तुर्वीतिको लाये। यदु और तुर्वश आर्योंके पाँच प्रधान जनोंमें बहुत अधिक शक्तिशाली थे। एक समय तक भरतों और इन दोनों महान् जनोंमें आर्योंके मुखिया बननेकी होड़ रही। दिवोदासने इनको अपने बसमें करनेमें सफलता पाई, लेकिन उसमें बलका उतना हाथ नहीं था, जितना कि शम्बरके विरुद्ध सभी आर्योंके एक होनेकी अवश्यकताका। नववास्तु (नये निवास वाले) बृहद्रथ, तुर्वीति इन्हीं दोनों जनोंके उस समय नेता थे, जब वह पश्चिमसे उस भूमिमें आये, जो कि दासोंके संघर्षका मैदान बनी हुई थी। ऋषि वामदेव ने कहा है[१२] (४।१६।१३) "इन्द्रने ५० हजार कृष्णों (कालों) को मारा। उनके दुर्गों (पुरों)को ध्वस्त किया।" यह ५० हजार कृष्ण किस

वक्त मारे गये? शायद उसी समय, जब कि दिवोदाससे दासोंका जीवन-मरणका संघर्ष चल रहा था। गृत्समदके अनुसार[13] (२।२०।८) "इन्द्रने दस्युओंको मारकर उनके आयसी पुरोंको नष्ट किया।" अयस्‌से यहाँ न लोहे का मतलब है, न ताँबे ही का, क्योंकि उन्हीं पुरोंको कितनी ही जगह अश्मन्मयी भी कहा गया है, जिसका अर्थ है पाषाणमय। इन पुरियोंका नष्ट करनेवाला दिवोदास था।

दासोंमें शत्रुओंसे सिर्फ पुरुष ही नहीं लड़ते थे, बल्कि उनकी स्त्रियाँ भी डटकर मुकाबला करती थीं। आर्य अपनी स्त्रियोंको हथियारबन्द नहीं करते थे। हो सकता है, सप्तसिन्धुमें १५ पीढ़ियाँ रहनेके बाद उन्होंने पराजित सिन्धु-जातिके लोगोंके नागरिक आचार-विचारकी कितनीही बातें सीखी थीं, उनमें एक यह भी थी—हमें स्त्रियोंको पुरुषोंकी पंक्तिमें नहीं लाना चाहिए। बभ्रुकी एक ऋचा[14] (५।३०।९) में है—"दासने स्त्रियोंको आयुध (हथियार) बनाया।" इस पर इन्द्रने कहा— "इसकी अबला सेना मेरा क्या करेगी?" स्त्रियोंके लिए अबला शब्दका प्रयोग शायद यहीं सबसे पहिले हुआ, जिससे ध्वनित होता है, कि स्त्रियोंमें योद्धा होने की योग्यता नहीं है।

ऋग्वेदके सबसे पुराने ज्ञात आर्य-शासकका नाम मनु है। मनु ऋषि और विजेता था। वह ऋग्वेदसे बहुत पहले हुआ था। ऋग्वेदमें शम्बर-युद्धसे पहलेके ऋषियोंकी ऋचाओंको जमा नहीं किया गया है। तो भी वसिष्ठके पुत्र शक्तिके सुत गौरिवीतिके अनुसार[15] (१०।७३।७) मनु ऋषि थे— "'ऋषि मनुके लिए इन्द्रने दास नमुचिको मारा।" नमुचि शायद शम्बरका पूर्वज पहाड़ी राजा था। पीछेकी परम्परा इसका सम्बन्ध शम्बरसे ही बतलाती है। शम्बरके प्रतिद्वन्द्वीके प्रधान-मन्त्रदाता भरद्वाज भी कहते हैं[16] (६।२०।६): "दास नमुचिके सिरको इन्द्रने चूर्ण किया", दूसरे स्थान[17] (५।३०।७,८) के अनुसार "इन्द्रने दास नमुचिके सिरको काटा।" यह कटाकटी मनुके समयमें हुई थी। वामदेवके अनुसार[18] (४।३०।२१) "दभीतिके लिए ३० हजार दास सुला दिये।" आर्य राजा दभीतिका प्रतिद्वन्द्वी कौन

दस्यु था, जिसके ३० हजार आदमी खेत आये? हो सकता है दभीति दिवोदाससे पहलेका कोई आर्य-नायक था।

आर्योंको जिन दास-सेनानियोंका जबर्दस्त मुकाबला करना पड़ा था, उनके नाम हमें कई ऋचाओंमें मिलते हैं, जैसे—

भरद्वाज[१९] (६।१८।८)—चुमुरि, धुनि, पिप्रु, शम्बर, शुष्ण।

वसिष्ठ[२०] (७।९९।४)—दास वृषशिप्रका उल्लेख करते हैं।

कुत्स आंगिरस[२१] (१।१०३।८)—शुष्ण, पिप्रु, कुयव, वृत्र, शम्बर।

गृत्समद[२२] (२।१४।५)—शुष्ण, अशुष, व्यंस, रुधिक्रा।

वश अश्व-पुत्र[२३] (८।४६।३२) एक सज्जन दस्यु बल्बूतका नाम लेते हैं, जिसने उन्हें सौ दास (गुलाम) प्रदान किये थे।

पुराने दास महावीरोंमें नमुचि और ऋग्वेदकालीनोंमें शम्बर महा-पराक्रमी थे। शम्बरके सहायकोंमें कितने ही और भी पराक्रमी सेनानी थे, पहाड़ी शत्रुओंके पास सिर्फ शम्बर ही एकमात्र महान् सेना-नायक नहीं था। शम्बरके बाद जिस पहाड़ी वीरका सबसे अधिक उल्लेख उसके शत्रु करते हैं, वह शुष्ण है।

§२. शंबरके सेनापति

१. शुष्ण

शुष्ण और उसके प्रतिद्वन्द्वी कुत्स आर्जुनेय औशिज, शम्बर और दिवोदासके समकालीन तथा उनके ही सेनानी थे; यह स्पष्ट उल्लेख ऋग्वेदमें नहीं मिलता, लेकिन सब देखनेसे यही पता लगता है, कि शुष्ण शम्बरका, और कुत्स आर्जुनेय दिवोदासका दाहिना हाथ था। ऋग्वेदमें तीन कुत्सोंका पता लगता है। कुत्स आंगिरस एक ऋषि थे, और शायद कुत्स आर्जुनेय के समकालीन थे। पुरु जनका एक कुत्स (पुरुकुत्स) था, जो शम्बरके युद्धसे कुछ पहले हुआ था। शम्बरके प्रतिद्वन्द्वी दिवोदासका समकालीन त्रसदस्यु (दस्युओंको त्रास देने वाला) इसीका पुत्र था। तीसरा कुत्स यही अर्जुन-पुत्र था, जो पराक्रममें दिवोदाससे कम

नहीं था। शुष्णको इसीने खतम किया था, लेकिन आर्य ऋषि किसी मनुष्यको यह श्रेय कैसे दे सकते थे? इसीलिये नाभाकने कहा[२५] (८।४०।१०।११)—"इन्द्रने शुष्णके अंडों (संतानों) को भी छिन्न-भिन्न कर दिया।" कण्व-पुत्र मेधातिथि[५] (८।१।२८) के अनुसार शुष्णके चलायमान (चरिष्णु) पुरोंको नष्ट किया गया था। पुर उस समय मोर्चाबन्द स्थान, दुर्ग या किलेको कहते थे। यह पत्थरके और लकड़ीके भी होते थे। लेकिन, खास कर पहाड़ी लोगोंको पत्थरोंको जोड़ कर पुर बनानेमें अधिक सुभीता और लाभ था। स्थायी पुरोंके अतिरिक्त चरिष्णुपुर शायद वह थे, जो लड़ाईके दौरानमें या घमतप्पीके लिये मोर्चाबन्दी करके बना लिये जाते थे।

हिरण्यस्तूप आंगिरस[२६] (१।३२।१२) के अनुसार "इन्द्रने शुष्णको छिन्न-भिन्न किया।" पर यह छिन्न-भिन्न करना इतना आसान नहीं रहा होगा, क्योंकि शुष्ण बड़ा मायावी था। उसके दाव-पेचका मुकाबला इन्द्र जैसा आर्योंका सर्वश्रेष्ठ देवता ही कर सकता था, इसीलिये विश्वामित्रके पौत्र और मधुच्छन्द के पुत्र जेताने कहा है[२७] (१।११।७)—"हे इन्द्र, तुमने माया (चालों) द्वारा मायी शुष्णको नष्ट किया।" सभ्य आंगिरस[२८] (१।५६।३३) ने भी शुष्णको मायी और उसके दुर्गोंको आयसी (पत्थरका) कहा है। "शुष्णके पुरोंको चूर्ण किया गया"[१] (वामदेव ४।३।१३)।

शुष्ण और कुत्स—जब शुष्णको नष्ट करनेवाले इन्द्र थे, तो उन बाहुओंके उल्लेखकी क्या अवश्यकता, जिन्होंने शुष्णका संहार किया था? पर, ऋषि लोग ऐसी बाहुओंसे इन्कार नहीं करते। इसीलिये वसिष्ठ कहते हैं[३०] (७।१९।२)—"इन्द्र, तुमने कुत्सकी रक्षा की, जो कि तुमने दास शुष्ण और कुयवको आर्जुनेयके लिये मारा।" कुत्स आर्जुनेयका प्रतिद्वन्द्वी शुष्णके अतिरिक्त कुयव भी था, यह इससे पता लगता है। वसिष्ठ भी कुत्स और शुष्णके युद्धका उल्लेख करते हैं[३१] (७।२०।५)—"इन्द्रने सारथी कुत्सके लिये शुष्ण (जैसे) महान् शत्रुको मारा।" कुत्सको भरद्वाज सारथी कहते हैं। लेकिन, सारथीसे हमें यहां वह अर्थ नहीं लेना

चाहिए, जो कि महाभारत और पुराणोंमें लिया जाता है। सारथी महारथी या महासेनापतिका वाचक था। इन दोनों ऋषियोंके तरुण समकालीन वामदेव[३२] (४।३।१३) सिर्फ शुष्णकी पुरियोंके नष्ट करनेकी ही बात कहते हैं। कुत्स बड़ा दानी (दाशुष) था (भरद्वाज[३३] ६।२६।३)। जिस वक्त शुष्ण और कुत्सकी लड़ाई हो रही थी, उस समय कुत्स युवा था, यह नोधा गौतम[३४] (१।६३।३) के वचनसे मालूम होता है। सव्यके अनुसार[३५] (१।५१।६) इन्द्रने युद्धमें कुत्सको शुष्णसे बचाया था। जिसका अर्थ यही है कि शुष्णने तरुण कुत्सके जीवनको संकटमें डाल दिया था। कुत्सको वायुके घोड़ोंसे वहन करते इन्द्रने शुष्णका वध किया था[३६] (१।१७५।४), जिसका अर्थ शब्दशः यह नहीं लेना चाहिये, कि कुत्स आर्जुनेय घोड़ेपर चढ़कर युद्धसे भाग गया, और इन्द्रने आकर अपने वज्रसे शुष्णका शिरश्छेद किया।

शुष्णके साथी कुयवके साथ कुत्सके संघर्षका उल्लेख वामदेव करते हैं[३७] (४।१६।१२)—"कुत्सके लिये शुष्ण असुरको मारा, इन्द्र, तुमने कुयवके हजारों दस्युओंका तुरन्त हनन किया।" शुष्ण और अशुषके मारने और कुत्सकी रक्षा करनेकी बात सव्य आंगिरस[३८] (१।५१।६) भी करते हैं। कुत्स आंगिरस ऋषि[३९] (१।१०४।३) आर्जुनेयको लिये कुयवके ही नहीं बल्कि उसकी दो पत्नियोंको भी मारनेकी बात कहते हैं। कुयवको क्षीरसे स्नात कहा गया है। हो सकता है, दुग्ध-स्नानको टोटकेके तौरपर उस समय माना जाता हो। कुयवकी दोनों पत्नियां अपने पतिके साथ हथियार लेकर लड़ती होंगी। न लड़तीं, तब भी स्त्रियों पर आर्य इतनी उदारता दिखानेके लिये तैयार नहीं थे। सारथी (महासेनापति) कुत्सके लिये शुष्ण, अशुज और कुयवके मारने तथा दिवोदासके लिये शम्बरकी ९९ पुरियोंके इन्द्र द्वारा नष्ट होनेका उल्लेख गृत्समद[४०] (२।१९।४) ने भी किया है। गौरिवीति[४१] (५।२९।९) और भरद्वाजने सारथी कुत्सका उल्लेख किया है। सारथी विशेषण कुत्स आर्जुनेयके लिए विशेष तौरसे प्रयुक्त मालूम होता है।

२. पिप्रु

यह दूसरा दस्यु सेनानी था, जिसका उल्लेख ऋग्वेदमें अनेक बार आया है। इसने आर्य-वीर ऋजिश्वाके साथ युद्ध किया था। महानतम चार ऋषियोंमें वामदेव[४२] (४।१६।१३) ने कहा है,—"इन्द्र, तुमने विदथीके पुत्र ऋजिश्वाके लिये पिप्रु मृगयुको मारा, ५० हजार कृष्णों (कालों) को नष्ट किया, और उनके पुरोंको ध्वस्त किया।" बभ्रु वैखानसके अनुसार[४३] (१०।९९।११) "ऋजिश्वा औशिजने पिप्रुके व्रजको विदारित किया।" इससे पता लगता है, कि ऋजिश्वा उशिज-कुलका था। पिप्रु अपने व्रज (गौओंके झुण्ड) को लेकर रहता था, इसी समय ऋजिश्वाने गौओंकी लूटके लिये उसके ऊपर आक्रमण किया, और उसका आक्रमण सफल रहा। वसिष्ठके पौत्र गौरिवीति इस सफलतामें अपने भी श्रेय लेना चाहते हैं, इसीलिये कहते हैं[४४] (५।२९।११)—"गौरिवीतिकी स्तुतियोंने इन्द्र, तेरी वृद्धि की, और तूने वैदथीके लिये पिप्रुको मारा।" ऋजिश्वा पिप्रुके संघर्षमें खतरेमें पड़ा था, या ऋषिने योंही इन्द्रको उसका श्रेय दिया, यह नहीं कहा जा सकता। सव्य आंगिरस[४५] (१।५१।५) के अनुसार भी "इन्द्रने पिप्रुके पुरको नष्ट किया, और दस्यु-हत्या (दासयुद्ध) में ऋजिश्वाकी रक्षा की।"

चालीस सालसे ऊपर तक शम्बर और उसके सहायकोंके साथ आर्यों का जो युद्ध हुआ, उसे ऋग्वेदमें दस्यु-हत्या कहा गया है। हत्या केवल व्यक्तिगत हननको ही उस समय नहीं कहा जाता था, बल्कि वह युद्धके लिये भी इस्तेमाल होता था।

३. वंगृद, ४. करंज, ५. पर्णय

ऋजिश्वाके मुकाबिलेमें लड़ने वाले सेनानियोंमें पिप्रुके अतिरिक्त वंगृद भी था। सव्यके अनुसार ऋजिश्वाने वंगृदके सौ वीरोंको हराया था[४६] (१।५३।८)। ऋजिश्वाने बहुतसे कृष्णगर्भों (दस्युओं) को मारा था, इसे कुत्स आंगिरस भी बतलाते हैं [४७](१।१०१।१)। पिप्रुके

साधन बहुत दृढ़ थे। अंग औरव[४८] (१०।१३८।३) के अनुसार पिप्रु असुर मायी था, जिसे इन्द्रकी सहायतासे ऋजिश्वा हरानेमें सफल हुआ। यहां असुर शब्द पिप्रुके लिये इस्तेमाल किया गया है, दास और असुर दोनों शब्द पर्याय माने जाते थे।

६. वर्ची

उदव्रजमें शम्बरके साथ वर्ची भी मारा गया था, यह गर्गके कथन[४९] (६।४२ २१) से मालूम है। वसिष्ठने उदव्रज और शम्बरका एक साथ उल्लेख नहीं किया है, पर उनके कहने[५०] (७।९९।५) से मालूम होता है, कि वर्चीने भारी संख्यामें असुर योद्धाओंके साथ दिवोदासका मुकाबला किया था—"सौ हजार वीरोंके साथ वर्ची असुरको मारा।" सौ हजार (एक लाख) योद्धा किसी एक जगह जमा होकर मारे गये होंगे, इसकी संभावना कम है। इसका यही अर्थ है, कि बहुत भारी संख्यामें दास युद्ध में काम आये। दासों की इतनी बड़ी सेना जहां एकत्रित हुई होगी, वहां आर्योंकी भी सेना कम नहीं रही होगी, इसलिये उदव्रज किसी ऐसे स्थानमें रहा होगा, जो पहाड़में होने पर भी काफी समतल था, और वह स्थान कांगड़ेके पहाड़ोंमें घुसनेका द्वार होगा, जैसे घमेरी (नूरपुर)। वर्चीके सौ हजार आदमियोंके मारे जानेकी बात गृत्समद[५०] (२।१४।६) भी करते हैं, और वामदेव[५१] (४।३०।१५) भी कहते हैं—"दासस्य वर्चिनः सहस्राणि शता बधीः।" (दास वर्चीके सौ हजार मारे।) इससे यह भी पता लगता है, कि वर्ची शम्बरका कोई सामूली अनुयायी नहीं था, वह अपने तौरसे भी बहुत भारी प्रभुता रखता था।

गृत्समद[५२] (२।१२।१४) वर्ची के शतसहस्र आदमियोंके मारनेके साथ शम्बरके सौ पुरियोंके ध्वंसकी भी बात करते हैं।

जिन असुर सेनापतियोंका उल्लेख अभी किया गया है, उनके अतिरिक्त कुछ और भी रहे होंगे, लेकिन इन्द्रकी महिमा गानेके लिये उनके नामोंके गिनानेकी आवश्यकता[५३] (७।१८।२०) नहीं थी। मन्यमान

पुत्र देवकको शम्बरके साथ इन्द्र द्वारा मारे जानेका उल्लेख वसिष्ठने किया है। जिससे सन्देह होता है, कि देवक भी शम्बरकी तरह अनार्य राजा था। पर, देवक और पिताका नाम मन्यमान उसे आर्यजनका आदमी बतलाते हैं। देवक अपने लोगोंके विरुद्ध असुरोंकी तरफ रहा होगा, इस तरहका उदाहरण हमें ऋग्वेदमें और नहीं मिलता। उस समय सप्तसिन्धुके आर्योंका शम्बरसे जबर्दस्त मुकाबला था। शम्बर ईंटका जवाब पत्थरसे देना चाहता था। यदि आर्य कृष्णों, कृष्ण-गर्भोंका नाम तक मिटा देना चाहते थे, तो वह भी श्वेतों और श्वेतगर्भोंको कम से कम अपनी सीमाके पास जिन्दा नहीं छोड़ना चाहता था। शम्बरके लोग बड़े वीर और लड़ाके थे, इसकी गवाही ऋग्वेदके ऋषि भी देते हैं, और साथ ही हमें यह भी मालूम होना चाहिये, कि जिन गोरखोंकी वीरताको देखकर अंग्रेजोंने उन्हें अपनी भाड़ेकी सेनामें सबसे ऊंचा स्थान दिया, और आज भी भरती करके अपने साम्राज्यकी रक्षा के लिये मलायाके जंगलोंमें जिन्हें कटवा रहे हैं; उनमें सबसे बड़ी संख्या किरात-संतानोंकी है, जिसे आप उनकी आंख और नाकपर मंगोलायित मुख-मुद्रा देखकर जान सकते हैं।

पिप्रुके व्रजसे पता लगता है, कि दस्यु लोग बहुत भारी संख्यामें गायोंको रखते थे। आर्योंकी आजीविका मुख्यतः गो-अश्व तथा उसके बाद अज-अवि (भेड़-बकरी) थे। दास शायद अश्वका अधिक उपयोग नहीं रखते थे। पहाड़ी रास्तोंके लिये अभी पहाड़ी टांघन तैयार नहीं हुए थे, और आर्योंके बृहत्काय सैन्धव घोड़े पहाड़ी युद्ध और यात्राके लिए उतने सहायक नहीं हो सकते थे। कुत्स आर्जुनेयको यद्यपि सारथी कहा गया है, किन्तु पहाड़ी युद्धमें रथका कोई उपयोग न हो सकता था, इससे भी मालूम होता है, कि सारथी रथचालक नहीं बल्कि सेनापति जैसी कोई बड़ी सैनिक उपाधि थी।

§३. शम्बर

ऋग्वेदिक आर्योंके समय दो बहुत जबर्दस्त युद्ध लड़े गए थे—दस्यु-हत्या (शंबर युद्ध) या दासोंके साथ युद्ध और दूसरा आर्योंके अपने

बीचका "दाशराज्ञ-युद्ध।" पहले युद्धके प्रधान प्रतिद्वन्द्वी शम्बर और दिवोदास थे, और दूसरे में दस राजाओंके खिलाफ सुदासने तलवार उठाई थी। इन दोनों युद्धोंका उल्लेख यद्यपि ऋग्वेदमें है, लेकिन सबसे अधिक शम्बर-हत्या (शम्बर-युद्ध) को ही दोहराया गया है। इसका कारण भी है। दाशराज्ञ-युद्धमें लड़नेवाले दोनों पक्ष इन्द्रके भक्त थे, इसलिये इन्द्रकी महिमा बढ़ानेके लिये उसका उतना उपयोग नहीं हो सकता था। अधिकसे अधिक यही कहा जा सकता था, कि इन्द्रने दस राजाओंसे किसी कारण रूठ कर सुदासको विजय प्रदान की। लड़ते वक्त दोनों ही ओरके ऋषि इन्द्रको प्रसन्न करनेकी कोशिश करते रहे होंगे। शम्बर-हत्या (४० वर्षों) की तरह दाशराज्ञ युद्ध भी बहुत दिनों तक चलता रहा——उसमें सदा अंतिम विजेताकी ही विजय नहीं होती रही। बीच-बीचके विजयोंके लिये दसों राजाओंके ऋषियोंने इन्द्रकी महिमा गाते ऋचायें बनाई होंगी, जिन्हें पीछे सुरक्षित रखनेकी अवश्यकता नहीं थी। शम्बर-हत्या इन्द्रदेवों और शिश्नदेवोंके बीच थी। इसमें दस्युओंकी पूर्ण पराजय और इन्द्रके भक्तों की विजय हुई। इन्द्रकी महिमा को पूरी तौरसे यहीं दिखाया जा सकता था, इसीलिये ऋग्वेदमें सबसे अधिक आई इन्द्र-सम्बन्धी ऋचाओंमें यदि शम्बर-हत्याका अधिक उल्लेख हो, तो कोई आश्चर्य नहीं। कुछ विद्वानोंका तो कहना है, कि सारे ऋग्वेदमें शम्बर-हत्याकी ही प्रतिध्वनि पाई जाती है।

भरद्वाज, वसिष्ठ, वामदेव सभीने शम्बरके युद्धका वर्णन किया है; लेकिन, शम्बरसे लड़नेवाला दिवोदास था, जिसके पुरोहित (प्रधान-मन्त्री) भरद्वाज थे। भरद्वाजने सोम (भांग या भांग जैसी किसी नशीली वनस्पति) की महिमा गाते हुए कहा है[१८] (६।४३।१)——"जिसके मद में (मस्त) इन्द्रने दिवोदासके लिये शम्बरको मारा।" शम्बरके पिताका नाम कुलितर था, यह वामदेवके कथन[१९] (४।३०।१४) से मालूम होता है——"इन्द्रने दास कौलितर शम्बरको बड़े पर्वतोंके भीतर (बृहतः पर्वतादधि) मारा।" शम्बर बृहत् पर्वतके भीतर रहता था। बृहत् पर्वत उस समय हिमालयको

कहा जाता था। भरतोंकी भूमि उस समय परुष्णि (रावी) और शुतुद्रि-विपाश् (सतलुज-व्यास) के बीचमें थी, इसके पास बड़ा पर्वत कांगड़ेका हिमालय ही था। सिवालिकका छोटा पर्वत उसीसे मिला हुआ था, जिसे अब भी अलग नहीं समझा जाता। छोटे पर्वतमें नहीं, बल्कि वृहत् पर्वतमें शम्बरके होनेकी बात यही बतलाती है, कि उसके पुर सिवालिकके पीछेवाले बड़े पहाड़ों में थे। १९वीं शताब्दीके आरम्भ तक अजेय माने जानेवाला किला-कांगड़ा उसीमें पड़ता है। कोई आश्चर्य नहीं, यदि इस पहाड़ीने शम्बरके पुरका भी काम दिया हो। किला-कांगड़ामें इस शताब्दीके भयानक भूकम्पके पहले बहुत सी पुरातात्विक सामग्री थी, जिनमेंसे अधिकांश को भूकम्पने ध्वस्त कर दिया। यह ऐसे क्षेत्रमें पड़ता है, जिसे भूकम्पका क्षेत्र माना जाता है, इसलिये शम्बरकी अश्मन्मयी किसी अजेय पुरीके अवशेषके पानेकी आशा नहीं रखी जा सकती।

शम्बरके पुरोंके दर्दराने (ध्वस्त करने), तथा धन-सम्पन्न (वसुमन्त) पर्वतमें आर्योंके प्रवेश करनेका उल्लेख सोमाहुतिने किया है[५६] (२।२४।२)—"शम्बर पर्वतोंमें रहता था (पर्वतेषु क्षियन्)" और ४०वें वर्षमें उसे मारनेमें आर्योंको सफलता मिली [५७](गृत्समद २।१२।११)। वह गिरि का दास था, जिसे मारकर अपनी अद्भुत रक्षाओंसे इन्द्रने दिवोदासको बचाया —वामदेव[५८] (६।२६।५)। वसिष्ठके अनुसार[५९] (७।९९।५) —"इन्द्र और विष्णुने शम्बरकी ९९ पुरियोंको भ्रष्ट किया।"

शम्बरकी ९९, १०० या ९० पुरियोंके होनेका उल्लेख मिलता है। वसिष्ठकी तरह वामदेव भी[६०] (४।२६।३) शम्बरकी ९९ पुरियोंके नष्ट करने और एक (सौवीं) पुरीको दिवोदास अतिथिग्वको देनेका उल्लेख करते हैं। वामदेवने अपनी ऋचाओंमें इन्द्रके मुखसे सारी बातें कहलवाई हैं, जिससे पता लगता है, कि ऋषियोंके ऊपर उनके देवता आते थे। यह आश्चर्यकी बात नहीं। हिमालयमें अब भी हजारों ऐसे पुरुष-स्त्री मिलेंगे, जिनके सिर पर देवता आकर "मैं" कह कर सारी बातें बतलाते

हैं। हिमालय ही में क्यों, दूसरी जगहोंमें भी ऐसे ओझा-सयानों या देववाहनोंकी कमी नहीं है। फर्क इतना ही है, कि ऋग्वेद-कालमें जिस तरह सभी लोग देवताओंके ऐसे प्रादुर्भाव पर एकान्त श्रद्धा रखते थे, वैसी श्रद्धा अब मैदानमें नहीं देखी जाती। दिवोदासका दूसरा नाम अतिथिग्व था। कितनी ही ऋचायें उसे केवल अतिथिग्वके नामसे स्मरण करती हैं। इस शब्दसे यह तो साफ मालूम होता है, कि दिवोदास अतिथियोंका अनन्य सेवक था। अतिथिके साथ गौ शब्द क्यों इस्तेमाल हुआ, इसका अर्थ लोग गोघ्नसे लगाते हैं। लेकिन उसको उपाधियोंमें शामिल करनेकी कोई आवश्यकता नहीं थी। गौका कोई ऐसा ही अर्थ था, जिससे दिवोदासके अतिथिदेव होनेका भाव निकलता हो।

दिवोदासके पुत्र या संतान परुच्छेप[६१] (१।१३०।७) ने ९९ नहीं, ९० पुरियोंके नष्ट करनेका उल्लेख किया है—"इन्द्रने दिवोदास अतिथिग्वके लिये ९० पुरियां छिन्न-भिन्न कीं।" पीछेके ऋषि सुहोत्र[६२] (६।३१।४) के अनुसार "दस्यु शम्बरकी सौ पुरियोंको इन्द्रने नष्ट किया।" यह ९०, ९९ और १०० पुरियोंका भेद क्यों? वसिष्ठ और भरद्वाजका कहना ही ठीक है: ९९ पुरियोंको दिवोदासने नष्ट कर दिया, और एक को अपने लिये सुरक्षित रक्खा।

शम्बरको कहां मारा गया, इसका उल्लेख भरद्वाजके पुत्र गर्ग करते हैं[६४] (६।४७।२१), जो शायद शम्बर-युद्धके समय अपने पिताके दाहिने हाथ होकर दिवोदासकी सहायता कर रहे थे। उनका कहना है—"इन्द्र (दिवोदास) ने शम्बर और दास वर्चीको उदव्रजमें मारा।" दूसरे दासोंकी तरह शम्बरके भी व्रज या गोष्ठ रहे होंगे। किसी विशेष जलके पास एक व्रज था, जिसे उदव्रज कहते थे। यह स्थान कांगड़ा जिलेमें ही कहीं रहा होगा, लेकिन तीन हजार वर्ष बाद भी उस स्थानका वही नाम रहे, यह जरूरी नहीं है।

शम्बर और उसकी जातिके साथ जो भीषण युद्ध हुआ था, उसका कुछ वर्णन हम विजेता दिवोदासके प्रकरणमें भी करेंगे।

§४. किरात

जान पड़ता है, कांगड़ेमें अब भी इस संघर्षकी परंपरा नामान्तरसे मौजूद है। कांगड़ा प्रदेशका नाम जलन्धर है। हिमालयके पांच खण्डों—नेपाल, कूर्माचल (कुमाऊं), केदार (गढ़वाल), जलन्धर और कश्मीरमें एक जलन्धर है। कश्मीरकी सीमासे पूर्व सतलुज तकके इलाके को जलन्धर और पश्चिमी को दुर्गर (डोगरा) इन दो हिस्सोंमें बांटा जाता था। दोनों की सीमा रावी थी। आज जलंधरका अर्थ मैदानी जलन्धर नगर लिया जाता है, लेकिन पहले यह पहाड़ी भागका नाम था। पौराणिक परम्परा बतलाती है: जलन्धर एक भयंकर राक्षस था, जिसे देवीने मारा। देवी नगर-कोट (भवन) की प्रसिद्ध भवानी थी। मरने पर जलन्धरका विशाल शरीर जितने भूखंडमें गिरा, उसका नाम जलन्धर पड़ा। जलन्धरके कानकी जगह पर बने गढ़का नाम कनगढ़ा या कांगड़ा पड़ा। जलन्धर शब्दका अर्थ , जलों (रावी आदि) का धारण करनेवाला। इस भूभागसे होकर सतलज, व्यास, जैसी नदियां आती हैं, इसलिये उसका यह नाम उचित ही है।

वैदिक-कालकी परंपरा वृत्रको पानीको रोक रखनेवाला बतलाती है, जिसे इन्द्रने अपने वज्रसे मारकर पानियोंको मुक्त किया। शम्बरको भी वृत्र कहा गया है। यद्यपि अपने समकालीन ऋषियोंके वचनोंमें वह एक दुर्दान्त असुर शत्रु , बहुत यातु (जादू) और माया रखते भी वह आदमी ही था। जैसे-जैसे समय बीतता गया, शम्बर के आदमीके रूपको लुप्त कर उसे दानव बना दिया गया। शम्बरके साथ ४० वर्षो तक जो भीषण संघर्ष चला था, उसको पुराने कालमें इन्द्र-वृत्र-युद्ध भी कहा जाता था। उस समय पौराणिक-कालकी दुर्गा भवानी आर्योंमें ख्याति नहीं रखती थी। पीछे इनकी महिमा बढ़ी। इन्द्रको जब लोग भूल से गए, तो शम्बर-दिवोदास, वृत्र-इन्द्रके युद्धको देवी और जलन्धरका युद्ध बना दिया गया, और जलन्धरके विकराल शरीर के पर्वताकार गिरनेसे इस भूमिका नाम जलन्धर रख दिया गया।

हमारे पास तक शम्बर-दिवोदास (किरात-आर्य) युद्ध की जो कुछ भी सूचना आई, वह आर्योंके स्रोतोंसे ही आई। शम्बरके लोग भी इस घटना को जरूर याद करते रहे होंगे, पर उसके जाननेका हमारे पास अब कोई साधन नहीं है। जहां तक शम्बरकी जाति के लोगोंका सवाल है, ४० सालके युद्धमें लाखोंकी संख्यामें मरने पर भी, पहाड़में उन्हें शरण लेनेके लिये बहुत जगह थी, जहां पर आर्य पहुंच नहीं सकते थे। पराजित होने पर वह पहाड़में और भीतर की तरफ चले गये। व्यास, रावीके ऊपरी भागोंमें चम्बा-कुल्लूके इलाकोंमें वह बहुत समय तक आर्योंसे सुरक्षित रहे, लेकिन अब वहां भी उनका पता केवल चम्बाके लाहुली, लाहुलके निचले भागों और कुल्लूके मलाणा गांवमें ही किरात-भाषाके उपयोगके कारण लगता है। यह लोग भी भाषामें किरात-वंशकी ही सूचना देते हैं, धर्ममें अपने दूसरे भाइयोंकी तरह ही हैं। किरातोंकी मंगोलायित मुख-मुद्रा चनाबके ऊपरी भागोंमें ही देखी जाती है। पर, उनसे आशा नहीं हो सकती, कि वह शम्बर-युद्ध सम्बन्धी अपनी प्राचीन परम्पराको रक्षित रखेंगे। तो भी उनकी लोक-परम्पराओं और पुरातात्त्विक अवशेषोंके अध्ययनकी आवश्यकता है।

किरातोंको निचले पहाड़ोंसे भगानेवाले आर्य थे। उनको अपने में विलीन करने वाले या और उत्तरकी ओर भगानेवाले आर्य नहीं, बल्कि उन्हींके मध्य-एसियाके भाई-बन्द खस थे, जो मैदानसे नहीं, बल्कि पहाड़ों ही पहाड़ काशगर, कशकर (गिलगित), कश्मीरमें अपने खस या कश नामकी छाप छोड़ कर आगे बढ़े थे। वह किरातोंकी भूमिमें नेपाल तक प्रवेश कर गये। यह प्रवेश शान्तिपूर्वक ही नहीं रहा होगा। दोनों ही जातियां पशुपाल थीं। चरागाहोंके लिये पशुपालोंकी खूनी लड़ाइयां हुआ ही करती हैं, यह ईसा-पूर्व द्वितीय शताब्दीके मध्य-एसियामें हूणों और शकोंके बारेमें हम जानते हैं। चीनके प्रहारसे जान बचाकर भागते हूण (मंगोलायित) जब अपनी भूमिसे निकल पशुपाल शकोंकी भूमिमें आये, तो दोनोंमें खूनी संघर्ष हुए, जिनमें असफल हो शक अपनी भूमिको छोड़नेके लिये मजबूर हुए,

और भागते हुए हिन्दुस्तान तक पहुंचे। खसों और किरातोंके भी आरंभिक संघर्ष हुए होंगे। किरात जिन उपत्यकाओंको छोड़ते गए, खस उनपर अधिकार करते गए। जो किरात आत्म-समर्पण करनेके लिए तैयार हुए, वह वहीं रह कर समयान्तरमें खस बन गए।

शम्बरके वंशजोंका यही परिणाम हुआ।

अध्याय ६

दिवोदास

§१. पूर्वकालके आर्य-नेता

१. दध्यङ (दधीच)

दिवोदासके पहले मनु आदि राजाओंके बारेमें हम बतला चुके हैं। दिवोदासके पुत्र या सन्तान परुच्छेपने निम्न प्राचीन आर्य नेताओंका नाम लिया है:[1] (१।१३९।९) दध्यङ (दधीचि), अंगिरा, प्रियमेध, कण्व, अत्रि, मनु। इनमें अत्रि, कण्व राजा थे, इसमें सन्देह है।

२. रुम, ३. रुशम, ४. श्यावाक, ५. कृप

कुछ और भी राजाओंका नाम ऋग्वेदमें मिलता है, पर यह नहीं कहा जा सकता, कि वह दिवोदाससे पहले हुए या बादमें। मेधातिथि[2] (८।३।१२) ने रुशम-श्यावक-कृपकी इंद्र द्वारा रक्षा करनेकी बात कही है। देवातिथि ने[3] (८।४।२) भी रुम, रुशम, श्यावक, कृपके रक्षणकी बात कही है। पिजवन भी कोई पुराना वंश-स्थापक था, जिसके ही कुलमें दिवोदासका पिता वध्र्यश्व और पुत्र सुदास पैदा हुए। पिजवनके बारेमें इससे अधिक कोई सूचना हमें नहीं मिलती।

६. वध्र्यश्व

वध्र्यश्वके साथ हमारा पैर इतिहासकी ठोस भूमिपर पड़ता है। भरद्वाज और सुमित्रने इसका उल्लेख किया है। सुमित्र अपनेको वध्र्यश्वकी सन्तान (वाध्र्यश्व) कहता है। उसके कहे अनुसार[4] (१०।६९।१,

२।११।१२) वध्र्यश्व द्वारा स्थापित अग्नि दर्शनीय था। अग्नि सप्त-सिन्धुके आर्योंके लिये जीता-जागता देवता था। हरेक घरमें अग्निकी स्थापना और पूजा होती थी। आर्य इस साकार देवताके बड़े भक्त थे। सुमित्रके अनुसार (२) वध्र्यश्वका अग्नि घृतवर्धन था। पुराने जमानेमें उसे वध्र्यश्वने जलाया था। जैसे पिता पुत्रकी, उसी तरह वध्र्यश्व अग्निकी सपर्या (सेवा) करता था (१०)। वध्र्यश्वकी अग्निने बराबर शत्रुओंको जीतनेमें सहायता की। वध्र्यश्वकी अग्नि वृत्रहा (शत्रु-नाशक) है (१२)। सुमित्रके इन वचनोंसे पता लगता है, कि वध्र्यश्व एक शक्तिशाली आर्य-वीर था। उसने बहुतसे शत्रुओं पर विजय प्राप्त की थी। शत्रुके लिये वृत्र शब्दका उपयोग बतलाता है, कि वह दस्यु रहे होंगे। वध्र्यश्वके पुत्र दिवोदासके प्रधान शत्रु यद्यपि दस्यु थे, पर उन्हें हाथमें करने के लिये आर्योंसे भी उसे लड़ना पड़ा था। वध्र्यश्व आरंभिक विजेता था, जैसाकि इतिहासमें हम सिकन्दरसे पहले फिलिप, समुद्रगुप्तसे पहले चन्द्रगुप्तको पाते हैं। पुत्रकी विजयोंके सामने पिताकी कीर्ति धूमिल हो गई। वध्र्यश्व जिस भरत-पुरु-त्रित्सु जन का था, उसका निवास रावी-सतलुजके बीचमें था। भरद्वाजके कथन[1] (६।६१।१) के अनुसार सरस्वतीने वध्र्यश्वको प्रतापी पुत्र दिवोदास प्रदान किया। जान पड़ता है, अपनी बिजयोंके सिल-सिलेमें वह सतलुजसे पूर्व सरस्वतीके किनारे पहुंचा, वहीं सरस्वती-तट पर दिवोदासका जन्म हुआ। सरस्वती सप्तसिन्धुकी पवित्र नदी थी। उसका माहात्म्य आजकी गंगा जैसा था।

भरद्वाज—दिवोदासकी सफलताओंके बारेमें कहनेसे पहले भरद्वाजके बारेमें कुछ विशेष तौरसे कहना आवश्यक है, क्योंकि भरद्वाज ही दिवोदासके चाणक्य, अपने समयके सबसे प्रभावशाली पुरोहित थे। वह ऊँचे दर्जेके कवि थे। उनकी सैकड़ों ऋचायें ऋग्वेदके छठे मण्डलमें मिलती हैं, जिसका नाम ही भरद्वाज-मण्डल है। भरद्वाज भरतोंके ही नहीं, दूसरे जनोंके राजाओंके भी श्रद्धाभाजन थे। जिन राजाओंने उन्हें बड़े-बड़े दान दिये, उनका उल्लेख स्वयं, उनके पुत्र गर्ग तथा दूसरे ऋषियोंने

किया है। उनसे साफ है, कि ये सभी राजा भरद्वाज और दिवोदासके समकालीन थे।

७. अभ्यावर्ती चायमान

पार्थवोंके इस सम्राट्ने वधूके साथ एक रथ और बीस गायें दीं[६] (६।२७।८)। वधू दासीको भी कहा करते थे। चायमानने दासीके साथ रथ दिया था।

८. सुमीढ

भरद्वाजको सुमीढने दो घोड़ियाँ और सौ गायें, पेरुकने पक्व अन्न और शांडने हिरण्यसहित दस रथ दिये[७] (६।६३।९)। सबसे अधिक दान शांडका था।

९. पुरुनीथ

नोधा गौतम[८] (१।५९।७)के अनुसार पुरुनीथ शातवनेयने भी भरद्वाजको दान दिया। शतवन शायद किसी स्थानका नाम था।

१०. प्रस्तोक

गर्गके अनुसार[९] (६।४७।२२) इसने "दस कोश और दस घोड़े दिये।" कोश आजकल खजानेको कहा जाता है, लेकिन उस समय यह कोई निश्चित निधि थी। यहीं गर्गने यह भी बतलाया है, कि "दिवोदास अतिथिग्वसे शम्बरका धन हमने पाया।" शम्बरसे जो धन मिला था, सभी भरद्वाजको कैसे दिया जा सकता था, उसके और भी भागीदार थे। शायद इसीलिए गर्ग अगली ऋचा में कहते हैं—"मैंने दिवोदाससे दस घोड़े, दस कोश, दस वस्त्र-भोजन, और दस हिरण्यपिण्ड (सोनेके डले) पाये।"

दिवोदासके मरनेके बाद यद्यपि भरद्वाज या उनके पुत्र गर्गको पुरोहिती (प्रधानमन्त्रित्व) नहीं मिली, और दिवोदासके प्रतापी पुत्र सुदासके पुरोहित वसिष्ठ बने; पर, जान पड़ता है, इसके कारण वसिष्ठ और भरद्वाजका वैमनस्य उतना उग्र नहीं हुआ, जितना कि वसिष्ठका स्थान विश्वामित्रके

लेन पर। वसिष्ठ सन्तानोंमें भी कड़वाहटका पता नहीं लगता, जैसाकि मृळीक वासिष्ठकी इस ऋचासे मालूम होता है[10] (१०।१५०।५)—"अग्निने अत्रि, भरद्वाज, गविष्ठिर, कण्वकी रक्षा की," अग्निको वसिष्ठ आह्वान करते हैं।

इन उद्धरणोंसे मालूम होगा, कि भरद्वाज अनेक जनोंमें प्रभाव रखते थे। उन्होंने अपने इस प्रभावका शम्बर-युद्धमें दिवोदासके पक्षमें पूरी तौरसे इस्तेमाल किया था। बाहरी शत्रुओंके इस भयंकर संघर्षके समय आर्योंके भीतरी संघर्षको यदि स्थगित न किया गया होता, तो इसमें सन्देह है, कि ४० वर्ष की लड़ाइयोंके बाद भी शम्बर पर विजय प्राप्त की जा सकी होती। इससे भरद्वाजका महत्त्व मालूम होता है।

११. कुत्स आर्जुनेय, १२. श्रुतर्य, १३. तुर्वीति, १४. दभीति, १५. ध्वसंति, १६. पुरुषांत।

आर्य सेनानियोंके बारेमें हम कुछ बतला चुके हैं, जिनमें कुत्स आर्जुनेय मुख्य था। भरद्वाजने[11] (६।२०।५) सारथी (सेनापति) कुत्सके लिए स्तुति की है। वसुक्र ऋषि ने तो[12] (१०। २९। २) कहा है, कि इन्द्र स्वयं कुत्सके साथ रथ पर बैठकर लड़ने गये। क्या इसी कारण तो कुत्स को सारथी नहीं कहा गया? कुत्स आंगिरस (कुत्स आर्जुनेयसे भिन्न)[13] (१।११२।९,२३)के अनुसार "इन्द्रने वसिष्ठ, कुत्स, श्रुतर्य, कुत्स आर्जुनेय, तुर्वीति और दभीतिकी रक्षा की थी।" ये सभी समकालीन थे, यह कहना मुश्किल है। भरद्वाज[14] (६।१९।१३)एक ही वाक्यमें कुत्स, आयु और अतिथिग्वकी रक्षा करनेकी बात करते हैं। अतिथिग्व दिवोदास था, कुत्स आर्जुनेयको हम जानते हैं, आयु भी इसी समयका कोई आर्य योद्धा रहा होगा।

१७. देवक मान्यमान

शम्बर और उसकी जाति वालोंके अतिरिक्त एक आर्य नाम वाला व्यक्ति देवक मान्यमान है, जिसे एक ही ऋचामें शम्बरके साथ मारे जानेका उल्लेख वसिष्ठने किया है[15] (७।१८।२०)। अन्य आर्य राजाओं या

जननायकोंके संघर्षका जो उल्लेख ऋग्वेदमें है, उनके बारेमें हम निश्चय नहीं कह सकते, कि वह दिवोदासके समकालीन थे। कुछ उनमें समकालीन रहे होंगे, और कुछ उसके बाद के।

१८. सुश्रवा

भव्यने इन्द्रकी महिमा गाते[१६] (१।५३।९) बतलाया है, कि उसने सुश्रवाके ऊपर आक्रमण करनेवाले दो-दस (बीस) जन-राजाओं को ६० हजार ९९ आदमियोंके साथ हराया। यह बीस जन-राजा (जन-राज) कौन थे, और सुश्रवा कौन था? भव्य ही आगे कहते हैं[१७] (१।५३।१०)—"तुम (इन्द्र)ने सुश्रवाकी रक्षा की (१०)"। सुश्रवाके बारेमें इससे अधिक हमें कुछ मालूम नहीं है।

१९. तूर्वयाण

भव्य आंगिरसने सुश्रवाके साथ तुर्वयाणकी भी इन्द्र द्वारा रक्षा की बात कही है (१०), और कुत्स, अतिथिग्व और आयुको तरुण महान् राजा सुश्रवाके अधीन होनेकी बात बतलाई है। इससे सुश्रवाके बारेमें हमारी जिज्ञासा बढ़ जाती है, परन्तु आगे कोई समाधान नहीं मिलता।

२०. ऋणंचय

यह रुशम जनका बहुत ही धनाढ्य राजा था, जिसने बभ्रु[१८]—(५।३०।१२, १४)को चार हजार गायें दीं—"रुशमोंके राजाने चार हजार गायें दीं, ऋणंचयके धनको मैंने ग्रहण किया। वह रात मैंने रुशमोंके राजा ऋणंचयके पास बिताई।" चार हजार गायोंके (आज ८ लाख रुपये) दान देने वाले राजाका वैभव असाधारण रहा होगा।

२१. पाकस्थामा कौरयाण

कण्व ऋषि दिवोदासके समकालीन थे, और तुर्वश-यदु जनोंके पुरोहित होनेसे उनके सहायक और उनके पुत्र सुदास के विरोधियोंके समर्थक

रहे होंगे, यदि वह तब भी जिन्दा थे। उनके पुत्र मेधातिथि (मेध्यातिथि) ने कुरयाणके पुत्र पाकस्थामाकी महिमा गाई[१९] (८।३।२१, २२) है—"मरुत् देवताओंने जो दिया था, उसे पाकस्थामा कौरयाणने मुझे दिया। पाकस्थामाने सुन्दर धुरोंवाला लाल रङ्गका रथ दिया। उसने वस्त्र और शक्तिदायक अभ्यञ्जन दिये। लाल (रथ)के दाता उस भोज (पाकस्थामा) का मैं वर्णन करता हूँ (२४)। यदु-तुर्वश जनोंकी भूमिके पास ही पाकस्थामाकी भूमि रही होगी। कुरयाण उसके जनका नाम होगा, अथवा पिता या पूर्वजका।

२२. देवश्रवा, २३. देववात

देवश्रवा और देववात भारत थे, जिसका अर्थ है, वह भरतजनके थे। पीछे हुए भरत राजाका ऋग्वेदमें कोई वर्णन नहीं आता। देववातकी सन्तान सृंजयका उल्लेख वामदेवने भी किया है[२०] (४।१५।४), इसलिए यह देववात पहले ही का कोई पुरुष है। देवश्रवा और देववात दोनों भाई, अग्नि देवताके परम उपासक थे, जिनकी महिमा गाते हुए दोनोंने कहा है[२१] (३।२३।१-५)—"अग्नि मथित हुआ, (वह) युवा, कवि, अध्वरका नेता गृहमें है। वनोंको विनाश करते भी वह अजेय, अमृत जातवेदा है। भरतोंकी सन्तान देवश्रवा और देववातने सुदक्ष धनवान् अग्निको मथा। दस अंगुलियोंने पुरातन, सुजात, माताओंमें प्रिय अग्निको पैदा किया। देववात-देवश्रवा के अग्नि की तुम स्तुति करो।...... पृथ्वी के श्रेष्ठ धन-सम्पन्न स्थानमें स्थापित किया। हे अग्नि, तुम दृषद्वती आपया, सरस्वतीके तट पर धनसहित प्रज्वलित रहो।"

लकड़ीके दो पाटोंवाली अरणियोंमें मथ (रगड़)कर अग्निको उत्पन्न किया जाता था, उसीका जिक्र यहाँ आया है। इन ऋचाओंमें वर्णित दृषद्वती आजकी घग्घर नदी है, सरस्वती आज भी सिवालिकसे कुरुक्षेत्र होकर बहने वाली इसी नामसे पुकारी जाती है। इन दोनोंके बीचकी नदी मरकण्डा ही आपया है।

२४. सृञ्जय दैववात, २५. महिराध साञ्जय

उपरोक्त दैववातके पुत्र सृञ्जयका उल्लेख भरद्वाजने[२२] (६।२७।७) किया है—"उस (इन्द्र) ने तुर्वशको सृञ्जयके लिए प्रदान किया, वृचीवतोंको दैववातके लिए दिया।" तुर्वश और वृचीवतोंको दैववात सृञ्जयके बसमें करा देना यहाँ अभिप्रेत है। दैववात अपत्य वाचक है; मुख्य नाम सृञ्जय है, यह बात वामदेवके इस कथनसे स्पष्ट हो जाती है[२३] (४।१५।४)—"यह जो अग्नि पूर्वमें दैववात सृञ्जयके लिए प्रज्वलित हुआ"। भरद्वाज-पुत्र गर्गके कथन[२४] (६।४७।२५)से यह भी पता लगता है, कि "सृञ्जय-पुत्र (साञ्जय)ने भरद्वाजोंकी पूजा की।" यह सृञ्जय-पुत्र कौन था ? महिराध।

२६. पुरुकुत्स

कुत्स नामधारी तीन व्यक्तियोंका पता ऋचाओंसे मिलता है, यह हम बतला आये हैं। यह कुत्स पुरुजनका था, इसीलिए इसे पुरुकुत्स कहा गया। इसका पुत्र त्रसदस्यु सुदासका समकालीन था, इसलिए पिता दिवोदासका समकालीन रहा होगा। भरद्वाजने इसकी महिमा गाई, इससे भी इसी बातका समर्थन होता है। भरद्वाजके कहने[२५] (६।२०।१०)से पता लगता है, कि इन्द्रने पुरुकुत्सके लिए दासोंकी सात शारदी पुरोंको दर्दराया। शारदकालीन पुरोंके कहनेसे जान पड़ता है, कि पहाड़के लोग उस समय सर्दियोंसे बचनेके लिए तराई की गरम जगहोंमें आ अपने दुर्गबद्ध स्थानोंमें रहते थे। कुमाऊँ-गढ़वालमें ठण्डी जगहोंके निवासियोंका अपने पशुओंके साथ तराईमें घमतप्पीके लिए आना अब भी देखा जाता है। पुरुकुत्स ने किरातोंकी ऐसी सात शारदी पुरोंको लूटा होगा। वसिष्ठके भाई अगस्त्य[२६] (१।१७४।२)की ऋचामें भी इस बातका उल्लेख मिलता है—"इन्द्रने मृध्रवाच (म्लेच्छ)के सात शारदी पुरोंको नष्ट किया, और युवा पुरुकुत्सके लिए अनवद्य अरणा (नदी)को देकर वृत्र (शत्रु)का वध किया।" इससे पता लगता है, कि सात पुरियोंको लेते उनके पास बहनेवाली नदीको भी

पुरुकुत्सने दखल कर लिया। नोधा गोतम भी यही बात[७] (१।६३।७) दुहराते हैं—"इन्द्रने पुरुकुत्सके लिए सात पुरोंको ध्वस्त किया।" कुत्स आंगिरस[८] (१।११२।७) बतलाते हैं, कि अश्विद्वयने पृष्णिगु पुरुकुत्सकी रक्षा की। पृष्णिगु विचित्र गौओं वाले पुरुकुत्सका विशेषण है, या वह एक अलग राजा था?

२७. त्रसदस्यु पौरुकुत्स्य

यह सुदासके पुरोहित वसिष्ठके अनुसार[९] (७।१९।३) पुरुकुत्सका पुत्र था—"इन्द्र तुमने सुदासकी रक्षा की, वृत्रहत्या (शंबर-युद्ध) में पौरुकुत्सि त्रसदस्युकी रक्षा की।" त्रसदस्युने स्वयं कहा है,[१०] (४।४२।८-९)—"दौर्गह त्रसदस्युके बन्धनमें रहते समय सात ऋषि पितर थे, उन्होंने इस त्रसदस्युके यज्ञ को कराया। पुरुकुत्सानीने इन्द्रवरुणको हव्य प्रदान किया। तब राजा त्रसदस्युको शत्रुनाशक अर्धदेव मिला।" पुरुकुत्सानी त्रसदस्युकी माँ रही होगी। इसका नाम ही बतलाता है, कि यह दस्युओंके लिए त्रासकारी था। अर्धदेव क्या इसके पुत्रका नाम था? त्रसदस्युको दौर्गह कहा गया है, दुर्गह कोई पूर्वज रहा होगा? संवरण[११] (५।३३।८)ने गैरिक्षित पौरुकुत्स्यसे हिरण्ययुक्त दस सफेद घोड़ोंके पानेका उल्लेख किया है। गैरिक्षित का मतलब है गिरिमें रहने वाला। शायद उत्तर (व्यास-सतलुजके बीच) के पहाड़ोंमें त्रसदस्युका कोई दुर्ग था। वामदेवके कहने[१२] (४।३८।१)से मालूम होता है, कि त्रसदस्यु भारी दाता था। त्रसदस्युसे दान पाने वालोंमें सौभरि भी थे, जिन्होंने कहा है[१३] (८।१९।३६, ३७)—"अतिमहान् अर्य, सत्पति पौरुकुत्स्य त्रसदस्युने मुझे पचास वधुयें दीं, और सूवास्तु नदीके किनारे तीन-सत्तर (२१०) श्यामा गौएँ दीं।" वधुओंका अर्थ यहाँ बहुए नहीं है। सोभरिको इतनी वधुओंकी आवश्यकता क्या थी? वह दासियाँ थीं, जो पर्वतवासियोंकी लड़कियाँ रही होंगी। सौभरिने इसी सूक्तमें[१४] (८।१९।३२) में कहा है—"अग्नि सम्राट् त्रसदस्युका रक्षक है।" सम्राट् शब्द का अभी उतना प्रचार नहीं था, और न

उसका वैसा भारी अर्थ उस समय लिया जाता था, जैसाकि आजकल पुरुकुत्सका पुत्र होनेके कारण त्रसदस्यु पुरु-जन का था, जो कि सतलुज-व्यासके पूर्वमें पहाड़ तक उस समय निवास करता था ।

२८. कुरुश्रवण त्रसदस्यु-पुत्र

इसीके नाममें पहले पहल हम कुरु शब्दका उपयोग पाते हैं । पुरुकुत्सका पौत्र होनेके कारण यह पुरु और सुदासके समय भी मौजूद और शायद उसका शत्रु भी था । इसका पुरोहित कवष ऐलूष था, जो दाशराज्ञ-युद्धमें पानीमें डूबकर मरा था । कवषने अपने यजमानकी उदारताका[५] (१०।३२।९ और १०।३३।४) उल्लेख किया है । "दाता कुरुश्रवणके दिये हुए धन भद्र हैं । मैं (कवष ऋषि) ने त्रसदस्युके पुत्र राजा कुरुश्रवण से याचना की, जो कि दाताओंमें बहुत बड़ा है ।

§२. दिवोदास के कार्य

१. दिवोदास अतिथिग्व

दिवोदासको अपने आर्य जनोंके साथ भी पहिले कुछ संघर्ष करना पड़ा था, लेकिन उतना नहीं, जितना कि उसके पुत्र सुदासको । यह हमें मालूम ही है, कि दस्युओंके साथ लोहा लेने वाले आर्य-नायकोंमें कुत्स आर्जुनेय, ऋजिश्वा, वैदथी आदि भी थे । हम यह भी बतला चुके हैं, कि कुत्स आर्जुनेय शायद दिवोदासका सेनापति था । पञ्चजनोंमें तुर्वश और यदुने पश्चिमसे आकर दस्युओंसे लोहा लिया था । जान पड़ता है, तुर्वश और यदुने शम्बरसे निर्णायक युद्ध लड़नेके पहले ही दिवोदाससे समझौता कर लिया था । यह समझौता बिल्कुल शान्तिपूर्वक नहीं हुआ था, क्योंकि दिवोदासके मरनेके बाद उसके उत्तराधिकारी सुदासके साथ लड़ने वाले दस राजाओंमें यह दोनों जन मुख्य थे । जहाँ तक दिवोदासका सम्बन्ध है, वसिष्ठके अनुसार[३६] (७।१९।८) तुर्वश और याद्व (यदु) ने अतिथिग्वकी अधीनता स्वीकार की थी । अमहीयु आंगिरस[३७] (९।६१।२) ने भी सोमकी

महिमा गाते हुए कहा है, कि उसने तुर्वश और यदुको दिवोदासके वशमें कर दिया।

शम्बरके अतिरिक्त कुछ और दस्यु-शासकोंको दिवोदासने हराया था, जिनमें वर्ची तो शम्बरके साथ ही उदव्रजके महायुद्धमें मारा गया। सव्य आंगिरस कहते हैं[३८] (१।५३।८)—करञ्ज और पर्णयको अतिथिग्व (दिवोदास)के लिए इन्द्रने मारा। वंगृदके सौ पुरोंको ऋजिश्वाने तोड़ा। सौ पुरोंका तोड़ने वाला दिवोदास था। वंगृद शम्बरका दूसरा नाम नहीं है। सव्यकी सौ संख्याका अर्थ बहुसंख्यक है। किसी अज्ञात ऋषिकी एक ऋचा[३९] (१०।४८।८)में इन्द्रसे कहलाया गया है—"मैंने गुँगुओंसे अतिथिग्व (दिवोदास)को अन्न-धन दिलवाया, पर्णय और करञ्जको मारा।" गुंगु जान पड़ता है, किसी अनार्य कबीलेका नाम था।

दिवोदास देवोंका प्रिय था, यद्यपि उसने अशोककी तरह "देवानां प्रिय"की उपाधि नहीं धारण की। उसके पुत्रने ऋचाओंको बनाकर ऋषियों-की सूचीमें नाम लिखवाया, और पौत्र या दूसरा पुत्र परुच्छेप भी ऋषि था; लेकिन, दिवोदासकी कोई ऋचा नहीं मिलती। तो भी देवताओंका साक्षात्कार उसे होता था। दीर्घतमाके पुत्र कक्षीवान्के अनुसार[४०] (१।११६।८) दोनों अश्वि-देवता दिवोदासके पास आये थे। कुत्स आंगिरसके अनुसार[४१] (१।११२।१४) अश्विद्वयने शम्बर-हत्यामें अतिथिग्व दिवोदासकी रक्षा की थी। कक्षीवान्[४२] (१।११९।४) सिर्फ अश्विद्वय द्वारा दिवोदासकी भारी रक्षा करनेकी ही बात नहीं करते, बल्कि यह भी सूचित करते हैं, कि उन्होंने उसे बचाया। भुज्यु शायद दिवोदास का कोई सहकारी आर्यनायक था।

२. शम्बर-हत्या

शम्बर के वर्णन में हम इस महायुद्ध के बारे में भी बतला आये हैं। इसमें लाख के करीब दस्युओं के मारे जाने की बात अतिरञ्जित है। दिवोदासके पुरोहित (प्रधानमन्त्री) भरद्वाजके प्रभावकी बात हम बतला चुके हैं। इसमें शक नहीं, आर्यजनोंमें इस समय जो एकता थी, उसका

बहुत कुछ श्रेय भरद्वाजको है। जहाँ तक हथियारका सम्बन्ध है, जिसके ही बलपर शम्बरको जीता गया था, उसका श्रेय दिवोदासको ही देना होगा। ऋषि अपने देवताओंको दूर स्वर्गमें रहकर तमाशा देखनेवाले नहीं मानते थे। देवता संघर्षोंमें उनके साथ रहते सीधे भाग लेते थे। कुत्स आर्जुनेयके रथ पर इन्द्र स्वयं चढ़कर शुष्णसे लड़ने गया था। देवताओंके साथ यह सम्पर्क कैसे स्थापित होता था, इसका स्पष्ट वर्णन हमें नहीं मिलता। लेकिन, वामदेवने अपनी ऋचाओंमें इन्द्रको उत्तम पुरुष "मैं" में जिस तरह वर्णित किया है, उससे जान पड़ता है, कि देवता शरीर पर आया करते थे। गढ़वालमें पाण्डव-नृत्य होते हैं। वहाँ पञ्च पाण्डव और द्रौपदी जीवन भरके लिए एक व्यक्तिको चुन लेते हैं, और उनके शरीर पर आकर सारी बात उत्तम पुरुषमें बतलाते हैं। वह पाण्डव-नृत्यमें भी अपने वाहनके शरीर द्वारा शामिल होते हैं। किन्नर देशमें अब भी देवताओंके साथ उनके भक्तोंका सजीव सम्बन्ध देखा जाता है। वहाँके एक देवताने तो एक बड़े अंग्रेज अफसरके ऊपर इतना प्रभाव डाला था, कि उसने उसके लिए राजासे कहकर जमीनकी माफी दिलवाई। यह ठीक है, कि इसके भीतर यदि कोई वास्तविकता है, तो यही, कि आदमी हैपनाटिज्ममें आकर वैसी चेष्टाएँ करने लगता है, और चित्तकी अत्यन्त एकाग्रताके कारण उसकी कुछ बातें सही भी निकलती हैं। इन और दूसरे स्थानोंमें आधुनिक उच्च-शिक्षा-प्राप्त पुरुषोंको भी आज इसके बारेमें अकल बेच खाते देखते हैं, तो आज से तीन हजार वर्ष पहले इन बातों पर कितना विश्वास किया जाता होगा, यह आसानीसे समझा जा सकता है। इन्द्र, अग्नि, सोम, अश्विद्वय आदि वेदकालीन आर्य देवता ऐसे ही किसी ढङ्गसे अपने भक्तोंके सहायक होते थे।

भरद्वाजके अनुसार[८३] (६।२६।३) इन्द्रने अतिथिग्व (दिवोदास)की महिमा बढ़ाते अश्मर्मा (शम्बर)के सिरको काटा। परुच्छेप दैवोदासि[८४] (१।१३०।७)के अनुसार——"इन्द्रने दिवोदासके लिए ९० पुर तोड़े, अतिथिग्व के लिए शम्बरको पहाड़से नीचे मारा।"

शम्बर-हत्याके प्रत्यक्षदर्शी भरद्वाज कहते हैं—

"अग्नि, तुमने सोम छानने वाले दिवोदासका बहुत श्रेष्ठ धन, भरद्वाजको भी दिया[८५] (६।१६।५)।"

"वृत्रहा (शत्रुनाशक) अग्नि दिवोदासका सच्चा पति है"[८६] (६।१६।१९)।

"इन्द्र, तुमने दिवोदासके लिए शम्बरको मारा। यह सोम छना है, इसे पीयो"[८७] (६।४३।१)।

इन वचनोंसे पता लगता है, कि शम्बरको पहाड़के नीचे लड़ाई लड़नी पड़ी। युद्धका स्थान उदव्रज था, इसे ऋषि गर्गने बतलाया है*।

भरद्वाजके समकालीन वामदेव भी कहते हैं[८८] (४।२६।३)—"मैं (इन्द्र)ने शम्बरकी ९९ पुरियोंको तोड़ा, और सौवींको दिवोदास अतिथिग्व को दिया।" इस प्रकार सौवीं पुरी इस दिवोदासके हाथमें पहाड़ोंमें उसके और उसके वंशजोंके हाथमें रही, जिससे वह पहाड़के लोगों पर अपना प्रभुत्व रखते थे। शम्बरकी भूमिका देश सुमन्त (धन-सम्पन्न) था। यह तो निश्चय ही है, कि उस समयकी सबसे उपयोगी धातु ताम्र—जिसे आर्य अयस् कहते थे—इसी तरफ से आर्योंके पास आती थी। गाय-भेड़-बकरी भी पहाड़ निवासियों के पास बहुत थी।

ऋचाओंके जङ्गलमें बिखरी ऐतिहासिक सूचनाओंसे मालूम होता है, कि दिवोदास और सुदास यद्यपि अपने कालके सबसे बड़े आर्य-नायक थे, किन्तु वही एक मात्र नायक नहीं थे। दूसरे भी वैभवमें न नगण्य थे, न पराक्रममें। पुरुओंमें पुरुकुत्स, त्रसदस्यु और कुरुश्रवण अपने समयके प्रतापी राजा थे, जो हजारोंका दान देते थे। पुरुओंकी कीर्ति बढ़ानेमें इन्होंने बहुत काम किया था, और इसीके कारण वेद-कालके बाद पुरु-कुरु वंशका प्रताप बढ़ा। यद्यपि दस हजार ऋचाओंके जङ्गलमें से हमें सूईकी तरह ऐतिहासिक तथ्योंको ढूँढना पड़ता है, पर वह अधिक विश्वसनीय हैं। उसके बादकी परम्परा महाभारत, रामायण और पुराणोंमें मिलती है, जो अधिक

* देखो अध्याय ८।३ (पृष्ठ १०२)

व्यवस्थित रूपमें होनेपर भी उतनी विश्वसनीय नहीं हैं। तो भी, सप्तसिन्धु के बाद में गंगा-जमुनाकी उपत्यकाओंसे कुरुओंकी प्रधानता स्थापित हुई।

§२. हथियार

ऋग्वेदिक आर्य ताम्र-युगमें थे, जिसमें सिन्धु-उपत्यकाके नागरिक उससे डेढ़ हजार वर्ष पहलेसे रहते आये थे। अयस्, लोह, अश्मन् ताँबेके नाम थे। इसीके इषु (वाण), कुलिश या वज्र (गदा), परशु (फरसा) जैसे युद्धके हथियार बनते थे। उनके निषंग (तूणीर), और ज्या चमड़ेके थे। असैनिक हथियारोंमें वाशी (बमूला), आदि ताँबेके थे।

१. इषु, २. निषंग

प्रजापति-पुत्र ऋषि यज्ञने[००] (१०।१०३।२, ३) कहा है—"योद्धा पुरुषो, इन्द्रकी सहायता पा विजयी बनो, शत्रुओंको पराजित करो। रुलानेवाले जागरूक विजयी अजेय दुर्धर्ष (वीर) हाथमें वाण लिये हैं।।२।।

"हाथमें वाण लिये तूणीरवालोंके गणके साथ स्वयंवशी इन्द्र युद्धमें रहते हैं। फेंके वाणों द्वारा शत्रुको जीतनेवाले सोमपायी और श्रेष्ठ धनुर्धर इन्द्र, शत्रुओंको परास्त करते हैं।"

३. धनुष, ४. ज्या, ५. वर्म

भारद्वाजके पुत्र पायु हथियारोंकी बड़ी प्रशंसा करते हैं। आखिर उनके पिता शम्बर-विजेता दिवोदासके पुरोहित (प्रधानमन्त्री) भी तो थे। अपने पिताकी तरह ही दिवोदासके युद्धमें उन्हें भी सर्वस्वकी बाजी लगानी पड़ी होगी। उन्होंने वर्म, कवच, धनुष, इषुधि (तर्कश) की तारीफ की है। ज्याके बारेमें कहते हैं[००] (६।७५।१-४) : यह ज्या युद्धसे पार ले जानेकी इच्छा करती है, मानो प्रिय वचन बोलनेके लिए ही धनुर्धरके कानके पास आती है, जैसे स्त्री प्रिय सखाका आलिंगन करती बात करती है।।३।।

"धनुषके दोनों छोर विमनस्क स्त्रीकी तरह हो शत्रुके ऊपर आक्रमण

करते समय, पुत्रको माताकी तरह रक्षा करें, और अच्छी तरह जानते (दिवोदासके) शत्रुओंको बेध डालें।।४।।"

सुदास ऋग्वेदका एक महान् विजेता था। वह यदि हथियारोंकी महिमा गाये, तो आश्चर्य क्या? उसने अपने सूक्त[५१] (१०।१३३।१) की सातमें से छ ऋचाओंमें यही प्रार्थना की है, कि दूसरों (शत्रुओं) की ज्या छिन्न-भिन्न हो जायें—"अन्येषां ज्याका अधिधन्वपु नभन्तां।"

६. कुलिश

विश्वामित्रने कुलिशकी उपमा देते हुए कहा है[५२] (३।२।१)—"हम यज्ञ बढ़ानेवाले वैश्वानर (अग्नि) के लिये पवित्र घृतकी तरह स्तुति करेंगे। जैसे कुलिश (कुल्हाड़ा) रथको बनाता है, वैसे ही मनुष्य और ऋत्विक् देवोंको बुलाते दो प्रकारके (गार्हपत्य और आहवनीय) अग्निका संस्कार करते हैं।"

७. परशु

कुलिश केवल वज्र या गदाको ही नहीं कहा जाता था, वह कुल्हाड़ेका भी पर्याय था। परशु लड़ाईका फरसा था, जिसे परशुरामके नाममें भी हम देखते हैं। विश्वामित्रने परशुका उल्लेख करते हुए कहा है[५३] (३।५३।२२)—"हे इन्द्र, जैसे फरसेको पाकर शिम्बल (वृक्ष) दुखी होता है, वैसे ही हमारे शत्रु सन्तप्त हों। जैसे सेमलका वृक्ष गिर जाता है, जैसे हाँडी (उखा) उबलकर फेन गिराती है, वैसे ही हमारे शत्रु गिर जायें।"

८. वाशी, ९. ऋष्टि

वाशी आजकल बसूलेको कहते हैं। इसका इस्तेमाल उस समय भी होता था। ऋषि श्यावास्यकी ऋचा[५४] (५।५७।२) है—"हे सुबुद्धि मनीषी मरुतो, तुम वाशी-सहित, ऋष्टि (छुरी)-सहित, सुन्दर धनुष-युक्त, वाण-युक्त, तूणीरधारी सुन्दर घोड़े, सुन्दर रथवाले, सुन्दर आयुधके साथ तैयार होओ।" मरीचि-पुत्र कश्यप भी[५५] (८।२९।३) वाशीका उल्लेख

करते हैं—"देवोंमें निश्चल(वह)एक आयसी (ताँबेकी) वाशी (बसूला) हाथमें धारण करता है।"

१०. वज्र

वज्रको कुलिश भी कहते हैं। यह एक तरहकी गदा थी, जो पाषाण-युगसे चली आई थी। दधीचि विदथ-पुत्रकी हड्डियोंका इन्द्रने वज्र बनाया, यह कथा पुराणोंमें आती है। कश्यपने[५६] (८।२९।४) कहा है—"एक (देव) हाथमें रक्खे वज्रको धारण करता है, उससे वृत्रों (शत्रुओं) का नाश करता है।"

११. अत्क

यह एक परिधानका भी नाम था, पर शुनहोत्र[५७] (६।३३।३) के कथनसे किसी हथियारका भी यह नाम मालूम होता है—"हे सूर्य इन्द्र, तुम आर्य और दास दोनों अमित्रों वृत्रों (शत्रुओं)को मानो तेज धारावाले अत्कोंसे मारते हो, युद्धमें मनुष्योंको विदारण करते हो।"

१२. नाव

हल्के बारेमें हम वामदेव ऋषिके प्रकरणमें बतला आये हैं। आर्य नावोंका इस्तेमाल करते थे, व्यापारकी ओर उनकी प्रवृत्ति अधिक नहीं थी। उनकी नावें अधिकतर साधारण यातायातके साधन के तौरपर इस्तेमाल होती थीं। दीर्घतमा-सन्तान कक्षीवान्की ऋचा[५८] (१।११६।५) में सौ पतवारों वाली (शतारित्रा) नावका उल्लेख आया है—"हे दोनों अश्विनीकुमारो, तुमने निरालम्ब, अयुक्त स्थान, अगाध समुद्रमें सौ पतवारोंवाली नावपर बैठाकर डूबते भुज्युको पार किया।"

अध्याय १०

सुदास

§१. सुदास वीतहव्य

एक महाप्रतापी राजाके बाद उसका पुत्र उससे भी अधिक प्रतापी हो, ऐसा इतिहासमें कम देखा जाता है। सुदास अपवाद रूपसे प्रतापी पुत्र था, जिसने दिवोदासकी सफलताओंको बहुत आगे बढ़ाया। दिवोदासने पहाड़के दस्युओंके संकटको नष्ट करके सप्तसिन्धुको आर्योंके लिये सुरक्षित ही नहीं कर दिया, बल्कि हिमालयकी समृद्ध चरागाहों और उपत्यकाओं, उसकी खानोंका रास्ता भी खोल दिया, और सिन्धुसे सरस्वती तकके आर्य-जनोंमें एकता स्थापित करके उसे एक राज्यका रूप दे दिया। लेकिन, सारे आर्यजन इसके लिए तैयार नहीं थे, इसलिए दिवोदासके मरते ही उन्होंने हर जगह सिर उठाया। इसके लिए सुदासको अपने पितासे भी अधिक संघर्ष करना पड़ा। सुदास और दाशराज्ञयुद्धके सम्बन्धकी बहुत-सी ऐतिहासिक सामग्री ऋग्वेदमें मिलती है। वसिष्ठका एक पूरा सूक्त (७।१८) इसीके वर्णनमें है। त्रित्सु जन भी पहले विरुद्ध था। त्रित्सु-भरतके वैभवके लिए ही उसने संघर्ष किया था। पृथु और पर्शु जन भी उसके सहायक थे। पृथु और पर्शु नामके जन ईरानियोंमें भी मिलते हैं। इससे यह नहीं समझना चाहिए, कि वैदिक पृथु-पर्शु पीछे ईरानमें देखे जानेवाले पर्सियन और पार्थियन जन हैं। ईरानी और सप्तसिन्धुके आर्य एक ही वंशकी दो शाखायें थीं। दोनोंके एक जगह रहनेके समय प्राचीन पृथु-पर्शु जनके ही कुछ लोग ईरानमें गये, और कुछ सप्तसिन्धुमें आये, यह असम्भव नहीं है। सुदासके सहायकोंमें

भरतोंके पुराने पुरोहित दीर्घतमाकी सन्तानें भी थीं। भरद्वाजकी सन्तानोंको यद्यपि सुदासके समय पुरोहित (मन्त्री) पदसे वंचित किया गया, किन्तु उन्होंने सुदासके शत्रुओंका साथ दिया हो, ऐसा पता नहीं लगता। वसिष्ठ तो युद्धके मुख्य सूत्रधार थे, और शायद उनके सम्बन्धी जमदग्नि भी उनके साथ रहे। विश्वामित्रने पीछे वसिष्ठका स्थान ग्रहण किया, दाशराज्ञयुद्धमें वह और उनका जन कुशिक सुदासका सहायक था।

दस राजा शत्रु थे, लेकिन उसका यह अर्थ नहीं, कि शत्रुओंकी संख्या केवल दस ही थी। मुख्य शत्रु दस थे। लेकिन इनकी गणना ऋग्वेदमें नहीं दी गई है। विद्वानोंका भी इसमें मतभेद है। तो भी दस प्रधान शत्रुओंमें १. तुर्वश, २. यदु, ३. अनु, ४. द्रुह्यु, ५. पुरु तो अवश्य ही थे। बाकी पाँच ६. शिम्यु, ७. कवष (कुरुश्रवणका पुरोहित), ८. भेद, ९-१०. दो वैकर्ण रहे होंगे। तुर्वश और यदुके पुरोहित कण्व थे, एवं द्रुह्युके भृगु (गृत्समद), पुरुके अत्रि। इनके भी अपने यजमानोंके साथ होनेकी अधिक सम्भावना है। कवषके कारण उनका यजमान कुरुश्रवण भी सुदासके विरोधमें खिंच गया हो, तो कोई अचरज नहीं। तुर्वश-यदुने मत्स्योंपर एक बार प्रहार किया था, लेकिन मत्स्य अब अपने शत्रुओंके साथ मिलकर सुदासके विरोधी थे। इस प्रकार (११) मत्स्य दसकी सूचीसे बाहरके शत्रु थे। १२. पक्थ (पख्तून), १३. भलानस, १४. अलिन, १५. विषाणी, १६. अज, १७. शिव, १८. शिग्रु, १९. यक्षु ये सभी किसी न किसी समय शत्रु थे।

युध्यामधि, चायमान कवि, सतुक, उचथ, श्रुत, वृद्ध, मन्युके नाम भी आते हैं, जो भी सुदासके विरुद्ध इस संघर्षमें शामिल हुए थे।

१. वसिष्ठ पुरोहित

भरद्वाज दिवोदासके समय बहुत प्रभावशाली पुरुष थे, लेकिन सुदासके दाशराज्ञयुद्ध-विजयके समय वसिष्ठ उनसे भी अधिक प्रभाव रखते थे। वसिष्ठ अपनेको भरतों (सुदासके जन) का विधाता मानते थे। वह

कहते हैं[1] (७।३३।६)——"गौकी तरह भरत पहले दण्डसे भयभीत अ-जन, (अनाथ) बच्चे से थे, इससे पहले (जब) कि वसिष्ठ उनके पुरोहित हुए। फिर त्रित्सुओं (भरतों) की प्रजा खूब बढ़ी।" दुर्मित्र (त्रित्सु) सुदासके अपने जन युद्धमें भागनेके लिए मजबूर हुए, और उन्होंने सारा धन (भोजन) सुदासको प्रदान किया[2] (७।१८।१४)।" सारे भोजनके देनेकी बातका उल्लेख फिर (१७) वसिष्ठ करते हैं। भरद्वाजके कुलवालोंने शरीरसे भी दिवोदासकी सहायता की थी। उस वक्त अभी श्रुवा और असिका पक्का बँटवारा नहीं हुआ था, और न असि उठानेका काम किसी एक वर्गके हाथमें दे दिया गया था। वसिष्ठके लोग सुदासके लिए खुल कर लड़े थे, जिसके लिए ऋषिने स्वयं उन्हें प्रेरित किया था[3] (७।३३।१-३)——"मेरे गोरे, दक्षिण ओर चूड़ा बाँधनेवाले प्रसन्न हो, मैं उठकर कहता हूं, कि तुम मुझसे दूर न रहो।" फिर सुदासकी सफलतामें अपने कुलवालोंकी सहायताका उल्लेख करते कहते हैं (३)——"कौन इस प्रकार नदी पार हुआ है, किसने इस प्रकार भेदको मारा, किसने इस प्रकार दाशराज्ञमें सुदासकी रक्षा की? वसिष्ठो, तुम्हारी वाणीसे इन्द्रने रक्षा की।" सिर पर सारे केशको रखना प्राचीनकालसे मुसलमानोंके आनेके समय तक हमारे यहाँ प्रचलित था। उसे बहुत सजा कर जूड़ेकी शकलमें बाँधा जाता था। चूड़ा (जूड़ा), अलग-अलग जनोंकी अलग-अलग ढङ्गसे बाँधी जाती थी। वसिष्ठके कुलके लोग सिरके दाहिनी ओर बाँधते थे, इसलिए उन्हें "दक्षिणतः कपर्दा" (दाहिने जूड़ावाले) कहा गया है। ईसवी सन्‌के आरम्भ होनेके करीब तक स्त्रियाँ भी पगड़ी बाँधती थीं। वैदिक नारियाँ भी उसे बाँधती होंगी। ऐसा होनेपर वसिष्ठके कुलकी स्त्रियाँ भी दक्षिणतः कपर्दा रही होंगी। कुमारियाँ चार-चार कपर्द बाँधती थीं।[4] (१०।११४।३) उन्हें चतुष्कपर्दा कहते थे। यहाँ कपर्दसे जूड़ा नहीं, बल्कि चोटी अभिप्रेत हो सकती है——शायद दो कपर्द कानोंके पाससे सामने लटकते थे, और दो पीछेकी ओर।

सुदासका कोई भाई प्रतर्दन भी था। यद्यपि ऋचाओंमें इसके लिये

कोई प्रमाण नहीं मिलता। कुछ वेदानुशीलकोंका मत है, कि प्रतर्दन बड़ा लड़का था, जिसे भरद्वाजने पिताकी गद्दीपर बैठाया। पर, मनस्वी सुदास इसे बर्दाश्त नहीं कर सका, अथवा वह योग्य पिताका योग्य पुत्र नहीं था, और दिवोदासकी सफलताओंको अक्षुण्ण नहीं रख सकता था। असन्तुष्ट लोगोंने सुदासका पक्ष लिया, जिनमें वसिष्ठ मुख्य थे। वसिष्ठने सुदासका अभिषेक करके उसे भरतोंका राजा घोषित किया। दोनों भाइयोंमें लड़ाई हुई, जिसमें ही शायद प्रतर्दन मारा गया, और जिस तरह समुद्रगुप्तकी गद्दीपर बैठे अपने बड़े भाई रामगुप्तको मारकर चन्द्रगुप्त विक्रमादित्य बन बैठा, वैसे ही सुदास भरतोंका अधिराज हुआ। ऐसा माननेपर त्रित्सुओंके साथ आरम्भमें सुदासके संघर्षकी भी व्याख्या हो जाती है।

२. सुदास

वसिष्ठको सुदासने दान दिये, जिनका उल्लेख वसिष्ठने स्वयं किया है[1] (७।१८।२२-२३)—"देववातके नाती सुदासने वधुओंके साथ दो रथ और दो सौ गायें मुझे दीं। हे अर्हन (पूजनीय) अग्नि, पैजवन (सुदास) के दानको पा होताकी तरह मैं स्तुतिगान करता घर जा रहा हूं।" "पैजवन (सुदास) ने सोनेके आभूषणवाले चार घोड़े मेरे लिये दान दिये (२३)।"

दिवोदासका पुत्र सुदास था, इसपर कुछ विद्वान् सन्देह प्रकट करते हैं, जिसकी वसिष्ठके इस वचन[2] (७।१८।२५) से गुंजाइश नहीं रहती—"हे मरुतो, पिता दिवोदासकी तरह सुदासकी सहायता करो (दिवोदासं न पितरं)। और पैजवनके घरकी रक्षा करो।" वसिष्ठ सुदासके ही श्रद्धाभाजन नहीं थे, बल्कि पौरुकत्सि त्रसदस्यु भी उनकी कृपाका पात्र था, इसीलिये वह इन्द्रकी महिमा गाते कहते हैं[3] (७।१९।३)—"तुमने सुदासकी सारी रक्षाओंसे रक्षा की, युद्धमें पौरुकत्सि त्रसदस्युकी रक्षा की।" इससे यह सन्देह हो सकता है, कि त्रसदस्यु सुदाससे नहीं लड़ा, पर यह भिन्न समयकी बात हो सकती है। वसिष्ठ कहते हैं—

"इन्द्र, हवि-दाता दानी सुदासके लिये वह भोजन अन्न-धन सदा है[८] (७।१९।६)।"

"इन्द्रने सुदासके लिये लोक बनाया, धन दिया[९] (७।२०।२)।"

"इन्द्र, तुम्हारी सैकड़ों रक्षायें और सहस्रों प्रशंसायें सुदासके लिये हों[१०] (७।२५।३)।"

"सुदासके रथको न कोई हटा सकता, न रोक सकता है, जिसका कि रक्षक इन्द्र है। वह गौओं-वाले व्रजमें जाता है[११] (७।३२।१०)।"

"हे इन्द्र-वरुण, दास और आर्य शत्रुओंको मारो, सुदासकी रक्षा करो।"

वसिष्ठके कथनसे[१२] (७।८३।१) पता लगता है, कि इन्द्र-वरुणकी कृपा पा पृथु और पर्शु गायोंके (लूटनेके) लिये पूर्व दिशामें गये। "तुमने दासों और वृत्रोंको मारा, आर्य शत्रुको मारा और सुदास की रक्षा की।" पहले जिन शत्रुओंके विरुद्ध ऋषि अपने देवताओंसे प्रार्थना करते थे, वह दस्यु थे, किन्तु अब आर्य और दस्यु दोनोंके नाशके लिये उन्हें प्रार्थना करनी पड़ी। सुदासके शत्रु तो मुख्यतः आर्य ही थे।

§२. दाशराज्ञयुद्ध

१. शत्रु

शम्बर-युद्धकी तरह दाशराज्ञयुद्ध भी कोई एकाध सालका संघर्ष नहीं था। इसमें सुदासका काफी समय लगा था। वसिष्ठ कहते हैं[१३] (७।८३।६-७)—"इन्द्र-वरुणने दस राजाओंसे बाधित सुदासकी त्रित्सुओंके साथ रक्षा की।" इसका अर्थ यह है, कि त्रित्सुओंके साथ जो गृह-कलह हुआ था, वह अब शान्त हो गया था, एवं दस राजाओंने सुदास और उसके त्रित्सुजनको पराजित करनेका प्रयत्न किया था। अगली ऋचामें वसिष्ठ कहते हैं, कि अ-यज्ञकर्ता अ-भक्त दस राजाओंने इकट्ठा हो (समिता) सुदाससे युद्ध किया। "समिता" का अर्थ एकत्रित होना है, या समितौ (युद्धक्षेत्र) में लड़नेकी बात यहां की गई है। सुदासके शत्रुओंमें तुर्वश और यदु मुख्य थे। वसिष्ठके कहनेसे[१४] (७।१८।६-८) पता लगता है, कि

"तुर्वश, मत्स्य, भृगु और द्रुह्यु ने मिलकर एक दूसरेका सहायक बन आक्रमण किया था।" अगली दो ऋचाओं (७, ८) से मालूम होता है, कि पक्थों, भलानसों, अलिनों, विषाणियों, शिवोंने भी आक्रमण किया था, जिसमें आर्यकी गायें त्रित्सुओंको मिलीं। दुर्दान्त, बुरी नीयतवाले शत्रुओंने परुष्णीको ले लिया, पर अन्तमें चयमानका पुत्र कवि पृथिवीपर गिर पड़ा। परुष्णीमें शत्रुओंको मुँहकी खानी पड़ी, और सुदासने उनको छिन्न-भिन्न कर दिया. अन्यत्र[१५] (७।८३।८) फिर इसी युद्धके बारेमें वसिष्ठ कहते हैं—"दाशराज्ञमें सब तरफसे घिरे सुदासको इन्द्र-वरुणने सहायता की। युद्धमें कपर्दवाले सफेद त्रित्सु प्रार्थना करते थे।"

विश्वामित्रने व्यास और सतलुजको अगाधसे गाध बननेके लिये ऐसी सुन्दर प्रार्थना की है, जिसे ऋग्वेदकी सर्वोत्कृष्ट कविता कह सकते हैं। परन्तु, नदियोंको गाध बनानेका दावा वसिष्ठ भी करते हैं। नदियां ऋषिकी प्रार्थनासे गाध न हुई हों। संयोगसे वैसा हो जाना असम्भव नहीं। शत्रुओंका पीछा करते सुदासके घोड़सवारोंने कहीं पर नदीमें कम पानी पाया होगा। यह घटना दाशराज्ञयुद्धके समय हुई थी, अतः वसिष्ठको ही इसका श्रेय देना पड़ेगा। वसिष्ठ इसके बारेमें कहते हैं[१६] (७।१८।५)—"इन्द्रने सुदासके लिये नदियोंको गाध और सुपारा कर दिया।" इसके बाद ही तुर्वश, मत्स्य, भृगु, द्रुह्यु आदिके ऊपर प्रहार और चायमान कविके मारे जानेका उल्लेख है। इससे यही जान पड़ता है, कि जिस नदीको पार करके सुदासने शत्रुओंपर आक्रमण किया था, वह शुतुद्रि और विपाश् नहीं, बल्कि परुष्णी (रावी) थी। दोनों वैकर्णोंके २१ लोगोंको राजा (सुदास) ने काटा, वैसे ही जैसे ऋत्विज यज्ञमें कुशको काटता है।[१७] (७।१८।११-१४) यही नहीं, बल्कि वहीं (१२) उल्लेख है, कि वज्रबाहु (इन्द्र) ने श्रुत कवष, वृद्ध और द्रुह्युको पानीमें डुबा दिया। जान पड़ता है, परुष्णी (रावी) को पार कर शत्रुओंने एक बार भरतोंकी भूमि (रावी और सतलुजके बीचके द्वाब) में आनेमें सफलता प्राप्त की थी। सुदासने उनके ऊपर जो भीषण आक्रमण किया, उससे भागते शत्रुओंके कितने ही लोग नदीमें डूब कर मर गये।

सुदासने किसी जगह नदीको सुपार पा उसे पार कर शत्रुओंका पीछा किया। वसिष्ठके आगेके वचन (१३) से यह पता लगता है, कि सुदासने अपने शत्रुओंके सात दुर्गोंको ध्वस्त किया। उनकी बहुत सी सम्पत्ति त्रित्सुओंको मिली। इस युद्धमें भारी नर-संहार हुआ था—"आक्रमणकारी अनु और द्रुह्युके साठ सौ, छ हजार, छियासठ वीर मर कर सो गये (१४)।"

सुदासका सबसे बड़ा युद्ध यही दाशराज्ञयुद्ध था, जिसमें उसने अपने बुरी तरह से हरा कर शत्रुओंको परुष्णी (रावी) के पश्चिम भगाते उनके देशपर आक्रमण किया।

वसिष्ठ सुदासके शत्रु भेदका भी उल्लेख[१८] (७।१८।१८) करते सुदासकी सफलताका श्रेय इन्द्रको देते हुए कहते हैं—'इन्द्र, तुम्हारे बहुतसे शत्रु पराजित हो गये। अब अश्रद्धालु भेदको बसमें करो। जो (कोई) तुम्हारी स्तुति करता है, उसको यह हानि पहुंचाता है। उसे वज्रसे मारो।" भेद नाम आर्य जैसा मालूम नहीं होता, हो सकता है, दाशराज्ञयुद्धमें सुदासको फंसा और निर्बल देखकर इस नामके किसी राजा या जनने हाथ-पैर फैलाने की कोशिश की हो।

इन सफलताओंके बाद सुदासकी कीर्तिका बढ़ना स्वाभाविक था। वसिष्ठने भी कहा है[१९] (७।१८।२४, २५)—'जिस (सुदास) की कीर्ति पृथिवी-आकाशके भीतर विस्तृत है, जिसने खूब दान बांटा है, लोग जिसकी स्तुति इन्द्रकी तरह करते हैं, जिसने युद्धमें युध्यामधिको नष्ट किया। मरुत् इस सुदासको पिता दिवोदासकी तरह मानें। पैजवनके निकेत की रक्षा करें, सुदासका बल अविनाशी अजर तथा अशिथिल हो।"

२. युद्ध

वसिष्ठकी पुरोहिती (प्रधान मन्त्रित्व) में ही सुदासने दाशराज्ञ-युद्ध[२०] (७।८३।१-१०) और पूर्वमें जमुना तककी विजय-यात्रा की थी, यह वसिष्ठके इस वचन[२१] (७।१८।१९) से मालूम होता है—"यमुना और त्रित्सुओंने इन्द्रको संतुष्ट किया। यहां भेदको इन्द्रने मारा। अज,

शिग्रु और यक्षु अश्वोंके सिरोंकी बलि लेकर आये।" भेद जमुनाके पास का ही कोई राजा या जन था। अज, शिग्रु और यक्षु शायद जमुना और गंगाके बीचमें रहनेवाली आर्य-भिन्न जातियां थीं, जिन्होंने सुदासकी अधीनता स्वीकार की।

वसिष्ठने भरतोंके नामको अमर करते हुए कहा[२२] (७।८।४)—"जब सूर्यकी तरह बड़े प्रकाशके साथ अग्नि चमकते हुये (उन) भरतोंकी स्तुति सुनते हैं। जिस भरत जनने कि युद्धमें पुरुओंको पराजित किया।"

सुदासकी सफलताका सबसे अधिक श्रेय वसिष्ठ और उनके लोग लेना चाहते थे, इसके लिये सुदास बहुत दिनों तक तैयार नहीं रह सकता था। हो सकता है, अभिमानवश कुछ अवहेलना भी की गई हो। वसिष्ठका पुत्र ने शक्ति शायद पिताकी गम्भीरताका उत्तराधिकारी नहीं था। पीछेकी परम्परासे मालूम होता है, कि मन्त्रिपदको दूसरेके हाथमें देना उसे बहुत बुरा लगा, और विरोधका परिणाम शक्तिको सुदासके हाथों अपने प्राणोंसे हाथ धोना पड़ा। सुदासके पहले संघर्षोंमें विश्वामित्रने भी सहायता की थी, इसलिए वसिष्ठसे विमुख होने पर सुदासने विश्वामित्रको वह स्थान दिया।

३. सुदेवी रानी

सुदासकी रानी सुदेवी अपने पतिकी योग्य पत्नी थी, जिसे सुदास ने कुत्स आंगिरस[२३] (१।११२।१९) के अनुसार अश्विन्का प्रसादसे पाया।

§३. अश्वमेध

१. विश्वामित्र

विश्वामित्रके नदी-सूक्तके देखनेसे मालूम होता है, कि वह ऋग्वेदके सर्वश्रेष्ठ कवि हैं। उनको इसका कुछ अभिमान भी था[२४] (३।५३।१२)—'जो यह दोनों पृथिवी और आकाश है, उनकी और इन्द्रकी मैंने स्तुति की। विश्वामित्रकी यह स्तुति भरतोंके जनकी रक्षा करती है।" विश्वामित्रने नदियोंको गाध बना कर सुदासको पार कराया, यह दावा

गलत मालूम होता है, लेकिन विश्वामित्र कहते हैं[२५] (३।५३।९) —"महान् ऋषि विश्वामित्रने सिन्धु अर्णव (नदी) को रोका, जिससे इन्द्रने कुशिकोंके साथ प्यार करते पार कराया।"

कुशिक पुराने पुरुजनसे ही सम्बन्ध रखनेवाला एक जन था, जो सरस्वती की उपत्यकामें रहता था। वसिष्ठके लोगोंकी तरह यह भी बहुत शक्तिशाली जन था। विश्वामित्र कहते हैं[२६] (३।२६।३)—"वैश्वानर अग्नि अश्वकी तरह हिनहिनाते कुशिकोंके यहां प्रज्वलित किये जाते हैं। वह अग्नि हमें सुवीर्य, सुअश्वयुक्त रत्न प्रदान करे।" "कुशिक लोग एक-एक घरमें अग्निका सेवन करते हैं[२७] (३।२९।१५)। सरस्वतीकी उपत्यकाके ये आर्य इस बातका अभिमान करते थे, कि हमारे हरेक घरमें अग्निकी प्रतिष्ठा है, सभी अग्निदेवके भक्त हैं। जहां तक बड़े शत्रुओंके पराजय करने और जमुना-उपत्यकाके अनार्योंको अधीन करनेका सम्बन्ध था, यह काम वसिष्ठके समय ही हो चुका था। विश्वामित्रके समय इन सफलताओंको कायम रखना भर था, लेकिन उतनेसे विशेषता क्या रहती? इसीलिये विश्वा-मित्रने सुदाससे अश्वमेध करवाया।

२. अश्वमेध

सुरभि सुगन्धित अश्व-मांस आर्योंका एक प्रिय खाद्य था, यह ऋचाओं से मालूम होता है[२८] (१।१६२।१२)। पर, अश्वको हवनके रूपमें बलि देकर एक बड़े यज्ञ द्वारा अपने प्रभुत्वको प्रख्यापित करना शायद इसी समय पहलेपहल किया गया। इस यज्ञका ऋचाओंमें सिर्फ एक उल्लेख है, यद्यपि वहां अश्वके साथ मेधके शब्दका प्रयोग नहीं किया गया है; लेकिन, निम्न ऋचा[२९] (३।५३।११) से स्पष्ट हो जाता है, कि सुदासने जो घोड़ा छोड़ा था, उसका उद्देश्य राजनीतिक था—"हे कुशिको, सजग हो जाओ, सुदासने घोड़ेको छोड़ा है। राजाने पूर्व, पश्चिम और उत्तरमें शत्रु का नाश किया। वह पृथिवीमें यश (पैदा) कर रहा है" पूर्व, पश्चिम और उत्तर (प्राक्, अपाक्, उदक्) का ही नाम लेना और दक्षिणको छोड़ देना बतलाता है, कि सुदास

की विजय सिन्धुनद, हिमालय और जमुनाकी ओर हुई। दक्षिण (मरुभूमि) का बहुत सा भाग उस समय भी शायद इतना समृद्ध नहीं था, कि वह किसी विजेताका ध्यान अपनी ओर आकृष्ट करता। इस घोड़ेको रोकनेवाला शायद कोई नहीं था, इसलिये इसके कारण और कोई संघर्ष नहीं करना पड़ा, अन्यथा विश्वामित्रकी ऋचाओंमें उसका उल्लेख जरूर होता। भरतों के राजा सुदासके विश्वामित्र जीवन भर पुरोहित रहे। भरतोंके अभिमानके प्रति भी उनकी एक ऋचासे असंतोष व्यक्त होता है[३०] (३।५३।२४)—"हे इन्द्र, भरत-पुत्र लड़ाई (फूट) जानते हैं, मेल नहीं। शत्रुकी तरफ घोड़ा भेजते हैं और नित्य युद्धमें धनुष धारण करते हैं।"

सुदासके समय सप्तसिन्धुके आर्योंका चरम उत्कर्ष हुआ। उसीके समय सबसे बड़े ऋषि पैदा हुए। यही समय है, जब कि जन-तन्त्रकी अलग-अलग रखनेकी मनोवृत्ति पर भारी प्रहार हुआ। हरेक अभिमानी आर्यजन अपनी सीमाओंके भीतर किसी दूसरे जनके हस्तक्षेपको बरदाश्त नहीं कर सकता था; पर, यह नीति तभी तक चल सकती थी, जब तक कि किसी प्रबल शत्रुसे मुकाबिला नहीं था। दुर्दान्त शम्बरने अपनी सफलताओंसे आर्यों को बतला दिया, कि तुम्हारी डेढ़ चावलकी खिचड़ी बहुत दिनों तक नहीं पक सकती। पड़ोसके आर्यजनोंने शत्रुओंके मुकाबलेमें पूरी सफलता न देखकर यदुओं और तुर्वशोंको पश्चिमसे बुलाया। फिर पृथु और पर्शु भी इसी उद्देश्यसे पूर्वकी ओर आये। लेकिन, अलग-अलग रह कर कोई सफल नहीं हो सकता था। दिवोदासने सारे आर्यजनोंके बलको लेकर शम्बरकी शक्तिका सर्वदाके लिये उच्छेद किया। दिवोदासके बाद फिर आर्यजनोंने अपनी पुरानी मनोवृत्तिको अपनाना चाहा। पर, वह उसमें सफल कैसे होते? विकसित आर्थिक जीवन और पराक्रमी सुदास उसमें बाधक थे। उसने सारे सप्तसिन्धुको एकताबद्ध करनेका काम किया, और जमुनासे पूर्व भी आर्योंके प्रसारका रास्ता खोला।

अध्याय ११

राज-व्यवस्था

§१. शासक, शासित

यह बतला चुके हैं, कि सप्तसिन्धुमें पहलेपहल आते समय आर्य जन-व्यवस्थामें थे। उनके प्रमुख पांच जन थे, जिनमें सबसे पूर्ववालेका नाम पुरु था। इसीकी एक शाखा भरत जन था। दिवोदास और सुदास भरत जनमें हुए। आर्योंके निवास और प्रभावको पूर्वमें बढ़ानेमें यही जन सबसे आगे था। पीछे भरत नामक कोई राजा भी हो सकता है, लेकिन देश की ख्याति उसके नामपर नहीं, बल्कि ऋग्वेदके इसी भरतजनके नामपर हुई। जन-प्रथासे निकलकर अब वह सामन्ती-व्यवस्थामें आ चुके थे, और पितृ-सत्ताके स्वच्छन्द वातावरणसे निकल राजाकी निरंकुशताकी ओर बढ़ रहे थे। पर, जनतान्त्रिकतासे उनको इस तरह छुट्टी नहीं मिल सकती थी। आर्योंकी आर्थिक व्यवस्था अभी पुरानी थी। गाय-घोड़े, भेंड़-बकरी उनके सबसे बड़े धन थे, वही उनकी जीविकाके साधन थे। अपने पशुओंके चरनेके लिये उन्हें खुली गोचर भूमि और रहनेके लिये गोष्ठ चाहिये थे। एक-एकके पास हजारों गायें-घोड़े होते थे। ऐसे लोगोंके लिये घना बसा नगर उपयुक्त नहीं हो सकता था। मोहनजोडरो और हड़प्पा जैसे नगर मौजूद थे, पर ग्राम उनके अधिक अनुकूल थे। आरम्भमें ग्रामका अर्थ झुण्ड था, अर्थात् हूण और तुर्क भाषाका ओर्दू। पीछे ग्राम मनुष्योंके झुण्डकी जगह मकानोंका झुण्ड माना जाने लगा। आर्य बस्तियोंका विभाजन, ग्राम और राष्ट्रके रूपमें था। राष्ट्र और जनपद एक ही अर्थके वाचक थे। जनोंकी प्रधानताका

द्योतक—जनोंका निवासस्थान—जनपद और सामन्तोंकी प्रधानताका द्योतक राष्ट्र। ग्रामके मुखियाको ग्रामणी (ग्राम+नी) कहते थे, और राष्ट्रके मुखियाको राजा। राजाके लिये सम्राट्, स्वराट्, शास, ईशान, भूपति, पति का भी प्रयोग देखा जाता है। राजाकी सन्तानोंको राजपुत्र और राजदुहिता कहते थे।

१. ग्रामणी

ऋषि नाभानेदिष्टने मनुको ग्रामणीकी उपाधि दी है, जो ग्रामके नेताके लिये नहीं, बल्कि आर्योंके समूहके नेताके लिये इस्तेमाल हुआ है। इससे हजार वर्ष बाद सिंहलके एक प्रतापी राजाको ग्रामणी—नटखटपनके कारण दुष्ट-ग्रामणी—कहा जाता था। ऋषिने मनुकी उदारता की प्रशंसा करते कहा है[1] (१०।६२।११)—"सहस्रके दाता ग्रामणी मनुका कोई अनिष्ट न करे। इसकी दक्षिणा (दान) सूर्यके साथ सब जगह पहुंचे। सावर्णि मनुको देव आयु प्रदान करे, जिससे न थके हम धन पायें।"

२. राष्ट्र

वसिष्ठने वरुणको राष्ट्रोंका राजा कहा है (७।३४। १०, ११)—

"इन नदियोंके जलको सहस्र नेत्रवाले उग्र वरुण देखते हैं।"

"वह राष्ट्रोंके राजा, नदियोंके रूप हैं। उनका क्षत्र (बल) अपूर्व और सर्वगत है।"

एक कल्पित महिला-ऋषि जुहूने भी राष्ट्रका उल्लेख किया है (१०। १०९।३)—

"उन्होंने कहा, हाथसे इसको ग्रहण करना चाहिये, यह ब्रह्मजाया है।

भेजे दूतमें यह (वैसे ही) आसक्त नहीं हुई, जैसे कि क्षत्रियसे रक्षित राष्ट्र।"

क्षत्रिय (राजा) अभी अपने पुराने अर्थमें व्यवहृत होता था, जैसा कि ईरानके सम्राट् दारयवहु (दारा) ने इस शब्दको अपने लिये इस्तेमाल

किया। जुहूको उसके पति वृहस्पतिने त्याग दिया था। उसे पत्नीको पुनः स्वीकार करनेके लिये इन ऋचाओंमें कहा गया है।

३. विश्

विश्का अर्थ जनता था, जिससे ही पीछे वैश्य (विश्की सन्तान) शब्द बना। विश् शक्तिशाली जनका वाचक था, वैश्य या बनियेका नहीं। विश् राजाको बनाने-बिगाड़नेका अधिकार रखती थी, जैसा कि राजाके गद्दीपर बैठनेके समय पढ़े जानेवाले (आगे उद्धृत) मन्त्रोंसे मालूम होगा। सर्वपुरातन ऋषि भरद्वाजने विशोंके राजाको उपस्थान (मुजरा) करनेका उल्लेख किया है[४] (६।८।४)—"महान् मरुतोंने आकाशमें अग्निको धारण किया, विशोंने पूजनीय समझकर उस राजाकी स्तुति की। विवस्वान् (सूर्य) के दूत वायुने दूरसे वैश्वानर अग्निको यहां पहुंचाया।"

४. राजा

राष्ट्रोंके राजाके बारेमें अभी हम (वसिष्ठके वचनमें) कह चुके हैं। उनके वृद्ध समसामयिक भरद्वाजने अग्निकी उपमा राजासे दी है[५] (६।४।४)—"हे अग्नि, तुम हमें अन्न दो। राजाकी तरह शत्रुओंको नष्ट करके अन्न हमें प्रदान करो।" आगे भी[६] (६।१२।२)—"हे राजन्, तुम यशस्वी बुद्धिमान् हो। यज्ञ करते (यजमान) बहुत सा हव्य तुम्हें प्रदान करते हैं। तुम त्रिभुवनमें अवस्थित मनुष्यके उत्तम हव्योंको बड़े वेगसे (देवताओं के पास) ले जाओ।"

फिर[७] (६।३०।५) भरद्वाज कहते हैं—"इन्द्र, तुमने जलको फैलनेके लिये मुक्त किया, दृढ़ पर्वतको तोड़ा। सूर्यके साथ द्यौ और उषाको पैदा करते तुम संसारके लोगोंके राजा हुए।" अथवा[८] (६।३६।४) इन्द्रको "जनोंके अद्वितीय पति और सारे भुवनका एक राजा" कहा है। वसिष्ठ भी इन्द्रके बारेमें भरद्वाजके कथनका समर्थन करते हैं[९] (७।२७।३)—"इन्द्र जगत् (जंगम) के लोगोंके राजा, पृथिवीमें नाना रूप जो धन है, उसके राजा हैं। उसीसे वह दाता (यजमान) को धन देते हैं, वह स्तुति करनेपर

हमारे पास धन भेजें।" वसिष्ठने मित्र (सूर्य) और वरुणकी एक साथ स्तुति करते उन्हें राजा कहा है[१०] (७।६४।२)—"महान् सत्य-रक्षक, सिन्धुओंके पति, क्षत्रिय (राजा) मित्र-वरुण सामने पधारो। हे शीघ्र दाता, मित्र और वरुण द्यौलोकसे अन्न और वृष्टि भेजो।"

कण्वपुत्र प्रगाथने इन्द्रको जनोंका राजा कहा है[११] (८।५३।२)—"हे इन्द्र, तुम छाने और अनछाने (सोम) के स्वामी हो। तुम जनोंके राजा हो।"

§२. राजा

१. राजाभिषेक

अंगिराकी सन्तान ध्रुवने उन मन्त्रों[१२] (१०।१७३) को बनाया है, जिन्हें राजगद्दीके समय हाल तक पढ़ा जाता था। इनमें राजाको चेतावनी दी गई है, कि विश् (जनता) की इच्छा ही तुम्हें अचल रख सकती है—

"मैंने तुम्हें लाकर बैठाया। तुम भीतरसे बढ़ो, ध्रुव और अचल बनो।

"सारी विश् (जनता) तुम्हें पसन्द करे, तुम राष्ट्रसे भ्रष्ट न हो। तुम्हारा राष्ट्र भ्रष्ट न हो।।१।।

"पर्वतकी तरह अचल हो यहां बढ़ो, च्युत मत हो।

"इन्द्रके समान यहां ध्रुव रहो, इस राष्ट्रको धारण करो।।२।।

"इस (राजा) को हव्यसे इन्द्रने ध्रुव करके धारण किया।

"उसे सोमने, ब्रह्मणस्पतिने आशीर्वाद दिया।।३।।

"द्यौलोक ध्रुव (अचल) है, पृथिवी ध्रुव है, ये पर्वत ध्रुव हैं।

"यह सारा जगत् ध्रुव है, विशोंका यह राजा ध्रुव है।।४।।

"तेरे राष्ट्रको देव बृहस्पति ध्रुव।

"राजा वरुण ध्रुव, इन्द्र-अग्नि ध्रुव धारण करें।।५।।

"ध्रुव हविष्से हम ध्रुव सोम (विजया) को मिश्रित करते हैं।"

"इन्द्र, प्रजाओंको एक तथा बलि लानेवाली बनाओ।।६।।"

२. सम्राट्

सम्राट्का अर्थ राजाओंका राजा नहीं था। याज्ञवल्क्यने बृहदारण्यक उपनिषद् (४।२।१) में जनकको "सम्राट्" कहा है। पर, जनक केवल विदेह जनपदका राजा था। भरद्वाजने[१३] (६।७) वैश्वानर अग्निको भी उसी या अच्छे राजाके अर्थमें सम्राट कहा है—

"द्युलोककी मूर्धा, भूमिके विचरनेवाले, यज्ञके लिये उत्पन्न,

"कवि, सम्राट्, जनोंके अतिथि वैश्वानर अग्निको देवताओंने पैदा किया ।।१।।

वसिष्ठने सविता (सूर्य) को सम्राट् कहा है[१४] (७।३८)—

"देवी अदिति देव सविताकी सेवा करती आज्ञा पालन करती स्तुति करती है। वरुण, मित्र अर्यमा-सहित सम्राट् (सम्यक् प्रकाशमान) देवताकी स्तुति करते हैं ।।४।।"

३. शास

शास राजाके अर्थमें आया है। शासन शब्दमें वही भाव मिलता है। पीछे राजाके लिये शास (शाह) ईरानमें ही रह गया। स का ह होना ईरानी भाषामें आम तौरसे देखा जाता है—शासका शाह और शासानुशासका शाहंशाह बना। ऋग्वेदमें भी यही उसका अर्थ है, जैसा कि विश्वामित्रकी ऋचा[१५] (३।४७) से मालूम होता है—

"मरुतों-सहित वृषम, बर्धनशील दिव्य शास (राजा),

विश्वविजेता उस उग्र इन्द्रको हम नवीन रक्षाके लिये यहां आह्वान करते हैं ।।५।।"

४. ईशान

ईशान ऋग्वेदमें अभी शंकरका पर्यायवाची नहीं बना था। यह भी राजाके लिये वैसे ही इस्तेमाल होता था, जैसे बहुत पीछेतक ईश्वर और परमेश्वर। वसिष्ठने इन्द्रके बारेमें कहा है[१६] (७।३२)—

"हे सूर्य इन्द्र, न दुही गायोंकी तरह हम तुम्हें नमस्कार करते हैं।

इस जगत्के सर्वदर्शी जग-स्थावरके ईशान तुम्हें ॥२२॥"

५. स्वराट्

राट्, राजा एक ही शब्द है, और उसके साथ स्व लगानेसे उसका अर्थ स्वयं राजा होता है। गौतम नोधाने कहा है[१७] (१।६१)—

"द्युलोक, पृथिवी और अन्तरिक्षसे भी बढ़ कर इसकी महिमा है। इन्द्र अपने गृहमें स्वराट् है ॥८॥

६. नृपति

आंगिरस कुत्सने इन्द्रकी प्रशंसामें कहा है[१८] (१।१०२)—

"हे नृपति, तुम बलमें तेहरी रस्सीकी तरह, तीन भूमि और तीन प्रकाशोंवाले हो। तुम इस सारे भुवनको वहन करते हो। सनातनसे जन्म लिये तुम शत्रु-रहित हो ॥८॥"

७. पति राजा

पति और राजा दोनों शब्दोंका इकट्ठा राजाके लिये इस्तेमाल आंगिरस तिरश्चीके वचन[१९] (८।८४) में मिलता है—

'हे इन्द्र, श्येन (बाज) द्वारा लाये गये छाने हुए सुखमय सोमको खुशीके लिये पियो। तुम शाश्वत विशों (जनता) के पतिराजा हो ॥३॥"

८. राजपुत्र, राजदुहिता

राजा होनेपर राजपुत्र और राजदुहिताका होना स्वाभाविक है। राजा जनताका आदमी नहीं था, उसका सिंहासन अब उसके ऊपर था, वैसे ही, जैसे कि इन्द्र, अग्नि, वरुण, मित्रका। इसलिये राजाका लड़का होना विशेष सम्मानको प्रकट करता था। दीर्घतमासन्तान ऋषि कक्षीवान्की पुत्री घोषा अपनेको राजदुहिता कहती है। इससे यह जरूर मालूम होता है, कि राजाका शब्द अभी बहुत व्यापक था, तभी कक्षीवान् राजा हो सकते थे। घोषाने दोनों अश्विनीकुमारोंकी स्तुति करते कहा है[२०] (१०।४०)—

"हे अश्विनो, सबेरे जगानेके लिये दो बूढे राजाओंकी तरह तुम्हारी स्तुतिकी जाती है। सेवाके लिये किसके घर तुम जाते हो? किसके पास नष्ट करते हो? नरो, किसके सवन (यज्ञ) में राजपुत्रकी तरह तुम जाते हो।।३।।

हे नरो अश्विनो, राजाकी दुहिता **घोषा** चारों ओर घूमती, तुम्हें पूछती है। दिन हो या रात तुम मेरे पास रहते हो। रथ और अश्व-युक्त मेरे भतीजेका दमन करते हो।।५।।"

इन उद्धरणोंसे मालूम होगा, कि विश् (जनता) अभी पंगु नहीं हुई थी। वह शस्त्र-बद्ध मौजूद थी। उसके शस्त्रोंकी जरूरत हेर जगह थी। गांवोंके निवासके कारण आर्य जनयुगीन अर्थतन्त्रसे बिल्कुल मुक्त नहीं हुए थे, इसलिये निरंकुश राजा पैदा नहीं हो सकता था। तो भी अब राजा विश्से ऊपर था।

§२. शासन-यंत्र

ऋग्वेदसे उस कालके प्रशासनका संकेत भर मिलता है। गण-पति शब्द में गण का संकेत मिलता है। बुद्धके समकालीन लिच्छवि और कितने ही दूसरे गण मौजूद थे। बुद्धकालमें ग्रामका मुखिया ग्रामणी होता था, जिसे गामजेट्ठ (गांवका मुखिया) भी कहते थे। गांवके ज्येष्ठकी प्रतिध्वनि हिमालयके कुछ स्थानोंमें बूढ़े या बुढ़ेरेमें मिलता है। बूढ़े गांवमें व्यवस्था रखनेके जिम्मेवार होते थे, कर उगाहनेमें भी उनसे सहायता ली जाती थी। ऋग्वेदके ग्रामोंके ग्रामणी भी यही काम करते होंगे।

१. सभा

सभा और समितिका उल्लेख ऋग्वेदमें कई जगह आया है। सभाका अर्थ कुछ व्यापक था। उसमें राजनीतिक—ग्राम, राष्ट्र, जन—सभायें ही शामिल नहीं थीं, बल्कि जूयेकी सभा भी। कवष एलूप-पुत्रने इसका उल्लेख किया है[२१] (१०।३४)—

"जुआड़ी पूछनेपर शरीर फुलाकर 'मैं जीतूँगा' कहते सभामें जाता है।
"पाशे कभी इसकी इच्छा पूरा करते हैं, कभी प्रतिद्वन्द्वीकी ।।६।।"

सभाका प्रयोग, जान पड़ता है, पीछे जूयेकी सभाके लिये ज्यादा होने लगा, इसीलिये जूआशालाके अध्यक्षको सभिक कहा जाता था। शुनहोत्र-पुत्र गृत्समद सभेयको सभासद्के अर्थमें प्रयुक्त करते हैं[७] (२।२४)--

"ब्रह्मणस्पतिके वाहन (घोड़े) हमारा स्तोत्र सुनते हैं। सभेय विप्र (ऋत्विक्) स्तुति-सहित हव्य प्रदान करते हैं ।।१३।।"

आर्य अपने जवानोंको "सभेय" होनेकी प्रार्थना करते थे, अतः उनकी सभायें महत्वपूर्ण थीं, जिनमें उनके जवान अपनी वाग्मिता दिखलाते थे। देवातिथि काण्व कहते हैं[२१] (८।४)--

"हे इन्द्र, तुम्हारा सखा, अश्व-युक्त रथी, सुरूप, गोमान्, धनी, वयसे युक्त हो सदा आह्लाद करता सभामें जाता है ।।९।।"

भरद्वाजने भी गायोंकी प्रशंसा करते सभाका उल्लेख किया है[८] (६।२८)—

"हे गायो, हमें तुम मोटा करो, हमारे कृश और असुन्दर शरीरको सुंदर बनाओ, घरको भद्र बनाओ। हे भद्र बोलनेवालियो, सभाओंमें तुम्हारे महाभोजन (अन्न) का बखान किया जाता है ।।६।।"

२. समिति

समिति ही युरोपीय भाषाओंमें कमीटी या कमीती है। (शतम और केन्तमका मुख्य भेद यह है, कि शतमके श का केन्तम में क हो जाता है।) समिति या कमीटी आज छोटी सभाको कहते हैं, लेकिन ऋग्वेदिक कालमें यह राजसभा, राष्ट्रकी बड़ी सभा अथवा संसद्को कहा जाता था। बुद्धकालमें गणोंकी पार्लियामेण्टके लिये संस्था शब्दका प्रयोग होता था। हरेक गण-राजधानीमें संस्थागार (संथागार) का होना आवश्यक था। पालि-सूत्रोंमें उन्हीं नगरोंमें संथागारोंका उल्लेख मिलता है, जो गणराज्योंकी राजधानी थे। ऋग्वेदमें संस्थाका प्रयोग नहीं है। उस समय भी संस्था रही होगी,

पर राजतंत्रके अधिक अनुकूल समिति थी। मरीचि-पुत्र कश्यप ने सोमकी उपमा देते कहा है[२५] (१०।९७।६)—

"राजा जैसे समितिमें जाते हैं।"

लेकिन, समितिका अर्थ युद्धक्षेत्र भी होता था, जैसा कि कश्यपके ही वचनसे मालूम होता है[२६] (९।९२।६)—

"जैसे होता ऋत्विज पशुगृहमें जाते हैं, जैसे भला राजा युद्ध में जाता है। वैसे ही पवित्र होता सोम कलशोंमें जाता है।

संवनन ऋषि समितिका उल्लेख मन्त्र (सलाह) के सम्बन्धमें करते हैं[२७] (१०।१९१।३)—

"तुम्हारा मन्त्र समान (एक साथ), समिति एक सी हो।"

३. व्राजपति, कुलप

शासन या सामाजिक व्यवस्थामें कुलों और व्राज (समुदायों) का भी स्थान था। प्रतर्दनने[२८] (१०।१७९।२) कुलप और व्राजपतिका उल्लेख किया है—

"हे इन्द्र हवि पक चुका है, आओ। सूर्य काल (दिन) के भागके मध्यमें पहुँच गया है। कुलप जैसे विचरते व्राजपतिका वैसे ही (तुम्हारे) सखा निधियोंके साथ तुम्हारी प्रतीक्षा कर रहे हैं।"

इससे मालूम होता है, कि कुलोंके मुखियासे ऊपर व्राजोंके मुखियाका स्थान होता था। ग्राम कुलोंका समुदाय था। शायद ग्राम समुदाय व्राज कहा जाता था, जिसका पति व्राजपति था। एक ग्राम कई कुलोंमें बंटा होता था। बड़े गांव या नगरको पुर नहीं कहते थे। शम्बरकी पुरियां किलेबन्द स्थान थे, यह हम देख चुके हैं।

ऋग्वेदमें जो छिटपुट वर्णन आता है, उससे उस समयके शासनका पूरा रूप अंकित करना सम्भव नहीं है। राज-व्यवस्थामें प्रशासन, न्याय-व्यवस्था, कर (बलि) उगाहना मुख्य था। प्रशासनके लिये शायद १. कुलपति, २. व्राजपति, ग्रामणी, गणपति और अन्तमें समिति तथा उसका प्रधान

३. राजा था। दीवानी-फौजदारी मुकद्दमोंको देखनेका भार भी इन्हींके ऊपर होगा। विश्‌का वलिहृत् (कर देनेवाला) कहा गया है। बहुत सम्भव है, कर नगद नहीं, जिन्स के रूपमें उगाहा जाता था। कर उगाहने में कुलपति, ग्राजपति सहायक होते होंगे।

सैनिक प्रशासनके बारेमें इतना ही कह सकते हैं, कि आर्य सैनिक अनुशासनबद्ध थे। वह हजारोंकी संख्यामें शत्रुओंपर आक्रमण करने या प्रति-रक्षण के लिये जाते थे। सेनाका सबसे ऊपरका अधिकारी राजा था, लेकिन आर्जुनेय कुत्सको सारथी उपाधि शायद राजाके बाद सबसे बड़े सेनापति होनेके कारण मिली थी। सम्भवतः अफसर दशिन् (दशपति), शतिन् (शतपति) और सहस्रिन् (सहस्रपति) होते थे। चतुरंग नहीं त्रिरंग सेना थी—रथ, घोड़े और पैदलकी। अभी हाथीकी सेना नहीं बनी थी। सप्तसिन्धुमें सिंह जरूर थे, पर हाथियोंके होनेका ऋग्वेदसे पता नहीं लगता, और न उनके पालतू बनानेका ही कोई उल्लेख है।

४. पुरोहित (प्रधान-मंत्री)

राजाके पुरोहितका काम केवल यज्ञ और धार्मिक बातोंमें सलाह देना भर नहीं था। वसिष्ठने बड़े अभिमानसे कहा है। त्रित्सु भरत अनाथ शिशुकी तरह थे। जब वसिष्ठ उनके पुरोहित हुये, तो वह शक्तिशाली बन गये। पुरोहितको बृहस्पति भी कहा जाता था। वामदेवने बृहस्पति पुरोहित के बारेमें कहा है[९] (४।५०।१)। वसिष्ठने तृत्सुओंकी अपनी पुरोहितीका उल्लेख किया है[१०] (७।८३।४)।

भाग ४

सांस्कृतिक

अध्याय १२

शिक्षा, स्वास्थ्य

§१. शिक्षा

चाहे कितनी भी पिछड़ी मानव-जाति हो, उसके लिये भी पूर्वजों द्वारा अर्जित ज्ञान और अनुभवको एक पीढ़ीसे दूसरी पीढ़ीमें पहुंचाना आवश्यक होता है, जिसके वास्ते उसे किसी न किसी तरहकी शिक्षा-प्रणाली अपनानी पड़ती है। वैदिक आर्य अपने पूर्वार्जित ज्ञानको एक पीढ़ीसे दूसरी पीढ़ीमें पहुचाते थे। जिस ज्ञानको वह परम पवित्र मानते थे, वह वेदके मन्त्र थे। ऋग्वेदिक आर्योंके समयसे पहले मोहनजो-डरोके लोग एक तरहकी चित्रलिपि इस्तेमाल करते थे, जिसके हजारके करीब अक्षर मिल चुके हैं, पर अभी तक पढ़नेकी कुंजी नहीं मिली है। लिखनेका पूरी तौरसे प्रचार हो जाने पर भी वेदोंको गुरुमुखसे सुनकर पढ़ने का रवाज हमारे यहां अभी भी पसंद किया जाता था, फिर ऋग्वेदके कालमें उसे लिपिबद्ध करनेका प्रयत्न किया गया होगा, इसकी सम्भावना नहीं है। आर्य बहुत पीछे तक वेदके लिपिबद्ध करनेके खिलाफ रहे, क्योंकि तब उनकी गोप्यता नष्ट हो जाती। वैदिक वाङमय ही क्यों, बौद्ध और जैन पिटक भी शताब्दियों तक कंठस्थ रखे गये। बौद्ध त्रिपिटक बुद्ध-निर्वाणके चार शताब्दी बाद और जैन-आगम आठ शताब्दी बाद लिपिबद्ध हुये। कानसे सुनकर सीखे जानेके कारण वेदको श्रुति कहते हैं। इसीलिये भारी विद्वान्को बहुश्रुत—बहुत सुना हुआ—कहा जाता। हमारी लिपिकी उत्पत्ति कैसे हुई और उसका सम्बन्ध किस

पुरानी लिपिसे है, इसका निर्णय अभी नहीं हो सका है। इतना मालूम है, कि हमारी सबसे पुरानी वर्णमाला ब्राह्मी है, जिसके निश्चित कालवाले नमूने अशोक के अभिलेखोंमें मिलते हैं, जो ईसा-पूर्व तृतीय शताब्दी में या बुद्ध-निर्वाणसे ढाई सौ वर्ष बादके हैं। पिपरहवाके ब्राह्मी अक्षर बुद्धकालीन हैं, यह विवादास्पद है। ईसा-पूर्व तृतीय शताब्दीसे पहिलेकी वर्णमालाके नमूने मोहनजोडरो, हडप्पाकी चित्रलिपिमें मिलते हैं। दोनों लिपियोंका सम्बन्ध स्थापित करना मुश्किल है। यद्यपि मोहनजोडरोकी चित्रलिपिसे उच्चारणवाली वर्णमाला का निकलना बिल्कुल सम्भव है, पर, ब्राह्मी मोहनजोडरोकी लिपिसे निकली, इसे सिद्ध करना अभी संभव नहीं है।

उस समय किसी प्रकारकी मौखिक शिक्षा पुरानी (अतएव पवित्र) कविताओंकी जरूर होती थी। उसका संग्रह ऋग्वेदमें होना चाहिये था। पर, वैसा नहीं देखा जाता। ऋग्वेदके प्राचीनतम ऋषि और उनकी कृतियां, हमें भरद्वाज, वसिष्ठ और विश्वामित्र तक ले जाती हैं। उससे पुराने दो-चार ही ऐसे ऋषि मिलते हैं, जिनकी कृतियां पुरानी हो सकती हैं, पर, भाषा और संग्रहकी गडबडी ने उनकी प्राचीनताको बहुत कुछ गंवा दिया है। अनुमान किया जा सकता है, कि ऋग्वेदके महान् ऋषियोंने इन्द्र, अग्नि, मित्रके ऊपर जो हजारों ऋचायें बनाई थीं, उनमें कुछ शब्द या भावमें भरद्वाजसे पुरानी हो सकती हैं; पर, इसे निश्चयपूर्वक नहीं बतलाया जा सकता। हमारे सबसे पुराने देवता द्यौ और पृथिवी हैं, जिन्हें ऋग्वेदमें पितरौ (दोनों माता-पिता) कहा गया है। द्यौ पिता और पृथिवी माता द्यौ-पितर का ख्याल बहुत पुराना है। वह केवल शतम (आर्य-स्लाव) वंश का ही नहीं बल्कि केन्तम् (ग्रीस, रोम आदि) का भी पूज्य देवता था। जुपितर द्यौ-पितरका ही शब्दान्तर है, ज्यौस द्यौस् ही है। द्यौ-सम्बन्धी कितनी ही ऋचायें मिलती हैं, किन्तु ऋग्वेदिक कालमें द्यौकी नहीं, बल्कि इन्द्र की प्रधानता थी।

ऋग्वेदसे पहलेकी परम्परासे आई ज्ञान-सम्पत्ति अलग नहीं मिलती, इसलिये हम नहीं कह सकते, कि उस कालमें श्रुतिकी शिक्षण-परम्परा किस तरहकी थी। शिक्षा, शिक्षण, प्रशिक्षण शब्दोंका जो अर्थ आज है, वह उस समय नहीं था। ऋग्वेदमें शिक्षका अर्थ देना है, जैसा कि वसिष्ठकी एक ऋचा[1] (७।२७।२) से मालूम होता है—

"हे पुरुहूत इन्द्र, जो तुम्हारा बल है, उसे सखा मनुष्योंको दो (शिक्ष)।"

वसिष्ठकी ही दूसरी ऋचामें (७।१०।३५) शिक्षाका अर्थ अनुकरण है—

"इन मेंढकोंमें एकके वचनको दूसरा शाक्त (आचार्य) की तरह अनुकरण करता बोलता है। मेंढको, जब तुम सुन्दर तौरसे बोलते हो, तो जलमें सब अंग अच्छा हो जाता है।"

यहां बरसात के आरम्भमें मेंढकोंको एक दूसरेका अनुकरण करते बोलनेको ऋग्वेदकालीन गुरु-शिष्योंके पाठसे तुलना की गई है। गोस्वामी तुलसीदासने इस ऋचाको शायद ही देखा हो, पर जान पड़ता है. यह उपमा परम्परासे चली आई थी, इसीलिये उन्होंने कहा—

"दादुर धुनि चहुं ओर सुहाई। वेद पढइं जनु बटु समुदाई।"

एक मेढक आवाज निकालता है। उसके बाद दूसरे अनुकरण करते हैं, फिर लढी लग जाती है। पुराने समयकी वेद पढानेकी प्रक्रिया अब भी देखी जाती है। गुरु स्वर-सहित मन्त्रको एक बार पढता है। शिष्य उसे दो बार दोहराते हैं। आज गुरु-शिष्य पुस्तकका सहारा लेते हैं। वेद जब लिपिबद्ध नहीं थे, तो गुरु कंठस्थ ऋचाको एक बार बोलता होगा, और शिष्य दो बार। इस प्रकार बराबर दोहराते छोटी आयुमें ही बच्चोंको अपना वेद कंठस्थ हो जाता था। यद्यपि सामको छोड़कर और किसी वेद को संगीतके स्वरोंके साथ नहीं पढा या दोहराया जाता था, पर तो भी पद्य पाठकी तरह उस की एक लय हो ही जाती थी। पवित्र ऋचाओं या छन्दोंकी शिक्षा शिष्य गुरुसे इसी तरह पाता था। भरद्वाज-वसिष्ठकी चौथी-पांचवीं पीढी तकके ही रचित मन्त्र ऋग्वेद में मिलते हैं, ऋग्वेदके

सबसे पिछले ऋषियोंने गुरुमुखसे अपने पूर्वज ऋषियोंके ब्रह्म (मन्त्र, पद) का अध्ययन किया था।

ब्रह्म (ऋचा) में अद्भुत शक्ति मानी जाती **थी**। तभी तो **विश्वा**-मित्रने कहा (३।५३।१२)—

"जो यह दोनों द्यौ तथा पृथिवी हैं, उनसे मैंने इन्द्रको तुष्ट किया। विश्वामित्रका यह ब्रह्म भारत-जनकी रक्षा करता है।"

वेदवाणीकी अद्भुत शक्तिको स्वयं प्राचीनतम ऋषियोंने अपने मुँहसे बखाना था, इसलिये उसके सीखने और कंठस्थ करनेकी ओर लोगोंका ध्यान बहुत हो, यह स्वाभाविक था।

लेकिन, केवल देवताओंको प्रसन्न करनेसे ही उनकी लोक-यात्रा नहीं चल सकती थी। उस समय सीखनेकी और भी बहुत सी चीजें थीं। जिस युद्ध-कौशल को आर्य तरुण गुरुमुखसे सीखते थे, वह सब वेदमें नहीं दिया गया है। नाना शिल्प भी उस वक्त प्रचलित थे, जिन्हें भी सीखना जरूरी था। इन शिल्पोंमेंसे कुछ का ही नाम ऋग्वेदमें मिलता है। मोहन-जोडरो और हडप्पामें ऋग्वेदसे डेढ़-दो हजार वर्ष पहलेकी जो चीजें उपलब्ध हुई हैं, उनसे पता लगता है, कि उस समय इंजीनियर (वास्तुशिल्पी), राज-गीर, शंखरकार, पटकार (जुलाहे) सुनार, चर्मकार, वेणुकार, लोहार, कुम्हार आदि बहुतसे शिल्पकार थे, जिन्हें अपनी बातें अगली पीढ़ी में पहुंचानी पड़ती थीं। खेती और उसके लिये उपयोगी ऋतुओंके ज्ञानकी भी शिक्षा आवश्यक थी। इस प्रकार ऋग्वेदिक आर्योंको जितनी शिक्षा लेनी पड़ती थी, वह उतनी ही नहीं थी, जिनका उल्लेख ऋग्वेदमें मिलता है।

§२. स्वास्थ्य

आर्य यथार्थवादी थे। अपने देवताओं पर उनकी परम भक्ति थी, लेकिन पौरुषको भूल कर नहीं। वह जानते थे, इन्द्र भी दिवोदास, सुदासके पौरुषके सहारे ही शत्रुओंका संहार कर सके, इसलिये शरीरकी पुष्टि और स्वास्थ्यकी ओर उनका ध्यान विशेष था। सप्तसिन्धुमें अपनेसे अधिक

सभ्य, संस्कृत तथा साधन-सम्पन्न लोगोंको पराजित करनेमें आर्य इसीलिये सफल हुये, कि उनके पास तेज चलनेवाले घोड़ों और घुमन्तुओं की लड़ाकू प्रकृति के अतिरिक्त तगड़ा शरीर भी था। उनके सामने मोहनजोडर.के नागरिक खर्वकाय थे। हरेक घूमन्तू या अर्ध-घुमन्तूकी तरह आर्य खुलेमें रहना पसन्द करते थे, इसीलिये उन्होंने अपना वास नगरोंमें नहीं, ग्रामोंमें रखा। खुली हवामें वास, दूध-घी-मांस प्रधान-भोजन स्वास्थ्य-संवर्धनके ये सबसे अच्छे साधन उनके पास मौजूद थे। घुडसवारी स्वयं एक व्यायाम है। उस समय शायद ही कोई ऐसा आर्य हो, जो चतुर घोड़सवार न हो। शत्रुओंसे प्रतिरक्षा तथा स्वयं भी दूसरोंकी गायों और भेड़ोंको लूटनेके लिये उन्हें हर वक्त हथियारवन्द रहना पड़ता था। इसी लिये वह घोड़सवारीमें भी चुस्त थे। मल्ल या मल्लविद्याका उल्लेख ऋग्वेदमें नहीं मिलता। पर, पीछे पंजाव और पूर्वी उत्तर-प्रदेशमें एक जनका नाम मल्ल बतलाता है, कि उनमें कुश्तीका खाज था। मुष्टियुद्धका स्पष्ट उल्लेख विश्वामित्र-पुत्र मधुच्छन्दाकी ऋचा[६] (१।८।२) में है—

"हे इन्द्र, तुम्हारे द्वारा रक्षित हम घोड़ोंसे मुष्टिहत्या (मुष्टियुद्ध) द्वारा शत्रुओंको रोकेंगे।"

कुश्ती (मल्लयुद्ध) या मुष्टियुद्ध केवल स्वास्थ्यके लिये ही उपयुक्त नहीं थी, बल्कि युद्धमें भी इनका उपयोग था; इसलिये आर्य तरुण इनको अच्छी तरह सीखते थे।

नृत्य मनोरंजनकी एक उत्तम और मानवकी सबसे पुरानी ललितकला है। यह अच्छा व्यायाम भी है। घोर जाडेके दिनोंमें अहीरोंके नृत्य नाचते एक तरुणको मैंने पसीने-पसीने होते देखा था। उस समय आधुनिक व्यायामके शौकीन एक तरुण दर्शकने बतलाया था, कि इस नृत्यसे कमरके दोनों तरफ-की पेशियोंपर भी बहुत जोर पड रहा है, जहांपर आधुनिक व्यायामकी शैलियोंसे भी जोर पहुंचाना असम्भव नहीं, तो मुश्किल है। अंगिरा-गोत्री सव्यने नर्तयन् (नचाते) शब्दका प्रयोग[७] (१। ५१। ३) किया है, पर वह हथियार नचानेके अर्थमें—

"हे इन्द्र, तुमने अंगिराओं (पुरोहितों) के लिये वर्षा कराई। अत्रिको शतदुर हथियारसे बचनेके लिये भगाया। विमदको अन्न-सहित (धन) दिया, और संग्राममें वज्र नचाते हुये स्तुतिकर्त्ताकी रक्षा की।"

संस्कृत-असंस्कृत सभी आदिम तथा सभ्यतामें सबसे आगे बढ़ी आधुनिक जातियोंमें नृत्य बहुप्रचलित व्यायाम और विनोद है। ऋग्वेदिक आर्य सोम (भांग) के बड़े प्रेमी थे। उसे पीकर मस्त होनेमें उन्हें बड़ा आनन्द आता था। मस्ती और आनन्द दोनोंके लिये मद शब्दका प्रयोग इसीको बतलाता है। आर्य नर-नारी अपनी सोमगोष्ठियोंमें गीत और नृत्यका भी आनन्द लेते थे, जिससे उनके स्वास्थ्यको बहुत लाभ था।

§२. रोग

रोगोंमें यक्ष्मा, हृदयरोग, कुष्ठका उल्लेख ऋग्वेदमें आता है। यक्ष्मा शायद ज्वरका ही दूसरा नाम था, और तपेदिक (टी० बी०) के लिये राजक्ष्माका प्रयोग होता था। आथर्वन ऋषिने कहा है[1] (१०। ९७। ११, १२)

"जब मैं इन औषधियोंको हाथमें लेता हूं, तो यक्ष्माकी आत्मा वैसे ही नष्ट होती है, जैसे पकडनेवाली मृत्युसे जीव।

"हे औषधियों, जैसे उग्र और मध्यस्थ दूसरोंको बाधित करता है, वैसे ही तुम इसके पर्व-पर्व (पोर-पोर) में व्याप्त हो यक्ष्मको हरो।"

कल्पित नाम वाले प्रजापति-पुत्र यक्ष्मनाशन ऋषि यक्ष्मासे राजयक्ष्माका भेद करते हुये कहते हैं[3] (१०। १६१। १)—

"हवि द्वारा तुझे अज्ञात यक्ष्मा और राजयक्ष्मासे मुक्त करता हूं। यदि किसी ग्रह (भूत-प्रेत) ने पकड़ा है, तो उससे इन्द्र-अग्नि इसे मुक्त करें।"

हृदयरोग पुराना रोग है। बुढ़ापेसे शरीरके भीतरी अंगोंके जीर्ण-शीर्ण होनेका ही यह एक रूप है। बिना किसी ज्वर या दूसरे रोगके हृदयके विपन्न होनेसे आदमीका एकाएक प्राणान्त होने को पुरानी परिभाषामें रोगियोंकी (श्लाघनीय) मृत्यु कहा जाता था। मृत्यु न देकर यदि वह

कष्ट देता रहे, तो वह उत्पीडक रोग है। कण्व-पुत्र प्रस्कण्वने मित्र (सूर्य) से इससे बचनेकी कामना की[८] (१। ५०। ११)—

"आज द्यौलोकके ऊपर चढता मित्र (सूर्य) मेरे हृद्‌रोग और पीलियाको नष्ट करे।"

पीलियाके कारण शरीर पीला (हरिमाण) हो जाता था।

यक्ष्मा, जान पडता है, शरीरके बहुतसे रोगोंका नाम था, जैसा कि विवृहा काश्यपके कथन[९] (१०। १६३। १-६) से मालूम होता है—

"तेरे दोनों नेत्रों, दोनों नासिका-छिद्रों, दोनों कानों, चिबुक, मस्तिष्क और जिह्वासे शीर्षस्थानीय यक्ष्माको दूर करता हूं।।१।।

"तेरी ग्रीवासे, धमनियोंसे, स्नायुओंसे, हड्डीसे, दोनों पहुंचों, दोनों बाहुओं और दोनों कन्धोंसे यक्ष्माको दूर करता हूं।।२।।

"तेरी अंतड़ियोंसे, गुदासे, हृदयसे, मूत्राशयसे, यकृत्‌से, तेरे मांस-पिण्डोंसे यक्ष्माको दूर करता हूं ।।३।।

"तेरी जांघोंसे, दोनों पिंडलियोंसे, दोनों गुल्फोंसे, दोनों एडियोंसे, दोनों नितम्बोंसे, कमर और मलस्थानसे यक्ष्माको दूर करता हूं ।।४।।

"तेरे मूत्रस्थानसे, लोमसे, नखसे, तेरे सर्व आत्मा (शरीर) से इस यक्ष्माको मैं दूर करता हूं ।।५।।

"अंग-अंगसे, रोम-रोमसे, पर्व-पर्वमें उत्पन्न तेरी सारी आत्मा (शरीर) से इस यक्ष्माको दूर करता हूं ।।६।।"

घोषाके कुष्ट रोगसे पीडित होनेकी बातका स्पष्ट उल्लेख ऋग्वेदमें नहीं आता, जिसका कि दूसरी जगहों में जिक्र आया है। दीर्घतमा-पुत्र कक्षीवान्‌के कथन[१०] (१। ११७। ७) से मालूम होता है, कि वह किसी रोगसे पीडित होकर बिना व्याहे ही पिताके घरमें बैठी थी—

"हे अश्विनो, तुमने स्तुति करते कृष्ण-पुत्र विष्वक विष्वापुको पिताके घरमें बैठी झुराती घोषाके लिये पति प्रदान किया।

रोगोंकी संख्या उस समय भी काफी होगी, पर उनके रोगों का अधिक विभाजन नहीं हुआ था ।

§४. चिकित्सा

ऋग्वेदसे छ शताब्दियों बाद बुद्धके समय औषधियोंका काफी विस्तार-और विकास हो चुका था। पर, अभी रस और धातु-भस्मोंके प्रयोगमें आने-में शताब्दियोंकी देर थी। बुद्धके समय पंचभैषज्य (घी-मक्खन-तेल-मधु खांड), चर्बी, मूल, कषाय, पत्ता, फल, गोंद, नमकवाली दवा कच्चे मांस-रक्तकी दवाइयां प्रचलित थीं। अंजन, तेल, नस्य, धूमबत्ती और मद्ययुक्त औषध भी इस्तेमाल किये जाते थे। ताप देकर पसीना निकालना, सींगसे खून निकालना, मालिश, चीर-फाड, मलहम-पट्टी, सर्प-चिकित्सा, विष-चिकित्सा पाण्डुरोग-चिकित्सा, ग्रह (भूत) चिकित्सा, चर्मरोग-चिकित्सा का भी उल्लेख "विनय-पिटक" (महावग्ग, भैषज्य-स्कन्धक) में आता है। इनमें से अधिकांश औषधियों और चिकित्साओंका पहिले भी प्रचार रहा होगा।

ऋग्वेदमें निम्न रोगोंका उल्लेख आता है—

अगद, अजका, अज्ञात यक्ष्मा, अनमीव, अनूक्य, अप्वा, अम, अशीपद, अर्शामिद, जीवगृभ, दुर्नामा (बवासीर), नवज्वार, पृषन्य, पृष्ठ्यामयी, यक्ष्मा, राजयक्ष्मा, वंदन, बध्रि, विवबृ, विसूच्रि, सुराम, श्राम, हरिमा, हृद्रोग।

औषधियोंकी संख्या बहुत थी, तभी तो भिषग् आथर्वनने[११] (१०। ९७।६) कहा है—

"जैसे राजा लोग समितिमें एकत्रित होते हैं, वैसे ही जिसके पास औषधियोंका समागम होता है, उसे रोगनाशक, राक्षसनाशक विप्र भिषग् कहा जाता है।"

आजकल वैद्य लोग धन्वतरिको इष्ट मानते हैं, किन्तु वैदिक कालमें यमल अश्विनों (अश्विनीकुमारों) की महिमा गाई जाती थी। इरिन्विठिने [१२](८।१८।८) कहा है—

"वे (दिव्य) भिषग् अश्विद्वय हमारा कल्याण करें, बाधाओंको यहांसे दूर हटावें।"

हिरण्यस्तूप अश्विनीकुमारोंकी प्रशंसामें कहते हैं[१३] (१।३४।६-९)—

"शुभके स्वामी, हे अश्विनो हमें तीन बार दिव्य, तीन बार पार्थिव और तीन बार जलीय दवाइयोंको दो। संयुकी तरह मेरी सन्तानोंको तीनों प्रकारसे सुख दो ॥६॥

"हे नासत्यो, तुम्हारे तीन प्रकारके रथके तीन चक्के कहां हैं? नीड-सहित तीनों धुरे कहां हैं? उस शक्तिशाली गदहेका जोड़ना कब होगा, जिसके साथ तुम यज्ञमें आओगे ॥९॥"

इससे मालूम होता है, कि अश्विनीकुमारोंके रथमें गदहा (रासभ) जुतता था। चाहे घोड़ेके समान न समझते हों, लेकिन गदहे पालने और उसके इस्तेमाल करनेमें आर्य हीनता नहीं अनुभव करते थे।

मादक सोमको भी औषध माना जाता था, यह आश्चर्यकी बात नहीं। आजकल भी दवाइयोंमें मद्यसारका प्रयोग काफी देखा जाता है। प्रगाथ-पुत्र हर्यतने कहा है[१४] (८।६१।१७)—

"मित्र, वरुण, सूर्यके उदय होनेपर सोमको ग्रहण करते हैं, सो आतुर (रोगी) का भेषज है।"

कण्व-पुत्र सोभरि ऋग्वेदके प्रसिद्ध ऋषि हैं। वह अश्विनीकुमारोंकी महिमा गाते[१५] (८।२२।१०) कहते हैं—

"हे जिनसे तुमने पक्थकी, जिनसे अध्रिगु, जिनसे बभ्रुकी रक्षाकी, उनके साथ अति शीघ्र आओ। जो आतुर (रोगी) है, उसकी चिकित्सा करो।"

अध्याय १३

वेष-भूषा

आर्य ठण्डे मुल्कसे आये थे। जाड़ोंमें सप्तसिन्धु (पंजाब) में भी काफी सर्दी पड़ती थी। सुवास्तु-उपत्यका जैसे स्थानोंमें जिन्हें रहना पड़ता था, वहा हर साल बर्फ पड़ती देखते थे। पर, आर्योंके अधिकांश निवास सर्द होते भी हिमपातकी भूमिसे हट कर थे। सर्दीसे बचनेके लिये शरीरका ढंकना आवश्यक था। "अग्निर्हिमस्य भेषजम्" (आग सर्दीकी दवा है) की उक्ति चरितार्थ करते हुए वह कपड़े बिना सिर्फ आगके सहारे नहीं रह सकते थे। वह कई तरहके कपड़े पहनते थे, पर सबका विवरण नहीं मिलता।

§१. वस्त्र

वास वस्त्रको कहते हैं। सुवास, दुर्वास, अर्जुनवास, शुक्रवास, अविवास जैसे शब्दोंका व्यवहार बतलाता है, कि वस्त्रोंकी तरफ उनका बहुत ध्यान था। स्त्री या पुरुषके लिये सुवास होना आवश्यक समझा जाता था। विश्वामित्रने[१] (३।८।४) कहा है—

"सु-वास, आच्छादित युवा आया, वह उत्पन्न हो श्रेयस्कर है।
धीर मनसे सुन्दर सोचते देवोंका उन्नयन करते हैं।"

यहां यज्ञके यूप (स्तम्भ) का वर्णन करते, उसकी उपमा सुन्दर वस्त्र पहने तरुणसे दी गई है।

ऋषि कक्षीवान्‌ने सुवासा स्त्रीका उल्लेख[२] (१।१२४।७) किया है—

'जैसे भ्रातृहीना (पति-के) बिना स्त्री पुरुषके सामने धनकी प्राप्तिके लिये घर आती है, जैसे सुवासा (पत्नी) अभिलाषा करती पतिके पास आती है, वैसे ही हंसती हुई उषा प्रकाशित होती है।''

इसी भावको बृहस्पति भी कहते हैं[३] (१०।७१।४)—

''कोई देखते भी वाणीको नहीं देखते, सुनते भी इसे नहीं सुनते। किसी-को यह वाणी पतिकी कामिनी सुवासा जायाकी तरह अपना शरीर अनावृत करती है।''

शुक्लवस्त्रके साथ, जान पड़ता है, आर्योंका अधिक प्रेम था। कुत्स आंगिरसने उषाका वर्णन करते कहा है[४] (१।११३।७)—

''यह द्यौकी पुत्री, युवती, शुक्लवस्त्रवाली (शुक्रवासा) अन्धकार दूर करती (उषा) दिखलाई पड़ी। यह सारे पृथिवी लोकके धनकी स्वामिनी है। हे सुभगे उषा, आज यहांसे अन्धकार दूर करो।''

उषाको अरुणवासा कहना चाहिये, लेकिन शुक्लवस्त्रके पक्षपातसे यहां उसे शुक्रवासा कहा गया। विश्वामित्रने भी उषाको श्वेत (अर्जुन) वस्त्रधारिणी बतलाया है[५] (३।३९।२)—

''द्युलोकमें उत्पन्न, यज्ञमें प्रशंसित, जागरूक, अर्जुन (सफेद) वस्त्रोंको पहने भद्रा उषा पितरोंके पाससे हमारे यहां आती है।''

आर्योंके वस्त्र ऊनी होते थे। सब जगहपर अवि (भेड़) और ऊर्णाका ही उल्लेख मिलता है, यहां तक कि सोमको छाननेके लिये भी ऊनी कपड़ेका ही प्रयोग होता था। विमद ऋषि कहते हैं[६] (१०।२६।६)—

''आकांक्षिणी, शुचा और शुच (उषा-) पति भेड़ोंके वस्त्रको बुनते हैं, वस्त्रोंको धोते हैं।''

बुरे वस्त्रों वाला (दुर्वास) रहना आर्य पसन्द नहीं करते थे, इसीलिए वसिष्ठने अग्निसे[७] (७।१।१९) कामना की है—

''हे अग्नि, हमें अ-वीर न करना, दुर्वासा और मतिहीन न करना। हमें न क्षुधा देना, न राक्षसको देना। हमें न घरमें न वनमें मारना।''

स्त्रियोंका वस्त्रसे सु-आच्छादित रहना अच्छा समझा जाता था। विश्वमना आंगिरस कहते[8] (८।२६।१३) हैं—

"हे अश्विद्वय, सेवा करनेपर वस्त्रसे आच्छादित वधूकी तरह यज्ञ द्वारा सेवित हो तुम मंगल करते हो।"

वस्त्रोंका अधिक व्यवहार होनेपर भी वह कितने प्रकारके थे, इसका पता कम लगता है। उनके परिधान थे—

१. द्रापि—वामदेवने इस वस्त्रका उल्लेख[9] (४।५३।२) किया है—

"द्युलोकके धारक, भुवनके प्रजापति कवि (सविता) पिशंग (पीली) द्रापि धारण करते हैं। वह प्रार्थित तर्पित हो विचक्षण सविता सुन्दर धन प्रदान करें।"

दीर्घतमा-सन्तान कक्षीवान् भी द्रापिका वर्णन करते हैं[10] (१।११६।१०)—

"हे अश्विकुमारो, द्रापिकी तरह तुमने च्यवनके बुढ़ापेको खोल फेंका। हे दर्शनीयो, तुमने उस परित्यक्त के जीवनको बढाया, और (उसे) कन्याओंका पति बनाया।"

अजीगर्त-पुत्र शुनःशेप वरुणकी प्रशंसा करते हैं[11] (१।२५।१३)—

"सुनहली द्रापिको धारण करते वरुण (अपना) पुष्ट शरीर ढांकते हैं। चारों ओर किरणें फैलती हैं।"

इन ऋचाओंसे मालूम होता है, कि पिशंग, हिरण्य अर्थात् (पीली), सुनहली द्रापि पहनी जाती थी। शायद हिमालयके बहुत से स्थानोंकी स्त्रियोंके दोड़ू (चादर) की तरह इसे पहिना जाता था।

२. अत्क—भरद्वाजने इसका उल्लेख किया है[12] (६।२९।३)—

"इन्द्र, श्रीके लिये तेरे पैरोंकी हम सेवा करते हैं। वज्र-युक्त तुम शत्रुओंको बलसे पराजित करते हमें दक्षिणा देते हो। हे नेता, दर्शनीय सुरभि अत्कको पहने तुम सूर्यकी तरह भ्रमण करते हो।"

कल्पित वेन भार्गव ऋषि वेन नामक देवताका वर्णन करते कहते हैं[13] (१०।१२३।७)—

"गन्धर्व स्वर्गमें ऊंचे स्थित, सामने विचित्र आयुधधारी, सुरभि अत्क पहने दर्शनीय (वेन) प्रिय सुख उत्पन्न करते हैं।"

३. शिप्र—यह शिरस्त्राण और उष्णीष (पगड़ी) दोनोंका नाम था। वसिष्ठने इन्द्रके लिये कहा है[२४] (७।३५।३)—

"हे शिप्रवाले (इन्द्र), सुदासके लिये तेरी सैकड़ों रक्षायें, सहस्रों अभिलाषायें और दान हों। इन सब मर्दोंके हथियारोंको नष्ट करो, और (हमें) उज्ज्वल रत्न दो।"

वामदेवके कथनसे[२५] (४।३७।४) मालूम होता है, कि शिप्र शिरस्त्राण था—

"हे ऋभुओ, तुम्हारे अश्व मोटे हैं, रथ चमकते हैं, तुम ताम्र-शिप्र (अयः शिप्राः), अन्नवान् और अच्छे निष्क (सुवर्ण) वाले हो। हे इन्द्रके पुत्रो, बलके नातियो, तुम्हारे आनन्दके लिये यह अग्रणी सेवन किया जा रहा है।"

शिप्रसे यहां तांबेके शिरस्त्राणका पता लगता है। पर, शिरस्त्राण भी उष्णीष (पगड़ी) काही एक विकसित रूप है। इसप्रकार आर्योंकी पोशाकमें उष्णीष भी थी। प्रायः ईसवी सन्के आरम्भ तक भारतमें स्त्री-पुरुष दोनों उष्णीष (पगड़ी) बांधते रहे। उस समय भारतसे जो लोग बाहरके उपनिवेशोंमें जाकर बसे, वहां भी नर-नारी दोनोंके साथ उष्णीष गयी। बर्माकी सीमान्त पर चीन में—जहाँ पुराने समयमें पूर्व-गन्धा उपनिवेश आबाद था—आज भी स्त्री-पुरुष पगड़ी बांधते हैं। द्रापिका ही रूपान्तर पीछेका उत्तरासंग (चादर) है। मुवास या अच्छे अन्तर्वासकने पीछे धोतीका रूप लिया। स्त्रियोंमें उसीने उत्तरीय या उत्तरा-संगसे जुड़कर साड़ीका रूप लिया, या घेरेको बढ़ा देने पर लहंगा बन गया। मोहन-जोडरो और हड़प्पाकी पोशाकमें भी अन्तर्वास और उत्तरा-संगका पता लगता है। सुत्थन यापायजामा शकोंकी पोशाक थी, जो उन्हींके साथ ईसा-पूर्व और पश्चात्की प्रथम शताब्दियोंमें भारत आया, और पीछे हमारे राजाओंने उसे अपनी पोशाकमें दाखिल कर लिया, यह अपने सिक्कों परसुत्थन पहने गुप्त राजाओंको देखनेसे मालूम होता है।

§२. भूषा

आभूषणोंमें कुण्डल (कर्णशोभन), गलेकी ताबीज या हमेल, छातीका हार तथा हाथमें कंकण (खादि) का पता लगता है। यह जेवर सोने और मणिके होतेथे। वैदिक कालमें चांदीका यदि अभाव नहीं, तो प्रचार जरूर कम था। पुराने समयमें चांदीकी दुलर्भताके कारण चांदी और सोनेका भाव बराबर देखा जाता है, यह भी उसके प्रचारमें बाधक था। सोना हमारे यहां थोड़ा बहुत होता था, और उससे भी अधिक सोना अल्ताईकी खानें ताम्रयुगके एसिया के भिन्न-भिन्न देशोंको प्रदान करती थीं, जो बीचकी जातियोंसे होता भारत पहुंचता था।

१. **कर्ण-आभूषण**—कुरुसुति ऋषि कर्णशोभन (कर्णाभरण) का उल्लेख करते हैं[१६] (८।६७।३)—

"हे शत्रुनाशक इन्द्र, तुम वसु, तुम प्रशंसनीय सुने जाते हो। हमें बहुतसे कर्णशोभन प्रदान करो।"

कक्षीवान्[१७] (१।१२२।१४) विश्वे (सारे) देवोंसे प्रार्थना करते हैं—

"हे विश्वेदेवो, हमें हिरण्यकर्ण (सुवर्ण-कुण्डली), मणिग्रीव (मणि-कण्ठावाला), रूपवान् पुत्र प्रदान करो। सद्यः निकलती हमारी श्रेष्ठ वाणी और हव्यको पसंद करो।"

२. **सोनेका कण्ठा**—गलेमें निष्क (सोने) पहननेका उल्लेख है। निष्क सोनेकी मुद्रा नहीं था। कुषाणोंसे पहले सोनेकी मुद्रा भारतमें किसी राजाने नहीं ढाली न उसका नमूना कोई मिलता। हो सकता है, गलेमें पहननेके लिये विशेष आकारके सोनेके टुकड़े बनते हों, जिन्हें निष्क कहा जाता था। अत्रि-गोत्रीय वव्र, ऋषि गलेमें निष्क पहने हुए ऋत्वजोंका उल्लेख करते हैं[१८] (५।१९।३)—

"स्तुतिकर्ता अन्नाकांक्षी, निष्कग्रीव ऋत्विज इस अग्निके बलको बढ़ाते हैं।"

निष्कग्रीव हीके लिये वसिष्ठने सुनिष्क कहा है[१९] (७।५६।११)—

"वे सुन्दर आयुधवाले गतिशील सुनिष्क मरुत् स्वयं शरीरको सजाते।"

कक्षीवान्ने विश्वेदेवोंको [10] (१।१२२।१४) मणिग्रीव बतलाया है, जिससे पता लगता है, कि आर्य पुरुष-स्त्री गलेमें निष्क ही नहीं, मणियोंकी भी माला धारण करते थे।

३. रुक्मवक्ष—वसिष्ठने[11] (७।५६।१३) छातीपर रुक्म और कन्धेपर खादिके धारण करनेका उल्लेख किया है—

"हे मरुतो, तुम्हारे कन्धोंपर खादि और वक्षपर रुक्म (स्वर्णाभरण) पड़ा हुआ है। जैसे वृष्टिके समय बिजली चमकती है, वैसे ही जल देते हुए तुम अपने आयुधोंसे शोभित होते हो।"

४. खादि, ५. ऋष्टि, ६. शिप्र—ऊपरकी ऋचासे पता लगता है, कि खादि कन्धेपर पहनी जाती थी। श्यावाश्वकी ऋचा[12] (५।५४।११) में भी उल्लेख है—

"मरुतो, तुम्हारे कन्धोंपर ऋष्टि (हथियार), पैरोंमें खादि, वक्षपर रुक्म (स्वर्णाभरण) हैं। रथपर तुम शोभायमान हो। किरणों (हाथों) में आगकी तरह चमकनेवाली बिजलियां और सिरपर फैले सुनहले शिप्र हैं।"

यहां कन्धेपर नहीं, बल्कि पैरोंमें खादिका वर्णन बतलाता है, कि पैरके कड़ेको भी खादि कहा जाता था। खादि कंकणको भी कहते थे, यह श्यावाश्वकी एक ऋचा[13] (५।५८।२) से मालूम होता है—

"हे विप्रो, शक्तिशाली हाथमें खादि पहने, कंपानेका व्रती, मायावी, दाता इन मरुतोंके गणकी वंदना करो, जो सुखदाता अमित महिमावाले बड़े ऐश्वर्य-शाली हैं।"

भरद्वाज[14] (६।१६।४०) भी शिशुके हाथमें खादि (कंकण) का उल्लेख करते हैं—

"सुन्दर यज्ञवाले विशों (जनता) की अग्निको (वह) हाथमें खादि-युक्त उत्पन्न शिशुकी तरह धारण करते हैं।"

मोहनजोडरोंके लोगों और ऋग्वेदिक आर्योंके आभूषणमें कुछ समानता जरूर रही होगी, क्योंकि मोहनजोडरोवाले अधिक संस्कृत होनेसे भूषण

और सज्जामें आर्योंके पथ-प्रदर्शक हो सकते थे। मोहनजोडरोकी खुदाई-में कितने ही प्रकारके जेवर मिले हैं। स्त्रियां कलाईसे कन्धेके पास तक पच्चीसों कंकण या चूड़े पहनती थीं, जिन्हें अभी भी पुरानी सिन्धी और मारवाड़ी महिलाओंके हाथोंमें देखा जा सकता है। यदि ऋग्वेदिक आर्यायें सारे हाथको सोनेकी खादिसे नहीं ढांकती होंगी, तो एक-दो तो जरूर पहनती होंगी। कंकण केवल स्त्रियोंका भूषण नहीं था। गले में पहनने के लिये एकलरी, चारलरी, छलरी हार भी मोहनजोडरो में मिले हैं। इन्हीं सोनेके हारोंके पहननेवालोको ऋषियोंने रुक्मवक्षा कहा है।

७. ओपश स्त्रियोंका शिरोभूषण—शायद सोहाग-टीका जैसा था। (१०।८५।८)।

§३. सज्जा

१. कपर्द—शरीरको सजाना मनुष्यके लिये स्वाभाविक है। इसके लिये सिर्फ स्त्रियां ही दोषी नहीं हैं, पुरुष भी अपनेको सजानेकी कोशिश करते हैं। सभी आर्य दाढ़ी-मूँछ-धारी नहीं होते थे। इन्द्रके मुँहपर पीली दाढ़ी-मूँछ (श्मश्रु) का उल्लेख हम पहले कर चुके हैं। आर्य पुरुष भी आर्य ललनाओंकी तरह लम्बा केश रखते थे। यह परम्परा मुसलमानोंके आनेके समय तक चलती रही। बालोंको इकट्ठा करके बनाये जूड़ाको कपर्द कहते थे। शंकरका नाम कपर्दी इसीलिये पड़ा, क्योंकि उनके सिरपर जटाजूट है। भरद्वाजने [३५](६।५५।२) पूषन्को कपर्दी कहते हुए ईशान भी कहा है। ईशान शासक या राजाका पर्याय था, जिसे पीछे शंकरका पर्यायवाची बना दिया गया। भरद्वाजके इसी "कपर्दी ईशान" को लेकर शंकरको जटाजूटधारी कहा जाने लगा। जो भी हो, पूषन्को भरद्वाजने कपर्दी कहा है—

"श्रेष्ठ रथी कपर्दी (जूड़ाधारी) शासक मित्र पूषन्से हम धनकी प्रार्थना करते हैं।"

उनके समकालीन वसिष्ठ भी अपने कुलके तरुणोंको सिरके दाहिनी ओर कपर्द बनानेवाले (दक्षिणस्त कपर्दी) कहा है[६] (७।३३।१)—

"मेरे गोरे, दक्षिणतः कपर्द वाले (पुत्र) मुझे चारों ओरसे प्रसन्न करते हैं। मैं यज्ञसे उठते कहता हूं, 'मेरी वसिष्ठ-सन्तान मुझसे दूर न जायें।"

इस कथनसे जान पड़ता है, कि भिन्न-भिन्न कुलोंके सिरके कपर्द (जूड़ा) भिन्न-भिन्न ओर बांधे जाते थे। वैरागी साधु अखाड़े के अनुसार अपनी पगड़ीको दाहिने या बांये बांधने का ख्याल रखते हैं, यही बात राजपूतोंके बारेमें भी कही जा सकती है। हिन्दूके कुर्त्ते और मिर्जईका गला दाहिनी ओर और मुसलमानका बाईं ओर खुलता है, यह भी हम जानते हैं। पुराने समयका कपर्द सिक्खोंकी तरह जूड़ामात्र नहीं था, बल्कि जूड़ेको पगड़ीसे बाहर रखकर उसे फूलसे सजाया जाता था। यह ईसा-पूर्व दूसरी-तीसरी शताब्दियोंकी मूर्तियों को देखनेसे मालूम होता है। फूलोंसे बालके सजानेका रवाज ऋग्वेदिक कालमें भी रहा होगा।

कपर्द केवल जूड़ेको ही नहीं, वेणीको भी कहते थे, जैसा कि विरूप-पुत्र सध्रीके कथनसे[७] (१०।११४।३) मालूम पड़ता है—

"चार कपर्दोंवाली सुवासा (उत्तम वस्त्र धारण किये) घृत जैसी युवती है। उसपर कामनापूरक दो पक्षी बैठे हैं, जहां देवोंने अपने भाग्यको धारण किया।"

यहां यज्ञवेदीको चार कपर्दोंवाली युवतीसे उपमा दी गई है। हो सकता है, कुमारियां चार वेणियां बनाती हों। दो वेणी और एक वेणी बनानेका रवाज आज भी देखा जाता है।

२. **क्षौर**—दाढ़ी-मूँछ या केवल दाढ़ी मुँड़ानेका भी रवाज था, यह एक ऋचा[२८] (१० १।४२।४) से मालूम होता है—

"जब तुम लूटनेवाली सेनाकी तरह ऊपर-नीचे मुड़ते अलग-अलग जाते हो, जब तुम्हारा वायु बहता, तेज बहता है, तो नाई (वपता) की तरह तुम मानो श्मश्रु (दाढ़ी) मूंड़ते हो।"

ऋग्वेदमें आर्य नर-नारियोंकी वेष-भूषाके बारेमें जो बातें मिलती हैं। उनसे पता लगता है, कि आर्य उन्हें कपड़ा पहननेका शौक था, जो ऊनी और कुछ चमड़ेके भी होते थे। वह तरह-तरहके सोने और मणिके आभूषण पहनते थे। केशोंका सिंगार फूलोंसे करते थे। सभी आर्य पुरुष दाढ़ी रखनेके शौकीन नहीं थे, प्रौढ़ोंमें उसका अवश्य रवाज था।

अध्याय १४

क्रीडा, विनोद

§१. नृत्य

नृत्य-गीत, सोमपान, घुड़सवारी, कुश्ती, जूआ सप्तसिन्धुके आर्योंके मनोरंजनकी चीजें थीं। इनका विशद वर्णन ऋग्वेदमें न होना स्वाभाविक है, क्योंकि उसके संग्रहका यह उद्देश्य नहीं था। आंगिरस सव्य ऋषि नृत्य[१] (१।५७।३) का उल्लेख करते हैं, लेकिन, सांकेतिक भाषामें ही, वहां इन्द्रके वज्र नचानेकी बात कही है।

§२. संगीत

संगीत भी आर्योंके लिये मनोरंजनका एक साधन था, ऋग्वेदका नवां मण्डल और प्रायः सारा सामवेद सोम-सम्बन्धी गानके लिये ही है। गान-साधन (गायत्र) होनेके कारण आठ अक्षरोंवाले तीन पादोंके छन्दको गायत्री कहा जाता था। घोर-पुत्र कण्व ऋषिने इसीलिये कहा है[२] (१।३८।१४)—

"मुँहमें श्लोक बनाओ, पर्जन्य मेघ की तरह विस्तृत करो। उक्थ्य (गेय) गायत्रका गान करो।।१४।।"

हम बतला चुके हैं, कि आज भी किन्नर आदि पहाड़ी तथा मैदानी लोक-गीतोंमें भी तीन पादवाले इस छन्दका बहुत रवाज है। वैदिक गायत्र साम और लोक-गीतोंके तीन पादवाले गानोंका लयका तुलनात्मक अध्ययन शायद हमें सप्तसिन्धुके आर्योंके गान-विधिका परिचय दे सके।

§२. पान

(१) **सोम**—मादक पानोंमें सोमका आर्योंमें बहुत रवाज था। एक तरहकी सुरा भी वह पीते थे, पर उसे महत्त्व नहीं दिया जाता था। (१) कण्व-पुत्र कुसीदि इन्द्रके प्रिय सोमपानके लिये कहते हैं[1] (८।७१।७-८)—

"चमसों (प्यालों) और चमुओं (काष्ट-पात्रों) में तुम्हारे लिये जो सोम छाना गया है। हे इन्द्र, इसे पियो, तुम इसके स्वामी हो ।।७।।"

"जो सोम चमुओंमें पानीमें चन्द्रमाकी तरह दिखाई देता है, इसे पियो, तुम ईश्वर हो ।।८।।"

सोमवाला नवां मंडल विश्वामित्रके पुत्र मधुच्छन्दाके सूक्तसे शुरू होता है, जिसकी प्रथम ऋचा (९।१।१) है—

"इन्द्रके पीनेके लिए छाने गये हे सोम, तुम स्वादिष्ट और मदिष्ट (मस्त करनेवाली) धाराके साथ प्रवाहित होओ।"

शुनःशेप ऋषिने कहा है (९।३।१)—

"यह अमर देव द्रोणों (घड़ों)में बैठनेके लिए पक्षीके समान डाला जाता है।"

सोमके सबसे अधिक सूक्तोंके रचयिता काश्यप असित-देवल कहते हैं[5] (९।५।१)—

"सुप्रकाशित, सबके पति, पवित्र, कामवर्षक, प्रसन्नकर्ता, सोम शब्द करते विराजते हैं।"

"पवमान (छाने जाते, पवित्र) सुन्दर महान् सोम, रात्रि और दर्शनीया उषाकी कामना करते हैं ।।६।।

"पवमान सोमकी भारती, सरस्वती, इळा तीनों महान् सुन्दरी देवियाँ हमारे इस यज्ञमें आयें ।।८।।"

असित फिर कहते हैं[6] (९।८।४, ६)—

"तुम्हें दसों अंगुलियाँ मार्जित करती हैं, सात स्तुतियाँ प्रसन्न करती हैं, (तुम्हें पी) पीछे विप्र मस्त होते हैं ।।४।।

"कलशोंमें छाने हुए पीले सोमके वस्त्रोंके समान गव्य (गोरस) आच्छादित करता है ।।६।।

फिर कहते हैं[७] (९।११।१, ३, ६)—

"हे नरो, पवमान सोमके लिए गीत गाओ। यह देवोंके लिए यजन करना चाहता है ।।१।।

"देवताओंके लिए कामनासे सोम देवताको अथर्वा (ऋषियों) ने मधुसे मिश्रित किया। सो हे राजा सोम, तुम हमारे लिए बहो, हमारी गायोंके कल्याणके लिए, जनोंके कल्याणके लिए, घोड़ोंके कल्याणके लिए, औषधियोंके कल्याणके लिए बहो ।।३।।

"अरुण स्वशक्तिमान् द्यौको छूनेवाले सोमके लिए गाथा गाओ ।।४।।

"नमस्कारके साथ पास जाओ, सोमको दहीसे मिश्रित करो, इन्द्रके लिए सोम प्रदान करो ।।६।।"

यह ध्यान देनेकी बात है, कि सोमकी स्तुतियाँ अधिकतर तीन पदवाले गायत्री छन्दमें हैं। लोक-गीतोंमें आज भी उत्तरी-भारतके बहुत व्यापक क्षेत्रमें इस छन्दका प्रयोग होता है। अन्तिम तीसरे पदको गाते वक्त दोहरा दिया जाता है, जिससे वह चौपदा हो जाता था। यही ऋग्वेद-कालमें भी होता होगा। ऋग्वेदिक आर्योंका सबसे प्रिय पान सोम था, जो उनके देवताओंको भी मस्त करता था; इसीलिए असित देवल गद्गद् होकर सोमका गुणगान करते हैं[८] (९।१५।१, २, ४)—

"यह शूर सोम इन्द्रके बनाये स्थानमें सूक्ष्म स्तुतियोंके साथ शीघ्रगामी रथों द्वारा जाता है ।।१।।

"यह (उस) बड़े यज्ञ में बहुत काम करना चाहता है, जहांपर अमर रहते हैं ।।२।।

"यह तृप्तिकर्त्ता ओजसे धन धारण करता, यूथपति वृषभ सींगोंको हिलाता, तेज करता है ।।४।।"

फिर[९] (९।१७।४,७)—

"सोम कलशोंमें दौड़ता, पवित्र (-पात्र)में सींचा जाता यज्ञों में उक्थों (सामगान) द्वारा बधावा पाता है ।।४।।

'वाजी (अन्नवान्) (सोम), तुमको रक्षा-इच्छुक विप्र नर यज्ञके लिये स्तुतियों द्वारा मार्जित करते हैं ।।७।।"

फिर[10] (९।२२।१,२,३७)—

"यह सोम, बना कर छोड़े जाने पर तेज रथोंकी तरह अन्नवान् हो जाते हैं ।।१।।

"विस्तृत वायुकी तरह, पर्जन्यकी वृष्टियोंकी तरह, अग्निकी शिखाकी तरह, यह सोम व्याप्त है ।।२।।"

"दीर्घ-मिश्रित इस पवित्र सोमको विप्र स्तुतियोंसे व्याप्त करते हैं ।।३।।"

"हे सोम, तुम पणियोंसे गो-हितकारी धनको लेते हो, विस्तृत यज्ञमें शब्द करते हो ।।७।।"

सोमका उस समय इतना अधिक उपयोग होता था, कि वह दुर्लभ नहीं हो सकता था। सोम (नवम)-मण्डल के ११४ सूक्तोंमें सोमके गुणोंकी जितनी महिमा गाई गई है, उतना उसके उद्गम और दूसरी बातोंके बारेमें नहीं कहा गया है। रहूगण-पुत्र गोतमके कहने[11] (१०।३२।२) से जान पड़ता है, कि सोम ऊंचे पहाड़ों पर होता था—

"पहाड़ (वर्षिष्ठ सानु) पर बैठे भूरे (सोम), तुम्हारे लिये गायें, घी-दूध दुहाती हैं ।।२।।"

रहूगण पुराने भरद्वाजसे भी पुराने ऋषियोंमें थे, उनके दिव्य-पान सोमकी प्रशंसामें गाये जानेवाले लोक-गीत यदि पीढ़ियों तक लोगोंकी जिह्वापर रहें, तो कोई आश्चर्य नहीं। रहूगण कहते हैं[12] (९।३७।१)—

"राक्षसोंको नाश करता देव-कामी तृप्तिकारक छना हुआ सोम पीनेके लिये पवित्र (पान-पात्र) में जाता है ।।१।।"

"वह भीगा हुआ सोमदेवता कवि द्वारा प्रेषित इन्द्रके लिये द्रोण (घड़ों) में दौड़ता है ।।६।।"

अयास्यने सोमके गुणगानमें तीन सूक्त (४४-४६) रचे हैं। वह एक जगह[13] (९।४६।१,२,५) कहते हैं—

"पर्वतमें बढ़े सोम क्षरण करते निपुण घोड़ोंकी तरह यज्ञके लिये तैयार किये जाते हैं ।।१।।"

"पिता-माता द्वारा संवारी कन्याकी तरह परिष्कृत इंदु (सोम) वायुके पास जाते हैं ।।२।।"

"हे धन जीतनेवाले, मार्ग-ज्ञाता सोम, (हमें) महाधन प्राप्त कराते बहो ।।५।।"

अवत्सार ऋषिकी कविता है[14] (९।५६।३)—

"हे सोम, तुम्हें दसों अंगुलियां उसी तरह बुलाती हैं, जैसे जारको कन्या। प्रदान करने के लिये तुम शोधे जाते हो ।।३।।"

सोमको सर्वविजेता कहा जाता था ।[15] (९।५९।१)—

"हे गो-विजेता, अश्व-विजेता विश्व-विजेता, रमणीय-विजेता सोम, बहो। (मेरे लिये) सन्तान-सहित रत्नको ले आओ ।।१।।"

यह भी[16] (९।६०।१)—

"हजार आंखवाले सूक्ष्मदर्शी छाने जाते सोमका गान गायत्र-सामसे करो ।।१।।"

अमहीयु आंगिरस सोमके ऐतिहासिक कृत्योंको बतलाते हुये कहते हैं[17] (९।६१।१,२,२०)—

"हे सोम पीनेके लिये बहो, तुम्हारे ही मदसे निन्यानवे पुरियां नष्ट की गईं ।।१।।"

"(तुमने) इस प्रकार शम्बरकी पुरियों को और तुर्वश-यदुको दिवोदासके बशमें तुरन्त कर दिया ।।२।।"

"तुमने अमित्र वृत्रको मारा, दिन-प्रति-दिन अन्न दिया। तुम गोदाता और अश्वदाता हो ।।२०।।"

निध्रुव काश्यप सोमकी महिमा गाते हुये कहते हैं[18] (९।६३।३,४,५)—

"इन्द्र-विष्णुके लिये छाना (जो, सोम कलशमें) टपकता रहता है, वह वायु (देव) के लिये मधुमान् हो ॥३॥"

"यह शीघ्रगामी भूरे सोम सत्यकी धाराके साथ दुष्टों की ओर जाते हैं ॥४॥"

"इन्द्रको बधावा देते जलमें जाते सबको आर्य बनाते यह सोम सूमड़ोंको मारते हैं ॥५॥"

आर्यसमाजी "कृण्वन्तो विश्वमार्यं" (सबको आर्य बनाते) वाक्यको लेकर उड़ चलते हैं, और यह नहीं जानते, कि निध्रुव ऋषिने सबको आर्य बनानेका श्रेय सोम (भंग) पान को दिया था। आगे ऋषि कहते हैं[१९] (९।६३।१२,१३)—

"तुम हमें गौ और अश्व-युक्त सहस्र धन, और अन्न तथा यश भी दो ॥१२॥"

"सोम सूर्य देवताकी तरह पत्थरोंसे घोटा छाना जाकर कलशमें सरस प्रवाहित होता है ॥१३॥"

यमदग्नि भृगु-पुत्रका गीत है[२०] (९।६५।१।८,१५)—

"कुशल बहिनें (अंगुलियां) लुगाइयां क्षरणकी इच्छासे महान् स्वामी सोमको प्रेरित करती हैं ॥१॥"

"जिसका रंग पीला (हरि), मधुरसप्रद है। उस सोमको इन्द्रके पानके लिये पत्थरोंसे (पीसकर) निचोड़ते हैं ॥८॥"

"(सोम,) जिस तेरे मदकारक तीव्र रसको पत्थरोंसे दूहते हैं, तो तुम पापनाशक होते बहो ॥१५॥"

यमदग्नि अपनी सोमगाथामें सोमके उद्गमका कुछ परिचय देते हैं[२१] (९।६५।२८-२५)—

"जा सोम परे जो उरे और जो शर्यणावतमें निचोड़े गये ॥२२॥"

"जो आर्जीकों (व्यास-तटवासियों), कृत्वों (याग कर्मकुशलों) में, जो पस्त्योंके मध्यमें और जो पांचों जनोंमें (निचोड़े गये) ॥२३॥"

"वे निचोड़े गये देव सोम आकाशसे वृष्टि और सुवीर सन्तान लावें ॥४॥"

"गायके चमड़ेपर तैयार किया जाता यमदग्नि द्वारा प्रशंसित पीला सोम बह रहा है ।।२५।।"

आंगिरस पवित्र ऋषिने निम्न मन्त्रको सोमकी महिमामें गाया था, किन्तु रामानुजी उसीको लेकर सात-आठ शताब्दियोंसे करोड़ों आदमियोंकी भुजाओंको धातुके शंख-चक्रसे सांडकी तरह दाग रहे हैं। इस अन्धेरखातेका भी कोई ठिकाना है ? मन्त्र है[२२] (९।८३।१)—

"हे ब्रह्म (मन्त्र) के पति, तुम्हारा पवित्र रूप फैला हुआ है। प्रभु होकर तुम गात्रोंमें चारों ओर व्याप्त हो। जो तपे हुये तनवाला नहीं है, वह अपरिपक्व उसे नहीं प्राप्त करता। जो परिपक्व हैं, वही वहन करते उसे प्राप्त करते हैं ।।१।।"

गृत्समद सोमके बारेमें कहते हैं[३] (९।८६।४७)—

"छाने जाते (समय) तुम्हारी धारायें भेडके सूक्ष्म रोमोंको लांघ कर जाती हैं। हे सोम, दो चमुओं (पात्रों) में जब तुम गोरससे मिलाये, छाने जाकर कलशोंमें बैठते हो।४७।"

वसिष्ठ सोमकी महिमाको जानते थे—युद्धमें सोम पीकर मस्त योद्धा अद्भुत पराक्रम दिखलाते, और शान्तिके समय उसे पीकर लोग आनन्द-विभोर होते हैं। प्राचीनताका भक्त होने पर भी आधुनिक आदमीको सोमके प्रति ऋषियोंके भावका पता नहीं लग सकता, क्योंकि नशीले पानके खिलाफ आजके वायुमण्डलमें विद्रोह, घृणा भरी हुई है। विजया (भाँग) की प्रशंसा की कवित्तोंको यदि सुनें, तो मालूम होगा, कि सप्तसिन्धुके आर्य क्यों सोमके इतने भक्त थे, और क्यों महर्षि वसिष्ठ कहते हैं[२४] (९।९०।३)—

"(हे सोम) शूर-समूहवाले सब वीरोंवाले बलवान् जेता धनोंके दाता तीक्ष्ण आयुध-युक्त, क्षिप्र धनुषवाले, युद्धोंमें अजेय, लड़ाइयोंमें शत्रुओंको परास्त करनेवाले होकर तुम बहो ।।३।।"

प्रतर्दन प्रतापी दिवोदासके पुत्र थे। अनेक युद्धोंमें उन्होंने भाग लिया था। शायद उन्हें वंचित करके सुदास भरतोंका राजा हुआ। कल्पना की जाती है, प्रतर्दन दिवोदासका जेठा लड़का होने पर भी

युद्ध और शासनकौशलमें अपने अनुज सुदासके समान नहीं था। खानदानी पुरोहित भरद्वाजने प्रतर्दनका पक्ष लिया होगा, पर उससे कुछ नहीं बन सका। वसिष्ठ सुदासकी पीठपर हुये, और वह भरतोंका प्रतापी राजा बन गया। प्रतर्दन सोमकी प्रशंसामें २४ त्रिष्टुपोंको गाते अपनेको योग्य ऋपि साबित करते हैं। वह सोमके बारेमें ऐसी उपमायें देते हैं, जो एक सैनिक ही के मनमें आ सकती हैं[२५] (९।९६।१,५,६,११,१२):

"सेनानी शूर सोम गौ (के लूटने) की इच्छासे रथोंके आगे जाता है, उसकी सेना हर्षित होती है। इन्द्रके आह्वानको भला बनाते सोम मित्रोंको बहुतसे वस्त्र देते हैं।।१।।"

"बुद्धियों (कविताओं) का उत्पादक, द्यौलोकका उत्पादक, पृथिवीका उत्पादक, अग्निका उत्पादक, सूर्यका उत्पादक, इन्द्रका उत्पादक और विष्णुका उत्पादक सोम बह रहा है।।५।।"

"सोम देवोंमें ब्रह्मा, कवियोंकी कविता, विप्रोंमें ऋषि, मृगोंमें महिष, गृध्रोंमें बाज, वनोंका कुठार (हो) शब्द करता पवित्र (-पात्र) से उफन कर बहता है।६।"

"हे पवमान सोम, तुम्हारे साथ हमारे पहलेके पितरोंने कर्म किये। वीर, तुम बिना रुके अश्वोंसे शत्रुओंको मारते हो। तुम हमारे मघवा (इन्द्र) बनो।।११।।"

"धन-धारक शत्रुनाशक आयुधधारक हविमान् हो जैसे तुम मनुके लिये बहे। ऐसे ही धनधारक हो इंद्रकी सहायताके लिये बहो, आयुधोंको पदा करो।।१२।।"

क्या अपने अनुज सुदासके साथके संघर्षमें प्रतर्दनने सोमकी महिमा गाते इन त्रिष्टुपोंको रचा ?

कुत्स ऋपिने ६० हजार धन सोमकी कृपासे पाये थे[२६] (९।९७।५३)—
"हमारे श्रुत (वाणी) तीर्थमें उस पवित्रतासे बहो, जिससे तुमने पक्व वृक्ष (-फल) की तरह आनन्दके लिये शत्रुको हराकर साठ हजार (गो) धन दिये।।५३।।"

काश्यप रेभके कहनेसे मालूम होता है, कि सोमके छाननेके समय पुराने कालकी गाथायें गाई जाती थीं[७] (९।९९।४)—

"पुने (छाने) जाते उस सोमकी पुरानी गाथाओंसे स्तुति करते हैं। और इधर-उधर घूमती अगुलियां देवोंका नाम (हवि) लिये घूमती हैं।४।"

विश्वामित्र वाक्-पुत्र या प्रजापति ऋषि सोमके छाननेमें ऊनके कपड़े और गायके चमड़ेके आवश्यक होनेका उल्लेख करते हैं[८] (९।१०१।१६)—

"भेड़के बालोंसे गायके चमड़ेपर सोम छाना जाता है। तृप्तिकर्त्ता हरित वर्ण वह (सोम) शब्द करता इन्द्रके स्थानमें जाता है।१६।"

कश्यप मरीचि-पुत्र सोमपानके स्थानोंका निर्देश करते हैं[९] (९।११३। १,२,७,९,११)—

"वृत्रनाशक इन्द्र शरीरमें बल धारण कर पराक्रम करनेकी इच्छासे शर्यणावत्‌में सोमपान करे। हे सोम, इन्द्रके लिये तुम क्षरित होओ।।१।।"

"दिशाओं के पति ऋत वचन, सत्य, श्रद्धा और तपसे छाने गये हे सिंचक सोम, आर्जीक (व्यास-उपत्यका) से क्षरित होओ।।२।।"

"जहां निरन्तर ज्योति है, जिस लोकमें स्वर्ग अवस्थित है। हे पवमान सोम, उस ह्रास-रहित अमर लोकमें मुझे ले चलो।।७।।"

"जिस तीन (प्रकारके) उत्तम स्वर्गमें इच्छानुसार किरणोंका विचरण होता है। जहां ज्योतिवाले लोक हैं, वहां (ले चलकर) मुझे अमर बनाओ।।९।।"

"जहां आनन्द और मोद और मुद, प्रमुद हैं; जहां (सारी) ही कामनायें प्राप्त होती हैं; वहां मुझे अमर बनाओ। हे सोम, इन्द्रके लिये बहो।।११।।"

यह कहनेकी अवश्यकता नहीं, कि सोम सप्तसिन्धुके आर्योंके लिये आनन्ददायक और मददायक एक श्रेष्ठ पेय ही नहीं था, बल्कि देवताओंको प्रसन्न करनेके लिये उनके पास यह एक बहुत जबर्दस्त साधन था। होम में जो घृत, मांस आदिकी हवि देवताओंको प्रदान करते थे, उसमेंसे

कितना ही आगमें जलकर उनके काम नहीं आती थी। गायके चमड़ेपर दो पत्थरों द्वारा पीसे घोटे गये ऊनी (बालके) छन्ने में छाने, लकड़ीके चमुओं और धातुके द्रोणों-कलशोंमें सुसज्जित रक्खे सोमके पीनेके लिये इन्द्र, अग्नि आदि देवताओंका आह्वान किया जाता था। आर्यभक्तोंके विश्वासके अनुसार देवता आकर उन्हें पीते थे। पुराने ऋषियोंकी गोष्ठीमें इन्द्र और अग्निने, वरुण और मित्रने साकार रूपसे आकर सोमपान किया था, इसके बारेमें पीछेके ऋषि शपथ खानेके लिये तैयार थे। सोमरस देवपूजाका ऐसा साधन था, जिसकी एक बूंद भी नष्ट नहीं होती थी, और चमू तथा कलशमें भरा दधिमधुसे मिश्रित सारा सोमरस भक्तोंके काम आता था।

सोमपान आर्योंके लिये अतिसाधारण पेय होते भी दिव्यपान था। इसलिये देवताओंके पीछे ही वह उसे प्रसादके तौरपर ग्रहण करते थे। आजकल भी वैरागी साधु स्वादिष्ट भोजनको सीधे अपने खाने की बात न कह कर उसके साथ "रामजीके पीछे" लगाते हैं अर्थात् सभी भोजन पहले रामजीको अर्पित होगा, उसके बाद हमारा और आपका "पावना" (खाना) होगा। इसी तरह वैदिक आर्य भी देवताओंके पीछे ही प्रसाद-रूपमें सोमको ग्रहण करते थे।

सोम पवित्र और परम ग्राह्य था; पर, सुरा (मद्य) नीची दृष्टिसे देखी जाती थी। आज भी हिन्दुओंके वही भाव भांग और शराबके बारेमें देखे जाते हैं। तिब्बतमें भांगको 'सोमराज़ा' कहते हैं। वहां वह बहुत पैदा होती है। तिब्बती लोगोंमें शायद ही कोई हो, जो नशा न करता हो। लेकिन, देखनेसे ऐसा मालूम होता है, कि मानो उनको मालूम ही नहीं है, कि उनका सोमराजा (हमारी भांग) नशेकी चीज है, और उसे दूध-चीनी मिर्च-इलायची मिलाकर अत्यन्त स्वादिष्ट बनाया जा सकता है। वह "सोमराज़ा" का अर्थ नहीं जानते। उनके यहां सोमराज़ाका वही उपयोग है, जो हमारे यहां सन और पटसन का। वह उसके छिलकोंकी रस्सी बनाते हैं। हमारे यहां पुराने समयमें भांगके रेशेका कपड़ा बनता था। अभी भी कुमाऊं और गढवालमें भंगेड़ा बनता है, जिसे आजसे सौ साल पहले

लोग पहनते थे, अब वह थैलेका काम देता है। कोरियामें भी भांगके रेशेका कपड़ा बनता है। वहांवाले भी तिब्बतियोंकी तरह उसका यही उपयोग समझते हैं। तिब्बती लोग "सोमराज़ा"के पास तक नहीं फटकते। उसकी जगह वह अपनी छङ(जौ की कच्ची शराब) पीते हैं। अरा (अरक, चुवाई शराब) अधिक पसन्द करते हैं, लेकिन वह महंगी चीज है। ऋग्वेदिक आर्योंसे तिब्बतियोंकी चाल उलटी है। वह भांगको नहीं पसन्द करते, सुराको अच्छा समझते हैं।

(२) **सुरा**—सप्तसिन्धुके सोमभक्त आर्य सुरासे कोई वास्ता नहीं रखते थे, यह तो नहीं कह सकते; पर उसे हीन दृष्टिसे देखते थे, यह मेधातिथि काण्वकी निम्न ऋचा[२०] (८।२) से मालूम होता है—

"जैसे सुरा पियें बदमस्त हो हृदयमें लड़ते, नंगे गो-स्तनोंकी तरह रहते हैं।।१२।।"

वसिष्ठ भी सुराको नापसन्द करते थे[२१] (७।८६)—

"हे वरुण, अपने बस नहीं बल्कि, सुरा, क्रोध, जुआ, अज्ञानसे वह दोष होता है। जेठा कनिष्ठको और स्वप्न भी (उन्हें) पापमें ले जाता है।।६।।"

पर सुराके प्रेमी भी थे, तभी तो कहा गया[२२] (१०।१०७।९)—भोज (दाता) सुराको पाते हैं।

§४. जूआ

जूयेका रवाज, जान पड़ता है, सप्तसिन्धुके आर्योंमें काफी था। महाभारतके युधिष्ठिरने इसे अपने पूर्वजोंसे सीखा था। जूयेके मारे लोग तबाह हो जाते थे, इसलिये आर्य ऋषि उससे बचनेका उपदेश देते थे, जैसा कि कवष ऐलूष ने अपनी ऋचाओं[२३] (१०।३४) में किया है:

जुआड़ी कहता है—"बड़े पासे (अक्ष) हिलते-डुलते इधर-उधर लुढकते मुझे बहुत प्रसन्न करते हैं। मुंजवान् (पर्वत) में उत्पन्न (जैसे) सोम पिया जाता है, वैसे ही विभीदग (बहेरे) के जागरूक अक्ष मुझे खुश करते हैं।।१।।"

"यह मेरी पत्नी मुझसे न कभी उदास हुई न लज्जित हुई। मेरे लिये और मित्रोंके लिये (यह) कल्याणी रही। केवल अक्ष (पाशे)का भक्त होनेके कारण मैंने अनुव्रता भार्याको छोड़ दिया ।।२।।"

"सास द्वेष करती है, जाया (स्त्री) छोड़ देती है। मांगनेपर वह (जुआड़ी किसीको) पसन्द करनेवाला नहीं पाता। जैसे बूढ़े घोड़ेको कोई नहीं खरीदता, वैसे ही जुआड़ीके भोगको मैं (कहीं) नहीं पाता ।।३।।"

"खलमें आकर्षक पाशेने जिसे पकड़ा, उसकी जायाको दूसरे बिगाड़ते हैं। पिता-माता और भाई उसके लिये कहते हैं: 'हम इसे नहीं जानते, इसे बांध कर ले जाओ' ।।४।।"

"शरीरसे बूढा कहनेपर 'मैं जीतूँगा' कहता जुआड़ी (द्यूत-) सभामें जाता है। पाशे (कभी) इसकी इच्छा पूरा करते हैं, और कभी प्रतिद्वंद्वीके कामको सिद्ध करते हैं ।६।"

"जुआड़ीकी जाया मन-मारे संतप्त होती है। (आवारा) घूमते पुत्रके बारेमें माता "कहां है" पूछती है। ऋणी हो धन के तकाजेसे डरता वह दूसरोंके घरमें रात बिताता है ।।१०।।"

"स्त्रीको और दूसरोंकी जायाको, अच्छे बने घरोंको देखकर जुआड़ी संतप्त होता है। पूर्वाह्णमें उसने (शानसे) लाल घोड़ोंको जोड़ा था, और (दिनके) अन्तमें वृषल (अकिंचन) सर्दीके डरके मारे अग्निके पास बैठता है ।।११।।"

"पाशोंसे मत खेलो, कृषि करो। उसी धनको बहुत मान कर रमण करो। हे जुआड़ी, वहीं गायें हैं, वहीं जाया है, सो मुझे इस स्वामी सविताने बतलाया है ।१३।"

जूयेके इस बीभत्स रूपको देखकर भी जूआ खेलनेसे आर्य बाज आते होंगे, इसकी सम्भावना नहीं है। जूआ खेलनेके लिये राजदण्ड होता था, इसका ऋग्वेदमें पता नहीं।

अध्याय १५

देवता (धर्म)

आर्य अपने देवताओंके परमभक्त, पौरुषके पूजक तथा आशावादी थे। उनके देवता भी इन्हीं गुणोंके धनी थे। यद्यपि उनके देवताओंकी संख्या ३३ और ३३३९ बतलाई गई है, पर उतने देवताओंके नाम ऋग्वेदमें नहीं मिलते। देवताओंके अतिरिक्त पितरों—मृतपूर्वजों—को भी वह पूजनीय समझते थे। देवताओंकी अर्चना वह निष्काम भावसे नहीं करते थे। निष्काम उपासना बहुत पीछेकी बात है। आर्योंका परलोकपर विश्वास था, वह स्वर्ग-नर्क मानते थे, पर पुनर्जन्मका ऋग्वेदमें कहीं पता नहीं है।

§१. देवता

आजकल देवकी जगह देवता शब्द अधिक इस्तेमाल किया जाता है, इसके दो कारण हैं। पुराने समय में राजाको भी देव कहते थे, इसलिये एक अलग शब्दके गढनेकी जरूरत महसूस हुई। फारसीके सम्पर्कमें आनेपर हमारे लोगोंको मालूम हुआ, कि देव राक्षसोंको भी कहते हैं, इसलिये अपनी पूज्य भावनाका सम्मान करते हुये उन्होंने संदिग्ध देव शब्दको छोड़ कर देवता कहना शुरू किया। विवस्वान्-पुत्र मनुके अनुसार [१] (८।३०।१) देवोंमें नाबालिग कोई नहीं होता—

"हे देवों, तुम्हारेमें न कोई शिशु है और न कोई बच्चा। तुम सब महान् हो।"

१. देव-संख्या

ऋग्वेदमें देवोंकी गणना तरह-तरहसे हुई है। भरद्वाज[१] (६।५०।१) और वसिष्ठने[२] ,(७।३५ और ७।४१।१) संख्याका उल्लेख किया है। भरद्वाजने[२] (६।५०) अदिति, वरुण, मित्र, अग्नि, अर्यमा, सविता, भग (१); रुद्र, वसुगण, मरुत् (४); रोदसी (द्यौ-पृथिवी) (६); दोनों भिषग् (अश्विनौ), (७); नासत्य (अश्विनौ) (१०); सरस्वती, वायु, ऋभुक्षा, पर्जन्य (१२) का उल्लेख किया है। उन्होंने[३] (६।५१।५) द्यौको पिता, पृथिवीको माता, अग्निको भाई बतलाया है। आदित्य, आदितिका भी वहीं उल्लेख है। ऋषि लोग पृथिवीकी सुन्दर और ऐश्वर्यशाली वस्तुओंको भी देवता मानते थे। इसीलिये भरद्वाज (६।५२।४-६) ने उषा, पर्वतों, पितरों, सिन्धुओं (नदियों) के साथ सरस्वती (नदी), पर्जन्य (मेघ) से भी रक्षाकी कामना की—

"उगती उषायें, मेरी रक्षा करें। फूलती नदियां मेरी रक्षा करें। अचल (ध्रुव) पर्वत मेरी रक्षा करें। देव-यज्ञमें देवताओंके साथ बुलाये पितर मेरी रक्षा करें।।४।।"

"हम सदा सुन्दर मनवाले होकर उगते सूर्यको देखें। देवोंके पास हवि ले जानेवाले वसुओंके पति अग्नि (देव) शक्ति-युक्त होकर आवें।।५।।"

"इन्द्र रक्षा के साथ हमारे पास आये। सिन्धुओंके साथ फूलती सरस्वती, ओषधियोंके साथ हमारे पास पर्जन्य, पिताकी तरह सुप्रशंसनीय सु-आहूत सुखमय अग्नि हमारे पास आय।।६।।"

वसिष्ठने एक सूक्त[४] (७।३५) में निम्न देवोंकी गणना की है—

"इन्द्र-अग्नि, इन्द्र-वरुण, इन्द्र-सोम, इन्द्र-पूषा, भग, पुरन्धि, अर्यमा, धाता, रोदसी (द्यौ-पृथिवी), अद्रि (पर्वत), अग्नि, मित्र-वरुण, अश्विद्वय, अन्तरिक्ष, इन्द्र, वसुगण, रुद्र, त्वष्टा, ग्नायी (देवियां), सोम, ब्रह्मा, ग्रावा, यज्ञ, सूर्य, चार प्रदिशायें, पर्वत, सिन्धु (नदियां), आप, अदिति, मरुत्गण, विष्णु, पूषन्, वायु, सविता, उषा, पर्जन्य, क्षेत्रपति, विश्वदेव (देवसमूह),

"सहस-सूनु, युवा, अद्रोघवाच, अतितरुण तुम्हें स्तुति द्वारा हम पुकारते हैं, जो कि तुम ज्ञानी, अद्रोही सबसे प्रिय धनोंको प्रदान करते हो।"

भरद्वाज अग्निकी महिमामें कहते हैं [१४] (६।८)—

"वह व्रत-पालक अग्नि परमव्योममें उत्पन्न हो व्रतोंकी रक्षा करता है। वह सुकर्मा आकाशको नापता है। वैश्वानर (अग्नि) अपनी महिमासे नाक (स्वर्ग) को छूता है।२।"

"आकाशमें महिष (महान्) ने उसे ग्रहण किया, विशोंने पूज्य राजा समझकर उपस्थान (सम्मान) किया, विवस्वान् (सूर्य) के दूत अग्नि वैश्वानरको वायुने दूरसे लाकर धारण किया।४।"

भरद्वाज अग्निको युग-युगका अमर दूत कहते हैं [१५] (६।१५।)—

"हे अग्नि, देव और मनुष्य युग-युगके अमृत दूत, हव्यवाहक, रक्षक, पूज्य, जागृत, विभु, विशोंके स्वामी तुम्हें धारण करते और नमस्कार पूर्वक बैठाते हैं।"

विश्वामित्र [१६] (३।२६)—

"हम कुशिक लोग अग्निको हवि-युक्त मनसे समझकर सत्य-युक्त स्वर्गके जानकार, सुदानी, रथी, अणु, देव अग्निको धनकी इच्छासे पुकारते हैं।१।"

"माताओं जैसे से कुशिक अश्वकी तरह हिनहिनाते वैश्वानरको* युग-युगमें प्रज्वलित करते रहें। सो अमरोंमें जागरूक अग्नि हमें सुवीर, सुअश्व-वाला बनाये।३।"

"मैं अग्नि जन्मसे ही सब जाननेवाला हूं। घृत मेरी आंख (है) और अमृत मेरे मुखमें है। मैं त्रिविध तेजवाला, अन्तरिक्षका विमान, अजस्र-ताप हवि नामवाला हूं।।७।।"

वामदेव अग्निकी स्तुतिमें कहते हैं [१७] (४।३)—

"आओ, लिये यज्ञके राजा, रुद्र, होता द्यौ और पृथिवीके सच्चे

---

*सभी नरों का पूज्य अग्नि

यजमान। सुनहले रूपवाले अग्निको अचित्त बिजलीसे तुम्हारी रक्षाके लिये बनाओ ॥१॥"

"हे अग्नि, पतिकी कामना करती सुन्दर परिधान-युक्त स्त्रीकी तरह हम तुम्हारे लिये यह स्थान बनाते हैं। तेजसे सम्मुख हो यहां बैठो, और सामने स्वपाक बनो।२।"

सप्तसिन्धुके भरत-सन्तान देवश्रवा और देववात अग्निकी स्तुति करते हैं[२८] (३।२३।४)—

"हे अग्नि, हम अन्नस्थान वाली उत्तम पृथिवीमें सुदिनके लिये तुम्हें स्थापित करते हैं। तुम दृपद्वती (घग्गर), आपया (मरकण्डा), सरस्वतीके तट पर धन-युक्त हो मनुष्योंमें दीप्तिमान् होओ।"

२. **अरण्य**—पूज्य, दाता और प्रकाशमान होनेके कारण ऋषि लोग किसी वस्तुको भी देवता मानते थे। इसीलिये अरण्य (जंगल) भी उनके लिये देवता थे। जब हम भारतमाताकी प्रशंसामें बन्देमातरम् गान करते हैं, उस समय भी उसी तरहकी कल्पना हमारे दिमागमें घूमती है। सप्तसिन्धुके आर्योंके परम धन थे गाय-घोड़े, भेड़-बकरी। इनके लिये अरण्य भारी अवलम्ब थे। इसीलिये इरम्मद-पुत्र देवमुनिने अरण्यकी स्तुति बड़े भक्तिभावसे की है[२९] (१०।१४६)—

"यदि दूसरे (सिंह आदि) न आवें, तो अरण्यानी हिंसा नहीं करती। वहां स्वादु फल खाकर यथेच्छ रह सकते हैं।५।"

"अंजन-वर्ण (काली) सुगन्धि-युक्त, किसान के बिना बहुत भोजन-वाली, मृगोंकी माता अरण्यानीकी मैं स्तुति करता हूं।६।"

३. **आप**—आप जल और नदी दोनोंको कहते हैं। दोनों ही आर्योंके पूज्य थे। उनके भाईबन्द पारसीक भी आप देवताओंके माननेमें उनके साथी थे। सिन्धुदीप-पुत्र अम्बरीषने आपकी स्तुति करते कहा है[३०] (१०.९)—

"आप देवी, सुखमय हों। वह हमें धन दें, भली-भांति देखने (जानने) के लिये ज्ञान दें।१।"

"हे आपो, जो तुम्हारे पास अत्यन्त शिव (मंगलमय) रस है, उसे लालसावाली माताकी तरह हमें प्रदान करें।२।"

"देवी आप हमारे कल्याणके लिये, पानके लिये हों। हमारे चारों ओर कल्याणकी वर्षा करें।४।"

४. इळा—सरस्वती उषा, आप की तरह इळा भी आर्योंकी देवी थी। इळाका अर्थ अन्न है। अन्न देवता से भी बढ़ कर है ही। विश्वामित्रने इळाके साथ भारती और सरस्वतीकी स्तुति[१] (३।४) की है—

"भारतियोंके साथ भारती, देवों और मनुष्योंके साथ इळा, अग्नि, सारस्वतोंके साथ सरस्वती, तीनों देवियां (हमारे) सामने इस यज्ञमें बैठें।"

भारतीका अर्थ आजकी सरस्वती लेना नहीं होगा। अनेक भारतियोंके साथ भारतीका रहना कुछ विशेष अर्थ रखता है। शायद बहुत-सा भारतीसे यहां भरत देशकी पूज्य देवियां अभिप्रेत हों, और सारस्वत-समुदायसे सरस्वती-तटके निवासी देवी-देवता।

५. इन्द्र—इन्द्र आर्योंके सबसे बड़े और तेजस्वी देवता थे। यद्यपि ईरानी आर्योंने ज़रथुस्तके मतके अनुसार देव शब्दका अर्थ राक्षस और देवोंके राजा इन्द्रको राक्षसराज बना दिया है, पर यह समझना गलत होगा कि ज़रथुस्तसे पहले भीइसका यही अर्थ था। हम जानते ही हैं; हि बिना अपवादके सभी इन्दो-युरोपीय जातियोंके पूर्वज दिव्य अर्थ हीमें देव शब्दका उपयोग करते थे। ऋषित्रयमें सबसे ज्येष्ठ भरद्वाज इन्द्रकी महिमामें कहते हैं[२२] (६।१७)—

"इन्द्र, रक्षा करो, जो कि तुम शत्रुओंसे रक्षक, जो वृषभ (मनोकामना पूरक), जो शिप्रवान्, जो मतियों (अभिलाषाओं) का वर्धक वृषभ हो, जो पर्वतोंके विदारक वज्रधर, जो घोड़ोंपर चलनेवाले, वह इन्द्र विचित्र अन्न-धन प्रदान करे।२।"

भरद्वाजके पुत्र गर्गने इन्द्रको रक्षक कहते हुये प्रार्थना की है[२३] (६।४७)—

"त्राता इन्द्र, अविता (रक्षक) इन्द्र, हर यज्ञमें सुन्दर तौरसे पुकारे गये इन्द्र, शूर इन्द्र, शक्र, पुरुहूत (बहुत पुकारे जानेवाले) इन्द्रको मैं पुकारता हूं। मघवा (धनवान्) इन्द्र हमारी स्वस्ति करे।११।"

"जो इन्द्र रूप-रूपमें भिन्न रूप हुआ, सो उसके रूपको बतलानेके लिये है। इन्द्र (अपनी) मायाओंसे बहुरूप होता है। इसके रथमें हजार घोड़े जुते हैं।"

वसिष्ठ[२४] (७।२९) इन्द्रको सोम पीने के लिये बुलाते हैं—

"हे इन्द्र, यह सोम तुम्हारे लिये छाना हुआ है। हे घोड़ेवाले, उसके पास जल्दी आओ। इस चारु (भली प्रकार) छनेको पीयो, और हे मघवा, आकर हमें मेघ (धन) दो।१।"

सोम आर्यों और उनके देवताओंका अत्यन्त प्रिय पेय था। उसको पीकर वह प्रसन्न और मस्त होते थे। वसिष्ठने[२५] (७।३२) कहा है—

"यह दही मिला कर (दध्याशिर) सोम छाने गये हैं। हे वज्र-हस्त, मस्त होने के लिये दोनों घोड़ोंके साथ उनके लिये उनके पास के स्थानमें आओ।४।"

वसिष्ठ शतयालु (सौ जादूवाले) कहे जाते थे, लेकिन वह जादूमें चतुर थे, इन्द्रके बलपर ही। इसीलिये वह इन्द्रसे प्रार्थना करते हैं[२६] (७।१०४)—

"हे इन्द्र, माया (छल) से हिंसा करनेवाले यातुधान (जादूगर) पुरुष और स्त्रीको नष्ट करो। बिना गर्दनके राक्षस नष्ट हों, वे उगते सूर्यको न देख पायें।२४।"

विश्वामित्र तीनों ऋषियोंमें सबसे पीछे प्रभुतामें आये। उन्होंने सुदासको अश्वमेध-यज्ञ कराया। वह इन्द्रकी स्तुति करते कहते हैं[२७] (३।३२)—

"हे इन्द्र, गवाशिर (दूध-सहित) मथे सफेद (शुक्र) सोमको पियो। तुम्हारे मदके लिये हम (इसे) देते हैं। ब्रह्मकृत् (मन्त्रकर्त्ता), मरुत्गणों और रुद्रोंके साथ तृप्त होने तक (इसे) पियो।२।"

"इन्द्र, जो तुम्हारे शक्ति और बलको बढ़ाते हैं, वह मरुत् तुम्हारे ओजको बढ़ायें। हे वज्र-हस्त, सुमुकटधर (सुशिप्र), गण-सहित रुद्रोंके साथ मध्याह्नके सवन (सत्र) में (सोम) पियो।३।"

"मारे देव इन्द्रके सुकृत को, बहुतसे व्रतोंवाले कर्मको नष्ट नहीं कर सकते। जिसने द्यौलोक और इस पृथिवीको धारण किया, सुदर्शना पूर्ण और उषाको पैदा किया।८।"

विश्वामित्र इन्द्रके घोड़ोंको मोरपंखी बतलाते हैं[28] (३।४५)—

"हे इन्द्र, मोरके रोमवाले मस्त घोड़ोंके साथ आओ। (जालसे) फंसानेवाले बहेलियेकी तरह, मरुभूमिकी तरह कोई तुझे न रोके।१।"

वामदेव इन्द्रकी प्रशंसामें कहते हैं[29] (४।१६)—

"इन्द्र सूर्यके समीप रूप धारण करता है। अमृतके शरीर-हस्तवाले मृगकी तरह, तेजमें जलाते सिंहकी तरह, भयंकर होते आयुधोंको धारण करता है।१४।"

"हे शूर, जनोंके किसी युद्धके भीतर तीक्ष्ण अशनि गिरे। हे स्वामी, जब घोर युद्ध हो, तो हम लोगोंके शरीरकी तुम रक्षा करना जानो।१७।"

"तुम वामदेवकी स्तुतियोंके रक्षक हो। (हमारे) अशत्रु हो युद्धमें सखा बनो। हे महाबुद्धिमान्, हम तुम्हारा अनुगमन करें। तुम सदा स्तुति-कर्त्ताओंके बहुप्रशंसनीय होओ।१८।"

वामदेव फिर कहते हैं[30] (४।१७)—

"हे इन्द्र, तुम महान् हो। महा पृथिवीने तुम्हारा अनुमोदन किया। द्यौने तुम्हें माना। तुमने अपने बलसे वृत्रको मारा, अहि (वृत्र) द्वारा ग्रसी जाती सिन्धुओं (नदियों) को मुक्त किया।१।"

"तुम्हारे प्रकाशके जन्मनेपर द्यौलोक चमकने लगा। तुम्हारे कोपसे भयभीत भूमि कंपी, सुन्दर होनेवाले मेघ बढ़े, नदियां आर्द्र कर मरुभूमियों को नष्ट करती चलीं।२।"

वामदेव फिर गाते हैं[31] (४।२२)—

"कामनापूरक श्रेष्ठ नेता शची-वान् उग्र इन्द्र चार धारवाले वज्रको दोनों बाहुओंमें लिये ऊनवाली (भेडोंवाली या ढांकती) परुष्णी (रावी) का सेवन करते हैं, उसके स्थानोंको मित्रताके लिये वयन करते हैं।२।"

"जो उत्पन्न देव, देवतम महान् अन्नों और महान् बलोंसे युक्त है। दोनों बाहुओंमें बल धारण किये उसने अभिलषित, द्यौ और भूमिको बहुत कँपाया।३।"

वामदेव इन्द्रके मुँहसे उसकी महिमा कहलवाते हैं [३२](४।२६)——

"मैं मनु हूं, मैं सूर्य और कक्षीवान् विप्र ऋषि हूं। मैंने आर्जुनेय कुत्सको अलंकृत किया, मुझे ही उष्णा कवि करके देखो।१।"

"मैंने आर्यके लिये भूमि दी, दाता मर्दको मैंने वृष्टि दी। मैं शब्द करते जल लाया। देव मेरे संकल्पका अनुगमन करते हैं।२।"

"जब मैंने युद्धमें अतिथिग्व (दिवोदास) की रक्षा की, मैंने मस्त हो शम्बरके नौ और नव्वे पुर (दुर्ग) ध्वस्त किये। तो सौवींको (उसे) रहनेके लिये दिया।३।"

गृत्समद भी ऋग्वेदके प्रसिद्ध ऋषियोंमें हैं। वह इन्द्रकी सर्वशक्तिमत्ताके बारे में कहते हैं [३३](२।१२)——

"जिसकी आज्ञामें अश्व हैं, जिसकीमें गायें, जिसकीमें ग्राम, जिसकी आज्ञामें सारे रथ हैं। जिसने सूर्य और उषाको पैदा किया, जो नदियोंका नेता है ; हे लोगो, वह इन्द्र है।७।

"जिसने पर्वतोंमें रहनेवाले शम्बरको चालीसवीं शरदमें (मार) धरा। ओजस्वी हो जिसने सोये हुये अहि दानवको मारा। हे लोगों, वह इन्द्र है।११।"

वसिष्ठने आर्योंकी सारी विजयोंका श्रेय इन्द्रको दिया है। इनके दो सूक्तोंमें (७।१८।१०) ऋग्वेदिक आर्योंके संघर्षोंके सम्बन्धमें बहुमूल्य सूचनायें मिलती हैं, जिनका उल्लेख हम पहले कर चुके हैं। वह कहते हैं [३४](७।१८)——

"हे इन्द्र, हमारे पितरोंने तुम्हारी स्तुति करते सारे बढ़िया धन प्राप्त किये। तुमसे ही सुन्दर दुधार गायें, तुमसे ही अश्व हैं। देवोंके भक्त को तुम बहुत सा धन देते हो।१।"

"जैसे स्त्रियोंके साथ राजा, वैसे ही विद्वान् और कवि तुम द्युतियोंवाले होकर रहते हो। हे मघवन्, स्तोताओंको गौवों और अश्वोंके साथ रूप दो। धनके लिये हमें तुम सिखाओ।२।"

"देवभक्ति-सहित स्पर्धा-युक्त यह मेरी मधुर स्तुतियां तुम्हारे पास जा रही हैं। हे इन्द्र, तुम्हारा पथ्य धन हमारी ओर आवै। तुम्हारी सुमति-से हम शर्म (सुख)-युक्त होवें।३।"

जैसे धेनुके लिये सुन्दर तृण, वैसे ही तुम्हें दुहनेके लिये वसिष्ठने ब्रह्मों (मन्त्रों) को रचा। सब तुम्हें ही गो-पति कहते हैं। इन्द्र हमारी सुन्दर स्तुतिके पास आयें।४।"

आंगिरस प्रियमेध कहते हैं[३५] (८।५८)

"जो पासमें प्राप्त है, उस वज्रधारी इन्द्रके लिये गाये मधुर आशिर (दूध) दुहाती हैं।७।"

'हे प्रियमेध-सन्तानो, अर्चना करो, खूब अर्चना करो, अर्चना करो। दुर्गध्वंसकको जैसे वैसे ही हे पुत्रो अर्चना करो।८।"

"गर्गर (बाजा) आवाज कर रहा है, गोधा (गोहके चमड़ेवाला बाजा) ध्वनि कर रही है। पिंगा (पीली प्रत्यंचा) चिल्ला रही हैं। इन्द्रके लिये ब्रह्म (स्तुति) उद्यत हो।९।"

"शिशुकुमारकी तरह नवीन रथपर चढ़े पिता-माता (द्यौलोक और पृथिवी) के सामने वह (इन्द्र) महिष (महान्) मृगके समान और बहुत कर्मवाले हैं।१५।"

"हे सुन्दर मुकुटवाले स्वामी, सुनहले रथपर चढो। सहस्रपाद, कोप-रहित निष्पाप, स्वस्थसे चलनेवाले सुनहले रथपर चढो। तब हम दोनों मिलेंगे।१६।

आर्योंमें कुछ लोग इन्द्रके अस्तित्व पर सन्देह करते थे, जैसा कि भृगु-गोत्रीय नेमके वचन[३६] (८।८९) से मालूम होता है—

"यदि सत्य है तो हे युद्धेच्छुको, इन्द्रके लिये सच्चे स्तोम (स्तोत्र) को पढो। नेम ऋषि तो कहता है, इन्द्र नहीं है। किसने (इंद्रको) देखा, फिर किसकी स्तुति करें।३।"

नेमके ऐसा सन्देह करनेपर इन्द्रने स्वयं जवाब दिया—

"हे भगत, यह हूं मैं, देख मुझे। यहां सारी सृष्टिको (अपनी) महिमा से मैं वशमें करता हूं। दिशायें मेरे सत्यका वधावा देती हैं। मैं भुवनोंका विदारक हूं।४।"

ऋषि इन्द्रको शरीरधारी समझते थे। उसके मुकुट और दो भुजाओंका वर्णन ऊपर हो चुका है। विमद (प्रजापति-पुत्र) ने इन्द्रकी मूँछ-दाढी (श्मश्रु) का वर्णन किया है[२७] (१०।२३)

"दाहिने हाथमें वज्र-युक्त, कार्य-निपुण घोड़ोंके रथवाले इन्द्रकी हम पूजा करते हैं। सोम द्वारा प्रसन्न हो सेनाओं और अन्नके साथ अपनी श्मश्रुको हिलाते शत्रुओंके संहारके लिये वह प्रकट हुये।१।"

"जैसे वृष्टि पशुयूथोंको भिगोती है, वैसे ही हरित (पीले) सोमसे इन्द्र अपने श्मश्रुओंको भिगोते हैं। फिर सुन्दर यज्ञमें जा छने मधुर सोमको पीकर जैसे वायु वनको वैसे ही अपने श्मश्रुओंको हिलाते हैं।४।"

विमद ऋषि केवल सोम-पानसे ही इन्द्रकी तृप्ति नहीं समझते, वह उनके भोजनके बारेमें कहते हैं[२८] (१०।२३)—

"हे इन्द्र विमद-लोगोंने सुदाता तुम्हारे लिये अपूर्व विस्तृत स्तोम (स्तुति) रचा। इस (इन्द्र) राजाके भोजनको हम जानते हैं, इसलिए गोपालोंकी तरह (ग्रास) दिखा कर पास पशुको बुलाते हैं।६।"

वसुक्र इन्द्रकी अद्वितीय प्रतिभापर विश्वास रखते समझते हैं, कि इन्द्र असम्भवको सम्भव कर सकते हैं[२९] (१०।२८.३)—

"हे मघवन् इन्द्र, अन्नके लिये पुकारते समय तुम्हारे लिये जल्दी-जल्दी पत्थरसे मददायक सोमको, (पीसकर हम) छानते हैं, तुम उसको पीते हो। वे बैल पकाते हैं, तुम उन्हें खाते हो।३।"

"हे स्तुत्य, मेरे लिये तुम ऐसा कर दो, कि नदियां उलटी दिशामें बहें। घास खानेवाला मृग सिंहको भगाये, सियार बराहको वनमे हटा दे।४।"

"इन्द्रकी कृपा होनेपर शशक श्वापदका सामना कर सकता है। मैं समीप जा ढेलेसे पहाड़को तोड़ सकता हूँ। (उसकी कृपा से) महान् भी क्षुद्र के वशमें आ सकता है, बछड़ा सांडसे लड़ सकता है।९।"

"पिंजड़ेमें बंधा सिंह चारों ओर अपने पैरको जैसे रगड़े, वैसे ही गरुड (बाज) पक्षी अपना नख रगड़ने लगे। जो रुंधा प्यासा महिष है, उसके लिये यह गोधा पानी लाये।१०।"

इन्द्रके रूप आदिके बारेमें आंगिरस वह कहते हैं[10] (१०।९६)—

"इसका वह वज्र हरित (पीला) है, जो आयस (तांबे या पत्थर का) अत्यन्त सुन्दर दोनों हाथोंमें है। धनी, सुशिप्र (सुमुकट), सुन्दर, क्रोधरूपी वाणवाले इन्द्रको हरित (सुनहले) सोमसे अभिषिक्त किया।३।"

"जो हरित (पीले) मोंछ-दाढ़ी पीले केशवाले ताम्रसे दृढ़ सोम पी कर शरीर (बल) को बढ़ाते हैं, जिसे हरित घोड़े यज्ञमें ले जाते हैं, वह दो घोड़ोंपर चढे सारी दुर्गतिको दूर करते हैं।८।"

इन्द्र मनुष्यकी तरह साकार था, इस बातका उल्लेख यास्क भी करते हैं (निरुक्त उत्तरषट्क ७।२।२)—

"देवताओंके आकारका चिन्तन करते वह पुरुषसे लगते हैं। चेतनावान् (मनुष्य) की तरह सी स्तुतियां (ऋचायें) बतलाती हैं। पुरुष जैसे अंगोंके साथ उनकी स्तुति की जाती है।"

इन्द्र-सम्बन्धी ऋचाओंके देखनेसे भी यास्ककी बातकी सत्यताका पता लगता है। इन्द्र शिप्र (शिर ठुड्डी या मुकुट) वाले हैं। वह घोड़ेके रथ पर सवार होकर चलते हैं। वह सोम पीकर मस्त होते हैं। उनके दोनों हाथोंमें चार धारोंवाला वज्र है। उनके घोड़े मोरपंखी हैं। उनके मुँह-पर पीली दाढी-मूँछ है। उनके खानेके लिये भक्तगण वृषभ पकाते हैं। शचि उनकी पत्नी है इत्यादि।

६. **ऋभु**—इन्द्रके पुत्र ऋभुओंकी स्तुति वामदेवने की है[४१] (४।३५)—

"यहां (यज्ञमें) ऋभुओंका रत्न-धन मेरे पास आये। सुन्दर छने हुये सोमका पान हुआ। सुन्दर कृत्य और सुन्दर हाथ द्वारा (उन्होंने) एक चमस (पात्र) को चार टुकड़े किये।२।"

"कैसा था वह चमस, जिसे कौशलके साथ चार किया। फिर मदके लिये सवन करो (सोमको छानो)। ऋभुओ, मधुर सोमको पियो।४।"

"हे सुन्दर हाथवाले ऋभुओ, जो तुमने तृतीय सवन (यज्ञसत्र) को (अपने) सुकर्मसे रत्न-युक्त किया, सो जो यह छना सोम है, उसे प्रसन्न-इन्द्रियों-से पियो।९।"

वामदेव जुडवां देव-वैद्य अश्विनीकुमारोंको भी ऋभुओंका अनुगृहीत बतलाते हुये कहते हैं[४२] (४।३६)—

"हे ऋभुओ, तुम्हारा वह महान् कर्म है, जो कि अश्विद्वय तुम्हारे दिये तीन चक्केवाले रथसे विना लगामके आकाशमें घूमते हैं; जो कि तुम द्यौलोक और पृथिवीका पोषण करते हो।१।"

७.—क प्रजापति या स्वतन्त्र देवताके तौरपर क ऋषियोंके विशेष कर पीछेके ऋषियोंके, श्रद्धा-भाजन हुये, इनकी ऐतिहासिकतामें भी सन्देह है। प्रजापति-पुत्र हिरण्यगर्भने एक पूरा सूक्त[४३] (१०।१२१) क की स्तुतिमें गाया है—

"हिरण्यगर्भ पहले मौजूद था, वह उत्पन्न प्राणियोंका अकेला पति था। उसने पृथिवी और इस द्यौलोकको धारण किया। क देवताको हम हवि देते हैं।१।"

"जो शरीरप्रद है, बलप्रद है, जिसकी सभी उपासना करते हैं। देवता जिसकी आज्ञामें हैं। जिसकी छाया अमृत है, जिसकी ही (छाया) मृत्यु है, उस क देवताको हम हवि देते हैं।२।"

"जो सांस लेते, आंख चलाते जगत्का अपनी महिमासे अकेला राजा हुआ। जो इस दोपाये और चौपाये (प्राणियों) पर शासन करता है, उस ०।३।"

"जिसकी महिमासे यह हिमवान् (पर्वत) है। पृथिवी-सहित समुद्र जिसका कहा गया है। यह दिशायें जिसकी भुजायें हैं, उसे ० ।४।"

"जिसके द्वारा द्यौ ऊंची हुई और पृथिवी दृढ़ है, जिसने आकाश को जिसने नाक (स्वर्गलोक) को थामा, जो अन्तरिक्षमें जलका निर्माता है, उस ० ।५।"

क देवताकी इस महिमामें उपनिषद्के ऋषियोंके ब्रह्मका आभास मिलता है। प्रजापति उपनिषद्-कालमें सर्वोच्च देवता नहीं रह जाते, पर इस सूक्तके ऋषिको कसे सारी प्रजाओंका पति महान् देवता ही अभिप्रेत है, यह इस सूक्तकी अन्तिम ऋचा (१०) में पाते हैं, जिसमें तीसरे पादका दोहराना छोड़ दिया गया है—

"हे प्रजापति, तुमसे भिन्न कोई इस सारी सृष्टिको काबूमें करनेवाला नहीं है। जिस कामनासे हम तुम्हारे लिये हवन करते हैं, वह हमारे लिये हो, हम धनके पति होवें ।१०।"

८. **पर्जन्य**—यह मेघ और वृष्टिका देवता है। इन्द्र भी मेघोंके स्वामी माने जाते हैं। इन्द्र और पर्जन्य एक हैं या भिन्न-भिन्न? भिन्न-भिन्न हैं, तो उनका आपसमें क्या सम्बन्ध है, यह कहना मुश्किल है। वसिष्ट पर्जन्य-की स्तुतिगान करते कहते हैं[४४] (७।१०२)—

"द्यौके पुत्र सिंचक पर्जन्यका गान करो। वह हमें अन्न दें ।१।"

"जो पर्जन्य औषधियों, गायों, घोड़ियों और स्त्रियों में गर्भ उत्पन्न करता है ।२।"

"उस पर्जन्यके लिये, देवोंके मुखके लिये यह अत्यन्त मधुर हवि हवन करो। वह हमारे लिये अन्नको प्रस्तुत करें ।३।"

९. **पितरौ**—द्यौ और पृथिवीको ऋषि पिता-माता समझते थे, जिनके लिये द्विवचन शब्द पितरौका प्रयोग करते थे। भरद्वाजने कहा है[४५] (६।७)—

"हे वैश्वानर अग्नि, तुम्हारे वह कार्य महान् है, जो कि तुमने निर्माण किया। जो कि दोनों माता-पिताओं (पितरौ) के पास उत्पन्न होकर तुमने दिनकी ध्वजा (सूर्य) को अन्तरिक्षमें स्थापित किया ।५।"

पृथिवी और द्यौलोककी स्तुति माता-पिताके तौरपर ऋषियोंने की है।

१०. **पुरुष**—पुरुष-सूक्त ऋग्वेदके पीछेके सूक्तोंमें[६६] (१०।९०) है। इसके ऋषि नारायण कल्पित मालूम होते हैं। सूक्तमें ब्रह्माण्डमय विराट् पुरुषकी कल्पना है—

"हजार सिरोंवाला, हजार आंखोंवाला, हजार पैरोंवाला पुरुष है। वह चारों ओर भूमिको ढांक कर दस अंगुलमें अवस्थित होता है ॥१॥

"यह जो कुछ भूत और भावी हैं, सब पुरुष ही है। वह अमृतत्वका स्वामी है, जो कि अन्नसे अतिरोहण (वर्धन) करता है ॥२॥

"पुरुषरूपी हविसे देवोंने जिस यज्ञको पसारा। उस (यज्ञ) का घी वसन्त था, ईंधन ग्रीष्म, हवि शरद थी ॥६॥

"उससे अश्व और जो कुछ भी मुखमें दोनों ओर दांतवाले (प्राणी) हैं, उत्पन्न हुये। गायें उससे उत्पन्न हुईं। उससे भेड-बकरियां उत्पन्न हुईं ॥१०॥

"इसका मुख ब्राह्मण हुआ, दोनों बाहें राजन्य (क्षत्रिय) बनीं। उसकी दोनों जांघें वैश्य (हैं), दोनों पैरोंसे शूद्र उत्पन्न हुआ ॥१२॥"

११. **पूषन्**—पुष्टिकारक देवताके लिये यह नाम दिया गया है। इसके गुण सूर्यपर अधिक घटते हैं। एक देवताके भी अनेक गुणोंको लेकर ऋषि अनेक देवताओंकी कल्पना कर लेते थे, जैसे एक ही सूर्य आदित्य, सविता, मित्र, सूर्य और पूषन्के नामसे अलग-अलग माना जाता था। ऋषि-त्रयमें सबसे ज्येष्ठ भरद्वाजने पूषन्की प्रशंसोंमें ६ सूक्त (६। ५३-५८) रचे हैं, जिससे इस देवताका महत्त्व मालूम होता है। भरद्वाजकी ऋचाओंसे पूषन्के व्यक्तित्वका भी पता लगता है,[४७] (६. ५३)—

"हे पथके पति पूषन्, अन्न प्राप्तिके लिये रथकी तरह हम तुम्हें सन्मुख करते हैं।

"प्रकाशमान पूषन्, अ-दाता कृपण पणि को दानके लिये प्रेरित करो। (उस) के मनको मृदु बनाओ ॥३॥"

दूसरे सूक्त[४८] (६।५४) में भरद्वाज कहते हैं—

"हे पूषन्, तुम हमें ऐसे विद्वान्से मिलाओ, जो बतलावे 'यही है'।

"हमारा गोधन नष्ट न हो, हमारा (पशुधन) कूएंमें न गिरे। स्वस्ति-युक्त गौवोंके साथ तुम आओ ॥७॥

"पूषन् अपने दाहिने हाथको चारों ओर रक्खें। हमारे नष्ट (लुप्त) गोधनको वह फिर लावें ॥१०॥"

भरद्वाजकी उपरोक्त ऋचाओंसे मालूम होता है कि, पूपन् भूलोंको रास्ता बतलाने वाला, गौओंका रक्षक देवता था। उन्हींके एक मन्त्र[४९] (६। ५५। २) से मालूम होता है, कि पूपन्के सिरपर कपर्द (जूड़ा) था।

"महारथी, कपर्दी ईशान मित्रसे हम धनकी प्रार्थना करते हैं।"

भरद्वाजने पूषन्को सत्तू (करम्भ)-प्रिय कहा है[५०] (६.।५६.)—

"जो (मनुष्य) इस पूषन्को करम्भ (-दान) से प्रार्थना करता, उसे दूसरे देवकी प्रार्थना करनी नहीं पड़ती ॥१॥

"महारथी, सच्चे स्वामी इन्द्र अपने सखा (पूपन्) के साथ शत्रुओंको मारते हैं ॥२॥

"महारथी सूर्य (पूषन्) सुनहले चक्केको चलाते हैं ॥३॥"

यहां पूषनको सूर (सूर्य) कहा गया है। भरद्वाजके कथन[५१] (६।५७) से मालूम होता है, कि जैसे इन्द्र सोमपानको पसन्द करते हैं, वैसे ही उनके मित्र पूषन करम्भ (सत्तू) को—

"पात्रमें छाने सोमको पीनेके लिये एक (इन्द्र) पास आते हैं, अन्य (पूषन्) करम्भ (सत्तू) चाहते हैं ॥२॥

"एकका वाहन बकरा है, और दूसरेको घोडे ले जानेवाले दो। हम दोनोंके साथ (हो) वृत्रों (शत्रुओं) को मारते हैं ॥३॥"

भरद्वाज फिर पूषन्को सूर्यकी तरह स्तुति करते हैं[५२] (६।५८)—

"बकरी-घोडोंवाला, पशुपालक, अन्नस्वामी स्तुति-प्रिय जो पूषन् सारे विश्वमें व्याप्त है। वह देव-भुवनको प्रकाश करते शिथिल आराको उठाकर भ्रमण करता है ॥२॥

"हे पूषन्, तुम्हारी जो नावें समुद्रके भीतर और आकाशमें चलती हैं, स्तुति किये जाते सूर्यकी कामनासे (तुम) दूत बनते हो ।।३।।

"पूषन् द्यौ और पृथिवीके सुन्दर बन्धु, अन्न-पति, धनवान्, दर्शनीय रूपवान् हैं। स्वेच्छासे बल-युक्त, सुन्दर गतिवाले हैं, जिन्हें देवोंने सूर्य लोक के लिये दिया ।।४।।"

इन ऋचाओंसे मालूम होता है, कि पूषन्‌का सूर्य और पोषण (पशु पोसने) से विशेष सम्बन्ध था, और वह इन्द्रके सखा अन्नके देवता और स्वयं सत्तूके प्रेमी थे—आजके तिब्बती लोगोंकी तरह सारे आर्य उस समय सत्तू प्रेमी (सातूखोर) थे।

१२. प्रजापति—परमेष्ठी प्रजापति ऋषि यह कल्पित नाम मालूम होता है। इस नामसे रचित सूक्तका सारे ऋग्वेद में एक विशेष महत्व है। यद्यपि वह दसवें मण्डलका सूक्त [5] । (१०. १२९ में होनेसे पीछेकी कृतियोंमें है, पर इसीमें पहिले पहल उपनिषद्‌के रहस्यवाद और अज्ञेय ब्रह्मका वर्णन मिलता है—

"न असत् था न तब सत् था, न लोक थे, न आकाशसे परे जो है वह (था)। उस समय क्या आवरण, कौन किसका स्थान, (था) ? क्या गहन गम्भीर था ।।१।।

"तब न मृत्यु थी, न अमृत; न रात्रि, न दिनका ज्ञान था। वायु बिना वही एक अपने धारणसे था। उससे दूसरा और कोई नहीं था ।।२।।

"अन्धकारसे छिपा अन्धकार आगे था। यह सब अज्ञात सलिल था। छूछे (शून्य) से जो ढंका था, तपस्याके प्रभावसे वह एक उत्पन्न हुआ ।।३।।

"उसके पहले काम (इच्छा) थी। मनमें पहला बीज जो था। कवियोंने बुद्धि द्वारा हृदयमें विचार करके असत् में सत्‌के बन्धुको प्राप्त किया ।।४।।

"तिर्छा फैला हुआ था, इसकी रश्मि मानो अधः थी, मानो ऊपर थी। बीज धारण करनेवाले थे, महिमायें थीं, स्वशक्ति स्वधा पूरी थी, प्रयति (प्रगति) परे थी ।।५।।

"कौन जानता, कौन यहां बोलता है, (कि) कहांसे यह सृष्टि उत्पन्न हुई। इस (सृष्टि) के होनेके पीछे देव हूये, (अतः) कौन जाने जहांसे उत्पन्न ।।६।।

"यह सृष्टि जहांसे हुई, अथवा धारण हुई या न हुई। जो इसका अध्यक्ष परम आकाशमें है। सो भाई, जानता है या नहीं जानता ।।७।।"

प्रजापति-पुत्र यज्ञ भी कल्पित नाम है। इनके रचित सूक्तमें भी प्रजापतिका वर्णन मिलता है, परन्तु वह उतना रहस्यमय नहीं है [५४] (१०. १३०)—

"जो यज्ञ तन्तुओंसे चारों ओर फैला हुआ एक सौ देव-कर्मोंसे विस्तृत है। जो पितर आये हैं, यह बुन रहे हैं। 'लम्बा बुनो, चौडा बुनो' कहते विस्तृत फैले यज्ञमें हैं ।।१।।

"तब यज्ञकी क्या प्रमा-प्रतिमा (सीमा-आकृति) थी, क्या निदान था, क्या घी था, क्या परिधि (माप) थी। छन्द क्या था, उकथ (साम (गान) क्या था, जब कि सारे देवोंने यजन किया ।।३।।

"अग्निके साथ गायत्री छन्द हुआ। उष्णिक्के साथ सविता हुआ। अनुष्टुप् द्वारा सोम, महान् तेजस्वी (सूर्य), उक्थों द्वारा (हुआ), बृहस्पतिके वचनका आश्रय बृहती ने लिया ।।४।।

"विराट् (छन्द) ने मित्र और वरुणका आश्रय लिया। इन्द्र और दिनका भाग यहां त्रिष्टुप् हुआ। जगतीने सभी देवोंका आश्रय लिया। उनसे ऋषियों, मनुष्योंने यज्ञ किया ।।५।।

"सात दिव्य ऋषि स्तोमो (स्तुतियों) छन्दोंसे आवृत्त हो प्रमा-मुक्त हुये। पहले ऋषियोंके पथको देखकर धीरोंने जैसे घोडेको लगाम वैसे पथको पाया ।।७।।"

प्रजापतिके इस पिछले सूक्तमें पहलेके जैसा चमत्कार नहीं है। पहलेको वस्तुतः उपनिषद्का पूर्वरूप मानना चाहिये। उसी सूक्त के रूपमें सप्तसिन्धुके आर्योंने दार्शनिक उडान भरनी शुरू की, इसमें सन्देह नहीं। दूसरे सूक्तमें छन्दोंके नामोंका एक जगह संग्रह कर

दिया गया, और स्तोम (स्तुति) और उक्थ (सामगान) का भी उल्लेख किया है।

१३. **मन्यु**—देव शब्दका व्यापक अर्थ है। उसमें प्रकृतिके भीतरकी चमत्कारिक शक्तियाँ ही सम्मिलित नहीं हैं, बल्कि मनुष्यके भीतरकी शक्तियां भी देव हैं। सप्तसिन्धुके ऋषियोंको अभी शान्ति और अहिंसाका पाठ पढ़नेमें बहुत देर थी। उन्हें अपने शत्रुओंपर प्रहार करनेके लिये मन्यु (क्रोध) की अवश्यकता थी। इसीलिये तपके पुत्र मन्युने उसकी प्रशंसा की[५] (१०।८३)—

"हे वज्र-बाण-तुल्य मन्यु, जो तुम्हारा ओज सबमें पुष्ट होता है, वैसे बलवान् तुम्हारे साथ हम दास और आर्यको पराजित करें ॥१॥

"मन्यु इन्द्र है, मन्यु ही देव है, मन्यु (है) क्रोध होता, वरुण जातवेद (अग्नि) (है)। जो मानुषी प्रजायें हैं, वह मन्युकी प्रशंसा करती हैं। हे मन्यु, तपस्यासे युक्त हो हमारी रक्षा करो ॥२॥

"बलमें अतिबली मन्यु तपके साथ आओ, शत्रुओंको मारो। अमित्रनाशक, वृत्रनाशक और दस्युनाशक, तुम हमारे पास सारे धन लाओ ॥३॥"

उसी कल्पित नामवाले ऋषिने फिर कहा है[६] (१०। ८४)—

"तुम्हारे साथ रथपर चढ़कर हर्षित होते ढीठ, बेगवान्, तीक्ष्ण बाणोंवाले आयुधोंको तेज करते अग्निरूप नर अभियान करें ॥१॥

"अग्निकी तरह प्रज्वलित यज्ञमें पुकारे जाते हे मन्यु, हमारे सेनानी (आगे) बढ़ें। शत्रुओंको मार कर हमें धन दो, ओज देते दुश्मनोंको भगाओ ॥२॥"

१४. **मित्र**—मित्र, मिथ्र, मिहिर ईरानी आर्यों और वैदिक आर्योंका सम्मिलित देवता है। उसका नाम पीछेके देवताओंमें हमारे यहां नहीं मिलता, लेकिन मित्रकी महिमा ईरानमें पीछे बहुत बढ़ी। एक बार उसकी उपासनाकी ओर रोमके सामन्त भी बहुत झुके थे। उस समय ईसाइयत और मिथ्र-भक्तिमें होड़ थी। कुछ समय तक यह कहना मुश्किल था, कि वहां

ईसाका धर्म विजयी होगा या मित्र का। मित्र की स्तुति में हम विश्वामित्रकी कुछ ऋचायें देते हैं[५७] (३.।५९.)—

"पुकारनेपर मित्र लोगोंको प्रेरित करता है। मित्र पृथिवी और द्यौको धारण करता है। मित्र मनुष्योंको कृपादृष्टिसे देखता है। मित्रके लिये घृत-सहित हविका हवन करो।।१।।

"हे मित्र आदित्य, वह मनुष्य धनवान् हो, जो तुम्हारा व्रतसे प्रार्थना करता है। तुम्हारे द्वारा रक्षित वह न हत होता, न पराजित (होता)। दूर या नजदीकसे खाता पाप उसे नहीं प्राप्त होता।।२।।

"महान् आदित्य नमस्कारसे उपासना करने योग्य है। सुन्दर कर्मवाला जन जाकर उसकी स्तुति करता है। उस अतिप्रशंसनीय मित्रके लिये इस प्रिय हविको अग्निमें हवन करो।।५।।

"शक्तिशाली मित्रके लिये पांच जन पूजा करते हैं। वह सारे देवोंका पालन करता है।।८।।"

१५. रुद्र—रुद्र विशेषणके रूपमें रुलानेवालेको कहते हैं। वेदके रुद्र और पीछेके शंकरका कोई सम्बन्ध नहीं है, यद्यपि दोनोंको एक मानके रुद्रपरक मन्त्रोंको जमा कर "रुद्राष्टाध्यायी" (रुद्री) तैयार की गई है। वसिष्ठ अपने यजमान भरतोंको कहते हैं[५८] (७।४६)—

"हे भगतो, सुनो, यह हमारी वाणियां (कवितायें) स्थिर-धनुष, क्षिप्र-वाण चलानेवाले, अन्नवाले अजेय, विजेता, वेधा, तीक्ष्ण आयुधवाले रुद्रके लिये हैं।।१।।

"(हे रुद्र,) देवलोकसे छोड़ी गई जो तुम्हारी बिजली पृथिवीपर विचरण करती है, वह हमें बचावे। हे स्वयं पीनेवाले, तुम्हारे पास हजारों औषध हैं। तुम हमारे पुत्र-पौत्रोंकी हिंसा न करो।।३।।

"हे रुद्र, हमें न मारना, न त्यागना। क्रुद्ध हुये तुम्हारे बन्धनमें हम न पड़ें। जीवोंके प्रशंसनीय हमारे यज्ञमें आकर भागी बनो। तुम सदा स्वस्तिके साथ हमारी रक्षा करो।।४।।"

आंगिरस कुत्सके सूक्त[६०] (१।११४) से रुद्रके रूप-गुणका कुछ और पता लगता है—

"शक्तिशाली, जूड़ाधारी, शत्रुवीरों के नाशक रुद्रके लिये यह स्तुतियां हम लाते हैं, जिसमें कि दोपायों और चौपायोंका कल्याण हो। इस ग्राममें सभी पुष्ट और अरोग रहें ॥१॥

"हम दीप्तिमान् यज्ञसाधक वंकु कवि रुद्रको रक्षाके लिये आह्वान करते हैं। वह अपने दिव्य क्रोधको हमसे परे फेंके। हम उसकी सुमति (प्रसन्नता) चाहते हैं ॥४॥

"उस दीप्तिमान् सुन्दर, जटावान्, रूपधारी, द्यौलोकके वराहको नमस्कारसे हम आह्वान करते हैं। वह हाथमें अच्छे भेपज लिये हमारे वास्ते वर्म (रक्षा), सुख और घर प्रदान करे ॥५॥"

१६. वरुण—वरुण पुराना देवता है। विद्वानोंका कहना है, कि इसीको पारसियोंने अहुरमज्द (असुरमेध) माना। ईरानी और भारतीय आर्य शतवंशकी शाखाके हैं। उसकी दूसरी शाखा वाले स्लावों (रूसियों, चेकों आदि) में ईसाई होनेसे पहले पेरुन (परुन) *देवताकी बड़ी महिमा थी। पेरुन (परुन) यही वरुण है, इसमें[२] सन्देह नहीं। भारतमें इन्द्र ने वरुण के तेजको मलिन कर दिया, तो भी पुराने ऋषि वरुणकी प्रार्थना गद्गद् होकर करते हैं। वसिष्ठने कई ऋचायें वरुणकी स्तुतिमें रची हैं। यद्यपि वहां उसे विश्वे (सारे) देवोंमें सम्मिलित करके वरुणको गौण बना दिया। वह कहते हैं[६०] (७।३४)—

"सहस्र आंखोंवाले उग्र वरुण इन नदियोंके जलको देखते हैं ॥१०॥

"वह राष्ट्रोंके राजा, नदियोंके रूप हैं। वह अनुपम बल वाले और सर्वगामी हैं ॥११॥"

इन ऋचाओंसे जल और वरुणका सम्बन्ध स्पष्ट है।

---

*स्लाव्यान्ये व्-द्रेव्नोस्ति (न० स० देर्झाविन्, मास्क्वा १९४५)

वसिष्ठ वरुणकी स्त्री वरुणानीका भी उल्लेख करते हैं[६१] (७. ३४)— "द्यौ-पृथिवी हमें अभिलषित धन दे, वरुणानी हमारी स्तुति सुनें। त्वष्टा उपद्रव-नाशसे हमारे लिये सुन्दर गृहवाला हो। वह सुदानी हमें धन दे ।।२२।।"

वसिष्ठने अपने सातवें मण्डलके ८२-८५ सूक्तोंमें इन्द्र और वरुणकी साथ-साथ और ८६-८९ सूक्तोंमें केवल वरुणकी स्तुति की है। ६०-६५ सूक्तोंमें उन्होंने मित्र और वरुणका वर्णन किया है। इन सूक्तोंसे वरुणपर प्रकाश पड़ता है[६२] (७। ६०)—

"पुकारे गये उदय होते हे सूर्य, आज (हमें) निष्पाप करो, मित्र और वरुणके लिये सत्य होओ। हे अदिति, अर्यमा, देवताओंके पास हम स्तुति करते तुम्हारे प्रिय हों ।।१।।"

केवल वरुणकी स्तुतिपरक वसिष्ठकी कुछ ऋचायें हैं[६३] (७। ८६)—

"इस (वरुण) की महिमासे जन्म स्थिर हुये। जिसने विस्तृत द्यौ-पृथिवीको स्थापित किया। दर्शनीय महान् आकाश और नक्षत्रको उसने दोहरा फैलाया ।।१।।

"हे वरुण, देखनेका इच्छुक उस पापके बारे में मैं पूछता हूं। जाननेकी इच्छासे मैं पूछने जाता हूं। (सभी) कवियोंने एक सा मुझे कहा— 'यह वरुण तुझसे क्रुद्ध है' ।।३।।"

"हे तेजस्वी दुर्धर्ष बलशाली वरुण, क्या पाप था, कि तुम ज्येष्ठ-सखा (होते) अपने स्तुतिकर्त्ताको मारना चाहते हो; उसे मुझे बताओ, जिसमें मैं इस नमस्कारके साथ जल्दी तुम्हारे पास आऊं।।४।।

"हमारे पैतृक द्रोहोंको छोड़ दो, हमने शरीरसे जो किया, उसे भी (छोड़ दो)। हे राजन्, पशु खिलानेवाले चोरकी तरह, रस्सेमें बंधे बछड़ेकी तरह वसिष्ठको छोड दो ।।५।।

"पाप-रहित हो मैं दासकी तरह इच्छापूरक पोषक (वरुण) देवकी चाकरी करूं, उचित अर्य (स्वामी) देव चेतावै। वह भारी कवि धनके लिये प्रेरित करैं।।७।।"

भरद्वाजने देव-समुदायमें वरुणका नाम देकर बेगार सी टाली है। विश्वामित्रने जरूर वरुणके प्रति कुछ उदारता दिखलाई है, पर उतनी नहीं, जितनी कि वसिष्ठने। क्या इसीलिये तो वसिष्ठको मैत्रावरुणि (मित्र और वरुणका पुत्र) नहीं कहा गया? अपने मण्डल के अन्तिम सूक्त[६४] (३। ६२) में विश्वामित्रने इन्द्र और मित्रके साथ वरुणकी प्रशंसा की है—

"हे इन्द्र-वरुण, यह धनका इच्छुक महान् यजमान बराबर रक्षाके लिये तुम्हारा आह्वान करता है। मरुतो, द्यौ और पृथिवीके साथ तुम मेरी स्तुति सुनो ॥२॥

"हे सुकर्मा मित्र और वरुण, तुम दोनों हमारी गोशालाओंको घृतसे पूर्ण करो। हमारे आवासोंको मधुसे पूरा कर दो, सींच दो ॥१६॥"

वसिष्ठकी की हुई वरुणानीकी स्तुति को हम बतला चुके हैं[६५] (७।३४।२२)

१७. **वायु**—विश्वामित्रके पुत्र मधुच्छन्दा वायु देवताकी स्तुति करते हैं[६६] (१।२)—

"हे दर्शनीय वायु, आओ, सोम सजे हैं। उन्हें पीयो और स्तुति सुनो ॥१॥

"हे वायु, सोम छानते समय जाननेवाले स्तुतिकर्त्ता उक्थों (साम-गान) से अच्छी तरह तुम्हारी स्तुति करते हैं।

१८. **वास्तोष्पति**—घरोंका देवता इस नामसे पुकारा जाता था। वसिष्ठने कहा है[६७] (७।५५)—

"हे रोगनाशक वास्तोष्पति, सभी रूपोंमें आवेश कर तुम हमारे सुख-कर सखा बनो ॥१॥

"हे अर्जुन (गोरे) सरमा-पुत्र, पिशंग (सुवर्ण वर्ण), जब खाते तुम दांतों को दिखाते हो, तब ओठोंके पास हथियारकी तरह वे चमकते हैं। इस समय तुम सो जाओ ॥२॥

१९. **विश्वकर्मा**—ऋग्वेदी विश्वकर्माका पीछेके देवशिल्पी विश्वकर्मा से कोई सम्बन्ध नहीं है। विश्वकर्माका वर्णन ऋग्वेदके सबसे पीछेके दसवें मण्डलमें आया है। वहांके वर्णनसे वह विश्व (संसार) का बनानेवाला

जान पडता है। भुवन-पुत्र विश्वकर्मा इस सूक्त[६७] (१०। ८१) के ऋषि हैं, जो कल्पित मालूम होते हैं। भुवन नामको सूक्तकी पहली ऋचासे लिया गया है, और विश्वकर्माको इस सूक्तमें चार बार दोहराया गया है।

"जिसने हमारा पिता हो इस सारे भुवनको हवन किया। वह आशीर्वादसे धनकी कामना करता पहले ढाँक कर दूसरेमें प्रविष्ट हुआ।।१।।

"क्या अधिष्ठान (आधार) है, आरम्भ कौन सा और कैसे (काम) हुआ था, जिससे सर्वदर्शी विश्वकर्माने भूमिको उत्पन्न किया, (अपनी) महिमासे द्यौको बनाया।।२।।

"चारों ओर चक्षु और चारों ओर मुँह, चारों ओर बाहु और चारों ओर पैरं वाला वह एक देव, उत्पन्न करते दोनों बाहुओं-पैरोंसे द्यौ और पृथिवीको कंपित करता है।।३।।

"क्या वन था, क्या वह वृक्ष था, जिससे (विश्वकर्माने) द्यौ और पृथिवीको गढा। हे मनीषियो, मनसे यह पूछो, जो कि भुवनोंको धारण करते, (वह) जिसपर अधिष्ठित हुआ।।४।।"

२०. **विष्णु**—यह ऋग्वेदके गौण देवताओंमें है। पीछेके विष्णुकी कल्पनामें ऋग्वेदके इन मंत्रोंका सहारा उसी तरह लिया गया है, जिस तरह शिवकी रचनामें ऋग्वेदके कपर्दी रुद्रका। पर, वैदिक आर्योंको पौराणिक या महाभारतके विष्णु और रुद्रसे कोई मतलब नहीं था। वसिष्ठने एक सूक्त[६८] (७। १००) में विष्णुकी महिमा गाई है—

"दान-इच्छुक मर्द बहुतों द्वारा यशोगान किये गये विष्णुको हवि देता है। जो मनसे विष्णुकी सेवा करता है, वह इतना (शीघ्र ही) पाता है।।१।।

"इस देवने सौ किरणों-सहित इस पृथिवीको अपनी महिमासे तीन बार विक्रमण किया। वृद्धसे अतिवृद्ध, शक्तिशालियोंसे अतिशक्तिशाली विष्णु दीप्तिमान् हों, इस बृद्धका नाम हो।।३।।

"मनुष्यके क्षेत्रके लिये देनेकी इच्छासे विष्णुने इस पृथिवीको विक्रमण किया (लांघा)। इसकी स्तुति करनेवाले जन स्थिर हैं। सुन्दर स्त्रियोंवाली विस्तृत क्षितिको उस (विष्णु) ने बनाया।।४।।"

२१. **सरस्वती**—सरस्वती वेदकी एक प्रमुख देवी थीं। कुरुक्षेत्रके पास बहनेवाली सरस्वती भी पीछेकी गंगाकी तरह ऋग्वेदिक आर्योंमें एक श्रेष्ठ देवी मानी जाती थी। सरस्वती का शब्दार्थ सर (जल) वाली है। गंगा अपनी धारासे अलग नहीं है, पर सरस्वती धारासे अलग भी देवी मानी जाती थी। इसके रूपका कुछ पता वसिष्ठ और विश्वामित्र-के मन्त्रोंसे मालूम होता है। वसिष्ठने कई सूक्तों[६९] (७।९५-९६) में सरस्वती की स्तुति की है। वह पहले सूक्तमें[७०] (७। ९५) कहते हैं—

"यह सरस्वती पाषाणमें दुर्गकी तरह पंख और वेगवाले जलके साथ दौड़ती है। अपनी महिमासे अन्य सिन्धुओं (नदियों) को बाधित करती वह रथीकी तरह जाती है।।१।।

"नदियोंमें शुचि, गिरियोंसे समुद्र तक जाती, अकेली यह सरस्वती मनुष्योंके लिये भुवनके भूरि धनको चेताती घी और दूधको दुहाती जाती है।।२।।

"हे सुभगा सरस्वती, तुम्हारे लिये यह वसिष्ठ यज्ञका द्वार खोलता है। हे शुभ्रवर्णा, बढ़ो, स्तोताको अन्न दो। तुम सदा हमें स्वस्तिके साथ पालन करो।।६।।"

अगले सूक्त[७१] (७। ९६) में वसिष्ठ कहते हैं—

"हे वसिष्ठ, नदियोंमें बलवती सरस्वतीके लिये बड़ा गान करो। द्यौ और पृथिवीमें सरस्वतीको ही सुन्दर स्तोमों (स्तुतियों) द्वारा पूजो।।१।।

"हे शुभ्रवर्णा, तेरी महिमासे पुरु लोग (दिव्य और मानुष) दोनों प्रकार का अन्न प्राप्त करते हैं। वह मरुतोंकी सखी रक्षिका (सरस्वती) धनिकोंके धनको हमारे पास भेजे।।२।।"

विश्वामित्रको सरस्वतीकी महिमा विशेष तौरसे गानी चाहिये थी, क्योंकि उनके कुलवाले कुशिक लोग सरस्वतीके तटपर रहते बतलाये जाते हैं। लेकिन, उन्होंने ऐसा पक्षपात नहीं दिखलाया। एक जगह[७२] (३।४।८) इळा और भारतीके साथ सरस्वती और सारस्वतोंका उल्लेख उन्होंने किया है, जिसे हम इळाके प्रकरणमें देख चुके हैं।

भरत जनके ऋषि देवश्रवा, देववात एक ही जगह सरस्वतीके साथ उसकी दो सहायक नदियोंका वर्णन करते हैं [७] (३। २३। ४)—

"हे अग्नि, हम अन्नस्थान उत्तम पृथिवीमें सदा सुदिनके लिये तुम्हारी स्तुति करते हैं। दृषद्वती, आपया, सरस्वतीके तटके मनुष्योंके लिये धनयुक्त हो तुम दीप्तिमान बनो ।।४।।"

इस ऋचामें आई दृषद्वती, आपया, सरस्वती हरियानामें बहनेवाली घग्गर, मरकण्डा और सरस्वती नदियां हैं, यह हम पहले कह चुके है।

भरद्वाज के कथनानुसार [७] (६।६१) यह भी मालूम होता है, कि सरस्वतीनें ही दिवोदासको प्रदान किया था—

"इस सरस्वतीने दानी वध्रचश्वको ऋण-रहित अपराजित दिवोदास प्रदान किया। हे सरस्वती, जिसने लोभी, कंजूस पणिका भक्षण किया, उस तेरा दान बल-युक्त है ।।१।।

"यह सरस्वती भिस खोदनेवालेकी तरह अपनी बल-शक्ति-लहरोंसे गिरियोंकी सानुको तोडती है। हम तटोंके तोडनेवाली सरस्वतीकी भक्ति सुन्दर स्तुतियों द्वारा करते हैं।।२।।

"प्रियोंमें प्रिया सुसेविता सात बहनोंवाली सरस्वती हमारे लिये स्तुति-योग्य हो।।१०।।

"हे सरस्वती, हमें उत्तम धनमें ले जाओ, हमें हानि न पहुंचाओ। जलसे हमारा ध्वंस न करो। हमारी मित्रता और पड़ोसको स्वीकार करो। तुम्हारे क्षेत्रमें हम अरण्यमें न भटकें ।।१४।।"

२२. **सविता**—गायत्री छन्दमें विश्वामित्र द्वारा रचित सविताकी स्तुति मशहूर है। यद्यपि गायत्री आठ अक्षरोंवाले तीन पादोंके किसीभी गीति छन्दको कह सकते हैं, लेकिन सविताकी महिमा गानेके कारण इस ऋचाका सावित्री, या गायत्री नाम हो गया। [७१] (३। ६२)—

"सविता देवताके उस श्रेष्ठ तेजको हम ध्यान करते हैं, जो हमारी बुद्धियोंको प्रेरित करै।।१०।।

"भग सविता देवतासे हम अन्न मांगते हैं।।११।।

वह सुकृती सविता देवता (अपनी) सुनहली बाहुओंको सवन देनेके लिये ऊपर उठाते हैं। युवा सुदक्ष महान् सविता लोकके रक्षणकेलिये दोनों हाथोंको घृत (जल)से प्रेरित करते हैं।।११।। [७६] (६।७१)

"सुनहली जीभवाले हे सविता, सुखद अहिंसक तेजोंसे आज हमारे घरकी रक्षा करो। नये सुखके लिये रक्षा करो। अहित करनेवाला हम पर शासन न करे।।३।।

वह सुवर्णपाणि, लौह-हनु, मधुर-जिह्व, यशस्वी सविता देवता प्रदोष कालमें उगें। वह दाताके लिये बहुत अन्न प्रेरित करें।।४।।

हे सविता, आज धन, कल धन हमारे लिये दिनप्रति-दिन धन प्रदान करो। हे देव, इस स्तुति द्वारा बहुत निवासके हम धनभागी होवें।।६।।

२३. सोम—ऋग्वेदका नवम मंडल सोमका मंडल है। भरद्वाज, वसिष्ठ और विश्वामित्र तीनों ऋषियोंने सोमकी प्रशंसामें सूक्त रचे हैं। सोम भांगकी जातिका एक नशीला पौदा था, जिसमें ऋषियोंने दिव्यताकी कल्पना की। पेय सोम और उसमें वास करने वाले सोम-देवताके भी गुणोंका वह वर्णन करते हैं। इन्द्र, अग्नि और दूसरे देवता सोमके बहुत प्रेमी थे। भरद्वाजने उन्हींके प्रकरणमें सोमकी महिमा गाई है। उनके पुत्र गर्गने एक सूक्त ही [७७] (६।४७) सोमके सम्बन्धमें रचा है, जिसमें पेय सोमके गुणोंका भी वर्णन मिलता है—

"यह निश्चय स्वादु है, और यह तीव्र मधुमान (मीठा) है, और यह रसवान् है। इसके पीनेवाले इन्द्रको युद्धमें कोई परास्त नहीं कर सकता।।१।।

"यह स्वादु है, यह अति मद-दायक है, जिससे कि इन्द्र वृत्रयुद्धमें मस्त हुआ, जिसने शम्बरकी निन्नानवें पुरियोंको नष्ट किया।।२।।

"जिसने पृथिवीके विस्तार, द्यौके शरीरको बनाया, वह यह (सोम) है। सोम तीन चीजों (औषध, जल, गाय) में पीयूष (अमृत) देता है, विस्तृत आकाशको धारण करता है।"।४।

वसिष्ठ, विश्वामित्र और वामदेवने सोमकी प्रशंसा देवताओंके दिव्य पानकी तरह की है।

असित, देवल ऋषियोंके दो होनेका सन्देह वैदिक-परम्परामें मिलता है। पर, जान पड़ता है, ऋषिका असली नाम देवल था, अधिक गोरा होनेके कारण उन्हें अ-सित कहा जाता था। असित बौद्ध त्रिपिटकमें मिलते हैं। मज्झिम निकायके अस्सलायण सुत्त (२।५।३) में बुद्धने असित-देवलको एक महान् ऋषिके तौरपर याद किया है। देवलने सात ब्राह्मण ऋषियोका मान-मर्दन किया था। देवलसे रुष्ट होकर सातों ऋषियोंने शाप दिया, पर देवलपर उसका कोई प्रभाव नहीं पड़ा। ऋषियोंने पूछा—"आप कौन हैं?"

जवाब मिला—"आप लोगोने असित देवल ऋषिको सुना है?"

"हां, भो।"

"वही मैं हूँ।"

वह गोत्रसे काश्यप और सोमके खास तौरसे ऋषि थे, । उन्होंने नवें मण्डलमें सोमकी स्तुतिमें १९ सूक्त (६—२४) रचे हैं।

नवां मण्डल सारा ही सोमकी स्तुतिवाले सूक्तोंका संग्रह है, जिसके ऋषि हैं—१. मधुच्छन्दा (विश्वामित्र-पुत्र), २. मेधातिथि, ३. कण्व आंगिरस, ४. सुनःशेप अजीगर्त-पुत्र, ५. हिरण्यस्तूप आंगिरस, ६. असित-देवल, ७. दृढच्युत, ८. इघ्मबाह दृढच्युत-पुत्र, ९. नृमेघ आंगिरस, १०. प्रियमेधं काण्व, ११. विन्दु आंगिरस, १२ रहूगण गोतम-पिता, १३. श्यावाश्च ऐतरेय, १४. तृत आप्त्य, १५. प्रभूवसु आंगिरस, १६. वृहन्मति आंगिरस, १७. मेध्यातिथि काण्व, १८. अयास्य आंगिरस, १९. कवि भृगु-पुत्र, २०. उचथ्य आंगिरस, २१. अवत्सार काश्यप, २२. अमहीयु आंगिरस, २३. यमदग्नि भार्गव, २४. निध्रुबि काश्यप, २५. कश्यप मरीचि-पुत्र, २६ भृगु वरुण-पुत्र, २७. वैखानस, २८. भरद्वाज बृहस्पति-पुत्र, २९. भौम आत्रेय, ३०. विश्वामित्र गाधि-पुत्र, ३१. वसिष्ठ मित्रावरुण-पुत्र (१९-२१), ३२. पवित्र आंगिरस, ३३. वत्सप्री भलंदन-पुत्र, ३४. रेणु विश्वामित्र-पुत्र, ३५. ऋषभ विश्वामित्र-पुत्र, ३६. हरि-

मन्त आंगिरस, ३७. कक्षीवान् दीर्घतमा-पुत्र, ३८. वसु भरद्वाज, ३९. प्रजापति वाक्-पुत्र, ४०. वेन भार्गव, ४१. आकृष्टमाष आत्रेय, ४२. सिकता आत्रेयी, ४३. अज आत्रेय, ४४. गृत्समद, ४५. उशना काव्य, ४६. नोधा गोतम-पुत्र, ४७. प्रस्कण्व कण्व-पुत्र, ४८. प्रतर्दन दिवोदास-पुत्र, ४९. इन्द्रप्रमति, ५०. वृषगण, ५१. मन्यु, ५२. उपमन्यु, ५३. व्याघ्रपाद वासिष्ठ, ५४. शक्ति वसिष्ठ-पुत्र, ५५. कर्णश्रुत्, ५६. मृलीक, ५७. वसुक्र, ५८. पराशर शक्ति-पुत्र, ५९. वत्स आंगिरस, ६०. अम्बरीष वृषागिर-पुत्र, ६१. ऋजिश्वा भरद्वाज-पुत्र, ६२. रेभ काश्यप, ६३. अध्रिगु श्यावाश्व-पुत्र, ६४. ययाति नहुष-पुत्र, ६५. नहुष मनु-पुत्र, ६६. मनु संवरण-पुत्र, ६७. त्रिश्वामित्र वाक्-पुत्र, ६८. प्रजापति वाक्-पुत्र, ६९. तृत आप्य, ७१. पर्वत काण्व, ७२. नारद काण्व, ७१. शिखंडिनी काश्यपी, ७२. अग्नि चक्षु-पुत्र, ७३. चक्षु मनु-पुत्र, ७४. मनु आप-पुत्र, ७५. गौरिवीति शक्ति-पुत्र, ७६. उरु आंगिरस, ७७. ऊर्ध्वसद्मा आंगिरस, ७८. कृतयशा आंगिरस, ७९. ऋणंचय, ८०. धिष्ण्य ईश्वर-पुत्र, ८१. त्र्यरुण, ८२. त्रसदस्यु, ८३. अनानत परुच्छेप-पुत्र, ८४. शिशु आंगिरस। इन ८४ ऋषियों द्वारा रचित सोम-स्तुतियां नवें मण्डलके रूपमें एकत्रित कर दी गई हैं। इनमें एक ओर भरद्वाजसे पहलेके भी कश्यप आदि ऋषि हैं, और दूसरी तरफ वसिष्ठके पुत्र शक्ति तथा उनके पुत्र पराशर और गौरिवीतिकी ऋचायें भी मौजूद हैं। मण्डलका आरम्भ विश्वामित्र-पुत्र मधुच्छन्दा की ऋचा से हुआ है।

§३. पितर आदि

इन्द्र आदि देवताओंके अतिरिक्त आर्य अपने पहले के पूर्वजों, पितरोंको भी पूजते थे, और मानते थे, कि वह देवताओंके लोकमें विराजमान हैं। यम-पुत्र शंख, यह संदिग्ध सा नाम है, उसी तरह विवस्वान्के पुत्र यम भी कल्पित हैं। इन दोनों पिता-पुत्रोंने पितरोंका काफी गुणगान किया है [७८] (१०।१४)—

"यमने हमारे गमनको सबसे पहले जाना। उनका यह मार्ग नष्ट नहीं किया जा सकता। जहां हमारे पुराने पितर गये, उसी अपने रास्ते (सारे) जन्तु जायेंगे ॥२॥

"कव्य (पितरोंके लिये पूजा-द्रव्य) से मातली, अंगिरों (पुरोहितों) से यम, ऋक्वों (ऋचाओं) मे बृहस्पति बढ़े। जिनको देवताओंने बढ़ाया, और जिन्होंने देवोंको, उनके लिये स्वाहा (है), दूसरे (पितर) स्वधासे प्रसन्न होते हैं ॥३॥

"हे यम, अंगिरों-पितरोंके साथ इस प्रस्तर (यज्ञ) में आकर बैठो। तुम्हें कवियोंके गाये मन्त्र (यहां) लावें। हे राजन्, इस हविसे तुम प्रसन्न हो, यजमानको प्रसन्न करो ॥४॥

"जाओ, प्राचीन मार्गोंसे (वहां) जाओ, जहां कि हमारे पुराने पितर गये हैं। यम और वरुणदेवको देखो। दोनों राजा स्वधासे प्रसन्न हैं ॥७॥"

"चार आंखोंवाले सरमा-पुत्र दोनों काले कुत्तोंको अच्छे मार्गसे हटाओ। और यमके साथ आनन्दसे रहते विज्ञ पितरोंके और यमके साथ आओ ॥१०॥

"हे यम, मनुष्योंके द्वारा प्रशंसनीय पथपाल, संरक्षक तुम्हारे वह जो चार आंखोंवाले दोनों श्वान हैं, उनके द्वारा हे राजन्, इसकी रक्षा करो और इसे स्वस्तिसे निरोग रक्खो ॥११॥

"बड़ी नाकोंवाले प्राणभक्षक अतिबलवान् यमके दोनों दूत लोगोंके पीछे-पीछे चलते हैं। वह दोनों (हमें) सूर्यको देखनेके लिए पुनः यहां अच्छा प्राण प्रदान करें ॥१२॥

"यमके लिये सोम छानो, यमके लिये हविका हवन करो। अग्निदूत अलंकृत यमके पास जाता है ॥१३॥

"यम राजाके लिये मधुमत्तम (अतिमधुर) हविका हवन करो। पुराने पथकर्त्ता पूर्वज ऋषियोंके लिये यह (मेरा) नमस्कार है ॥१५॥"

यम नामके कल्पित ऋषिने अपने सूक्तमें यमकी महिमा गाई है। उनके कल्पित पुत्र शंखने पितरोंके बारेमें कहा है[७०] (१०।१५)—

"उत्तम, मध्यम और साधारण सोमपायी पितर अनुग्रह करें। अमित्र होकर जो धर्मज्ञ हमारे प्राणरक्षाके लिये यज्ञमें आये हैं, वे हमारे पितर हमारी रक्षा करें ॥१॥

"जो कि पूर्वके हैं, जो कि ऊपर गये हैं। जो पार्थिव लोकमें बैठे हैं, या जो निश्चय सम्पन्न लोगोंमें हैं, आज पितरोंके लिये यह नमस्कार (है) ॥२॥

"पितरो, लाल ज्वालाओंके पास बैठे दाता मनुष्यके लिये धन दो। उसको पुत्र दो, उसे यहां उत्साहित करो ॥७॥

"जो हमारे पूर्वके पितर वसिष्ठोंने सोमपानकी कामना की थी, उनके साथ हविको प्राप्त कर यम सुखी हों तृप्त हों ॥८॥

"जो अग्निसे दग्ध, जो अग्निसे अदग्ध (न जलाये गये) द्यौलोकके मध्यमें स्वधासे संतुष्ट (पितर) हैं। हे स्वराज, उनके साथ एक हो इस सुनीति शरीरको यथाशक्ति बनाओ ॥१४॥"

पितर-सम्बन्धी इन ऋचाओंसे आर्योंका अपने मृत पितरोंके संबंधमें क्या विश्वास था, इसका पता लगता है। वह समझते थे, कि पितर यम देवताके साथ विशेष सम्बन्ध रखते हैं, वह उनके कृपापात्र हैं। अपनी सन्तानोंके पास उनकी पूजा-भक्ति स्वीकार करनेके लिये वह आते हैं। यमके चार-चार आंखवाले दो काले कुत्ते परलोकके यात्रियोंके लिये बड़े भयंकर जन्तु हैं। लंबी नाकोंवाले दो प्राण खानेवाले यमदूत भी कम भयंकर नहीं हैं। देवताओंके लिये स्वाहारूपी अन्न आधार है, और पितरोंके लिये स्वधा।

§४. सकाम कर्म

ऋग्वेदके ऋषियों और उनके प्राचीन वंशजोंको निष्काम कर्मसे कोई वास्ता नहीं था। वह गोसाईजीके इस वाक्यके माननेवाले थे—"सुर नर मुनिकी ये ही रीती। स्वारथ लागि करहिं सब प्रीती।" वह देवताओंके लिये यज्ञ, हवन या सोमपान करते-कराते उनके सामने बराबर अपनी अभिलाषायें रखते थे। उनका मोटो था—"देहि मे ददानि ते" (मुझे दो

फिर मैं तुम्हें दूंगा)। वृहस्पति-पुत्र भरद्वाजकी अग्निसे यह प्रार्थना उनके भावको बतलाती है[८०] (६।१)—

"जो तुमने द्यौ और पृथिवीको विस्तृत किया, (वह तुम) प्रशंसासे प्रशंसनीय और प्रभासे रक्षक हो। हे अग्नि, बहुत अन्न और विशेष धन द्वारा हम लोगोंको धनवान् बनाओ, दीप्त करो ॥११॥

"हे वसु, हमें मनुष्यों-सहित धन दो, हमारे पुत्रों-पौत्रोंको बहुत पशु दो। पहले (जिसकी) कामना की गई, (वह) बड़ा धन, भद्र यश हमें प्राप्त हो ॥१२॥

"हे राजा अग्नि, तुमसे हम बहुत प्रकारके धन और धान्य पायें। हे बहुत श्रेष्ठ राजा अग्नि, तुम्हारे पास बहुतायत है तुम्हारे पास बहुतसे धन हैं ॥१३॥"

भरद्वाज अग्निसे सौ वर्ष जीनेकी कामना करते हैं[८१] (६।४)—

"हे अग्नि, शत्रुओंसे रहित रास्तेसे हमें शीघ्र स्वस्तिके पास पहुंचाओ। पाप दूर करो, स्तुति करनेवाले सूरियोंको जो देते हो, उस सुखके साथ हम सुन्दर वीर सन्तानों-सहित सौ वर्ष जीयें ॥८॥"

उनकी अग्निसे दूसरी याचना है[८२] (६।५)—

"हे अग्नि, तुम्हारी रक्षासे उस कामनाको हम पायें। धन-युक्त, वीर-सन्तान-सहित धन प्राप्त करें। अन्नकी कामना करते अन्नको पायें। तुम्हारे अजरामर यशको प्राप्त करें ॥७॥"

और भी[८३] (६।२४)—

"हे इन्द्र, भक्तको तुम रक्षाके लिये सेवन करो। यहांके शत्रुओंसे (उसकी) रक्षा करो। वन और घरमें शत्रुओंसे इसकी रक्षा करो, हम सौ हिम (वर्ष) सुवीर्य सन्तानों-सहित आनंदसे रहें ॥१०॥"

वसिष्ठ भी आदित्य देवतासे सौ शरद (वर्ष) जीनेकी कामना करते हैं[८४] (७।६६)—

"वह देवहितैषी श्वेत-चक्षु उग रहा है।

कल्याणके लिये सात बहिनें (किरणें) सुनहले रथमें सूर्यको बहन करती हैं ।।१५।।

"वह देवहितैषी शुक्लनेत्र उग रहा है। हम सौ शरद (वर्ष) देखें, सौ शरद जीयें ।।१६।।"

वसिष्ठ मरुत् देवताओंसे कामना करते हैं[८५] (७।५९)—

"सुगन्धी पुष्टिवर्धक त्र्यम्बककी हम उपासना करते हैं। वह बंधनसे बेरकी तरह मुझे मुक्त करें, अमृतसे नहीं ।।१२।।"

फिर वरुणसे वसिष्ठ कहते हैं[८६] (७।८८)—

"इन ध्रुव भूमियोंमें रहते अदितिके पास (हम) रक्षाकी इच्छा करते हैं, वरुण, हमें बंधनसे मुक्त करें। तुम सदा स्वस्तिके साथ हमारी रक्षा करो ।।७।।"

विश्वामित्रकी एकसे अधिक बार प्रार्थना है[८७] (३।३०।२२,३।३१।२२)

"हम शीघ्रगामी, मघवा (धनवान्) श्रेष्ठ नेता, श्रोता, उग्र शत्रुओंके घातक धनवान् इन्द्रको इस आये युद्धमें रक्षाके लिये यज्ञमें पुकारते हैं। ।।१०।।"

वामदेव इन्द्रसे प्रार्थना करते हैं[८८] (४।३०)—

"हे वृत्रहन्ता, तुमने अन्धों और पंगुओं दोनोंको मुक्त किया। तुम्हारा वह सुख हटाया नहीं जा सकता ।।१९।।"

दिवोदास-पुत्र परुच्छेपने पिशाचोंसे बचनेके लिए इन्द्रसे प्रार्थना की[८९] (१।१३३)—

"हे इन्द्र, चिल्लानेवाले पिशंग (पीले) रंगवाले पिशाचका नाश करो, सारे राक्षसोंको खतम करो ।।५।।"

सूर्याके रूपमें कोई स्त्री या पुरुष ऋषि, पत्नीकी कामना करता है[९०] (१०।८५)—

"तुम दोनों यहीं रहो, बिछड़ो नहीं, पुत्रों और नातियोंके साथ खेलते अपने गृहमें मुदित रहते सारी आयुको प्राप्त करो ।।४२।।"

§५. अर्चना की सामग्री

यह बतला चुके हैं, कि देवताओंको प्रसन्न करनेके लिये सप्तसिन्धुके आर्योंके पास दो क्रियामें थीं—अग्निमें हवन करना और सोम तैयार करके चमुओं और कलशोंमें रखकर देवताओंको अर्पित करना। हवनकी सामग्री नाना प्रकारकी होती थी, जिनमेंसे कितनों हीका पता विश्वामित्रकी ऋचाओंसे मालूम होता है[११] (३।२८)—

"हे जातवेद, स्तुतिरूपी धनवाले अग्नि, प्रातः सवनमें हमारे पुरोडाश हविका सेवन करो।।१।।

"हे अति तरुण अग्नि, तुम्हारे लिये परिष्कृत पुरोडाश पकाया गया है, उसका तुम सेवन करो।।२।।

"हे अग्नि, पुकारे गये तुम दिनके अन्तमें पुरोडाशको लाओ, तुम साहसके पुत्र और यज्ञमें अवस्थित हो।।३।।

"हे जातवेद कवि, यहां मध्याह्नवाले सवनमें पुरोडाशका सेवन करो। हे अग्नि, यज्ञमें धीर लोग महान् तुम्हारे भाग को नष्ट नहीं करते।।४।।

"हे साहसके पुत्र अग्नि, तृतीय सवनमें हवन किये गये पुरोडाशकी कामना करो। और स्तुतिके साथ अमर देवताओंमें अविनाशी जागरूक रत्नवान् सोम को (ले जाकर) स्थापित करो।।५।।

"हे जातवेदा अग्नि, आहुतिको बढ़ाते दिनके अन्तमें पुरोडाश सेवन करो।।६।।"

देवताओंके लिये हवन या सोमपानकी क्रियायें तीन समय हुआ करती थीं, जिनको तीन सवन कहते थे। सबेरे होनेवालीको प्रातःसवन, मध्याह्नमें होनेवाली को माध्यन्दिन सवन और शामवालीको तृतीयसवन या सायंसवन कहते थे। विश्वामित्रने अपने इस सूक्तमें तीनों सवनोंका उल्लेख किया है। पुरोडाश पीछे दूधमें पके चावलवाली खीरको कहा जाने लगा, लेंकिन सप्तसिन्धु के आर्य चावलका कहीं जिक्र नहीं करते। उसकी जगह जौ को डालकर वह पुरोडाश बनाते थे। इसका यह अर्थ नहीं, कि सप्तसिन्धुमें चावल नहीं होता था। मोहनजोडरो और हड़प्पाके लोग चावल खाते थे, यह हमें

वहांकी खुदाईसे पता लगा है। पर, जान पड़ता है, आजकलके पंजाबियोंकी तरह तीन हजार वर्ष पहलेके आर्य भी चावलको उपेक्षाकी दृष्टिसे देखते थे।

जौ और दूध मिलाकर जो हवि तैयार की जाती थी, उसका विश्वामित्रने उल्लेख किया है[१२] (३।४२)—

"हे कामनापूरक इन्द्र, आकर इस **गवाशिर** और **यवाशिरको** पीयो ॥७॥

"हे इन्द्र, अपने घरमें सोम पीनेके लिये तुम्हें मैं प्रेरित करता हूँ। यह तुम्हारे हृदयको प्रसन्न करे ॥८॥

"हे इन्द्र, रक्षाके इच्छुक हम कुशिक लोग छाने **सोमको** पीनेके लिये तुम पुरातन को बुलाते हैं ॥९॥"

आशिर दूधके पाकको कहते थे। जौकी खीरको यवाशिर कहा जाता था, और गवाशिर केवल गायके दूधको पकाकर बनाया जाता था। यह पुरोडाशके भेदोंमेंसे था।

विश्वामित्र और भी हवियोंका उल्लेख करते हैं[१३] (३।५२)—

"हे इन्द्र, हमारे उक्थ (स्तोत्र) युक्त दानावाले **करम्भ** (सत्तू) वाले **अपूप** (रोटी) वाले हविको सबेरे सेवन करो ॥१॥

"हे इन्द्र, पके **पुरोडाशको** तुम सेवन करो और भोजन करो। हव्य तुम्हारे लिये गमन करती है ॥२॥

"हमारे **पुरोडाशको** भक्षण करो और हमारी वरुणीको वैसे ही पसन्द करो, जैसे कामी (पुरुष) स्त्रीको ॥३॥

"हे सदासे प्रसिद्ध इन्द्र, प्रातःसवनमें हमारे **पुरोडाशको** सेवन करो। तुम्हारा कर्म महान् है ॥४॥

"यहां माध्यन्दिन सवनके (भूने) दानों और सुन्दर पुरोडाशको हे इन्द्र, स्वीकार करो। जो कि शीघ्रता करनेवाला वृषभ बना प्रशंसा करनेवाला स्तोता वाणियों द्वारा (तुम्हारी) प्रार्थना करता है ॥५॥

"तृतीयसवनमें हे बहुप्रशंसित, हमारे दाने हवन किये पुरोडाशको

भोजन करो। हे कवि, हम तत्पर हो स्तुतियों द्वारा तुम्हारी सेवा करते प्रार्थना करते हैं ।।६।।

"हरे अश्वोंवाले पूषन्, तुम्हारे लिये **करम्भ** (सत्तू) और **दाना** हम लाते हैं। हे शूर विद्वान् वृत्रहन्ता (इन्द्र), मरुतोंके साथ गण-सहित अपूप (रोटी) खाओ, सोम पीयो ।।७।।"

यहां जौके भुने दाने, भुने जौके पिस कर बने सत्तू, जौकी रोटी और सोमरसको देवताओंकी पूजाकी सामग्री (हवि) बतलाया गया है।

इन्द्रको सोम पीनेकी प्रार्थना करते विश्वामित्र फिर कहते हैं[१४] (३।५३)।

"हे इन्द्र, उस **सोमको** तुम पीयो, फिर जाओ। तुम्हारी कल्याणी जाया रमणीय घरमें है। जहां रथकी बड़ी निधि है, वह दक्षिणा-युक्त अश्वका छोड़नेका स्थान है ।।६।।"

वामदेव गौतम इन्द्रकी पूजाके बारेमें कहते हैं[१५] (४।३२)—

"हम इन्द्रसे रथमें जुड़नेवाले हजार घोड़े सौ **सोमको** खारियां मांगते हैं, ।।१७।।"

खारी पिछले कालमें कई मन भारी तौलको कहते थे। पालिमें मापके तौलके अतिरिक्त झोलीको भी खारी कहते थे। हो सकता है, यहां वामदेवने सौ झोलियों या सौ गट्ठर सोमके मांगे हों।

सुतम्भर ऋषिके कथन[१६] (५।१४) से यह भी मालूम होता है, कि श्रुवामें घी लेकर उसे अग्निमें डाला जाता था—

"घृत चूते श्रुवासे हवि ले जानेके लिये उस अग्निकी बहुतेरे स्तुति करते हैं ।।३।।"

२. **पशु-बलि**—अन्न और सोमके अतिरिक्त पशुओंको भी देवताओंके लिये हवन किया जाता था। वीतहव्य-पुत्र अरुणके कथन[१७] (१०।९१) से यज्ञके पशुओंके कुछ नाम इस प्रकार हैं—

"जिसमें **घोड़े**, **वृषभ** (सांड़), **बैल**, **बहिला** (गायें), **मेष** हवन किये जाते हैं। जल पीनेवाले, सोमकी पीठपर रहनेवाले विधाता अग्निके लिये मैं हृदयसे सुन्दर स्तुति बनाता हूँ ।।१४।।

१४

"जैसे श्रुवामें **घी**, चमूमें **सोम** वैसे ही हे अग्नि, हम तुम्हारे मुँहमें हवि रखते हैं। हमें तुम अन्न, धन, प्रशस्त सुवीर्य सन्तान और बड़े यशको प्रदान करो ॥१५॥"

वसुक्र ऐन्द्र ऋषि इन्द्रके लिये वृषभ (सांड़) और मोटे मेषके पकानेकी बात करते हैं[९८] (१०।२७)—

इन्द्र कहते हैं—"हे भक्त, मेरा स्वभाव है, कि सोम सवन करने वाले यजमानको (धन) देता हूं। जो अ-हव्यवस्तु देता है, सत्यको नष्ट करता है, पापी और चोर है, उसका मैं नष्ट करनेवाला हूं ॥१॥"

ऋषि कहते हैं—"न-देवभक्तों (अपना) शरीर भरने वालोंको जब मैं युद्धके लिये ले जाता हूँ। तब तुम्हारे लिये मोटे **वृषभको** पकाता हूं, और पंद्रहवीं (अमावस्या) को तीव्र छाने हुए सोमका सेचन करता हूं ॥२॥"

वही ऋषि फिर[९९] (१०।२७।) कहते हैं—

"मोटे **मेषको** वीरोंने पकाया था, जूयेके स्थानमें पासे फेंके हुए थे। दो बड़े धनुषोंको लेकर (वह) पवित्र-युक्त शोधन करते जलके भीतर विचरण करते हैं ॥१७॥"

दीर्घतमा ऋषि सोंधे घोड़ेको पकते बतलाते हैं[१००] (१।१६२)—

"जो पक्व **घोड़ेको** देखते हैं। जो कहते हैं 'सोंधा है, देवताओंको प्रदान करो'। जो घोड़ेके मांस-भोजनका सेवन करते हैं, उनकी कामना हमें प्राप्त हो ॥१२॥

"जो (यह) मांस पकानेकी उखा (हंड़िया) में (उसे पकाते) देखते, जो पात्रोंमें जूसको डालते हैं। चरुओंके मुँहको ढांक गरम रखते, **सूना** (काटनेके पीढ़े) पर **अश्वको** सजाते हैं ॥१३॥"

गाय, घोड़े, मेषके अतिरिक्त अजा (बकरी) मांसको भी देवताओंको अर्पित किया जाता था, इसे बतलानेकी अवश्यकता नहीं।

§६. मन्त्र-तन्त्र

देवताओंको हवि और सोमसे प्रसन्न करके ऋषि प्रिय वस्तुओंको

मांगते और अप्रियको हटाना चाहते थे। इनके अतिरिक्त मन्त्र-तन्त्र द्वारा भी वह अनिष्ट-निवारणकी कोशिश करते थे, यद्यपि उतना नहीं, जितना कि पीछे उसे देखा जाता है। आर्य-स्त्रियोंको जादू-टोनेपर ज्यादा विश्वास था, वह इसके लिये जड़ी-बूटियोंका भी इस्तेमाल करती थीं। इन्द्राणीके नामसे किसी कल्पित ऋषि-स्त्रीने सौतसे त्राण पानेके लिये कहा है।[१०१] (१०।१४५)—

"इस अतिबलवान् वनस्पति औषधिको खोदती हूं, जिसके द्वारा सौतको बाधा दी जाती, जिसके द्वारा पतिको अच्छी तरह प्राप्त किया जाता है।।१।।

"हे उत्तान-पर्णवाली बलवाली, देवोंकोपसन्द, सुभगे (औषधि), सौतको मुझसे दूर भगा और पतिको केवल मेरा बना।।२।।

"मैं उत्तम हूं, हे उत्तमे, मैं उत्तमसे उत्तम बनूँ, और जो सौत है, वह मुझसे नीचे से और नीचे हो।।३।।

"उस (सौत) का नाम नहीं लेती, उस जनमें मन नहीं प्रसन्न होता। मैं सौतको दूरसे दूर ही भेजती हूँ।।४।।

"मैं शक्तिमती हूं, और (हे औषधि,) तुम अत्यन्त शक्तिमती हो। हम दोनों शक्ति-युक्त हो मेरी सौतको परास्त करें।।५।।"

यह टोटका-टोना ऋग्वेदके दसवें मण्डलमें आया है, जो उसके बहुत पीछे रचे गये भागोंमेंसे हैं। टोटके-टोनों और मन्त्रोका अधिक प्रयोग अथर्ववेदमें मिलता है।

§७. परलोक

ऋग्वेदमें कहीं ऐसा वर्णन नहीं मिलता है, जिससे मालूम हो, कि सप्तसिन्धुके आर्य पुनर्जन्मको मानते थे। मरने के बाद अपने कर्मोंके अनुसार दूसरे लोकोंमें जाना उन्हें मान्य था। यमलोक और स्वर्ग दो परलोकोंका पता लगता है।

१. **यमलोक**—यह यमका लोक था, जिसका वर्णन हम यम देवताके साथ कर चुके[१] हैं। इसके बारेमें आर्य कहते थे[१०२] (१०।१४।१२)—

"जहां हमारे पूर्वके पितर गये।

यमलोक तक पहुंचनेके रास्तेमें चार आंखोंवाले भयंकर काले कुत्तों-का वर्णन भी हम कर चुके हैं।

२. **स्वर्ग**

कक्षीवान् ऋषि देवभक्तोंको देवोंके पास जानेकी बात कहते हैं[१०३] (१।१२५)—

"जो देवोंको तृप्त करता है, वह देवोंके पासवाले स्थानमें जाता है, नाक (स्वर्ग) पीठपर आश्रित हो अधिष्ठित होता है। उसके लिये आप (जलदेवता) घृत प्रदान करते हैं। सिन्धु, यह दक्षिणा उसको सदा मनस्तृप्ति करती है।।५।।"

कश्यप मारीच ऋषि स्वर्गको सदा ज्योतिमान्, सुख-युक्त अमृत-लोक[१०४] (९।११३।७-११) कहते हैं, और वहां आनन्द, मोद, प्रमोदका होना बतलाते हैं (११)।

ऋग्वेदमें धर्म-कर्म, देवताओं, पूजा-सामग्री और स्वर्ग-परलोकके बारेमें जो बातें आई हैं, वह सक्षेपमें यही है।

---

[१] देखो पृष्ठ २०३

अध्याय १६

ज्ञान-विज्ञान

ऋग्वेदिक आर्य ताम्र-युगके अन्तमें थे, कृषि भी उनकी जीविकाका साधन थी, पर उसमें पशुपालनकी प्रधानता थी। उस समयके कपड़ा बुनना आदि शिल्पोंके बारेमें हम कह चुके हैं*। इसका ज्ञान उनको अवश्य था।

§१. कृषि

१. हल, फाल

कृषिके बारेमें हम पहिले कुछ कह आये हैं।
हलका उपयोग वह करते थे, और सीरा (नदी, हल) का भी उल्लेख मिलता है[१] (४।१९)। वामदेव कहते हैं—

"इन्द्रने वृत्रको मारकर पहलेकी उपाओं, शरदों और रुधी सिन्धुओं को मुक्त किया। चारों तरफ मौजूद बांधी गई सीराको पृथिवीके ऊपर बहनेके लिये मुक्त किया।।८।।"

सीरा यहां नदी को कहा गया है। नदी और हराई दोनोंके लिये सीरा कहना उनकी आकारकी समानताके कारण था।

वुध सौम्य भी सीरा (हलकी हराई) के बारेमें कहते हैं (१०।१०१)—

"सीराको जोड़ो, जूयेको फैलाओ। यहां (इस) स्थानमें बीज बोओ। और स्तुतिसे हमारे लिये भरपूर अन्न हो। पास पकी फसलमें हसुये पहुंचे।।३।।"

"कवि सीराको जोड़ते हैं, जूयेको पृथक् करते हैं। देवोंके लिये सुन्दर स्तोत्रके साथ धीर हैं।।४।।

---

*देखो पृष्ठ ३४-३५

'पशु-प्याव बनाओ, रस्सी (बरहा) जोड़ो। पानीवाले गड़हेसे हम सुसेचन करते (उसे) निरन्तर सींचें ।।५।।

"पशुओंका प्याव तैयार है, सुसेचन (के लिये) जलवाले अक्षय कुयें (अवत)में सुवरत्र (बरहा, रस्सा) है ।।६।।

"घोड़ोंको तृप्त करो, हित (वस्तु) पाओ, स्वस्तिके साथ वहन करनेवाले रथको तैयार करो। द्रोण भरके पत्थरके चक्केवाले अंसत्रकोश-(मान बँधे) युक्त कुण्डको मनुष्योंके पीनेके लिये भरो ।।७।।"

२. कुआं

पंजाब जैसी जगहमें उस समय भी खेतीके लिये और आदमियों-पशुओं के पीनेके लिये भी आजकी तरह ही कुओंकी बड़ी अवश्यकता थी। पानी स्वाभाविक स्वयंज और खनित्रिय (खोदकर निकाले) दो प्रकारके होते थे। यश वासिष्ठके कथनसे मालूम होता है [३] (७।४९)—

"जो जल दिव्य या खनित्रिय अथवा जो अपने उत्पन्न बहते हैं। जो समुद्रार्थ शुचि पवित्र जलदेवियां हैं, वह मेरी रक्षा करें ।।२।।"

भरद्वाज भी कूएं (केवट) का उल्लेख करते हैं [४] (६।५४)—

"हमारी गौवें नष्ट न होवें, हमारी (गौवें) मारी न जायें (वह) कुएंमें न गिरें। विना हानिके (गोष्ठ में) आवें ।।७।।"

गृत्समद भी कुएं (उत्स) का उल्लेख करते हैं [५] (२।१६)—

"तुम शत्रुनाशक हो, युद्धमें नावकी तरह हम तुम्हारे पास जाते हैं, सवनमें ब्रह्माके स्तोत्र-वचनके साथ जाते हैं। हमारे इस वचनको अच्छी तरह जानो। हम कुयेंकी तरह इन्द्रको धनसे सींचेंगे ।।७।।"

३. कुल्या

पीछे और आज भी कुल्या या (कूल) छोटी-बड़ी नहरोंको कहते हैं, लेकिन उस समय कुल्याका अर्थ कूल या तटवाली था, जो नदी या नहर दोनोंका नाम था। कृष्ण आंगिरस कहते हैं [६] (१०।४३)—

"जैसे जल सिन्धुकी ओर बहते हैं, कुल्या ह्रदकी ओर बहती है, वैसे (ही) सोम इन्द्रकी ओर (वहैं)। इसके तेजको यज्ञशालामें ब्राह्मण उसी तरह बढ़ाते हैं, जैसे दिव्य दाता द्वारा (भेजी) वृष्टि जौको बढ़ाती है ।।७।।"

भौम आत्रेय भी कुल्याका उल्लेख करते [7](५।८३) हैं—

"हे पर्जन्य, महान् कोश मेघ को उठाकर सींचो। रुकी हुई कुल्या पूर्वकी ओर बहें। घी (जल) से द्यौ और पृथिवीको भिगो दो, धेनुओंके लिये सुन्दर प्याव हो (जाये) ।।८।।"

§२. वास्तु

आर्य यद्यपि नगरोंके निवासी नहीं थे, न सप्तसिन्धु के नगरोंका उल्लेख मिलता है; पर, हमें मालूम है, कि सिन्धु-उपत्यकाके निवासी मोहन जोडरो और हड़प्पा जैसे अच्छी तरह बने-बसे शहरोंमें रहा करते थे[1]। वदिक आर्य केवल घुमन्तू पशुपाल नहीं थे। वह कृषक भी थे, और अपने पशुओंकी अनुकूलता देखकर गांवोंमें रहते थे। उनके ग्रामोंमें दम, शाला, कुटी ही नहीं, बल्कि हजार खम्भेवाली और हर्म्य जैसी इमारतें भी थीं। हर्म्य यद्यपि पीछे राजप्रासादको कहा जाता था, पर वसिष्ठके कथन[8] (७।५६) से ऐसा नहीं मालूम होता—

"मरुत्गण घोड़ेकी तरह सुन्दर गतिवाले, हैं, उत्सवदर्शी मनुष्योंकी तरह शोभन हैं। वे हर्म्यमें स्थित शिशुओंकी तरह शुभ्र और क्रीड़ाप्रिय बछड़ोंकी तरह जलधारक हैं ।।१६।।"

सहस्रस्थूण हजार खम्भोंवाले हाल का उल्लेख श्रुतविध आत्रेयकी ऋचामें है[9]. (५।६२)—

"हे मित्र-वरुण, सुकृत (यज्ञ) में दानशील हो यजमान के अन्नकी रक्षा करो। क्रोध-रहित तुम दोनों राजा, हजार खम्भोंवाले गृहको धारण करो ।।६।।

---

[1]देखो पृष्ठ १४

§३. काल

ऋग्वेदमें सातों दिनोंका उल्लेख नहीं है। बारह राशियां तो ग्रीक लोगोंके सम्पर्कमें आनेके बाद हमारे यहां ली गईं। आज भी किसान सौर वर्षकी अवश्यकता अच्छी तरह अनुभव करते हैं, पर, वर्षाकालको बहुत पुराने समयकी तरह ही नक्षत्रोंसे गिनते हैं। आर्द्रासे हस्त तकके कालको वह वृष्टिका समय मानते हैं, और उसीके अनुसार फसलोंको बोते भी हैं। आर्य मासोंको जानते थे।

१. **मास**—शुनःशेप वैश्वामित्र (अजीगर्त-पुत्र) । बारह महीनोंका उल्लेख करते हैं[१०] (१।२५)—

"व्रतधारी वरुण प्रजावाले बारह महीनोंको जानते हैं, और जो अधिक मास होता है, उसे (भी) जानते हैं ।।८।।"

२. **ऋतु**—कुछ ऋतुएं भी उस वक्त मानी जाती थीं, यह कण्व-पुत्र प्रगाथकी ऋचा[११] (८।५२) से मालूम होता है—

"हे इन्द्र, (तुम) यज्ञ ऋतुवाले प्रकाशमान (हो), हे शूर, ऋचाओंसे हम तुम्हारी स्तुति करते हैं । तुम्हारे साथ हम विजयी होंगे ।।१।।"

भरद्वाज शरद और हिम (हेमन्त) ऋतुओंका उल्लेख करते हैं[१२] (६। २४)—

"शरदों और महीनोंकी तरह जिसे (वह) जरा-युक्त नहीं बनाते, दिन इन्द्रको कृश नहीं करते। स्तोमों और उक्थोंसे प्रशंसा किये जाते इस वृद्ध इन्द्रका शरीर बढ़े ।।७।।"

[१३] (६।२४)—

"हे इन्द्र, युद्धमें स्तोताकी रक्षाके लिये यत्नवान् हो। नजदीक या दूरवाले भयसे उसकी रक्षा करो। घरमें अरण्यमें शत्रुओंसे (उसकी) रक्षा करो । हम सुन्दर वीर पुत्रोंवाले हों, सौ हिमों (तक) आनन्द करें ।।१०।।"

अपने साथ ही वसन्तका ज्ञान आर्य सप्तसिन्धुमें लाये थे । उनके बाहरी जाति-भाई रूसी वसन्तको व्यस्ना, शरदको खलद और हिमको

जिम कहते हैं। यहां केवल उच्चारणका अन्तर है। इस प्रकार इन तीनों ऋतुओंको सप्तसिंधुमें पहिले की तरह ही माना जाता था। नारायण ऋषि वसन्त, ग्रीष्म और शरदका उल्लेख करते हैं[१४] (१०।९०)—

"जब देवोंने पुरुषरूपी हविसे यज्ञ किया, तो उसका घी वसन्त हुआ, ईंधन ग्रीष्म और हवि शरद ।।६।।"

कल्पित ऋषि यक्ष्मनाशन प्रजापति भी ऋतुओंके बारेमें कहते हैं[१५] (१०।१६१)—

"बढ़ते हुए सौ शरद सौ हेमन्त और सौ वसन्त तुम जीओ, इन्द्र-अग्नि-सविता-बृहस्पति शतायुरूपी हविसे इसे फिर प्रदान करें।।४।।

संवत्सर ही पहले वर्षका नाम था, वर्ष तो बहुत पीछे वर्षासे बनाया गया। दीर्घतमा उचथ्य-पुत्र कहते हैं[१६] (१।१४०)—

"द्विजन्मा अग्नि तीन प्रकारके अन्नको खाते हैं, यह खाया हुआ (अन्न) फिर संवत्सरमें बढ़ता है। अभीष्टप्रद अग्नि एक जिह्वासे बढ़ते हैं, दूसरी से दूसरोंको हटाकर वनोंको नष्ट करते हैं।।२।।"

३. **नक्षत्र**—नक्षत्रोंका आर्योंको ज्ञान था, जैसे (फाल्गुनी)[१७] (१०।८५।१३) मघा, (पूर्वा), अर्जुनी, (उत्तरा) अर्जुनी,

§४. तौल, माप

१. **तौल**—तौलके लिये तुला नहीं, खास आकारके बर्तनोंका इस्तेमाल होता था, जैसा कि आज भी हिमालय में और तामिलनाड में सेई, माना, पाथी आदिके रूप में इस्तेमाल होता है। खारी और द्रोण बहुत पुराने नाप थे। वामदेव इसका उल्लेख करते हैं[१८] (४।३२)—

"हम इन्द्रसे जोड़ने वाले हजार (रथ) घोड़े और सौ सोमकी खारियां मांगते हैं।।१७।।"

द्रोणके बारेमें बुध सौम्यकी ऋचा[१९] (१०।१०१।७) को अभी 'हम

---

[1]देखो पृष्ठ २१३—१४

उद्धृत कर चुके हैं। यह दोनों ही भार-माप बड़े हैं, इनसे छोटे पसर या दूसरे माप भी रहे होंगे।

मापमें अंगुलका उल्लेख नारायणने किया है [२०] (१०।९०)—

"वह सहस्र-शिर, सहस्र-नेत्र, सहस्र-चरण पुरुष भूमिको चारों तरफ घेर कर दस अंगुलसे अधिक होकर खड़ा हुआ ।।१।।"

अंगुल और योजनके बीचमें हस्त और धनुषके माप आते हैं, जो उस समय रहे होंगे, क्योंकि योजनका उल्लेख कक्षीवान् ने [२१] (१।१२३) किया है—

उषा जैसी आज, वैसी ही कल वरुणके दीर्घ धामका सेवन करती है। निर्दोष एक-एक उषा तुरन्त तीस योजन (तक जा) कार्य करती है ।।८।।"

[२२] (१०।८६।२०) ऋचा में भी योजन है।

§५. संख्या

ऋग्वेदमें संख्याका अन्त अयुत (दस हजार) से किया गया है। उसके बाद उसी को दस, शत या सहस्र लगा कर बढाया जाता होगा। संख्याका उल्लेख ऋचाओंमें निम्न प्रकार हुआ है—

एक दो उभ (६।३०)—

पराक्रमके लिये फिरसे[२३] बढे अकेले जरा-रहित इन्द्र धन देते हैं ।।१।।

"इन्द्र द्यौ और पृथिवीका अतिक्रमण करते हैं। उनका आधा ही उभै (दोनों) द्यौ और पृथिवीके बराबर है ।।१।।"

[२४] (६।२७)—

पार्थवोंका सम्राट् अभ्यावर्ती चायमान धनवान् है। हे अग्नि, बधू-सहित रथ और बीस गायें यह दोनों मुझे प्रदान करे ।।८।।"

एक और दो—भरद्वाज [२५] (६।४५) :

"हे वृत्रहन्ता, तुम हम जैसोंके एक और दोके रक्षक हो। ।।५।।"

प्रथम—वसिष्ठ [२६] (७।४४)—

"तेज घोड़ोंमें दीधिक्र (है, वह) प्रथम रथोंके आगे होता है ।।१४।।"

तीन, चार, सात, नौ, दस—गृत्समद [२७] (२।१८) :

"तब नया प्रात: हुआ, चार जूआ (पत्थर) तीन कषा (स्वर) सात रश्मि (छन्द) वाले नवीन रथ (यज्ञ) को जोड़ा। दस पात्र (वाले) मनुष्यके लिये स्वर्गप्रद वह स्त्रियों और स्तुतियों द्वारा प्रसिद्ध हुआ ॥१॥"

प्रथम, द्वितीय, तृतीय—गृत्समद [२८] (२।१८) :

"वह यज्ञ इस इन्द्रके लिये प्रथम, द्वितीय और तृतीय सवनमें पर्याप्त हुआ। वह मनुष्यके लिये शुभ लानेवाला है ॥२॥"

चार—प्रतिरथ [२९] (५।४७) :

चार (ऋत्विज) कल्याण-कामनासे (हवि) धारण करते हैं, **दस** (दिशायें) गर्भस्थ सूर्यको प्रेरित करती है। **तीन** प्रकारकी इसकी श्रेष्ठ किरणें सद्य: द्यौके अन्त तक विचरण करती है ॥४॥"

पाँच—वसिष्ठ [३०] (७।१५) :

"जो युवा कवि गृहपति घर-घरमें पचजनोंके सामने बैठता है ॥२॥"

विश्वामित्र [३१] (३।२७) :

"हे शतक्रतु इन्द्र, पांचों जनोंमें जो तेरा इन्द्रत्व है, (इसलिए) उन्हें हम तुम्हारा समझते हैं ॥१९॥"

साठ, हजार,—वसिष्ठ [३२] (७।१८) :

"गौ चाहनेवाले अनु और द्रुह्यु के साठ सौ छ हजार साठ और छ वीर सो गये। यह सब इन्द्रके वीर्यके काम हैं ॥१४॥"

सात—भरद्वाज [३३] (६।७४) :

"हे सोम-रुद्र, असुर-सम्बन्धी बल हमें दो। यज्ञ तुम्हें प्राप्त हो। घर-घरमें सात रत्न धारण करते हमारे दोपायों और चौपायोंके कल्याणकारी होओ ॥१॥"

आठ—हिरण्यस्तूप [३४] (१।३५) :

"पृथिवीकी आठों (दिशायें) तीनों (धन्वों) सप्त सिन्धुओंको प्रकाशित किया। सुनहली आंखोंवाले सविता देव यजमानको श्रेष्ठ रत्न देने आये ॥८॥

नौ, नब्बे—वसिष्ठ [३५] (७।१९) :

"हे वज्रहस्त, तुम्हारे (पास) वह बल हैं, कि तुमने तुरन्त नव्बे और नौ पुरोंको नष्ट किया। रहनेके लिये सौवींको रक्खा, वृत्र नमुचिको मारा ॥५॥"

दस—गृत्समद [36] (२।१८) : "दश अरित्रवाली नाव" ॥१॥"

ग्यारह—सूर्या [37] (१०।८५) :

"हे वर्षक इन्द्र, इसे तुम सुपुत्रा सुभगा करो। इसमें दस पुत्र धारो, और पतिको ग्यारहवां करो ॥४५॥"

बारह—वामदेव [38] (४।३३) :

"बारह नक्षत्रोंमें अगोपनीय सूर्यके आतिथ्यमें ऋभु प्रसन्नतापूर्वक रहते हैं। सुक्षेत्र करते, सिन्धुओं (नदियों) को बहाते मरुभूमिमें वनस्पतियां और नीचेकी ओर जलको ले जाते हैं ॥७॥"

चौदह—सध्रि वैरूप [39] (१०।११४) :

"इसकी चौदह दूसरी महिमायें हैं, सात धीर उसे वाणीसे सम्पादित करते हैं। (सर्वत्र) व्याप्त उस मार्गको कौन कहे, जिससे कि छाने हुये सोमको पीते हैं ॥७॥"

पन्द्रह—१५ सध्रि वैरूप [40] (१०।११४);

"हजार प्रकारके पन्द्रह पन्द्रह हजार उक्थ हैं, जितनी द्यौ और पृथिवी (हैं), उतने ही वह भी (हैं)। हजार बार हजार (उसकी) महिमा है, जितना ब्रह्म व्याप्त है, उतनी ही वाणी ॥८॥"

अठारह—गृत्समद [41] (२।१८)—

"हे इन्द्र, बुलाये गये तुम दो, चार, छ, आठ, दस घोड़ोंके साथ साम पीनेके लिये आओ। हे सुयज्ञ, यह सोम छना हुआ है। इसे खराब न करो ॥४॥"

२०, ३०, ४०, ५०, ६०, ७०, ८०, ९०—गृत्समद [42] (२।१८) :

"हे इन्द्र, सुन्दर रथवाले उत्तम गतिवाले बीस, तीस, चालीस, पचास, साठ, सत्तर घोड़ो जुते (रथसे) सोमपानके लिये आओ ॥५॥"

"अस्सी, नव्बे, सौ घोड़ोंसे वहन किये जाते आओ। हे इन्द्र, यह मस्तीके लिये सोम तुम्हारे वास्ते पात्रोंमें रक्खा हुआ है ॥६॥

१०००, १०००० —सोभरि[४३] (८।२१) :

"राजा (चित्र) अन्य राजाओंका सरस्वतीके तीरपर मेघ जैसे वृष्टि द्वारा वैसे हजार और दस हजार (गौवें) देता है ।।१८।।"

उपरोक्त गणनाओंके देखनेसे मालूम होता है, कि उसमें दशोत्तर—एकादश, द्वादश आदि—क्रमका अनुसरण किया गया था। दशिक संख्या सप्तसिन्धुके आर्योंको मालूम थी; लेकिन, नाप-तौलमें उन्होंने अपनेसे पहले वाले सिन्धु-उपत्यकावासी नागरिकोंका अनुसरण किया, जिसके कारण ही नाप-तौलको चार, सोलह आदिके क्रमसे पीछे माना गया।

अध्याय १७

आर्य-नारी

ऋग्वेदसे यह नहीं मालूम होता, कि सप्तसिन्धुकी आर्य-स्त्रियोंकी स्थिति उतनी हीन थी, जितनी पीछे देखी गई। यह ठीक है, अब वह सामन्तवादी व्यवस्थाके अधीन थीं, जिसमें जन (पितृसत्ताके) अवस्थाके अधिकार सुलभ नहीं थे। शुद्ध जन-व्यवस्थामें स्त्रियां हथियार लेकर लड़ सकती हैं। ईसा-पूर्व छठी शताब्दीमें मध्य-एसियाके शकोंमें ऐसा ही देखा जाता था, जहाँ घुमन्तू स्त्रियोंने कितनी ही बार हथियार उठाये। लेकिन, स्त्रियोंका युद्ध-में जाना आर्य बुरा समझते थे। शम्बरके पहाड़ी लोग जन-अवस्थामें थे, उनके लिये स्वाभाविक था, कि दिवोदासके साथ उनका जो जीवन-मरणका संघर्ष चल रहा था, उसमें पुरुषोंकी तरह स्त्रियां भी शामिल हों। पर आर्य ऋषियोंने "अबला क्या करेगी" कह कर इसका उपहास किया था,* यह हम बतला आये हैं। इस प्रकार आर्य-स्त्रियों के संग्राममें खुलकर भाग लेनेकी सम्भावना सप्तसिन्धुमें नहीं थी। वैसे अप-वादके तौरपर स्त्रियोंने कभी अपने हाथ दिखाये हो, तो दूसरी बात है।

युद्धके बाद सबसे महत्त्व था ऋचाओं (पदों) की रचनाका, जिसके कारण उन्हें ऋषि, ऋषिका कहा जाता। ऋषिकाओंकी संख्या ऋग्वेदमें दो दर्जनसे कम नहीं हैं। पर, विश्लेषण करनेपर उनमेंसे अधिकांशको मानुषी नहीं कल्पित ही देखा जाता है। केवल घोषा और विश्ववाराको ही ऐतिहासिक ऋषि माना जा सकता है। ऋषिकाओंके नामसे जो ऋचायें ऋग्वेदमें संगृहीत हैं, उनकी रचयित्रियां स्त्रियां ही रही होंगी, यह कहना मुश्किल

---

*पृष्ठ ९५

है। हां, इन ऋचाओंसे ऋग्वेदिक *आर्य-स्त्रियोंके* जीवनके बारेमें कितनी ही बातोंका पता जरूर लगता है। इन कल्पित-अकल्पित ऋषिकाओंकी कुछ सूक्तियां निम्न प्रकार हैं;

१. **अदिति**—ऋग्वेदके दसवें मण्डलका ७२वां सूक्त बृहस्पति अथवा अदितिका बनाया बतलाया जाता है। इसमें अदितिका नाम[1] (१०।७२) आया है, शायद इसीलिये इसे अदितिका बनाया सूक्त कह दिया गया। अदिति (द्यौ) दक्षकी पुत्री कही गई है, और दक्ष (सूर्य) को भी अदितिका पुत्र बतलाया गया है—

"उत्तानपद (वृक्ष) से भूमि उत्पन्न हुई, भूमिसे दिशायें उत्पन्न हुई। अदितिसे दक्ष, दक्षसे अदिति उत्पन्न हुई।।४।।"

"हे दक्ष, जो तेरी दुहिता अदिति है, उसने देवोंको जन्म दिया। उसके पीछे महान् अमृतबन्धु (अमर) देव उत्पन्न हुये।।५।।"

"शरीरसे अदितिके जो आठ पुत्र* उत्पन्न हुये। (उनमेंसे) सातके साथ वह देवताओंके पास गई। (पर) मार्तण्डको परे स्थापित कर दिया।८।"

इसमें दिव्य अदिति (द्यौ) का वर्णन है। वह सप्तसिन्धुकी ऋपिका नहीं थी।

२. **इन्द्र-मातायें**—इन्द्रकी माताओंका सूक्त[2] (१०।१५३) भी इसी तरह कल्पित नामसे है। इस सूक्तमें इन्द्रके जन्म तथा वीरताका वर्णन है। असली ऋषिका नाम मालूम न होनेपर इन्द्रको जन्म देनेवाली इन्द्र-माताओं को इसका रचयिता मान लिया गया। इसकी कुछ ऋचायें हैं—

"उत्पन्न इन्द्रके पास कार्य-तत्पर, सुन्दर-वीर्य-अभिलापिणी उपासना करती हैं।१।"

"हे इन्द्र, तुम सहसके बलसे ओजसे पैदा हुये। तुम कामनापूरक (वृष) हो।२।"

***मित्र, वरुण, धाता, अर्यमा, अंश, भग, विवस्वान्, आदित्य**

"हे इन्द्र, ओजके साथ वज्र को तेज करते तुम (अपने) साथी अर्क (सूर्य) को दोनों बांहोंमें धारण करते हो।४।"

३. **इन्द्राणी**—यह भी कल्पित नाम है। इसकी ऋचाओं (१०।१४५) में कहीं इन्द्राणीका नाम नहीं आया है। स्त्रीको सौतसे भय होना स्वाभाविक है। सपत्नी-बाधनके लिये यहां जड़ी-बूटियोंके प्रयोगका उल्लेख है, जिसे हम "मन्त्र-तन्त्र"के प्रकरणमें* (अध्याय १५) बतला आये हैं। इन्द्राणीका एक और सूक्त (१०।८६) मिलता है, जिसमें इन्द्राणीके तेजका पता जरूर लगता है। घरमें वृषाकपि (अग्नि) के अधिक सम्मानको इन्द्राणी सह नहीं सकी, इसलिये वह इन्द्रके सामने उसके प्रति रोष प्रकट करती है। इन्द्रने ही आगमें घी डालते हुये आरंभ किया—

"सोम छाननेके लिये कहा था, पर स्तोताओंने देवेन्द्रकी उस यज्ञमें स्तुति नहीं की, जहां यज्ञमें पुष्ट मेरा सखा आर्य (स्वामी) वृषाकपि (अग्नि) संतुष्ट हुआ। इन्द्र सबसे उत्तम है।१।"

इन्द्राणी कहती है—हे "इन्द्र, तुम विचलित होकर वृषाकपिके पास दौड़ जाते हो, अन्यत्र सोमपानके लिये नहीं जाते।०।२।"

"क्या है, जो तुम्हें इस पीले (हरे) मृग वृषाकपि ने (ऐसा) बना दिया, कि उसके लिये पुष्टिकारक धन तुम अर्य (स्वामी) देते हो।०।३।"

"हे इन्द्र, जिस इस प्रिय वृषाकपिके तुम रक्षक हो। उसके कानमें वराह (को काटने) की चाहवाला कुत्ता काटे ०।४।"

मेरे लिये साफ की हुई तैयार प्रिय वस्तुको कापने दूषित कर दिया। इसके सिरको काट लो। इस दुष्कर्माको सुख न होवे।५।"

इन्द्र—"सुबाहु, सुअंगुलीवाली, बड़े बालों, मोटी जांघोंवाली हे शूर-पत्नी (इन्द्राणी,) तुम क्यो हमारे वृषाकपिपर क्रुद्ध हो।८।"

इन्द्राणी—यह दुष्ट वृषाकपि मुझे अवीरपुत्रोंवाली समझता है। परन्तु मैं वीरपुत्रा इन्द्र-पत्नी हूं। मेरे सखा मरुत् हैं।९।"

---

*देखो पृष्ठ २१०

"हवन या युद्धके समय नारी वहां पहले आती है। सत्यकी विधाता वीरपुत्रा "इन्द्र-पत्नीकी पूजा होती है० ।१०।"

इन्द्र— इन नारियोंमें इन्द्राणीको मैंने सौभाग्यवती सुना है। दूसरों-की तरह इसका पति बुढापेसे नहीं मरता ।।११ ।।

"हे इन्द्राणी, (अपने) मित्र (उस) वृषाकपिके बिना मैं नहीं खुश रह सकता, जिसके द्वारा प्राप्त यह प्रिय हवि देवताओंके पास जाती है।१२।

"हे धनवती सुपुत्रा सुवधुका वृषाकपि-पत्नी, इन्द्र तेरे वैलोंको खा जाये, प्रिय हविको भख जाये ० ।१३।"

"(भक्त) मेरे लिये पन्द्रहके साथ वीस (३५) वैलोंको पकाते हैं, और मैं खाकर मोटा हूं। मेरी दोनों कुक्षियों को (भक्तजन) पूर्ण करते हैं ०।१४।"

"हे वृषाकपि, मरुभूमि और काटने लायक जो वन हैं, वह कितने योजन हैं। आओ पासवाले उन गृहोंमें ० ।२०।"

वृषाकपि अग्नि है। अग्निके मुखसे ही इन्द्र हवि ग्रहण करता है, इस-लिये वृषाकपिको वह अपना परममित्र माने, तो कोई आश्चर्य नहीं। इसी कारण इन्द्राणीका वृषाकपिके ऊपर कोप था। देवताओंमें भी पारिवारिक कलह कितना था ?

४. **उर्वशी**—उर्वशी अप्सरा थी, जिससे पुरूरवाने प्रेम किया। जैसे आज पंजाबमें हीर-रांझा, सोहनी-महीवालकी प्रेम-कथायें प्रचलित हैं, उसी तरह उर्वशी और पुरूरवाकी प्रेम-कथा सप्तसिन्धुमें उस समय प्रचलित थी। सम्भव है, वह मानुष प्रेमी और प्रेमिका रहे हों, जिन्हें मानव-देवी बना दिया गया। ऋग्वेदके इस प्रेम कथानकवाले सूक्त (१०।९५) को उर्वशी और पुरुरवाकी रचना वतलाया गया है, जिससे यही मालूम होता है, कि असली रचयिता (लोककवि) का नाम विस्मृत हो गया था। उस को छोड़कर जाती उर्वशी से प्रेमी पुरूरवा वहुत अनुनय-विनय करता है, उसे घोरा (चण्डी) कहता है, । लेकिन, उर्वशी कुछ सुननेके लिये तैयार नहीं होती। वह यहां तक कह देती है, कि स्त्रियोंमें प्रेम नहीं होता, उनके हृदय भेड़ियोंके से हैं। "(१०। ९५।१५) १७वीं ऋचामें वसिष्ठका नाम आया है, जिससे सन्देह होता है,

कि शायद वसिष्ठ ही इन ऋचाओंके कर्त्ता रहे हों[४] (१०.९५)—

"अन्तरिक्षको भरनेवाली लोकोंको नापनेवाली उर्वशीसे मैं वसिष्ठ प्रार्थना करता हूं। सुकृत-दाता (पुरूरवा) तुम्हारे पास रहे, लौटो, मेरा हृदय तप रहा है। ।१७।"

यह सूक्त ऋग्वेदके उन सूक्तोंमें है, जिन्हें उत्तम काव्य कहा जा सकता है। इसे हम पहले दे आये हैं।*

५. **घोषा कक्षीवान्-पुत्री** दोनों अश्विनीकुमारोंकी प्रशंसामें घोषाने दो सूक्त (१०। ३९। ४०) रचे हैं। पहले सूक्तमें उसने भिन्न-भिन्न व्यक्तियोंके ऊपर अश्विनीकुमारोंके किये गये उपकारोंका उल्लेख किया है। ये व्यक्ति थे—तुग्र-सन्तान च्यवान[६] (१०। ३९।५) विमद, शुन्ध्यु, पुरुमित्र, वध्रीमती (७), पेदु (१०), शंयु (१३), भृगु (१४)। घोषा अपनी सुन्दर रचनामें किसी भी ऋषिका मुकाबिला कर सकती है। वह कहती है[७] (१०। ३९)—

"हे अश्विनो, सारी पृथिवीपर जानेवाला तुम्हारा सुनिर्मित रथ है, जिसे हविवाले यजमान प्रतिदिन प्रतिरात्रि और प्रतिउषा पुकारते हैं। तुम्हारे पिताके सुन्दर पुकारे जानेवाले नामकी तरह तुम्हारे (नामका) हम सदा आह्वान करते हैं।।१।"

हे अश्विनो, जैसे भृगु लोग रथको गढ़ते हैं, वैसे इस स्तोम (स्तुति) को तुम्हारे लिये मैंने बनाया। पतिके लिये जैसे वधूको अलंकृत करते हैं वैसे ही मैंने मानो नित्य पुत्र और पौत्रको धारण करती इसे अलंकृत किया।१४।"

दूसरे[८] (१०। ४०) सूक्तमें घोषा (५) कुत्स (६), भुज्यु-[illegible]ज सिजार-उशना [illegible]७), कृश-संजु (८) का उल्लेख किया है। घोषा राजाकी दुहिता थी, यह उसकी निम्न ऋचा[९] (१०। ४०) से पता लगता है—

"हे अश्विनो, राजाकी दुहिता घुमक्कड़ा घोषा तुमसे बात करती है,

---

*देखो पृष्ठ८८–९

हे नेताओं, (वह) तुमसे आज्ञा मांगती है। दिन हो या रात इस समय अश्व वाले रथी अर्वन्को तुम दमन करते हो।४।"

अश्विद्वयसे अपनी कामना प्रकट करती हुई घोषा वर मांगती है—

"मैं उस बातको नहीं जानती, उसे तुम बतला दो, जिसे कि युवा और युवती घरोंमें रहकर अनुभव करते हैं। मैं स्त्री-प्रिय सुपुष्ट वीर्यवान् तरुणके गृहमें जाऊं, हे अश्विनो, (मेरी) यह (कामना) पूरी करो।११।।"

सप्तसिन्धुकी आर्य कुमारियां क्या कामना करती थीं, यह घोषाके इस वचनसे मालूम होता है। स्वस्थ प्रिय पति पाना उनके जीवनका लक्ष्य था। घोषाके पुत्र कक्षीवान् दीर्घतमा-पुत्र एक बड़े ऋषि थे, जिनकी ऋचायें ऋग्वेदके पहले मण्डल के दस सूक्तोंमें मिलती हैं। कक्षीवान्के राजा होनेका उल्लेख कहीं नहीं मिलता। घोषाका व्याह जिससे हुआ, उसका भी नाम नहीं पाया जाता। उसके पुत्र सुहस्तको माताके नामसे ही याद किया गया है। पुत्रने भी मांकी तरह दोनों अश्विनीकुमारोंकी प्रार्थना की है[१०] (१०।४१। १-३)। घोषा चिरतक पिताके घरमें क्वाँरी बैठी रही[११] (१।११७।७)

६. जुहू यह भी कोई कल्पित नाम मालूम होता है। दसवें मण्डल-में जुहू का एक सूक्त (१०।१०९) मिलता है। यद्यपि पीछेके लोगोंने जुहूको ब्रह्मवादिनी बतलाया है, पर यहां उसने ब्रह्मकी कोई बात नहीं कही, और सिर्फ विश्वदेवोंकी स्तुति की। हां, उसने ब्रह्मचारीका उल्लेख जरूर किया है। इस सूक्तके बारे में बतलाया जाता है, कि जुहूके पति बृहस्पतिने किसी कारण उसे त्याग दिया था, जिसके लिये समझा-बुझाकर, देवोंने उनको सीधे रास्तेमें लानेमें सफलता पाई। इसकी कुछ ऋचाओंसे सप्तसिन्धुके दाम्पत्य-जीवनपर प्रकाश पड़ता है।[१२] (१०।१०९)—

"उन प्रथमोंने कहा (ऐसा करनेसे) ब्रह्म-पाप लगा। फिर प्रथमजों (पूर्वजों)—सूर्य, वायु, जल, उग्र सुखकर सोम और आप देवियों—ने सत्यके साथ प्रायश्चित्त कराया।१।"

प्रथम सोमराजने आकृष्ट हो ब्रह्मपत्नीको फिरसे बृहस्पतिको प्रदान किया। मित्र और वरुणने उनका अनुगमन किया। होता अग्नि हाथ पकड़कर उसे ले आया।२।"

"इसका शरीर हाथसे ही पकड़ना चाहिए, यह ब्रह्मजाया है—(यह) उन्होंने कहा। भेजे गये दूतके साथ इसने उसी तरह सम्पर्क नहीं किया, जैसे क्षत्रिय-का रक्षित राष्ट्र।३।"

"पुराने देवों और तपस्यामें बैठे उन सात ऋषियोंने कहा—भोमा पत्नीको ब्राह्मणके पास ले आयें, निकृष्ट (पत्नी) भी परमस्थान पर स्थापित होती है।४।"

"बिना पत्नीके ब्रह्मचारी रह विचरता, वह (बृहस्पति) देवताओंका एक अंग हो गया। सोम द्वारा लाई गई पत्नी जुहूको जैसे देवोंने, वैसे ही बृहस्पतिने प्राप्त किया।५।"

"देवोंने फिर (उसे) प्रदान किया, और फिर मनुष्योंने प्रदान किया। राजाओंने (बात) सच्ची करते ब्रह्मपत्नीको फिर प्रदान किया।६।"

जहां तक ऋचाओंका सम्बन्ध है, इसमें जुहू अग्नि देवताकी पत्नी मालूम होती है। सप्तसिन्धुके आर्यपुरुष अपनी पत्नीसे अनबन कर बैठते होंगे, फिर उनका पुनर्-मिलन कुछ इसी तरह होता होगा।

७. **दक्षिणा**—यह भी कल्पित नाम है। दक्षिणाको प्रजापतिकी पुत्री कहा जाता है। इसके सूक्त[12] (१०।१०७) में दान-दक्षिणाकी महिमा गाई गई है—

"मघवा (धनवान्) सूर्यका महान् तेज आविर्भूत हुआ, (उसने) इनको और सारे जीवोंको अन्धकारसे निर्मुक्त किया। पितरों द्वारा दी गई बड़ी ज्योति आई। दक्षिणाका विस्तृत पंख दिखाई पड़ा।१।"

"दक्षिणावाले (दानी) ऊंचे द्युलोकमें स्थान पाते हैं, जो अश्व-दायक (हैं) वह सूर्यके साथ होते हैं। सोना-दायक अमरताको पाते हैं, वस्त्र-दायक सोमके पास जा आयुको प्राप्त होते हैं।२।"

"देवोंकी पूजावाली दक्षिणा दिव्य मूर्ति है। वे (देव) कंजूसोंको

तृप्त नहीं करते। और दोषसे डरनेवाले बहुतेरे जो नर दक्षिणामें तत्पर हैं, (वह) तृप्तिको प्राप्त होते हैं।३।"

"दक्षिणावान् (दानी) पहले बुलाया जाता है। दक्षिणावान् श्रेष्ठ ग्रामणी होता है। जो पहले दक्षिणा देता है, उसीको मैं जनोंका नृपति मानता हूं।५।"

"यज्ञकर्त्ता, सामगायक, उक्थ (स्तुति) बोलनेवाले उसीको ऋषि, उसीको ब्रह्मा कहते हैं। जिसने पहले दक्षिणासे आराधना की, वह शुक्र (अग्नि) के तीनों शरीरोंको जानता है,।६।"

"दक्षिणा अश्वको, दक्षिणा गायको देती है। दक्षिणा चन्द्र (चांदी) और जो सोना है, उसे देती है। दक्षिणा अन्नको देती है, जो कि हमारा आत्मा है। आदमी जानते हुये दक्षिणाको कवच बनाता है।७।'

"भोज (भोजन-दाता) न मरते, न दरिद्र होते, न क्लेश पाते हैं: न भोज व्यथित होते हैं। यह जो सारा भुवन और यह स्वर्ग हैं, सबको दक्षिणा उन्हें प्रदान करती है।८।"

"भोज पहले ही सुरभि-मूल पाते हैं। भोज सुन्दर वस्त्रवाली वह पाते हैं। भोज आन्तरिक पेय सुराको पाते हैं। जो विना बुलाये आते हैं, उन्हें भोज जीत लेते हैं।९।"

"भोजके लिये (लोग) शीघ्रगामी अश्व सजाते हैं। भोजके लिये वह सुन्दरी कन्या है। भोजका यह घर पुष्करिणी सा देव-विमान सा अद्भुत परिष्कृत है।१०।"

दानकी महिमा आर्योंमें बहुत थी। अतिथियोंको अन्न-भोजन देनेमें वह बड़े उदार थे। हरेक सम्पत्तिशाली आर्य अपने घरको देव-विमान और पुष्करिणी सा देखना चाहता था।

८. **निबावरी या सिकता**—इन्हें अत्रि-गोत्री ऋषिकायें बतलाया गया है, पर यह भी कल्पित नाम हैं, मूल रचयिताका नाम मालूम नहीं है। निबावरीने अपनी ऋचाओं [१४](९।८६) में सोमकी महिमा गाई है—

"विचक्षण सौ धारोंवाला द्यौका पति सोम शब्द करता कलशमें आता है। (वह) पीले वर्णवाला (हरि) कामवर्षक सिन्धुके मेषोंके लोमों से छाना जाता मित्रके घरोंमें बैठता है।११।"

'मेषलोममें यह स्तुति-सहित छाना जाता तरंगित (सोम) पक्षी जैसा चलता है। हे कवि इन्द्र, तुम्हारे कर्मसे द्यौ और पृथिवीके बीच शुचि सोम स्तुति द्वारा पूत होता है।१३।"

"द्यौ-चुम्बी अन्तरिक्ष-पूरक भुवनोंमें अर्पित यजनीय द्रापि पहने, स्वर्ग-में उत्पन्न (सोम) आकाशसे चलता, इसके पुराने पितर (इन्द्र) की सेवा करता है।१४।"

सूक्तमें कोई ऐसी बात नहीं है, जिससे कहा जा सके, कि इसकी कवयित्री कोई स्त्री थी।

९. **यमी वैवस्वती**—यह भी कल्पित नाम है। विवस्वान्‌की पुत्री कोई यमी थी। उसने अपने भाई यमसे प्यार करना चाहा। इसी बातको यम और यमी के संवादके रूप में यहाँ[15] (१०।१०) बतलाय गया है।

यमी कहती है—"विस्तृत समुद्रमें पहुंची इस स्थानमें मैं सखी हो तुम्हें सखा चाहती हूं। विधाता ने ध्यान करते पृथिवीपर पिताके श्रेष्ठ नातीको बनाये रक्खा।१।"

यमने उत्तर दिया—"(मैं) तेरा सखा इस सख्य (प्रेम) को नहीं चाहता, क्योंकि तू सहोदरा होनेसे इसके अयोग्य है। विस्तृत द्यौके धारण करने-वाले असुर (परमदेव) के वीर महापुत्र चारों ओर (हमें) देख रहे हैं।२।"

यमी—"वे अमर लोग इसे चाहते हैं, चाहे यह एक मर्त्यके लिये उचित न (भी) हो। मेरे विषयमें तू मन धारण कर, हमारे होनेवाले (पुत्रको) उत्पन्न करनेके लिये मेरे शरीरमें प्रवेश कर।३।"

यम—"जिसे हमने पहले कभी नहीं किया। (उसे) सत्यवादी होते उत्पादक कैसे हम झूठा करेंगे। पानीके गंधर्व जलवाली वह योषा हमारी नाभि, परम है। सो हम दोनों सहोदर हैं।४।"

यमी—"यमके प्रति मुझ यमीकी कामना है, एक स्थानपर

साथ सोनेके लिये (ही) आई मैं पतिके लिये जायाकी तरह शरीर खोलती हूं। रथके बड़े चक्रकी तरह हम (दोनों) प्यार करें।७।"

यम—"आगे वह युग आयंगे, (जब) भगिनियां अ-भगिनीका काम करेंगी। (किसी) दूसरे वृषभ (संड-मुसंड) की बाहुका आलिंगन करो। हे सुभगे, मुझसे अन्यको (अपना) पति बनाओ।१०।"

यमी—"भाईके होते यदि बहिन अनाथ होवे, तो वह भाई ही क्या? वह बहिन क्या, जो दुःख पाये। कामवश हो मैं बहुत कह रही हूं, (अपने) शरीरसे मेरे शरीरको तृप्त करो।११।"

यम—"मैं शरीरसे तेरे शरीरको नहीं स्पर्श करता। बहिनके (साथ) अभिगमनको पाप कहते हैं। मुझसे भिन्नसे तू प्रमोद प्राप्त कर। हे सुभगे, तेरा भाई यह नहीं (करना) चाहता।१२।"

यमी—"तुझे यम, अफसोस है मैं तेरे मन और हृदयको नहीं समझ सकती। वृक्षको लताकी तरह (या) रस्सीकी तरह मिलकर दूसरी स्त्री (या) तेरा आलिंगन करती है।१३।"

यम—"हे यमी, दूसरेकी कामना करो, दूसरा (कोई) तुझे वृक्षको लताकी तरह आलिंगन करे। उसके मनको तू चाहे या वह तुझे, मंगलमय संयोग तुझसे करे।१४।"

यम-यमीकी इन उक्तियोंसे दो तरुण हृदयोंके प्रेमालापका दिग्दर्शन होता है, और साथ ही यह भी, कि आर्योंमें भाई-बहनका व्याह निषिद्ध माना जाता था। बुद्ध-वचनोंमें इक्ष्वाकुके जैसे सम्भ्रात उच्च वंशमें, कमसे कम आपत्कालमें भाई-बहिनके व्याहका उल्लेख आता है। इक्ष्वाकुके चार पुत्रोंने बहिनोंसे शादी करके अपने कुलको चलाया, जो शाक्य-कुलके नामसे प्रसिद्ध हुआ। इक्ष्वाकुके ही दासीपुत्र, किन्तु पीछे महान् ऋषि कृष्णने भी अपनी सौतेली बहिनसे व्याह किया।[1] जातकोंमें राम और सीताके व्याहको भी बहिन-भाईका व्याह बतलाया गया है[2]। इनसे यह मालूम होता है, कि चाहे

---

[1] दीघनिकाय, अस्सलायण सुत्त [2] दसरथ जातक

अतिप्राचीन कालमें बहिन भाइयोंका व्याह होता था। थाई भूमिके राजवंशमें अब भी यह होता है। ईरानके सासानी राजवंश में भी इसे देखा जाता था, और मिस्रके फरवा भी रक्तको शुद्ध रखनेके लिये ऐसा करते थे। यम-यमीके इस संवादसे यह जरूर मालूम होता है, कि इसे सप्तसिन्धुके आर्य ठीक नहीं मानते थे।

यमी वैवस्वतीका एक और सूक्त[१६] (१०।१५४) मिलता है, जिसकी भाषा बहुत नवीन मालूम होती है। इसमें प्रेतके बारेमें कहा गया है—

"किन्हीं (पितरों) के लिये सोम छाना जाता है, कोई घृतका सेवन करते हैं। हे देवापि (प्रेत), उनके पास तुम जाओ जिनके लिये मधु बहता है, ।१।"

"तपस्याके कारण जो दुर्धर्ष हैं, तपस्यासे जो स्वर्ग गये, जिन्होंने महान् तपस्या की, हे देवापि (प्रेत), तुम उनके पास जाओ।२।"

"जो युद्धमें लड़ते हैं, जो शूर वहां शरीर छोड़ते हैं, और जो सहस्रों दक्षिणा देते हैं, हे देवापि, तुम उनके पास जाओ।३।"

वैदिक आर्य यमको मृत्युका देवता समझते यह मानते थे, कि पितर उनके पास जाते हैं। उसी यम और मृत्युकी बातोंको यमीके इस सूक्तमें बतलाया गया है।

१०. **रात्रि**—भारद्वाजी रात्रि भी कल्पित ऋषिका है। रात्रिका वर्णन इस सूक्त[१७] (१०।१२७) में आया है। दूसरी परम्पराके अनुसार सोभरि-पुत्र कुशिक (विश्वामित्रके वंश-स्थापक) इसके ऋषि माने गये हैं। गायत्री छंद होनेसे यह गानेकी ऋचायें हैं ?

"देवी रात्रि चारों ओर आकर प्रकट हुई, उसने नक्षत्रों द्वारा सारी शोभाको धारण किया ॥१॥

"देवीने आते समय अपनी बहिन उषाको ग्रहण किया। उसने तमको हटाया ॥३॥

"ग्राम चुप हैं, बटोही चुप हैं, पक्षी चुप हैं, इच्छावाले बाज चुप हैं ॥५॥

"हमें (चारो ओर) काला अन्धकार दिखाई दे रहा है, वह स्पष्ट मौजूद है। हे उषा, ऋणकी तरह तुम उसे हटाओ ॥७॥

११. **लोपामुद्रा**—यह वसिष्ठके भाई अगस्त्यकी पत्नी थीं। पति-वियोग सहन करनेमें असमर्थ लोपामुद्रा का अगस्त्यके साथ का संवाद निम्न प्रकार[१८] (१।१७९) है—

(लोपामुद्रा)—पहिले (बीते) वर्षों बुढ़ापा लानेवाली उषाओंको दिन-रात सहती रही। बुढ़ापा शरीर-शोभाको नष्ट करता है। फिर ऐसी, पत्नीके पास पति क्यों जाये ? ॥१॥

"जो पुराने सत्यपालक थे, देवोंके साथ सच्ची बातें करते थे। वह अन्त न पा पड़े रहे । फिर" ॥२॥

(अगस्त्य)—"हम व्यर्थ नहीं थके, देव लोग हमारी रक्षा करते हैं। हम सारे भोगोंको पा सकते हैं, यदि ठीकसे दोनों चाहें, तो यहां सैकड़ों ले सकते ॥३॥

"कामको मैंने रोका है, पर यहां-वहां-कहींसे वह आ जाता है। अधीरा कामिनी लोपामुद्रा धीर उसास लेते पतिका संगम करती है ॥४॥

१२. **वसुक्र-पत्नी**—इन्द्रके पुत्र वसुक्रकी पत्नीके नामसे एक सूक्त[१९] (१०.१२८) मिलता है, जिसमें वसुक्र-पत्नी तथा इन्द्रकी बातें आती हैं। वसुक्र-पत्नी कहती है—

"दूसरे सारे देवता आये, मेरे ससुर यहां नहीं आये। यदि आते, तो वह भुना दाना खाते, और सोम पीते। अच्छी तरह खाकर पुनः अपने घर जाते ॥१॥"

इस सूक्तका ऋषि वसुक्र भी बतलाया गया है। इन्द्र ही नहीं सप्त-सिन्धुके आर्य भी भुने जौका खाना और सोमका पीना बहुत पसन्द करते थे। "यदन्नं पुरुषो ह्यत्ति तदन्नं तस्य देवता" (जो भोजन आदमी खाता है, वही उसका देवता भी)।

१३. **वाक्**—अम्भृण ऋषिकी पुत्री वाक् भी कल्पित नाम है। यहां वाक् (वाणी) देवी की महिमा वर्णन की गई है[२०] (१०।१२५)—

"रुद्रों, वसुओंके साथ आदित्यों और सारे देवोंके साथ मैं विचरण करती हूं, मैं मित्र और वरुण दोनों को धारण करती हूं। मैं इन्द्र-अग्नि और दोनों अश्विनों को धारण करती हूं ।।१।

"देवताओं और मनुष्योंसे सेवित इस बातको मैं स्वयं ही कहती हूं—जिसे मैं चाहती हूं, उसे उग्र बनाती हूं, उसे ब्रह्मा, उसे ऋषि, उसे सुमेध बनाती हूं ।।५।।"

१४. विवृहा—कश्यप-गोत्री यह ऋषिका भी कल्पित है। इसने यक्ष्माके विनाशके बारेमें टोटका-टोनेकी बात कही है, जिसे हम रोगके प्रकरणमें उद्धृत कर चुके हैं[१]। [२१] (१०।१६३।१०२)

१५. विश्पला—यह ऋषिका नहीं है, पर इसके ऊपर अश्विनोंके उपकार करनेका उल्लेख मिलता है [२२] (१।१८२)—

"हे मनीषियो, यह मनमें होता है : अश्विनोंका तृप्तिकारक सुखद रथ आया है, वह सुकर्मा शुचिव्रत द्यौके नाती हैं। उन्होंने विश्पलाका भला किया ।।१।।

१६. विश्ववारा—घोषाकी तरह यही एक और महिला है, जिसे ऐतिहासिक कहा जा सकता है। विश्ववारा अत्रि-गोत्रमें उत्पन्न हुई। इसने अपने सूक्त [२३] (५।२८) में त्रिष्टुप्, अनुष्टुप् और गायत्री छन्दोंमें अग्निकी महिमा गाते अपना नाम भी दिया है—

"प्रज्वलित अग्नि द्यौलोकमें किरणोंको फैलाता है, उषाके सामने विस्तृत होकर शोभा देता है। हवि-सहित स्रुवाको लेकर नमस्कारके साथ देवोंको पूजती विश्ववारा पूर्वकी दिशाकी ओर जाती है ।।१।।

"हे अग्नि, महान् सौभाग्य के लिये तुम्हारे प्रकाश उत्तम हों, (तुम) शत्रुओं को नाश करो। दाम्पत्य (संबंध) को तुम सुनियमित करो, शत्रुता करनेवालोंके तेजको नष्ट करो ।।३।।"

१७. शची—पौलोमी शची भी कल्पित नाम है। पुराणोंसे हमें मालूम

---

[१] देखो पृष्ठ १५०—१

है, कि इन्द्र-पत्नीका नाम शची था, जो असुर पुलोमाकी पुत्री थी। इस सूक्त [२४] (१०।१५९) में एक संतुष्ट शक्तिशाली महिला अभिमानके साथ अपनी स्थितिका वर्णन करती है—

"वह सूर्य उगा, मानो यह मेरा भाग्य उगा। मैंने सौतोंको परास्त किया, पतिको अपने बसमें कर लिया ।।१।।

"मैं केतु (ध्वज) हूं, मैं मस्तक हूं। मैं उग्र, सुन्दर बोलनेवाली हूं। पति मेरे मत के अनुसार चलता है ।।२।।

"मेरे पुत्र शत्रुहन्ता है, और मेरी दुहिता शोभायमाना है। मैं खूब जीतनेवाली हूं, पतिके पास मेरी उत्तम प्रशंसा होती है ।।३।।"

१८. **शश्वती**—अंगिरा-गोत्री यह ऋषिका भी कल्पित मालूम होती है। इसके नामका एक मन्त्र [२५] (८।१।३४) मिलता है, जिसमें अश्लील रति की बातें कही गई हैं।

१९. **सिखंडिनी काश्यपी**—यह भी कल्पित नाम है। इसके सूक्त [२६] (९।१०४) को कश्यप-पुत्र पर्वत और नारदकी भी कृति बतलाया जाता है। इस सूक्तमें सोम (भांग) की महिमा गाई गई है, जिसमें कोई विशेषता नहीं है।

२०. **श्रद्धा कमायनी**—यह भी कल्पित नाम है। इसके सूक्त (१०।१५१) में श्रद्धाकी महिमा गाई गई है—

"श्रद्धासे अग्नि प्रज्वलित होती है, श्रद्धासे हवि होम की जाती है। ऐश्वर्यके सिरपर रहनेवाली श्रद्धाको मैं वाणीसे बतलाती हूं ।।१।।

"हे श्रद्धे, दाताका प्रिय करो। हे श्रद्धे देनेकी इच्छावालेका प्रिय करो। भोज देनेवाले (भोजों) में प्रिय करो। यज्ञ करनेवालोके प्रति इस मेरे कथनको करो ।।२।।

"जैसे देवताओंमें उग्र असुरोंने श्रद्धा की, ऐसे ही भोजों और यज्ञकर्त्ताओंमे हमारे कहेको करो ।।३।।"

२१. **सरमा**—सरमा देवोंकी कुतिया मानी जाती है। सप्तसिन्धुके आर्योंकी निर्लज्ज लूटकी कामनाको सरमाने किस तरह पणियोंके सामने

व्यक्त किया, इसे हम बतला चुके हैं* (ऋग् १०।१०८),

२२. **सार्पराज्ञी**—यह भी कल्पित नाम है। इसके सूक्त[२८] (१०।१८९) को कक्षीवान्‌के पुत्र शबर ऋषिका भी बतलाया जाता है। इस सूक्तमें गायका वर्णन है—

"सुखमय वायु गायोंके पास बहे। वह बलदायक वनस्पतियोंको खायें। बलदायक बहुत सा जल पीयें। हे रुद्र, रक्षावाली पैरोंवाली गायों को सुखी रक्खो ।।१।।

"जो गायें अपने शरीरको देवोंके लिये देती हैं, जिनके सारे रूपोंको सोम जानता है। सन्तानवाली हमें दूधसे परिपूर्ण करती उन गायोंको गोष्ठमें लाओ ।।३।।"

२३. **सिकता**—यह भी कल्पित नाम है। निवावरीके साथ इसकी बनाई ऋचायें (९।८६।११-२०)† मिलती हैं, जिनमें सोमका वर्णन किया गया है। निवावरीके प्रकरणमें ऋचायें आ गई हैं।

२४. **सुदेवी**—सुदासकी पटरानी का उल्लेख एक ऋचा[२९] (१।११२।१९) में मिलता है।

२५. **सूर्या**—यह भी कल्पित नाम है। सूर्याको सविता (सूर्य) की पुत्री या पत्नी कहा गया है। चाहे कल्पित नामसे ही यह सूक्त[३०] (१०।८५) संग्रह किया गया हो, पर इसमें आर्य-पत्नीके सम्बन्धमें बहुत सी बातें आई हैं। इस सूक्तके मंत्रोंको आज भी विवाहके समय पढा जाता है। सूर्याने अपनी ऋचाओंमें कहा है—

"सत्य द्वारा भूमि थामी गई है। सूर्य द्वारा द्यौ थामा गया है। सत्य द्वारा देव आदित्य द्यौमें सोम स्थित है ।।१।।

"सोमसे आदित्य बली हैं, सोमसे पृथिवी महान् है। इन नक्षत्रोंके पास सोम रक्खा गया है ।।२।।"

---

*देखो पृष्ठ ७९—८०

†देखो पृष्ठ २२९

इसके बाद सूर्या कहती है—

"रैमी (ऋचायें) (बधूके साथ) अनुदान की जानेवाली सखी थी, नाराशंशी (ऋचायें) बहूकी दासी थीं। सूर्याका बढियां वस्त्र गाथासे परिष्कृत था ।।६।।"

"जब सूर्या पतिके पास गई, तो चिन्तन चादर (उपवर्हण) था, चक्षु अंजन था, द्यौलोक और भूमि (उसका) खजाना था ।।७।।"

"स्तोम (स्तुतिके मन्त्र) धुर थे, कुरीर छन्द उसका ओपश (शिरोभूषण) था। सूर्याके वर अश्विद्वय थे, अग्नि आगे जानेवाला दूत (घटक) था ।।८।।"

"सोम व्याह-इच्छुक था, अश्विद्वय वर थे। पतिकी कामना करनेवाली सूर्याको सविताने (अपने) मनसे अश्विनोंको दिया ।।९।।"

"जब सूर्या घरको चली, तो मन इसका शकट था, और द्यौ छत (ओहार) थी, दोनों शुक्र दो बैल थे, ।।१०।।"

"जाते समय धुरेमें फैले चक्के शुचि थे। पतिके पास जाती सूर्या मनोमय रथपर चढी ।।१२।।"

"जिस उपवर्हण (चादर) को सविताने प्रदान किया था, वह सूर्याके आगे-आगे चला। मघा नक्षत्रोंमें बैलोंको हांका गया, अर्जुनी (पूर्वा-उत्तरा फाल्गुनी) में (सूर्या) ले जाई गई ।।१३।।"

"हे सूर्ये, नाना रूप सुनहले सुआच्छादित सुरंग सेमलके सुन्दर चक्रवाले रथपर चढ। जाकर पतिके लिये सुखमय अमृत लोक बना ।।२०।।"

"विश्वावसु (सारे वसुओं) को नमस्कारपूर्वक वाणीसे मैं प्रार्थना करता हूं, तुम यहांसे उठो, यह पतिवती है। तुम पिताके घरमें वैठी दूसरी प्रसिद्ध कन्याकी कामना करो, (जो) वह तुम्हारे भाग्यसे जनी है, उसे ढूंढो ।।२१।।"

"पूषन्, तुझे हाथमें पकड कर यहांसे ले जाये। दोनों अश्विन रथद्वारा तुझे ले जायें। घरोंमें जा वशवाली गृहपत्नी हो घरकी व्यवस्था कर ।।२६।।

"यह सुमंगली बधू है, आकर इसे तुम देख लो। इसको सौभाग्य प्रदान कर (देवगण) अपने-अपने घरोंको जायें ।।३३।।"

"सौभाग्यके लिये तेरे हाथको मैं ग्रहण करता हूं। तू मुझ पतिके साथ जरा अवस्था तक बनी रह। भग, अर्यमा, सविता, पुरन्धि देवोंने तुझे गृहपति धर्मके लिये मुझे प्रदान किया ।।३६।।"

"दोनों (पति-पत्नी) यहीं रहें, न बिछुड़, सारी आयुको प्राप्त करें। पुत्र और नातियोंके साथ खेलते अपने घरमें प्रमुदित रहें ।।४२।।"

"हे इन्द्र, सिंचन समर्थ हो इस (वधू)को सुपुत्रा सुभगा बनाओ। इसमें दस पुत्रोंको धारण करो, (और) पतिको ग्यारहवां बनाओ ।।४५।।

"हे वधू, तू ससुरपर सम्राज्ञी हो, सासपर सम्राज्ञी हो। ननदपर सम्राज्ञी हो, देवरोंपर सम्राज्ञी हो ।।४६।।"

यह बतला चुके हैं, कि ऋग्वेदकी ऋषिकाओंकी संख्या चाहे दो दर्जन हो, पर उनमें ऐतिहासिक घोषा और विश्ववारा ही हैं। स्त्रीका स्थान उस कालमें काफी ऊंचा था, पर पुरुषके समान नहीं था, यह इन ऋचाओंसे मालूम होता है। सास-ससुर, ननद-देवरपर शासन करनेकी कामना नारीको होती थी, और सौत उसके सिरदर्दका सबसे बडा कारण थी।

अध्याय १८

भाषा और काव्य

§१. भाषा

शौनककी अनुक्रमणीके अनुसार ऋग्वेदमें १०४१४ मन्त्र, १,५३,८२६ शब्द, ४,३२,००० अक्षर हैं। ऋचाओंकी संख्या गिननेपर उन्हें १०४६७ पाया गया। ऋग्वेदका दो प्रकारसे विभाजन है; एकमें मण्डल, सूक्त और ऋचाके क्रमको रक्खा गया है। ऋग्वेदमें १० मण्डल, १०१७ सूक्त और १०४१४ मन्त्र हैं। अष्टक, अध्याय और सूक्तके अनुसार दूसरी गणना होती है, जिसके अनुसार ऋग्वेदमें ८ अष्टक, ६४ अध्याय और १०१७ सूक्त हैं। मण्डल, अनुवाक और वर्गके अनुसार गणना करनेपर ऋग्वेदमें १० मण्डल, ८५ अनुवाक और २००८ वर्ग (वालखिल्यके १६ सूक्तोंको छोड़कर) पाये जाते हैं। आजकल सबसे अधिक प्रचलित गणना मण्डल, सूक्त और ऋचाके क्रमसे है।

भिन्न-भिन्न मण्डलोंकी भाषा देखनेसे पता लगता है, कि सभीकी भाषा एक समान नहीं है। यह बतला चुके हैं, कि ऋग्वेदिक आर्य हिन्दू-यूरोपीय वंशकी उस शाखाके अंतर्गत हैं, जिसमें ईरानी और शक-स्लाव आते हैं, और जिसे शतम्-शाखा कहा जाता है। शतम्-शाखाकी कोई जाति टवर्ग नहीं बोल सकती। इसलिये सप्तसिन्धुमें आनेवाले आर्य टवर्ग (मूर्धन्यवर्ण) नहीं बोल सकते थे, यह निश्चित है। ऋग्वेद में यद्यपि आदिमें टवर्गीय अक्षर रखनेवाला कोई शब्द नहीं मिलता, पर मूर्धन्य वर्णोंका प्रयोग जरूर मिलता है। यह टवर्ग कबसे आर्योंमें प्रचलित

हुआ ? निश्चय ही सप्तसिन्धुकी प्राचीन जातिके घनिष्ट सम्पर्कसे ही उच्चारणमें यह परिवर्तन आया। आज भी द्रविड भाषाओंमें टवर्गकी प्रचुरता उत्तरी भारतके कानोंको खटकती है। सप्तसिन्धुमें आनेके तीन सौ वर्षबाद ऋग्वेदके महान् ऋषि हुये। वह टवर्ग बोलते थे, यह कहना आसान नहीं है, क्योंकि शताब्दियों तक ऋचायें लिपिवद्ध नहीं हो कंठस्थ रक्खी गई थीं। मूल पालि त्रिपिटक (बुद्धके सूक्त) मागधी-कोसली भाषामें रहे, जिसमें ल और श अक्षरों का प्राचुर्य एवं र तथा स अक्षरोंका बहुत कुछ अभाव सा था। पर वर्तमान पालि त्रिपिटकमें मागधीके इन विशेष अक्षरोंका बायकाट सा देखा जाता है—श का तो बिल्कुल ही प्रयोग नहीं होता। इस परिवर्तनका कारण यही था, कि शताब्दियों तक बुद्धके सूक्त मागधीभाषियों के नहीं, बल्कि पश्चिमी भाषाभाषियों—विशेषकर लाट-गुजरातसे गये उपनिवेशिकों—के मुखमें रहे, जिनके कारण यह परिवर्त्तन हुआ। इसे देख हम नहीं कह सकते, कि ऋचाओंके रचने और उनके लिपिवद्ध होनेके समय के बीचमें अक्षरोंका परिवर्तन नहीं हुआ होगा। वैदिक भाषाके प्रकाण्ड विद्वान् डा० बटेकृष्ण घोषने ऋग्वेदके अक्षरों और उनके उच्चारणपर सूक्ष्म विवेचन किया है। मूर्धन्य वर्णोंका प्रचार आर्योंकी भाषा में भारतमें आनेपर हुआ। डा० घोष र की अपेक्षा ल की प्रचुरताको आर्योंके भारतमें पूर्वकी ओर बढ़नेका प्रभाव बतलाते हैं। पर, र की जगह ल के प्रयोग स्लाव भाषाओंमें भी बहुत आते हैं। इसलिये हमें मानना पड़ेगा, कि जहां तक र और ल के प्राचुर्यका सवाल है, वह शतम्-वंशकी दूसरी शाखाओंमें भी देखा जाता है।

डा० घोष इस निष्कर्षपर पहुंचे हैं,* कि जहां तक भाषाका सवाल है, ऋग्वेदके पहले नौ मण्डलोंकी भाषा एक सी है। दसवें मण्डलकी भाषामें जरूर परिवर्त्तन है। दसवें मण्डलमें भी कितनी ही ऋचाओं और सूक्तोंकी भाषा पुरानी दीख पड़ती है, साथ ही बाकी मण्डलोंमें कितनों

---

*The Vedic Age PP. 33-40

हीकी भाषामें नवीनता पाई जाती है। तो भी यह माननेमें आपत्ति नहीं होनी चाहिये, कि पहले नौ मण्डलोंकी भाषा प्रायः पुरानी है। इन नौ मण्डलोंमें भी यदि ऋषियोंके काल-क्रमको देखें, तो पहले भरद्वाजका मण्डल (छठां), फिर वसिष्ठका (सातवां), फिर विश्वामित्रका (तीसरा), फिर वामदेवका (चौथा) आता है। यह भाषा-भेद **भरद्वाज**[1] (६।१।१,२) और **रक्षोहाकी** ऋचाओं[2] (१०।१६२।१-२) की तुलनासे मालूम हो सकता है।

वेदकी भाषा अपेक्षाकृत बहुत पुरानी, ताम्र-युगके समाजकी भाषा है, विकासमें वह वहां नहीं पहुंची थी, जहां कि पालि, प्राकृत, अपभ्रंश और हमारी भाषायें आधुनिक कालमें पहुंची। इस प्रकार उसे अपरिचित और दुरूह शब्दोंवाली भाषा कहा जा सकता है, लेकिन जहां तक भाषाकी प्रकृतिका सम्बन्ध है, उसे सरल होना चाहिये। किन्हीं-किन्हीं बातोंमें वह सरल है भी। उसे हम पाणिनीय संस्कृतकी पृष्ठभूमिमें रखकर पढना चाहते हैं, इसलिये हरेक पाणिनीय नियमके अपवादोंकी संख्या देखकर हम समझते हैं, कि वैदिक भाषाकी प्रकृति अधिक क्लिष्ट है। यदि वेदकी भाषाको वैदिक उदाहरणों अर्थात् वैदिक पाठमालाओंके सहारे पढा जाये, तो वह जरूर सरल मालूम होगी। भाषाके ज्यादा सरल होनेका मतलब संदिग्ध होना भी है। चीनी भाषा दुनियाकी अत्यन्त सरल भाषा है—यहां उसकी लिपि-से हमें कोई मतलब नहीं, जो निश्चय ही बहुत कठिन है। चीनी भाषा के पूर्ण व्याकरणके लिखनेके लिये शायद पांच-छ पृष्ठोंकी भी अवश्यकता नहीं होगी, पर इसके कारण सन्देह होनेकी भी गुंजाइश है। क्रियाओंमें वचन और काल, पुरुषका कोई पता नहीं। बोलते वक्त स्वरोंके आरोवहारोहसे संदिग्धको असंदिग्ध बनानेकी कोशिश की जाती हैं। वैदिक भाषामें एक ही क्रिया के कालको न निश्चित करके पाठक को मजबूर किया जाता है, कि वह प्रकरणसे उसका अर्थ निकाले। भवातिका अर्थ है और होवे दोनों हो सकता है। वैदिक भाषाके ऐसे अनिश्चित और अपवादपूर्ण क्रियापदोंको लेट् लकारमें जमा कर दिया गया हैं। इस प्रकार वैदिक भाषाकी कठिनाईसे

इन्कार नहीं किया जा सकता। पर, यदि संस्कृतके द्वारा नहीं, बल्कि ऋचाओंमें आये व्याकरण और उसके प्रयोगोंद्वारा सिखलाया जाये, तो यह भाषा उतनी कठिन नहीं मालूम होगी।

जहां तक शब्दोंका सम्बन्ध है, ऋग्वेदमें कितने ही शब्द दूसरे अर्थोंमें प्रयुक्त होते हैं। कारु काम करनेवालेको कहना चाहिये, लेकिन ऋग्वेदमें कारु कविको कहते हैं, जो ऋचायें बनाता है। इसी तरहके दूसरे भी शब्द वहां मिलते हैं।

सन्धियोंके नियमोंको भी वेदमें उतना पालन नहीं किया गया, स्वरके बाद स्वर आनेपर भी उसे ज्यों का त्यों रहने दिया जाता है।

§२. छन्द

ऋक्का अर्थ ही है पद्य। सारा ऋग्वेद पद्य-बद्ध है। सात छन्द प्रसिद्ध माने जाते हैं, पर छन्दोंकी संख्या और अधिक है। यज्ञ ऋषिकी ऋचाओं (१०।१३०।३-५)में गायत्री, उष्णिक्, अनुष्टुप, बृहती, विराट्, त्रिष्टुप्, जगती इन सात छन्दोंका उल्लेख है। यही मूल छन्द भी है। यह हम बतला चुके हैं, कि गानेके लिये गायत्री छन्द सबसे अधिक प्रचलित था। सोमपानके समय हरेक पीनेवालेका कण्ठ खुल जाता था, जैसे आज भी मद्य पीते समय देखा जाता है। ऋग्वेदका नवां मण्डल सोम मण्डल है, जिसमें सौसे ऊपर ऋषियोंने सोमके गुणोंका गान किया है। इस मण्डलकी बहुत अधिक ऋचायें गायत्री छन्दमें हैं। गायत्री छन्दके गानेको गायत्र साम कहा जाता है।

ऋग्वेदके १०४१४ मन्त्रोंमें छन्द हैं—

१. गायत्री	२४६७
२. उष्णिक्	३४१
३. अनुष्टुप्	८५५
४. बृहती	१८१
५. त्रिष्टुप	४२५३

६. पंक्ति	३१२
७. जगती	१३४८
८. अतिजगती	१७
९. शाक्वरी	१९
१०. अतिशाक्वरी	९
११. अष्टि	६
१२. अत्यष्टि	८४
१३. धृति	२
१४. अतिधृति	१
१५. एकपादवाले	६
१६. दोपादवाले	१७
१७. प्रगाथ बार्हत	१९४
१८. ककुभ	५५
१९. महाबार्हत	२५७

इनके देखनेसे मालूम होता है, कि ३००से अधिक बार आनेवाले छन्द गायत्री, उष्णिक्, अनुष्टुप्, पंक्ति, त्रिष्टुप् और जगती हैं। इनमें भी सबसे अधिक उपयुक्त होनेवाला छन्द त्रिष्टुप् है, जिसके बाद दूसरा नम्बर गायत्रीका तीसरा जगतीका और चौथा अनुष्टुप् का। पीछे अनुष्टुप् संस्कृत-में बहुत प्रयुक्त हुआ है। गायत्रीमें गानके लिये अन्तिम पादको दोह-राना आवश्यक था, इस प्रकार वह भी अनुष्टुप् बन जाता था। दोनोंको एक कर देने पर अनुष्टुपोंकी संख्या २३२३ हो जाती है।

§३. रचना

१. वाणी—पद्यबद्ध रचना को कहते थे, जैसा कि वसिष्ठ *(७।-३१) ने कहा है—

"सबके राजा निष्क्रोध इन्द्रकी वाणियां शत्रुओंको निरस्त्र करनेके लिये हैं ।।१२।।"

२. **सूक्त**—वसिष्ठने सूक्तका भी उल्लेख किया है[५] (७।२९)—

"हे मघवन् इन्द्र, जो सूक्तों द्वारा हम तुम्हारी स्तुति करते हैं, सो तुम्हारा अलंकार है।।३।।"

[६] (७।५८।६)—"मरुत् इस सूक्तका सेवन करें।"

३. **श्लोक**—श्लोकका भी उल्लेख ऋग्वेदमें मिलता है, लेकिन इसका अर्थ वही है, जो पुण्यश्लोकमें आता है, अर्थात् श्लोकका अर्थ प्रशंसा या कीर्ति है। कण्वने कहा है[७] (१।३८।१४)—

"मुखमें श्लोक बनाओ, मेघकी तरह फैलाओ, उक्थ्य गायत्रको गाओ।"

४. **साम**—साम गीतिको कहते थे। ऋग्वेदकी ही बहुत सी ऋचाओंका गान के साथ जो संग्रह है, उसीको सामवेद कहते हैं। सारे सामवेदमें सौसे कम ही ऐसे मन्त्र हैं, जो ऋग्वेदमें नहीं आये हैं। कुत्स ऋषि सामसे विश्वेदेवोंकी स्तुतिका उल्लेख करते कहते हैं[८] (१।१०७)—

"सामों द्वारा स्तुति किये जाते देव (अपनी) रक्षाके साथ हमारे पास आयें।।२।।"

गृत्समद ऋषि त्रिष्टुप् और गायत्रीके सामकी बात करते हैं[९] (२।४३)-

"और त्रैष्टुप्को जैसे सामगायक, वैसे ही दोनों वाणियोंको बोलते वह अनुरंजन करता है।।१।।"

कण्व-गोत्री कुसीदि ऋषि कहते हैं[१०] (८।७०)

"इन्द्र, गीयमान सामको सुनै, उसका स्तुतिगान करै, वह अन्नसे हमारे ऊपर कृपा करै।।५।।"

५. **स्तोम**—स्तुति या स्तोत्रको उस समय स्तोम कहते थे। कुत्स आंगिरस इन्द्र-अग्निके लिये कहते हैं[११] (१।१०९)—

"हे इन्द्रअग्नि, सुना है, तुम दामाद और सालेसे भी ज्यादा देनेवाले हो। इसलिये सोमके प्रदानके समय तुम्हारे लिये मैं नवीन स्तोम बनाता हूं।।२।।"

§४. काव्य

नदी-सूक्त—[१] (३।३३।१-१३) पुरूरवा-उर्वशी सूक्त[२] (१०।९५) को देखनेसे मालूम होता है, कि कविताकी मनोहारिनी शैली ऋग्वेदिक आर्योंमें मौजूद थी। लेकिन ऋषियोंकी ऋचाओंको कविताकी दृष्टिसे नहीं सुरक्षित किया गया। उनका प्रयोजन देवताओंको प्रसन्न करना था। बिल्कुल सम्भव है, उस समय मधुर लोकगीत और पंवाडे प्रचलित थे, जिनकी उस समय काफी कदर थी।

उपमा—कविताको सजानेमें अलंकारोंका उपयोग भी ऋषि करते हैं। अलंकारोंमें सबसे अधिक उपमाका इस्तेमाल देखा जाता है, जिसके लिये इव या उसीके अर्थमें न का प्रयोग बहुत हुआ है। गृत्समदने एक सूक्त[१२] (२।३६।१,८) की हरेक पंक्तिमें इसका प्रयोग और एक से अधिक बार किया है—

"अश्विद्वय पत्थरकी तरह......शत्रुको बाधा दो, गिद्धकी तरह निधियुक्त वृक्षको प्राप्त करो। ब्रह्माकी तरह यज्ञमें उक्थ (गीत) गानेवाले हो, दूतकी तरह बहुतोंके लिये पुकारने लायक हो ॥१॥"

इस सूक्तमें और उपमायें दी गई हैं—रथी, अजा (बकरी), स्त्री, दम्पती, सींग, शफ (खुर), चक्रवाक, नाव, युग (धुरा), नाभि, उपधि, प्रदि, श्वान, खल, वर्म, बात, नदी, हाथ, पाद, ओष्ठ, स्तन, नासा, कर्ण, हें पृथिवी, शान, तलवार। सात त्रिष्टुप् ऋचाओंके भीतर इतनी उपमायें दी गई हैं, और सबके साथ इवका प्रयोग है। अन्तमें ऋषि कहते (२।३९।-८)—

"हे अश्विद्वय, गृत्समदोंने तुम्हारे बधावे में मन्त्र और स्तोम बनाये। हे नरो, उनका सेवन करते (हमारे) पास आओ। यज्ञमें सुन्दर वीर्यवाले हो हम बहुत कहें ॥८॥"

---

१. देखो, अध्याय (७।७) पृष्ठ ६७–८

२. देखो अध्याय (५।२८) पृष्ठ ८९–९०

वाजम्भर-पुत्र सप्तिने क्रियाकी उपमा इवके साथ दी है[13] (१०।७९)—

"हे सुनहले अग्नि, क्या देवोंके ऊपर तुमने क्रोध किया, अनजान होनेसे मैं तुमसे पूछता हूं। खेलते न खेलते तुम वैसे ही छिन्न-भिन्न कर डालते हो, जैसे गायको तलवार पोर-पोर करके काटती है ।।६।।"

विश्वामित्रने अपने सुन्दर काव्य नदी-सूक्त[1] (३।३५) में व्यास और सतुलजकी उपमायें इवके साथ निम्न वस्तुओंसे दी हैं—अश्व, गौ, रथी, वत्स, योषा (मां), मर्य (पति),

न के साथ उपमा भी ऋग्वेदमें आती है, जिसका प्रयोग पीछे नहीं होता। न नहींके अर्थमें भी आता है, इसीलिये संदिग्ध होनेके कारण उपमार्थ न के प्रयोगको छोड दिया गया। भरद्वाज कहते हैं[14] (६।२)—

"हे अग्नि, तुम दीप्तिमान् हो, तुम्हारा उज्वल धूम विस्तृत द्योलोकमें फैला है। हे पावक, कृपालु हो अपनी द्युतिसे सूर्यकी तरह (सूरो न) प्रकाशमान होते हो ।।६।।

"प्रजाओंमें तुम पूज्य हमारे प्रिय अतिथि हो, पुरमें हितकी तरह आश्रय लेने लायक, सूनुकी तरह (सूनुर्न) पालनीय हो ।।७।।

"हे अग्नि, तुम घर्षण करके द्रोणमें प्रकाशित होते हो, अश्वकी तरह वाजी न कार्यकारी हो। सर्वत्रगामी वायुकी तरह स्वयं जानेवाले हो, घोडेकी तरह (अत्यो न) कुटिलगामी शिशु हो ।।८।।

अगले सूक्त[15] (६।३।४-८)में भरद्वाजने न-वाली उपमा अश्व, द्रवि (दर्वी), परशु, अयस्, पक्षी, रेभ (शब्दकारक), द्यौ, घृणा, विद्युत् और ऋभुसे दी हैं।

§५. कवि

१. वशिष्ठ के ऋग्वेदके कुछ काव्यमय सूक्तोंका परिचय हम दे चुके हैं। वसिष्ठने एक सूक्त[16] (७।७५) में उषाका वड़ा सुन्दर वर्णन किया है—

"दिविजा उषाने प्रकाश किया। (वह) सत्यसे अपनी महिमाका

---

१. देखो पृष्ठ ६७–८

आविष्कार करती आई। उसने तमको दूर किया, प्राणियोंके श्रेष्ठतम पथको आलोकित किया ।।१।।

"उषाकी यह दर्शनीय विचित्र अमृत किरणें आईं। (वह) दिव्य व्रतोंको उत्पन्न करती अन्तरिक्षको भरती अवस्थित हुईं ।।३।।

"यह वह उषा द्यौकी दुहिता, भुवनकी रक्षिका, जनोंके ज्ञानको अवलोकन करती तुरन्त पांचों जनोंके चारों ओर पहुंचती है ।।४।।

"अन्नवाली विचित्र धन-युक्त सूर्यकी पत्नी (उषा) धनके लिये वसुओंके धनपर शासन करती है। जीर्ण करती ऋषियोंसे प्रशंसित धनिक यजमानों द्वारा स्तुति की जाती उषा प्रकाशित होती है ।।५।।

"प्रकाशमान उषाको वहन करते विचित्र अश्व दिखाई दे रहे हैं। शुभ्र नाना रूपोंवाली वह रथसे जाती है, सेवक जनोंको रत्न देती है ।।६।।

"वह सत्या सत्योंके साथ, महती महान् देवोंके साथ, यजनीया यजन-कर्त्ताके साथ दृढ अन्धकारको भेदन करती, गौओंको चरा देती है। गायें उषाकी कामना करती हैं ।।७।।

"हे उषा, हमें तुम गो-युक्त, वीरों-युक्त रत्न-अश्व-युक्त बहुत भोज दो। पुरुषोंके सामने हमारे यज्ञकी निन्दा न करो। तुम सदा स्वस्तिके साथ हमारी रक्षा करो ।।८।।"

२. **विश्वामित्र**—विश्वामित्रने भी कई सूक्त उषाकी प्रशंसामें रचे हैं, जिनमें एक[17] (३।६१)की कुछ ऋचायें निम्न प्रकार हैं—

"अन्नसे अन्नवाली, ज्ञानवाली मघोनी हे उषा, स्तुति-कर्त्ताके स्तोत्र (स्तुति) कोग्रहण करो। वह स्तोत्रवाली सबके लिये वरणीय हे प्राचीन युवती देवि, व्रतके लिये अनुगमन करो ।।१।।

"हे उषा देवि, सुनहले रथ-युक्त मिठबोली मधुर भाषण करती प्रकाशित हो; सुवर्णवर्णा तुम्हें वे बहुत बलशाली सुशिक्षित अश्व ले जायें ।।२।।

"हे उषा, तुम अमृतकी ध्वजा हो, भुवनोंके ऊपर सन्मुख सारे अवस्थित

हो। हे नवीना, एकसे रथपर विचरण करती चक्रकी तरह तुम पुनः-पुनः घूमो ।।३।।"

३. वामदेव—सभी प्रधान ऋषियोंने उषाकी महिमा गाई है। फिर वामदेव कैसे पीछे रह सकते हैं? वह कहते हैं[२८] (४।५१)—

"अन्धकारके बीचसे यह वह अतिविशाल ज्योति सामने उठी। जनोंके लिये निश्चय गमन किया करती द्योकी दुहितायें उषायें प्रकाशित हो रही हैं ।।१।।

"यज्ञोंमें यूपोंकी तरह पूर्वमें विचित्र उषायें उठकर अवस्थित हुईं। बाधक अंधकारके द्वारको खोलती वह दीप्त पवित्र प्रकाशित होती हैं ।।२।।

"मघोनी (धनवती), तमनाशिका उषायें भोजनदानके लिये अन्नदानके लिये भोजोंको चेताती हैं। पणि लोग अन्धकारके मध्यमें न जाग बेहोश हो सोयें ।।३।।

"हे देवियो, सत्यमें जुडे अश्वोंके साथ तुम तुरन्त भुवनोंमें चारों ओर जाती हो। उषायें जीवन विचरणके लिये सोये दोपायों-चौपायोंको जगाती तुरन्त भुवनोंके चारों ओर जाती हैं ।।५।।

"जिसके लिये ऋभुओंने विधान बनाये, वह उषा कहां, कितनी पुरानी हैं? जब शुभ्र उषायें शुभ विचरण करती हैं, तो(वह कभी) न पुरानी होनेवाली एकसी पहचानी नहीं जातीं ।।६।।"

फिर दूसरे सूक्त[२९] (४।५२) में वामदेव सर्वप्रिय गायत्री छन्दमें उषाका गान करते हैं—

"अन्धकारनाशिनी बहिन (रात्रि)को हटानेवाली वह प्रशंसित सुनायिका रमणी, द्यौकी दुहिता दिखाई पडी ।।१।।

"अश्वकी तरह विचित्र चमकीली, गायोंकी माता, यज्ञवाली उषा अश्वि-द्वयकी सखी हुई ।।२।।

"चाहे अश्विद्वयकी तू सखी है, चाहे गायों (किरणों) की माता है उषा तुम धनकी ईश्वरी हो ।।३।।

"मधुरभाषिणी (तुम) शत्रुओंको हटाओ, ज्ञान दो। हम स्तोमों (स्तुतियों) द्वारा तुम्हें प्रबोधित करते हैं ।।४।।

"वर्षाकी धाराकी तरह उसकी भद्र किरणें दिखाई पड़ीं। उषाने अपने विस्तृत तेजसे (विश्वको) भर दिया ।।५।।

"हे पूरयित्री विभावरि प्रकाशवती, अपनी ज्योतिसे तमको दूर करो। हे उषा, अन्नकी रक्षा करो ।।६।।

"हे उषा, (तुम) अपनी किरणोंसे द्यौको, विशाल प्रिय अन्तरिक्षको व्याप्त करती हो, अपनी शुक्र (उज्ज्वल) किरणोंसे व्याप्त करती हो ।।७।।"

उर्वशी-पुरूरवाका लघु सुन्दर खण्डकाव्य ऋग्वेद [२०](१०।९५)का एक सूक्त है। उसको हम पीछे उद्धृत कर चुके हैं।

ऋषि अपनी कृतियोंको काव्य कहते थे, यह वामदेव के एक सूक्त [२१](१०।५५) से मालूम होता है। सूक्तका ऋषि यद्यपि वामदेव-पुत्र बृहदुक्थ बतलाया गया है, पर सम्भव है यह बृहद् उक्थ (महान् गान) वामदेवकी मानस सन्तान हों। वह इन्द्रकी प्रशंसा करते कहते हैं—

"बहुतोंके युद्धमें शत्रु युवा होनेपर भी जिसके भयसे भागते हैं, वह श्वेतकेश हो गया। देवके महत्वपूर्ण काव्यको देखो, जो कल जीवित था, वह आज मर गया ।।५।।

४. भौम—अत्रिकी सन्तान भौम पर्जन्य (मेघ) की स्तुति [२२](५।८३) भी बहुत सुन्दर है—

"हे इन वाणियोंसे पर्जन्यके बलकी प्रशंसा करो, नमस्कार करते पर्जन्यकी स्तुति करो। जलवर्षक दानशील गरजता पर्जन्य औषधियोंमें वीर्य धारण करता है ।।१।।

"वह वृक्षोंको नष्ट करता है, राक्षसोंको नष्ट करता है, महावधसे सारे भुवनको डराता है। उस वृष्टिवाले से निरपराध भी भागते हैं, क्योंकि पर्जन्य शब्द करते दुष्टोंको मारते हैं ।।२।।

---

१. देखो पृष्ठ ८९–९०

"रथीकी तरह चाबुकसे घोडोंको हांकते, दूतों भटों को प्रकट करतेसे वर्षाको वह प्रेरित करता है। जब पर्जन्य नभको वर्षा-युक्त करता है, तो दूरसे सिंहके गर्जनकी तरह गरजता है॥३॥

"वायु जोरसे बहते हैं, बिजलियां गिरती हैं, औषधियां बढती हैं, आकाश भर जाता है। सारे भुवनके लिये पृथिवी समर्थ होती है, जबकि पर्जन्य पृथिवीको वीर्यसे रक्षा करते है॥४॥

"जिसके व्रत (कर्मसे) पृथिवी नम्र होती है, जिसके व्रतसे खुरोंवाले (पशु) पोसे जाते हैं, जिसके व्रत से औषधियां नाना रूपकी होती हैं, वह पर्जन्य हमें महासुख प्रदान करे॥५॥

"हे मरुतो, द्यौसे हमें वृष्टि प्रदान करो। वर्षा करनेवाले अश्वमेध की धाराओं वर्षाओंको बरसाओ। इस कडकके साथ हे पर्जन्य, आओ हमारे पिता असुर (तुम) हमारा सेचन करो॥६॥

"आवाज करो, चिल्लाओ, जलवाले रथसे गर्भ धारण करो, परि-भ्रमण करो। चमडेको खींचो, बंधेको मुक्त करो, (तुम्हारे द्वारा) ऊभड-खाभड प्रदेश समतल होवें॥७॥

"महाकोश मेघ को ऊपरसे नीचे सींचो, बन्धन-मुक्त कुल्यायें (नदियां) पूर्वकी ओर बहें। जलसे द्यौ और पृथिवीको भिगो दो। धेनु गौओंके लिये सुन्दर प्याउ हो॥८॥"

ऋग्वेदमें जहां-तहां सुन्दर काव्यकी जो छटा मिलती है, उससे पता लगता है, कि ऋग्वेदिक आर्य कविताके प्रेमी थे। उनके मनोरंजनके लिये सुन्दर कवितायें रची जाती थीं। उनके गानेका ढंग क्या था, यह सामगानसे पता लग सकता है। उससे भी अधिक वास्तविकताके समीप हम तब पहुंचेंगे, यदि हमारे लोकगीतोंके तुलनात्मक अध्ययन (विशेषकरहिमालयकी कितनी ही पिछडी जातियोंके लोकगीतोंके तुलनात्मक अध्ययन) से किसी निष्कर्षपर पहुंचें। लोकगीतोंके वाक्य-विन्यास चाहे चिरजीवी नहीं होते, पर उनके लय या गानेके ढंग शताब्दियों और सहस्राब्दियों तक बने रहते हैं; इसलिये यदि हमारे देश और कितने ही पश्चिमी देशोंके वर्तमान लोकगीतोंके साथ सामगानकी तुलना की जाये, तो सप्तसिन्धुके आर्योंके गानेके ढंगको जाना जा सकता है।

परिशिष्ट

परिशिष्ट १

अध्याय १

सप्तसिन्धु

१. अष्टौ व्यख्यत् ककुभः पृथिव्यास्त्री धन्व योजना **सप्त सिन्धून्**।
हिरण्याक्षः सविता देव आगाद्दधद्रत्ना दाशुषे वार्याणि ।।८।।
१।३५ (त्रिष्टुब्)

२. ऋग्वेद मण्डल ६, ७, ३ और ४ क्रमशः भरद्वाज, वसिष्ठ, विश्वामित्र और वामदेवके मण्डल कहे जाते हैं।

३. अग्निमीळे पुरोहितं यज्ञस्य देवमृत्विजं। होतारं रत्नधातमं ।।१।।
—१।१ (गायत्री)

४. वृषा वृषन्धिं चतुरश्रिमस्यन्नुग्रो बाहुभ्यां नृतमः शचीवान्।
श्रिये **परुष्णीमुषमाण** ऊर्णां यस्याः पर्वाणि सख्याय विव्ये ।।२।।
४।२२ (त्रिष्टुब्)

५. यदिन्द्राग्नी **यदुषु तुर्वशेषु** यद् **द्रुह्यष्वनुषु पूरुषु** स्थः।
अतः परि वृषणा वा हि यातमथा सोमस्य पिबतं सुतस्य ।।८।।
१।१०८ (त्रिष्टुब्)

६. वृषा वृषन्धिं चतुरश्रिमस्यन्नुग्रो बाहुभ्यां नृतमः शचीवान्।
श्रिये **परुष्णीमुषमाण** ऊर्णां यस्याः पर्वाणि सख्याय विव्ये ।।२।।
—४।२२

७. **अतारिषुर्भरता** गव्यवः समभक्त विप्रः सुमतिं नदीनां।
प्र पिन्वध्वमिषयन्तीः सुराधा आ वक्षणाः पृणध्वं यात शीभं ।।१२।।
—३।३३ (त्रिष्टुब्)

परिशिष्ट १

अध्याय १

सप्तसिन्धु

१. उसने पृथिवीकी आठों दिशायें, तीनों मरुस्थल और सातों नदियां प्रकाशित कीं। सुनहली आंखोंवाला सविता देव (यजमान) दानियोंके लिये उत्तम रत्न लिये आये ॥८॥

—हिरण्यस्तूप आंगिरस, १।३५

२. ऋग्वेदके ६, ७, ३ और ४ मंडल भरद्वाज, वसिष्ठ, विश्वमित्र और वामदेवके हैं।

३. यज्ञके देव, होता, ऋत्विज, पुरोहित अति रत्नधारक अग्निकी मैं स्तुति करता हूं ॥१॥

—मधुच्छन्दा विश्वामित्र-पुत्र, १।१

४. वृष्टि-धारक, कामवर्षी, दोनों वाहोंसे चार कोरवाले वज्र को फेंकनेवाले, उग्र, महानतम नेता शची-युक्त वृषभ (इन्द्र) ने ऊनकी तरह परुष्णी (रावी) को, श्री के लिये सेवन करते उसके पोरोंको मैत्रीके लिये ढांक दिया ॥२॥

—वामदेव गौतम-पुत्र, ४।२२

५. हे इन्द्र-अग्नि, जब तुम यदुओं, तुर्वशोंमें, जब द्रुह्युओं, अनुओं, पुरुओंमें रहो, तो भी हे कामनावर्षको, तुम आओ, और सुत (छाने) सोमको पियो ॥८॥

—कुत्स आंगिरस, १।१०८

६. देखो १।४

७. गो-कामी भरत पार हो गये, विप्रने नदियोंकी सुमति प्राप्त की। (हे व्यास-सतलुज,) अन्नकारिणी, सुन्दर धनयुक्त, फूली तटोंको पूरा करती, तुम शीघ्र जाओ ॥१२॥

—विश्वामित्र कौशिक, ३।३३

८. उत नः प्रिया प्रियासु सप्त स्वसा सुजुष्टा। सरस्वती स्तोम्या भूत्।१०।
—६।६१ (गायत्री)

९. नि त्वा दधे वर आपृथिव्या इळायास्पदे सुदिनत्वे अह्नां।
दृषद्वत्यां मानुष आपयायां सरस्वत्यां रेवदग्ने दिदीहि।।४।।
—४।२३

१०. इमं मे गंगे यमुने सरस्वति शुतुद्रि स्तोमं सचता परुष्ण्या।
असिक्न्या मरुद्वृधे वितस्तयार्जीकीये शृणुह्या सुषोमया।।५।।
तृष्टामया प्रथमं यातवे सजूः सुसर्त्वा रसया श्वेत्या त्या।
त्वं सिन्धो कुभया गोमतीं क्रुमुं मेहत्न्वा सरथं याभिरीयसे।।६।।
—१०।७५

११. सप्तापो देवीः सुरणा अमृक्ता याभिः सिन्धुमतर इन्द्र पूर्भित्।
नवतिं स्रोत्या नव च स्रवन्तीर्देवेभ्यो गातुं मनुषे च विन्दः।।८।।
—१०।१०४

१२. सरस्वती सरयूः सिन्धुरूर्मिभिर्महो महीरवसा यन्तु वक्षणीः।
देवीरापो मातरः सूदयित्नवो घृतवत् पयो मधुमन्नो अर्चत।।९।।
—१०।६४

१३. मा वो रसानितभा कुभा क्रुमुर्मा वः सिन्धुर्नि रीरमत्।
मा वः परिष्ठात् सरयूः पुरीषिण्यस्मे इत् सुम्नमस्तु वः।।९।।
—५।५३

८. और प्रियाओंमें प्रिया सात वहिनोंवाली सुप्रसन्ना सरस्वती हमारी स्तुति योग्य हो ॥१०॥

—भरद्वाज, ६।६१

९. हे अग्नि, दिनोंके सुदिनके लिये पृथिवीके उत्तम अन्न-स्थानमें मैं तुम्हें स्थापित करता हूं। तुम दृषद्वती (घग्घर) आपया (मरकण्डा), सरस्वती पर आदमियोंके लिये धन-युक्त दीप्तिमान् होओ ॥१५॥

—देवश्रवा, देववात, भारत, ३।२३

१०. हे गंगा, यमुना, सरस्वती, परुष्णी (रावी) सहित शुतुद्रि, मेरे इस स्तोमको स्वीकार करो। हे असिक्नी (झेलम)-सहित मरुद्वृधा, वितस्ता सुषोमा-सहित आर्जीकीया, सुनो ॥५॥
त्रिष्टामा, सुसर्तु, रसा, उस श्वेत्याके साथ पहले जाती, हे सिन्धु, कुभा (काबुल नदी)-सहित गोमती, मेहत्नू को लिये क्रुमु, तुम वहती हो ॥६॥

—सिन्धुक्षित् प्रियमेध-पुत्र १०।७५

११. सुरम्य अमित गतिवाली दिव्य सातो नदियाँ (हैं), जिनके साथ, हे गढ़ोकों तोड़नेवाले इन्द्र, तुम सिन्धु पार हुए। देवों और मनुष्योंके उपकारके लिए तुमने निन्नानवे वहती नदियों को प्राप्त किया ॥८॥

—अष्टक विश्वामित्र-पुत्र, १०।१०४

१२. सरस्वती, सरयू, सिन्धु (अपने) तरंगोंसे महती, महान् रक्षाके लिए बहती आवें। प्रेरिका दिव्य जलमाताऐं घृत, दुग्ध, मधु-सहित हमें तृप्त करें ॥९॥

—गयप्लात, १०।६४

१३. (हे मरुतो,) तुम्हें रसा, अनितभा, कुभा (काबुल), क्रुमु (कुर्रम) न (रोकें), न तुम्हें सिन्धु रोके। जलवती, सरयू तुम्हें न बाधा डाले, और तुम्हारा दिया सुख हमारे लिए हो ॥९॥

—श्यावाश्व आत्रेय, ५।५३

१४. यस्येमे हिमवन्तो महित्वा यस्य समुद्रं रसया सहाहुः ।
यस्येमाः प्रदिशो यस्य बाहू कस्मै देवाय हविषा विधेम ।।४।।

—१०।१२१

१५. न त्वा बृहन्तो अद्रयो वरन्त इन्द्र वीळवः ।
यद्दित्ससि स्तुवते मावते वसु नकिष्टदा मिनाति ते ।।३।।

—८।७७

१६. त्वं शतान्यव शम्बरस्य पुरो जघन्था प्रतीनि दस्योः ।
अशिक्षो यत्र शच्या शचीवो दिवोदासाय सुन्वते सुतक्रे,
भरद्वाजाय गृणते वसूनि ।।४।।

—६।३१

१७. स वृत्रहेन्द्रः कृष्णयोनीः पुरन्दरो दासीरैरयद्वि ।
अजनयन्मनवे क्षामपंच सत्रा शंसं यजमानस्य तूतोत् ।।७।।

—२।२०

१८. इन्द्रः समत्सु यजमानमार्यं प्रावद्विश्वेषु
शतमूतिराजिषु स्वर्मीह्ळेष्वाजिषु ।
मनवे शासदव्रतान् त्वचं कृष्णामरन्धयत् ।
दक्षन्नविश्वं ततृपाणमोषति न्यर्शसानमोषति ।।८।।

—१।१३०

१९. प्रावेपा मा बृहतो मादयन्ति प्र वातेजा इरिणे वर्वृताना: ।
सोमस्येव मौजवतस्य भक्षो विभीदको जागृविर्मह्यमच्छान् ।।१।।
—१०।३४

१४. जिसकी महिमा से यह हिमवन्त (है) और रसा-सहित समुद्र (जिसका) कहा गया, जिसकी (भुजाएँ) यह दिशाएँ हैं, उस क देव के लिए हम हविसे पूजा करें ।।४।।

—हिरण्यगर्भ प्राजापत्य, १०।१२१

१५. हे इन्द्र, बृहत् और दृढ़ पर्वत भी तुम्हें नहीं रोक सकते। मेरे जैसे स्तुतिकर्ताको जब तुम धन देना चाहते हो, तो तुम्हें कोई नहीं रोक सकता ।।३।।

—नोधा गौतम-पुत्र, ८।७७

१६. (हे इन्द्र,) तुमने दस्यु शम्बरके सौ अजेय पुरोंको नष्ट किया। हे शचीवान् (प्राज्ञ), तुमने सोम-सेवन-कर्ता, सोमक्रेता दिवोदासको प्रज्ञा-सहित धन दिया, स्तुति करनेवाले भरद्वाजको वसु प्रदान किया ।।४।।

—सुहोत्र भारद्वाज, ६।३१

१७. उस पुरनाशक वृत्रहन्ता इन्द्रने जन्मसे काले दासोंको नष्ट किया। उसने मनुष्यके लिए पृथिवी और जलको बनाया। वह यजमानकी आकांक्षा पूरी करता है ।।७।।

—गृत्समद शुनहोत्र-पुत्र, २।२०

१८. इन्द्रने सारे युद्धोंमें आर्य यजमानकी रक्षा की। वह सारे युद्धोंमें सैकड़ों रक्षावाला सुखकारी है। उसने मनुके लिए अधर्मियोंको दण्ड दिया, काले चमड़े (वालों) को नष्ट किया। (वह) सबको जलाता, हिंसकोंको, निष्ठुरोंको जलाता है ।।८।।

—परुच्छेप दिवोदास-पुत्र, १।१३०

१९. पट्ट पर घूमते, चलते, काँपते पासे मुझे बहुत प्रसन्न करते हैं। जैसे मौंजवान् पर्वतके सोमका भक्ष, वैसे बहेरेके काठवाले पासे मेरे लिए उत्साह देते हैं ।।१।।

—कवष ऐलूष, १०३४

२०. दिवस्पृथिव्योरव आवृणीमहे मातृन्त्सिन्धून् पर्वतान्छर्यणावतः।
अनागास्त्वं सूर्यमुपासमीमहे भद्रं सोमः सुवानो अद्या कृणोतु नः ॥२॥
—१०।३५

२१. अभिनक्षन्तो अभि ये तमानशुर्निधिं पणीनां परमं गुहाहितं।
ते विद्वांसः प्रतिचक्ष्यानृता पुनर्यत उ आयन्तदुदीयुराविशन् ॥६॥
—२।२४

२२. यास्ते पूषन्नावो अन्तः समुद्रे हिरण्ययीरन्तरिक्षे चरन्ति।
ताभिर्यासि दूत्यां सूर्यस्य कामेन कृतश्रव इच्छमानः ॥३॥
—६।५८

अध्याय २

आर्यजन

१. प्रप्रायमग्निर्भरतस्य शृण्वे वि यत्सूर्यो न रोचते बृहद्भाः।
अभि यः पूरुं पृतनासु तस्थौ द्युतानो दैव्यो अतिथिः शुशोच ॥४॥
—७।८

पुरु सरस्वतीके तटपर भी थे। १५।७१।२

२. वि सद्यो विश्वा दृंहितान्येपामिन्द्र पुरः सहसा सप्त दर्दः।
व्यानवस्य तृत्सवे गयं भाग्जेष्म पूरुं विदथे मृध्रवाचं ॥१३॥
—७।१८

३. भिनत् पुरो नवतिमिन्द्र पूरवे दिवोदासाय महि दाशुषे
नृतो वज्रेण दाशुषे नृतः।
अतिथिग्वाय शम्बरं गिरेरुग्रो अवाभरत्।
महो धनानि दयमान ओजसा विश्वा धनान्योजसा ॥७॥
—१।१३०

२०. हम द्यौ और पृथिवीसे, नदी माताओंसे, शर्यणावान् पर्वतों से रक्षाकी प्रार्थना करते हैं, सूर्य और उषासे निष्पाप होनेकी कामना करते हैं। सेवन किया जाता (यह) सोम आज हमारा मंगल करे ।।२।।

—लूश धानाक, १०।३५

२१. चारों ओर खोजते (जिन्होंने) गुहामें छिपाई पणियोंकी परमनिधि को प्राप्त कर लिया, वे विद्वान झूठको देखकर जहाँसे आये थे, वहीं चले गये ।।६।।

—गृत्समद शुनहोत्र-पुत्र, २।२४

२२. हे पूषन्, जो तुम्हारी सुनहली नावें समुद्रके भीतर और आकाशमें चलती हैं, उनके द्वारा तुम सूर्यके दूत-कार्यके लिए, कामनासे चाहते हुये जाते हो ।।३।।

—भरद्वाज, ६।५८

अध्याय २

आर्यजन

१. जब सूर्यसा बृहद्-ज्योति यह अग्नि प्रकाशित होता है, तो भरतकी सुनता है। जिसने युद्धोंमें पुरुका दमन किया, वह दिव्य अतिथि द्योतित हो प्रज्वलित हुआ ।।४।।

—वसिष्ठ, ७।८

२. इन्द्रने इन दस्युओंकी सारी सात दृढ़ पुरियों (गढ़ियों)को तुरन्त बलपूर्वक विदीर्ण कर दिया। आनव (अनुओं)के स्थानको तृत्सुके लिए दिया। झूठे पुरुको हम युद्धमें जीतें ।।१३।।

—वसिष्ठ, ७।१८

३. हे इन्द्र, के नर्तक तुमने महान् भक्त पूरु (वंशी) दिवोदासके लिए वज्रसे नब्बे गढ़ियोंको छिन्न-भिन्न किया, । अतिथिग्व (दिवोदास) के लिए शंबरको उग्र (इन्द्रने) गिरिसे नीचे गिराया, (अपने) ओजसे महान् धन दिये, सारे धन ओजसे (दिये) ।।७।।

—परुच्छेप दिवोदास-पुत्र, १।१३०

४. त्वं धुनिरिन्द्र धुनिमतीॠर्णोरपः सीरा न स्रवन्तीः ।
प्रयत् समुद्रमतिशूर पर्षि पारया तुर्वशं यदुं स्वस्ति ॥९॥

—१।१७४

५. त्वमाविथ नर्यं तुर्वशं यदुं त्वं तुर्वीतिं वय्यं शतक्रतो ।
त्वं रथमेतशं कृत्व्ये धने त्वं पुरो नवतिं दम्भयो नव ॥६॥

—१।५४

६. येनाव तुर्वशं यदुं येन कण्वं धनस्पृतं। राये सु तस्य धीमहि ॥१८॥

८।७—

७. सना ता त इन्द्र भोजनानि रातहव्याय दाशुषे सुदासे ।
वृष्णे ते हरी वृषणा युनज्मि व्यन्तु ब्रह्माणि पुरुशाक वाजं ॥६॥
मा ते अस्यां सहसावन् परिष्टावघाय भूम हरिवः परादै ।
त्रायस्व नो वृकेभिर्वरूथैस्तव प्रियासः सूरिषु स्याम ॥७॥
प्रियास इत्ते मघवन्नभिष्टौ नरो मदेम शरणे सखायः ।
नि तुर्वशं नि याद्वं शिशीह्यतिथिग्वाय शंस्यं करिष्यन् ॥८॥

—७।१९

८. त्वमपो यदवे तुर्वशायारमयः सुदुघाः पार इन्द्र ।
उग्रमयातमवहो ह कुत्सं सं ह यद्वामुशना रन्तदेवाः ॥८॥

—५।३१

९. यस्य गावावरुषा सूयवस्यू अन्तरूषु चरतो रेरिहाणा ।
स सृंजयाय तुर्वशं परादाद्वृचीवतो दैववाताय शिक्षन् ॥७॥

—६।२७

४. हे इन्द्र, धुननेवाले तुमने नदियोंकी तरह धुननेवाले जलोंको वहाया। हे शूर, जब तुम समुद्रमें बाढ़ करते हो, तब तुर्वश और यदुको कल्याण सहित पार करो।।९।।

—अगस्त्य, १।१७४

५. हे शतक्रतु (इन्द्र), तुमने नर्य, तुर्वश, यदुकी रक्षा की, तुमने वय्य, तुर्वीतिकी रक्षा की। तुमने धनके लिए संग्राममें एतशके रथकी रक्षा की, तुमने निन्नानवे गढ़ियोंको नष्ट किया।।६।।

—सव्य आंगिरस, १।५४

६. जिससे तुर्वश-यदुकी रक्षा की, जिससे तुमने धनाभिलाषी कण्वकी (रक्षा की), उस (रक्षा) को धनके लिए हम चाहते हैं।।१८।।

—वत्स कण्व-पुत्र, ७।८

७. हे इन्द्र, भक्त रातहव्य(हविदाता)सुदासके के लिए वह तुम्हारे भोजन सनातन है। हे कामवर्षक, तुम्हारे लिए दोनों घोड़ोंको मैं जोतता हूँ। हे महाशक्ति, हमारे स्तोत्र (और) अन्न तुम्हारे पास पहुँचें।।६।। हे बलवान् और अश्ववान्, तुम्हारे इस यज्ञमें हम अघके भागी न हों। हमें निराधाध अपनी रक्षाओं द्वारा बचाओ, ताकि हम सूरियों (राजकुमारों) में तुम्हारे प्रिय होवें।।७।।

हे मघवा (धनवान्), तुम्हारी इष्टि (यज्ञ) में हम नर (लोग) प्रिय सखा हो घरमें मौज करें। अतिथिग्व (दिवोदास) की भलाई की इच्छासे (तुम) तुर्वश यदुको मारो।।८।।

—वसिष्ठ, ७।१९

८. हे इन्द्र, तुमने यदु और तुर्वशके लिए परले पार उर्वर नदियाँ रोकीं, कुत्सके ऊपर आये उग्र (दस्यु) को तुमने मारा, जबकि तुम दोनों उशना और देवोंके साथ आये।।८।।

अवस्यु आत्रेय, ५।३१

९. जिसकी सुतृण-इच्छुक लेलिहान लाल गोवें (द्यौ पृथिवीके) भीतर विचरण करती हैं। उस (इन्द्र) ने सृंजयके लिए दूरसे लाकर तुर्वशको दिया, देववातके लिए वृचीवान्को प्रदान किया।।७।।

—भरद्वाज, ६।२७

१०. य आनयत्परावतः सुनीती तुर्वशं यदुं ।
इन्द्र स नो युवा सखा ॥१॥

—६।४५

११. यदिन्द्राग्नी यदुषु तुर्वशेषु यद् द्रुह्युष्वनुषु पूरुषु स्थः ।
अतः परि वृषणावा हि यातमथा सोमस्य पिबतं सुतस्य ॥८॥

—१।१०८

१२. यदा तृक्षौ मघवन्द्रुह्या वा जने यत्पुरौ कच्च वृष्ण्यं ।
अस्मभ्यं तद्रिरीहि सं नृषाह्ये मित्रान्पृत्सु तुर्वणे ॥८॥

—६।४६

१३. पुरोळा इत्तुर्वशो यक्षुरासीद्राये मत्स्यासो निशिता अपीव ।
श्रुष्टिं चक्रुर्भृगवो द्रुह्यवश्च सखा सखायमतरद्विषूचीः ॥६॥
अध श्रुतं कवषं वृद्धमप्स्वनु द्रुह्युं नि वृणक् वज्रबाहुः ।
वृणाना अत्र सख्याय सख्यं त्वायन्तो ये अमदन्ननु त्वा ॥१२॥
नि गव्यवो नवो द्रुह्यवश्च षष्टिः शता सुषुपुः षट् सहस्रा ।
षष्टिर्वीरासो अधि षड् दुवोयु विश्वेदिन्द्रस्य वीर्या कृतानि ॥१४॥

—७।१८

१४. अनवस्ते रथमश्वाय तक्षन् त्वष्टा वज्रं पुरूहूत द्युमन्तं ।
ब्रह्माणं इन्द्रं महयन्तो अर्कैरवर्धयन्नहये हन्तवा उ ॥४॥

—५।३१

१५. यदिन्द्र प्रागपागुदङ्न्यग्वा हूयसे नृभिः ।
सिमा पुरू नृषूतो अस्यानवेसि प्रशर्ध तुर्वशे ॥१॥

—८।४

१६. य ईं राजानावृतुथा विदधेद्रजसो मित्रो वरुणश्चिकेतत् ।
गम्भीराय रक्षसे हेतिमस्य द्रोघाय चिद्वचस आनवाय ॥९॥

—६।६२

१०. सुन्दर आनयनसे जो तुर्वश, यदुको पश्चिमसे ले आया, वह युवा इन्द्र हमारा सखा है ॥१॥

—शंयु बार्हस्पत्य, ६।४५

११. हे इन्द्र-अग्नि, यदि तुम यदुओं, तुर्वशोंमें, यदि द्रुह्युओं, अनुओं, पुरुओंमें हो; तो भी हे प्रभुओ, आओ, और सुत (छाने) सोमको पियो ॥८॥

—कुत्स आंगिरस, १।१०८

१२. हे मघवन्, तृक्षु या द्रुह्यु जनमें, पुरुमें जो बल है, उसे हमें दो, ताकि मनुष्य-पराजयके युद्धमें हम अमित्रोंको पराजित करें ॥८॥

—शंयु बृहस्पति-पुत्र, ६।४६

१३. हव्यदाता यज्ञकर्ता, तुर्वश धनके इच्छुक पानीमें मछलियोंकी तरह बंधे थे। भृगुओं और द्रुह्युओंने सुना, दूसरों (तुर्वश-यदु) के बीच सखा (इन्द्र) ने सखा (सुदास) की रक्षा की, ॥६॥

वज्रबाहु (इन्द्र) ने प्रसिद्ध वृद्ध कवषको पानीमें डुबाया, द्रुह्युको नष्ट किया। मित्रताको स्वीकार करते यहाँ जो तुम सखाके पास आये, वे तुम्हारे पीछे आनन्दित हुये ॥१२॥

लूट-इच्छुक अनु और द्रुह्यु साठ सौ छ हजार और छियासठ वीर सो गये (भक्तोंके लिए) यह सब पराक्रम इन्द्रने किये ॥१४॥

—वसिष्ठ, ७।१८

१४. हे पुरुहूत (इन्द्र), अनुओंने तुम्हारे घोड़ोंके लिए रथ तैयार किया, अहि (राक्षस) को मारनेके लिए त्वष्टाने प्रकाशमान वज्रको, ब्राह्मणने स्तुतियोंसे तुम्हें बढ़ाया ॥४॥

—अवस्यु आत्रेय, ५।३१

१५. हे इन्द्र, यद्यपि तुम पूर्व, उत्तर या दक्षिणमें आदमियों द्वारा बुलाये जाते हो, तो भी वीर अनुके और तुर्वशके साथ होते हो ॥१॥

—देवातिथि काण्व, ८।४

१६. जो ऋतुके अनुसार अश्विद्वय राजाओंकी पूजा करते हैं, उसे मित्र और वरुण जानते हैं। वह गुप्त राक्षसों, झूठ बोलनेवाले अनवके लिए अस्त्र फेंकते हैं ॥९॥

—भरद्वाज, ६।६२

१७. याभिः पक्थमवथो याभिरध्रिगुं याभिर्बभ्रुं विजोषसं।
ताभिर्नो मक्षू तूयमश्विना गतं भिषज्यतं यदातुरं।।१०।
—८।२२

१८. आ पक्थासो भलानसो भनन्तालिनासो विषाणिनः शिवासः।
आ यो नयत्सधमा आर्यस्य गव्या तृत्सुभ्यो अजगन्युधा नृन्।।१।।
दुराध्यो अदितिं स्रवयन्तो चेतसो वि जगृभ्रे परुष्णीं।
मह्ना विव्यक् पृथिवीं पत्यमानः पशुष्कविरशयच्चायमानः।।८।।
इयुरर्थं न न्यर्थं परुष्णीमाशुश्चनेदभिपित्वं जगाम।
सुदास इन्द्रः सुतुकां अमित्रानरन्धयन्मानुषे वध्रिवाचः।।९।।
—७।१८

१९. इमा रुद्राय स्थिरधन्वने गिरः क्षिप्रेषवे देवाय स्वधान्वे।
अषाळ्हाय सहमानाय वेधसे तिग्मायुधाय भरता शृणोतु नः।।१।।
—७।४६

२०. उभे यत्ते महिना शुभ्रे अन्धसी अधिक्षियन्ति पूरवः।
सा नो बोध्यवित्री मरुत्सखा चोद राधो मघोनां।।२।।
—७।५६

अध्याय ३

वर्ण, वर्ग

१. स हि ष्मा धन्वाक्षितं दाता न दात्या पशुः।
हरिश्मश्रुः शुचिदन्नृभुरनिभृष्टतविषिः।।७।।
—५।७

१७. हे अश्विद्वय, जिन चिकित्साओंसे तुमने पक्थकी रक्षा की, जिनसे अध्रिगुकी, जिनसे असहाय बभ्रुकी रक्षा की, उनके साथ जल्दी आकर आतुर (बीमार) की चिकित्सा करो ॥१०॥

—सोभरि कण्व-पुत्र, ८।२२

१८. पक्थ, भलान, अलिन, विषाणी, शिव आये। जो (इन्द्र) आर्यकी गायें तृत्सुओंके लिए लाया, युद्धमें लोगोंको जीता ॥७॥

दुर्विचार, अविचारी (शत्रु) के अदिति (पृथिवी) को खोदते परुष्णी (रावी) पर अधिकार कर लिया। (इन्द्रकी) महिमासे चायमान कवि पशुकी तरह पृथिवीपर गिरते मारा गया ॥८॥

अर्थकी तरह अनर्थके लिए परुष्णीके पास वह पहुँचे। ठीक हो वह (जल) अपने स्थानपर चला गया। सुदासके लिए इन्द्रने मनुष्योंमें बकवादी, बहु-सन्तानी शत्रुओंको मारा ॥९॥

—वसिष्ठ, ७।१८

१९. भरतो, स्थिर धनुषवाले, क्षिप्र बाण फेंकनेवाले, अन्नवान्, अपराजित, विजेता, विधाता, तीक्ष्णायुध रुद्र के लिये यह मेरी स्तुति सुनो ॥१॥

—७।४६

२०. हे शुभ्रे, तेरी महिमा है, जो कि पूरु लोग दोनों तटों पर बसते हैं। सो तुम रक्षिका हमें बोध दो, मरुतों की सखी होकर धनवानों के धन को भेजो ॥२॥

—वसिष्ठ, ७।५६

अध्याय २

वर्ण, वर्ग

१. सुनहले मूंछ-दाढ़ी वाले, सफेद दांतवाले अप्रतिहत-शक्ति वह महान् अग्नि दरांती से जैसे पशु, (काटते हैं), वैसे उजाड़ मरु के प्रदाता हैं ॥७॥

—इष आत्रेय, ५।७

२. हरिश्मशारुर्हरिकेश आयसस्तुरस्पेये यो हरिपा अवर्धत।
अर्वद्भिर्यो हरिभिर्वाजिनीवसुरति विश्वा दुरिता पारिषद्धरी॥८॥

—१०।९६

३. ऋतावानं यज्ञियं विप्रमुक्थ्यमायं दधे मातरिश्वा दिविक्षयं।
तं चित्रयामं हरिकेशमीमहे सुदीतिमग्निं सुविताय नव्यसे॥१३॥

—३२

४. हिरण्यकेशो रजसो विसारे' हिर्धुनिर्वात इव ध्रजीमान्।
शुचिभ्राजा उषसो न वेदा यशस्वतीरपस्युवो न सत्याः॥१॥

—१।७९

५. एवेदिन्द्रः सुहव ऋष्वो अस्तूती अनूती हरिशिप्रः स त्वा।
एवा हि जातो असमात्योजाः पुरू च वृत्रा हनति नि दस्यून्॥६॥

—६।२९

६. श्वित्यंचो मा दक्षिणतस्कपर्दा धियं जिन्वासो अभि हि प्रमन्दुः।
उत्तिष्ठन्वोचे परि बर्हिषो नृम्न मे दूरादवितवे वसिष्ठाः॥१॥

—७।३३

७. इहेह वः स्वतवसः कवयः सूर्यत्वचः।
यज्ञं मरुत आ वृणे॥११॥

—७।५९

८. खे रथस्य खे नसः खे युगस्य शतक्रतो।
अपालामिन्द्र त्रिष्पूत्व्यकृणोः सूर्यत्वचं॥७॥

—८।८०

२. सुनहले (पीले) मूंछ-दाढ़ीवाले-पीले केशवाले पत्थर से दृढ़, सोमपायी अश्व जो पेय में तुरन्त बढ़ते हैं। जो द्रुतगामी घोड़ों द्वारा यज्ञ में आते हैं। दोनों घोड़ों पर चढ़े सारी बाधाओं को पार करते हैं ॥८॥

—वरु आंगिरस, १०।९६

३. शक्तिमान् यज्ञ-योग्य विप्र, स्तुति-योग्य, द्यौ निवासी जिसे वायु ने स्थापित किया। उस विचित्र गतिवाले सुनहले केश-युक्त सुदीप्त अग्नि की स्तुति नई संपत्ति के लिये हम करते हैं ॥१३॥

—विश्वामित्र, ३।२

४. लोकों के फैलाव में सुनहले केश-युक्त, कंपमान सर्पसा द्रुतगामी वायु सा शुद्ध प्रकाश द्वारा सची यशोवती उषाओं की तरह, कर्मियों सा जानता है ॥१॥

—गोतम रहूगण - पुत्र, १।७९

५. सुनहले मुकुट वाले, सुआहूत, सहायक-विना सहायक इन्द्र धन देते हैं। इस प्रकार प्रकट अत्यन्त ओजस्वी इन्द्र बहुत से शत्रु दस्युओं-को मारते हैं ॥६॥

—भरद्वाज, ६।२९

६. गोरे, दाहिनी ओर जूड़ा रखनेवाले सुबुद्धि वे **वासिष्ठ** मुझे बहुत प्रसन्न करते हैं। यज्ञसे उठते मैं आदमियों को कहता हूं, "**वसिष्ठ-**संताने मुझसे दूर न जायें" ॥११॥

—वसिष्ठ, ७।३३

७. स्वयं शक्तिमान् सूर्य के जैसे वर्णवाले हे कवि मरुतो, यहां यज्ञ में मैं तुम्हें वरण करता हूं ॥११॥

—वसिष्ठ, ७।५९

८. हे शतक्रतु (इन्द्र), रथ के छिद्र, शकट के छिद्र, जूये के छिद्र में तीन बार पवित्र करके तुमने अपाला को सूर्य के वर्ण जैसे चर्मवाली बना दिया ॥७॥

—अपाला आत्रेयी, ८।८०

९. तुविग्रीवो वपोदरः सुबाहुरन्धसो मदे। इन्द्रो वृत्राणि जिघ्नते ।।८।।
—८।१७

१०. क्व स्य वृषभो युवा तुविग्रीवो अनानतः। ब्रह्मा कस्तं सपर्यति ।।७।।
—८।५३

११. पिशंगरूपः सुभरो वयोधाः श्रुष्टी वीरो जायते देवकामः।
प्रजां त्वष्टा विष्यतु नाभिमस्मे अथा देवानामप्येतु पाथः ।।९।।
—२।३

१२. अदेदिष्ट वृत्रहा गोपतिर्गा अन्तः कृष्णां अरुषैर्द्धामभिर्गात्।
प्र सूनृताः दिशमाननृतेन दुरश्च विश्वा अवृणोदप स्वाः ।।२१।।
—३।३१

१३. स वृत्रहेन्द्रः कृष्णयोनीः पुरन्दरो दासीरैरयद्वि।
अजनयन्मनवे क्षामपश्च सत्रा शंसं यजमानस्य तूतोत् ।।७।।
—२।२०

१४. शतं मे गर्दभानां शतमूर्णावतीनां। शतं दासां अतिसृजः ।।३।।
—(बालखिल्य) ८।८

१५. शुभ्रं नु ते शुष्मं वर्धयन्तः शुभ्रं वज्रं बाह्वोर्दधानाः।
शुभ्रस्त्वमिन्द्र वावृधानो अस्मे दासीर्विशः सूर्येण सह्याः ।।४।।
—२।११

९. विस्तृत-ग्रीव स्थूल-उदर सुन्दर-बाहु वाले इन्द्र सोम के मद में शत्रुओं को मारते हैं ॥८॥

—इरिन्विठ काण्व, ८।१७

१०. वह वृषभ (पहलवान), युवा, विशाल-ग्रीव न झुकनेवाला (इन्द्र) कहां है? कौन ब्राह्मण उसकी स्तुति करता है ॥८॥

—प्रगाथ काण्व, ८।५३

११. हमारे पिशंग-रूप (सुवर्ण-वर्ण), सुघर, आयुष्मान, क्षिप्रकारी देवभक्त वीर (पुत्र) जन्में। त्वष्टा (हमें) नाभि-सन्तान देवे, वह देवों के स्थान को जायें ॥९॥

—गृत्समद शुनहोत्र-पुत्र २।३

१२. शत्रुनाशक गोस्वामी (इन्द्र), गायें प्रदान करें। अरुण तेज द्वारा कालों के भीतर पहुंचा। उसने अनृत सुन्दर वचन सिखलाने वाले अपने सारे दरवाजों को खोल दिया ॥२१॥

—विश्वामित्र, ३।३१

आर्यों की नाक अधिक लम्बी ऊंची होती थी, जब कि उनके विरोधी छोटी नाकवाले इसीलिये उन्हें वह अ-नास कहते थे। ऋक्५।२९।१०।

१३. उस वृत्रहा पुरन्दर (पुरनाशक) इन्द्र ने जन्मसे काले दासों को नष्ट किया। उसने मनुष्य के लिये पृथिवी और जल को जन्माया। वह यजमानकी आकांक्षा को पूरा करता है ॥७॥

—गृत्समद शुनहोत्र-पुत्र, २।२०

१४. मुझे सौ गदहे, सौ भेड़ें, सौ दास उस (पूतक्रतु-पुत्र) ने दिये ॥३॥

—पृषध्र, बालखिल्य, ८।८

१५. हे इन्द्र, (हम) तुम्हारे शुभ्र बल को बढ़ाते तुम्हारी दोनों बाहों में शुभ्र वज्र को धारण कराते हैं। तुम सूर्य के साथ शुभ्र बढ़ते हुये दासीय प्रजाओं को हमारे लिये पराजित करो ॥४॥

—गत्समद शुनहोत्र-पुत्र २।११

१६. येनेमा विश्वा च्यवना कृतानि यो दासं वर्णमधरं गुहाकः।
श्वघ्नीव यो जिगीवांलक्षमाददर्यः पुष्टानि, स जनास इन्द्रः ॥४॥

—२।१२

१७. विश्वस्मात् सीमधमां इन्द्र दस्यून्विशो दासीरकृणोरप्रशस्ताः।
अवाधेथाममृणतं नि शत्रूनविन्देथामपचितिं वधत्रैः ॥४॥

—४।२८

१८ क अदान्मे पौरुकुत्स्यः पंचाशतं नाम त्रसदस्युर्वधूनां।
मंहिष्टो अर्यः सत्पतिः ॥३६॥
उत मे प्रयियोर्वयियोः सुवास्त्वा अधि तुग्वनि।
तिसृणां सप्ततीनां श्यावः प्रणेता भुवद्वसुर्दियानां पतिः ॥३७॥

—८।१९

१८. ख. दास (उपमा १५।६३)

१९. शर्यणावति सोममिन्द्रः पिबतु वृत्रहा।
बलं दधान आत्मनि करिष्यन्वीर्यं महद् इन्द्रायेन्दो परि स्रव ॥१॥
आ पवस्व दिशां पत आर्जीकात् सोम मीढ्वः।
ऋतवाकेन सत्येन श्रद्धया तपसा सुतः ॥२॥
पर्जन्यवृद्धं महिषं तं सूर्यस्य दुहिता भरत्।
तं गन्धर्वाः प्रत्यगृभ्णन्त सोमे रसमादधुः ॥३॥
ऋतं वदन्नृतद्युम्न सत्यं वदन्त्यसत्यकर्मन्।
श्रद्धां वदन्त्सोम राजन्धात्रा सोम परिष्कृतः ॥४॥

—९।११३

२०. ब्राह्मणो'स्य मुखमासीद् बाहू राजन्यः कृतः।
ऊरू तदस्य यद् वैश्यः पद्भ्यां शूद्रो अजायत ॥१२।

—१०।९०

१६. जिसने इस सारे नश्वर (विश्व) को बनाया, जिस गुह्य (इन्द्र) ने दास वर्ण को नीच गुहा-निवासी बनाया। जिस स्वामी ने शिकारी की तरह लक्ष्य को जीत कर धन को ग्रहण किया। हे लोगो, वह इन्द्र है ॥४॥

—गृत्समद शुनहोत्र-पुत्र, २।१२

१७. हे इन्द्र, तुमने दस्युओं को सभी से अधम बनाया, दासीय प्रजाओं को अप्रशस्त किया। (इन्द्र और सोम ने) शत्रुओं को बाधा दी, बध के हथियारों से बदला लिया ॥४॥

—वामदेव गोतम-पुत्र, ४।२८

१८. पुरुकुत्स-पुत्र त्रसदस्यु ने जो कि अतिमहान् अर्य (स्वामी) सत्पति है, मुझे पचास दासियाँ दीं, ॥३६॥

दान-पति धनी सुनेता श्यावने भी मुझे सुवास्तु के तट पर मजबूत घोडा और तीन-सत्तर गायें दीं ॥३७॥

—सोभरि कण्व-पुत्र, ८।१९

१९. वृत्र-हन्ता इन्द्र ने शर्यणावत में सोम पिया। अपने में बल धारण करते महान् विक्रम करने को तैयार हो हे इन्दु (सोम), इन्द्र के लिये बहो ॥१॥

दिशाओं के पति, सिंचक हे सोम, आर्जीक से बहो। ऋत वचन, सत्य, श्रद्धा और तप द्वारा चुवाये, हे सोम इन्द्र के लिये बहो ॥२॥

उस पर्जन्य से बढे महिष (महान्) सोमको सूर्य की दुहिता ले आई। उसे गंधर्वों ने ग्रहण किया, सोममें रस स्थापित किया ॥३॥

ऋतवादी ऋत-प्रकाशक सत्यवादी सत्यकर्मा, श्रद्धावादी हे सोम-राजा विधाता द्वारा परिष्कृत ०॥४॥

—कश्यप मरीचि-पुत्र, ९।११३

२०. इस (पुरुष) का मुख ब्राह्मण हुआ, दोनों बाहु से राजन्य (क्षत्रिय) बना। सो इसकी दोनों जांघें हुई, जो कि वैश्य (और) दोनों पैरों से शूद्र जनमा ॥१२॥

—नारायण, १०।९०

२१. संगच्छध्वं संवेदध्वं सं वो मनांसि जानतां।
देवा भागं यथा पूर्वे संजानाना उपासते ॥२॥

समानो मंत्रः समितिः समानी समानं मनः सह चित्तमेषां।
समानं मंत्रमभिमंत्रये वः समानेन वो हविषा जुहोमि ॥३॥

समानी व आकूतिः समाना हृदयानि वः।
समानमस्तु वो मनो यथा वः सुसहासति ॥४॥

—१०।१९१

अध्याय ४

खानपान

१. **मांस—**

१. पीवानं मेषमपचन्त वीरा न्युप्ता अक्षा ननु दीव आसन्।
द्वा धेनुं वृहतीमप्स्वन्तः पवित्रवन्ता चरतः पुनन्ता ॥१७॥

—१०।२७

२. ये वाजिनं परिपश्यन्ति पक्वं य ईमाहुः सुरभि निर्हरेति।
ये चार्वतो मांसभिक्षामुपासत उतो तेषामभिगूर्तिर्न इन्वतु ॥१२॥

—१।१६२

२. अद्रिणा ते मन्दिन इन्द्र तूयान्त्सुन्वन्ति सोमान् पिबसि त्वमेषां।
पचन्ति ते वृषभां अत्सि तेषां पृक्षेण यन्मघवन् हूयमान ॥३॥

—वसुक्र १०।२८

२१. तुम साथ चलो, साथ बोलो, तुम्हारे मन साथ जानें-समझें, (वैसे ही) जैसे पूर्वकाल के देवता साथ जानते हुये अपने (भोग्य) भागका सेवन करते थे ॥२॥

तुम्हारा मन्त्र (सलाह) समान हो, समिति समान हो। चित्त-सहित इनका मन समान हो। तुम्हें समान सलाह से अभिमंत्रित करता हूं। समान हवि से तुम्हारे लिये मैं हवन करता हूं ॥३॥

तुम्हारी कल्पना समान हो, तुम्हारे हृदय समान हों। तुम्हारा मन समान हो, जिससे कि तुम्हारी सुन्दर सम्मति हो ॥४॥

—संवनन, १०।१९१

अध्याय ४

खान-पान

१. वीरों ने मोटे भेड़ें पकाये, दाव पर पासे फेंके। दो शुद्ध पवित्र पानी के भीतरी स्थान के भीतर विचरण करते पहुंचे ॥१७॥

—वसुक्र, १०।२७

२. जो पके घोड़े को देखते, हैं जो कहते हैं "सोंधा है, उतारो" और जो घोड़े के मांस-भोजन का सेवन करते हैं, उनका संकल्प हमारा सहायक हो ॥१२॥

—दीर्घतमा उच्यथ-पुत्र, १।१६२

२. हे इन्द्र, तुम्हारे लिये ऋत्विक् शीघ्र मस्त करनेवाले सोमोंको पत्थरसे तैयार करते हैं, तुम उन्हें पीते हो। वह तुम्हारे लिये सांड़ (वृषभ) पकाते हैं। हे मधवन्, भोजन के लिये पुकारे जाते तुम उन्हें खाते हो ॥३॥

—वसुक्र, १०।२८

ग्राम्य पशु थे—गाय, घोड़ा, भेड़, बकरी, गवहा, ऊंट।

३. आदिद्धनेम इन्द्रियं यजन्त आदित्पक्तिः पुरोळाशं रिरिच्यात्।
आदित् सोमो विपपृच्यादसुष्वीनादिज्जुजोष वृषभं यजध्यै ॥५॥
—४।२४

वृषभ पकाना १५।३९, ९७–१००
इन्द्र का ३५ बैल खाना १६।३।(१४)

४. त्वं नो वायवेषामपूर्व्यः सोमानां प्रथमः पीतिमर्हसि सुतानां पीतिमर्हसि।
उतो विहुत्मतीनां विशां ववर्जुषीणां।
विश्वा इत्ते धेनवो दुह्र आशिरं घृतं दुह्रत आशिरं ॥६॥
—१।१३४

५. किं ते कृण्वन्ति कीकटेषु गावो नाशिरं दुह्रे न तपन्ति धर्म्मं।
आ नो भर प्र मगन्दस्य वेदो नैचाशाखं मघवन्न्रन्धया नः ॥१४॥
—३।५३

इमे त इन्द्र सोमास्तीव्रा अस्मे सुतासः। शुक्रा आशिरं याचन्ते।१९।
तां आशिरं पुरोळाशमिन्द्रेमं सोमं श्रीणीहि।
रेवन्तं हि त्वा श्रृणोमि ॥११॥
—८।२

परि सोम प्र धन्वा स्वस्तये नृभिः पुनानो अभि वासयाशिरं।
ये ते मदा आहनसो विहायसस्तेभिरिन्द्रं चोदय दातवे मघं ॥५॥
—९।७५

अयं पुनान उषसो विरोचयदयं सिन्धुभ्यो अभवदु लोककृत्।
अयं त्रिः सप्त दुदुहान आशिरं सोमो हृदे पवते चारु मत्सरः ॥२१॥
—९।८६

३. तब कोई इन्द्र के पराक्रम की पूजा करते, कोई पकाते, पुरोडाशको तैयार करके देते, अदानियों को सोम सतावे, हम यजन के लिये वृषभ प्रस्तुत करते हैं ॥५॥

—वामदेव, ४।२४

४. हे सर्वपुरातन वायु, (तुम) इन सोमों के प्रथम पान करने योग्य हो, छाने हुओं के प्रथम पान के योग्य हो। हवन करनेवाली निर्दोष प्रजाओं की आहुतियों को (तुम स्वीकार करते हो)। सारी धेनुयें तुम्हारे लिये दूध-घी दुहाती, दूध दुहाती हैं[३] ॥६॥

—परुच्छेप दिवोदास-पुत्र १।१३४

५. हे मघवन् (इन्द्र), कीकटों (अनार्यों के देश) में तुम्हारी गायें क्या करती हैं? न आशिर (दूध) दुहाती हैं, न धर्म (दूध) तपाती हैं। नैचाशाख (नगर) को नष्ट करो, प्रमगंध के धन को हमारे लिये लाओ ॥१४।

—विश्वामित्र, ३।५३

हे इन्द्र, तुम्हारे लिये यह हमारे छाने श्वेत तीव्र सोम हैं, यह आशिर (दूध) चाहते हैं ॥१०॥

हे इन्द्र, उन (सोमों) को आशिर, पुरोडाश से मिलाओ। मैं तुम्हें धनवान् सुनता हूं ॥११॥

—प्रियमेध आंगिरस, ८।२

हे सोम, स्वस्ति के लिये तुम चारों ओर बहो। मनुष्यों द्वारा पूत हुये तुम दूध से मिलो। जो तुमारे फेनिल तीव्र मद हैं, उनके द्वारा इन्द्रको धन देने के लिये प्रेरित करो ॥५॥

—कवि भार्गव, ९।७५

यह पुना (शोधा) जाता उषाओंको प्रकाशमान करता है। यह सिन्धुओं (नदियों) के लिये स्थान बनाता है। यह २१ बार दुहाता, मददायक सोम हृदय में सुक्षरित होता है ॥२१॥

—पृश्णि, अज, ९।८६

अहं तदासु धारयं यदासु न देवश्च न त्वष्टा धारयद्रुशत्।
स्पार्हं गवामूधः सु वक्षणास्वा मधोर्मधु श्वात्र्यं सोममाशिरं॥१०॥
—१०।४९

इन्द्रो बलं रक्षितारं दुघानां करेणेव विचकर्त्ता रवेण।
स्वेदांजिभिराशिरमिच्छमानो रोदयत् पणिमाग अमुष्णात्॥६॥
—१०।६७

६. उप नः सुतमागहि सोममिन्द्र गवाशिरं। हरिम्यां यस्ते अस्मयुः॥१॥
इममिन्द्र गवाशिरं यवाशिरं च नः पिव। आगत्या वृषभिः सुतं॥७॥
—३।४२

७. सुता इन्द्राय वायवे सोमासो दध्याशिरः।
निम्नं नयन्ति सिन्धवोभि प्रयः॥७॥
—५।५१

८. विश्वेत्ता विष्णुरामरदुरुक्रमस्त्वेषितः।
शतं महिषान् क्षीरपाकमोदनं वराहमिन्द्र एमुषं॥१०॥
—८।६६

१. **अश्वमेध—**

मा नो मित्रो वरुणो अर्यमायुरिन्द्र ऋभुक्षा मरुतः परिख्यन्।
यद्वाजिनो देवजातस्य सप्तेः प्रवक्ष्यामो विदथे वीर्याणि॥१॥

यन्निर्णिजा रेक्णसा प्रावृत स्य रातिं गृभीतां मुखतो नयन्ति।
सुप्राङजो मेम्यद्विश्वरूप इन्द्रापूष्णः प्रियमप्येति पाथः॥२॥

मैंने इन (गायों) में उसे स्थापित किया, जिसे इनमें न किसी देवता ने न त्वष्टा ने स्थापित किया। गायों के ढोनेवाले स्तनों में मधुका भी मधु स्पृहणीय सफेद सोम आशिर (दूध) है ॥१०॥

—इन्द्र, १०।४९

धेनुओं के रक्षिक बल को इन्द्र ने हुंकार के साथ हाथ से ही चीर डाला। मरुतों के साथ **आशिर** (दूध) को चाहते गायोंको छीन लिया, पणि को रुलाया ॥६॥

—अयास्य आंगिरस १०।६७

६. हे इन्द्र, हम पर कृपा कर अपने दोनों घोड़ों (के रथ) द्वारा हमारे गोदुग्धवाले छाने सोम के पास आओ ॥१॥

हे वाहन-युक्त इन्द्र, आकर हमारे छाने इस **गवाशिर** और **यवाशिर** को पियो ॥७॥

—विश्वामित्र, ३।४२

७. इन्द्र के लिये वायु के लिये, **दध्याशिर** (दधि-मिश्रित) सोम छाने हैं। जैसे सिन्धु (नदियाँ) निम्न (उपत्यकाओं) की ओर जाती हैं, वैसे (तुम) आओ ॥७॥

—स्वस्ति, ५।५१

८. हे इन्द्र, तुमसे प्रेरित बहुगामी इन्दु उस सबको लाया—सौ महिषों, क्षीरपाक, ओदन, वराह, चोर ॥१०॥

—कुरुसुति, ८।६६

१. अश्वमेध

जब देव-उत्पन्न शीघ्रगामी घोड़े के पराक्रम को विदथ (यज्ञ-सभा) में हम बखानें, तो वरुण, मित्र, अर्यमा, आयु, इन्द्र, ऋभुक्षा, मरुत हमारी निन्दा न करें ॥१॥

जब स्नान जल से ढंके उसे मुख पकड़ कर ले चलते हैं, तो आगे-आगे इन्द्र-पूषन् के प्रिय स्थान को मिमियाता बकरा जाता है ॥२॥

एषच्छागः पुरो अश्वेन वाजिना पूष्णो भागो नीयते विश्वदेव्यः।
अभिप्रियं यत्पुरोळाशमर्वता त्वष्टेदेनं सौश्रवसाय जिन्वति ।।३।।

यद्धविष्यमृतुशो देवयानं त्रिर्मानुषाः पर्यश्वं नयन्ति।
अत्रा पूष्णः प्रथमो भाग एति यज्ञं देवेभ्यः प्रतिवेदयन्नजः ।।४।।

होताध्वर्युरावया अग्निमिन्धो ग्रावग्राभ उत शंस्ता सुविप्रः।
तेन यज्ञेन स्वरंकृतेन स्विष्टेन वक्षणा आपृणध्वं ।।५।।

यूपव्रस्का उत ये यूपवाहाश्चषालं ये अस्य यूपाय तक्षति।
ये चार्वते पचनं सं भरन्त्युतो तेषामभिगूर्तिर्न इन्वंतु ।।६।।

यद्वाजिनो दामसन्दानमर्वतो या शीर्षण्या रशना रज्जुरस्य।
यद्वाघास्य प्रभृतमास्ये तृणं सर्वाताते अपि देवेष्वस्तु ।।८।।

यदश्वस्य क्रविषा मक्षिकाश यद्वा स्वरौ स्वधितौ रिप्तमस्ति।
यद्धस्तयोः शमितुर्यन्नखेषु सर्वा ताते अपि देवेष्वस्तु ।।९।।

यदूवध्यमुदरस्यापवाति य आमस्य क्रविषो गन्धो अस्ति।
सुकृतातच्छमितारः कृण्वतूत मेधं श्रृतपाकं पचन्तु ।।१०।।

यत्ते गात्रादग्निना पच्यमानादभिशूलं निहतस्याव धावति।
मातद्भूम्यामाश्रिषन्मा तृणेषु देवेभ्यस्तु दशद्भ्यो रातमस्तु ।।११।।

ये वाजिनं परिपश्यन्ति पक्वं य ईमाहुः सुरभिर्निर्हरेति।
ये चार्वतो मांसभिक्षामुपासत उतो तेषामभिगूर्तिर्न इन्वतु ।।१२।।

बलशाली अश्व द्वारा आगे आगे यह बकरा ले जाया जाता है, जो सारे देवों वाला तथा पूषन् का भाग है। जब त्वष्टा सुयश के लिये घोड़े के साथ इसे अतिप्रिय पुरोडाश के तौर पर भेजता है ॥३॥

जब क्रमानुसार देवताओं की ओर जानेवाले हविष् या घोडे को मनुष्य तीन बार ले जाते हैं। तो पूषन् का प्रथम भाग बकरा देवताओं को सूचना देते यहाँ यज्ञ में प्राप्त होता है ॥४॥

होता, अध्वर्यु, आवय (शोधक), अग्नीध्र, सिलबट्टा पकड़नेवाला, प्रशस्ति गानेवाला, सुदीप्र—ये सारे ऋत्विक् अच्छी प्रकार किये गये उस यज्ञ द्वारा वाहिकाओं नदियों को पूर्ण करें ॥५॥

जो यज्ञस्तम्भ (यूप) काटनेवाले, और जो यूप ढोनेवाले जो इस यूप के लिये चषाल गांठ का तक्षण करते हैं, और जो घोड़े के लिये पचनपात्र को लाते हैं। उनकी सहायता हमारे काम को ऐसे पूरा करे ॥६॥

शीघ्रगामी घोड़े के बांधने की जो रस्सी है, जो सिरपर बांधने की और इसके लगामकी रस्सी है, जो इसके मुंह में रक्खा तृण है, वह सब सभी देवों के विषय में होवे ॥८॥

मक्खियों द्वारा खाया गया अथवा जो काष्ठ में और खड्ग में चिपका हुआ घोड़े का मांस है। काटने वाले के दोनों हाथों में या नखों में जो लगा है। सो सभी देवों के विषय में होवे ॥९॥

जो पेट का न पचा भोजन बाहर आता है, जो कच्चे मास का गंध है। उसे काटनेवाला सुन्दर बनाये और बलि को सुन्दर पाक से पकायें ॥१०॥

हे अश्व, आगसे पकाये जाते बांस के शूल पर रक्खे तेरे शरीर से बहता है। वह न भूमि पर पड़े, न तृणों पर, बल्कि वह इच्छुक देवताओं के लिये दान होवे ॥११॥

जो घोड़े को पका देखते हैं, जो कहते हैं "उतारो, सोंधा है"। जो घोडे की मांस-भिक्षा (मांस-भोजन) के लिये बैठे हैं, उनकी सहायता हमारे कामको पूरा करे ॥१२॥

यन्नीक्षणं मांस्पचन्या उखाया या पात्राणि यूष्ण आसेचनानि ।
ऊष्मण्यापिधाना चरूणामंकाः सूनाः परिभूषयन्त्यश्वं ॥१३॥

निक्रमणं निपदनं विवर्तनं यच्च पड्वीशमर्वतः ।
यच्च पपौ यच्च घासिं जघास सर्वा ताते अपि देवेष्वस्तु ॥१४॥

मा तवाग्निर्ध्वनयीद्ध मा गन्धिर्मोखा भ्राजंत्यभिविक्त जघ्रिः ।
इष्टं वीतमभिगूर्तं वषट्कृतं तं देवासः प्रतिगृभ्णन्त्यश्वं ॥१५॥

यदश्वाय वास उपस्तृणंत्यधीवासं या हिरण्यान्यस्मै ।
संदानमर्वत पड्वीशं प्रिया यामयन्ति ॥१६॥

यत्ते सादे महसा शूकृतस्य पार्ष्ण्या वा कशया वा तुतोद ।
स्रुचेव ता हविषो अध्वरेषु सर्वा ताते ब्रह्मणा सूदयामि ॥१७॥

चतुस्त्रिंशद्वाजिनो देवबन्धोर्वङ्क्रीरश्वस्य स्वधितिः समेति ।
अच्छिद्रा गावा वयुना कृणीत परुष्परुनुघुष्या विशस्त ॥१८॥

एकस्त्वष्टुरश्वस्या विशस्ता द्वा यन्तारा भवतस्तथ ऋतुः ।
या ते गात्राणामृतुथा कृणोमि ताता पिण्डानां प्रजुहोम्यग्नौ ॥१९॥

मा त्वा तपत् प्रिय आत्मापि यन्तं मा स्वधितिस्तन्व आतिष्ठपत्ते ।
मा ते गृध्नुरविशस्तातिहाय छिद्रागात्राण्यसिना मिथूकः ॥२०॥

न वा उ एतन्म्रियसे न रिष्यसि देवां इदेषि पथिभिः सुगेभिः ।
हरी ते युंजा पृषती अभूतामुपास्थाद्वाजी धुरि रासभस्य ॥२१॥

मांस पकाने की हंडिया का जो परखना है, जो पात्रों में जूसका डालना है, चरुओं का ऊष्मणि (ढक्कन), अंकुश, काटने का पीढा अश्व को परिभूषित करते हैं ।।१३।।

जाने का स्थान, पढने का स्थान, घूमने का स्थान और जो घोडे की पैर की रस्सी है, एवं जो उसने पिया, जो उसने खाया सो सभी देवों के विषय में होवे ।।१४।।

धूम की गंधवाला अग्नि तुझे शब्दायमान न करे, न पकती हंडिया गंध दे या टूटे । प्रिय, अपेक्षित, बषट्कार द्वारा बलि दिये उस अश्व को देवता ग्रहण करते हैं ।।१५।।

जो अश्व के लिये वस्त्र फैलाते हैं, जो ऊपरी वस्त्र और सोना इसके लिये फैलाते हैं, घोडे को बांधने की रस्सी, पैर की रस्सी सो प्रिय वस्तुयें देवों के पास प्रदान करते हैं ।।१६।।

हे अश्व, अधिक उतावलेपन से जो तुझे एडी से या चाबुक से मारा गया है, उसे हवि-यज्ञों में स्रुचा की तरह मन्त्र के साथ मैं फेंकता हूं ।।१७।।

देव-प्रिय बलशाली अश्व की चौंतीस पसलियों में खड्ग समाता है। चतुराई से गात्रों को छिद्र-रहित काटो, पोर-पोर को कहते काटो ।।१८।।

त्वष्टा के घोडे का एक भाग काटनेवाले का, दो संभालने वाले का होता है, ऋत वैसा (विधान) है। ऋत के अनुसार तेरे गात्रों को जो मैं बांटता हूं, उन-उनके पिण्डों को अग्नि में हवन करता हूं ।।१९।।

बाहर निकलते तेरे प्रिय शरीर को आग न तपाये, खड्ग तेरे शरीर में न पडा रहे। लालची अविशस्ता (काटनेवाला) तलवार द्वारा छिद्र गात्र जोड को छोड कर न बनाये ।।२०।।

यहां तू मरता नहीं है, न घायल होता है। तू सुगम मार्गों से देवों के पास जाता है। इन्द्र के दोनों घोडे (हरी) मरुतों के तुमारे (रथ में) जुतेंगे। (अश्विनों के वाहन) रासभ (गदहे) के धुरे में दो घोडे चितकबरे हरिन (जुड़ेंगे) ।।२१।।

सुगव्यं नो वाजी स्वश्व्यं पुंसः पुत्रां उत विश्वापुषं रयिं।
अनागास्त्वं नो अदितिः कृणोतु क्षत्रं नो अश्वो वनतां हविष्मान् ।।२२।।

—१।१६२

९. यन्नीक्षणं मांस्पचन्या उखाया या पात्राणि यूष्ण आसेचनानि ।
उष्मण्यापिधाना चरूणामंकाः सूनाः परिभूषन्त्यश्वं ।।१३।।

—१।१६२

२. अन्न

१०. आंजनगंधिं सुरभिं बह्वन्नामकृषीवलां ।
प्राहं मृगाणां मातरमरण्यानिमशंसिषं ।।६।।

—१०।१४६

११. असौ य एषि वीरको गृहं गृहं विचाकशत् ।
इमं जंभसुतं पिब धानावन्तं करम्भिणमपूपवन्तमुक्थिनं ।।२।।

—८।८०

१२. धानावन्तं करंभिणमपूपवन्तमुक्थिनं । इन्द्र प्रातर्जुषस्व नः ।।१।।
पूषण्वते ते चकृमा करम्भं हरिवते हर्यश्वाय धानाः ।
अपूपमद्धि सगणो मरुद्भिः सोमं पिब वृत्रहा शूर विद्वान् ।।७।।

—३।५२

१३. य एनमादिदेशति करम्भादिति पूषणं । न तेन देव आदिशे ।।१।।

—६।५६

सोममन्य उपासदत्पातवे चम्वोः सुतं । करम्भमन्य इच्छति ।।२।।

—६।५७

यह अश्व हमें सुन्दर गायोंवाला, सुन्दर अश्वोंवाला, पुरुषों, पुत्रों और सारी स्त्रियों वाला धनवाला करे। अदिति, तुम हमें निष्पाप करो, हविवाला अश्व हमें क्षत्र (राजशक्ति) प्रदान करे ॥२२॥

—दीर्घतमा उचथ्य-पुत्र, १।१६२

९. जो कि मांस पकाने की उखा (हंडिया) का देखना है, जो जूस डालने के पात्र है। चरुओं (बर्तनों) को गरम रखने वाले ढक्कन हैं, सूना (काटने के पीढे) और चिन्ह-करना (ये) अश्व को तैयार करते हैं ॥१३॥

—दीर्घतमा उचथ्य-पुत्र, १।१६२

१०. सुगन्धवाली (सोंधी) बिना किसानों के बहुत अन्नोंवाली, मृगों की माता अरण्यानी (वन) की मैंने स्तुति की ॥६॥

—देवमुनि इरम्मद-पुत्र, १०।१४६

११. यह जो तुम प्रकाशमान वीर घर-घर में जाते हो। (सो) इस धानायुक्त सत्तू-सहित अपूपवान् स्तुति-सहित सोम को पियो ॥२॥

—अपाला आत्रेयी, ८।८०

१२. हे इन्द्र, धानावान् सत्तू-युक्त अपूपवान् स्तुति-समन्वित हमारे सोम को प्रातः स्वीकार करो ॥१॥

पूषन्सहित, हरे घोडेवाले सुनहले इन्द्र के लिये हमने सत्तू और धाना बनाया है। हे शूर, विद्वान्, वृत्रहन्ता, गण-सहित मरुतों के साथ अपूप (रोटी) खाओ, सोम पियो ॥७॥

—विश्वामित्र ३।५२

१३. जो इस सत्तूभक्षी पूषन् का स्मरण करता है, उसे (दूसरे) देव को स्मरण करना नहीं पड़ता ॥१॥

—भरद्वाज, ६।५६

पीने के लिये दो चमुओं (पात्रों) में छाने सोमके पास एक बैठता है, एक करम्भ (सत्तू) चाहता है ॥२॥

—भरद्वाज, ६।५७

१४. सक्तुमिव तितउना पुनन्तो यत्र धीरा मनसा वाचमक्रत।
अत्रा सखायः सख्यानि जानते भद्रैषां लक्ष्मीर्निहिताधि वाचि ॥२॥

—१०।७१

१५. यत्र ग्रावा पृथुबुध्न ऊर्ध्वो भवति सोतवे।
उलूखलसुतानामवेद्विन्द्र जल्गुलः ॥१॥

—११२८

१६. यूपव्रस्का उत ये यूपवाहाश्चषालं ये अश्वयूपाय तक्षति।
ये चार्वते पचनं सं भरन्त्युतो तेषामभिगूर्तिर्न इन्वतु ॥६॥

—१।१६२

आंजनगंधिं सुरभिं बह्वन्नामकृषीवलां।
प्राहं मृगाणां मातरमरण्यानिमशंसिषं ॥६॥

—१०।१४६

बेर का फल भी खाया जाता था (१५।८५)

१४. जैसे लोग छलनी द्वारा सत्तूको छानते, वैसे जब धीरों ने मन द्वारा छानी वाणी बनाई। यहां (इस समय) सखा मित्रता को जानते हैं, इनकी वाणी में भद्रा लक्ष्मी निहित होती है॥२॥

—बृहस्पति, १०।७१

१५. जहां मोटे आकारवाले पत्थर सोम चुआने के लिये उठाये जाते हैं, वहां हे इन्द्र, लालसा के साथ ओखल में निचोड़े (सोम) को पिओ॥१॥

—शुनः शेप विश्वामित्र-पुत्र, १।२८

१६. जो यूप (स्तम्भ-काष्ठ) काटते और जो यूप ढोते, जो अश्व यूप के लिये चषाल (कुंडी) गढ़ते हैं, और जो घोडे के पकाने का पात्र तैयार करते हैं, उनकी अनुमति हमें प्राप्त हो॥६॥

—दीर्घतमा उचथ्य-पुत्र, १।१६२

हे इन्द्र, जब तुमने तीन सौ भैंसों का मांस खाया सोम के तीन सरोवरों को पिया। सारे देवों ने चिल्लाते हुये इन्द्र के लिये पुकारा, जब उसने अहि (वृत्र) को मारा॥८॥

—गौरीवीति शक्ति-पुत्र, ५।२९

हे इन्द्र, तुम्हारे लिये ऋत्विक् शीघ्र मस्त करने वाले सोमों को पत्थर से तैयार करते हैं, तुम उन्हें पीते हो। वह तुम्हारे लिये सांड़ों (वृषभों) को पकाते हैं, भोजनार्थ पकाये गये उन्हें हे मघवन्, तुम खाते हो॥२॥

—वसुक्र, १०।२९

अपने खानेकी ही चीजें आर्य अपने देवताओंको अर्पित करते थे। अश्व, गौ, मेष ये बलिपशु थे। इनके उल्लेखके बारेमें देखो—

अश्व—१।१६२।१-२१, १।१६३।१२

गौ—२।७।५, १०९।१४, १०।२८।३, १०।८६।१३, १०।९१।१४

मेष (भेड़ा)—१०।९१।१४

आर्य दूध देनेवाली गायों 'धेनु' को अघ्न्या (न मारने लायक) मानते थे, लेकिन, बहिला गायें (बेहद्) बलिपशु थीं २।७।५, १०।९१।१४

यज्ञके कुछ पात्र थे १।१६२।६, १४

३. खेती

१७. सरस्वत्यभि नो नेषि वस्यो माप स्फरीः पयसा मा न आ धक्।
जुषस्व नः सख्या वेश्या च मा त्वत्क्षेत्राण्यरणानि गन्म ॥१४॥

—६।६१

१८. हिमेव पर्णा मुषिता वनानि बृहस्पतिनाकृपयद् वलो गाः।
अनानुकृत्यमपुनश्चकार यात् सूर्यामासा मिथ उच्चरातः ॥१०॥

—१०।६८

१९. उतोस मह्यमिन्दुभिः षड्युक्तां अनुसेषिधत्।
गोभिर्यवं न चर्कृषत् ॥१५॥

—१।२३

२०. महान्तं कोशमुदचा नि षिंच स्यन्दन्तां कुल्या विषिताः पुरस्तात्।
घृतेन द्यावापृथिवी व्युन्धि सुप्रपाणं भवत्वघ्न्याभ्यः ॥८॥

—५।८३

२१. शुनं वाहाः शुनं नरः शुनं कृषतु लांगलं।
शुनं वरत्रा बध्यन्तां शुनमष्ट्रामुदिंगय ॥४॥

—४।५७

२२. अर्वाची सुभगे भव सीते वन्दामहे त्वा।
यथा नः सुभगाससि यथा नः सुफलाससि ॥६॥
इन्द्रः सीतां नि गृहणातु तां पूषानु यच्छतु।
सा नः पयस्वती दुहामुत्तरामुत्तरां समां ॥७॥

—४।५७

सविता ने जिसे प्रदान किया, वह सूर्या की बरात के आगे-आगे गई। मघा नक्षत्रों में बैल मारे गये, दोनों फाल्गुनी (पूर्वा उत्तरा) में वह व्याही गई।।१३।।

—सूर्या, १०।८५

१७. हे सरस्वती, हमें धन के लिये ले जाओ, हमें न अपने जल से वंचित करो, न हमें दूर करो, हमारी मित्रता और भक्ति स्वीकार करो। हम तुम से दूर के क्षेत्र-अरण्य में न जावें।।१४।।

—भरद्वाज, ६।६१

१८. जैसे हिम द्वारा अपहृत पत्तेवाले वन, वैसे ही बृहस्पति द्वारा अपहृत गायों के लिये बल रोया। यह न अनुकरणीय, न दोहराया जानेवाला काम किया, जिससे सूर्य और चंद्रमा परस्पर (बारी-बारी से) उगने लगे।।१०।।

—अयास्य आंगिरस, १०।६८

१९. जैसे बैलों से जौ की खेती होती है, वैसे मेरे लिये सोमों के साथ छ जुडी (ऋतुओं) को लाये।।१५।।

—शुनःशेप विश्वामित्र-पुत्र, १।२३

२०. हे पर्जन्य, बडे कोशको उठाओ, सींचो, वेग-युक्त कुल्यायें सामने की ओर बहें। जल से द्यौ और पृथिवी को गीला कर दो, गौओं के (पीनेके) लिये सुन्दर पान होवे।।८।।

—भौम आत्रेय, ५।८३

२१. बैल सुखी हों, नर सुखी हों, हल सुख-पूर्वक कृषि करें। रस्सी सुखमय बांधी जायें, पैना सुख से उठाये।।४।।

—वामदेव, ४।५७

२२. हे सुभगे सीते (हराई), पास होओ, हम तुम्हारी वंदना करते हैं, जिसमें कि तुम हमारे लिये सुभगा हो, जिसमें कि तुम हमारे लिये सुफला हो।।६।।

इन्द्र सीता को पकड़ें, पूषन् उसे प्रदान करे। वह (सीता) दूहने के अगले-अगले सालों तक हमारे लिये दुग्धवाली हो।।७।

—वामदेव, ४।५७

२३. शुनं नः फाला वि कृषन्तु भूमिं शुनं कीनाशा अभि यन्तु वाहैः।
शुनं पर्जन्यो मधुना पयोभिः शुनासीरा शुनमस्मासु धत्तं ।।८।।

—४।५७

२४. न वा अरण्यानिर्हन्त्यन्यश्चेन्नाभिगच्छति।
स्वादो फलस्य जग्ध्वाय यथाकामं नि पद्यते ।।५।।

—१०।१४६

२५. देखो १४।२६

२६. आरंगरेव मध्वेरयेथे सारघेव गवि नीचीनबारे।
कीनारेव स्वेदमासिष्विदाना क्षामेवोर्जा सूयवसात् सचेथे ।।१०।।

—१०।१०६

४. सोम

२७. स वह्निरप्सु दुष्टरो मृज्यमानो गभस्त्योः। सोमश्चमूषु सीदति ।।६।।

—९।२०

२८. स्वादिष्ठया मदिष्ठया पवस्व सोम धारया। इन्द्राय पातवे सुतः ।।१।।

—९।१

२९. अपाम सोममममृता अभूमागन्म ज्योतिरविदाम देवान्।
किं नूनस्मान् कृणवदरातिः किमु धूर्तिरमृत मर्त्यस्य ।।३।।

—८।४८।।

३०. सीदन्तस्ते वयो यथा गोश्रीते मधौ मदिरे विवक्षणे।
अभि त्वामिन्द्र नोनुमः ।।५।।

—८।२१

३१. तुविग्रीवो वपोदरः सुबाहुरन्धसो मदे। इन्द्रो वृत्राणि जिघ्नते ।।८।।

—८।१७

२३. हमारे लिये फाल सुख से भूमि को जोतें, हलवाहे सुखपूर्वक बैलों के साथ गमन करें। पर्जन्य मधु और जल के साथ सुखमय होवे। शुना-शीर (इन्द्र-वायु देवता) हमें सुख प्रदान करें॥८॥

—वामदेव, ५।५७

२४. अरण्यानी (वन) हत्या नहीं करती, यदि दूसरा हत्या के लिये न आ जाये। (वहां आदमी) स्वादु फल खाता, यथेच्छ पड़ रहता है॥५॥

—देवमुनि इरम्मद-पुत्र, १०।१४६

२५. देखो १४।२६

२६. हे अश्विद्वय, जैसे भनभनानेवाली दो मक्खियां मधु जमा करती हैं, वैसे तुम गाय में मधुर (दूध संचारित करते हो)। जैसे मजूरे पसीने-पसीने हो जाता है, वैसे ही तुम पसीने-पसीने हो जाते हो, जैसे सुन्दर घास से दुर्बल (पशु) शक्ति-सम्पन्न होता है, (वैसे तुम होते हो)॥१०॥

—भूतांश काश्यप, १०।१०६

२७. पानी में दुस्तर वाहक वह सोम दोनों हाथों से मींजा जाता चमुओं में अब स्थित होता है॥६॥

—असितदेवल, ९।२०

२८. इन्द्र के पीने के लिये छाने गये हे सोम, तुम स्वादिष्ठ और मदिष्ठ (अत्यन्त नशा-युक्त) धारा से क्षरित होओ॥११॥

—मधुच्छन्दा विश्वामित्र-पुत्र, ९।१

२९. हमने सोम पिया, अमर हो गये, ज्योतिको प्राप्त हुये, देवों को जाना। निश्चय ही शत्रु हमारा क्या कर सकता है। हे अमृत, हिंसक मर्त्य मेरा क्या कर सकता है॥३॥

—प्रगाथ कण्व-पुत्र, ८।४८

३०. दुग्ध-मिश्रित मधुर विचक्षण मदिर सोमपान में पक्षियों की तरह बैठे तुम्हें हम हे इन्द्र, नमस्कार करते हैं॥५॥

—सोभरि कण्व-पुत्र ८।१२

३१. देखो अध्याय ३।९

अध्याय ५

प्रधान ऋषि

१. भरद्वाज--

१. नृवद्वसो सदमिद्धेह्यस्मे भूरि तोकाय तनयाय पश्वः।
पूर्वीरिषो बृहतीरारे अघा अस्मे भद्रा सौश्रवसानि सन्तु ॥१२॥

—६।१

२. अभि प्रयांसि सुधितानि हि ख्यो नि त्वादधीत रोदसी यजध्यै।
अवा नो मघवन्वाजसातावग्ने विश्वानि दुरिता तरेम,
ता तरेम तवावसा तरेम ॥१५॥

—६।१५

३. नू नो अग्ने वृकेभिः स्वस्ति वेषि रायः पथिभिः पर्ष्यंहः।
ता सूरिभ्यो गणते रासि सुम्नं मदेम शतहिमाः सुवीराः ॥८॥

—६।४

सचस्व नायमवसे अभीक इतो वा तमिन्द्र पाहि रिषः।
अमा चैनमरण्ये पाहि रिषो मदेम शतहिमाः सुवीराः ॥१०॥

—६।२४

४. हुवे वः सूनुं सहसो युवानमद्रोघवाचं मतिभिर्यविष्ठं।
य इन्वति द्रविणानि प्रचेता विश्ववाराणि पुरुवारो अध्रुक् ॥१॥

—६।५

अध्याय ५

प्रधान ऋषि

१. भरद्वाज वार्हस्पत्य--

१. हे धनवान् (अग्नि), मनुष्यवत् हमें सदा धन दो, पुत्र-पौत्रों के लिये बहुत पशु दो। निष्पाप, बड़े उत्तम अन्न हमें दो, हमारे भद्र यश होवें ॥१२॥

—६।१

२. हे अग्नि, सुन्दर प्रकार से रक्खी हवि को देखो, द्यौ और पृथिवी के यजन करने के लिये तुम्हें स्थापित किया है। हे मघवन (धनवान्), संग्राम में हमारी रक्षा करो, सारी बाधाओं से हम तरें, तुम्हारी रक्षा से हम उन्हें तरें, तरें ॥१५॥

—६।१५

३. हे अग्नि, धनके निराबाध मार्गों द्वारा स्वस्ति से हमारे समीप आओ, हमारे दुखों को हटाओ। स्तुति-कर्ता (हम) सूरियों को सुख दो, हम सुन्दर वीर (सन्तानों) सहित सौ जाडे (वर्ष) आनन्द करें ॥८॥

—६।४

हे इन्द्र, संग्राम में (भक्त की) रक्षा के लिये सहायक हो, उस की यहां शत्रुओं से रक्षा करो। घर में और अरण्य में शत्रु से इसकी रक्षा करो। हम सुवीर (सन्तानों) सहित सौ जाड़े आनन्द करें ॥१०॥

—६।२४

४. अमिथ्याभाषी, सहस के पुत्र (अग्नि), युवातम तुम्हें हम स्तुति से आह्वान करते हैं, जो बहु-स्तुति द्रोह-रहित प्रज्ञावान् सर्वश्रेष्ठ धनों को देता है ॥१॥

—६।५

५. ऋजीते परि वृङ्ग्धि नो श्मा भवतु नस्तनूः।
सोमो अधि ब्रवीतु नो' दितिः शर्म यच्छतु ।।१२।।

—६।७५

६. सरस्वत्यभि नो नेषि वस्यो मा पस्फरीः पयसा मा न आ धक्।
जुषस्व नः सख्या वेश्या च मा त्वत्क्षेत्राण्यरणानि गन्म ।।१४।।

—६।६१

७. त्वमिमा वार्या पुरु दिवोदासाय सुन्वते।
भरद्वाजाय दाशुषे ।।५।।

—६।१६

८. उत नः प्रियासु सप्तस्वसा सुजुष्टा। सरस्वती स्तोम्या भूत् ।।१०।।

—६।६१

९. इयं शुष्मेभिर्बिसखा इवारुजत्सानु गिरीणां तविषेभिरूर्मिभिः।
पारावतघ्नीमवसे सुवृक्तिभिः सरस्वती मा विवासेम धीतिभिः ।।२।।

—६।६१

१०. सनेम ते वसा नव्य इंद्र प्र पूरवः स्तवन्त एना यज्ञैः।
सप्त यत्पुरः शर्म शारदीर्दर्द्धन्दासीः पुरुकुत्साय शिक्षन् ।।१०।।

—६।२०

२. वसिष्ठ—

११. यथा वः स्वाहाग्नये दाशेम परीळाभिर्घृतवद्भिश्च हव्यैः।
तेभिर्नो अग्ने अमितैर्महोभिः शतं पूर्भिरायसीभिर्निपाहि ।।७।।

—७।३

१२. दण्डा इवेद् गो अजनास आसन् परिच्छिन्ना भरता अर्भकासः।
अभवच्च पुर एता वसिष्ठ आदित्तृत्सूनां विशो अप्रथन्त ।।६।।

—७।३३

५. हे सीधे जा वालेने (वाण), हमें बचाओ, हमारा तन पत्थर सा होवे, सोम हमसे बात करे, अदिति हमें शरण प्रदान करे ॥१२॥

—६।७५

६. देखो ४।१७

७. हे अग्नि, सोम सवन करनेवाले **दिवोदास** के लिये इन श्रेष्ठ बहुत धनों को दो, सेवक **भरद्वाज** के लिये (भी दो) ॥५॥

—६।१६

८. और प्रियाओं में प्रिया सात बहिनोंवाली सुप्रसन्ना **सरस्वती** हमारे लिये स्तुतियोग्य हो ॥१०॥

९. यह **सरस्वती** भिस खोदनेवाली की तरह अपने बलों, वेगवती तरंगों द्वारा गिरियों के पादभागको भग्न करती है। तटों को ध्वस्त करनेवाली सरस्वती को रक्षा के लिये हम स्तुतियों और गीतों द्वारा बुलायें ॥२॥

—६।६१

१०. हे इन्द्र, तुम्हारी रक्षा से नये धन पायें, इसलिये यज्ञ द्वारा पूरु लोग तुम्हारी स्तुति करते हैं। क्योंकि **पुरुकुत्सको** सहायता करते तुमने दासों की शरदवाली सात गढ़ियों को नष्ट किया ॥१०॥

—६।२०

२. वसिष्ठ मैत्रावरुण—

११. हे अग्नि, जो कि तुम्हारे के लिए हम घृत-युक्त परिपूजित स्वाहा (सुन्दर हव्य) दान करते हैं, तुम भी (वैसे ही अपने) अमित तेजों से सौ पत्थर की पुरियों की तरह हमारी रक्षा करो ॥७॥

—७।३

१२. दण्डसे जैसे गौवें, वैसे ही **भरत** जन-हीन शिशुओंकी तरह छिन्न-भिन्न थे। **वसिष्ठ** इनका अगुआ (पुरोहित) हुआ, तो **तृत्सुओंकी** प्रजायें बढ़ने लगीं ॥६॥

—७।३३

१३. प्रप्रायमग्निर्भरतस्य शृण्वे वियत्सूर्यो न रोचते बृहद्भाः।
अभि यः पूरुं पृतनासु तस्थौ द्युतानो दैव्यो अतिथिः शुशोच ॥४॥
—७।८

१४. धेनुं न त्वा सुयवसे दुदुक्षन्नुप ब्रह्माणि ससृजे वसिष्ठः।
त्वामिन्मे गोपतिं विश्व आहा न इन्द्रः सुमतिं गन्त्वच्छ ॥४॥
—७।१८

१५. आवदिन्द्रं यमुना तृत्सवश्च प्रात्र भेदं सर्वताता मुषा यत्।
अजासश्च शिग्रवो यक्षवश्च बलिं शीर्षाणि जभ्रुरश्व्यानि ॥१९॥
—७।१८

१६. न यातव इन्द्र जूजुवुर्नो न वन्दना शविष्ठ वेद्याभिः।
स शर्धदर्यो विषुणस्य जन्तोर्मा शिश्नदेवा अपिगुर्ऋतं नः ॥५॥
—७।२१

१७. एवेन्नु कं सिन्धुमेभिस्ततारेवेन्नु कं भेदमेभिर्जघान।
एवेन्नु कं दाशराज्ञे सुदासं प्रावदिन्द्रो ब्रह्मणा वो वसिष्ठाः ॥३॥
—७।३३

१८. उतासि मैत्रावरुणो वसिष्ठोर्वश्या ब्रह्मन्मनसोऽधिजातः।
द्रप्सं स्कन्नं ब्रह्मणा दैव्येन विश्वे देवाः पुष्करे त्वाददन्त ॥११॥
—७।३३

१९. स प्रकेत उभयस्य प्रविद्वान्त्सहस्रदान उत वा सदा नः।
यमेन ततं परिधिं वयिष्यन्नप्सरसः परि जज्ञे वसिष्ठः ॥१२॥
—७।३३

१३. जब यह भरतकी अग्नि अति प्रसिद्ध, सूर्यकी तरह अति प्रकाशवान् हो चमका, जिसने युद्धमें पुरुओंको जीता, वह दीप्तिमान् दिव्य अतिथि प्रज्वलित हुआ ॥४॥

—७।८

१४. दूहनेकी इच्छासे जैसे धेनुको सुन्दर घास (देवे), वैसे ही वसिष्ठने तुम्हारे लिए मन्त्र रचे। सभी मुझसे तुमको ही गोपति वतलाते हैं, हे इन्द्र, सुमतिके साथ हमारे पास आओ ॥४॥

— ७।१८

१५. यमुनाने और तृत्सुओंने इन्द्रकी सहायता की, जो कि (उसने) भेदका सर्वस्व छीन लिया। अज, शिग्रु और यक्षु घोड़ोंके सिरकी वलि लाये ॥१९।

—७।१८

१६. हे इन्द्र, जादूगर हमें न सतायें । न राक्षस हे वलिष्ट, (अपनी) चालोंसे । स्वामी (इन्द्र), दुष्ट जन्तुओंको मारे । शिश्न-पूजक हमारे ऋतमें न दखल दें ॥५॥

—७।२१

१७. इस प्रकार ही इनके साथ वह सिन्धुको पार हुआ, इस प्रकार ही इनके साथ भेदको मारा। इस प्रकार ही हे वसिष्ठो, तुम्हारे ब्रह्म (ऋचा) द्वारा इन्द्रने दाशराज्ञमें सुदासकी रक्षा की ॥२॥

वसिष्ठ, ७।३३

१८. हे ब्राह्मण वसिष्ठ,तुम मित्रावरुण-पुत्र हो, और उर्वशीके मन से उत्पन्न हो। गिरे बूंदकी तरह दिव्य मन्त्र द्वारा सारे देवोंने तुम्हें कमलमें धारण किया ॥११॥

—७।३३

१९. दोनों (लोकों) के प्रकृष्ट विद्वान्, सहस्रदानवाले और दानसहित, यमके बुने वस्त्रको पहिननेवाले वसिष्ठ अप्सरासे पैदा हुए ॥१२॥

—७।३३

२०. अद्या मुरीय यदि यातुधानो अस्मि यदि वायुस्ततप पूरुषस्य।
अधा स वीरैर्दशभिर्वियूया यो मा मोघं यातुधानेत्याह ॥१५॥
—७।१०४

२१. यदि वाहमनृतदेव आस मोघं वा देवां अप्यूहे अग्ने।
किमस्मभ्यं जातवेदो हृणीषे द्रोघवाचस्ते निर्ऋथं सचन्तां ॥१४॥
—७।१०४

२२. विद्युतो ज्योतिः परि संजिहानं मित्रावरुणा यदपश्यतां त्वा।
तत्ते जन्मोतैकं वसिष्ठागस्त्यो यस्त्वा विश आजभार॥१०॥
—७।३३

२३. दश राजानः समिता अयज्यवः सुदासमिन्द्रावरुणा न युयुधुः।
सत्या नृणामद्मसदामुपस्तुतिर्देवा एषामभवन्देवहूतिषु ॥७॥
दाशराज्ञे परियत्ताय विश्वतः इन्द्रावरुणावशिक्षतं।
श्वित्यंचो यत्र नमसा कपर्दिनो धिया धीवन्तो असपन्त तृत्सवः ॥८॥
—७।८३

३—विश्वामित्र—

२४. एभिरग्ने सरथं याह्यर्वाङ् नाना रथं वा विभवो ह्यश्वाः।
पत्नीवतस्त्रिंशतं त्रींश्च देवाननुष्वधमावह मादयस्व ॥९॥
—३।६

विश्वामित्र-जमदग्नि एक साथ—

२५. प्रसूतो भक्षमकरं चरावपि स्तोमं चेमं प्रथमः सूरिरुन्मृजे।
सुते सातेन यद्यागमं वां प्रति विश्वामित्रयमदग्नी दमे ॥४॥
—१०—१६७

२०. यदि मैं जादूगर हूं, या यदि मैंने पुरुषकी आयु नष्ट की, तो आज ही मैं मर जाऊँ। नहीं तो जिसने मुझे व्यर्थ ही यातुधान कहा, वह अपने दस वीर (पुत्रों) से वंजित हो ॥१५॥

—७।१०४

२१. हे अग्नि, यदि मैं झूठे देवतावाला हूं, या व्यर्थ देवोंको आह्वान करता हूं, (तो भले ही, अन्यथा) हे जातवेद, क्यों हमसे क्रुद्ध हो। तुम्हारे क्रोधको मिथ्याभाषी पावें ॥१४॥

—७।१०४

२२. जब कि मित्र-वरुणने विद्युत्‌की ज्योतिसे उठते तुम्हें देखा था, वह तुम्हारा एक जन्म था, और हे वसिष्ठ, (दूसरा जन्म वह) जब कि तुम्हें अगस्त्य प्रजाओंके पास लाये ॥१०॥

—७।३३

२३. हे इन्द्र-वरुण, युद्धमें यज्ञ-विमुख दस राजा सुदाससे नहीं लड़ सके। भोजमें बैठे इन आदमियोंकी स्तुति सत्य हुई, इनके देव-निमन्त्रणमें देवगण उपस्थित हुए ॥७॥

हे इन्द्र और वरुण, दाशराज्ञ युद्धमें घिरे हुए सुदासकी (तुमने) सहायता की। जिस दाशराज्ञ (युद्ध) में स्तुति करते श्वेत (गौर) जूड़ाधारी तृत्सु लोग स्तोत्रसे तुम्हारी पूजा करते थे ॥८॥

—७।८३

३. विश्वामित्र कौशिक—

२४. हे अग्नि, इन (देवों) के साथ एक रथपर अथवा नाना रथोंपर (चढ़) पास आओ, तुम्हारे अश्व समर्थ हैं। पत्नियों-सहित तेंतीस देवताओंको स्वधाके अनुसार लाओ, और (सोम पीकर) मस्त होओ ॥९॥

—३।६

२५. प्रेरित हो मैंने चरुमें भोजन किया, और प्रथम सूरि मैंने इस स्तुतिको कहा। हे विश्वामित्र, सोम तैयार होने पर यमदग्नि धनके साथ घर में तुम दोनोंके पास आये ॥४॥

—विश्वामित्र-यमदग्नि, १०।१६७

२६. वैश्वानरं मनसाग्निं निचाय्या हविष्मन्तो अनुषत्यं स्वर्विदं।
सुदानुं देवं रथिरं वसूयवो गीर्भीरण्वं कुशिकासो हवामहे ।।१।।
अश्वो न क्रन्दं जनिभिः समिध्यते वैश्वानरः कुशिकेभिर्युगे युगे।
स नो अग्निः सुवीर्यं स्व्यश्व्यं दधातु रत्नममृतेषु जागृविः ।।३।।
—३।२६

अमित्रायुधो मरुतामिव प्रयाः प्रथमजा ब्रह्मणो विश्वमिद्विदुः।
द्युम्नवद ब्रह्म कुशिकास एरिर एक एको दमे अग्निं समीधिरे ।।१५।।
—३।२९

इमं कामं मन्दया गोभिरश्वैश्चन्द्रवता राधसा पप्रथश्च।
स्वर्यवो मतिभिस्तुभ्यं विप्रा इन्द्राय वाहः कुशिकासो अक्रन् ।।२०।।
—३।३०

रमध्वं मे वचसे सोम्याय ऋतावरीरुप मुहूर्तमेवैः ।
प्र सिन्धुमच्छा बृहती मनीषावस्युरह्वे कुशिकस्य सूनुः ।।५।।
—३।३३

त्वां सुतस्य पीतये प्रत्नमिन्द्र हवामहे। कुशिकासो अवस्यवः ।।९।।
—३।४२

महां ऋषिर्देवजा देवजूतो स्तभ्नात् सिन्धुमर्णवं नृचक्षाः।
विश्वामित्रो यदवहत् सुदासमप्रियायत कुशिकेभिरिन्द्रः ।।९।।
उप प्रेत कुशिकाश्चेतयध्वमश्वं राये प्रमुंचता सुदासः।
राजा वृत्रं जंघनत् प्रागपागुदगथा यजाते वर आपृथिव्याः ।।११।।
—३।५३

२६. मनसे आदर करते हवि-युक्त हम कुशिक लोग सत्य-अनुसारी स्वर्ग-ज्ञाता सुदानी, दिव्य-रथी, फलदाता वैश्वानर (अग्निका) धनकी कामनासे स्तुतियोंसे आह्वान करते हैं ।।१।।

घोड़ोंकी तरह हिनहिनाता वैश्वानर (अग्नि) कुशिकों द्वारा युग-युगमें (हर समय) प्रज्वलित किया जाता रहा। वह अमृतोंमें जागरूक अग्नि हमें सुन्दर अश्व-युक्त, सुन्दर वीर्य-युक्त रत्न दे ।।३।।

—३।२६

मरुतोंकी तरह अमित्रोंसे लड़नेवाले अग्रगामी प्रथम उत्पन्न वह मंत्रोंका सब कुछ जानते हैं। कुशिक तेजस्वी ब्रह्म (स्तुति) प्रस्तुत करते हैं, (उनमें) एक-एक (अपने) घरमें अग्निका समिधान करते हैं ।।१५।।

—३।२९

(हमारी) इस कामनाको गौवों, अश्वों (और) चमत्कारिक धन द्वारा पूरा, और प्रसिद्ध करो। (हे इन्द्र), स्वर्ग कामनावाले सनातन विप्रोंने स्तुतियों द्वारा तुम्हारा सम्मान किया है।

—३।३०।२०।३।५०।४

हे पवित्राओ, मेरे सौम्य वचन (सुनने) के लिये मुहूर्त भर अपनी यात्रासे रुक जाओ। कृपाकांक्षी मैं कुशिक-सुनु बड़ी लालसासे नदीकी प्रार्थना करता हूं ।।५।।

—३।३३

हे पुरातन इन्द्र, तुम को रक्षा-प्रार्थी कुशिक लोग छाने सोमको पीनेके लिए हम बुलाते हैं ।।९।।

—३।४२

देवज, देव-प्रेरित मनुष्य-उपदेशक महान् ऋषि विश्वामित्रने सिन्धुनदको स्तम्भित किया, जब सुदासको (नदी) पार कराया, तो इन्द्रने कुशिकों द्वारा (सुदासके साथ) प्रिय बर्ताव किया ।।९।।

हे कुशिको, पास आओ, चेतो, धन (जीतने) के लिए सुदासके घोड़ेको छोड़ो। राजा (सुदास) ने पूर्व, पश्चिम और उत्तरके शत्रु मारे, फिर पृथिवीके वरस्थानमें यज्ञ करे ।।११।।

—३।५३

२७. अर्णांसि चित् पप्रथाना सुदास इन्द्रो गाधान्यकृणोत्सुपारा।
शर्द्धन्तं शिम्युमुचथस्य नव्यः शापं सिन्धूनामकृणोदशस्तीः ॥५॥

—७।१८

२८. प्र पर्वतानामुशती उपस्थादश्वे इव विषिते हासमाने।
गावेव शुभ्रे मातरा रिहाणे विपाट्छुतुद्री पयसा जवेते ॥१॥

"इन्द्रेषिते प्रसवं भिक्षमाणे अच्छा समुद्रं रथ्येव याथः।
समाराणे उर्मिभिः पिन्वमाने अन्या वामन्यामप्येति शुभ्रे ॥२॥

रमध्वं मे वचसे सोम्याय ऋतावरीरुप मुहूर्तमेवैः।
प्र सिन्धुमच्छा बृहती मनीषावस्युरह्वे कुशिकस्य सूनुः" ॥५॥

"इन्द्रो अस्मां अरदद्वज्रबाहुरपाहन् वृत्रं परिधिं नदीनां।
देवो नयत सविता सुपाणिस्तस्य वयं प्रसवे याम उर्वीः" ॥६॥

"ओषु स्वसारः कारवे शृणोत ययौ वो दूरादनसा रथेन।
निषू नमध्वं भवता सुपारा अधो अक्षाः सिन्धवः स्रोत्याभिः" ॥९॥

"आ ते कारो शृणवामा वचांसि ययाथ दूरादनसा रथेन।
नि ते नंसै पीप्यानेव योषा मर्यायेव कन्या शश्वचै ते" ॥१०॥

"यदंग त्वा भरताः संतरेयुर्गव्यन् ग्राम इषित इन्द्रजूतः।
अर्षादह प्रसवः सर्गतक्त आ वो वृणे सुमतिं यज्ञियानां" ॥११॥

अतारिषुर्भरता गव्यवः समभक्त विप्रः सुमतिं नदीनां।
प्र पिन्वध्वमिषयन्तीः सुराधा आ वक्षणाः पृणध्वं यात शीभं ॥१२॥

—३।३३

२७. स्तुत्य इन्द्रने सुदासके लिए फूली नदियोंको गाध और सुपारा बनाया। (उस) भयानक नमस्करणीयने स्तुति-शत्रु शिम्युसे सिन्धुओंके शापको अ-प्रशस्त किया ।।५।।

—वसिष्ठ, ७।१८

२८. पर्वतोंकी गोदसे दो मुक्त घोड़ियोंकी तरह अभिलाषवती हसती, चाटती गाय-माताओंकी तरह, शुभ्र विपाश् और शुतुद्रि जलके साथ बह रही हैं ।।१।।

(विश्वामित्र—) "इन्द्र द्वारा प्रेरित आज्ञा सुनती दो रथियोंकी तरह तुम समुद्रको जाती हो। हे शुभ्रे, एक साथ प्रवाहित, लहरोंसे फूली, एक दूसरेको (साथ) लिये तुम जाती हो ।।२।।

"हे पवित्राओ, मेरा सौम्य वचन (सुननेके) लिये मुहूर्त भर अपनी यात्रासे रुक जाओ। कृपाकांक्षी मैं कुशिक-सूनु बड़ी लालसासे नदीसे प्रार्थना कर रहा हूं" ।।५।।

(नदियां—) "वज्रबाहु इन्द्रने नदियोंके रोकनेवाले वृत्रको मारा, हमें खोदा। सुपाणि सवितादेव हमें लाया, उसकी आज्ञामें हम फैली हुई जा रही हैं" ।।६।।

(विश्वामित्र—) "हे बहिनो, ठहरो, कविकी सुनो। वह दूरसे तुम्हारे पास शकट-रथ द्वारा आया है। थोड़ा नीची हो सुपारा हो जाओ। हे सिन्धुओ, अपनी धाराओंमें हमारे धुरेसे नीची हो जाओ" ।।९।।

(निदया—) "हे कवि, तेरे वचनोंको हम सुनती हैं, तू जो शकट-रथ द्वारा दूरसे आया है। हम पिलानेवाली माताकी तरह, पतिको आलिंगन करनेवाली तरुणीकी तरह तेरे लिये नीची हो जाती हैं" ।।१०।।

—३।३३

हे प्रियाओ, इन्द्र-प्रेरित योधा-समूह भरत तुम्हें जब पार हो जायें, तो (तुम्हारी) धारा बेगसे बहे। मैं यज्ञ-योग्य तुम्हारी सुमति चाहता हूं" ।।११।।

लड़नेवाले भरत पार हो गये, विप्रने नदियोंकी सुमति प्राप्त की। धन-युक्त लहरोंसे परिपूर्ण होओ, दूसरी धाराको भरती शीघ्र जाओ ।।१२।।

—विश्वामित्र, ३।३३

२९. महां ऋषिर्देवजा देवजूतोस्तम्नात् सिन्धुमर्णवं नृचक्षाः।
विश्वामित्रो यदबहत् सुदासमप्रियायत कुशिकेभिरिन्द्रः ।।९।।

—३।५३

३०. इळामग्ने पुरुदंसं सनिं गोः शश्वत्तमं हवमानाय साध।
स्यान्नः सूनुस्तनयो विजावा'ग्ने सा ते सुमतिर्भूत्वस्मे ।।२३।।

—३।१।२३; ३।७।११; ३।१५।७; ३।२२।५; ३।२३।५

३१. शुनं हुवेम मघवानमिन्द्रमस्मिन् भरे नृतमं वाजसातौ।
शृण्वन्तमुग्रमूतये समत्सु घ्नन्तं वृत्राणि संजितं धनानां ।।२२।।

—३।३०।२२, ३।३१।२२, ३।३२।१७, ३।३४।११, ३।३६।११, ३।३८।११ ३।४८।५, ३।४९।५ ३।५०।५

३२. य इमे रोदसी उभे अहमिन्द्रमतुष्टवं।
विश्वामित्रस्य रक्षति ब्रह्मेदं भारतं जनं ।।१२।।

—३।५३

४. वामदेव—

३३. महो रुजामि बन्धुता वचोभिस्तन्मा पितुर्गोतमादन्वियाय।
त्वं नो अस्य वसश्चिकिद्धि होतर्यविष्ठ सुक्रतो दमूनाः ।।११।।

—४।४

३४. ये पायवो मामतेयन्ते अग्ने पश्यन्तो अन्धं दुरितादरक्षन्।
ररक्ष तान्त्सुकृतो विश्ववेदा दिप्सन्त इद्रिपवो नाह देभुः ।।१३।।

—४।४

३५. अहं पुरो मन्दसानो व्यैरं नव साकन्नवतीः शम्बरस्य।
शततमं वैश्यं सर्वताता दिवोदासमतिथिग्वं यदावं ।।३।।

—४।२६

२९. देवज देव-प्रेरित मनुष्य-उपदेशक महान् ऋषि विश्वामित्रने सिन्धुनदको स्तंभित किया, जब इन्द्रने कुशिकोंके द्वारा सुदाससे प्रिय बर्ताव किया ॥९॥

—३।५२

३०. हे अग्नि, सदाके स्तुतिकर्त्ता, मुझे अन्न प्रदान करो। हमारे पुत्र-पौत्र सन्तानवाले हों । हमारे लिये वह तुम्हारी सुमति हो ॥२३॥

—३।१

३१. इस युद्धमें श्रेष्ठतम नेता मघवान् उग्र इन्द्रको रक्षाके लिए हम पुकारते हैं, जो कि युद्धोंमें वृत्रों (शत्रुओं) को मारता, धनोंको जीतता, स्तुतियोंको सुनता है ॥२२॥

—३।५३

३२. जो यह दोनों द्यौ-पृथिवी हैं, (उनके धारक) इन्द्रकी मैंने स्तुति की। विश्वामित्रका यह ब्रह्म (ऋचा) भरत जनकी रक्षा करता है ॥१२॥

—३।५३

४. वामदेव गौतम—

३३. हे अतितरुण, सुक्रियावान् गृहमित्र होता, वाणियों और बन्धुतासे, जो मेरे पास पिता गोतमसे आई, तुम हमारे इस वचनको जानो मैं महान् (शत्रुओं) को नष्ट करता हूं। ॥११॥

—४।४

३४. हे अग्नि, तुम्हारी जिन रक्षिका किरणोंने आपदाओंसे मामतेय अन्धेकी रक्षा की, सारे धनोंवाले सुकर्मा तुमने उन्हें रक्षित किया, नाश करनेकी इच्छावाले रिपु उसे हानि नहीं पहुंचा सके ॥१३॥

—४।४

३५. मैंने सोमसे मस्त हो शम्बरकी नौ-सहित नब्बे पुरियों (गढियों) को ध्वस्त किया। जब यज्ञ (युद्ध) में अतिथिपूजक दिवोदासकी मैंने रक्षा की, तो सौवींको उसके प्रवेश-योग्य बनाया ॥३॥

—४।२६

३६. गर्भे नु सन्नन्वेषामवेदमहं देवानां जनिमानि विश्वा।
शतं मा पुर आयसीररक्षन्नधश्येनो जवसा निरदीयं ।।१।।

—४।२७

३७. शतमश्मन्मयीनां पुरामिन्द्रो व्यास्यत्। दिवोदासाय दाशुषे ।।२।।

—४।३०

३८. वृषा वृषन्धि चतुरश्रिमस्यन्नुग्रो बाहुभ्यां नृतमः शचीवान्।
श्रिये परुष्णीमुषमाण ऊर्णां यस्याः पर्वाणि सख्याय विव्ये ।।२।।

—४।२२

३९. बोधद्यन्मा हरिभ्यां कुमारः साहदेव्यः। अच्छा न हूत उदरं ।।७।।
उत त्या यजता हरी कुमारात् साहदेव्यात्। प्रयता सद्य आददे ।।८।।
एष वां देवावश्विना कुमारः साहदेव्यः। दीर्घायुरस्तु सोमकः ।।९।।

—४।१५

४०. त्वं पिप्रूं मृगयं शूशुवांसमृजिश्वनं वैदथिनाय रन्धीः।
पंचाशत् कृष्णा निवपः सहस्रात्कं न पुरो जरिमा विदर्दः ।।१३।।

—४।१६

४१. अयं चक्रमिषणात् सूर्यस्य न्येतशं रीरमत् ससृमाणं।
आकृष्ण ईं जुहुराणो जिघर्ति त्वचो बुध्ने रजसो अस्य योनौ ।।१४।।
असिक्न्यां यजमानो न होता ।।१५।।

—४।१७

३६. मैंने इन सारे देवोंकी संतानोंको गर्भमें रहते जाना । सौ आयसी (दृढ़) पुरियोंने मुझे बन्द रक्खा । तब बाजकी तरह वेगसे मैं निकल गया ॥१॥

—४।२७

३७. इन्द्रने अश्मन्मयी (पत्थरवाली) सौ पुरियोंको यजमान दिवोदासके लिये नष्ट किया ॥२०॥

—४।३०

३८. श्रेष्ठतम नेता शचीवान् बुद्धिमान् उग्र पराक्रमी इन्द्रने दोनों बाहुओंसे वृष्टिकारी चार धारोंवाले वज्रको फेंकते ढांकनेवाली परुष्णी (रावी) का सेवन करते जिसके भागोंको मित्रताके लिये ढांका ॥२॥

—४।२२

३९. सहदेव-पुत्र कुमारने मुझे दो घोड़ेको देना चाहा । पुकारने पर मैं पीछे नहीं हटा ॥७॥
सहदेव-पुत्र कुमारसे दो बढ़िया तेज घोड़ोंको तुरन्त मैंने पाया ॥८॥
हे अश्विनो, तुम्हारी (कृपासे) यह सहदेव-पुत्र कुमार सोमक दीर्घायु हो ॥९॥

—४।१५

४०. हे इन्द्र, तुमने पिप्रु, मोटे मृगयको विदथी-पुत्र ऋजिश्वाके लिए मारा, पचास हजार कालोंको मारा, जीर्ण चोगेकी तरह पुरोंको नष्ट किया ॥१३॥

—४।१६

४१. इस इन्द्रने सूर्यके चक्रको प्रेरित किया, (युद्धके लिये) जाते एतशको रोका। कुटिलगति काले (मेघ) ने आकाशके गर्भमें इसके आधारमें चमड़ेसे सिक्त किया ॥१४॥
जैसे असिक्नी (चनाब) में यजमान होता ॥१५॥

—४।१७

४२. एतदस्या अनः शये सुसम्पिष्टं विपाश्या। ससार सीं परावतः ।।११।।

उत दासं कौलितरं बृहतः पर्वतादधि। अवाहन्निन्द्र शम्बरं ।।१४।।
उत दासस्य वर्चिनः सहस्राणि शता वधीः। अधि पंच प्रधींरिव ।।१५।।
—।३०

४३. शुनं वाहाः शनं नरः शुनं कृषतु लांगलं।
शुनं वरत्रा बध्यन्तां शुनमष्ट्रामुदिंगय ।।४।।

—४।५७

४४. अर्वाची सुभगे भव सीते वन्दामहे त्वा।
यथा नः सुभगासिसि यथाः नः सुफलासिसि ।।६।।
इन्द्रः सीतां नि गृह्णातु तां पूषानुयच्छतु।
सा नः पयस्वती दुहामुत्तरामुत्तरां समां ।।७।।

—४।५७

४५. शुनं नः फाला वि कृषन्तु भूमिं शुनं कीनाशा अभि यन्तु वाहैः।
शुनं पर्जन्या मधुना पयोभिः शुनासीरा शुनमस्मासु धत्तं ।।८।।
—४।५७

४६. अभि प्रवन्त समनेव योषाः कल्याण्यः स्मयमानासो अग्निं।
घृतस्य धाराः समिधो नसन्त ता जुषाणो हर्यति जातवेदाः ।।८।।
—४।५८

५. गृत्समद—

४७. असर्जि स्कम्भो दिव उद्यतो मदः परि त्रिधातुर्भुवनान्यर्षति।
अंशुं रिहन्ति मतयः पनिप्नतं गिरा यदि निर्णिजमृग्मिणो ययुः ।।४६।।

४२. (इन्द्र द्वारा) अतिचूर्णित उषाका शकट विपाश् (व्यास) के किनारे गिरा। वह (उषा) पश्चिम देशको चली गई॥११॥

हे इन्द्र, तुमने कुलितर-पुत्र शम्बर दासको बृहत् पर्वत (हिमालय) के ऊपर मारा॥१४॥

और चक्केकी अरोंकी तरह दास वर्चीके १५०० (भट) मारे॥१५॥

—४।३०

४३. बैल सुखी हों, नर सुखी हों, हल सुखपूर्वक कृषि करें, रस्सी सुखमय बांधी जाये, पैना सुखसे उठाये॥४॥

—४।५७

४४. हे सुभगे, पास होओ, हम तुम्हारी वन्दना करते हैं, जिसमें कि तुम हमारे लिए सुफला हो॥६॥

इन्द्र सीताको पकड़े, पूषन् उसे प्रदान करें, वह सीता दूहनेके अगले-अगले साल हमारे लिये दुग्धवाली हो॥७॥

—४।५७

४५. हमारे लिये फालसे भूमिको जोतें, हलवाहे सुखपूर्वक बैलोंके साथ गमन करें। पर्जन्य मधु और जलके साथ सुखमय होवे, शुनाशीर (इन्द्र-वायु देवता) हमें सुख प्रदान करें॥८॥

—४।५७

४६. जैसे मुस्कुराती कल्याणी स्त्रियां मेलेमें, (जातीं) वैसे ही घृतकी धारा अग्निका अभिगमन करती हैं। घृतकी धारा ईंधन बनती, उन्हें अग्नि प्रसन्न हो सेवन करता है॥८॥

—४।५८

५. गृत्समद शौनहोत्र—

४७. द्यौका खम्भा उद्यत-मद तेहरा छाना गया भुवनोंमें विचरण करता है। जब स्तुतियां प्रशंसनीय सोमको छूती हैं, तो शब्द करते ऋत्विज सोमके चोगेके पास जाते हैं॥४६॥

प्र ते धारा अत्यण्वानि मेष्यः पुनानस्य संयतो यन्ति रंहयः।
यद् गोभिरिन्दो चम्वोःसमज्यस आ सुवानः सोम कलशेषु सीदसि। ४७।

पवस्व सोम क्रतुविन्न उक्थ्यो' व्यो वारे परि धाव मधु प्रियं।
जहि विश्वान्रक्षस इन्दो अत्रिणो बृहद्वदेम विदथे सुवीराः ॥४८॥

—९।८६

४८. अग्निमनु स्वराज्यमग्निमुक्थानि वावृधुः। विश्वा अधिश्रियो दधे।
॥५॥

—२।८

४९. स रन्धयत् सदिवः सारथये शुष्णमशुषं कुयवं कुत्साय।
दिवोदासाय नवतिं च नवेन्द्रः पुरो व्यैरच्छंबरस्य ॥६॥

—२।१९

५०. अध्वर्यवो यः शतं शंबरस्य पुरो बिभेदाश्मनेव पूर्वीः।
यो वर्चिनः शतमिन्द्रः सहस्रमपावपद् भरता सोममस्मै ॥६॥

अध्वर्यवो यः शतमासहस्रं भूम्या उपस्थे बपज्जघन्वान्।
कुत्सस्यायोरतिथिग्वस्य वीरान्यावृणग्भरत. सोममस्मै ॥७॥

—२।१४

५१. स वृत्रहेन्द्रः कृष्णयोनीः पुरन्दरो दासीरैरयद्वि।
अजनयन्मनवे क्षामपश्च सत्रा शंसं यजमानस्य तूतोत् ॥७॥

—२।२०

५२. अध्वर्यवो यः स्वश्नं जघान यः शुष्णमशुषं यो व्यंसं।
यः पिप्रुं नमुचिं यो रुधिक्रां तस्मा इन्द्रायान्धसो जुहोत ॥५॥

—२।१४

छाने जाते (समय) तुम्हारी धारायें भेड़के ऊनको सूक्ष्म वेगसे पार होती हैं। हे सोम, जब तुम दोनों चमुओंमें गौओंसे मिलाये जाते, तो हे सोम, तुम कलशोंमें बैठते हो ॥४७॥

ऋतुके जानकार, हमारी प्रशंसाके योग्य हे सोम, भेड़के लोमों (वाले छननों) में प्रिय और मधुर रसके साथ तुम दौड़ो, सारे राक्षसोंको मारो। हे सोम, सुवीर सन्तानोंवाले हम अत्रि लोग यज्ञमें तुम्हारी महिमा गायेंगे ॥४८॥

—९।८६

४८. स्वयंप्रकाश्य भक्षक अग्निके लिये उक्थ (मन्त्र) बढे। (उसने) सारी शोभा धारण की ॥५॥

—२।८

४९. उस दिव्य इन्द्रने सारथी कुत्सके लिये शुष्ण, अशुष, कुयवको मारा। और दिवोदासके लिये शम्बरकी निन्नानवे पुरियां ध्वस्त कीं ॥६॥

—२।१९

५०. हे अध्वर्युओ, जिसने शम्बरकी पत्थर सी सौ प्राचीन पुरियोंको नष्ट किया। जिसने वर्चीके सौ-हजारों (भटों) को मारा, उसके लिये सोम ले आओ ॥६॥

—२।१४

५१. उस वृत्रनाशक, पुर-दर्दरक इन्द्रने काले दासोंका विनाश किया। मनुके लिये पृथिवी और जलको पैदा किया। वह यजमानकी अभिलाषा पूरी करता है ॥७॥

—२।२०

५२. हे अध्वर्युओ, जिसने स्वश्नको मारा, जिसने शुष्ण, अशुषको, जिसने व्यंसको मारा। जिसने पिप्रु, नमुचिको, जिसने रुधिक्राको मारा, उस इन्द्रके लिए अन्न चढ़ाओ ॥५॥

—२।१४

५३. स्वप्नेनाभ्युप्या **चुमुरिं धुनिं** च जघन्थ दस्युं प्र दभीतिमावः।
रम्भी चिदत्र विविदे हिरण्यं सोमस्य ता मद इन्द्रश्चकार॥९॥
—२।१५

५४. देखो इसी अध्यायमें ४९।

५५. यः **शम्बरं** पर्वतेषु क्षियन्तं चत्वारिंश्यां शरद्यन्वविन्दत्।
ओजायमानं यो अहिं जघान दानुं शयानं स जनास इन्द्रः॥११॥
—२।१२

५६. देखो यहीं ४७।

६. **कक्षीवान्**—

५७. परावतं नासत्यानुदेथामुच्चाबुध्नं चक्रथुर्जिह्मबारं।
क्षरन्नापो न पानाय राये सहस्राय तृष्यते **गोतमस्य**॥१॥
—१।११६

५८. चरित्रं हि वेरिवाच्छेदि पर्णमाजा खेलस्य परितक्म्यायां।
सद्यो जंघामायसीं **विश्पलायै** धने हिते सर्तवे प्रत्यधत्तं॥१५॥

शतं मेषान् वृक्ये चक्षदानमृज्राश्वं तं पितान्धं चकार।
तस्मा अक्षी नासत्या विचक्ष आधत्तं दस्रा भिषजावनर्वन्॥१६॥

यदयातं **दिवोदासाय** वर्तिर्भरद्वाजायाश्विना हयन्ता।
रेवदुवाह सचनो रथो वां वृषभश्च शिशुमारश्च युक्ता॥१८॥
—१।११६

५३. जिसने स्वप्न द्वारा निद्रा-अभिभूत कर चुमुरि और धुनि दस्युको मारा, तथा दभीतिकी तुमने रक्षा की। यहां अनुचरने भी हिरण्य प्राप्त किया। यह सब इन्द्रने सोमके मदमें मस्त हो किया ॥९॥

—२।१५

५४. देखो यहीं ४९

५५. जिसने पर्वतमें रहते शम्बरको चालीसवीं शरदमें जा धरा। जिसने ओजायमान हो सोते हुए दानव अहि[1]को मारा। हे लोगो, वह इन्द्र है ॥११॥

—२।१२

५६. देखो ४७

६. कक्षीवान् दैर्घतमस—

५७. नासत्य (अश्विद्वय), तुमने ऊपर पेंदी तिरछी बारीवाले पश्चिमके कुएंको उठाया। उससे प्यासे गोतमके सहस्र (गुण) धन और पानके लिये जल निकला ॥९॥

—१।११६

५८. खेलकी स्त्रीका एक पैर युद्धमें पक्षीके पंखकी तरह कट गया। तुमने तुरन्त उसे चलने तथा धनके लिये आयसी (तांबेकी) जंघा प्रदान की ॥१५॥

वृकीके लिये काट कर सौ भेड़ें देनेवाले उस ऋज्राश्वको पिताने अन्धा कर दिया। उसे दोनों श्रेष्ठ भिषज नासत्योंने अ-सत् देखनेवाली विचक्षण आंखें प्रदान कीं ॥१६॥

जब पुकारे गये दोनों अश्वि हविके लिये दिवोदासके पास, भरद्वाज (अन्न-प्रदायक या ऋषि) के पास गये, तो वृषभ और सौंस जुड़ा तुम्हारा रथ अन्न-धनको ढोकर ले गया ॥१८॥

—१।११६

---

[1]सर्प, नमुचि, वृत्र, शंबर के लिए यह नाम।

५९. अनारम्भणे तदवीरयेथामनास्थाने अग्रभणे समुद्रे।
यदश्विना ऊहथुर्भुज्युमस्तं शतारित्रां नावमातस्थिवांसं ।।५।।

—१।११६

६०. युवं नरा स्तुवते कृष्णियाय विष्णाप्वं ददथुर्विश्वकाय।
घोषायै चित् पितृषदे दुरोणे पतिं जूर्यन्त्या अश्विनावदत्तं ।।७।।

सूनोर्मानेनाश्विना गृणाना वाजं विप्राय भुरणा रदन्ता।
अगस्त्ये ब्रह्मणा वावृधाना सं विश्पलां नासत्यारिणीतं ।।११।।

—१।११७

६१. अमन्दान् स्तोमान् प्रभरे मनीषा सिन्धावधिक्षियतो भाव्यस्य।
यो मे सहस्रमसिमीत सवानतूर्तो राजा श्रव इच्छमानः ।।१।।

शतं राज्ञो नाथमानस्य निष्काञ्छतमश्वान् प्रयतान्त सद्य आदं।
शतं कक्षीवां असुरस्य गोनां दिवि श्रवो' जरमाततान ।।२।।

उप मा श्यावाः स्वनयेन दत्ता वधूमन्तो दश रथासो अस्थुः।
षष्टिः सहस्रमनुगव्यमागात् सनत् कक्षीवां अभिपित्वे अह्नां ।।३।।

चत्वारिंशद्दशरथस्य शोणाः सहस्रस्याग्रे श्रेणिं नयन्ति।
मदच्युतः कृशनावतो अत्यान् कक्षीवन्त उदमृक्षन्त पज्राः ।।४।।

उपोप मे परामृश मा मे दभ्राणि मन्यथाः।
सर्वाहमस्मि रोमशा गन्धारीणामिवाविका ।।७।।

—१।१२६

५९. हे अश्विद्वय, तुमने आश्रय-रहित, शरणस्थान-रहित पकड़नेकी वस्तुसे रहित समुद्रमें वह पराक्रम किया, जब कि सौ पतवारोंवाली नावमें बैठा भुज्युको उठा लाये ।।५।।

—१।११६

६०. हे दोनों नेताओ, तुमने स्तुतिकर्त्ता कृष्ण-पुत्र विश्वकके लिये (उसके पुत्र) विष्णापुको दिया। तुमने पिताके घर बैठी भुराती घोषाको पति प्रदान किया।।७।।

हे शीघ्रगामी अश्विनो, तुमने पुत्रके मानसे स्तुत संतुष्ट हो विप्रके लिये अन्न प्रदान किया। मन्त्रोंसे बढ़ाये जाते हे नासत्यो, तुमने विश्पलाको अगस्त्यके लिये पुनः प्रदान किया।।११।।

—१।११७

६१. सिन्धु तटवासी भाव्य (स्वनय) के वास्ते मैं बुद्धि-युक्त अ-मंद स्तोत्र लाता हूं। जिस अजेय राजाने यशकी कामनासे मेरे लिये हजार सवन किये।।१।।

मैं कक्षीवान्ने याचना करनेपर राजासे सौ निष्क (सुवर्ण-माला), दानके सौ घोड़े तुरन्त पाये, और असुरकी सौ गायें (भी) । उसका अ-जर यश द्यौ में फैला।।२।।

और स्वनय द्वारा दत्त काले घोड़ों वाले बधुओं (दासियों) चढ़े दस रथ मेरे पास रहे। पीछे एक हजार साठ गायें भी आईं। कक्षीवान्ने दिनोंकी समाप्तिके समय उन्हें पाया।।३।।

दशरथके चालीस लाल घोड़े हजार (गायों) की पांती बहन करते थे। कक्षीवान् (लोगों) और पज्रोंने मुक्तावाले वे मस्त घोड़े पाये ।।४।।

समीप-समीप मेरा स्पर्श करो। मुझे छोटा न मानो। गन्धारकी भेड़ोंकी तरह मैं (स्वनय-पत्नी) रोमशा सम्पूर्ण (अंगवाली) हूं।।७।।

—१।१२६

७. अगस्त्य —

६२. नदस्य मा रुधतः काम आगन्नित आजातो अमुतः कुतश्चित् ।
लोपामुद्रा वृषणं नीरिणाति धीरमधीरा धयति श्वसन्तं ॥४॥

—१।१७९

६३. अभूदिदं वयुनमोषु भूषता रथो वृषण्वान्मदता मनीषिणः ।
धियं जिन्वा धिष्ण्या विश्पला वसू दिवो नपाता सुकृते शुचिव्रता ॥१॥

—१।१८२

६४. त्वं धुनिरिन्द्र धुनिमतीर्ऋणोरपः सीरा न स्रवन्तीः ।
प्रयत् समुद्रमतिशूर पर्षि पारया तुर्वशं यदुं स्वस्ति ॥९॥

—१।१७४

६५. करम्भ ओषधे भव पीवो वृक्कः उदारथिः ।
वातापे पीव इद् भव ॥१०॥

—१।१८७

शरासः कुशरासो दर्भासः सैर्या उत ।
मौंजा अदृष्टाः वैरिणः सर्वे साकं न्यलिप्सत ॥३॥

—१।१९१

६६. यस्य विश्वानि हस्तयोः पंचक्षितीनां वसु ।
स्पाशयस्व यो अस्मध्रुग्दिव्येवाशनिर्जहि ॥३॥

—१।१७६

७. अगस्त्य मैत्रावरुण—

६२. रोकते हुए भी मुझे यहां-वहां या कहींसे काम-भाव आ गया। अधीर लोपामुद्रा पतिको चाहती है। वह अधीरा स्वास लेती धीर (पति) को चुम्बन करती है ॥४॥

—१।१७९

६३. हे मनीषियो, यह था, कि (अश्विनीकुमारोंका) दृढ़ (घोड़ों) का रथ मौजूद है। आगे होओ, प्रसन्न रहो। स्तुति करो, स्तुति-योग्य हैं। द्यौके नाती शुचिव्रत, धिष्ण्य विश्पला-सहायक अश्विन सुकर्मा (लोगों) का भला करें॥

—१।१८२

६४. हे इन्द्र, धुननेवाले तुमने नदियोंकी तरह धुननेवाले जलोंको बहाया, कंपनेवाली सीरा की तरह नदियोंको गिराया। हे शूर, जब तुम समुद्रमें बाढ़ करो, तब तुर्वश और यदुको कल्याण-सहित पार करो ॥९॥

६५. हे औषधि (रूप) सत्तू, तुम स्थूल, दृढ़ पोषक बनो। और हे वायुमित्र (वातापि), तुम भी स्थूल बनो ॥१०॥

—१।१८७

शर, कुशर (कुश), दर्भ, सैर्य, मूंज, वीरण (खश) (में रहते) सभी अदृष्ट वैरी (जन्तु) मुझे लगते हैं॥३॥

—१।१९१

६६. जिसके दोनों हाथोंमें पांचों जनोंके सारे धन हैं। (उसे) चीन्हो, जो हमसे द्रोह करता है, दिव्य बिजली की तरह उसे नष्ट करो ॥३॥

—१।१७६

८. दीर्घतमा—

६७. को वां दाशत्सुमतये चिदस्यै वसू यद्धेथे नमसा पदे गोः।
जिगृतमस्मे रेवती पुरन्धीः कामप्रेणेव मनसा चरन्ता ॥२॥

उपस्तुतिरौचथ्यमुरुष्येन्मामामिमे पतत्रिणी विदुग्धां।
मामा मेधो दशतयश्चितो धाक् प्रयद्वां बद्धस्त्मनि खादति क्षां ॥४॥
—१।१५८

६८. वसू रुद्रा पुरुमन्तू वृधन्ता दशस्यतं नो वृषणावभिष्टौ।
दस्रा ह यद्रेक्ण औचथ्यो वां प्रयत्सस्राथे अकवाभिरूती ॥१॥
—१।१५८

६९. न मा गरन्नद्यो मातृतमा दासा यदीं सुसमुब्धमवाधुः।
शिरो यदस्य त्रैतनो वितक्षत्स्वयं दास उरो अंसावपि ग्ध ॥५॥
—१।१५८

७०. रथाय नावमुत नो गृहाय नित्यारित्रां पद्वतीं रास्यग्ने।
अस्माकं वीरां उप नो मघोनो जनांश्च या पारयाच्छर्म या च ॥१२॥
—१।१४०

७१. ये वाजिनं परिपश्यन्ति पक्वं य ईमाहुः सुरभिर्निहरेति।
ये चार्वतो मांसभिक्षामुपासत उतो तेषामभिगूर्तिर्न इन्वतु ॥१२॥
—१।१६२

८. दीर्घतमा मामतेय—

६७. हे दोनों वसु (अश्विनीकुमारो), (तुम्हारी) सुमतिके लिये तुम दोनोंको हव्य प्रदान कौन करे, जिसे कि तुम नमस्कार (सुन कर) गौके स्थानमें देते हो। हमारे लिये जागो, धनवाली, इच्छापूरक, कामना प्रेरक (गायें) मनके साथ (लिये मानो) तुम विचरण करते हो ॥२॥ (यह) स्तुति **उचथ्य-पुत्रकी** रक्षा करे। यह उड़नेवाले (दोनों) हमारी हानि न करें। दस गुनी चिनी हुई जलती आग मुझे न जलाये, जब कि (वह) तुम्हारे लिये शरीरसे बद्ध पृथिवीको खाता है, लेटता है ॥४॥

—१।१५८

६८. रुलानेवाले, बहुत ज्ञानी, वर्धनशील, कामनावर्षी हे दोनों वसु, हमें अभीष्ट प्रदान करो, जिसे कि **उचथ्य-पुत्र** (दीर्घतमा) तुमसे चाहता है। तुम अ-कृपण (हो) रक्षा प्रदान करते हो ॥१॥

—१।१५८

६९. (तुम) अत्यन्त माता (रूपी) नदियां मुझे नहीं निगल गई, जब कि **दासोंने** नीचे मुंह करके फेंक दिया। जब **त्रैतनने** इसका सिर काटा, दासने स्वयं (अपने) उर और कन्धेपर चोट खा लिया ॥५॥

—१।१५८

७०. हे अग्नि, रथके लिये, गृहके लिये सदा हमें पतवारवाली पदवाली नाव प्रदान करो। जो कि हमारे वीरों और धनवाले जनोंको पार करे, और जो शरण हो ॥१२॥

—१।१४०

७१. जो पके घोड़ेको देखते, जो बोलते "उतारो सोंधा है" और जो घोड़ेके मांस-भोजनको सेवन करते हैं, उनका संकल्प हमारे कामको पूरा करे ॥१२॥

—१।१६२

७२. न वा उ एतन्म्रियसे न रिष्यसि देवां इदेषि पथिभिः सुगेभिः।
हरी ते युंजा पृषती अभूतामुपास्थाद्वाजी धुरि रासभस्य ॥२१॥
—१।१६२

६. गोतम रहूगण-पुत्र—

७३. अवोचाम रहूगणा अग्नये मधुमद्वचः। द्युम्नैरभि प्रणोनुमः ॥५॥
—१।७८

७४. यामथर्वा मनुष्पिता दध्यङ धियमतन्वत।
तस्मिन् ब्रह्माणि पूर्वथेन्द्र उक्था समग्मतार्चन्ननु स्वराज्यं ॥१६॥
—१।८०

७५. आदंगिरा प्रथमं दधिरे वय इद्धाग्नयः शम्या ये सुकृत्यया।
सर्वं पणेः समविन्दन्त भोजनमश्वावन्तं गोमन्तमा पशुं नरः ॥४॥

यज्ञैरथर्वा प्रथमं पथस्तते ततः सूर्यो व्रतपा वेन आजनि।
आगा आजदुशना काव्यः सचा यमस्य जातममृतं यजामहे ॥५॥
—१।८३

७२. हे अश्व, यहां न तुम मरता है न आहत होता है, (बल्कि) सुगम मार्गोंसे देवोंके पास जाता है। इन्द्रके दोनों घोड़े मरुतोंके चितकबरे हरिन तुम्हारे (रथमें) जुतेंगे, (अश्वि-वाहन) रासभके धुरेमें दो घोड़े (जुड़ेंगे) ॥२१॥

—१।१६२

९. **गोतम रहूगण-पुत्र**—

७३. हम **रहूगण** (लोग) अग्निके लिये मुधुर वाणी बोलते हैं। उज्वल (स्तुतियों) से बहुत नमस्कार करते हैं ॥५॥

—१।७८

७४. हे इन्द्र, **अथर्वा**, (हमारे) पिता **मनु, दधीचिने** जिस यज्ञको किया। उसमें अपना स्वराज्य प्रकट करते पूर्व जैसे मन्त्र, उक्थ तुम्हें प्राप्त हुए ॥१६॥

—१।८०

७५. ऋतुसे महान् स्वधाके पीछे बलसे भयंकर बढ़े, सुन्दर शिप्रवाले हरित अश्वोंयुक्त इन्द्रने लक्ष्मीके लिये अपने बलिष्ठ दोनों हाथोंमें आयस (कठोर) वज्र (गदा) धारण किया ॥४॥

(तुमने) पृथिवीलोकको परिपूर्ण किया, द्यौमें तारोंको स्थापित किया। हे इन्द्र, तुम्हारे जैसा न कोई जन्मा, न जन्मेगा। तुम विश्वको अत्यन्त ठीकसे धारण करते हो ॥५॥

पहले **अंगिराओंने** अन्न प्राप्त किया, फिर जनका अग्नि सुकृत्य (यज्ञ) द्वारा प्रज्वलित हुआ। नरोंने **पणिके** अश्व-युक्त, गो-युक्त सभी पशु, भोजन (छीन) लिये ॥४॥

अथर्वाने पहले यज्ञों द्वारा पथ विस्तृत किया, तब व्रतपालक प्रकाशमान सूर्य (इन्द्र) प्रकट हुआ। (जो) **कवि-पुत्र उशनाके** साथ गायें लाया। **यमके** अमर पुत्र (इन्द्र) का हम यजन (पूजा) करते हैं ॥५॥

—१।८३

७६. इन्द्रो दधीचो अस्थभिर्वृत्राण्यप्रतिष्कुतः। जघान नवतीर्नव ।।१३।।
इच्छन्नश्वस्य यच्छिरः पर्वतेष्वपश्रितं। तद्विदच्छर्यणावति ।।१४।।
—१।८४

७७. गयस्फानो अमीवहा वसुवित् पुष्टिवर्द्धनः। सुमित्रः सोम नो भव।।१२
—१।९१

७८. अग्नीषोमा चेति तद्वीर्यं वां यदमुष्णीतमवसं पणिं गाः।
अवातिरतं बृसयस्य शेषो विन्दतं ज्योतिरेकं बहुभ्यः ।।४।।
—१।९३

१०. मेधातिथि कण्व-पुत्र—

७९. आ त्वा कण्वा अहूषत गृणन्ति विप्र ते धियः। देवेभिरग्न आ गहि ।।२।।
ईळते त्वामवस्यवः कण्वासो वृक्तबर्हिषः। हविष्मन्तो अरंकृतः ।।५।।
—१।१४

८०. कण्वा इव भृगवः सूर्या इव विश्वमिद्धीतमानशुः।
इन्द्रं स्तोमेभिर्महयन्त आयवः प्रियमेधासो अस्वरन् ।।१६।।
—८।३

८१. प्रास्मै गायत्रमर्चत वावातुर्यः पुरन्दरः।
याभिः काण्वस्योपवर्हिरासदं यासद्वज्री भिनत् पुरः ।।८।।

यत्तुदत् सूर एतशं वङ्कू वातस्य पर्णिना।
वहत् कुत्समार्जुनेयं शतक्रतुस्त्सरद्गन्धर्वमस्तृतं ।।११।।

७६. दुर्घर्ष इन्द्रने दधीचिकी हड्डियोंसे वृत्रको नौ नब्बे बार मारा ॥१३॥
पर्वतमें छिपे अश्वके सिरको ढूंढ़ते, उसे शर्यणावत्‌ने प्राप्त किया ॥१४॥

—१।८४

७७. हे सोम, तुम हमारे गृहबर्धन, रोगहन्ता, धनदाता, पुष्टिवर्धन और सुमित्र बनो ॥१२॥

—१।९१

७८. हे अग्नि और सोम, वह तुम्हारा पराक्रम प्रसिद्ध है, जिससे कि तुमने पणिसे भोजन और गायें छीनीं, जिससे वृसयके पुत्रको मार गिराया, और बहुतोंके लिये एक ज्योतिको प्राप्त किया ॥४॥

—१।९३

१०. मेघातिथि कण्व-पुत्र—

७९. कण्व (लोग) तुम्हें पुकारते हैं, हे विप्र, तुम्हारी प्रशंसा गाते हैं। हे अग्नि, देवोंके साथ तुम आओ ॥२॥

रक्षा-अभिलाषी कुश-बिछाये हवि-युक्त अलंकृत कण्व (लोग) तुम्हारी स्तुति करते हैं ॥५॥

—१।१४

८०. भृगु कण्वोंकी तरह सूर्योंकी तरह हैं, (अपनी) सारी कामनायुक्त आयुवाले उन प्रियमेधोंने स्तुतियाँ गाते पूजा की ॥१६॥

—८।३

८१. इस (इन्द्र) के लिये अच्छी तरह गायत्र (गान) द्वारा यजन करो, जो पुरोंका नाशक है, पूजनीय (है)। जिन ऋचाओं द्वारा वह कण्व-पुत्रके यज्ञमें बैठा, (जिनके द्वारा) वज्रधारीने पुरोंको नष्ट किया ॥८॥

जब सूरने एतशको आहत किया, (तब) इन्द्रने वातके उड़ते रथ द्वारा अर्जुन-पुत्र कुत्सको वहन किया, और अजेय गन्धर्व (सूर्य) पर परिहास (आक्रमण) किया ॥११॥

त्वं पुरं चरिष्ण्वं बधैः शुष्णस्य सम्पिणक् ।
त्वं भा अनुचरो अध द्विता यदिन्द्र हव्यो भुवः ।।२८।।

स्तुहि स्तुहीदेते घाते मंहिष्ठासो मघोनां ।
निन्दिताश्वः प्रपथी परमज्या मघस्य मेध्यातिथे ।।३०।।

आ यदश्वान्वनन्वतः श्रद्धयाहं रथे रुहं ।
उत वामस्य वसुनश्चिकेतति यो अस्ति याद्वः पशुः ।।३१।।

य ऋज्रा मह्यं मामहे सह त्वचा हिरण्यया ।
एष विश्वान्यभ्यस्तु सौभगासंगस्य स्वनद्रथः ।।३२।।

अध प्लायोगिरति दासदन्यानासंगो अग्ने दशभिः सहस्रैः ।
अधोक्षणो दश मह्यं रुशन्तो नळा इव सरसो निरतिष्ठन् ।।३३।।

—८।१

तत्वा यामि सुवीर्यं तद् ब्रह्म पूर्वचित्तये ।
येना यतिभ्यो भृगवे धने हिते येन प्रस्कण्वमाविथ ।।९।।

शग्धी नो अस्य यद्ध पौरमाविथ धिय इन्द्र सिषासतः ।
शग्धि यथा रुशमं श्यावकं कृपमिन्द्र प्रावः स्वर्णरं ।।१२।।

कण्वा इव भृगवः सूर्या इव विश्वमिद्धीतमानशुः ।
इन्द्रं स्तोमेभिर्महयन्त आयवः प्रियमेधासो अस्वरन् ।।१६।।

यं मे' दुरिन्द्रो मरुतः पाकस्थामा कौरयाणः ।
विश्वेषां त्मना शोभिष्ठमुपेव दिवि धावमानं ।।२१।।

रोहितं मे पाकस्थामा सुधुरं कक्ष्यप्रां ।
अदाद्रायो विबोधनं ।।२२।।

तुमने वज्रसे शुष्णके गमनशील दुर्ग (पुर) को ध्वस्त किया। हे इन्द्र, तुम पुकारने योग्य हो, क्योंकि तुम प्रभाका अनुसरण करते हो ॥२८॥

स्तुति करो, स्तुति करो, धनवानोंमें (वह) अतिमहान् हैं। हे मेध्यातिथि, मेरा अश्व बहुत चलनेवाला घन (छीनने) के लिये मेरा परमआयुध है ॥३०॥

जब कि श्रद्धाके साथ मैं अश्वोंको जोड़ रथपर चढ़ता हूं। (यदु-पुत्र) सुन्दर धनको जानता है, और (उसे) जो कि यदुओंका पशु है ॥३१॥

जिस (आसंग) ने सुनहले ओहारके साथ मुझे भूरे (घोड़े) दिये, वह यह आसंग स्वनद्रथ सारे (धन) सौभाग्यको पाये ॥३२॥

हे अग्नि, प्लयोग-पुत्र आसंग दस हजार गायोंके (दान) द्वारा दूसरोंसे (आगे) बढ़ गया। फिर सरोवरसे निकले नालेकी तरह दीप्तिमान् दस बैल मेरे लिये आये ॥३३॥

—८।१

(हे इन्द्र), प्रार्थनापर प्रथम ध्यान देनेके लिये तुमसे उस सुवीरताको मांगता हूं, जिसके द्वारा तुमने धनके लिये यतियों, भृगुओंकी, जिसके द्वारा प्रष्कण्वकी रक्षा की ॥९॥

हे इन्द्र, हमें (वह रक्षा) दो, जिससे तुमने स्तुति द्वारा चाहते पुरु-पुत्रकी रक्षा की। जैसे हे इन्द्र, रुशम, श्यावक स्वर्णर और कृपकी रक्षा की ॥१२॥

भृगु कण्वोंकी तरह सूर्य-किरणोंकी तरह हैं। उन्होंने (अपनी) सारी कामना पा ली। आयु वाले प्रियमेधोंने स्तुति युक्त इंद्र का यजन किया ॥१६॥

जो मुझे इन्द्र और मरुतोंने दिया, उस सारेको, स्वयं अतिशोभन द्यौलोकमें (मानो) दौड़तेको कुरुयाण-पुत्र पाकस्थामाने दिया ॥२१॥

पाकस्थामाने मुझे धन-दायक लाल सुन्दर जुतनेवाला कमरबन्द-युक्त घोड़ा प्रदान किया ॥२२॥

यस्मा अन्ये दश प्रति धुरं वहन्ति वह्नयः ।
अस्तं वयो न तुग्र्यं ।।२३।।
आत्मा पितुस्तनुर्वास ओजोदा अभ्यंजनं ।
तुरीयमिद्रोहितस्य पाकस्थामानं भोजं दातारमब्रवं ।।२४।।

——८।३

११. श्यावाश्व अत्रि-पुत्र——

८२. अर्हन्तो ये सुदानवो नरो असामि शवसः ।
प्र यज्ञं यज्ञियेभ्यो दिवो अर्चा मरुद्भ्यः ।।५।।

——५।५२

८३. सप्त मे सप्त शाकिन एकमेका शता ददुः ।
यमुनायामधि श्रुतमुद्राधो गव्यं मृजे नि राधो अश्व्यं मृजे ।।१७।।

——५।५२

८४. एतान्रथेषु तस्थुषः कः शुश्राव कथा ययुः ।
कस्मै सस्रुः सुदासे अन्वापय इळाभिर्वृष्टयः सह ।।२।।

——५।५३

१२. कुत्स आंगिरस——

८५. इन्द्रं कुत्सो वृत्रहणं शचीपतिं काटेनिबाह्ळ ऋषिरह्वदूतये ।
रथं न दुर्गाद्वसवः सुदानवो विश्वस्मान्नो अंहसो निष्पिपर्तन ।।६।।

——१।१०६

याभिः सिन्धुं मधुमन्तमसश्चतं वसिष्ठ याभिरजरावजिन्वतं ।
याभिः कुत्सं श्रुतर्यं नर्यमावतं ताभिरूषु ऊतिभिरश्विना गतं ।।९।।

——१।११२

८६. शुष्णं पिप्रुं कुयवं वृत्रमिन्द्र यदावधीर्वि पुरः शंबरस्य ।
तन्नो मित्रो वरुणो मामहन्तामदितिः सिन्धुः पृथिवी उप द्यौः ।।८।।

——१।१०३

जिसके (जैसे) दूसरे दस घोड़े धुरेको वहन करते हैं, वह पक्षियोंकी तरह तुग्र-पुत्रको (उडा ले गये) ॥२३॥

वह पिताका शरीर आत्मा, वस्त्र, और बलप्रद भोजन है। एवं चौथे लाल घोड़ेके दाता भोजकर्ता पाकस्थामाको मैं कहता हूं ॥२४॥

—८।३

११. श्यावाश्व अत्रि-पुत्र--

८२. जो अर्हन्त (पूजनीय), सुदाता बलिष्ट नेता हैं, उन द्यौके पूजनीय मरुतों का (हम) यज्ञसे यजन करेंगे ॥५॥

—५।५२

८३. उन्चास शक्तिमान् मरुतोंने एक-एक (करके) हमें सौ दिये। यमुना तीर पर प्रसिद्ध गो-धन हमने पाया, अश्व-धन हमने पाया ॥१७॥

—५।५२

८४. रथपर बैठे इन (मरुतों) को किसने सुना, कहां गये ? किस सुदाता के लिये (यज्ञके) अन्नोंके साथ अनुरूप वृष्टियां पड़ीं ॥२॥

—५।५३

१२. कुत्स आंगिरस--

८५. कूएंमें गिरे कुत्स ऋषिने शक्तिपति वृत्रहन्ताको रक्षाके लिये पुकारा। जैसे दुर्गम पथसे रथ, वैसे (ही) सुदानी वसु लोग सारे कष्टोंसे हमारा उद्धार करें ॥६॥

—१।१०६

हे अश्विनो, जिन (उपायों) के द्वारा मधुमान् सिन्धुको तुमने प्रवाहित किया, जिनके द्वारा तुम अजरोंने वसिष्ठकी रक्षा की, जिनके द्वारा कुत्स, श्रुतर्य, नर्यकी रक्षा की, उन रक्षाओंके साथ तुम आओ ॥९॥

—१।११२

८६. हे इन्द्र, जैसे तुमने शुष्ण, पिप्रु, कुयव, वृत्रको (और) शम्बरके पुरोंको नष्ट किया। उस (तरह ही) हमारे (अभीष्ट) मित्र, वरुण, अदिति, सिन्धु, पृथिवी और द्यौ प्रदान करें ॥८॥

—१।१०३

८७. अव त्मना भरते केतवेदा अव त्मना भरते फेनमुदन् ।
क्षीरेण स्नातः कुयवस्य योषे हते ते स्यातां प्रवणे शिफायाः ॥३॥
—१।१०४

१३. **मधुच्छन्दा विश्वामित्र-पुत्र—**

८८. नि येन मुष्टिहत्यया नि वृत्रा रुणधामहे। त्वोतासोन्यर्वता ॥२॥
—१।८

८९. **स्वादिष्ठया मदिष्ठया** पवस्व **सोम** धारया । इन्द्राय पातवे सुतः ॥१॥
—९।१

१४. **प्रष्कण्व कण्व-पुत्र—**

९०. अरित्रं वां दिवस्पृथु तीर्थे सिन्धूनां रथः । धिया युयुज्र इन्दवः ॥८॥
—१।४६

९१. सुदासे दस्रा वसु बिभ्रता रथे पृक्षो वहतमश्विना ।
रयिं समुद्रादुत वा दिवस्पर्यस्मे धत्तं पुरुस्पृहं ॥६॥
—१।४७

९२. कुविच्छकत् कुवित् करत् कुविन्नो वस्यसस्करत् ।
कुवित् पतिद्विषो यतीरिन्द्रेण संगमामहै ॥१४॥
—८।८०

९३. सप्तापो देवीः सुरणा अमृक्ता याभिः सिन्धुमतर इन्द्र पूर्भित् ।
नवतिं स्रोत्या नव च स्रवन्तीर्देवेभ्यो गातुं मनुषे च विन्दः ॥८॥
—१०।१०४

८७. वह केवल कामनाका धन फेंकता है, केवल जलमें फेन फेंकता है। कुयवकी दोनों स्त्रियां क्षीर से नहाई हैं। वह शिफाकी धारमें मर जायें ॥३॥

—१।१०४

१३. मधुच्छन्दा विश्वामित्र-पुत्र—

८८. (हे इन्द्र), तुम्हारी रक्षासे युक्त हम घोड़े द्वारा, मुष्टि-युद्ध द्वारा शत्रुओंको रोक देवें ॥२॥

—१।८

८९. इन्द्रके पीनेके लिये छाने गये हे सोम, स्वादिष्ठ, मदिष्ठ धाराके साथ (तुम) क्षरित होओ ॥१॥

—९।१

१४. प्रस्कण्व कण्व-पुत्र—

९०. हे अश्विनीकुमारो, द्यौकी नाव तुम्हारी है, सिन्धुओंके घाटपर रथ (तैयार) है। स्तुतिके साथ सोम तैयार है ॥८॥

—१।४६

९१. हे अश्विनीकुमारो, तुमने सुदासको बहुत अन्न दिया, (उसकेलिये) रथपर धन भरकर लाये। समुद्रसे और द्यौसे बहुत सा वांछनीय धन हमें प्रदान करो ॥६॥

—१।४७

९२. क्या वह हमें शक्ति नहीं देगा, क्या बहुत धनवान् नहीं करेगा ? क्या हम स्वामीके द्वेषपात्र (बने) जाकर इन्द्रसे नहीं मिलेंगे ॥४॥

—८।८०

९३. हे पुरध्वंसक इन्द्र, देवों-मनुष्योंके सुख के लिये तुमने अमित सात सुरम्य दिव्य नदियोंको बनाया, जिनसे सिन्धुको तैर गये और निन्नानवे बहती नदियोंको पार हुए ॥८॥

—१०।१०४

अध्याय ६

दस्यु (अन्-आर्य)

१. पणि—

१. स सत्पतिः शवसा हंति वृत्रमग्ने विप्रो वि **पणेर्भर्ति** वाजं।
यं त्वं प्रचेत ऋतजात राया सजोषा नप्तापां हिनोषि ॥३॥

—६।१३

२. शतैरपदन् **पणय** इन्द्रात्र दशोणये कवये'र्कसातौ।
बधैः शुष्णस्याशुषस्य मायाः पित्वो नारिरेचीत् किं चन प्र ॥४॥

—६।२०

३. अदित्सन्तं चिदाघृणे पूषन्दानाय चोदय। **पणेश्चिद्वि** म्रदा मनः ॥३॥

—६।५३

४. परि तृन्धि **पणीनामारया** हृदया कवे। अथेमस्मभ्यं रन्धय ॥५॥

—६।५३

५. स सुक्रतुर्यो वि दुरः **पणीनां** पुनानो अर्कं पुरुभोजसन्नः।
होता मन्द्रो विशां दमूनास्तिरस्तमो ददृशे राम्याणां ॥२॥

—७।९

६. न्यक्रतून् ग्रथिनो मृध्रवाचः **पणींरश्रद्धां** अवृधां अयज्ञान्।
प्रप्र तान्दस्यूंरग्निर्विवाय पूर्वश्चकारापरां अयज्यून् ॥३॥

—७।६

अध्याय ६

दस्यु (अनार्य)

१. पणि---

१. हे सत्पति अग्नि, तुम (अपने) बलसे वृत्रको मारते हो। विप्र (तुम) **पणिके** धनको (छीन) लेते हो। जानकार ऋत-उत्पन्न हे जलके नाती, जिसे तुम धनके लिये प्रेरित करते हो (वह पाता है) ।।३।।

---६।१३

२. हे इन्द्र, यहां युद्धमें कवि दशोणि से अपने सैकड़ों (सैनिकों) के साथ **पणि** भाग गये। **शुष्ण-अशुषकी** मायाके नाशसे कुछ भी अन्न बच न रहा ।।४।।

---६।२०

३. हे पूषन्, (तुम) न देनेकी इच्छावालेको दानके लिये प्रेरित करो, **पणिके** मनको कोमल बनाओ। ।।३।।

४. हे कवि पूषन्, **पणियोंके** हृदयको आरासे बेध दो, और उन्हें हमारे वशमें कर दो ।।५।।

---६।५३

५. वह सुकर्मा है, जो **पणियोंके** द्वारको खोल हमारे लिये बहुत भोजन देनेवाले सूर्यको लाया। वह प्रसन्न होता, प्रजाओंका मित्र, घरमें, रातके अंधेरेमें दिखाई देता है।।२।।

---७।९

६. कर्महीन, बकवासी, कटुभाषी, अश्रद्ध, पूजाहीन, यज्ञहीन **पणियों-दस्युओं** को अग्निने पूर्व में भगाया, यज्ञहीनोंको स्वयं पश्चिम में भगाया ।।३।

---७।६

७. रेवद्वयो दधाथे रेवदाशाथे नरा मायाभिरित ऊतिमाहिनं।
न वां द्यावोहभिर्नोत सिन्धवो न देवत्वम्पणयो नानशुर्मघं ।।९।।
—१।१५१

८. अग्नीषोमा चेति तद्वीर्यं वां यदमुष्णीतमवसं पणिं गाः।
अवातिरतं वृसयस्य शेषो विन्दतं ज्योतिरेकं बहुभ्यः ।।४।।
—१।९३

९. अभिनक्षन्तो अभि ये तमानशुर्निधिं पणीनां परमं गुहाहितं।
ते विद्वांसा प्रतिचक्ष्यानृता पुनर्यत उ आयन्तदुदीयुराविशं ।।६।।
—२।२४

१०. नि सर्वसेन इषुधीं रसक्त समर्यो गा अजति यस्य वष्टिं।
चोष्कूयमाण इन्द्र भूरि वामं मा पणिभूरस्मदधिं प्रवृद्ध ।।३।।
—१।३३

११. प्रबोधयोषः घृणतो मघोन्यबुध्यमानाः पणयः ससन्तु।
रेवदुच्छ मघयो मघोनि रेवत् स्तोत्रे सूनृते जारयन्ती ।।१०।।
—१।१२४

१२. समीम्पणेरजति भोजनं मुषे वि दाशुषे भजति सूनरं वसु।
दुर्गे चन ध्रियते विश्व आ पुरु जनो यो अस्य तविषीमचुक्रुधत् ।।७।।
—५।३४

७. हे मित्रावरुण, तुम धन-युक्त आयु-युक्त हो, धन-युक्त (करना) चाहते हो। हे नरो, (तुम्हारे द्वारा), मायाओंसे भारी रक्षा पाई है। तुम्हारे देवत्वको न दिन और रातने पाया, और न सिन्धुओंने। न पणियोंने (तुम्हारे) धनको प्राप्त किया ॥९॥

—१।१५१

८. हे अग्नि और सोम, वह तुम्हारा पराक्रम प्रसिद्ध है, जिससे तुमने पणिसे गायें और भोजन छीने, जिससे बृसयके पुत्रको मार गिराया, और बहुतोंके लिये एक ज्योतिको प्राप्त किया ॥४॥

—१।९३

९. खोजते हुए चारों ओर जिन अंगिराओंने परम गुहानहित पणियों की निधिको प्राप्त किया। वे विद्वान् झूठको प्रत्याख्यात करने जहांसे आये थे, फिर वहीं चले गये ॥६॥

—२।२४

१०. सारी सेनामें तर्कश लगाता (वह) सम्यक् स्वामी इन्द्र जिसकी चाहता, उसकी गायें (छीन) ले जाता। बहुत सा धन जमा करते हे प्रवृद्ध इन्द्र, हमारे लिये तुम बनिया (कंजूस) न बनना ॥३॥

—१।३३

११. हे धनवती उषा, दाताओंको जगाओ, (पर) पणि बिना जागे सोये रहें। हे सम्पत्तिमती, धनवानोंको तुम धनवाला बनाओ। हे सूनृते (मधुरभाषिणी), सबको क्षीण करती स्तोताओंको सम्पत्ति प्रदान करो ॥१०॥

—१।१२४

१२. (वह) बनियों (पणि) का भोजन छीननेके लिये गमन करते हैं, शोभा बढ़ानेवाले धनको दाताओंमें बांटते हैं। जो इस इन्द्रके बलको क्रुद्ध करता है, वह सारा जन महा विपद्में पड़ता है ॥७॥

—५।३४

१३. ग्रावाणः सोम नो हि कं सखित्वनाय वावशुः।
जही न्यत्रिणं पणिं वृको हि षः ।।१४।।

—६।५१

१४. त्वं सोम पणिभ्य आ वसु गव्यानि धारयः। ततं तन्तुमचिक्रदः ।।७।।

—९।२२

१५. त्वं त्यत् पणीनां विदो वसु सं मातृभिर्मर्जयसि।
स्व आ दम ऋतस्य धीतिभिर्दमे।
परावतो न साम तद्यत्रा रणन्ति धीतयः।
त्रिधातुभिररुषीभिर्वयोदधे रोचमानो वयो दधे ।।२।।

—९।१११

१६. अगस्त्यस्य नद्भ्यः सप्ती युनक्षि रोहिता।
पणीन् न्यक्रमीरभि विश्वान्राजन्नराधसः ।।६।।

—१०।६०

१७. अधि बृबुः पणीनां वर्षिष्ठे मूर्धन्नस्थात्। उरुः कक्षो न गाङ्ग्यः ।।३१।।

—६।४५

१८. यस्य वायोरिव द्रवद् भद्रा रातिः सहस्रिणी। सद्यो दानाय मंहते ।।३२।।

तत्सु नो विश्वे अर्य आ सदा गृणन्ति कारवः।
बृबुं सहस्रदा तमं सूरिं सहस्रसातमं ।।३३।।

—६।४५

१३. हे सोम, हमारे (पीसनेके) पत्थर तुम्हारा सखित्व चाहते हैं। तुम खाऊ पणिको नष्ट करो, क्योंकि वह वृक (भेड़िया) है॥१४॥

—६।५१

१४. हे सोम, तुम पणियोंसे गौ-धन छीन लाते हो, (यहाँ) पसारे तंतु (यज्ञ) के लिये शब्द करो॥७॥

—९।२२

१५. हे सोम, तुमने पणियोंके धनका पता लगाया, तुम माताओं (जलों) द्वारा अपने ऋत (सत्य) की क्रियाओंसे घरमें सजते हो। जहां (घरमें) स्तुतियां दूरके साम (गान) की तरह प्रिय लगती हैं। तीनों लोकोंके धारक लाल दीप्तिके साथ प्रकाशमान (वह) अन्न प्रदान करते हैं, अन्न प्रदान करते हैं॥२॥

—९।१११

१६. हे राजन्, (तुम) अगस्त्यके भांजोंके लिये लाल घोड़े जोतते हो। न दान देनेवाले सारे पणियोंको पराजित करते हो॥६॥

—१०।६०

१७. पणियोंमें बृबू बहुत ऊंचे (उनके) शिर-स्थानपर अवस्थित है, जैसे गंगाका विस्तृत कछार॥३१॥

—६।४५

१८. जिस (बृबु) के हजारों गायोंके भद्र दान वायुकी तरह दौड़ते हैं, जो तुरन्त दानके लिये तैयार हैं॥३२॥

सो सभी हमारे कवि अर्य सहस्रदातातम बृबुकी, सहस्रदायकतम सूरि (राजकुमार) की प्रशंसा करते॥३३॥

—६।४५

१९. "किमिच्छन्ती सरमा प्रेदमानट् दूरे ह्यध्वा जगुरिः पराचैः।
कास्मे हितिः का परितक्म्यासीत् कथं रसाया अतरः पयांसि" ॥१॥

"इन्द्रस्य दूतीरिषिता चरामि मह इच्छन्ती पणयो निधीन् वः।
अतिष्कदो भियसा तन्न आवत्तथा रसाया अतरं पयांसि" ॥२॥

"कीदृङ् ङिन्द्रः सरमे का दृशीका यस्येदं दूतीरसरः पराकात्।
आ च गच्छान्मित्रमेना दधामाथा गवां गोपतिर्नो भवाति" ॥३॥

"नाहं तं वेद दभ्यं दभत् स यस्येदं दूतीरसरं पराकात्।
न तं गूहन्ति स्रवतो गभीरा हता इन्द्रेण पणयः शयध्वे" ॥४॥

"इमा गावः सरमे या ऐच्छः परि दिवो अन्तान्त्सुभगे पतन्ती।
कस्त एना अवसृजादयुध्व्युतास्माकमायुधा सन्ति तिग्मा" ॥५॥

"असेन्या वः पणयो वचांस्यनिषव्यास्तन्वः सन्तु पापीः।
अधृष्टो व एतवा अस्तु पन्था बृहस्पतिर्व उभया न मृळात्" ॥६॥

"अयं निधिः सरमे अद्रिबुध्नो गोभिरश्वेभिर्वसुभिर्न्यृष्टः।
रक्षन्ति तं पणयो ये सुगोपा रेकु पदमलकमा जगन्थ" ॥७॥

"एह गमन्नृषयः सोमशिता अयास्यो अंगिरसो नवग्वाः।
त एतमूर्वं वि भजन्त गोनामथैतद्वचः पणयो वमन्नित्" ॥८॥

१९. (पणिगण)—सरमा, क्या इच्छा करके तुम आई? नाना स्थानोंको जानेवाला बहुत दूरका रास्ता है। हमसे क्या चाहती हो? क्यों घूमी? कैसे तुमने रसा (नदी) के[1] जलको पार किया॥१॥

(सरमा—) हे **पणियो**, मैं इन्द्रकी दूती होकर तुम्हारी भारी निधियोंको ढूंढ़ने आई हूं। उसके भारी भयने मुझे बचाया, ऐसे मैं रसाके जलको पार हुई॥२॥

(पणि—) **सरमा**, कैसा इन्द्र है, कैसी (उसकी) आकृति (है), जिसकी दूती होकर तुम दूरसे आई? वह इन्द्र आवे, हम उसे मित्र मानेंगे। वह हमारी गायोंका चरवाहा बनेगा॥३॥

(सरमा—) मैं उसको (किसीसे) हारने योग्य नहीं जानती, वह हरा सकता है, जिस (इन्द्र) की दूती बन कर मैं आई हूं। गहरी नदियां भी उसको नहीं छिपा सकती। हे **पणियो**, उस इन्द्र द्वारा निहत तुम सो जाओगे॥४॥

(पणि—) हे सुभगे **सरमा**, आकाशके अन्तिम भाग तक उड़ती यह गायें हैं, जिनकी इच्छा करके आई हो। उन (गायों) को युद्धके बिना कौन छीन सकता है? हमारे आयुध तीक्ष्ण हैं॥५॥

(सरमा—) **पणियो**, तुम्हारे वचन घावकारक नहीं है, तुम्हारे पापी शरीर वाणसे अभेद्य नहीं हैं। आनेका मार्ग यदि अप्रचलित हो, तो भी वृहस्पति तुम्हें संकटापन्न किये बिना नहीं रहेगा॥६॥

(पणि—) **सरमा**, पर्वत कोठरियोंमें, (हमारी) यह निधि घोड़ों, अश्वों, गायों और वसुओं (धनों) से पूर्ण है। सुरक्षक **पणि** उसकी रक्षा करते हैं। हमारे एकांत स्थानमें तुम व्यर्थ ही आई॥७॥

(सरमा—) यहां सोमसे मस्त अयास्य आंगिरस नवगु (जैसे) ऋषि आयेंगे। वह इस गायोंके खंडको बांट ले जायेंगे, फिर **पणियों** यह तुम्हारा वचन बकना भर है॥८॥

---

[1] **नदी का नाम, जो सिंध के अदूर पूर्व में थी।**

"एवा च त्वं सरम आजगन्थ प्रवाधिता सहसा दैव्येन।
स्वसारं त्वा कृणवै मा पुनर्गा अप ते गवां सुभगे भजाम" ।।९।।

"नाहं वेद भ्रातृत्वं नो स्वसृत्वमिन्द्रो विदुरंगिरसश्च घोरा:।
गोकामा मे अच्छदयन् यदायमपात इत पणयो वरीय:" ।।१०।।

"दूरमित पणयो वरीय उद्गावो यन्तु मिनती ऋतेन।
बृहस्पतिर्या अविन्दन्निगूह्ळा: सोमो ग्रावाण ऋषयश्च विप्रा:" ।।११।।

—१०।१०८

अध्याय ७

आदिम आर्य राजा

१. मनु—

१. एता धियं कृणवाम सखायो'प यामाताँ ऋणुत व्रजं गो:।
यया मनुर्विशिशिप्रं जिगाय यया वणिग्वंकुरापा पुरीषं ।।६।।

—५।४५

२. आ त्वा कण्वा अहूषत गृणन्ति विप्र ते धिय:। देवेभिरग्न आ गहि ।।२।।

—१।१४

(पणिगण—) हे सरमे, ऐसे ही देवताओंसे बाधित हो कर तुम यहां आई। हम तुम्हें (अपनी) बहिन बनाते हैं, तुम लौटके मत जाओ। हे सुभागी, हम तुम्हें गायें देंगे ॥९॥

(सरमा—)न मैं भ्रातृत्व जानती, न स्वसृत्व। इन्द्र और घोर अंगिरावंशी (उसे) जानते हैं, जो गायके इच्छुक हैं। अब मैं चली। पणियों, यहां से दूर भाग जाओ ॥१०॥

पणियो, यहांसे बहुत दूर भाग जाओ। (वह) गायें ऋतकी आज्ञासे बाँ करती जायें, जिन निगूढ़ (गौओं) को बृहस्पति, सोम, (सोम पीसनेके) पत्थरों और विप्रों (ऋषियोंने) प्राप्त किया।

—१०।१०८

अध्याय ७

आदिम आर्य राजा

१. मनु—

१. हे सखो, आओ, इस ऋचाको बनायें, जिस माताने गायोंका व्रज खोल दिया था, जिसके द्वारा मनुने विशिशिप्रको जीता, जिसके द्वारा बहुत भटकते वणिक्‌ने जल प्राप्त किया था ॥६॥

—सदाप्रण आत्रेय, ५।४५

२. हे अग्नि, तुम्हें कण्व पुकारते हैं, विप्र (गायक) तुम्हारे कामोंकी प्रशंसा करते हैं; देवताओंके साथ तुम आओ ॥२॥

—मेधातिथि कण्व-पुत्र, १।१४

३. या वो भेषजा मरुतः शुचीनि या शन्तमा वृषणो या मयायोभु।
यानि मनुरवृणीता पिता नस्ता शं च योश्च रुद्रस्य वश्मि ।।१३।।

—२।३३

४. नू म आ वाचमुप याहि विद्वान्विश्वेभिः सूनो सहसो यजत्रैः।
ये अग्निजिह्वा ऋतसाप आसुर्ये मनुं चक्रुरुपरं दसाय ।।११।।

५. तन्नु सत्यं पवमानस्यास्तु यत्र विश्वे कारवः सन्नसन्त।
ज्योतिर्यदह्ने अकृणोदु लोकं प्रावन्मनुं दस्यवे करभीकं ।।५।।

—९।९२

प्रश्येनो न मदिरमंशुमस्मै शिरो दासस्य नमुचेर्मथायन्।
प्रवन्नमीं साप्यं संतं पृणग् रायासमिषा सं स्वस्ति ।।६।।

—भरद्वाज, ६।२०

२. पुरूरवा—

६. त्वमग्ने मनवे द्यामवाशयः पुरूरवसे सुकृते सुकृत्तरः।
श्वात्रेण यत्पित्रोर्मुच्यसे पर्या त्वा पूर्वमनयन्नापरं पुनः ।।४।।

—१।३१

७. "हये जाये मनसा तिष्ठ घोरे वचांसि मिश्रा कृणवावहै नु।
न नौ मन्त्रा अनुदितास एते मयस्करन् परतरे चनाहन्" ।।१।।

३. हे समर्थ मरुतो, जो तुम्हारी शुचि औषधियां हैं, सो तुम्हारी अतिकल्याणकारी सुखदायक (औषधियां) हैं। तुम्हारी जिस औषधिको हमारे पिता मनुने चुना था। मैं (उसके द्वारा) रुद्रसे मंगल और हित चाहता हूं ॥१३॥

—गृत्समद, २।३३

४. हे विद्वान् सहस्-सूनु (अग्नि), मेरी वचनसे सारे यजन-योग्य देवताओंके साथ मेरे पास आओ। जो (देवता कि) अग्निरूपी जीभवाले, जो यज्ञके जाननेवाले हैं। जिन्होंने मनुको दासोंके ऊपर (विजयी) किया ॥११॥

—भरद्वाज, ६।२१

५. वह पवमानका सत्य हो, जहां सारे कवि एकत्रित होते हैं। जिसने दिनमें ज्योति और लोक बनाया, जिसने दस्युको हराया, मनुकी रक्षा की ॥४॥

—कश्यप मरीचि-पुत्र, ९।९२

इन्द्रने उत्पीडक दास नमुचिके सिरको तोड़ा, जैसे बाज मदिरनाल सोमको। उसने सोते सप्य-पुत्र नमीकी रक्षा की; अन्न, सफलता, संपत्तिके साथ स्वस्ति प्रदान किया ॥६॥

—भरद्वाज, ६।२०

२. पुरूरवा ऐल—

६. हे अग्नि, तुमने सुकृत्तर मनुके लिये, सुकृत् (सुकर्मा) पुरूरवाके लिये द्यौको बनाया। दोनों (अरणीरूपी) माता-पितासे जब तुम शीघ्रतया मुक्त होते हो, तो तुम्हें (ऋत्विक्) पूर्वकी ओर फिर पश्चिमकी ओर ले जाते हैं, ॥४॥

—हिरण्यस्तूप अंगिरा-पुत्र, १।३१

७. (पुरूरवा—) हे जाया, हे घोरे (निष्ठुर), मन इधर लगा कर ठहर। हम आपस में बात तो करें। हमारी न कही ये मन्त्रणायें हमारे लिए पहिले सुखद नहीं हुई ॥१॥

"किमेता वाचा कृणवा तवाहं प्राक्रमिषमुषसामग्रियेव।
पुरूरवः पुनरस्तं परेहि दुरापना वात इवाहमस्मि" ॥२॥

इषुर्न श्रिय इषुधेरसना गोषाः शतसा न रंहिः।
अवीरे क्रतौ वि दविद्युतन्नोरा न मायुं चितयन्त धुनयः ॥३॥

सा वसु दधती श्वशुराय वय उषो यदि वष्ट्यन्ति गृहात्।
अस्तं ननक्षे यस्मिन् चाकन्दिवा नक्तं श्नथिता वैतसेन ॥४॥

"त्रिः स्म माह्नः श्नथयो वैतसेनोत स्म मे व्यत्यै पृणासि।
पुरूरवो नु ते केतमायं राजा मे वीर तन्वस्तदासीः ॥५॥

सचा यदासु जहतीष्वत्कममानुषीषु मानुषो निषेवे।
अप स्म मत्तरसन्ती न भुज्युस्ता अत्रसन् रथस्पृशो नाश्वाः ॥८॥

यदासु मर्तो अमृतासु निस्पृक् सं क्षोणीभिः क्रतुभिर्न पृङ्क्ते।
ता अन्तयो न तन्वः शुम्भत स्वा अश्वासो न क्रीळयो दन्दशाना ॥९॥

विद्युन्न या पतन्ती दविद्योद् भरन्ती मे अप्या काम्यानि।
जनिष्टो अपो नर्यः सुजातः प्रोर्वशी तिरत दीर्घमायुः ॥१०॥

जज्ञिष इत्था गोपीथ्याय हि दधाथ तत् पुरूरवो म ओजः।
अशासं त्वा विदुषी सस्मिन्नहन्न म आशृणोः किमभुग्वदासि" ॥११॥

"कदा सूनुः पितरं जात इच्छाच्चक्रं नाश्रु वर्तयद्विजानन्।
को दम्पती समनसा वि यूयोदध यदग्निः श्वशुरेषु दीदयत् ॥१२॥

(उर्वशी—)तेरी इन बातों को मैं क्या करूँ? प्रथम उषा सी मैं तेरे पास चली आई। हे पुरूरवा, अपने घर लौट जा, मैं वायुकी तरह दुर्लभ हूँ ॥२॥

(पुरूरवा—)श्रीके लिए जैसे तूणीरसे फेंका वाण, जैसे सैकड़ों गायोंको, जीतनेवाला तेज घोड़ा, अ-वीरवाले कार्य में जैसे बिजली चमके, जैसे आफतमें गाय मेमनेकी तरह चिल्लाये, वैसे मैं विलाप करता हूँ ॥३॥

(उर्वशी—)हे उषा, जब (पति ने) चाहा, वह (उर्वशी) पासके घरसे, श्वसुरको जीवन-धन देती। उसने घर चाहा, जिसमें दिन-रात पतिसे आलिंगिता हो सुख पाया ॥४॥

दिनमें तीन बार अपनी प्रियाको आलिंगित करता, यद्यपि वह मुझे पसन्द नहीं था। हे पुरुरवा, (तो भी) तेरी इच्छा पूरा करती, तब हे वीर, तुम मेरे शरीरके राजा थे ॥५॥

(पुरूरवा—) जब मानुष (पुरूरवा) मैं कंचुकहीना अमानुषियोंको सेवन करने चला, तो भयभीत होकर हरिनीकी तरह या रथके अश्वोंकी तरह भागी ॥८॥

जब मरणधर्माने अमृताओंसे अनुमति पा उनसे बात की, तो हंसोंकी तरह उन्होंने शरीर-शोभा दिखाई, दंशते अश्वोंकी तरह वह खेलीं ॥९॥

जो गिरती बिजलीकी तरह चमकी, वह (उर्वशी) मेरे लिए जलकी कमनीय भेंट लाई, जिसने मेरे लिए सुजात, नेता, पुत्र जना, वह उर्वशी दीर्घायु हो ॥१०॥

(उर्वशी—)हे पुरूरवा, ऐसे पार्थिव दूध पीनेके लिए पुत्र पैदा किया, मेरेमें वह ओज रखा। मैं जानती थी, मैंने तुझे कहा था। उस समय मेरी बात तूने नहीं सुनी, (अब) क्यों व्यर्थ बोलता है ॥११॥

(पुरूरवा—)जब पुत्र पैदा हो पिताके (जाननेकी) इच्छा करेगा, जाननेपर चक्रकी तरह क्या आंसू गिरायेगा? (परस्पर) प्रेमी (पति-पत्नी) को कौन वियुक्त करेगा, जबकि श्वसुरके घरमें (होमकी) अग्नि जल रही है ॥१२॥

प्रति ब्रवाणि वर्तयते अश्रु चक्रं नक्रं ददाध्ये शिवायै।
प्र तत्ते हिनवा यत्ते अस्मे अपरेह् यस्तं नहि मूर मापः ॥१३॥

सुदेवो अद्य प्रपतेदनावृत् परावतं परमां गन्तवा उ।
अधा शयीत निऋतेरुपस्थेधैनं वृका रभसासो अद्युः" ॥१४॥

"पुरूरवो मा मृथा मा प्र पप्तो मा त्वा वृकासो अशिवास उक्षन्।
न वै स्त्रैणानि सख्यानि सन्ति सालावृकाणां हृदयान्येता ॥१५॥

यद्विरूपाचरं मर्त्येष्ववसं रात्रिः शरदश्चतस्रः।
घृतस्य स्तोकं सकृदह्न आश्नां ता देवेदन्तातृपाणा चरामि" ॥१६॥

"अन्तरिक्षप्रां रजसो विमानीमुपशिक्षाम्युर्वशीं वसिष्ठः।
उप त्वा रातिः सुकृतस्य तिष्ठान्निवर्तस्व हृदयं तम्यते मे" ॥१७॥

"इति त्वा देवा इम आहुरैळ यथेमेतद् भवसि मृत्युबन्धुः।
प्रजा ते देवान् हविषा यजाति स्वर्ग उ त्वमपि मादयासे" ॥१८॥

—१०।९५॥

३. नहुष—

८. यो देह्यो अनमयद्वधस्नैर्यो अर्यपत्नीरुषसश्चकार।
स निरुध्या नहुषो यह्वो अग्निर्विशश्चक्रे बलिहृतः सहोभिः ॥५॥

—७।६

(उर्वशी—)आयुचक्र गिराते समय उससे मैं सांत्वना वचन कहूँगी, (वह) स्नेहके लिए नहीं रोयेगा। हमारे बीच जो तेरा (पुत्र) है, उसे मैं तेरे पास भेज दूंगी। तू घर लौट जा, मूर्ख, तू मुझे नहीं पा सकता ॥१३॥

(पुरूरवा—) सुदेव (पुरूरवा) आज गिरेगा, अत्यन्त दूर जाके फिर नहीं लौटेगा। (फिर) तो वह आपदाओंकी गोदमें सोये, उसे खूनखार भेड़िये खा जायें ॥१४॥

(उर्वशी—)नहीं, हे पुरूरवा, तू मत मर, मत गिर, न अशिव भेड़िये तुझे खायें। स्त्रियोंकी मित्रता (स्थायी) नहीं होती, उनके ये हृदय सालावृकों (लकडबग्घों) के (हृदय) हैं॥१५॥

नाना रूपमें घूमती मैंने मनुष्योंमें चार शरदों (सालों) की रातें बिताईं। थोड़ा सा घी मैंने एक बार चखा, उससे तृप्त (हो)अब भी विच-रण करती रही ॥१६॥

(पुरूरवा—)मैं उसका महानतम प्रेमी (हूँ), आकाशको पूरनेवाली लोकोंकी नापनेवाली उर्वशी से मैं प्रार्थना करता हूँ। तेरे पास मेरे सुकृतका दान पहुँचे। लौट आ, मेरा हृदय संतप्त हो रहा है। ।१७॥

(उर्वशी—)हे ऐल (इला-पुत्र), यह देवता तुझसे कह रहे हैं, कि तू मृत्युका बँधुआ होगा, तेरी सन्तान हविसे देवोंकी पूजा करेगी और तू भी स्वर्गमें सुखी होगा ॥१८॥

—१०।९५

३. नहुष—

८. जिसने भयंकर आयुधोंसे (असुरोंकी) भीतोंको तोड़ दिया, जिसने उषाओंको अर्य-पत्नी बनाया। उस तरुण अग्निने नहुषकी प्रजाओंको बलों द्वारा दबा कर उन्हें बलिहर्ता (करद) बनाया ॥५॥

—वसिष्ठ, ७।६

९. त्वामग्ने प्रथममायुमायवे देवा अकृण्वन् नहुषस्य विश्पतिं।
इळामकृण्वन्मनुषस्य शासनीं पितुर्यत्पुत्रो ममकस्य जायते ॥११॥
—१।३१

४. **ययाति नहुष-पुत्र**—

१०. परावतो ये दिधिषन्त आप्यं मनुप्रीतासो जनिमा विवस्वतः।
ययातेर्ये नहुष्यस्य बर्हिषि देवा आसते ते अधिब्रुवन्तु नः ॥१॥

११. मनुष्वदग्ने अंगिरष्वदंगिरो ययातिवत् सदने पूर्ववच्छुचे।
अच्छ याह्या वहा दैव्यं जनमासादय बर्हिषि यक्षि च प्रियं ॥१७॥
—१।३१

५. **मन्धाता**—

१२. यो अग्निः सप्त मानुषः श्रितो विश्वेषु सिन्धुषु।
तमागन्म त्रिपस्त्यं मन्धातुर्दस्युहन्तममग्निं यज्ञेषु पूर्व्यं,
नभन्तामन्यके समे ॥८॥
—८।३९

अध्याय ८

शंबर

§१. दस्यु

१. स वृत्रहेन्द्रः कृष्णयोनीः पुरन्दरो दासीरैरयद्वि।
अजनयन्मनवे क्षामपश्च सत्रा शंसं यजमानस्य तूतोत् ॥७॥
—२।२०

९. हे अग्नि, देवोंने नहुषके प्रजा-पति, प्रथम आयुवाले तुमको आयु वाले (मनुष्य) के लिए इळा (अन्न) को मनुष्यकी उपदेशिका बनाया। (कैसा था समय) जब मेरे पिताके (यहाँ) पुत्र जनमा ॥११॥

—हिरण्यस्तूप आंगिरस, १।३१

४. ययाति नहुष-पुत्र—

१०. मनुसे प्रसन्न विवस्वान्‌की सन्तानें जो पश्चिमसे आ बन्धु बनती हैं, जो देवता नहुष-पुत्र ययातिके यज्ञमें बैठते हैं, वे हमसे मंगलालाप करें ॥१॥

—गय प्लति-पुत्र, १०।६३

११. शुचि अग्नि, हे अंगिरा, अंगिराकी तरह, ययातिकी तरह (हमारे) पूर्वजोंकी तरह (हमारे) सदनमें आओ। यज्ञमें आओ, दिव्य जनोंको लाओ, (उन्हें) यज्ञमें बैठाओ, और प्रिय (वस्तु) प्रदान करो ॥१७॥

—हिरण्यस्तूप आंगिरस, १।३१

५. मन्धाता—

१२. सारी सात सिन्धुओं (नदियों) में बसते जातिके मानुषोंके स्वामी त्रिधातु (द्यौ-पृथिवी-अन्तरिक्ष)-निवासी मन्धाताके लिए अत्यधिक दस्युओंके हन्ता, यज्ञोंमें प्रथम अग्निको हम चाहते हैं। अन्य सारे मर जायें ॥८॥

—नाभाक काण्व, ८।३९

अध्याय ८

शंबर

§१. दस्यु

१. उस वृत्रहन्ता पुरंदर (पुरनाशक) (इन्द्र) ने काली औलाद दास लोगोंको नष्ट कर दिया। उसने मनुष्यके लिए पृथिवी और जल पैदा किये। उसने यजमानकी कामना सदा पूरी की ॥७॥

—गृत्समद शुनहोत्र-पुत्र, २।२०

२. इन्द्रः समत्सु यजमानमार्यं प्रावद्विश्वेषु शतमूतिराजिषु
स्वर्मीह्ळेष्वाजिषु।

मनवे शासदव्रतान् त्वचं कृष्णामरन्धयत्
दक्षन्नविश्वं ततृषाणमोषति न्यर्शसानमोषति ।।८।।

—१।१३०

३. न यातव इन्द्र जूजुवुर्नो न वन्दना शविष्ठ वेद्याभिः।
स शर्धदर्यो विषुणस्य जन्तोर्मा शिश्नदेवा अपिगुर्ऋतं नः ।।५।।

—७।२१

४. स वाजं यातापदुष्पदा यन्त्स्वर्षाता परिषदत् सनिष्यन्।
अनर्वा यच्छतदुरस्य वेदो घ्नन्छिश्नदेवां अभि वर्पसा भूत् ।।३।।

—१०।९९

५. प्र ये गृहादममदुस्त्वाया पराशरः शतयातुर्वसिष्ठः।
न ते भोजस्य सख्यं मृषन्ताधा सूरिभ्यः सुदिना व्युच्छान् ।।२१।।

—७।१८

६. अरोरवीद्वृष्णो अस्य वज्रो मानुषं यन्मानुषो निजूर्वात्।
नि मायिनो दानवस्य माया अपादयत्पपिवान्त्सुतस्य ।।१०।।

सनेम येत ऊतिभिस्तरन्तो विश्वाः स्पृध आर्येण दस्यून्।
अस्मभ्यं तत्त्वाष्ट्रं विश्वरूपमरन्धयः साख्यस्य त्रिताय ।।१९।।

—२।११

७. अकर्मा दस्युरभि नो अमन्तुरन्यव्रतो अमानुषः।
त्वं तस्यामित्रहन् वधर्दासस्य दम्भय ।।८।।

—१०।२२

२. युद्धमें इन्द्रने आर्य यजमानकी रक्षा की, युद्धोंमें जिसकी सारी सैकड़ों रक्षायें स्वर्गदायक (हैं)। उसने मनुके लिए व्रतहीन काली चमड़ीवालोंको दण्ड दिया, नाश किया। जलाते हुए सारे हिंसकोंको जला डाला, निष्ठुरोंको जला डाला ॥८॥

—परुच्छेप दिवोदास-पुत्र, १।१३

३. हे इन्द्र, जादू (पिशाच) हमें न मारें, हे बलिष्ठ, न दुष्ट अपनी चालोंसे (मारें)। वह स्वामी विषम जन्तुको मारे, शिश्नपूजक हमारे ऋतके पास न आयें ॥५॥

—वसिष्ठ, ७।२१

४. वह अच्छे रास्ते युद्धमें गये, वह स्वर्ग इच्छुक श्रम करते, वह सौ दरवाजोंवाले नगरकी निधिको लाये, अविचलित हो उन्होंने शिश्न-पूजकोंको (अपने) तेजसे अभिभूत किया ॥३॥

—वभ्रु वैखानस, १०।९९

५. हे इन्द्र, जिनने तुम्हें प्रसन्न किया, (वे हैं) पराशर और सौ जादू-वाले वसिष्ठ। तुम (जैसे) भोजकी मित्रताको जो नहीं भूलेगा, उन सूरियोंके[1] लिए सुन्दर दिन होंगे ॥२१॥

—वसिष्ठ, ७।१८

६. मनुष्य-हितकारी (इन्द्र) ने जब शत्रुको जलाया, तो पराक्रमी (इन्द्र) का वज्र बार-बार गरजने लगा। छाने (सोम) को पीकर इन्द्रने मायी दानवकी मायाको गिरा दिया ॥१०॥

तुम्हारी रक्षाओंसे युक्त हो, आर्य द्वारा हम शत्रु-दस्युओंको हरायें। हमारे लिये जो कि त्वष्टा-पुत्र विश्वरूपको तुमने त्रितके लिए मारा ॥१९॥

—गृत्समद शुनहोत्र-पुत्र, २।११

---

[1]सूरि, राजकुमार, विद्वन्।

७. हमारे चारों ओर कर्महीन, मन्त्रहीन, व्रतहीन, अमानुष दस्यु हैं।
हे अमित्रहन्ता (इन्द्र), उस दस्यु दासका वध करते नाश करो ॥८॥

—विमद, १०।२२

८. येनेमा विश्वा च्यवना कृतानि यो दासं वर्णमधरं गुहाकः।
श्वघ्नीव यो जिगीवांलक्षमाददर्यः पुष्टानि, स जनास इन्द्रः ॥४॥

—२।१२

९. बधीर्हि दस्युं धनिनं धनेनँ एकश्चरन्नुपशाकेभिरिन्द्र।
धनोरधि विषुणक्ते व्यायन्नयज्वानः सनकाः प्रेतिमीयुः ॥४॥

—१।३३

१०. त्वमग्ने राजा वरुणो धृतव्रतस्त्वं मित्रो भवसि दस्म ईळ्यः।
त्वमर्यमा सत्पतिर्यस्य सम्भुजं त्वमंशो विदथे देवमाजयुः ॥४॥

—२।१

११. अग्ना तुर्वशं यदुं परावत उग्रादेवं हवामहे।
अग्निर्नयं नववास्त्वं बृहद्रथं तुर्वीतिं दस्यवे सहः ॥१८॥

—१।३६

१२. त्वं पिप्रुं मृगयं शूशुवांसमृजिश्वने वैदथिनाय रन्धीः।
पंचाशत् कृष्णा निवपः सहस्रा' त्कं न पुरो जरिमा विदर्दः ॥१३॥

—४।१६

१३. तस्मै तवस्यमनुदायि सत्रेन्द्राय देवेभिरर्णसातौ।
प्रति यदस्य वज्रं बाह्वोर्धुर्हत्वी दस्यून् पुर आयसीर्नितारीत् ॥८॥

—२।२०

१४. स्त्रियो हि दास आयुधानि चक्रे किं मा करन्नबला अस्य सेनाः।
अन्तर्ह्यख्यदुभे अस्य धेने अथोप प्रैद्युधये दस्युमिन्द्रः ॥९॥

—५।३०

८. जिसने इस सारे नश्वर (संसार) का निर्माण किया, जिस गुह्य (देवता) ने दास वर्णको नीच बनाया, जो शिकारीकी तरह लक्ष्य जीतकर पुष्ट धन लेता है। हे लोगो, वह इन्द्र है ।।४।।

—गृत्समद, २।१२

९. हे इन्द्र शक्तिशाली (मरुतों) के साथ जा अकेले तुमने धनी दस्युको घन (वज्र) से मारा। पुरातन यज्ञहीन चारों ओरसे आये (दस्यु) द्यौके नीचे मृत्यु प्राप्त हुए ।।४।।

—हिरण्यस्तूप, १।३३

१०. हे अग्नि, तुम व्रतधारी राजा वरुण हो, तुम स्तुति-योग्य अद्‌भुत मित्र हो। तुम अर्यमा सच्चे स्वामी, जिसका सम्यक् भोज है। हे देव, तुम अंश (सूर्य) यज्ञमें भोजदायक हो ।।४।।

—गृत्समद, २।१

११. अग्निके द्वारा पश्चिम (देश) से उग्र-पूजक (उग्रादेव) तुर्वश-यदुको हम बुलाते हैं। अग्नि (देवता) नववास्त्व वृहद्रथ और तुर्वीतिको दस्युओंको हरानेके लिए लावे ।।१८।।

—कण्व घोर-पुत्र, १।३६

१२. हे इन्द्र, तुमने विदथि-पुत्र ऋजिश्वाके लिए पिप्रु, (और) फूले मृगयको मारा। तुमने पचास हजार कालोंको नष्ट किया, जिस तरह जरा कंचुकको उसी तरह तुमने पुरोंको ध्वस्त किया ।।१३।।

१३. उस इन्द्रकी देवताओंने रणमें सदा प्रभुता मानी। जब उसके दोनों बाहोंमें वज्र रक्खा, तो उसने दस्युओंको मारा, आयसी पुरियोंको नष्ट किया ।।८।।

—गृत्समद, २।२०

१४. दास (शंबर) ने स्त्रियोंको आयुध (सैनिक) बनाया, इसकी अबला सेना मेरा क्या करेगी? उसके दो स्वर प्रसिद्ध हुए। तब दस्युसे लड़नेके लिए आगे बढ़ा ।।९।।

१५. त्वं जघन्थ नमुचिं मखस्युं दासं कृण्वान ऋषये विमायं।
त्वं चकर्थं मनवे स्योनान् पथो देवत्रांजसेव यानान्।।७।।

—१०।७३

१६. प्र श्येनो न मदिरमंशुमस्मै शिरो दासस्य नमुचेर्मथायन्।
प्रावन्नमीं साप्यं ससन्तं पृणग्राया समिषा सं स्वस्ति।।६।।

—६।२०

१७. विषूमृधो ननुषा दानमिन्वन्नहन् गवाँ मघवन्त्संचकानः।
अत्रा दासस्य नमुचेः शिरो यदवर्तयो मनवे गातुमिच्छन्।।७।।

युजं हि मामकृथा आदिदिन्द्र शिरो दासस्य नमुचेर्मथायन्।
अश्मानं चित्स्वर्यँ वर्तमानं प्र चक्रियेव रोदसी मरुद्भ्यः।।८।।

—५।३०

१८. अस्वापयद्दभीतये सहस्रा त्रिंशतं हथैः। दासानामिन्द्रो मायया।।२१।।

—४।३०

१९. स यो न मुहे न मिथू जनो भूत्सुमन्तु नामा चुमुरिं धुनिं च।
वृणक्पिप्रुं शम्बरं शुष्णमिन्द्रः पुरां च्यौत्नाय शयथाय नू चित्।।८।।

—६।१८

२०. उरुं यज्ञाय चक्रथुरु लोकं जनयन्ता सूर्यमुषासमग्निं।
दासस्य चिद्वृषशिप्रस्य माया जघ्नथुर्नरा पृतनाज्येषु।।४।।

—७।९९

१५. हे इन्द्र, तुमने लडाकू नमुचिको मारा, ऋषिके लिए दासको माया-रहित बनाया। तुमने मनुके लिए सुखमय पथ बनाया, जो कि देवोंके पास शीघ्र ले जाता है ॥७॥

—गौरिवीति शक्ति-पुत्र, १०।७३

१६. इन्द्रने उत्पीड़क दास नमुचिके सिरको तोड़ा, जैसे बाज मदिर नाल (सोम) को। उसने सोते सय-पुत्र नमीकी रक्षा की, अन्न, सफलता, सम्पत्तिके साथ स्वस्ति प्रदान किया ॥६॥

—भरद्वाज, ६।२०

१७. हे मघवा, जन्मसे ही तुमने शत्रुओंका नाश किया। मनुकेलिए सुखकी इच्छासे यहां तुमने दास-नमुचिके सिरको काटा ॥७॥

हे इन्द्र, शब्द करते घूमते बादलकी तरह दास नमुचिके सिरको चूर्ण करते मुझे सहायक बनाया। तब स्वर्गीय पत्थरको पृथिवी और द्यौ चक्रकी तरह घूमती मरुतोंके पास लाये ॥८॥

—वभ्रु, ५।३०

१८. इन्द्रने दभीतिके लिए अपनी माया (शक्ति) और हथियारोंसे तीस हजार दासोंको मार कर सुला दिया ॥२१॥

—वामदेव, ४।३०

१९. जो इन्द्र, संग्राममें कभी नहीं विमूढ़ हुआ, जिसने वृथा काम नहीं किया, जो प्रसिद्ध नामवाला है, उस तुम इन्द्रने, चुमुरि, धुनि, पिप्रु, शम्बर, शुष्ण को मारा, पुरोंको नष्ट होनेको छोड़ दिया ॥८॥

—भरद्वाज, ६।१८

२०. इन्द्र और विष्णुने विस्तृत यज्ञके लिए सूर्य, उषा, अग्निको उत्पन्न करते विशाल लोकको बनाया। हे नेताओ, तुमने वृषशिप्र दासकी मायाको संग्राममें नष्ट कर दिया ॥४॥

—वसिष्ठ, ७।९९

२१. शुष्णं पिप्रुं कुयवं वृत्रमिन्द्र यदावधीर्वि पुरः शम्बरस्य।
तन्नो मित्रो वरुणो मामहन्तामदितिः सिन्धुः पृथिवी उत द्यौः ॥८॥
—१।१०३

२२. अध्वर्यवो यः स्वश्नं जघान यः शुष्णमशुषं यो व्यंसं।
यः पिप्रुं नमुचिं यो रुधिक्रां तस्मा इन्द्रायान्धसो जुहोत ॥१५॥
—२।१४

२३. शतं दासे बल्बूथे विप्रस्तरुक्ष आददे।
ते ते वायविमे जना मदन्तीन्द्रगोपा मदन्ति देवगोपाः ॥३२॥
—८।४६

§२. शंबर के सेनापति

१. शुष्ण

२४. तं शिशीता सुवृक्तिभिस्त्वेषं सत्वानमृग्मियं।
उतो नु चिद्य ओजसा शुष्णस्याण्डानि भेदति।
जेषत् स्वर्वतीरपो नभन्तामन्यके समे ॥१०॥
—८।४०

२५. त्वं पुरं चरिष्ण्वं वधैः शुष्णस्य सम्पिणक्।
त्वं भा अनुचरो अध द्विता यदिन्द्र हव्यो भुवः ॥२८॥
—८।१

२६. अश्व्यो वारो अभवस्तदिन्द्र सृके यत्वा प्रत्यहन्देव एकः।
अजयो गा अजयः शूर सोममवासृजः सर्तवे सप्त सिन्धून् ॥१२॥
—१।३२

२१. हे इन्द्र, तुमने शुष्ण, पिप्रु, कुयव, वृत्र को जब बध किया, शम्बरके पुरोंको नष्ट किया। सो मित्र, वरुण, अदिति, सिन्धु, पृथिवी और द्यौ हमें अनुगृहीत करें ॥८॥

—कुत्स आंगिरस, १।१०३

२२. हे अध्वर्युओ, जिसने स्वश्नको मारा, जिसने शुष्णको, अशुषको, जिसने व्यंसको, जिसने पिप्रुको, नमुचिको, जिसने रुधिक्राको (मारा), उस इन्द्रके लिए अन्नसे हवन करो ॥५॥

—गृत्समद, २।१४

२३. विप्र मैंने दास बलवूथ और तरुक्षसे सौ (गाय, अश्व) पाये। हे वायु, वे (जन) तुम्हारे हैं, वे इन्द्रसे रक्षित देवोंसे रक्षित आनन्द करते हैं।

—वश, अश्व-पुत्र, ८।४६

§२. शंबर के सेनापति

१. शुष्ण—

२४. दीप्तिमान्, वीर, प्रशंसनीय उस (इन्द्र) को सुन्दर स्तुतियोंसे उत्तेजित करो, जिसने (अपने) ओज से शुष्णके बच्चोंको छिन्न-भिन्न किया, स्वर्गीय जलको इन्द्र जीते और अन्य सारे शत्रु मरें ॥१०॥

—नाभाक, ८।४०

२५. तुमने वज्रसे शुष्णकी गमनशील छावनी (पुर) को ध्वस्त किया। हे इन्द्र, तुम पुकारने योग्य होओ, क्योंकि तुम प्रभाका अनुसरण करते हो[1] ॥२८॥

—८।१

२६. हे एकदेव (इन्द्र), जब (उसने) तुम्हारे ऊपर वज्र प्रहार किया, तो तुम घोड़ेके बालमें थे। तुमने गाये जीतीं। हे शूर, तुमने सोमको जीता। तुम ने बहनेके लिए सातों सिन्धुओं (नदियों) को बनाया ॥१२॥

—हिरण्यस्तूप आंगिरस, १।३२

---

[1] मिलाओ ५।८१ (२८)

२७. मायाभिरिन्द्र मायिनं त्वं शुष्णमवातिरः।
विदुष्टे तस्य मेधिरास्तेषां श्रवांस्युत्तिर ।।७।।
—१।११

२८. स तुर्व्वणिर्महां अरेणु पौंस्ये गिरेर्भृष्टिर्न भ्राजते तुजा शवः।
येन शुष्णं मायिनमायसो मदे दुध्र आभूषु रामयन्नि दामनि।।३।।
—१।५६

२९. मा कस्य यक्षं सदमिद्धुरो गा मा वेशस्य प्रमिनतो मापेः।
मा भ्रातुरग्ने अनृजोर्ऋणं वेर्मा सख्युर्दक्षं रिपोर्भुजेम।।१३।।
—४।३

३०. त्वं ह त्यदिन्द्र कुत्समावः शुश्रूषमाणस्तन्वा समर्ये।
दासं यच्छुष्णं कुयवं न्यस्मा अरन्धय आर्जुनेयाय शिक्षन्।।२।।
—७।१९

३१. वृषा जजान वृषणं तमु चिन्नारी नर्यं ससूव।
प्र यः सेनानीरध नृभ्यो अस्तीनः सत्वा गवेषणः स धृष्णुः।।५।।
—७।२०

३२. मा कस्य यक्षं सदमिद्धुरो गा मा वेशस्य प्रमिनतो मापेः।
मा भ्रातुरग्ने अनृजोर्ऋणं वेर्मा सख्युर्दक्षं रिपोर्भुजेम।।१३।।
—४।३

३३. त्वं कविं चोदयोऽर्कसातौ त्वं कुत्साय शुष्णं दाशुषे वर्क्।
त्वं शिरो अमर्मणः पराहन्नतिथिग्वाय शंस्यं करिष्यन्।।३।।
—६।२६

२७. हे इन्द्र, तुमने मायावी शुष्णको मायाओं द्वारा पछाड़ा। वैसे (ही) तुम्हें मेधावी जानते हैं, उन्हें यश (गान) में उतारो ॥७॥

—जेता मधुच्छन्दा-पुत्र, १।११

२८. वह (इन्द्र) विजयी और महान् है। (वह) निर्मल, निर्दोष, पौरुष-मय, संग्राममें पर्वतके शिखरकी तरह दमकता है। जिसने मस्त हो बलपूर्वक मायावी शुष्णको आयस (तांवेकी) शृंखला से पकड़कर बन्द किया ॥३॥

—सव्य आंगिरस, १।५६

२९. हे अग्नि, हमारे किसी प्रतिहिंसकके भोजमें तुम मत जाना, मत मत दुष्ट विचारवाले पड़ोसीके पास, मत बन्धुके पास। मत अयोग्य भाईका ऋण भोगना। मित्र और शत्रुके विक्रमको हम भोगें ॥१३॥

—वामदेव, ४।३

३०. हे इन्द्र, जब तुमने अर्जुन-पुत्रका भला चाहते उसके लिए शुष्ण, कुयव दासको मारा, तब तुमने शरीरसे शुश्रूषा करते युद्धमें कुत्सकी रक्षा की ॥२॥

—वसिष्ठ, ७।१९

३१. रणके लिए वृष (पराक्रमी) ने वृष (इन्द्र) को पैदा किया। नारीने उस नर्य (महानर) को जना, जो मनुष्योंके लिए सेनानी, दृढ़, वीर, (धन) ढूंढनेवाले और (शत्रु-) पराजेता है ॥५॥

—वसिष्ठ, ७।२०

३२. हे अग्नि, हमारे किसी प्रतिहिंसकके भोजमें तुम मत जाना, मत मत दुष्ट विचारवाले पड़ोसीके पास, मत बन्धुके पास। मत अयोग्य भाईका ऋण भोगना। मित्र और शत्रुके विक्रम को हम भोगें[1] ॥१३॥

—वामदेव, ४।३

---

[1] मिलाओ यही २९

३३. (हे इन्द्र), तुमने सूर्य-प्राप्तिके लिए कविको प्रेरित किया, भक्त कुत्सके लिए तुमने शुष्णको मारा। तुमने अतिथिग्वकी भलाई करनेकी इच्छासे मर्महीन (शम्बर) का सिरका काटा ॥३॥

—भरद्वाज, ६।२६

३४. त्वं सत्य इन्द्र धृष्णुरेतान्त्वमृभुक्षा नर्य्यस्त्वं षाट्।
त्वं शुष्णं वृजने पृक्ष आणौ यूने कुत्साय द्युमते सचाहन् ॥३॥

—१।६३

३५. त्वं कुत्सं शुष्णहत्येष्वाविथारन्धयोऽतिथिग्वाय शंबरं।
महान्तं चिदर्बुदं नि क्रमीः पदा सनादेव दस्युहत्याय यज्ञिषे ॥६॥

—१।५१

३६. मुषाय सूर्य्यं कवे चक्रमीशान ओजसा।
वह शुष्णाय बधं कुत्सं वातस्याश्वैः ॥४॥

—१।१७५

३७. कुत्साय शुष्णमशुषं निबर्हीः प्रपित्वे अह्नः कुयवं सहस्रा।
सद्यो दस्यून् प्रमृण कुत्स्येन प्र सूरश्चक्रं बृहतादभीके ॥१२॥

—४।१६

३८. देखो ३५

३९. अव त्मना भरते केतवेदा अवत्मना भरते फेनमुदन्।
क्षीरेण स्नातः कुयवस्य योषे हते ते स्यातां प्रवणे शिफायाः ॥३॥

—१।१०४

४०. सो अप्रतीनि मनवे पुरुणीन्द्रो दाशद्दाशुषे हन्ति वृत्रं।
सद्यो यो नृभ्यो अतसाय्यो भूत् पस्पृधानेभ्यः सूर्यस्य सातौ ॥४॥

—२।१९

३४. हे इन्द्र, तुम इनके सच्चे धर्षणकर्ता हो। तुम ऋभुक्षा (ऋभुओंके स्वामी), श्रेष्ट नर, तुम विजेता हो। तुमने युद्धमें द्युतिमान् तरुण कुत्सके लिए शुष्णको घोड़े (चढ़कर) के रथ पर मारा ॥३॥

——नोधा गोतम-पुत्र, १।६३

३५. शुष्णके युद्धमें तुमने कुत्सकी रक्षा की, अतिथिग्व (दिवोदास) के लिए शम्बरको मारा। बड़े अर्बुद (विघ्न) को भी पादाक्रान्त किया, सदासे ही तुम दस्युओंकी हत्याके लिए जनमे हो ॥६॥

——सव्य आंगिरस, १।५१

३६. हे कवि, ईशान (इन्द्र), तुमने अपने ओजसे सूर्यके एक चक्केको छीन लिया। शुष्णके बधके रूपमें कुत्सको वायुवेगवाले घोड़ों द्वारा लाओ ॥४॥

अगस्त्य, १।१७५

३७. (हे इन्द्र,) कुत्सके लिए तुमने शुष्ण, अशुषको मारा, प्रातः कुयव और सहस्रोंको मारा। कुत्सीयोंके साथ हो तुरन्त दस्युओंको तुमने नष्ट किया। सूर्यके चक्केको (हमारे) पास लाओ ॥१२॥

——वामदेव, ४।१६

३८. देखो ३५।

३९. वह केवल कामनाका धन फेंकता है, जलमें फेन फेंकता है, कुयवकी दोनों स्त्रियाँ क्षीरसे नहाई हैं। वह शिफाकी धारमें मर जायें[१] ॥३॥

——१।१०४

४०. उस (इन्द्र) ने भक्त मनुके लिए अमित बहुत (धन) दिया, वृत्र (शत्रु) का नाश किया। जो (इन्द्र) सूर्य की (प्रकाश) प्राप्तिमें मनुष्योंका स्पर्धा करते तुरन्त सहायक हुआ ॥४॥

——गृत्समद, २।१९

---

१. मिलाओ ५।८७

४१. उशना यत्सहस्यैरयातं गृहमिन्द्र जूजुवानेभिरश्वैः।
वन्वानो अत्र सरथं ययाथ कुत्सेन देवैरवनोर्ह शुष्णं ॥९॥

—५।२९

२. पिप्रु—

४२. त्वं पिप्रुं मृगयं शूशुवांसमृजिश्वने वैदथिनाय रन्धीः।
पंचाशत् कृष्णा निवपः सहस्रात्कं न पुरो जरिमा विदर्दः ॥१३॥

—४।१६

४३. अस्य स्तोमेभिरौशिज ऋजिश्वा व्रजं दरयद्वृषभेण पिप्रोः।
सुत्वा यद्यजतो दीदयद् गाः पुर इयानो अभि वर्पसा भूत् ॥१०॥

—१०।९९

४४. स्तोमासस्त्वा गौरिवीतेरवर्धन्नरंधयो वैदथिनाय पिप्रुं।
आ त्वामृजिश्वा सख्याय चक्रे पचन् पक्तीरपिवः सोममस्य ॥११॥

—५।२९

४५. त्वं मायाभिरप मायिनो धमः स्वधाभिर्ये अधि शुप्तावजुह्वत।
त्वं पिप्रोर्नृमणः प्रारुजः पुरः प्र ऋजिश्वानं दस्युहत्येष्वाविथा ॥१॥

—१।५१

३. वंगृद, ४. करंज, ५. पर्णय—

४६. त्वं करंजमुत पर्णयं बधीस्तेजिष्ठयातिथिग्वस्य वर्तनी।
त्वं शता वंगृदस्या भिनत् पुरो नानुदः परिषूतां ऋजिश्वना ॥८॥[1]

—१।५३

---

[1] देखो ८।३६।८ भी

४१. हे इन्द्र, हे उशान, तुम जब शक्तिशाली शीघ्रगामी अश्वों द्वारा (कुत्स) के गृहमें आये, तो रथ द्वारा यहाँ से (शत्रुओंको) नाश करने गये, कुत्स और देवताओंके साथ (जा) **शुष्णको** मारा ॥९॥

—गौरिवीति शक्ति-पुत्र, ५।२९

२. **पिप्रु—**

४२. देखो १२.

४३. उशिज-पुत्र **ऋजिश्वा** ने इस इन्द्र की स्तुतियों द्वारा, वृषभ (पराक्रमी इन्द्र) द्वारा **पिप्रुके** गोष्ठ को विदीर्ण किया। जब याजकों ने सोम सवन करके स्तुति की, तो(इन्द्र ने)आकर शत्रुकी पुरियोंको बलात् ध्वस्त किया ॥११॥

—बभ्रु वैखानस, १०।९९

४४. हे इन्द्र, गौरिवीति के स्तोम तुम्हें बढायें। तुमने विदथि-पुत्र (ऋजिश्वा) के लिये पिप्रु को मारा। ऋजिश्वा ने तुम्हारी मित्रता के लिये पुरोडाश पका कर तैयार किया। तुमने उसके सोमको पिया ॥११॥

—गौरिवीति शक्ति-पुत्र, ५।२९

४५. (हे इन्द्र) तुमने मायाओं द्वारा मायावियोंको उडा दिया, जो कि अन्नों द्वारा मुख में हवन करते हैं। मनुष्यों के लिये तुमने **पिप्रुके** पुरों को नष्ट किया, दस्यु-युद्धों में **ऋजिश्वा** की सुरक्षा की ॥५॥

—सव्य आंगिरस, १।५१

३. **वंगृद, ४. करंज, ५. पर्णय—**

४६. हे इन्द्र, तुमने **करंज** और **पर्णय** को मारा, **अतिथिग्व** (दिवोदास) की भलाईके लिये अत्यन्त तीक्ष्ण (हथियारों) से मारा। निराबाध तुमने ऋजिश्वा द्वारा घेरी गई वंगृद की सौ पुरियोंको ध्वस्त किया ॥८॥

—सव्य आंगिरस, १।५३

४७. प्र मन्दिने पितुमदर्चता वचो यः कृष्णगर्भा निरहन्नृजिश्वना।
अवस्यवो वृषणं वज्रदक्षिणं मरुत्वन्तं सख्याय हवामहे ।।१।।
—१।१०१

४८. वि सूर्यो मध्ये अमुचद्रथं दिवो विदद्दासाय प्रतिमानमार्यः।
दृह्ळानि पिप्रोरसुरस्य मायिन इन्द्रो व्यास्यच्चकृवां ऋजिश्वना ।।३।।
—१०।१३८

६. वर्ची—

४९. इन्द्राविष्णू दृंहिताः शम्बरस्य नव पुरो नवतिं च श्नथिष्टं।
शतं वर्चिनः सहस्रं च साकं हथो अप्रत्यसुरस्य वीरान् ।।५।।
—७।९९

५०. अध्यवर्यवो यः शतं शंबरस्य पुरो विभेदाश्मनेव पूर्वीः।
यो वर्चिनः शतमिन्द्रः सहस्रमपावपद् भरता सोममस्मै ।।६।।

अर्ध्वयवो यः शतमासहस्रं भूम्या उपस्थे बपज्जघन्वान्।
कुत्सस्यायो रतिथिग्वस्य वीरान्न्यावृणग्भरता सोममस्मै ।।७।।
—२।१४

५१. उत दासस्य वर्चिनः सहस्राणि शता बधीः। अधि पंच प्रधींरिव ।।१५।।
—४।३०

५२. यः सुन्वन्तमवति यः पचन्तं यः शंसन्तं यः शसमानमूती।
यस्य ब्रह्म वर्धनं यस्य सोमो यस्येदं राधः, स जनास इन्द्रः ।।१४।।
—२।१२

४७. जिस (इन्द्र) ने ऋजिश्वा के साथ हो कृष्णगर्भों (कालों) को मारा। उस आनंदी (इन्द्र) की हवि-युक्त वाणीसे अर्चना करो। रक्षाकी कामनासे मरुतोंवाले दाहिने हाथमें वज्र धारे पराक्रमी इन्द्रको हम मित्रताके लिये पुकारते हैं॥१॥

—कुत्स अंगिरा-पुत्र, १।१०१

४८. द्यौके मध्यमें सूर्य ने अपने रथ को छोड़ दिया। दासके लिये आर्यने प्रतिद्वंद्वी पाया। इन्द्रने ऋजिश्वासे मित्रता करके मायावी पिप्रु, असुरके दृढ़ (दुर्गों) को नष्ट किया॥३॥

—अंग उरु-पुत्र, १०।१३८

६. वर्ची—

४९. हे इन्द्र और विष्णु, तुमने शम्बरकी निन्नानवे दृढ़ पुरियोंको ध्वस्त किया। साथ ही तुमने वर्ची असुरके सौ हजार अप्रतिम वीरोंको नष्ट किया।

—वसिष्ठ, ७।९९

५०. हे अध्वर्युओ (पुरोहितो), जिस इन्द्र ने शम्बरकी पत्थर सी सौ प्राचीन पुरियोंको छिन्न-भिन्न किया, जिस इन्द्रने वर्चीके सौ हजार (वीर) मारे, उसके लिये सोम प्रदान करो॥६॥

हे अध्वर्युओ, जिस (इन्द्र) ने सौ हजार असुरों को मार भूमिकी गोद में फेंक दिया, जिसने कुत्स, आयु, अतिथिग्वके शत्रुवीरोंको वध किया, उसके लिये सोम प्रदान करो॥७॥

——गृत्समद शुनहोत्रपुत्र, २।१४

५१. और दास वर्चीके सौहजार पांच (भटों) को चक्केके अरोंकी तरह मारा॥१५॥

—वामदेव, ४।३०

५२. जो (इन्द्र) सोम-सवनकर्त्ताकी, जो पकानेवालेकी रक्षा करता है, जो रक्षा की स्तुति कर्ता की, जो प्रशंसा करते की रक्षा करता है,। मन्त्र जिसका वर्धक है, जिसका सोम है, जिसका यह अन्न है, हे लोगों, वह इन्द्र है॥१४॥ .

—गृत्समद, २।१२

७. गुंगु, ८. वृत्रतुर--देखो (६।३६) भी

५३. अहं गुंगुभ्यो अतिथिग्वमिष्करमिषं न वृत्रतुरं विक्षु धारयं।
यत् पर्णयघ्न उत वा करंजहे प्राहं महे वृत्रहत्ये अशुश्रवि ॥८॥

—१०।४८

§ शंबर

५४. न त इन्द्र सुमतयो न रायः संचक्षे पूर्वा उषसो न नूत्नाः।
देवकं चिन्मान्यमानं जघन्थाव त्मना बृहतः शम्बरं भेत् ॥२०॥

—७।१८

५५. यस्य त्यच्छम्बरं मदे दिवोदासाय रन्धयः।
अयं स सोम इन्द्र ते सुतः पिव ॥१॥

—६।४३

५६. उत दासं कौलितरं बृहतः पर्वतादधि। अवाहन्निन्द्र शम्बरं ॥१४॥

—४।३०

५७. यो नन्त्वान्यमनन्योजसो ता दर्दर्मन्युना शम्बराणि वि।
प्राच्यावयदच्युता ब्रह्मणस्पतिराचाविशद्वसुमन्तं वि पर्वतं ॥२॥

—२।२४

५८. यः शम्बरं पर्वतेषु क्षियन्तं चत्वारिंश्यां शरद्यन्ववविन्दत्।
ओजायमानं यो अहिं जघान दानुं शयानं, स जनास इन्द्रः ॥११॥

—२।१२

५९. त्वं तदुक्थमिन्द्र बर्हणा कः प्र यच्छता सहस्रा शूर दर्षि।
अव गिरेर्दासं शम्बरं हन् प्रावो दिवोदासं चित्राभिरूती ॥५॥

—६।२६

७. गुंगु, ८. वृत्रतुर—

५३. मैंने गुंगोओंके विरुद्ध अतिथिग्व (दिवोदास) को बलवान् किया। लोगोंमें वृत्र-नाशक की तरह मैंने स्थापित किया। जब मैं पर्णय-हत्या अथवा करंज-हत्या, महान् वृत्र-हत्यामें बहुत प्रसिद्ध हुआ ।।८।।

—१०।४८

§३. शंबर

५४. हे इन्द्र पुरानी और नूतन उषाकी तरह तुम्हारी सुमतियां और न धन, कहनेके हैं। तुमने मन्यमान-पुत्र देवकको मार, स्वयं बड़े (पर्वत) से शम्बर को छिन्न-भिन्न किया ।।२०।।

—वसिष्ठ, ७।१८

५५. जिसके मद में तुमने दिवोदासके लिये शम्बरको मारा। हे इन्द्र, वह सोम तुम्हारे लिये छना हुआ है, पियो ।।१।।

—भरद्वाज, ६।४३

५६. और हे इन्द्र, तुमने कुलितर-पुत्र शम्बर दासको वृहत् पर्वतके ऊपर मारा ।।४।।

—वामदेव, ४।३०

५७. हे ब्रह्मणस्पति, ओजसे तुमने झुकाने योग्योंको झुकाया, क्रोधमें शंबरके पुरोंको नष्ट किया। न च्युत होनेवालों को च्युत किया। धनवाले पर्वतमें प्रवेश किया ।।२।।

—गृत्समद, २।२४

५८. जिसने पर्वतमें रहते शंम्बरको चालीसवें शरदमें जा धरा। जिसने ओजायमान हो सोते हुये दानव अहिको मारा। हे लोगो, वह इन्द्र है ।।११।।

—गृत्समद, २।१२

५९. हे इन्द्र तुम शत्रुहन्ता हो। उस स्तुतिको अच्छा किया, हे शूर, जब तुमने शत सहस्रोंको दर्दराया। तुमने पहाड़के दास शम्बरको मारा, विचित्र सहायता से दिवोदास की रक्षा की ।।५।।

—भरद्वाज, ६।२६

६०. इन्द्राविष्णू दृंहिताः शम्बरस्य नव पुरो नवतिं च श्नथिष्टं।
शतं वर्चिनः सहस्रं च साकं हथो अप्रत्यसुरस्य वीरान् ।।५।।

—७।९९

६१. अहं पुरो मन्दसानो व्यैरं नव साकन्नवतीः शम्बरस्य।
शततमं वेश्यं सर्वताता दिवोदासमतिथिग्वं यदावं ।।३।

—४।२६

६२. भिनत् पुरो नवतिमिन्द्र पूरवे दिवोदासाय महि दाशुषे नृतो,
वज्रेण दाशुषे नृतो।

अतिथिग्वाय शम्बरं गिरेरुग्रो अवाभरत्।
महो धनानि दयमान ओजसा विश्वा धनान्योजसा ।।७।।

—१।१३०

६३. त्वं शतान्यव शम्बरस्य पुरो जघन्था प्रतीनि दस्योः।
अशिक्षो यत्र शच्या शचीवो दिवोदासाय।
सुन्वते सुतक्रे भरद्वाजाय गृणते वसूनि ।।४।।

—६।३१

६४. दिवे दिवे सदृशीरन्यमर्द्धं कृष्णा असेधदप सद्मनो जाः।
अहन्दासा वृषभोव वस्नयन्तोदव्रजे वर्चिनं शम्बरं च ।।२१।।

प्रस्तोक इन्नु राधसस्त इन्द्र दश कोशयीर्दश वाजिनो दात्।
दिवोदासादतिथिग्वस्य राधः शम्बरं वसु प्रत्यग्रभीष्म ।।२२।।

—६।४७

६०. हे इन्द्र और विष्णु, तुमने शंबरकी निन्नानबे दृढ़ पुरियोंको ध्वस्त किया। साथ ही तुमने वर्ची असुरके सौ हजार अप्रतिम वीरोंको नष्ट किया ॥५॥

—वसिष्ठ, ७।९९

६१. मैंने सोम से मस्त हो शंबरकी नौ-सहित नब्बे गढ़ियोंको ध्वस्त किया। जब युद्धमें अतिथिग्व दिवोदासकी रक्षा की तो सौवींको (उसके) प्रवेश योग्य बनाया।

—वामदेव, ४।२६

६२. हे नृत्य करनेवाले (इन्द्र) तुमने संग्राम में भक्त पुरु दिवोदासके लिये वज्रसे निन्नानबे पुरियां नष्ट कीं। अतिथिग्वके लिये तुम उग्रने शंबरको गिरि से नीचे पटका। बड़ी निधिको बांटते, अपने पराक्रमसे सारी निधि बांटते ॥७॥

—परुच्छेप दिवोदास-पुत्र, १।१३०

६३. (हे इन्द्र) जहां शचिमान् (बुद्धिमान्), तुमने शक्ति के साथ सोमक्रेता, सवनकर्ता वियोदासके लिये शंबर दस्युके सौ पुरोंको नष्ट किया। स्तुति करनेवाले भरद्वाज को धन दिये ॥४॥

—सुहोत्र, ६।३१

६४. दिन-प्रतिदिन समान प्रकारसे (उगते) उसने दूसरे आधेमें कालेको दूर करते सद्‌मसे उत्पन्न कृष्णा (रात्रि) को दूर किया। वृषभ (पराक्रमी) इन्द्रने धन-लोभी वर्ची और शंबर को उदव्रजमें मारा ॥२१॥

हे इन्द्र, प्रस्तोकने दस और दस घोडे दिये। दिवोदास अतिथिग्वसे शम्बरवाला धन हमने पाया ॥२२॥

—गर्ग भरद्वाज-पुत्र, ६।४७

अध्याय ६

दिवोदास

§१. पूर्वकाल के आर्य नेता

१. दध्यङ्—

१. दध्यङ् ह मे जनुषं पूर्वो अंगिराः प्रियमेधः कण्वो
अत्रिर्मनुर्विदुस्ते मे पुर्वे, मनुर्विदुः।

तेषां देवेष्वायतिरस्माकं तेषु नाभयः।
तेषां पदेन मह्यानमे गिरेन्द्राग्नी, आनमे गिरा ।।९।।

—१।१३९

२. सम, ३. रुशम, ४. श्यावक, ५. कृप—

२. शग्धी नो अस्य यद्ध पौरमाविथ धियं इन्द्र सिषासतः।
शग्धि यथा रुशमं श्यावकं कृपमिन्द्र प्रावः स्वर्णरं ।।१२।।

—८।३

३. यद्धा रुमे रुशमे श्यावके कृत इन्द्र मादयसे सचा।
कण्वासस्त्वा ब्रह्मभिः स्तोमवाहस इन्द्रा यच्छन्त्यागहि ।।२।।

—८।४

६. बध्र्यश्व—

४. भद्रा अग्नेर्बध्र्यश्वस्य संदृशो वामी प्रणीतिः सुरणा उपेतयः।
यदीं सुमित्रा विशो अग्र इन्धते घृतेनाहुतो जरते दविद्युतत् ।।१।।

अध्याय ६

दिवोदास

§१. आर्य नेता

१. दधीचि—

१. वे पूर्वज दधीचि, अंगिरा, प्रियमेध, कण्व, अत्रि, मनु मेरे जन्मको जानते हैं, वे मेरे पूर्वज (और) मनु जानते हैं। उनका देवोंमें विस्तार है, उनमें हमारे सम्बन्धी हैं। हे इन्द्राग्नि, उनकी गींत द्वार पूजता हूँ, वाणीसे नमस्कार करता हूं, वाणीसे नमस्कार करता हूं ।।९।।

—परुच्छेप दिवोदास-पुत्र, १।१३९

२. रुम, ३. रुशम, ४. श्यावाक, ५. कृप—

२. हे इन्द्र, हमारी स्तुतिसे इस यजमान को वही (सहायता) दो। जैसे तुमने पुरु-पुत्र की रक्षा की, जैसे रुश्म, श्यावक, कृपकी तुमने रक्षा की, वैसे (ही) हविवाले यजमान की रक्षा करो ।।१२।।

———मेध्यातिथि कण्व-पुत्र, ८।३

३. हे इन्द्र, जव कि तुम रुम, रुशम, श्यावाक, कृपके साथ होते हो। स्तोम बहन करनेवाले कण्व लोग मन्त्रों द्वारा तुम्हारी प्रशंसा करते हैं, आओ ।।२।।

—देवातिथि कण्व-पुत्र, ८।४

६. वध्र्यश्व—

४. वध्र्यश्व-का अग्नि दर्शनीय हैं। उसका नेतृत्व भद्र है, उसका आगमन रमणीय है। जब सुमित्र प्रजायें उसे पहिले प्रज्वलित करती हैं, तो घृतसे हवन किया दीप्तिमान् होता है, जलता है ।।१।।

घृतमग्नेर्बध्र्यश्वस्य वर्धनं घृतमन्नं कृतम्वस्य मेदनं।
घृतेनाहुत उर्विया वि पप्रथे सूर्य इव रोचते सर्पिरासुतिः ॥२॥

शश्वदग्निर्बध्र्यश्वस्य शत्रून्नृभिर्जिगाय सुतसोमवद्भिः।
समनं चिददहश्चित्रभानो' व बाधन्तमभिनद्वृधश्चित् ॥११॥

अयमग्निर्बध्र्यश्वस्य वृत्रहा सनकात् प्रेद्धो नमसोपवाक्यः।
स नो अजामीं रुत वा विजामीनभितिष्ठ शर्धतो वाध्र्यश्वः ॥१२॥

—१०।६९

५. इयमददाद्रभसमृणच्युतं दिवोदासं वध्र्यश्वाय दाशुषे।
या शश्वन्तमाचखादावसं पणिं ता ते दात्राणि तविषा सरस्वति ॥१॥

—६।६१

७. अभ्यावर्ती चायमान—

६. द्वयां अग्ने रथिनो विंशति गा बधूमतो मघवा मह्यं सम्राट्।
अभ्यावर्ती चायमानो ददाति दूणाशेयं दक्षिणा पार्थवानां ॥८॥

—६।२७

८. सुमीळ्ह, ९. पुरय, १०. पेरुक, ११. शांड—

७. उत म ऋजे पुरयस्य रघ्वी सुमीह्ळे शतं पेरुकं च पक्वा।
शांडो दाद्धिरणिन स्मद्दिष्टीन्दश वशासो अभिषा च ऋष्वान् ॥९॥

—६।६३

१२. पुरुणीथ—

८. वैश्वानरो महिम्ना विश्वकृष्टिर्भरद्वाजेषु यजतो विभावा।
शातवनेये शतिनीभिरग्निः पुरुणीथे जरते सूनृतावान् ॥७॥

—१।४९

वध्र्यश्वकी अग्नि का वर्धक घृत है, घृत उसका अन्न है, घृत ही उसका मोटा करनेवाला है। घृत द्वारा आहुति दिया गया खूब विस्तृत होता है, घी प्रदान करनेसे प्रकाशित होता है ॥२॥

सोम छाननेवाले नरों द्वारा वध्र्यश्वके अग्नि ने शत्रुओं को सदा जीता। हे अद्भुत प्रकाश वाले, दुष्टको तुमने जलाया है। वृद्धि प्राप्त हो बाधा देनेवाले को उसने मारा ॥११॥

वध्र्यश्वका यह अग्नि शत्रुहन्ता है, सदासे वह अतिप्रज्वलित और नमस्कार योग्य है। वह वध्र्यश्ववाला अग्नि हमारे जातिवाले या अजातिवाले हिंसकों को पराजित करे ॥१२॥

—सुमित्र वध्र्यश्व-पुत्र, १०।६९

५. इस (सरस्वती) ने भक्त वध्र्यश्वको ऋणमोचक भयंकर **दिवोदास** प्रदान किया। जिस (तू) ने दानहीन **पणि**को बराबर खाया, हे सरस्वती, तेरे वे दान बलिष्ठ हैं ॥१॥

—सरस्वती, ६।६१

७. अभ्यावर्ती चायमान—

६. हे अग्नि, मघवा (धनवान्) सम्राट् **अभ्यावर्ती चायमान**ने वधुओं-(दासियों) सहित दो रथ और बीस गायें दी। **पार्थवों**की यह दक्षिणा कड़ी है ॥८॥

—भरद्वाज, ६।२७

८. सुमीळ्ह, ९. पुरय, १०. पेरु, ११. शांड—

७. मेरे पास **पुरय**की भूरी और शीघ्रगामी दो (घोडियां) हैं। **सुमीळ्ह**-की सौ (गायें) और **पेरु**का पक्व (भोजन) है। **शांड**ने सुवर्ण-अलंकृत शिक्षित दर्शनीय दस बड़े घोड़े दिये ॥९॥

—भरद्वाज, ६।६३

९. पुरुणीथ—

८. अपनी महिमासे **वैश्वानर** (अग्नि) सब प्रजाओंमें अवस्थित, भर-द्वाजोंमें पूजनीय और प्रकाशमान है। **शतवन-पुत्र पुरुणीथ** ने सुन्दर स्तुतियोंवाले अग्निकी **सैकड़ों** (स्तुतियों) द्वारा प्रशंसा की ॥७॥

—नोधा गोतम-पुत्र, १।४९

१३. प्रस्तोक—

९. प्रस्तोक इन्नु राधसन्त इन्द्र दशकोशयीर्दश वाजिनो दात् ।
दिवोदासादतिथिग्वस्य राधः शाम्बरं वसु प्रत्यग्रभीष्म ॥२२॥
—६।४७

भरद्वाज

१०. अग्निरत्रिं भरद्वाजं गविष्ठिरं प्रावन्नः कण्वं त्रसदस्युमाहवे ।
अग्निं वसिष्ठो हवते पुरोहितो मृळीकाय पुरोहितः ॥५॥
—१०।१५०

१४. कुत्स आर्जुनेय—

११. महो द्रुहो अप विश्वायु धायि वज्रस्य यत्पतने पादि शुष्णः ।
उरु ष सरथं सारथये करिन्द्र कुत्साय सूर्यस्य सातौ ॥५॥
—६।२०

१२. प्र ते अस्या उषसः प्रापरस्या नृतौ स्याम नृतमस्य नृदणां ।
अनु त्रिशोकः शतमावहन्नृन्दन् कुत्सेन रथो यो असत् ससवान् ॥२॥
—१०।२९

१५. श्रुतर्य, १६. तुर्वीति, १७. दभीति, १८. ध्वसंति १९. पुरुषन्ति

१३. याभिः सिन्धुं मधुमन्तमसश्चतं वसिष्ठं याभिरजरावजिन्वतं ।
याभिः कुत्सं श्रुतर्यं नर्यमावतं ताभिरू षु ऊतिभिरश्विना गतं ॥९॥

याभिः कुत्समार्जुनेयं शतक्रतु प्र तुर्वीतिं प्र च दभीतिमावतं ।
याभिर्ध्वसन्तिं पुरुषन्तिमावतं ताभिरू षु ऊतिभिरश्विना गतं ॥२३॥
—१।११२

१३. प्रस्तोक—

९. हे इन्द्र, प्रस्तोक ने तुम्हारे स्तोताओंको युद्धधनमेंसे दस कोश और दस घोड़े दिये। अतिथिग्व दिवोदाससे हमने शंबरवाला धन पाया॥२२॥

—गर्ग भरद्वाज-पुत्र, ६।४७

भरद्वाज—

१०. युद्धमें अग्निने हमारे अत्रि, भरद्वाज, गविष्ठिर, कण्व, त्रसदस्युकी रक्षा की। वसिष्ठ पुरोहित अग्निको पुकारता है, सुखके लिये पुरोहित (पुकारता है)॥५॥

—मृळीक वसिष्ठ-पुत्र १०।१५०

१४. कुत्स अर्जुन-पुत्र—

११. जब वज्रके गिरने पर शुष्ण गिर गया, तो महान् द्रोहीकी सारी आयु (प्राण) विनिष्ट हो गई। सूर्यके (प्रकाश के) पानेपर सारथि कुत्सके लिये इन्द्रने रथको विस्तृत किया॥५॥

—भरद्वाज, ६।२०

१२. (हे इन्द्र) इस उषाकाल में नेताओं में महानतम नेताके दूसरे नृत्यमें हम अच्छे सेवक बनें। त्रिशोक सौ आदमियोंको लायें, जो कुत्सके साथ एक रथपर बैठा था॥२॥

—वसुक्र, १०।२९

१५. श्रुतर्य, १६. तुर्वीति, १७. दभीति, १८. ध्वसंति, १९. पुरुषन्ति—

१३. हे अजर अश्विद्वय, जिन उपायोंसे तुमने मधुमयी सिन्धुको बहाया। जिन उपायोंसे तुमने वसिष्ठको सुखी किया, जिनसे तुमने कुत्स, श्रुतर्य, नर्यको सहायता की, उस सहायता के साथ आओ॥९॥ जिनसे हे शतक्रतु (इन्द्र) तुमने कुत्स आर्जुनेय, तुर्वीति और दभीतिकी सुरक्षा की, जिनसे ध्वसिन्त, पुरुषन्तिकी रक्षा की, उन रक्षाओंके साथ हे अश्विद्वय, आओ॥२३॥

—कुत्स आंगिरस, १।११२

१४. प्रतत्ते अद्या करणं कृतं भूत्कुत्सं यदायुमतिथिग्वमस्मै ।
पुरू सहस्रा नि शिशा अभि क्षामुत्तुर्वयाणं धृषता निनेथ ।।१३।।

—६।१८

२०. **देवक मान्यमान**—

१५. न त इन्द्र सुमतयो न रायः संचक्षे पूर्वा उषसो न नूत्नाः ।
देवकं चिन्मान्यमानं जघन्थाव त्मना बृहतः शम्बरं भेत् ।।२०।।

—७।१८

२१. **सुश्रवा**—

१६. त्वमेतान् जनराज्ञो द्विर्दशाबन्धुना सुश्रवसोपजग्मुषः ।
षष्टिं सहस्रा नवतिं नव श्रुतो नि चक्रेण रथ्या दुष्पदावृणक् ।।९।।

—१।५३

२२. **तुर्वयाण**—

१७. त्वमाविथ सुश्रवसं तवोतिभिस्तव त्रामभिरिन्द्र तूर्वयाणं ।
त्वमस्मै कुत्समतिथिग्वमायुं महे राज्ञे यूने अरन्धनायः ।।१०।।

—१।५३

२३. **ऋणंचय**—

१८. भद्रमिदं रुशमा अग्ने अक्रन् गवां चत्वारि ददतः सहस्रा ।
ऋणंचयस्य प्रयता मघानि प्रत्यग्रभीष्म नृतमस्य नृदणाम् ।।१२।।
औच्छत्सा रात्री परितक्म्या यां ऋणंचये राजनि रुशमानां ।
अत्यो न वाजीरघुरज्यमानो बभ्रुश्चत्वार्यसनत्सहस्रा ।।१४।।

—५।३०

१४. (हे इन्द्र) वह तुम्हारा काम आज भी प्रसिद्ध है। तुमने जो कुत्स आयु, अतिथिग्व और बहुत हजार (दूसरे) दबाये। तुमने पिटते, तुर्वयाणको बचाया ॥१३॥

—भरद्वाज, ६।१८

२०. देवक मान्यमान—

१५. हे इन्द्र पुरानी और नूतन उषाकी तरह न तुम्हारी सुमतियां और न धन, कहनेके हैं। तुमने मन्यमान-पुत्र देवकको मारा, स्वयं बड़े (पर्वत पर) शंबरको नष्ट किया ॥२०॥(८।५४)

—वसिष्ठ ७।१८

२१. सुश्रवा—

१६. हे प्रसिद्ध इन्द्र, वंधु-हीन सुश्रवा पर चढ़ आये बीस राजाओं और (उनके) साठ हजार निन्नानबे अनुचरोंको दुर्लंघ्य रथचक्र द्वारा तुमने पराजित किया ॥९॥

—सव्य आंगिरस, १।५३

२२. तुवयाण—

१७. हे इन्द्र, तुमने अपनी रक्षाओंसे सुश्रवाकी रक्षा की, तुम्हारी त्रातियोंसे तुर्वयाण की रक्षा की। तुमने कुत्स, अतिथिग्व, आयुको इस तरुण महान् राजा (तुर्वयाण) के लिये अहानिकर किया ॥१०॥

—सव्य आंगिरस, १।५३

२३. ऋणंचय—

१८. हे अग्नि रुशमोंने चार हजार गायें मुझे देते भला किया। नेताओंमें महानतम नेता ऋणंचयके धनको हमने तत्परतासे ग्रहण किया ॥१२॥ रुशमोंके राजा ऋणंचयके पास वह सर्वगामिनी रात बीत गई। शक्तिशाली घोडेकी तरह आगे बढ़ बभ्रुने चार हजार (गायें) पाई ॥१४॥

—बभ्रु, ५।३०

२४. पाकस्थामा कौरयाण——

१९. यं मे दुरिन्द्रो मरुतः पाकस्थामा कौरयाणः।
विश्वेषां त्मना शोभिष्ठमुपेव दिवि धावमानं ।।२१।।

रोहितं मे पाकस्थामा सुधुरं कक्ष्यप्रां।
अदाद्रायो विबोधनं ।।२२।।

आत्मा पितुस्तनुर्वास ओजोदा अभ्यंजनं।
तुरीयमिद्रोहितस्य पाकस्थामानं भोजं दातारमब्रवं ।।२४।।

—८।३

२५. देवश्रवा, २६. देववात——

२०. अमन्थिष्टां भारता रेवदग्निं देवश्रवा देववातः सुदक्षं।
अग्ने वि पश्य बृहताभि रायेषां नो नेता भवतादनुद्यून् ।।२।।

दशक्षिपः पूर्व्यं सीमजीजनन्त्सुजातं मातृषु प्रियं।
अग्निं स्तुहि दैववातं देवश्रवो यो जनानामसद्वशी ।।३।।

—३।२३

२७. सृंजय दैववात, २८. वृचीवान्——

२१. यस्य गावावरुषा सूयवस्यू अन्तरू षु चरतो रेरिहाणा।
स सृंजयाय तुर्वशं परादाद् वृचीवतो दैववाताय शिक्षन् ।।७।।

—६।२७

२२. अयं यः सृंजये पुरो दैववाते समिध्यते। द्युमां अमित्रदम्भनः ।।४।।

—४।१५

२४. पाकस्थामा कौरयाण—

१९. द्यौके पास दौडनेवाला सा स्वयं सबमें अत्यन्त शोभनीय (घोड़ा) है जिसे मुझे इन्द्र और मरुतों ने कुरयाण-पुत्र पाकस्थामाने दिया। ॥२१॥

पाकास्थामा ने मुझे धनप्राप्त करानेवाला रस्सी-सहित सुधुर[1] लाल (घोडा) दिया ॥२२॥

वह पिता का शरीर है, आत्मा वस्त्र और बलप्रद भोजन। चौथा लाल घोडेके दाता भोजनकर्त्ता **पाकस्थामाको** मैं कहता हूं ॥२४॥ (५।८१)

—मेध्यातिथि कण्व-पुत्र ८।३

२५. देवश्रवा, २६. देववात—

२०. भरत-सन्तान **देवश्रवा** और **देववातने** सुदक्ष, धनवान् अग्निको मथित किया। हे अग्नि, तुम बड़े धनके साथ हमारी ओर देखो। प्रतिदिन हमारे नेता बनो ॥२॥

(अरणी) माताओं में प्रिय पूर्वतन सुजात अग्निको दस अंगुलियों ने उत्पन्न किया। हे **देवश्रवा देववात-कृत** अग्निकी स्तुति करो, जो कि जनोंको बसमें करनेवाला है ॥३॥

—देवश्रवा, देववात, ३।२३

२७. सृंजय देववात-पुत्र, २८. वृचीवान्—

२१. जिसके दो सुन्दर घास चरनेवाले लालसा भरे लाल (घोडे) (द्यौ-पृथिवी के) मध्यमें विचरते हैं। उस (इन्द्र) ने **सृंजयको** पास तुर्वशको समर्पित किया, देववात-पुत्रके लिये **वृचीवान्** को ॥७॥

—भरद्वाज, ६।२७

२२. यह अमित्रनाशक द्युतिमान अग्नि है, जो कि **देववात-पुत्र सृंजय** के यहां प्रज्वलित होता है ॥४॥

—वामदेव, ४।१५

---

[1] **रथमें जुतने लायक।**

२६. साञ्जय महिराध —

२३. महिराधो विश्वजन्यं दधानान्भरद्वाजान्त्साञ्जंयो अभ्ययष्ट ।।२५।।
—६।४७

३०. पुरुकुत्स —

२४. सनेम ते वसा नव्य इन्द्र प्र पूरवः स्तवन्त एना यज्ञैः ।
सप्त यत्पुरः शर्म शारदीर्दर्द्धन्दासीः पुरुकुत्साय शिक्षन् ।।१०।।
—६।२०

२५. दनो विश इन्द्र मृध्रवाचः सप्त यत् पुरः शर्म शारदीर्दत् ।
ऋणोरपो अनवद्यार्णं यूने पुरुकुत्साय रन्धीः ।।२।।
—१।१७४

२६. त्वं ह त्यदिन्द्र सप्त युध्यन् पुरो वज्रिन् पुरुकुत्साय दर्दः ।
बर्हिर्न यत् सुदासे वृथा वर्गंहो राजन् वरिवः पूरवे कः ।।७।।
—१।६३

२७. याभिः शुचन्ति धनसां सुषंसदं तप्तं धर्ममोम्यावन्तमंत्रये ।
याभिः पृश्निगुं पुरुकुत्समावतं ताभिरू षु ऊतिभिरश्विना गतं ।।७।।
—१।११२

३१. त्रसदस्यु पौरुकुत्स —

२८. त्वं धृष्णो धृषता वीतहव्यं प्रावो विश्वाभिरूतिभिः सुदासं ।
प्र पौरुकुत्सिं त्रसदस्युमावः क्षेत्रसाता वृत्रहत्येषु पूरुं ।।३।।
—७।१९

२९. सृंजय-पुत्र--

२३. सभी जनोंके हितार्थ महान् धनको तपानेवाले भरद्वाजोंका सम्मान सृंजय-पुत्रने किया ।।२५।।

३०. पुरुकुत्स--

२४. हे इन्द्र, तुम्हारी रक्षा द्वारा हम नवीन धन चाहते हैं। (अपने) यज्ञों द्वारा पुरु लोग ये स्तुतियां करते हैं। जब पुरुकुत्सकी सहायता करते तुमने दासोंकी सात शरद-कालीन शरणस्थानीय गढ़ियोंको नष्ट किया ।।१०।।

—भरद्वाज, ६।२०

२५. हे दनु इन्द्र, जब तुमने बकवासी दानव प्रजाओंकी शरणस्थानीय सात शरदकालीन पुरियोंको नष्ट किया। हे निर्दोष, तुमने बाढ़के जलको चलाया। तुमने तरुण पुरुकुत्सके लिये शत्रु को मारा ।।२।।

—अगस्त्य, १।१७४

२६. हे वज्रधारी इन्द्र, तुमने लडते हुये पुरुकुत्सके लिये जो सात पुरियोंको ध्वस्त किया। हे राजन्, सुदासके लिये जो कुशकी तरह तुमने व्यर्थके पापी (शत्रु) को मारा, पुरुको धन और मंगल दिया ।।७।।

—नोधा गोतम-पुत्र, १।६३

२७. जिन रक्षाओं द्वारा तुमने शुचन्तिको धन और सुन्दर सदन दिया, अत्रिके लिये रक्षावाला तपते घामको बनाया। जिन (रक्षाओं) से पृश्निगु, पुरुकुत्स की तुमने रक्षा की। हे अश्विद्वय, उन रक्षाओंके साथ आओ ।।७।।

—कुत्स आंगिरस, १।११२

३१. त्रसदस्यु पुरुकुत्स-पुत्र--

२८. हे (इन्द्र) शत्रुओं का दमन करते अपनी सारी रक्षाओं द्वारा वीत-हव्य सुदास की रक्षा करो। क्षेत्र पाने के लिये वृत्र-युद्धमें पुरुवंशी पुरुकुत्स-पुत्र त्रसदस्युकी रक्षा करो ।।३।।

—वसिष्ठ, ७।१९

२९. अस्माकमत्र पितरस्त आसन्त्सप्त ऋषयो दौर्गहे बध्यमाने।
त आयजन्त त्रसदस्युमस्या इन्द्रं न वृत्रतुरमर्धदेवं ॥८॥

३०. पुरुकुत्सानी हि वामदाशद्धव्येभिरिन्द्रावरुणा नमोभिः।
अथा राजानं त्रसदस्युमस्या वृत्रहणं ददथुरर्धदेवं ॥९॥

—४।४२

३१. उप त्ये मा पौरुकुत्स्यस्य सूरेस्त्रसदस्योर्हिरणिनो रराणाः
वहन्तु मा दश श्येतासो अस्य गैरिक्षितस्य ऋतुभिर्नु सश्चे ॥८॥

—५।३३

३२. उतो हि वां दात्रा सन्ति पूर्वा या पुरुभ्यस्त्रसदस्युर्नितोशे।
क्षेत्रासां ददथुरुर्वरासां धनं दस्युभ्यो अभिभूतिमुग्रं ॥१॥

—४।३८

३३. अदान्मे पौरुकुत्स्यः पंचाशतं त्रसदस्युर्वधूनां।
मंहिष्ठो अर्यः सत्पतिः ॥३६॥

उत मे प्रयियोर्वयियोः सुवास्त्वा अधि तुग्वनि।
तिसृणां सप्ततीनां श्यावः प्रणेता भुवद्वसुर्दियानां पतिः ॥३७॥

—८।१९

३२. **कुरुश्रवण त्रसदस्यु-पुत्र—**

३४. तमागन्म सोभरयः सहस्रमुष्कं स्वभिष्टिमवसे।
सम्राजं त्रासदस्यवं ॥३२॥

—८।१९

३५. एतानि भद्रा कलशं क्रियाम कुरुश्रवण ददतो मघानि।
दान इद्वो मघवा नः स अस्त्वयं च सोमो हृदि यं बिभर्मि ॥९॥

—१०।३२

२९. यहां हमारे वे सात पितर ऋषि थे, दुर्गह-पुत्रके बंदी होने के समय उन्होंने इन्द्र जैसे अर्धदेव शत्रुनाशक **त्रसदस्युको** पाया ।।८।।

३०. हे इन्द्र-वरुण, नमस्कारों के साथ **पुरुकुत्सानीने** तुम्हें हवि प्रदान किया। फिर तुमने उसे शत्रु-नाशक राजा **त्रसदस्युको** प्रदान किया ।।९।।

—वामदेव, ४।४२

३१. सुवर्णवाले सूरि **पुरुकुत्स-पुत्र** त्रसदस्युके वे दस श्वेत रमणीय घोडे मुझे वहन करते हैं। उस **गिरिक्षित-पुत्रके** यज्ञोंसे हम शीघ्र आये ।।८।।

—संवर्ण प्रजापति-पुत्र, ५।३३

३२. (हे **द्यौ**-पृथिवी) तुम्हारे पास से पहले धन पाकर दाता **त्रसदस्युने** पुरुओंको प्रदान किया। तुमने उसे उर्बर क्षेत्र दिया, दस्युओंको पराजित करनेके लिये कठोर अस्त्र दिया ।।१।।

—वामदेव ४।३८

३३. अतिमहान् स्वामी सत्पति पुरुकुत्स-पुत्र **त्रसदस्युने** मुझे पचास बधुयें (दासियां) दीं ।।३६।।

और प्रणेता दानपति **श्यावने** सुवास्तुके तट पर शीघ्र जानेवाला मुझे मजबूत घोडा, दो सौ दस बैल दिये ।।३७।।

—सोभरि काण्व, ८।१९

३२. कुरुश्रवण त्रसदस्यु-पुत्र--

३४. रक्षाके लिये हम **सोभरि** सम्राट् **त्रसदस्युके** उस बहुत तेजस्वी सुरूप (अग्नि) के पास आये ।।३२।।

—सोभरि काण्व, ८।१९

३५. हे कलश, हम ये मंगल करते हैं, हे धनोंके दाता **कुरुश्रवण** तुम्हें मघवा (इन्द्र) फल दे और सोम भी, जिसे कि मैं हृदयमें धारण करता हूं ।।९।।

—कवष ऐलूष, १०।३२

कुरुश्रवणमावृणि राजानं त्रासदस्यवं। मंहिष्ठं वाघतामृषिः ॥४॥
—१०।३३

३३. **अभ्यावर्ती चायमान—**

द्वयां अग्ने रथिनो विंशतिं गा वधूमतो मघवा मह्यं सम्राट्।
अभ्यावर्ती चायमानो ददाति दूणाशेयं दक्षिणा पार्थवानाम् ॥८॥
—६।२७

३४. **(चित्र) सरस्वती-तट**—देखो १६।४३।

३५. **कशु चैद्य**

ता मे अश्विना सनीनां विद्यातं नवानां।
यथा चिच्चैद्यः कशुः शतमुष्ट्राणां ददत्सहस्रा दश गोनां ॥३॥

यो मे हिरण्यसन्दृशो दश राज्ञो अमंहत।
अघस्पदा इच्चैद्यस्य कृष्टयश्चर्मम्ना अभितो जनाः ॥३८॥

माकिरेना पथा गाद्येनेमे यन्ति चेदयः।
अन्यो नेत् सूरिरोहते भूरिदावत्तरो जनः ॥३९॥

—८।५

§२. दिवोदास के कार्य

१. **दिवोदास—**

३६. प्रियास इत्ते मघवन्नभिष्टौ नरो मदेम शरणे सखायः।
नि तुर्वशं नि याद्वं शिशीह्यतिथिग्वाय शंस्यं करिष्यन् ॥८॥
—७।१९

३७. पुरः सद्य इत्था धिये दिवोदासाय शम्बरं। अघ त्यं तुर्वशं यदुं ॥२॥
—९।६१

मैं (कवष) ऋषि दाताओं में महान्‌तम त्रसदस्यु-पुत्र राजा कुरुश्रवण को पसंद करता हूं ॥४॥

—कवष, १०।३३

३३. अभ्यावर्ती चायमान—

३५. हे अग्नि, धनवान् पार्थवोंके सम्राट् चायमान-पुत्र अभ्यावर्तीने मुझे बधुओं (दासियों) सहित दो रथके घोड़े और बीस गायें प्रदान कीं ॥८॥

—भरद्वाज, ६।२७

३४. चित्र (सरस्वती तट)—

देखो १६।४३

दिवोदास-सुदासके समय आर्योंके भिन्न-भिन्न जनोंमें अनेक प्रतापी राजा थे, जिनका उल्लेख ऋषियों ने अपनी ऋचाओंमें किया है—वश अश्व्य (८।४६।३३) जिसके लिये सुवर्ण आभूषित अच्छी सुन्दरी लाई गई थी।

३५. कशु चैद्य—चेदी जन सप्तसिन्धु के गुमनाम से जनों में एक था, जिसका राजा कशु अपने दानके लिये बहुत मशहूर था। ब्रह्मातिथि काण्वने इसकी प्रशंसा में लिखा है ८।३।३७।३९—

३५. हे अश्विनो, मुझे मिले नये दानोंको जानो। कशु चैद्यने सौ ऊंट और दस हजार गायें दीं ॥३७॥

जिसने मुझे सुवर्ण समान दस राजाओं को प्रदान किया। ढालों लिये आदमी जन घेरकर चैद्य (कशुके) पैरोंमें खड़े हुये ॥३८॥

जिस रास्ते से यह चेदि लोग जाते हैं, दूसरा नहीं जाता। उससे अधिक देने वाला राजा सूरि नहीं है ॥३९॥

§२. दिवोदासके कार्य

१. दिवोदास—

३६. हे मघवन्, तुम्हारी शरण में हम प्रिसखा नर पासमें मौजसे रहें। अतिथिग्व (दिवोदास) की भलाई करते तुर्वश और याद्वको पराजित करो ॥८॥

—वसिष्ठ, ७।१९

३८. त्वं करंजमुत पर्णयं वधीस्तेजिष्ठयातिथिग्वस्य वर्तनी।
त्वं शता वंगृदस्याभिनत् पुरो नानुदः परिषूतां ऋजिश्वना ॥८॥

—१।५३

३९. अभीदमेकमेको अस्मि निष्षाळभी द्वा किमु त्रयः करन्ति।
खले न पर्षान् प्रति हन्मि भूरिं किं मा निन्दन्ति शत्रवोऽनिन्द्राः ॥७॥

अहं गुंगुभ्यो अतिथिग्वमिष्करमिषं न वृत्रतुरं विक्षु धारयं।
यत् पर्णयघ्न उत वा करंजहे प्राहं महे वृत्रहत्ये अशुश्रवि ॥८॥

—१०।४८

४०. यदयातं दिवोदासाय वर्तिर्भरद्वाजायाश्विना हयन्ता।
रेवदुवाह स चनो रथो वां वृषभश्च शिंशुमारश्च युक्ता ॥१८॥

—१।११६

४१. याभिर्महामतिथिग्वं कशोजुवं दिवोदासं शम्बरहत्य आवतं।
याभिः पूर्भिद्ये त्रसदस्युमावतं ताभिरूषु ऊतिभिरश्विना गतं ॥१४॥

—१।११२

४२. युवं भुज्युं भुरमाणं विभिर्गतं स्वयुक्तिभिर्निवहन्ता पितृभ्य आ।
यासिष्टं वर्तिर्वृषणा विजेन्यं दिवोदासाय महि चेति वामवः ॥४॥

—१।११९

३७. (सोमने) इस प्रकार तुरन्त ही शंबरकी पुरियोंको और उस तुर्वश यदुको दिवोदास लिये नष्ट किया ॥२॥

—अमहीयु आंगिरस, ९।६१

३८. हे इन्द्र, तुमने करंज और पर्णयको मारा, अतिथिग्व दिवोदासकी भलाई के लिये अत्यन्त तीक्ष्ण हथियारोंसे मारा। तुमने निराबाध ऋजिश्वा द्वारा घेरी गई वंगृदकी सौ पुरियोंको ध्वस्त किया ॥८॥ (८।४६)

—सव्य आंगिरस १।५३

३९. आये, एक (शत्रु) को मैं अकेला पराजित करनेवाला हूं। दो या तीन मेरी क्या कर सकते हैं। खलिहानमें धान्यकी तरह मैं खूब मारूंगा। इन्द्रहीन शत्रु मेरी क्या निन्दा करेंगे ॥७॥

मैंने गुंगुओंके विरुद्ध अतिथिग्व (दिवोदास) को दृढ़ किया, और प्रजाओंमें अन्नकी तरह शत्रुनाशक हो धारण किया। पर्णय-हत्या अथवा करंज-हत्या या महान् वृत्र-हत्यामें मैं बहुत प्रसिद्ध हुआ ॥८॥

—इन्द्र, १०।४८

४०. हे अश्विद्वय, पुकारे जाने पर जब तुम दिवोदासके पास, भरद्वाज के पास आये। तो उस समय तुम्हारे उपयोगका रथ धन लेकर आया था, (उसमें) वृषभ और शिंशुमार जुते हुये थे ॥१८॥

—कक्षीवान् दीर्घतमा-पुत्र, १।११६

४१. हे अश्विद्वय, तुमने जिन रक्षाओंसे शंबरयुद्धमें कशाधारी अतिथिग्व दिवोदासकी रक्षा की। जिनसे पुरोंके तोड़ने के समय तुमने त्रसदस्यु की रक्षा की, उन (रक्षाओं) के साथ आओ ॥१४॥

—कुत्स आंगिरस, १।११२

४२. हे अश्विद्वय, तुम पक्षियोंके साथ जलमें डूबते भुज्युको अपनी युक्तियोंसे निकाल पिताओंके पास ले गये। पराक्रमियों, तुम दूर गये। दिवोदासको तुम्हारी रक्षाका महत्व है। ४॥

—कक्षीवान दीर्घतमा-पुत्र, १।११९

२. **शम्बर-हत्या**--

४३. त्वं **कविं** चोदयोऽर्कसातो त्वं **कुत्साय शुष्णं** दाशुषे वर्क्।
त्वं शिरो अमर्मणः पराहन्न**तिथिग्वाय** शंस्यं करिष्यन् ।।३।।

---६।२६

४४. भिनत् पुरो नवतिमिन्द्र **पूरवे दिवोदासाय** महि दाशुषे नृतो,
वज्रेण दाशुषे नृतो।
अतिथिग्वाय शम्बरं गिरेरुग्रो अवाभरत्।
महो धनानि दयमान ओजसा, विश्वा धनान्योजसा ।।७।।

---१।१३०

४५. त्वमिभा वार्या पुरु **दिवोदासाय** सुन्वते।
भरद्वाजाय दाशुषे ।।५।।

---६।१६

४६. आग्निरगामि **भारतो** वृत्रहा पुरुचेतनः।
दिवोदासस्य सत्पतिः ।।१९।।

---६।१६

४७. यस्य त्य**च्छम्बरं** मदे **दिवोदासाय** रन्धयः।
अयं स सोम इन्द्र ते सुतः पिब ।।१।।

---६।४३

४८. अहं पुरो मन्दसानो व्यैरं नव साकन्नवतीः **शम्बरस्य**।
शततमं वेश्यं सर्वताता **दिवोदासमतिथिग्वं** यदावं ।।३।।

---४।२६

§३. हथियार

१. **इषु**, २. **निषंग**--

४९. संक्रन्दनेनानिमिषेण जिष्णुना युत्कारेण दुश्च्यवनेन धृष्णुना।
तदिन्द्रेण जयत तत् सहध्वं युधो नर **इषुहस्तेन** वृष्णा ।।२।।

२. शंबर-युद्ध—

४३. (हे इन्द्र) तुमने प्रकाश-प्राप्तिके लिये कविको प्रेरित किया, भक्त कुत्सके लिये तुमने शुष्णको मारा। तुमने अतिथिग्वकी भलाई करनेकी इच्छासे मर्महीन (शंबर) के सिरको काटा ॥३॥

—भरद्वाज ६।२६

४४. हे नृत्य करनेवाले इन्द्र, तुमने संग्राममें भक्त पुरु दिवोदासके लिये वज्रसे निन्नानबे पुरियां नष्ट कीं। अतिथिग्वके लिये तुम उगते शंबरको गिरिसे नीचे पटका। बड़ी निधिको अपने पराक्रमसे बांटते, अपने पराक्रमसे सारी निधिको बांटते ॥७॥ (८।६२)

—परुच्छेप दिवोदास-पुत्र, १।१३०

४५. हे अग्नि, तुमने सोम सवन करनेवाले पुरु दिवोदासके लिये इन श्रेष्ठ (धनों) को दिया, और भक्त भरद्वाज के लिये (भी) ॥५॥

—भरद्वाज, ६।१६

४६. बहुत चेतनावाला शत्रुनाशक भरतोंवाला दिवोदासका सत्पति अग्नि आया ॥१९॥

—भरद्वाज, ६।१६

४७. जिसके मदमें मस्त हो हे इन्द्र, तुमने दिवोदासके लिये शंबरको मारा। सो यह सोम तुम्हारे लिये छना हुआ है, पियो ॥१॥

—भरद्वाज, ६।४३

४८. मैंने मस्त हो शम्बरकी निन्नानवे पुरियोंको ध्वस्त किया, सबोंको प्रवेश करनेके लिये (रक्खा), जब (युद्धमें) दिवोदास अतिथिग्व की मैंने रक्षा की थी ॥३॥

—वामदेव, ४।२६

§३. हथियार

१. बाण, २. तर्कश—

४९. कोलाहल करनेवाले बराबर देखते, जय करनेवाले, जोडनेवाले, चित न होनेवाले, संघर्षवाले, बाणहस्त, पराक्रमी इन्द्रके साथ हो युद्धमें हे नरो, (शत्रुको) पराजित विताडित, करो ॥२॥

स इषुहस्तैः स निषंगिभिर्वशी संस्रष्टा स युध इन्द्रो गणेन ।
संसृष्टजित् सोमपा बाहुशर्ध्युग्रधन्वा प्रतिहिताभिरस्ता ।।३।।

—१०।१०३

३. धनुष, ४. ज्या, ५. वर्म—

५०. जीमूतस्येव भवति प्रतीकं यद्वर्मी याति समदामुपस्थे ।
अनाविद्धया तन्वा जय त्वं स त्वा वर्मणो महिमा पिपर्तु ।।१।।

धन्वना गा धन्वनाजिं जयेम धन्वना तीव्राः समदो जयेम ।
धनुः शत्रोरपकामं कृणोति धन्वना सर्वाः प्रदिशो जयेम ।।२।।

वक्ष्यन्तीवेदा गनीगन्ति कर्णं प्रियं सखायं परिषस्वजाना ।
योषेव शिङ्क्ते वितताधि धन्वन् ज्या इयं समने पारयन्ती ।।३।।

ते आचरन्ती समनेव योषा मातेव पुत्रं बिभृतामुपस्थे ।
अप शत्रून्विध्यतां संविदाने आर्त्नी इमे विष्फुरन्ती अमित्रान् ।।४।।

—६।७५

५१. प्रोष्वस्मै पुरोरथमिन्द्राय शूषमर्चत।
अभीके चिदु लोककृत् संगे समत्सु वृत्रहास्माकं बोधि चोदिता ।
नभन्तामन्यकेषां ज्याका अधि धन्वसु ।।१।।

—१०।१३३

६. कुलिश—

५२. वैश्वानराय धिषणामृतावृधे घृतं न पूतमग्नये जनामसि ।
द्विता होतारं मनुषश्च वाघतो धिया रथं न कुलिशः समृण्वति ।।१।।

—३।२

वह वाण-हस्तों, तुणीर वालों, के साथ, गुणसे युक्त युद्धमें भिड़न्त करनेवाले, भीड जीतनेवाले सोम-पायी, वाहुबल-युक्त उग्र धनुर्धर उस इन्द्रने फेंके बाणोंसे शत्रुओंको गिराया ॥३॥

—अप्रतिरथ इन्द्र-पुत्र १०।१०३

३. धनुष, ४. प्रत्यंचा, ५. कवच—

५०. कवचधारी (वीर) जब युद्धके बीच जाता है, तो मानो मेघका प्रतीक होता है। तुम घावरहित शरीर वाले होओ, कवचकी वह महिमा तुम्हारी रक्षा करे ॥११॥

हम धनुषसे गायोंको जीतें, धनुषसे युद्धको जीतें, धनुषसे तीव्र सेनाओंको जीतें। धनुष शत्रुमें भगदड़ मचाता है, धनुषसे हम सारी दिशाओंको जीतें ॥२॥

कानतक खिची युद्धमें पार कराती धनुषके ऊपर फैली यह प्रत्यंचा प्रिय सखा को आलिंगन करती स्त्री की तरह बोलती है ॥३॥

वे (दोनों धनुषके कोर) प्रेमीमें स्त्रीकी तरह लडाईके उपस्थित होनेपर पुत्रमें माताकी तरह आचरण करती गोदमें लेती है। यह कोर मिलकर हिलते शत्रुओं अमित्रोंको बेधें ॥४॥

—पायु. भरद्वाज-पुत्र, ६।७५

५१. जो रथके समान रक्खेगा उस इन्द्रके लिये बलको पूजो। युद्धमें समीप आ जानेपर लोककर्त्ता प्रेरक शत्रुनाशक (इन्द्र) हमें जतलायें। दूसरोंकी प्रत्यंचायें धनुषोंमें टूट जायें ॥१॥

—सुदास पिजवन-पुत्र, १०।१३३

६. कुल्हाड़ा—

५२. हम ऋतवर्धक वैश्वानर अग्निके लिये घृतकी तरह पवित्र स्तुति करते हैं। जैसे रथको कुल्हाड़ा (बसूला) ठीक गढ़ता है, वैसे ही दो प्रकारसे होता (अग्नि) की मनुष्योंके स्तुतिसे गढ़ते हैं ॥१॥

—विश्वामित्र, ३।२

७. परशु—

५३. परशुं चिद्वितपति शिम्बलं चिद्विवृश्चति।
उखा चिदिन्द्र येषन्ती प्रयस्ता फेनमस्यति ॥२२॥

—३।५३

देखो १८।१५ (५) भी।

८. वाशी, ९. ऋष्टि (छूरा) —

५४. वाशीमन्त ऋष्टिमन्तो मनीषिणः सुधन्वान इषुमन्तो निषंगिणः।
स्वस्वा स्थ सुरथाः पृश्निमातरः स्वायुधा मरुतो याथमाशुभं ॥२॥

—५।५७

५५. वाशीमेको बिभर्ति हस्त आयसीमन्तर्देवेषु निध्रुविः ॥३॥

—८।२९

१०. वज्र—

५६. वज्रमेको बिभर्ति हस्त आहितं तेन वृत्राणि जिघ्नते ॥४॥

—८।२९

११. अत्क—

५७. त्वं त इन्द्रोभयां अमित्रान्दासा वृत्राण्यार्या च शूर।
वधींवनेव सुधितेभिरत्कैरा पृत्सु दर्षि नृणां नृतं ॥३॥

—६।३३

७. फरसा—

५३. हे इन्द्र, फरसा जैसे तपाता, सेमल जैसे काटता, (जैसे) पकाई जाती हंड़िया खौलती फेन छोड़ती है ।।२२।।

—विश्वामित्र, ३।५३

८. बसूला, ९. छुरा—

५४. बसूलेवाले, छुरेवाले, मनीषी सुधनुष-युक्त बाणवान्, तूणीरधारी, सुन्दर घोड़ेवाले, सुन्दर रथवाले, सुन्दर आयुधवाले हो पृश्नि-माता के पुत्र हे मरुतो, हमारे विजयके लिये आओ ।।२।।

—श्यावाश्व, ५।५७

५५. देवोंके बीच निश्चल स्थानमें स्थित एक पुरुष हाथमें आयसी (तांबेके) बसूलेको धारण करता है।।३।।

—कश्यप मरीचि-पुत्र, ८।२९

१०. वज्र—

५६. एक हाथमें वज्र धारे, उससे शत्रुओंको मारता है।।४।।

—कश्यप मरीचि-पुत्र, ८।२९

११. अत्क—

५७. हे शूर इन्द्र, तुम दास और आर्य उन दोनों अमित्रों (शत्रुओं) को, हे नेताओंमें श्रेष्ठतम नेता, तीक्ष्ण धारवाले अत्कों (कुल्हाड़ों) द्वारा जैसे वनको, वैसे युद्धमें मारते हो ।।३।।

—शुनहोत्र, ६।३३

१२. नाव—

५८. अनारम्भणे तदवीरयेथामनास्थाने अग्रभणे समुद्रे ।
यदश्विना ऊहथुर्भुज्युमस्तं शतारित्रां नावमातस्थिवांसं ।।५।।

—१।११६

१३. अष्ट्रा (आरा)—
देखो १५।५२

१४. स्वधिति (छुरा), १५. क्ष्णोत्र (शान)
देखो १८।१२ (७) ।

अध्याय १०

सुदास

§१ सुदास वीतहव्य

१. वसिष्ठ पुरोहित—

१. दण्डा इवेद्गो अजनास आसन् परिच्छिन्ना भरता अर्भकासः ।
अभवच्च पुर एता वसिष्ठ आदितृत्सूनां विशो अप्रथन्त ।।६।।

—७।३३

२. इंद्रेणैते तृत्सवो वेविषाणा आपो न सृष्टा अधवंत नीचीः ।
दुर्मित्रासः प्रकलविन् विमाना जहुर्विश्वानि भोजना सुदासे ।।१५।।

—७।३३

१२. नाव'—

५८. हे अश्विद्वय, तुमने निरालम्ब, ठहरनेके स्थानसे रहित समुद्रमें वीरता दिखलाई, जब कि भुज्युको सौ पतवारोंवाली नावमें बैठा कर घर ले गये ॥५॥

—कक्षीवान् दीर्घतमा-पुत्र, १।११६

अध्याय १०

सुदास

§१. सुदास वीतहव्य

१. वसिष्ठ पुरोहित—

१. दण्डसे जैसे गौवें, वैसे ही भरत जनहीन शिशुओंकी तरह छिन्न-भिन्न थे। वसिष्ठ इनका अगुआ (पुरोहित) हुआ, तो तृत्सुओंकी प्रजायें बढ़ने लगीं ॥६॥ (५।१२)

—वसिष्ठ, ७।३३

२. इन्द्र द्वारा प्रताड़ित ये तृत्सु छोड़े हुए जलकी तरह नीचेकी ओर भागे। दुष्ट मित्रोंवाले विकल-बुद्धि उन्होंने बाधित हो सारे भोजन सुदासके लिये फेंक दिये ॥१५॥

—वसिष्ठ, ७।१८

' घरके उपयोगके हथियारोंका उल्लेख निम्न प्रकार है—

आरा—६।५३।५

क्षुर (अस्तुरा)—८।४।१६, १०।२९।८

परशु, कुठार, स्वधिति—१।१६२।९, १८, २०; १०।२८।८ (परशु)

वाशी (बसूला)—२८।२९।३

सूची (सूई)—१।१९१।७, २।३२।४

घर मृण्मय (मिट्टीके) होते थे ७।८९।१

३. शिवत्यंचो मा दक्षिणतस्कपर्दा धियं जिन्वासो अभि हि प्रमन्दुः।
उत्तिष्ठन्वोचे परि बर्हिषो नृभ्न मे दूरादवितवे वसिष्ठाः ॥१॥

दूरादिन्द्रमनयन्ना सुतेन तिरो वैशन्तमतिपान्तमुग्रं।
पाशद्युम्नस्य वायतस्य सोमात् सुतादिन्द्रो वृणीता वसिष्ठान् ॥२॥

एवेन्नु कं सिन्धुमेभिस्ततारेवेन्नु कं भेदमेभिर्ज्जघान।
एवेन्नु कं दाशराज्ञे सुदासं प्रावदिन्द्रो ब्रह्मणा वो वसिष्ठाः ॥१३॥
—७।३३

२. सुदास—

४. द्वे नप्तुर्देववतः शते गोर्द्वा रथा बधूमन्ता सुदासः।
अर्हन्नग्ने पैजवनस्य दानं होतेव सद्म पर्येमि रेभन् ॥२२॥

५. चत्वारो मा पैजवनस्य दानाः स्मद्दिष्टयः कृशनिनो निरेके।
अञ्जासो मा पृथिविष्ठाः सुदासस्तोकं तोकाय श्रवसे वहन्ति ॥२३॥
—७।१८

६. इमं नरो मरुतः सश्चतानु दिवोदासं न पितरं सुदासः।
अविष्टना पैजवनस्य केतं दूणाशं क्षत्रमजरं दुवोयु ॥२५॥
—७।१८

७. त्वं धृष्णो धृषता वीतहव्यं प्रावो विश्वाभिरूतिभिः सुदासं।
प्र पौरुकुत्सिं त्रसदस्युमावः क्षेत्रसाता वृत्रहत्येषु पूरुं ॥३॥
—७।१९

३. गोरे दाहिनी ओर जूड़ा रखनेवाले सुबुद्धि वे (वसिष्ठ) मुझे बहुत प्रसन्न करते हैं। यज्ञसे उठते मैं आदमियोंको कहता हूं "वसिष्ठ-संतान मुझसे दूर न जायें" ॥१॥ (३।६)

वयत-पुत्र पाशद्युम्नके छाने सोमसे इन्द्रने वसिष्ठोंके (सोमको) पसन्द किया। छाने हुए सोमके साथ पात्रमें स्थित सोमको बहुत पीनेसे उग्र इन्द्रको वसिष्ठ वैशन्तसे लाये ॥२॥

ऐसे ही इनके द्वारा (वह) सिन्धुको पार हुआ, ऐसे ही इनके द्वारा (उसने) भेदको मारा। ऐसे ही हे वसिष्ठो, तुम्हारे ब्रह्म (ऋचा) द्वारा इन्द्रने दाशराज्ञमें सुदासकी रक्षा की ॥३॥

—वसिष्ठ, ७।३३

२. सुदास पैजवन—

४. हे अग्नि, अर्हत्, देववान्के नाती पैजवन सुदासकी दो सौ गायें और वधुओं-सहित दो रथोंको दानके तौरपर पा होताकी तरह गान करते मैं घर जाता हूँ ॥२२॥

५. पैजवनके दिये सोनेके अलंकारोंवाले हमारे शिक्षित सरलगामी, मोती-मंडित पृथिवीपर स्थित चार घोड़े मुझे और पुत्र-पौत्रोंको यशपूर्वक वहन करते हैं। ॥२३॥

—वसिष्ठ, ७।१८

६. हे नेता मरुतो, पिता दिवोदासकी तरह सुदासकी सहायता करो, पैजवनकी इच्छाकी पूर्ति करो, उसके स्थिर, अजर राज्यकी रक्षा करो ॥२५॥

—वसिष्ठ, ७।१८

७. हे घर्षक इन्द्र, तुमने शत्रुओंका घर्षण करते वीतहव्य सुदासकी सारी रक्षाओंसे रक्षा की। वृत्र-युद्धमें क्षेत्र लाभके लिए पुरुवंशी पुरुकुत्स-पुत्र त्रसदस्युकी रक्षा की ॥३॥

—वसिष्ठ, ७।१९

८. सना ता त इन्द्र भोजनानि रातहव्याय दाशुषे सुदासे।
वृष्णे ते हरी वृषणा युनज्मि व्यन्तु ब्रह्माणि पुरुशाक वाजं ।।६।।

—७।१९

९. हन्ता वृत्रमिन्द्रः शूशुवानः प्रावीन्नु वीरो जरितारमूती।
कर्ता सुदासे अह वा उ लोकं दाता वसु मुहुरा दाशुषे भूत् ।।२।।

—७।२०

१०. शतं ते शिप्रिन्नूतयः सुदासे सहस्रं शंसा उत रातिरस्तु।
जहि वधर्वनुषो मर्त्यस्यास्मे द्युम्नमधि रत्नं च धेहि ।।३।।

—७।२५

११. नकिः सुदासो रथं पर्यास न रीरमत्।
इन्द्रो यस्याविता यस्य मरुतो गमत् स गोमति व्रजे ।।१०।।

—७।३२

१२. युवां नरा पश्यमानास आप्यं प्राचा गव्यन्तः पृथुपर्शवो ययुः।
दासा च वृत्रा हतमार्याणि च सुदासमिन्द्रावरुणावसावतं ।।११।।

—७३।८

§२. दाशराज्ञ युद्ध

१. शत्रु—

१३. युवां हवन्त उभयास आजिष्विन्द्रं च वस्वो वरुणं च सातये।
यत्र राजभिर्दशभिर्निबाधितं प्र सुदासमावतं तृत्सुभिः सह ।।६।।

दश राजानः समिता अयज्यवः सुदासमिन्द्रावरुणा न युयुधुः।
सत्या नृणामद्मसदामुपस्तुतिर्देवा एषामभवन्देवहूतिषु ।।७।।

—७।८३

८. हे इन्द्र, रातहव्य (हविदाता) सुदासके लिये तुम्हारे भोजन (सम्पत्ति) सदासे हैं। हे पराक्रमी, तुम्हारे दोनों मजबूत घोड़े रथमें जोड़ता हूं। तुम बड़े शक्तिशाली हो, तुम्हारे पास हमारे पद (ब्रह्म) शक्ति के लिये जायें ॥६॥

—वसिष्ठ, ७।१९

९. सुपुष्ट शत्रुको मारता वह वीर इन्द्र स्तोताकी शीघ्र रक्षा करता है। सुदासके लिये उसने लोकको बनाया, भक्तको उसने बार-बार धन दिया ॥२॥

—वसिष्ठ, ७।२०

१०. हे उष्णीषधारी इन्द्र, सुदासके लिये तुम्हारे सहस्रों उपकार और होवें, घातक मर्त्यको नष्ट करो। हमें तेज और रथ प्रदान करो ॥३॥

—वसिष्ठ ७।२५

११. सुदासके रथको कोई नहीं दूर फेंक सका, न रोक सका, जिसका रक्षक इन्द्र, जिसके (रक्षक) मरुत् हैं, वह गौवोंवाले गोष्ठमें जाता है ॥१०॥

—वसिष्ठ, ७।३२

१२. हे इन्द्र-वरुण नेताओ, तुम्हें और तुम्हारी मित्रताको देखते हुए गौ लूटनेवाले पृथु और पर्शु पूर्वकी ओर गये। तुमने (उसके) आर्य और दास शत्रुओंको मारा, और सुदासको (अपनी) रक्षासे बचाया ॥१॥

—वसिष्ठ, ७।८३

§२. दाशराज्ञ युद्ध

१. शत्रु—

१३. दोनों संग्रामोंमें धनके इच्छा करते दोनों (पक्षों) ने तुम इन्द्र और वरुणको सहायताके लिये बुलाया। जहां दश राजाओंसे तृत्सुओंके साथ संकटग्रस्त सुदासकी तुमने रक्षा की ॥६॥

हे इन्द्र-वरुण, यज्ञ-विमुख दस राजा युद्धमें सुदाससे नहीं लड़ सके। यज्ञमें बैठे हुए इन नरोंकी स्तुति सत्य हुई, देव लोग इनके देव-निमंत्रणमें उपस्थित हुए ॥७॥

—वसिष्ठ, ७।८३

१४. पुरोळा इत्तुर्वशो यक्षुरासीद्राये मत्स्यासो निशिता अपीव।
श्रुष्टिं चक्रुर्भृगवो द्रुह्यवश्च सखा सखायमतरद्विषूचोः ॥६॥

आ पक्थासो भलानसो भनन्तालिनासो विषाणिनः शिवासः।
आ यो नयत्सधमा आर्यस्य गव्या तृत्सुभ्यो अजगन्युधा नॄन् ॥७॥

दुराध्यो अदितिं स्रेवयन्तो चेतसो वि जगृभ्रे परुष्णीं।
मह्ना विव्यक् पृथिवीं पत्यमानः पशुष्कविरशयच्चायमानः ॥८॥

—७।१८

१५. दाशराज्ञे परियत्ताय विश्वतः सुदास इन्द्रावरुणावशिक्षतं।
श्वित्यंचो यत्र नमसा कपर्दिनो धिया धीवन्तो असपन्त तृत्सवः ॥८॥

—७।८३

१६. अर्णांसि चित् पप्रथाना सुदास इन्द्रो गाधान्यकृणोत्सुपारा।
शर्द्धन्तं शिम्युमुचथस्य नव्यः शापं सिन्धूनामकृणोदशस्तीः ॥५॥

—७।१९

१७. एकं च यो विंशतिं च श्रवस्या वैकर्णयोर्जनान्राजा न्यस्तः।
दस्मो न सद्मन्नि शिशाति बर्हिः शूरः सर्गमकृणोदिन्द्र एषां ॥११॥

अध श्रुतं कवषं वृद्धमप्स्वनु द्रुह्युं नि वृणाक् वज्रबाहुः।
वृणाना अत्र सख्याय सख्यं त्वायन्तो ये अमदन्ननु त्वा ॥१२॥

वि सद्यो विश्वा दृंहितान्येषामिन्द्र पुरः सहसा सप्त दर्दः।
व्यानवस्य तृत्सवे गयं भाग्जेष्म पूरुं विदथे मृध्रवाचं ॥१३॥

१४. तुर्वश हव्यदाता यज्ञकर्त्ता, धनके इच्छुक पानीमें मछलियोंकी तरह बंधे थे। भृगुओं और द्रुह्युओंने सुना, सखा (इन्द्र) ने सखा (सुदास) की इससे (तुर्वश)-युद्धके बीच रक्षा की, ॥६॥ २।१३।६

पक्थ, भलान, अलिन, विषाणी, शिव आये। जिस (इन्द्र) ने आर्यकी गायें तृत्सुओंके लिये ला, युद्धमें लोगोंको जीता ॥७॥ (२।१८।७)

दुर्विचार, अविचारी (शत्रु) ने अदिति (पृथिवी) को खोलते परुष्णी (रावी) पर अधिकार कर लिया। (इन्द्रकी) महिमासे चायमान कवि पशुकी तरह पृथिवी पर गिरकर मारा गया ॥८॥ (२।१८।८)

—वसिष्ठ, ७।१८

१५. दाशराज्ञ (युद्ध) में घिरे हुए सुदासकी इन्द्र और वरुणने सहायता की। जिस (दाशराज्ञ युद्ध) में श्वेत (गौर) जूड़ाधारी स्तुतिपाठी तृत्सु लोग नमस्कार और स्तोत्रसे तुम्हारी पूजा करते थे ॥८॥

—वसिष्ठ, ७।८३

१६. स्तुत्य इन्द्रने सुदासके लिये फूली नदियोंको गाध और सुपारा बनाया। (उस) नमस्करणीय स्तुति-शत्रु शिम्युसे सिन्धुओंके शापको अ-प्रशस्त किया ॥५॥ (५।२७)

—वसिष्ठ, ७।१८

१७. यशके लिये (सुदास) राजाने दोनों वैकर्णोंके एक्कीस जनोंको मारा। जैसे ऋत्विज यज्ञ-सदनमें कुशको काटता है, वैसे शूर इन्द्रने इनका किया ॥११॥

फिर वज्रबाहुने बृद्ध श्रुतकवषको फिर द्रुह्युको पानीमें डुबा मारा। यहां जिननें मित्रता चाहते तुम्हें चाहा, वे मित्र हो तुम्हारे पीछे (चलते) मस्त रहे ॥१२॥

इन्द्रने तुरन्त ही एकाएक इनके सात दृढ़ पुरोंको दर्दरा दिया। अनुओंके स्थानको तृत्सुओंको दे दिया। हम युद्धमें बकवासी पुरुओंको जीतें ॥१३॥

नि गव्यवोऽनवो द्रुह्यव च षष्टिः शता सुषुपुः षट् सहस्रा ।
षष्टिर्वीरासो अधि षड्दुवोयु विश्वेदिन्द्रस्य वीर्या कृतानि ।।१४।।
—७।१८

१८. शश्वन्तो हि शत्रवो रारधुष्टे भेदस्य चिच्छर्द्धतो विन्द रन्धिं ।
मर्तां एनः स्तुवतो यः कृणोति तिग्मं तस्मिन्नि जहि वज्रमिन्द्र ।।१८।।
—७।१८

१९. यस्य श्रवो रोदसी अन्तरुर्वी शीर्ष्णे शीर्ष्णे विबभाजा विभक्ता ।
सप्तेदिन्द्रं न स्रवतो गृणन्ति नि युध्यामधिमशिशादभीके ।। २४।

इमं नरो मरुतः सश्चतानु दिवोदासं न पितरं सुदासः ।
अविष्टना पैजवनस्य केतं दूणाशं क्षत्रमजरं दुवोयु ।।२५।।
—७।१८

२. युद्ध—

२०. यवां नरा पश्यमानास आप्यं प्राचा गव्यन्तः पृथुपर्शवो ययुः ।
दासा च वृत्रा हतमार्याणि च सुदासमिन्द्रावरुणावसावतं ।।१।।

यत्रा नरः समयन्ते कृतध्वजो यस्मिन्नाजा भवति किंचन प्रियं ।
यत्रा भयन्ते भुवना स्वर्दृशस्तत्रा न इन्द्रावरुणाधि वोचतं ।।२।।

सं भूम्या अन्ता ध्वसिरा अदृक्षतेन्द्रावरुणा दिवि घोष आरुहत् ।
अस्थुर्जनानामुप मामरातयोऽर्वागवसा हवनश्रुता गतं ।।३।।

गौ लूट के इच्छुक साठ सौ, छ हजार, और छियासठ अनु और द्रुह्यु (वीर) (मरकर) सो गये। (भक्तोंके लिये) यह सब इन्द्रके पराक्रमके काम हैं ॥१४॥

—वसिष्ठ, ७।१८

१८. हे इन्द्र, तुम्हारे प्रायः सभी शत्रु पराजित होवें, खूनख्वार भेदको भी पराजित किया। स्तुतिकर्त्ता मनुष्योंकी जो हानि करता है, उसके ऊपर तीक्ष्ण वज्र मारो ॥१८॥

—वसिष्ठ, ७।१८

१९. जिस (सुदास) की कीर्ति द्यौ और पृथिवीके बीचमें फैली मौजूद है, जो प्रति शिरपर बांट कर धन देता है, इन्द्रकी तरह सात नदियां जिसकी प्रशंसा करती हैं। युद्धमें युधामधि का जिसने विनाश किया था ॥२४॥

हे नेता मरुतो, पिता दिवोदासकी तरह सुदासकी सहायता करो। पैजवन (सुदास) के घरकी रक्षा करो, उसके क्षत्र (राज्य) को दुर्घर्ष और अजर बनाओ ॥२५॥

—वसिष्ठ, ७।१८

२. युद्ध—

२०. हे इन्द्र-वरुण नेताओ, तुम्हें और तुम्हारी मित्रताको देखते हुए गौ लूटने वाले पृथु और पर्शु पूर्व की ओर गये। तुमने आर्य और दास शत्रुओंको मारा, और सुदासको (अपनी) रक्षासे बचाया ॥११॥ (यहीं १२)

जिस (युद्ध) में ध्वजा फहराते आदमी लड़ते हैं, जिसमें कुछ भी प्रिय नहीं होता। जहां सुख दिखनेवाली (चीजें) भय देती हैं, वहां हे इन्द्र और वरुण, तुम हमारी बात करना ॥२॥

भूमिकी सीमायें सब ध्वस्त होती दिखाई दीं, हे इन्द्र और वरुण, कोलाहल द्यौ तक पहुंचा। हमारे जनके शत्रु पास आ गये। हे पुकार सुनने-वाले इन्द्र-वरुण, रक्षाके साथ हमारे पास आओ ॥३॥

इन्द्रावरुणा वधनाभिरप्रति भेदं वन्वन्ता प्र सुदासमावतं।
ब्रह्माण्येषां शृणुतं हवीमनि सत्या तृत्सूनामभवत् पुरोहितः ।।४।।

इन्द्रावरुणाभ्या तपन्ति माघान्यर्यो वनुषामरातयः।
युवं हि वस्व उभयस्य राजथो ध स्मा नोवतं पार्ये दिवि ।।५।।

युवां हवन्त उभयास आजिष्विन्द्रं च वस्वो वरुणं च सातये।
यत्र राजभिर्दशभिर्निबाधितं प्र सुदासमावतं तृत्सुभिः सह ।।६।।

दश राजानः समिता अयज्यवः सुदासमिन्द्रावरुणा न युयुधुः।
सत्या नृणामद्मसदामुपस्तुतिर्देवा एषामभवन्देवहूतिषु ।।७।।

दाशराज्ञे परियत्ताय विश्वतः सुदास इन्द्रावरुणावशिक्षतं।
श्वित्यंचो यत्र नमसा कपर्दिनो धिया धीवन्तो असपन्त तृत्सवः ।।८।।

वृत्राण्यन्यः समिथेषु जिघ्नते व्रतान्यन्यो अभि रक्षते सदा।
हवामहे वां वृषणा सुवृक्तिभिरस्मे इन्द्रावरुणा शर्म यच्छतं ।।९।।

अस्मे इन्द्रो वरुणो मित्रो अर्यमा द्युम्नं यच्छन्तु महि शर्म सप्रथः।
अवध्रं ज्योतिरदितेर्ऋतावृधो देवस्य श्लोकं सवितुर्मनामहे ।।१०।।

—७।८३

२१. आवदिन्द्रं यमुना तृत्सवश्च प्रात्र भेदं सर्वताता मुषायत्।
अजासश्च शिग्रवो यक्षवश्च बलिं शीर्षाणि जभ्रुरश्व्यानि ।।१९।।

—७।१८

हे इन्द्र-वरुण, तुमने आयुधों द्वारा अप्रतिम भेदको मारते हुए सुदासकी रक्षा की। इनकी स्तुतियोंको सुनो, तृत्सुओंकी पुरोहिताई युद्धमें सत्य सिद्ध हो ।।४।।

हे इन्द्र-वरुण, चारों ओरसे शत्रुके हथियार मुझे संतप्त कर रहे हैं। वह बाधा दे रहे हैं। तुम दोनों दिव्य और पार्थिव उभय प्रकारके धनोंके राजा हो, इसलिए द्यौके पार हमारी रक्षा करो ।।५।

दोनों संग्रामोंमें धनकी इच्छा करते दोनों (पक्षों) ने तुम इन्द्र और वरुणको सहायताके लिये बुलाया जहां दश राजाओंसे तृत्सुओंके साथ तुमने संकटग्रस्त सुदासकी रक्षा की ।।१६।। (१३।६)

हे इन्द्र वरुण, यज्ञ-विमुख दस राजा युद्धमें सुदाससे नहीं लड़ सके। यज्ञमें बैठे हुए इन नरोंकी स्तुति सत्य हुई, देव लोग इनके देव-निमन्त्रणमें उपस्थित हुए ।।७।। (१३।७)

दाशराज्ञ (युद्ध) में घिरे हुए सुदासकी इन्द्र व औरुणने सहायता की। जिस (दाशराज्ञ युद्ध) में श्वेत (गौर) जूड़ाधारी स्तुति पाठी तृत्सु लोग नमस्कार और स्तोत्रसे तुम्हारी पूजा करते थे ।।८।। (१३।१५)

एक (इन्द्र) युद्धमें शत्रुओंको मारता है, दूसरा (वरुण) सदा व्रतोंकी रक्षा करता है हम कामनावर्षक तुम दोनों पराक्रमियोंको सुन्दर स्तुतियोंसे पुकारते हैं। हे इन्द्र-वरुण, हमें शरण प्रदान करो ।।९।। इन्द्र, वरुण, मित्र, अर्यमा हमें यश देवें, विस्तृत महान् घर देवें। अदितिकी ऋतवर्धक ज्योति अहानिकर हो, हम सविता देवके श्लोकको गाते हैं ।।१०।।

—वसिष्ठ, ७।८३

२१. यमुनाने और तृत्सुओंने इन्द्रकी सहायता की। युद्धमें यहां भेदको बिल्कुल लूट लिया। अज, शिग्रु और यक्षु घोड़ोंके सिरकी बलि लेकर आये ।।१९।।

—वसिष्ठ, ७।१८

२२. प्रप्रायमग्निर्भरतस्य शृण्वे वियत्सूर्यो न रोचते बृहद्भाः।
अभि यः पूरुं पृतनासु तस्थौ द्युतानो दैव्यो अतिथिः शुशोच ॥४॥

—७।८

३. सुदेवी रानी—

२३. याभिः पत्नीर्विमदाय न्यूहथुरा घ वा याभिररुणीरशिक्षतं।
याभिः सुदास ऊहथुः सुदेव्यं ताभिरू षु ऊतिभिरश्विना गतं ॥१९॥

—१।११२

§३. अश्वमेध

१. विश्वामित्र पुरोहित—

२४. य इमे रोदसी उभे अहमिन्द्रमतुष्टवं।
विश्वामित्रस्य रक्षति ब्रह्मेदं भारतं जनं ॥१२॥

—३।५३

२५. महां ऋषिर्देवजा देवजूतो स्तभ्नात् सिन्धुमर्णवं नृचक्षाः।
विश्वामित्रो यदवहत् सुदासमप्रियायत कुशिकेभिरिन्द्रः ॥९॥

—३।५३

२६. अश्वो न क्रन्दन् जनिभिः समिध्यते वैश्वानरः कुशिकेभिर्युगे युगे।
स नो अग्निः सुवीर्यं स्वश्व्यं दधातु रत्नममृतेषु जागृविः ॥३॥

—३।२६

२२. यह भरतका अग्नि अति प्रसिद्ध है, जो सूर्यकी तरह बड़े प्रकाशसे चमकता है, जिसने युद्धमें पुरुओंको हराया, दीप्तिमान् वह दिव्य अतिथि प्रज्वलित हुआ ॥४॥

—वसिष्ठ, ७।८

३. **रानी सुदेवी—**

२३. हे अश्विद्वय, जिन सहायताओं द्वारा तुम **विमद**के लिये पत्नियां (विवाहार्थ) लाये, जिनके द्वारा लाल गायें दीं, जिनके द्वारा **सुदास**के लिये तुम सुदेवीको लाये, उन रक्षाओंके साथ आओ ॥१९॥

—कुत्स आंगिरस, १।११२

§३. अश्वमेध

१. **विश्वामित्र पुरोहित—**

२४. यह जो दोनों द्यौ-पृथिवी हैं, उनके (रक्षक) इन्द्रकी मैंने स्तुति की। **विश्वामित्र**का यह ब्रह्म (ऋचा) भारतजनकी रक्षा करता है ॥१२॥

—विश्वामित्र, ३।५३

२५. देवज, देव-प्रेरित मनुष्य-उपदेशक महान् ऋषि **विश्वामित्र**ने सिन्धुनदको स्तंभित किया, जब सुदासको (नदी) पार कराया, तो इन्द्रने कुशिकोंके द्वारा (सुदासके साथ) प्रिय बर्ताव किया ॥९॥ (५।२६।९)

—विश्वामित्र, ३।५३

२६. घोड़ोंकी तरह हिनहिनाता वैश्वानर (अग्नि) माताओं **कुशिकों** द्वारा युग-युगमें (हर समय) प्रज्वलित किया जाता रहा। वह अमृतोंमें जागरूक अग्नि हमें सुन्दर अश्व-युक्त, सुन्दर वीर्य-युक्त रत्न दे ॥३॥५।२६।६

—विश्वामित्र, ३।२६

२७. अमित्रायुधो मरुतामिव प्रयाः प्रथमजा ब्रह्मणो विश्वमिद्विदुः ।
द्युम्नवद् ब्रह्म कुशिकास एरिर एक एको दमे अग्निं समीधिरे ॥१५॥

—३।२९

२. **अश्वमेध—**

२८. ये वाजिनं परिपश्यन्ति पक्वं य ईमाहुः सुरभिनिर्हरेति ।
ये चार्वतो मांसभिक्षामुपासत उतो तेषामभिगूर्तिर्न इन्वतु ॥१२॥

—१।१६२

२९. उप प्रेत कुशिकाश्चेतयध्वमश्वं राये प्रमुंचता सुदासः ।
राजा वृत्रं जंघनत् प्रागपागुदगथा यजाते वर आपृथिव्याः ॥११॥

—३।५३

३०. इम इन्द्र भरतस्य पुत्रा अपपित्वं चिकितुर्न प्रपित्वं ।
हिन्वन्त्यश्वमरणं न नित्यं ज्यावाजं परिणयन्त्याजौ ॥२४॥

—३।५३

२७. मरुतोंकी तरह अमित्रोंसे लड़नेवाले अग्रगामी प्रथम उत्पन्न वह सब कुछ जानते हैं। कुशिक तेजस्वी ब्रह्म (स्तुति) प्रेरित करते हैं, (उनमें) एक-एक (अपने) घरमें अग्निका समिधान करते हैं ॥१५॥ (५।२६।१५)

—विश्वामित्र, ३।२९

२. अश्वमेध—

२८. जो पके घोड़ेको देखते, जो बोलते "सोंधा है उतारो" और जो घोड़ेके मांस-भोजनका सेवन करते हैं, उनका संकल्प हमारा सहायक हो ॥१२॥ (४।२)

दीर्घतमा उचथ्य-पुत्र, १।१६२

२९. हे कुशिको, पास आओ, चेतो, धन (जीतने) के लिए सुदासके अश्वको छोड़ो। राजा (सुदास) पूर्व, पश्चिम और उत्तरके शत्रु मारे, फिर पृथिवीके वरस्थानमें यज्ञ करे ॥११॥ (५।२६।११)

—विश्वामित्र, ३।५३

३०. हे इन्द्र, भरतके ये पुत्र (सन्तानें) न अमिलन जानते, न मिलन, वह परकी तरह नित्य युद्धमें (अपना) घोड़ा भेजते हैं, धनुष झुकाते हैं ॥२४॥

—विश्वामित्र, ३।५३

अध्याय ११

राजव्यवस्था

१. ग्रामणी

१. सहस्रदा ग्रामणीर्मा रिषन्मनुः सूर्येणास्य यतमानैतु दक्षिणा।
सावर्णेर्देवाः प्रतियुर्यरन्त्वास्मिन्नश्रान्ता असनाम वाजं ॥११॥
—१०।६२

२. राष्ट्र

२. आचष्ट आसां पाथो नदीनां वरुण उग्रः सहस्रचक्षाः ॥१०॥
राजा राष्ट्राणां पेशो नदीनामनुत्तमस्मै क्षत्रं विश्वायु ॥११॥
—७।३४

३. हस्तेनैव ग्राह्य आधिरस्या ब्रह्मजायेयमिति चेदवोचन्।
न दूताय प्रह्ये तस्थ एषा यथा राष्ट्रं गुपितं क्षत्रियस्य ॥३॥
—१०।१०९

३. विश

४. अपामुपस्थे महिषा अगृभ्णत विशो राजानमुपतस्थुर्ऋग्मियं।
आ दूतो अग्निमभरद्विवस्वतो वैश्वानरं मातरिश्वा परावतः ॥४॥
—६।८

अध्याय ११

राज-व्यवस्था

१. ग्रामणी

१. सहस्र (गौवोंके) दाता ग्रामणी मनु मत अनिष्ट करे, इसकी दक्षिणा सूर्यके समान होवे। सावर्णी (मनु) को देवता आयु प्रदान करें, जिसके पास हम अश्रान्त हो अन्न पाते हैं ॥११॥

—नाभानेदिष्ट, १०।६२

२. राष्ट्र

२. सहस्र-चक्षु उग्र वरुण इन नदियोंके जलको देखते हैं ॥१०॥
वह (वरुण) राष्ट्रोंके राजा, नदियोंके यश हैं। उनका क्षत्र (राज्य) अनुपम और सर्वत्र हैं ॥११॥

—वसिष्ठ, ७।३४

३. "इसकी देहको हाथसे ही ग्रहण करना चाहिये, यह ब्रह्म-जाया है।" यह सबने कहा। भेजे दूतकी वह नहीं बनी जिस तरह क्षत्रियका राष्ट्र रक्षित ॥३॥

—जुहू, १०।१०९

३. प्रजा

४. महान् (मरुतों) ने अन्तरिक्षमें ग्रहण किया, पूजनीय राजा मान प्रजाओंने उसका उपस्थान (सम्मान) किया। विवस्वान्का दूत वायु दूरसे वैश्वानर अग्निको यहां लाया ॥४॥

—भरद्वाज, ६।८

४. राजा

५. विद्मा हि सूनो अस्यद्मसद्वा चक्रे अग्निर्जनुषाज्मान्नं ।
स त्वं न ऊर्जं सन ऊर्जं धा राजेव जेर वृके क्षेष्यन्तः ॥४॥

—६।४

६. आ यस्मिन्त्वे स्वपाके यजत्र यक्षद्राजन् त्सर्वंतातेव नु द्यौः ।
त्रिषधस्थस्ततरुषो न जंहो हव्या मघानि मानुषा यजध्यै ॥२॥

—६।१२

७. त्वमपो वि दुरो विषूचीरिन्द्र दृळ्ह मरुजः पर्वतस्य ।
राजा भवो जगतश्चर्षणीनां साकं सूर्यं जनयन्द्यामुषासं ॥५॥

—६।३०

८. स रायस्खामुप सृजा गृणानः पुरुश्चन्द्रस्य त्वमिन्द्र वस्वः ।
पतिर्बभूथासमो जानामेको विश्वस्य भुवनस्य राजा ॥४॥

—६।३६

९. इन्द्रो राजा जगतश्चर्षणीनामधि क्षमि विषुरूपं यदस्ति ।
ततो ददाति दाशुषे वसूनि चोदद्राध उपस्तुतश्चिदर्वाक् ॥३॥

—७।२७

१०. आ राजाना मह ऋतस्य गोपा सिन्धुपती क्षत्रिया यातमर्वाक् ।
इळं नो मित्रावरुणोत वृष्टिमव दिव इन्वतं जीरदानू ॥२॥

—७।६४

११. त्वमीशिषे सुतानामिन्द्र त्वमसुतानां । त्वं राजा जनानां ॥३॥

—८।५३

४. राजा

५. हे सूनु (अग्नि), तुम गायक, सहभोजी है। जन्मते अपना पथ घर और अन्न तैयार करता तू हमें पुष्टि दे, पुष्टि हममें रख निरुपद्रव गृहमें राजाकी तरह शत्रुओंको जीतो ।।४।।

—भरद्वाज, ६।४

६. हे पूज्य राजन्, जिस तुम ज्ञानी में द्यौ पूर्णताके लिये हैं । तीनों स्थानोंमें रहनेवाले हो, सूर्यकी तरह मनुष्योंके हव्य और धनको यजनके लिये जाते हो ।।२।।

—भरद्वाज, ६।१२

७. (हे इन्द्र), तुमने जलको चारों ओर बहनेके लिये पर्वतको जोरसे ध्वस्त किया। तुम द्यौ, उषा और सूर्यको एक साथ उत्पन्न करते जगत्के लोगोंके राजा हो ।।५।।

—भरद्वाज, ६।३०

८. हे इन्द्र, स्तुति किये जाते तुम बहुत बढ़िया चमकते धन-सम्पत्तिकी धारा बहाओ। तुम जनोंके अद्वितीय पति, अकेले सारे भुवनके राजा हो ।।४।।

—भरद्वाज, ६।३६

९. जगत्के मनुष्योंका राजा इन्द्र है, जो कुछ पृथिवीपर नाना प्रकारकी (वस्तु) है, (उसका भी)। तिससे भक्तको वह धन देता है। स्तुति किया गया वह हमारे पास धन भेजे ।।३।।

—वसिष्ठ, ७।२७

१०. महान् ऋतके रक्षक, सिन्धु-पति, क्षत्रिय, मित्र-वरुण दोनों राजा, हमारे पास आयें। शीघ्र देनेवाले मित्र और वरुण हमें अन्न दें, द्यौसे वृष्टि भेजें ।।२।।

—वसिष्ठ, ७।६४

११. हे इन्द्र, तुम छाने न छाने (सोमों) के स्वामी हो। तुम जनोंके राजा हो ।।३।।

—प्रगाथ, ८।५३

(१) राजाभिषेक—

१२. आ त्वा हार्षमन्तरेधि ध्रुवस्तिष्ठाविचाचलिः ।
विशस्त्वा सर्वा वांछन्तु मा त्वद्राष्ट्रमधि भ्रशत ।।१।।
इहैवैधि माप च्योष्ठाः पर्वत इवा विचाचलिः ।
इन्द्र इवेह ध्रुवस्तिष्ठेह राष्ट्रमु धारय ।।२।।
इममिन्द्रो अदीधरद् ध्रुवं ध्रुवेण हविषा ।
तस्मै सोमो अधि ब्रवत्तस्मा उ ब्रह्मणस्पतिः ।।३।।
ध्रुवा द्यौर्ध्रुवा पृथिवी ध्रुवासः पर्वता इमे ।
ध्रुवं विश्वमिदं जगद् ध्रुवो राजा विशामयं ।।४।।
ध्रुवं ते राजा वरुणो ध्रुवं देवो बृहस्पतिः ।
ध्रुवं त इन्द्रश्चाग्निश्च राष्ट्रं धारयतां ध्रुवं ।।५।।
ध्रुवं ध्रुवेण हविषाभि सोमं मृशामसि ।
अथो त इन्द्रः केवलीर्विशो बलिहृतस्करत् ।।६।।

—१०।१७३

(२) सम्राट्—

१३. मूर्द्धानं दिवो अरतिं पृथिव्या वैश्वानरमृत आ जातमग्निं ।
कविं सम्राजमतिथिं जानामासन्ना पात्रं जनयन्त देवाः ।।१।।
१४. अभि यं देव्यदितिर्गृणाति सवं देवस्य सवितुर्जुषाणा ।
अभि सम्राजो वरुणो गृणन्त्यभि मित्रासो अर्यमा सजोषाः ।।४।।

—७।३८

(३) शास—

१५. मरुत्वन्तं वृषभं बावृधानमकवारिं दिव्यं शासमिन्द्रं ।
विश्वासाहमवसे नूतनायोग्रं सहोदामिह तं हुवेम ।।५।।

—३।४७

(१) राजाभिषेक—

१२. मैं तुम्हें लाया, (देशके) भीतर बढ़ो, अचल ध्रुव बने रहो। सारी प्रजायें तुम्हें चाहें, तुम्हारा राष्ट्र (राज्य) भ्रष्ट न हो॥१॥

यहीं रहो, अचल रहो, पर्वतकी तरह च्युत मत होओ। इन्द्रकी तरह यहां ध्रुव रहो, यहां राष्ट्रको धारण करो॥२॥

ध्रुव हवि द्वारा इन्द्रने इस ध्रुव (अचल) को स्थापित किया। उससे सोम बोले और उससे ब्रह्मणस्पति भी॥३॥

द्यौ ध्रुवा (अचल) है, पृथिवी ध्रुवा, यह पर्वत भी ध्रुव हैं। यह सारा जगत् ध्रुव है। प्रजाओंका यह राजा ध्रुव है॥४॥

राजा वरुण तुम्हारे ध्रुव हैं, देव बृहस्पति ध्रुव, वह इन्द्र और अग्नि ध्रुव। (वे) राष्ट्रको ध्रुव धारण करें॥५॥

ध्रुव हवि द्वारा, ध्रुव सोमको हम मिलाते हैं। फिर इन्द्र, तेरी प्रजाको एक-परायण और कर-प्रदाता बनाये॥६॥

—ध्रुव आंगिरस, १०।१७३

(२) सम्राट्—

१३. देवोंने वैश्वानर अग्निको द्यौका मस्तक, पृथिवीका दूत, यज्ञके लिये उत्पन्न, कवि, सम्राट्, जनोंका अतिथि, मुख और रक्षक उत्पन्न किया॥१॥

—भरद्वाज, ६७

१४. सविता देवके सवन (उत्पत्ति) का सेवन करती देवी अदिति जिसकी स्तुति करती है, वरुण सम्राट् पत्नियों-सहित अर्यमा और मित्र भी स्तुति करता है॥४॥

—वसिष्ठ, ७।३८

(३) शास—

१५. मरुतोंवाले, वृषभ (पराक्रमी), सदा बढ़ते, पौरुष वाल, दिव्य शास (राजा), सर्वजेता, उग्र, बलदायक उस इन्द्रको हम नई रक्षाके लिये यहां पुकारते हैं॥५॥

विश्वामित्र, ३।४७

(४) **ईशान—**

१६. अभि त्वा शूर नोनुमो दुग्धा इव धनव:
ईशानमस्य जगतः स्वर्दृशमीशानमिन्द्र तस्थुषः ॥२२॥

—७।३२

(५) **स्वराट्—**

१७. अस्येदेव प्र रिरिचे महित्वं दिवस्पृथिव्याः पर्यन्तरिक्षात्।
स्वराडिन्द्रो दम आ विश्वगूर्तः स्वरिरमत्रो ववक्षे रणाय ॥९॥

—१।६१

(६) **नृपति—**

१८. त्रिविष्टि धातु प्रतिमानमोजसस्तिस्रो भूमीर्नृपते त्रीणि रोचना।
अतीदं विश्वं भुवनं ववक्षिथाशत्रुरिन्द्र जनुषा सनादसि ॥८॥

—१।१०२

(७) **पती राजा—**

१९. पिवा सोमं मदाय कमिन्द्र श्येनाभृतं सुतं।
त्वं हि शश्वतीनां **पती राजा** विशामसि ॥३॥

—८।८४

(८) **राजपुत्र, राजदुहिता—**

२०. प्रातर्जरेथे जरणेव कापया वस्तोर्वस्तोर्यजता गच्छथो गृहं।
कस्य ध्वस्रा भवथः कस्य वा नरा **राजपुत्रेव** सवनाव गच्छथः ।३॥
युवां ह **घोषा** पर्यश्विना यती **राज्ञ** ऊचे **दुहिता** पृच्छे वां नरा।
भूतं मे अह्न उत भूतमक्तवे' श्वावते रथिने शक्तमवतै ॥५॥

—१०।४०

(४) ईशान—

१६. हे शूर, न दुही धेनुओंकी तरह हम तुम्हें जोरसे पुकारते हैं। जो कि इस जगत्का स्वर्गदर्शक हे इन्द्र, स्थावरके ईशान हो ।।२२।।

—वसिष्ठ, ७।३२

(५) स्वराट्—

१७. द्यौ, पृथिवी से परे अन्तरिक्षसे भी इन्द्रकी महिमा बढ़ कर है। अपने गृहमें सर्वकारी निपुण इन्द्र स्वराट् (स्वयं राजा) गंभीर-घोष, रणके लिये बलिष्ठ है ।।९।।

—नोधा गोतम-पुत्र, १।६१

(६) नृपति—

१८. हे नृपति इन्द्र, तुम तेहरी रस्सी के समान ओजकी माप हो। तीनों भूमि (द्यौ, पृथिवी, आकाश), तीन प्रकाश (सूर्य, बिजली, अग्नि) हो। तुम इस सारे भुवनको वहन करते हो। तुम सदा जन्मसे (ही) शत्रु-रहित हो ।।८।।

—कुत्स आंगिरस, १।१०२

(७) राजा—

१९. हे इन्द्र, श्येन (पक्षी) द्वारा लाये छाने गये सुखमय सोमको मदके लिये पियो। तुम्ही शाश्वत प्रजाओंके पतिराजा हो ।।३।।

—तिरश्ची आंगिरस, ८।८४

(८) राजपुत्र, राजदुहिता—

२०. हे अश्विद्वय, वृद्ध (राजाओं) की तरह सबेरे तुम स्तुति गाते हो। पूजनीयो, दिन-दिन घर जाते हो। किसके ध्वंसक होते हो। हे दोनों नेताओ, किसके (सोम)-सवनमें राजपुत्रकी तरह तुम जाते हो ।।३।।

हे अश्विद्वय, मैं घूमती राजदुहिता घोषा तुम दोनों नेताओंके पास आई, तुमसे पूछती हूं। मेरे पास दिनमें रहो, रातमें रहो, अश्ववाले रथी प्रभु (पुरुष) मुझे प्रदान करो ।।५।।

—घोषा, १०।४०

५. प्रशासन

(१) सभा

२१. सभामेति कितवः पृच्छमानो "जेष्यामीति" तन्वा शूशुजानः।
अक्षासो अस्य वितिरन्ति कामं प्रतिदीव्ने दधत आ कृतानि ॥६॥
—१०।३४

२२. उताशिष्ठा अनुश्रृण्वन्ति वह्नयः सभेयो विप्रो भरते मतीधना।
वीळुद्वेषा अनुवश ऋणमाददिः सह वाजी समिथे ब्रह्मणस्पतिः ॥१३॥
—२।२४.

२३. अश्वी रथी सुरूप इद् गोमां इदिन्द्र ते सखा।
श्वात्रभाजा वयसा सचते सदा चन्द्रो याति सभामुप ॥९॥
—८।४

२४. यूयं गावो मेदयथा कृशं चिदश्रीरं चित् कृणुथा सुप्रतीकं।
भद्रं गृहं कृणुथ भद्रवाचो बृहद्वो वय उच्यते सभासु ॥६॥

(२) समिति

२५. यत्रौषधीः समग्मत राजानः समिताविव।
विप्रः स उच्यते भिषहग् रक्षोहा, मीवचातनः ॥६॥
—१०।९७

२६. परि सद्मेव पशुमान्ति होता राजा न सत्यः समितीरियानः।
सोमः पुनानः कलशां अयासीत् सीदन् मृगो न महिषो वनेषु ॥६॥
—९।९२

५. प्रशासन

(१) सभा

२१. "मैं जीतूंगा" कह शरीर फुलाता, बात करता जुआड़ी सभामें जाता है। पासे इसकी कामना कभी पूरा करते हैं, कभी प्रतिद्वन्द्वी की पूरा करते हैं ॥६॥

—कवष, १०।३४

२२. (यज्ञीय) अग्नि शीघ्र (पुकार) सुनते हैं, सभेय विप्र स्तुतिसे धन पाता है। युद्धमें बलिष्ट इच्छानुसार ऋण दे देनेवाला, धृष्ट द्वेषी ब्रह्मणस्पति है ॥१३॥

—गृत्समद, २।२४

२३. हे इन्द्र, तुम्हारा सखा अश्ववान्, रथवान्, गोमान्, सुरूप, शीघ्र धन पानेवाला, सदा चन्द्र (आह्लादक) हो सभामें जाता है ॥९॥

—देवातिथि, कण्व-पुत्र, ८।४

२४. हे गौवो, तुम कृशको मोटा करती हो, शोभाहीनको सुरूप बनाती हो। भद्रवाणी हो, हमारे घरको भद्र बनाओ। सभाओंमें तुम्हारी शक्तिकी बड़ाई की जाती है ॥६॥

—भरद्वाज, ६।२८

(२) समिति

२५. समितिमें राजाओंकी तरह जहां औषधियां एकत्रित होती हैं, वह विप्र राक्षसनाशक रोग-निवारक भिषग् कहा जाता है ॥६॥

—भिषग् अथर्वा-पुत्र, १०।९७

२६. जैसे होता (ऋत्विक्) पशु-सदनमें जाता है, जैसे सच्चा राजा समितियोंमें जाता होता है, और पुना (छाना) जाता सोम वनोमें महान् मृगकी तरह कलशोंमें बैठता है ॥६॥

—कश्यप मरीचि-पुत्र, ९।९२

२७. समानो मन्त्रः समितिः समानी समानं मनः सहचित्तमेषां।
समानं मन्त्रमभिमन्त्रये वः समानेन वो हविषा जुहोमि ।।३।।
—१०।१९१

(३) कुलप, (४) व्राजपति

२८. श्रातं हविरोष्विन्द्र प्र याहि जगाम सूरो अध्वनो विमध्यं।
परि त्वासते निधिभिः सखायः कुलपा न व्राजपतिं चरन्तं ।।२।।
—१०।१७९

(५) पुरोहित (प्रधान-मन्त्री)

२९. यस्तस्तम्भ सहसा वि ज्मो अन्तान्बृहस्पतिस्त्रिषधस्थो रवेण।
तं प्रत्नास ऋषयो दीध्यानाः पुरो विप्रा दधिरे मन्द्रजिह्वं ।।१।।
—४।५०

३०. इन्द्रावरुणा वधनाभिरप्रति भेदं वन्वन्ता प्र सुदासमावत्तं।
ब्रह्माण्येषां शृणुतं हवीमनि सत्या तृत्सूनामभवत् पुरोहितिः ।।४।।
—७।८३

२७. (इनका) मन्त्र समान हो, समिति समान हो, चित्त-सहित मन समान हो। तुम्हें एकसे मन्त्र अभिमंत्रण करता हूं, एक सी हविसे तुम्हारे लिये हवन करता हूं ॥३॥

—संवनन, १०।१९१

(३) कुलप, (४) व्राजपति

२८. हे इन्द्र, हवि पक गई, आओ, सूर्य मध्यकाल (दोपहर) में पहुंच गया। जैसे विचरते व्राजपतिको कुलप, वैसे निधियोंके साथ सखा तुम्हारी प्रतीक्षा कर रहे हैं ॥२॥

—प्रतर्दन काशिराज, १०।१७

(५) पुरोहित (प्रधान-मन्त्री)

२९. जिस बृहस्पतिने एकाएक (अपनी) शक्तिसे पृथिवीके अन्तों तक को थाम्हा। जो गड़गड़ाहटसे तीनों स्थानोंमें है। उस मधुर जिह्वावाले (बृहस्पति) को प्राचीन ध्यानी विप्र ऋषियोंने (अपने) सम्मुख रक्खा ॥१॥

—वामदेव, ४।५०

३०. हे इन्द्र-वरुण, तुमने दुर्धर्ष आयुधों द्वारा अप्रतिम भेदको मारते हुए सुदासकी रक्षा की। इनके मन्त्रोंको युद्धमें सुनो, तृत्सुओंकी पुरोहिताई सत्य सिद्ध हुई ॥४॥

—वसिष्ठ, ७।८३

अध्याय १२

शिक्षा आदि

§१ शिक्षा

१. य इन्द्र शुष्मो मघवन्ते अस्ति शिक्षा सखिभ्यः पुरुहूत नृभ्यः।
त्वं हि दृळ्हा मघवन्विचेता अपा वृधि परिवृतं न राधः ॥२॥

—७।२७

२. यदेषामन्यो अन्यस्य वाचं शाक्तस्येव वदति शिक्षमाणः।
सर्वं तदेषां समृधेव पर्व यत् सुवासो वदथ नाध्यप्सु ॥५॥

—७।१०३

३. य इमे रोदसी उभे अहमिन्द्रमतुष्टवं।
विश्वामित्रस्य रक्षति ब्रह्मेदं भारतं जनं ॥१२॥

—३।५३

§२ स्वास्थ्य

४. नि येन मुष्टिहत्यया नि वृत्रा रुणधामहै। त्वोतासोन्यर्वता ॥२॥

—१।८

५. ससेन चिद्विमदायावहो वस्वाजावद्रिं वावसानस्य नर्तयन् ॥३॥

—१।५१

§३ रोग

६. यदिमा वाजयन्नहमोषधीर्हस्त आदधे।
आत्मा यक्ष्मस्य नश्यति पुरा जीवगृभो यथा ॥११॥

अध्याय १२

शिक्षा, स्वास्थ्य

§१. शिक्षा

१. हे मघवन् पुरुहूत (बहुनिमंत्रित) इन्द्र, जो तुम्हारा बल है, उसे (हमारे) सखा नरोंको प्रदान करो। हे मघवन्, तुमने दृढ़ (पुरियों) को नष्ट किया, विज्ञ तुम (अपनी) छिपी निधिको हमारे लिए प्रकट कर दो ॥२॥

—वसिष्ठ, ७।२७

२. इन (मेढकों) में से एक दूसरे का वचन शिष्यको सिखाते सा बोलता है। जब जलमें तुम सुवाच बोलते हो, तो इनका सारा अंग बढ़ सा जाता है ॥५॥

—वसिष्ठ, ७।१०३

§२. स्वास्थ्य

४. (हे इन्द्र), जिस तुम्हारी रक्षासे रथों द्वारा हम शत्रुओंको मुष्टि-युद्ध द्वारा रोक दें ॥२॥

—मधुच्छन्दा विश्वामित्र-पुत्र, १।८

५. हे इन्द्र, तुमने युद्धमें पाषाण (वज्र) नचाते स्तुतिकर्त्ता विमदको अन्न प्रदान किया ॥३॥

—सव्य आंगिरस, १।५१

§३. रोग

६. जब शक्ति लाती इन औषधियोंको मैं हाथमें लेता हूं, तो यक्ष्मा रोगकी आत्मा मानो जीव पकड़नेसे पूर्व (ही) नष्ट हो जाती है ॥११॥

यस्यौषधीः प्रसर्पथांगमंग परुष्परुः।
ततो यक्ष्मं विबाधध्व उग्रो मध्यमशीरिव ॥२१॥

—१०।९७

७. मुंचामि त्वा हविषा जीवनाय कमज्ञातयक्ष्मादुत राजयक्ष्मात्।
ग्राहिर्जग्राह यदि वैतदेनं तस्या इन्द्राग्नी प्र मुमुक्तमेनं ॥१॥

—१०।१६१

८. उद्यन्नद्य मित्रमह आरोहन्नुत्तरां दिवं।
हृद्रोगं मम सूर्य हरिमाणं च नाशय ॥११॥

—१।५०

९. अक्षीभ्यां ते नासिकाभ्यां कर्णाभ्यां छुबुकादधि।
यक्ष्मं शीर्षण्यं मस्तिष्काज्जिह्वाया वि वृहामि ते ॥१॥

ग्रीवाभ्यस्त उष्णिहाभ्यः कीकसाभ्यो अनूक्यात्।
यक्ष्मं दोषण्यमंसाभ्यां बाहुभ्यां वि वृहामि ते ॥२॥

आन्त्रेभ्यस्ते गुदाभ्यो वनिष्टो हृदयादधि।
यक्ष्मं मतस्नाभ्यां यक्नः प्लाशिभ्यो वि वृहामि ते ॥३॥

ऊरुभ्यां ते अष्ठीवद्भ्यां पार्ष्णिभ्यां[१] प्रपदाभ्यां।
यक्ष्मं श्रोणिभ्यां भासदाद् भंससो वि वृहामि ते ॥४॥

मेहनाद्वनंकरणाल्लोमभ्यस्ते नखेभ्यः।
यक्ष्मं सर्वस्मादात्मनस्तमिदं वि वृहामि ते ॥५॥

अंगादंगाल्लोम्नो लोम्नो जातं पर्वणि पर्वणि।
यक्ष्मं सर्वस्मादात्मनस्तमिदं वि वृहामि ते ॥६॥

—१०।१६३

---

[१] पाणिभ्यां—निर्णय सागर प्रेस की पुस्तक में

जैसे उग्र (पुरुष) संघर्षमें, वैसे ही औषधियो, तुम जिसके अंग-अंग पोर-पोरमें प्रविष्ट होती हो, तो (उसके) यक्ष्मा (रोग) को बाधित करती हो ॥१२॥

—भिषग् अथर्वा-पुत्र, १०।९७

७. जीनेके लिए हवि द्वारा मैं तुम्हें अज्ञात यक्ष्मा (रोग) या राजयक्ष्मासे मुक्त करता हूं। यदि भूतग्रहने इसे पकड़ा, तो उससे इसे इन्द्र और अग्नि मुक्त करें ॥१॥

—यक्ष्मनाशन, १०।१६१

८. मित्र-प्रकाशवाले सूर्य, आज उगते उच्चतम द्यौपर आरोहण करते मेरे हृद्‌रोग, पीलियाको नष्ट करो ॥११॥

—प्रस्कण्व कण्व-पुत्र, १।५०

९. तेरी दोनों आंखोंसे, दोनों नाकोंसे, दो कर्णोंसे, ठुड्डीके ऊपरसे, मस्तिष्कसे, जिह्वासे, शीर्षस्थानसे तेरे यक्ष्म (रोग) को मैं दूर करता हूं ॥१॥

तेरी ग्रीवासे, धमनियोंसे, हड्डीके जोड़ोंसे, दोनों कन्धोंसे, दोनों बाहुओंसे, हाथसे तेरे यक्ष्मको मैं दूर करता हूं ॥२॥

तेरी आंतोंसे, गुदाओंसे, हृदयसे, मूत्राशयसे, यकृत्‌से, प्लीहासे तेरे यक्ष्मको दूर करता हूं ॥३॥

तेरे दोनों उरुओंसे, दोनों जांघोंसे, दोनों गुल्फोंसे, दोनों पैरके पंजोंसे, दोनों नितंबोंसे तेरी कटि और मलद्वारसे यक्ष्मको दू करता हूं ॥४॥

तेरे मूत्रण काम-करण (लिंग) से, तेरे रोमोंसे, नखोंसे, तेरी सारी आत्मा (शरीर) से उस यक्ष्मको दूर करता हूं ॥५॥

अंग-अंगसे, रोम-रोमसे, पोर-पोरमें पैदा हुए, सारी आत्मा (शरीर) से तेरे उस यक्ष्म को दूर करता हूँ ॥६॥

—विबृहा काश्यप, १०।१६३

१०. युवं नरा स्तुवते कृष्णियाय विष्णाप्वं ददथुर्विश्वकाय।
धोषायै चित् पितृषदे दुरोणे पतिं जूर्यन्त्या अश्विनावदत्तं ।।७।।

—१।११७

§४ चिकित्सा

११. यत्रौषधीः समग्मत राजानः समिताविव।
विप्रः स उच्यते भिषग्रक्षोहामीवचातनः ।।६।।

१२. उत त्या दैव्या भिषजा शं नः करतो अश्विना।
युयुयातामितो रपो अप स्त्रिधः ।।८।।

—८।१८

१३. त्रिर्नो अश्विना दिव्यानि भेषजा त्रिः पार्थिवानि त्रिरुदत्तमद्भ्यः।
ओमानं शंयोर्ममकाय सूनवे त्रिधातु शर्म्म बहतं शुभस्पती ।।६।।

क्व त्री चक्रा त्रिवृतो रथस्य क्व त्रयो बन्धुरो ये सनीळाः।
कदा योगो वाजिनो रासभस्य येन यज्ञं नासत्योपयाथः ।।९।।

—१।३४

१४. सोमस्य मित्रावरुणोदिता सूर आ ददे। तदातुरस्य भेषजं ।।१७।।

—८।६१

१५. याभिः पक्थमवथो याभिरध्रिगुं याभिर्बभ्रु विजोषसं।
ताभिर्नो मक्षू तूयमश्विना गतं भिषज्यतं यदातुरं।।१०।।

—८।२२

१०. हे दोनों नेताओ, तुमने स्तुतिकर्त्ता कृष्ण-पुत्र विश्वकके लिये (उसके पुत्र) विष्णापुको दिया। तुमने पिताके घर बैठी भुराती घोषाको पति प्रदान किया ॥७॥ (५।६०।७)

—कक्षीवान् दीर्घतमा-पुत्र, १।११७

§४. चिकित्सा

११. समितिमें राजाओंकी तरह जहां औषधियां एकत्रित होती हैं, वह विप्र राक्षसनाशक रोग-निवारक भिषग् कहा जाता है ॥६॥

—भिषग् अथर्वा-पुत्र, १०।९७

१२. और वे दिव्य **भिषग्** अश्विद्वय हमारा मंगल करें, यहांसे पाप हटायें, शत्रुओंको दूर भगायें ॥८॥

—इरिन्विठि, ८।१८

१३. हे अश्विद्वय, हमें द्यौसे तीन बार पृथिवीसे, तीन बार आकाशसे भेषज (दवा) दो। हे शुभके स्वामियो, मेरे पुत्रके लिये सुख स्वास्थ्य दो, तीन प्रकारका शरण लाओ ॥६॥

हे नासत्यो, तुम्हारे तेहरे रथके तीन चक्र कहां हैं? नाभि-युक्त जो धुरे तुम्हारे वह तीनों कहां हैं? बलवान् रासभका जोड़ना कब होगा, जिसके द्वारा तुम यज्ञमें आते हो ॥९॥

—हिरण्यस्तूप, १।३४

१४. हे मित्र और वरुण, सूर्य उगते मैं सोम ग्रहण करता हूं। वह आतुर (रोगी) का भेषज है ॥१७॥

—हर्यत प्रगाथ-पुत्र, ८।६१

१५. जिन (औषधियों) के द्वारा तुमने पक्थकी रक्षा की, जिनसे अध्रिगु, जिनसे असहाय बभ्रुकी रक्षा की, उनके साथ हे अश्विनो, तुरन्त तेजीसे आओ, आतुरकी चिकित्सा करो ॥१००॥

—सोभरि कण्व-पुत्र, ८।२२

अध्याय १३

वेष-भूषा

§१. वस्त्र

१. युवा सुवासाः परिवीत आगात् स उ श्रेयान् भवति जायमानः।
तं धीरासः कवय उन्नयन्ति स्वाध्यो मनसा देवयन्तः ॥४॥

—३।८

२. अभ्रातेव पुंस एति प्रतीची गर्तारुगिव सनये धनानां।
जायेव पत्य उशती सुवासा उषा हस्रेव निरिणीते अप्सः ॥७॥

—१।१२४

३. उत त्वः पश्यन्न ददर्श वाचमुत त्वः शृण्वन्न शृणोत्येनां।
उतो त्वस्मै तन्वं वि सस्रे जायेव पत्य उशती सुवासाः ॥४॥

—१०।७१

४. एषा दिवो दुहिता प्रत्यदर्शि व्युच्छन्ती युवतिः शुक्रवासाः।
विश्वस्येशाना पार्थिवस्य वस्व उषो अद्येह सुभगे व्युच्छ ॥७॥

—१।११३

५. दिवश्चिदा पूर्व्या जायमाना वि जागृविर्विदथे शस्यमाना।
भद्रा वस्त्राण्यर्जुना वसाना सेयमस्मे सनजा पित्र्याधीः ॥२॥

—३।३९

अध्याय १३

वेष-भूषा

§१. वस्त्र

१. सुन्दर वस्त्र पहने ढंका युवा (यूप) आया, उत्पन्न हो वह श्रेयान् होता है। ज्ञानी धीर कवि मनसे देवोंकी कामना करते उस (यूप) को उठाते हैं।।४।।

—विश्वामित्र, ३।८

२. भ्राता-विहीना जैसे पुरुषोंको, रथपर चढ़ी मानो धनोंकी प्राप्तिके लिए जाती है। जैसे पतिको चाहती सुवस्त्रा जाया, वैसे ही उषा हँसती हुई अपने सौंदर्यको खोलती है।।७।।

—कक्षीवान् दीर्घतमा-पुत्र, १।१२४

३. किसीने देखते हुए (भी) वाणीको नहीं देखा, किसीने सुनते हुए भी इसे नहीं सुना, और जैसे सुवस्त्रा स्निग्ध जाया पतिके लिये, वैसे किसीके लिये अपने शरीरको खोलती है।।४।।

—बृहस्पति, १०।७१

४. यह (अन्धकार) दूर करती, शुक्लवस्त्रा युवती द्यौ-दुहिता सबकी स्वामिनी दिखाई पड़ी। हे सुभगे उषा, आज यहां पार्थिव धन हमें प्रदान कर।।७।।

—कुत्स आंगिरस, १।११३

५. (हे इन्द्र), पहले द्यौसे उत्पन्न हो जागरूक, विदथ (पूजा-सभा) में गाई जाती, सो यह शुक्ल-वस्त्रा हमारे पितरोंकी सनातन (ऋचा) है।।२।।

—विश्वामित्र, ३।३९

६. आधीषमाणायाः पतिः शुचायाश्च शुचस्य च।
वासो वायो' वीनामा वासांसि मर्मृजत् ।।६।।

—१०।२६

७. मा नो अग्ने वीरते परा दा दुर्वाससे मतये मा नो अस्यै।
मा नः क्षुधे मा रक्षस ऋतावो मा नो दमे मा वन आ जुहूर्थाः ।।१९।।

—७।१

१. द्रापी—

८. यो वां यज्ञेभिरावृतोऽधिवस्त्रा वधूरिव।
सपर्यन्ता शुभे चक्राते अश्विना ।।१३।।

—८।२६

९. दिवो धर्ता भुवनस्य प्रजापतिः पिशंगं द्रापिं प्रति मुंचते कविः।
विचक्षणः प्रथयन्नापृणन्नुर्वजीजनत् सविता सुम्नमुक्थ्यं ।।२।।

—४।५३

१०. जुजुरुषो नासत्योत वव्रिं प्रामुंचतं द्रापिमिव च्यवानात्।
प्रातिरतं जहितस्यायुर्दस्रादित् पतिमकृणुतं कनीनां ।।१०।।

—१।११६

११. बिभ्रद् द्रापिं हिरण्ययं वरुणो वस्त निर्णिजं। परिस्पशो निषेदिरे ।।१३।

—१।२५

२. अत्क—

१२. श्रिये ते पादा दुव आ मिमिक्षुर्धृष्णुर्वजी शवसा दक्षिणावान्।
वसानो अत्कं सुरभिं दृशे कं स्वर्णनृतविषिरो बभूथ ।।३।।

—६।२९

६. इच्छा करती शुचा (बकरी) और शुच (बकरे) के पति (पूषन्) भेड़के (लोमके) वस्त्र बुनते वस्त्रोंको चमकाते हैं।।६।।

—विमद, १०।२६

७. हे अग्नि, हमारे वीर (सन्तान)-पनको न दूर करना, बुरे वस्त्र न देना, न कुबुद्धि, न हमें भूख देना। हे ऋत (सत्य)-वान्, हमें राक्षसको मत देना, हमें न घरमें दुखाना, न वनमें।।१९।।

—वसिष्ठ, ७।१

८. वस्त्र पहनी बधूकी तरह, हे अश्विद्वय, जो यज्ञसे परिवृत हो तुम्हारी पूजा करता है, उसको तुम यशमंगल देते हो।।१३।।

—विश्वमना आंगिरस, ८।२६

१. द्रापि (कंचुक, तोगा)—

९. द्यौका धारक, भुवनका प्रजापति, कवि, पीली द्रापि पहनता है। विचक्षण सविता प्रख्यात होते, परिपूर्ण करते स्तुत्य सुख उत्पन्न करता है।।२।।

—वामदेव, ४।५३

१०. हे अश्विद्वय, जैसे जीर्ण द्रापिको, वैसे ही चवानके बुढ़ापेको तुमने निकाल फेंका। हे दर्शनीय-द्वय, तुमने असहाय चवनकी आयु बढ़ाई, उसे कन्याओंका पति बनाया।।१०।।

—कक्षीवान् दीर्घतमा-पुत्र, १।११६

११. वरुण सुनहली द्रापिको पहने चमकीली पोशाकवाले हैं चारों ओर (उनके) चंद गुप्तचर बैठे हैं।।१३।।

—शुनःशेप अजीगर्त-पुत्र, १।२५

२. अत्क—

१२. हे वज्रधारी, बलसे शत्रु घर्षणकर्ता, दानी (इन्द्र) लक्ष्मीके लिये तुम्हारे पैरोंकी (लोग) सेवा करते हैं। हे नेता, सुगन्धित सुवर्ण अत्क पहने तुम चतुर नर्तकसे दिखाई देते हो।।३।।

—भरद्वाज, ६।२९

१३. ऊर्ध्वो गन्धर्वो अधि नाके अस्थात् प्रत्यङ् चित्रा बिभ्रदस्यायुधानि।
वसानो अत्कं सुरभिं दशे कं स्वर्ण नाम जनत प्रियाणि ॥७॥
—१०।१२३

३. शिप्र—

१४. शतं ते शिप्रिन्नूतयः सुदासे सहस्रं शंसा उत रातिरस्तु।
जहि बधर्वनुषो मर्त्यस्यास्मे द्युम्नमधि रत्नं च धेहि ॥३॥
—७।२५

१५. पीवो अश्वाः शुचद्रथा हि भूतायःशिप्रा वाजिनः सुनिष्काः।
इन्द्रस्य सूनो शवसो न पातो नु वश्चेत्यग्रियं मदाय ॥४॥
—४।३७

६२. भूषण

१. कर्णाभरण—

१६. उत नः कर्णशोभना पुरूणि धृष्णवा भर। त्वं हि शृण्विषे वसो ॥३॥
—८।६७

१७. हिरण्यकर्ण मणिग्रीवमर्णस्तन्नो विश्वे वरिवस्यन्तु देवाः।
अर्यो गिरः सद्य आ जग्मषीरोस्राश्चाकन्तूमयेष्वस्मे ॥१४॥
—१।१२२

१३. वह गंधर्व ऊपर स्वर्गमें अवस्थित है, वह (हमारे) सामने विचित्र आयुध धारण करते, सुगन्धित सुवर्ण अत्क पहने, देखनेमें सुन्दर प्रिय (वस्तुओं) को उत्पन्न करता है ॥७॥

—वेन भार्गव, १०।१२३

२. शिप्र (मुकुट, पगड़ी)—

१४. हे उष्णीषधारी (इन्द्र), सुदासकी अपनी सैकड़ों सहायतायें (रक्षायें) हैं। तुम्हारे सहस्रों उपकार और दान (उसे प्राप्त) होवें। (हमारे) हिंसक मर्द को मारो। हमें यश और रत्न प्रदान करो ॥३॥

—वसिष्ठ, ७।२५

१५. हे ऋभुओ, तुम्हारे अश्व पीन हैं, रथ चमकीले हैं। (तुम) सोने के शिप्रवाले निष्कधारी[1] अन्नवाले हो। इन्द्रके पुत्रो, बलके नातियो, तुम्हारी प्रसन्नता (नशा) के लिये (यह) श्रेष्ठ (खानपान) है ॥४॥

—वामदेव, ४।३७

§२. भूषण

१. कर्णभूषण—

१६. हे शत्रुधर्षक, धन-सम्पन्न वसु (इन्द्र), तुम्हीं (सर्वत्र) सुने जाते हो, हमारे लिए बहुत सारे कर्णशोभन (कुण्डल) लाओ ॥३॥

—कुरुसुति ८।७६

१७. सारे देव और समुद्र हमें सुवर्ण-कर्ण, मणिग्रीव, (पुत्र) प्रदान करें। वह अर्य (उषा) तुरन्त स्तुति को चाहती आती, हम दोनों पर प्रसन्न हो ॥१४॥

—कक्षीवान् दीर्घतमा-पुत्र, १।१२२

---

[1] सोने का कंठा पहिननेवाला।

२. सोने का कण्ठा (निष्कग्रीव)—

१८. आ श्वैत्रेयस्य जन्तवो द्युमद्वर्धन्त कृष्टयः।
निष्कग्रीवो बृहदुक्थ एनामध्वा न वाजयुः ॥३॥

—५।१९

१९. स्वायुधास इष्मिणः सुनिष्का उत स्वयं तन्वः शुम्भमानाः ॥११॥

—७।५६

२०. देखो १७

३. रुक्मवक्ष—

२१. अंसेष्वा मरुतः खादयो वो वक्षःसु रुक्मा उपशिश्रियाणाः।
वि विद्युतो न वृष्टिभी रुचाना अनु स्वधामायुधैर्यच्छमानः ॥१३॥

—७।५६

४. खादि, ५. ऋष्टि, ६. शिप्र—

२२. अंसेषु व ऋष्टयः पत्सु खादयो वक्षःसु रुक्मा मरुतो रथे शुभः।
अग्निभ्राजसो विद्युतो गभस्त्योः शिप्राः शीर्षसु वितता हिरण्ययीः ॥

—५।५४

२३. त्वेषं गणं तवसं खादिहस्तं धुनिव्रतं मायिनं दातिवारं।
मयोभुवो ये अभिता महित्वा बंदस्व विप्र तु विराधसो नॄन् ॥२॥

—५।५८

२४. आ यं हस्ते न खादिनं शिशुं जातं न बिभ्रति।
विशामग्निं स्वध्वरं ॥४०॥

—६।१६

२. सोनेका कंठा—

१८. श्वेत्रेयके सारे जन्तु, मनुष्य यशके साथ बढ़े। निष्कग्रीव बृहदुक्थ मानो इस (सोम) द्वारा (लूट-) धन चाहता॥३॥

—बभ्रु आत्रेय, ५।१९

१९. सुन्दर आयुधवाले, फुर्तीले, सुन्दर निष्क पहने वह मरुत्गण स्वयं (हमारे) शरीरको सजाते हैं॥११॥

—वसिष्ठ, ७।५६

२०. देखो ऊपर १७.

३. सुनहली माला—

२१. हे मरुतो, तुम्हारे कन्धोंपर खादियाँ, तुम्हारी छातियोंपर स्वर्णा-भूषण पड़े हुए हैं। पानी देती वृष्टिमें बिजलीकी तरह चमकते आयुध तुम चलाते हो॥१३॥

—वसिष्ठ, ७।५६

४. खादि (कंकण), ५. ऋष्टि (भाला), ६. शिप्र (शिरस्त्राण)—

२२. हे मरुतो, तुम कन्धोंपर ऋष्टि (भाले), पैरोंमें खादि (कड़े), छातियोंपर सोना आभूषण, धारे रथपर अग्निकी तरह चमकने वाले बिजली तुम्हारे हाथोंमें, और सिरपर फैली सुनहली शिप्रा (पगड़ी) है॥११॥

—श्यावाश्व, ५।५४

२३. हे विप्र, दीप्तिमान्, शक्तिशाली, हाथमें खादि (कंकण) धारे, सुखदायक, मायावी, दाता, सुखदायक, अमित महिमावाले, विशाल ऐश्वर्य-युक्त, नेता (मरुतों) की तुम वन्दना करो॥२॥

—श्यावाश्व, ५।५८

२४. जिस सुन्दर अध्वरवाले अग्निको (ऋत्विक् लोग) हाथमें खादिकी पहने नवजात शिशुकी तरह ग्रहण करते हैं॥४०॥

—भरद्वाज, ६।१६

७. ओपश—

२५. स्तोमा आसन् प्रतिधयः कुरीरं छन्द ओपशः।
सूर्याया अश्विना वराऽग्निरासीत् पुरोगवः ॥८॥

—१०।८५

§३. सज्जा

१. कपर्द

२६. रथीतमं कपर्दिनमीशानं राधसो महः। रायः सखायमीमहे ॥२॥

—६।५५

२७. श्वित्यंचो मा दक्षिणतस्कपर्दा धियं जिन्वासो अभि हि प्रमन्दुः।
उत्तिष्ठन् वोचे परि बर्हिषो नृन्न मे दूरादवितवे वसिष्ठाः ॥१॥

—७।३३

२८. चतुष्कपर्दा युवतिः सुपेशा घृतप्रतीका वयुनानि वस्ते।
तस्यां सुपर्णा वृषणा निषेदतुर्यत्र देवा दधिरे भागधेयं ॥३॥

—१०।११४

२. क्षौर

२९. यदुद्वतो निवतो यासि बप्सत् पृथगेषि प्रगर्धिनीव सेना।
यदा ते वातो अनुवाति शोचिर्वप्तेव श्मश्रु वपसि प्रभूम ॥४॥

—१०।१४२

७. ओपश—

२५. सूर्याके लिए स्तोम (स्तोत्र) चक्के थे, कुरीर छन्द ओपश[1] था, अश्वि-द्वय वर थे, अग्नि अगुवा था ॥८॥

—सूर्या, १०।८५

§३. सज्जा

१. कपर्द (वेणी)—

२६. सर्वश्रेष्ठ रथी, कपर्दधारी, महान् ऐश्वर्यके ईशान, (अपने) सखा पूषन्से हम धन मांगते हैं ॥२॥

—भरद्वाज, ६।५५

२७. गोरे, दाहिनी ओर जूड़ा रखनेवाले सुबुद्धि वे (वसिष्ठ) मुझे बहुत प्रसन्न करते हैं। यज्ञसे उठते मैं आदमियोंको कहता हूँ, "वसिष्ठ-सन्तान मुझसे दूर न जायें" ॥१॥ (३।६)

—वसिष्ठ, ७।३३

२८. चार वेणियोंवाली, सुरूपा, सुवस्त्रा । उस (यज्ञरूपी) युवती में पराक्रमी दो पक्षी बैठते हैं। जहाँ देवता लोग अपना-अपना भाग पाते हैं ॥३॥

—सध्रि वैरूप, १०।११४

२. क्षौर—

२९. (हे अग्नि), जब तुम ऊंचे (पहाड़ों) निचली (उपत्यकाओं) में खाते, हुये लूटती सेनाकी तरह अलग-अलग जाते हो। जब वायु तुम्हारा अनुगमन करता है। मूंछ-दाढ़ीको जैसे नाई, वैसे तुम बहुत-सी भूमिको मूंडते हो ॥४॥

—जरिता, १०।१४२

---

[1] मथटीका (?)

अध्याय १४

क्रीड़ा, विनोद

§१. नृत्य

१. देखो (१२।५)

—१।५१

§२. संगीत

२. मिमीहि श्लोकमास्ये पर्जन्य इव ततनः। गाय गायत्रमुक्थ्यं ॥१४॥

—१।३८

§३. पान

१. सोम—

३. य इन्द्र चमसेष्वा सोमश्चमूषु ते सुतः। पिबेदस्य त्वमीशिषे ॥७॥
यो अप्सु चन्द्रमा इव सोमश्चमूषु ददृशे। पिबेदस्य त्वमीशिषे ॥८॥

—८।७१

स्वादिष्टया मदिष्टया पवस्व सोम धारया। इन्द्राय पातवे सुतः ॥१॥

—९।१

४. एष देवो अमर्त्यः पर्णवीरिव दीयति। अभि द्रोणान्यासदं ॥१॥

—९।३

अध्याय १४

क्रीडा-विनोद

§१. नृत्य

१. देखो १२।५, १३।१२

§२. संगीत

२. मुखमें श्लोक रचो, मेघकी तरह फैलो, उक्थ (गान)-योग्य गायत्र गाओ ।।१४।।

—कण्व घोर-पुत्र, १।३८

§३. पान

१. सोम—

२. हे इन्द्र तुम्हारे लिए जो सोम चमसोंमें (प्यालों) और चमुओं (सुराहियों) में छाना गया। इसे तुम पियो, तुम स्वामी हो ।।७।। पानीमें चन्द्रमाकी तरह जो सोम चमुओंमें दिखाई देता है। इसे तुम पियो, तुम स्वामी हो ।।८।।

—कुसीदी कण्व-पुत्र, ८।७१

हे सोम, छाने हुए स्वादिष्ट, मदिष्ट धारा-सहित इन्द्रके पीनेके लिए तुम क्षरित होओ ।।१।।

—मधुच्छन्दा विश्वामित्र-पुत्र, ९।१

४. यह अमर देव (सोम) कलश में बैठनेके लिए पक्षीकी तरह उड़कर जाता है ।।१।।

—शुनःशेप, ९।३

५. समिद्धो विश्वतस्पतिः पवमानो वि राजति । प्रीणन् वृषा कनिक्रदत् ।।१
—९।५

६. मृजन्ति त्वा दश क्षिप्रा हिन्वन्ति सप्त धीतयः ।
अनु विप्रा अमादिषुः ।।४।।

पुनानः कलशेष्वावस्त्राण्यरुषो हरिः । परि गव्यान्यव्यत ।।६।।
—९।८

७. उपास्मै गायता नरः पवमानायेन्दवे । अभि देवां इयक्षते ।।१।।

स नः पवस्व शं गवे शं जनाय शमर्वते । शं राजन्नोषधीभ्यः ।।३।।

नमसेदुप सीदत दध्नेदभि श्रीणीतन । इन्दुमिन्द्रे दधातन ।।६।।
—९।११

८. एष धिया यात्यण्व्या शूरो रथेभिराशुभिः । गच्छन्निन्द्रस्य निष्कृतं ।।१।।
एष पुरू धियायते बृहते देवतातये । यत्रामृतास आसते ।।२।।

एष शृंगाणि दोधुवच्छिशीते यूथ्यो वृषा । नृम्णा दधान ओजसा ।४।।
—९।१५

९. आ कलशेषु धावति पवित्रे परिषिच्यते । उक्थैर्यज्ञेषु वर्धते ।।४।।

तमु त्वा वाजिनं नरो धीभिर्विप्रा अवस्यवः । मृजन्ति देवतातये ।।७।।
—९।१७

५. पराक्रमी पति उद्दीप्त पवमान (सोम) शब्द करता है। प्रसन्न करता चारों ओर विराजता है ॥१॥

—असितदेवल काश्यप,

६. (हे सोम,) दश फुर्तीली (अंगुलियां) तुम्हें मींजती हैं, सात स्तोता तुम्हें प्रेरित करते हैं। फिर विप्र मस्त होते हैं ॥४॥

लाल सुनहला (सोम) कलशों में क्षरण करता दूध रूपी वस्त्र पहनता है ॥६॥

—असितदेवल, ९।८

७. हे नरो, देवोंकी उपासना करते, इस क्षरण करते सोमका गान करो ॥१॥

हे राजन् (सोम), सो तुम हमारी गौओंके लिए मंगल क्षरण करो, जनके लिए मंगल, घोड़ेके लिए मंगल, ओषधियोंके लिए मंगल क्षरण करो ॥३॥

नमस्कारके साथ (सोमके) पास जाओ, दहीके साथ मिलाओ। इन्द्रको सोम प्रदान करो ॥६॥

—असितदेवल, ९।११

८. यह शूर (सोम) सूक्ष्म धारासे तेज रथों द्वारा इन्द्रके (मिलन) स्थानमें जाता है ॥१॥

जहाँ अमर रहते हैं, उस महान् देवयज्ञमें यह (सोम) बहुत ध्यान करता है ॥२॥

यह ओजसे पराक्रम करता, यूथपति वृषभकी तरह दोनों तीक्ष्ण सींगोंको हिलाता है ॥४॥

—असितदेवल, ९।१५

९. यह (सोम) कलशोंमें दौड़ता है, पवित्र (छन्ने) में सींचा जाता है, उक्थों (गानों) द्वारा यज्ञोंमें बढ़ता है ॥४॥

(हे सोम), उस तुम अश्वको रक्षा की कामनावाले विप्र नर यज्ञमें मींजते हैं ॥७॥

—असितदेवल, ९।१७

१०. एते **सोमास** आशवो रथा इव प्र वाजिनः । सर्गाः सृष्टा अहेषत ।।१।।
एते वाता इवोरवपर्जन्यस्येव वृष्टयः । अग्नेरिव भ्रमा वृथा ।।२।।
एते पूता विपश्चितः सोमासो **दध्याशिरः** । विपा व्यानशुर्धियः ।।३।।
त्वं **सोम पणिभ्य** आ वसु गव्यानि धारयः । ततं तन्तुमचिक्रदः ।।७।।

—९।२२

११. वीन्द्र यासि दिव्यानि रोचना वि पार्थिवानि रजसा पुरुष्टुत ।
ये त्वा वहन्ति मुहुरध्वरां उप ते सु वन्वन्तु वग्वनां अराधसः ।।२।।

—१०।३२

१२. स सुतः पीतये वृषा सोमः **पवित्रे** अर्षति । विघ्नन्रक्षांसि देवयुः ।।१।।

—९।३७

१३. असृग्रन् देववीतये' त्यासः **कृत्व्या** इव । क्षरन्तः **पर्वता**वृधः ।।१।।
परिष्कृतास इन्दवो **योषेव** पित्र्यावती । वायुं सोमा असृक्षत ।।२।।
स पवस्व धनंजय प्रयन्ता राधसो महः । अस्मभ्यं सोम गातुवित् ।।५।।

—९।४६

१४. अभि त्वा योषणो दश **जारं** न कन्यानूषत ।
मृज्यसे सोम सातये ।।३।।

—९।५६

१५. पवस्व **गोजि**दश्वजिद्विश्वजित् सोम रण्यजित् । प्रजावद्रत्नमाभर ।।१।।

—९।५९

१६. प्र **गायत्रेण** गायत पवमानं विचर्षणिम् । इन्दुं सहस्रचक्षुसं ।।१।।

—९।६०

१०. ये रथोंकी तरह शीघ्रगामी सोम, छोड़े घोड़ों से हिनहिनाते हैं ।।१।।
ये विस्तृत वायु से, पर्जन्य-वृष्टि से, अग्निशिखा से, चलते हैं ।।२।।
यह विद्वान् विप्र पवित्र, दधि-मिश्रित सोम मन को प्राप्त करते हैं ।।३।।
हे सोम, तुम पणियोंसे गो-धनको (छीन) लेते हो, फैले तन्तु (यज्ञ) में शब्द करते हैं ।।७।।

—असितदेवल, ९।२२

११. हे बहुस्तुत वीर, इन्द्र, द्यौ और पृथिवी-सम्बन्धी लोकोंको प्रकाशित करते तुम जोतते हो। जो तुम्हें प्रायः यज्ञ में ले जाते हैं, वह अ-दानी बकवादियों को जीतें ।।२।।

—कवष ऐलूष, १०।३२

१२. वह राक्षसोंका नाश करता है, देवकामी, पराक्रमी सोम पीनेके लिये छाना हुआ पवित्र (चषक) में जाता है ।।१।।

—रहूगण ९।३७

१३. पत्थरोंसे बढ़े, कार्यपरायण घोड़ोंकी तरह देवपानके लिए क्षरित होते (सोम) भेजे गये हैं ।।१।।
पितावाली परिष्कृत बहू की तरह सोम (इन्दु) वायुके पास जाते हैं ।।२।।
हे धन जीतनेवाले, मार्गवेत्ता सोम, हमें धन, यश देते क्षरित होओ।।४।।

—अयास्य आंगिरस, ९।४६

१४. हे सोम, कन्या जैसे प्रियतमको, वैसे तुम्हें दस अंगुलियां बुलाती हैं, देनेके लिए तुम मींजे जाते हो ।।३।।

—अवत्सार, ९।५६

१५. हे गो-विजयी, अश्व-विजयी, विश्व-विजयी, सुख-विजयी सोम, क्षरित होओ, पुत्रों-सहित रत्न ले आओ ।।१।।

—अवत्सार, ९।५९

१६. सहस्र-चक्षु सोम, का, बहुदर्शन पवमानका गायत्र (साम) द्वारा गान करो ।।१।।

—अवत्सार, ६

१७. अया वीती परिस्रव यस्त इन्दो मदेष्वा। अवाहन् नवतीर्नव ॥१॥
पुरः सद्य इत्था धिये दिवोदासाय शंबरं। अध त्यं तुर्वशं यदुं ॥२॥
जघ्निर्वृत्रममित्रियं सस्निर्वाजं दिवेदिवे।
गोषा उ अश्वसा असि ॥२०॥

—९।६१

१८. सुत इन्द्राय विष्णवे सोमः कलशे अक्षरत्।
मधुमां अस्तु वायवे ॥३॥
एते असृग्रमाशवोति ह्वरांसि बभ्रवः। सोमा ऋतस्य धारया ॥४॥
इन्द्रं वर्धन्तो अप्तुरः कृण्वन्तो विश्वमार्यं। अपघ्नन्तो अराव्णः ॥५॥

—९।६३

१९. अभ्यर्ष सहस्रिणं रयिं गोमन्तमश्विनं। अभि वाजमुत श्रवः ॥१२॥
सोमो देवो न सूर्योऽद्रिभिः पवते सुतः। दधानः कलशे रसं ॥१३॥

—९।६३

२०. हिन्वन्ति सूरमुस्रयः स्वसारो जामयस्पतिं। महामिन्दुं महीयुवः ॥१॥
यस्य वर्णं मधुश्चुतं हरिं हिन्वन्त्यद्रिभिः[1]। इन्दुमिन्द्राय पीतये ॥८॥
यस्ये ते मद्यं रसं तीव्रं दुहन्त्यद्रिभिः। स पवस्वाभिमातिहा ॥१५॥

—९।६५

२१. ये सोमासः परावति ये अर्वावति सुन्विरे। ये वादः शर्यणावति ॥२२॥

---

[1] यद्रिभि—निर्णय सागर प्रेस

१७. हे सोम, उस पानके साथ बहो, तुम्हारे जिस (पानके) मदमें हो (इन्द्रने) निन्नानबे (पुरियों) का संहार किया ॥१॥
इस प्रकार तुरन्त शम्बरको, पुरोंको दिवोदासके लिए (नष्ट किया), और उस तुर्वश और यदुको भी ॥२॥
हे सोम, तुमने अमित्र वृत्रको मार कर, रोज-रोज अन्न दिया, तुम गोदाता और अश्वदाता हो ॥२०॥

—अमहीयु आंगिरस, ९।६१

१८. इन्द्रके लिए, विष्णुके लिए छाना सोम कलशमें क्षरित हुआ। वह वायुके लिए मधुर होवे ॥३॥
पिंगल-वर्ण शीघ्रगामी सोम ऋत (यज्ञ) की धारा द्वारा घुमावोंसे होते बहते हैं ॥४॥
इन्द्रको बढ़ाते, जल लाते, सब आर्य (कर्म) करते कंजूसोंको विनाश करते (बहते) हैं ॥५॥

—निध्रुव काश्यप, ९।६३

१९. गाय-अश्व-सहित हजारोंवाला धन, बल, अन्न और यश हमें दो ॥१२॥
सूर्यकी तरह सोम पत्थरोंसे (तैयार किया) कलशमें रस डालता क्षरित होता है ॥१३।

—निध्रुव काश्यप, ९।६३

२०. महानताकी कामना करनेवाली (अंगुली रूपी) बहिनें सूरको, स्त्रियाँ महान् पति सोमको बनाती हैं ॥१॥
(अध्वर्यु लोग) इन्द्रके पीनेके लिए पत्थरों द्वारा जिस मधुदायक पीले वर्ण इन्दुको (सोम) बनाते हैं ॥८॥
हे सोम, तेरे तीव्र मद्यरसको पत्थरोंसे (घिसकर) निकालते हैं सो (तुम) दुष्टोंका नाश करते क्षरो ॥१५॥

—जमदग्नि भृगु-पुत्र, ९।६५

२१. जो सोम पश्चिम (दूर) में जो पूर्व (नजदीक) में छाने गये, अथवा जो वहाँ शर्यणावतमें ॥२२॥

य आर्जीकेषु कृत्वसु ये मध्ये पस्त्यानां। ये वा जनेषु पंचसु ।।२३।।
ते नो वृष्टिं दिवस्परि पवन्तामा सुवीर्यं। सुवाना देवास इन्दवः ।।२४
पवते हर्यतो हरिर्गृणानो जमदग्निना। हिन्वानो गोरधि त्वचि ।।२५।।
—९।६५

२२. पवित्रं ते विततं ब्रह्मणस्पते प्रभुर्गात्राणि पर्येषि विश्वतः।
अतप्ततनूर्न तदामो अश्नुते शृतास इद्वहन्तस्तत् समाशत ।।१।।
—९।८३

२३. प्र ते धारा अत्यण्वानि मेष्यः पुनानस्य संयतो यन्ति रंहयः ।।
यद् गोभिरिन्दो चम्वोः समज्यस आ सुवानः सोम कलशेषु सीदसि ।।४७
—९।८६

२४. शूरग्रामः सर्ववीरः सहावां जेता पवस्व सनिता धनानि।
तिग्मायुधः क्षिप्रधन्वा समत्स्वषाह्ळः साह्वान् पृतनासु शत्रून् ।।३।।
—९।९०

२५. प्र सेनानीः शूरो अग्रे रथानां गव्यन्नेति हर्षते अस्य सेना।
भद्रान्कृण्वन्निंद्रहवान्त्सखिभ्य आ सोमो वस्त्रा रभसानि दत्ते ।।१।।
सोमः पवते जनिता मतीनां जनिता दिवो जनिता पृथिव्याः।
जनिताग्नेर्जनिता सूर्यस्य जनितेन्द्रस्य जनितोत विष्णोः ।।५।।
ब्रह्मा देवानां पदवीः कवीनामृषिर्विप्राणां महिषो मृगाणां।
श्येनो गृध्राणां स्वधितिर्वनानां सोमः पवित्रमत्येति रेभन् ।।६।।

जो आर्जीकों (ऋचीकों), जो कर्मनिष्ठों, जो पस्त्योंके बीच अथवा जो पाँचों जनोंमें छाने गये ॥२३॥

छाने जाते वे सोम हमारे लिए द्यौके ऊपरसे वृष्टि और सुवीरताको प्रदान करते क्षरण करें ॥२४॥

यमदग्नि द्वारा स्तुति किया जाता सुनहला सोम गायके चमड़ेके ऊपर तैयार होता क्षरित होता है ॥२५॥

—यमदग्नि, भृगु-पुत्र, ९।६५

२२. हे ब्रह्मणस्पति (मन्त्रपति सोम), तुम्हारा पवित्र (प्याला) फैला हुआ है, प्रभु तुम गात्रोंसे चारों ओर पहुँचे हो। अतप्त-शरीर (कच्चा व्यक्ति) उसे नहीं पाता। पके बहन करते उसे ठीकसे पाते हैं ॥१॥

—पवित्र आंगिरस, ९।८३

२३. हे सोम, छाने जाते तुम्हारी धारायें सूक्ष्म मेष-लोमको लाँघकर वेगवती हो बहती हैं। जब दो चमुओंमें दूधमें मिलाये जाते हो, तव छाने जाकर कलशोंमें बैठते हो ॥४७॥

—गृत्समद, ९।८६

२४. हे शूर-समूहवाले, सारे वीरोंवाले, पराक्रमी, विजेता धनोंके दाता तीक्ष्ण आयुधवाले, क्षिप्र धनुष चलानेवाले, युद्धमें अजेय, सेनाओंमें शत्रुओंको पराजय करनेवाले हे सोम, तुम क्षरित होओ ॥३॥

—वसिष्ठ, ९।९०

२५. लूटनेवाला सेनानी, शूर, रथोंके आगे जाता है, इसकी सेना हर्षित होती है। इन्द्रके आह्वानको भला बनाता सोम सखाओंके लिए शीघ्र वस्त्र प्रदान करता है ॥१॥

बुद्धियोंका जनक (उत्पादक), द्यौका जनक, पृथिवी का जनक अग्निका जनक, सूर्यका जनक और विष्णुका जनक सोम क्षरित होता है ॥

देवोंका ब्रह्मा, कवियोंका पदज्ञ, विप्रोंका ऋषि, मृगोंका महिष, गिद्धोंका बाज, वनों का कुल्हाडा सोम शब्द करता पवित्र (पात्र) को पार करता है ॥६॥

त्वया हि नः पितरः सोम पूर्वे कर्माणि चक्रुः पवमान धीराः।
वन्वन्नवातः परिधीरंपोर्णु वीरेभिरश्वैर्मघवा भवा नः ।।११।।

यथा पवथा मनवे वयोधा अमित्रहा वरिवोविद्धविष्मान्।
एवा पवस्व द्रविणं दधान इन्द्रे सं तिष्ठ जनयायुधानि ।।१२।।

—९।९६

२६. उत न एना पवया पवस्वाधि श्रुते श्रवाय्यस्य तीर्थे।
षष्टिं सहस्रा नैगुतो वसूनि वृक्षं न पक्वं धूनवद्रणाय ।।५३।।

—९।९

२७. तं गाथया पुराण्या पुनानमभ्यनूषत।
उतो कृपन्त धीतयो देवानां नाम बिभ्रतीः ।।४।।

—९।९९

२८. अव्यो वारेभिः पवते सोमो गव्ये अधि त्वचि।
कनिक्रदद्वृषा हरिरिन्द्रस्याभ्येति निष्कृतं ।।१६।।

—९।१०१

२९. शर्यणावति सोममिन्द्रः पिबतु वृत्रहा।
बलं दधान आत्मनि करिष्यन्वीर्यं महदिन्द्रायेन्दो परि स्रव ।।१।।

आ पवस्व दिशां पत आर्जीकात् सोम मीढ्वः।
ऋतवाकेन सत्येन श्रद्धया तपसा सुत, इन्द्रायेन्दो परि स्रव ।।२।।

हे पवमान सोम, तुम्हारे साथ हमारे पूर्वज धीर पितरोंने कर्म किये। वीरों तथा अश्वों द्वारा तुम शत्रुओंको वेगसे मारते हो। सो तुम हमारे धनिक (मघवा) बनो ॥११॥

जैसे मनुके लिए आयुधधारी, शत्रुनाशक, धन-युक्त, हवि-युक्त हो तुम क्षरित हुए थे, वैसे ही धन धारण करते (हमारे लिए) क्षरित होओ। इन्द्रका आश्रय लो, आयुध पैदा करो ॥१२॥

—प्रतर्दन दिवोदास-पुत्र, ९।९६

२६. हे सोम, तुम हमारे लिए यशस्वी हो प्रसिद्ध तीर्थमें इस धारासे क्षरित होओ। जैसे पका फल पानेके लिए वृक्षको हिलाते हैं, वैसे ही (मांगनेपर) शत्रुनाशक सोमने साठ हजार धन हमें दिये ॥५३॥

—कुत्स आंगिरस, ९।९७

२७. क्षरित होते (समय) उस सोमकी पुरानी गाथा द्वारा स्तुति करते हैं। चलनेवाली (सोम रूपी) देवोंकी अंगुलियां हवि (को) धारण करती हैं ॥४॥

—रेभ काश्यप, ९।९९

२८. सोम गोके चमड़े[1]पर भेड़के लोमों के बीच छाना जाता है। पराक्रमी सुनहला सोम शब्द करता इन्द्रके (मिलन-)स्थानमें जाता है ॥१६॥

—विश्वामित्र वाक्-पुत्र ९।१०१

२९. वृत्रहन्ता (इन्द्र) शर्यणावतमें सोमको पिये। शरीर में बलधारण करते महान् पराक्रम करे। हे सोम, इन्द्रके लिए क्षरित होओ ॥१॥

ऋतवचन-सत्य-श्रद्धा-तपस्या द्वारा छाने गये हे दिशाओंके पति, सेचक, सोम आर्जीकसे क्षरित होओ ॥२॥

---

[1] चमड़ेमें खाने-पीनेकी चीजोंके रखनेका उस समय बहुत रवाज था। सुरा रखनेके चमड़ेकी थैली (१।१९१।१०) और सोम रखनेकी चम थैली (४।१५।१) का उल्लेख मिलता है।

यत्र ज्योतिरजस्त्रं यस्मिंल्लोके स्वर्हितं ।
तस्मिन् मां धेहि पवमानामृते लोके अक्षित, इन्द्रायेन्दो परि स्रव ।।७।।

यत्रानुकामं चरणं त्रिनाके त्रिदिवे दिवः ।
लोका यत्र ज्योतिष्मन्तस्तत्र माममृतं कधीन्द्रायेन्दो परि स्रव ।।९।।

यत्रानन्दाश्च मोदाश्च मुदः प्रमुद आसते ।
कामस्य यत्राप्ताः कामास्तत्र माममृतं कृधीन्द्रायेन्दो परि स्रव ।।११।।
—९।११३

२. सुरा--

३०. हृत्सु पीतासो युध्यन्ते दुर्मदासो न सुरायां।
ऊधर्न नग्ना जरन्ते ।।१२।।

—८।२

३१. नसः स्वो दक्षो वरुण ध्रुतिः सा सुरा मर्युर्विभीदको अचित्तिः ।
अस्ति ज्यायान् कनीयस उपारे स्वप्नश्चनेदनृतस्य प्रयोता ।।६।।
—७।८६

३२. भोजा जिग्युः सुरभिं योनिमग्रे भोजा जिग्युर्वध्वं या सुवासाः।
भोजा जिग्युरन्तः पेयं सुरायाः भोजा जिग्युर्ये अहूता प्रयन्ति ।।९।।
—१०।१०७

§४. जुआ

३३. प्रावेपा मा बृहतो मादयन्ति प्रवातेजा इरिणे वर्वृताना:।
सोमस्येव मौजवतस्य भक्षो विभीदको जागृविर्मह्यमच्छान् ।।१।।

न मा मिमेथ न जिहीळ एषा शिवा सखिभ्य उत मह्यमासीत् ।
अक्षस्याहमेकपरस्य हेतोरनुव्रतामप जायामरोधं ।।२।।

जहाँ निरन्तर ज्योति है। जिस लोकमें स्वर्ग अवस्थिति है। हे पवमान सोम, उस अक्षुण्ण, अमर लोकमें मुझे ले चलो, ०।।७।।
जहाँ द्यौके त्रि-स्वर्ग, त्रि-द्यौमें इच्छानुसार विचरण होता है, जहां लोक ज्योतिषमान् है, वहाँ मुझे अमर बनाओ, ०।।६।।
जहाँ आनन्द और मोद और, मुद, प्रमुद अवस्थित हैं, कामकी कामनायें जहाँ प्राप्त होती हैं, वहाँ मुझे अमर बनाओ, ०।।११।।

—कश्यप मारीचि-पुत्र ९।११३

२. सुरा—

३०. जैसे अंतरिक पिये सुरामें बदमस्तसे लड़ते हैं, (गो-)स्तनकी तरह नंगे बकते हैं।।१२।।

—मेधातिथि कण्व-पुत्र ८।२

३१. हे वरुण, वह दोष अपनेसे नहीं होता, वह सुरा, क्रोध, जुआ, अज्ञान है, (जो) बड़े छोटोंको पथभ्रष्ट करते हैं, नींद भी अनृत जोडनेवाली, होती है।।६।।

—वसिष्ठ, ७।८६

३२. भोजदाता (सबसे) पहले सुगन्धित स्थान पाते हैं, भोज सुवस्त्र बन्धुओंको पाते हैं, भोज आन्तरिक पेय सुराको पाते हैं, भोज उनको जीत लेते हैं, जो बिना बुलाये चढ़ आते हैं।।९।।

—दिव्य आंगिरस, १०।१०७

§४. जूआ

३३. प्रवातीय बड़े (वृक्ष) की गतिशील पट्टीपर घूमते (पासे) मुझे आनन्दित करते हैं, जैसे मुंजवान् (पर्वत) वाले सोमका भक्ष्य, वैसे (ही) जागरूक काठके पासे मुझे उत्तेजित करते हैं।।११।।
न मुझे वह हैरान करती थी न क्रोध करती थी। मित्रों और मेरे लिये कल्याणिनी थी। केवल जूयेके बसमें पडनेके कारण मैंने अनुरागिणी जायाको विरक्त कर दिया।।२।।

द्वेष्टि श्वश्रूरप जाया रुणद्धि न नाथितो विन्दते मर्डितारं।
अश्वस्येव जरतो वस्न्यस्य नाहं विदामि कितवस्य भोगं।।३।।

अन्ये जायां परिमृशन्त्यस्य यस्यागृधद्वेदने वाज्यक्षः।
पिता माता भ्रातर एनमाहुर्न जानीमो नयता बद्धमेतं।।४।।

यदा दीध्येनदविषाण्येभिः परायद्भ्यो' वहीये सखिभ्यः।
न्युप्ताश्च बभ्रवो वाचमक्रतं एमीदेषां निष्कृतं जारिणीव।।५।।

सभामेति कितवः पृच्छमानो "जेष्यामीति" तन्वा शूशुजानः।
अक्षासो अस्य वितिरन्ति कामं प्रतिदीव्ने दधत आ कृतानि।।६।।

जाया तप्यते कितवस्य हीना माता पुत्रस्य चरतः क्व स्वित्।
ऋणावा बिभ्यद् धनमिच्छमानो न्येषामस्तमुप नक्तमेति।।१०।।

स्त्रियं दृष्ट्वाय कितवं ततापान्येषां जायां सुकृतं च योनिं।
पूर्वाह्णे अश्वान्युयुजे हि बभ्रून्त्सो अग्नेरन्ते वृषलः पपाद।।११।।

अक्षैर्मा दीव्यः कृषिमित् कृषस्व. वित्ते रमस्व बहु मन्यमानः।
तत्र गावः कितव तत्र जाया तन्मे विचष्टे सवितायमर्यः।।१३।।

—१०।३४

६५. (समन मेला)

यक्ष, (समन मेला) देखने जाते थे वसिष्ठ, ७।६६।१६;-प्रस्कण्व, १।४८।६; कक्षीवान्, १।१२४।८; सुमित्र वाध्र्यश्व, १०।६९।११,

सास द्वेष करती है, स्त्री छोड़ देती है। मांगनेपर वह (जुआरी) किसीको देनेवाला नहीं पाता। जैसे मूल्यवान् बूढ़े घोड़ेको, वैसे ही जुआरीके लिए (मिलनेवाला) कोई भोग मैं नहीं जानता ॥३॥

जिसके धनका लोभ बलवान् पासा करते हैं, उसकी पत्नीको दूसरे भोगते हैं। उसके बारेमें पिता, माता, भाई कहते हैं—"हम नहीं जानते, इसे बांध कर ले जाओ" ॥४॥

जब तै करता हूँ "इन (पासों) के साथ नहीं खेलूंगा", तो मित्र जुआरियोंसे दूर होता हूँ। पर, जब भूरे पासे फलकपर पड़े शब्द करते हैं, तो व्यभिचारिणीकी तरह उन (जुआरियों) के मिलन-स्थान में जाता हूँ ॥५॥

"मैं जीतूंगा" कह पूछता शरीर फुलाता, जुआरी सभामें जाता है। पासे इसकी कामना बढ़ाते हैं। प्रतिद्वन्द्वीके भावको पूरा करते हैं ॥६॥ जुआरीकी पत्नी हीन होकर संतप्त होती है, कहीं भटकते की मां। (भी) महाजनोंसे डरता, धनलोभी वह दूसरेके घरमें रात को जाता है ॥१०॥

पासोंसे मत खेलो, खेती करो, (उसे) बहुत मानते हुये लाभसे संतुष्ट रहो। हे जुआरी, वहाँ (तेरे लिए) गायें हैं, वहाँ पत्नी है, स्वामी सविताने मुझे यह बतलाया ॥१३॥

—कवष ऐलूष, १०।३४

अध्याय १५

देवता (धर्म)

§१. देवता

१. नहि वो अस्त्यर्भको देवासो न कुमारकः।
विश्वे सतो महान्त इत् ॥१॥

—८।३०.

१. नाम, संख्या—

२. हुवे वो देवीमदितिं नमोभिर्मृळीकाय वरुणं मित्रमग्निं।
अभिक्षदामर्यमणं सुशेवं त्रातृन्देवान्त्सवितारं भगं च ॥१॥

आ नो रुद्रस्य सूनवो नमन्तामद्या हूतासो वसवोऽधृष्टाः।
यदीमर्भे महति वा हितासो बाधे मरुतो अह्वाम देवान् ॥४॥

अभि त्यं वीरं गिर्वणसमर्चेन्द्रं ब्रह्मणा जरितर्नवेन।
श्रवदिद्धवमुप च स्तवानो रासद्वाजां उप महो गृणानः ॥६॥

ओमानमापो मानुषीरमृक्तं धात तोकाय तनयाय शं योः।
यूयं हि ष्ठा भिषजो मातृतमा विश्वस्य स्थातुर्जगतो जनित्रीः ॥७॥

उत त्या मे हवमा जग्म्यातं नासत्या धीभिर्युवमंग विप्रा।
अत्रिं न महस्तमसो मुमुक्तं तूर्वतं नरा दुरितादभीके ॥१०॥

ते नो रुद्रः सरस्वती सजोषा मीळ्हुष्मन्तो विष्णुर्मृळन्तु वायुः।
ऋभुक्षा वाजो दैव्यो विधाता पर्जन्या वाता पिप्यतामिषं नः ॥१२॥

—६।५०

अध्याय १५

देवता, धर्म

§१ देवता

१. हे देवो, तुम्हारे में न कोई शिशु है, न बच्चा। तुम सभी महान् हो ॥१॥

—मनु वैवस्वत, ८।३०

१ नाम, संख्या—

२. हे देवो, सुखके लिए मैं नमस्कार द्वारा तुम्हें—देवी, **अदितिको**, **वरुण** को, मित्र को, **अग्निको** बिना मागे दाता सुन्दर धनवाले **अर्यमाको**, रक्षक देवताओंको, **सविता** और भगको पुकारता हूँ ॥१॥
पुकारे गये रुद्र-पुत्र अजेय **वसु** लोग आज हमारे पास आये हैं, जब हम कष्ट में होते है, तो हम **मरुत** देवोंको पुकारते हैं ॥४॥
हे स्तोता, नवीन मन्त्र (ब्रह्म) से उस वीर देव इन्द्र की अर्चना करो। इस प्रकार सुन और स्तुत हो, वह हमें बहुत अन्न देवे ॥६॥
आप (जल) देवियाँ, मनुष्य हितकारिणी हमारे पुत्र-पौत्रोंके लिये तुम मंगल-कारिणी हो रक्षक बनो। तुम सारे चराचरकी श्रेष्ठतम माता, वैद्य और जनयित्री हो ॥७॥
हे विप्र, **नासत्यो** (अश्विनीकुमारो), स्तुतियों द्वारा मेरी पुकार को सुनने आओ, अत्रि की तरह महान् अन्धकारसे छुड़ाओ। हे नेताओ, युद्धके कष्ट से हमें बचाओ ॥१०॥
वे **रुद्र**, **सरस्वती**, सेचक वायु **विष्णु**, सहित हमें सुखी करें। **ऋभुक्षा**, वाज (दिव्य अन्न)-विधाता, **पर्जन्य-वात** हमारे अन्नको बढ़ायें ॥१२॥

—ऋजिश्वा ६।५०

३. द्यौष्पितः पृथिवी मातरध्रुगग्ने भ्रातर्वसवो मृळता नः।
विश्व आदित्या अदिते सजोषा अस्मभ्यं शर्म बहुलं वि यन्त ॥५॥

—६।५१

४. अवन्तु मामुषसो जायमाना अवन्तु मा सिन्धवः पिन्वमानाः।
अवन्तु मा पर्वतासो ध्रुवासोऽवन्तु मा पितरो देवहूतौ ॥४॥

विश्वदानीं सुमनसः स्याम पश्येम नु सूर्यमुच्चरंतं।
तथा करद्वसुपतिर्वसूनां देवां ओहानोऽवसागमिष्ठः ॥५॥

इन्द्रो नेदिष्ठमवसागमिष्ठः सरस्वती सिन्धुभिः पिन्वमाना।
पर्जन्यो न ओषधीभिर्मयोभुरग्निः सुशंसः सुवहः पितेव ॥६॥

—६।५२

५. शं न इन्द्राग्नी भवतामवोभिः शं न इन्द्रावरुणा रातहव्या।
शमिन्द्रासोमा सुविताय शं योः शं न इन्द्रापूषणा वाजसातौ ॥१॥

शं नो भगः शमु नः शंसो अस्तु शं नः पुरन्धिः शमु सन्तु रायः।
शं नः सत्यस्य सुयमस्य शंसः शं नो अर्यमा पुरुजातो अस्तु ॥२॥

शं नो धाता शमु धर्ता नो अस्तु शं न उरूची भवतु स्वधाभिः।
शं रोदसी बृहती शं नो अद्रिः शं नो देवानां सुहवानि सन्तु ॥३॥

३. हे पिता द्यौ, हे द्रोहहीन माता पृथिवी, हे भ्राता अग्नि, हे वसुओ, हमें सुखी करो। हे सारे आदित्यो, हे अदिति, इकट्ठे हो हमारे लिये बहुत शरण प्रदान करो ।।५।।

—ऋजिश्वा, ६।५१

४. उगती **उषायें** मेरी रक्षा करें, फूलती हुई **नदियां** मेरी रक्षा करें, अचल पर्वत मेरी रक्षा करें। देवों की पुकार में पितर मेरी रक्षा करे ।।४।।

सदा हम सुमनवाले हों, उगते हुए सूर्यको हम देखें। वैसा ही वसुओंके वसुपति (धनपति) करें। देवताओंको वहन करते रक्षाके साथ वह हमारे पास आवें ।।५।।

रक्षाके साथ **इन्द्र** फूलती हुई **सिन्धुओंके** साथ **सरस्वती** हमारे अति नजदीक आवे। औषधियोंके साथ पर्जन्य, सुप्रशंसनीय सुआह्वनीय पिता तुल्य अग्नि सुखमय होवें ।।६।।

—ऋजिश्वा,६।५२

५. **इन्द्र-अग्नि** (दोनों) रक्षाओंके साथ हमारे लिये कल्याणकारी हों,। हव्य प्रदान किये गये (रातहव्य) **इन्द्र-वरुण** हमारे लिये कल्याण-कारी हों। **इन्द्र-सोम** कल्याण उत्पादनके लिये हों। यज्ञमें **इन्द्र-पूषन्** हमारे लिये कल्याणकारी हों ।।१।।

भग हमारे लिये कल्याणकारी हो, हमारे लिये (नरा) शंस कल्याण कारी हो, **पुरन्धि** हमारे लिये कल्याणकारी हों, धन कल्याणकारी होवें। अर्यमा **सत्यकी** प्रशंसा हमारे लिये कल्याणकारी हो। बहुत बार प्रकट **अर्यमा** हमारे लिये कल्याणकारी होगा ।।२।।

धाता हमारे लिये कल्याणकारी हो, **धर्ता** हमारे लिये कल्याणकारी हो। अन्नोंके साथ **उरूची** (पृथिवी) हमारे लिये कल्याणकारी हो, **द्यौ-पृथिवी** हमारे लिये कल्याणकारी हो, **अद्रि** (पर्वत) हमारे लिये कल्याणकारी हो। देवताओंके लिये सुन्दर हवन हमारे लिये कल्याणकारी हो ।।३।।

शं नो अग्निर्ज्योतिरनीको अस्तु शं नो मित्रावरुणावश्विना शं।
शं नः सुकृतां सुकृतानि सन्तु शं न इषिरो अभि वातु वातः ।।४।।

शं नो द्यावापृथिवी पूर्वहूतौ शमन्तरिक्षं दृशये नो अस्तु।
शं न ओषधीर्वनिनो भवन्तु शं नो रजसस्पतिरस्तु जिष्णुः ।।५।।

शं न इन्द्रो वसुभिर्देवो अस्तु शमादित्येभिर्वरुणः सुशंसः ।
शं नो रुद्रो रुद्रेभिर्जलाषः शं नस्त्वष्टा ग्नाभिरिह शृणोतु ।।६।।

शं नः सोमो भवतु ब्रह्म शं नः शं नो ग्रावाणः शमु सन्तु यज्ञाः ।
शं नः स्वरूणां मितयो भवन्तु शं नः प्रस्वः शं वस्तु वेदिः ।।७।।

शं नः सूर्य उरुचक्षा उदेतु शं नश्चतस्रः प्रदिशो भवन्तु।
शं नः पर्वता ध्रुवयो भवन्तु शं नः सिन्धवः शमु सन्त्वापः ।।८।।

शं नोऽदितिर्भवतु व्रतेभिः शं नो भवन्तु मरुतः स्वर्काः ।
शं नो विष्णुः शमु पूषा नो अस्तु शं नो भवित्रं शंवस्तु वायुः ।।९।।

ज्योतिर्मुख **अग्नि** हमारे लिये कल्याणकारी हो, **मित्र-वरुण** हमारे लिये कल्याणकारी हों, **अश्विद्वय** कल्याणकारी हों। **सुकृतों** (सुकर्मओं) की सुकृति हमारे लिये कल्याणकारी हो। गतिशील वात हमारे लिये कल्याणकारी बहे।।४।।

पूर्वजों की पुकार में **द्यौ-पृथिवी** हमारे लिये कल्याणकारी हो, अन्त-रिक्ष दर्शनार्थ हमारे लिये कल्याणकारी हो, वनवाला **औषधि** हमारे लिये कल्याणकारी हो, रजस्पति (लोकपति) **जिष्णु** (विजेता) हमारे लिये कल्याणकारी हो।।५।।

वसुओंके साथ **इन्द्रदेव** हमारे लिये कल्याणकारी हो, **अदित्योंके** साथ सुप्रशंसनीय **वरुण** कल्याणकारी हों। **रुद्रोंके** साथ जल देनेवाले **रुद्र** हमारे लिये कल्याणकारी हो। **ग्ना** (देवियों) के साथ **त्वष्टा** हमारे लिये कल्याणकारी हो।।६।।

सोम हमारे लिये कल्याणकारी हो, **ब्रह्म** (ऋचा) हमारे लिये कल्याण-कारी हो, **ग्रावा** (सोम पीसनेके पत्थर) हमारे लिये कल्याणकारी हो, **यज्ञ** हमारे लिये कल्याणकारी हो। **स्वरूपों** (यज्ञ-यूपों) के माप हमारे लिये कल्याणकारी हों, औषधियां हमारे लिये कल्याण-कारी हों, वेदी कल्याणकारी हों।।७।।

विस्तृत प्रकाशवाले **सूर्य** हमारे लिये कल्याण-युक्त उगें, हमारे लिये चारों **दिशायें** कल्याणकारी हों, **ध्रुव** (अचल) **पर्वत** हमारे लिये कल्याणकारी हो, हमारे लिये **सिन्धुयें** (नदियां) कल्याणकारी होवें, **आप** (जल) देवियां कल्याणकारी होवें।।८।।

व्रतोंके साथ **अदिति** हमारे लिये कल्याणकारी हों, सुन्दर स्तुतिवाले मरुत् हमारे लिये कल्याणकारी हों। **विष्णु** हमारे लिये कल्याण-कारी हों, **पूषन्** हमारे लिये कल्याणकारी हों, **भवित्र** (आकाश) हमारे लिये कल्याणकारी, **वायु** हमारे लिये कल्याणकारी हो।।९।।

शं नो देव: सविता त्रायमाण: शं नो भवन्तूषसो विभाती: ।
शं न: पर्जन्यो भवतु प्रजाभ्य: शं न: क्षेत्रस्य पतिरस्तु शंभु: ।।१०।।

शं नो देवा विश्वदेवा भवन्तु शं सरस्वती सह धीभिरस्तु।
शमभिषाच: शमु रातिषाच: शं नो दिव्या: पार्थिवा: शं नो अप्या:।।११।।

शं न: सत्यस्य पतयो भवन्तु शं नो अर्वन्त: शमु सन्तु गाव: ।
शं न ऋभव: सुकृत: सुहस्ता: शं नो भवन्तु पितरो हवेषु ।।१२।।

शं नो अज एकपाद्देवो अस्तु शं नोऽहिर्बुध्न्य: शं समुद्र: ।
शं नो अपांनपात् पेरुरस्तु शं न: पृश्निर्भवतु देवगोपा ।।१३।।

आदित्या रुद्रा वसवो जुषन्तेदं ब्रह्म क्रियमाणं नवीय: ।
श्रृण्वन्तु नो दिव्या: पार्थिवासो गोजाता उत ये यज्ञियास: ।।१४।।

ये देवानां यज्ञिया यज्ञियानां मनोर्यजत्रा अमृता ऋतज्ञा: ।
ते नो रासन्तामुरुगायमद्य यूयं पात स्वस्तिभि: सदा न: ।।१५।।
—७।३५

६. प्रातरग्निं प्रातरिन्द्रं हवामहे प्रातर्मित्रावरुणा प्रातरश्विना।
प्रातर्भगं पूषणं ब्रह्मणस्पतिं प्रात: सोममुत रुद्रं हुवेम ।।१।।

रक्षा करते हुये **सविता** देव हमारे लिये कल्याणकारी हो, चमकने वाली **उषायें** हमारे लिये कल्याणकारी हों, **पर्जन्य** हमारी प्रजाओं (सन्तानों) के लिये कल्याणकारी हों, **क्षेत्रपति** शम्भु हमारे लिये कल्याणकारी हो ।।१०।।

विश्वदेव (सारे देवता) देव हमारे लिये कल्याणकारी हों, बुद्धियों के साथ **सरस्वती** कल्याणकारी हो। सन्मुख दान देनेवाले कल्याणकारी हों, दिव्य (द्यौवाले), पार्थिव (पृथिवीवाले), अप्य (जलवाले) प्राणी हमारे लिए कल्याणकारी हों।।११।।

सत्यके पति हमारे लिये कल्याणकारी हो, **अर्वन्त** (घोडे) हमारे लिये कल्याणकारी हों, गायें हमारे लिये कल्याणकारी हों। सुकृत (सुकर्मा) सुहस्त **ऋभु** हमारे लिये कल्याणकारी हों। हवनोंमें हमारे लिये **पितर** कल्याणकारी हों।।१२।।

एक पैरवाला **अज** देव हमारे लिए कल्याणकारी हो, **अहिर्बुध्न्य** (गम्भीर सर्प) हमारे लिए कल्याणकारी हो, **समुद्र** कल्याणकारी हो, आपदेवियोंका नाती **पेरु** हमारे लिए कल्याणकारी हो, देवरक्षिका **पृश्नि** हमारे लिए कल्याणकारी हो।।१३।।

इस अतिनवीन बनाये जाते ब्रह्म (मन्त्र) को **आदित्य, रुद्र, वसु** लोग सेवन करें। दिव्य, पार्थिव गौवों (वाणी या गाय) से उत्पन्न और जो यज्ञीय हैं, वे (देव) हमारी स्तुति सुनें।।१४।।

जो यज्ञीय देवोंके यज्ञीय (पूजनीय), **मनु** (राजा) के पूजनीय अमर ऋत (सत्य)-ज्ञाता हैं। वे आज हमें विस्तृत स्थान (यश) प्रदान करें, तुम सदा स्वस्तिके साथ हमारी रक्षा करो।।१५।।

—वसिष्ठ, ७।३५

६. प्रातः **अग्निको** प्रातः **इन्द्रको** हम पुकारते हैं, प्रातः **मित्र-वरुणको** प्रातः**अश्विद्वय** को। प्रातः **भगको पूषन्को ब्रह्मणस्पति** (वेदपति) को, प्रातः **सोम और रुद्र** को हम पुकारते हैं।।१।।

प्रातर्जितं भगमुग्रं हुवेम वयं पुत्रमदितेर्यो विधर्ता।
आध्रश्चिद्यं मन्यमानस्तुरश्चिद्राजा चिद्यं भगं भक्षीत्याह ।।२।।

—७।४१

७. अग्निरिन्द्रो वरुणो मित्रो अर्यमा वायुः पूषा सरस्वती सजोषसः ।
आदित्या विष्णुर्मरुतः स्वर्बृहत् सोमो रुद्रो अदितिर्ब्रह्मणस्पतिः ।।१।।

इन्द्राग्नी वृत्रहत्येषु सत्पती मिथो हिन्वाना तन्वा समोकसा ।
अन्तरिक्षं मह्या पप्रुरोजसा सोमो घृतश्रीर्महिमानमीरयन् ।।२।।

—१०।६५

८. ऐभिरग्ने सरथं याह्यर्वाङ् नाना रथं वा विभवो ह्यश्वाः ।
पत्नीवतस्त्रिंशतं त्रींश्च देवाननुष्वधमावह मादयस्व ।।९।।

—३।६

९. त्रीणि शता त्रीसहस्राण्यग्निं त्रिंशच्च देवा नव चासपर्यन् ।
औक्षन्घृतैरस्तृणन्बर्हिरस्मा आदिद्धोतारं न्यसादयन्त ।।९।।

—३।९

२. देवोंके वास स्थान—

१०. नाकस्य पृष्ठे अधितिष्ठति श्रितो यः पृणाति सहदेवेषु गच्छति ।
तस्मा आपो घृतमर्षन्ति सिन्धवस्तस्मा इयं दक्षिणां पिन्वते सदा ।।५।।

—१।१२५

प्रातः जीतनेवाले उग्र **भगको** हम पुकारते हैं, जो कि विधर्ता (धारक) अदितिका पुत्र है। जिसे सोचते—गरीब (स्तोता), धनी, राजा दोनों ही "**भग**" कहते प्रार्थना करते हैं ॥२॥

—वसिष्ठ, ७।४१

७. **अग्नि, इन्द्र, वरुण, मित्र, अर्यमा, वायु, पूषन्** सहित **सरस्वती** आदित्य, **विष्णु, मरुत्गण**, महान् स्वर्, **सोम, रुद्र, अदिति, ब्रह्मणस्पति** (वेदपति) ॥११॥

वसिष्ठ, ७।३५

वृत्र-युद्धों में सच्चे स्वामी सहवासी इन्द्र और अग्निने परस्पर शरीरसे (शत्रुओंको) भगाते महान् अन्तरिक्षको अपनी महिमासे, ओजसे भर दिया। घृतश्री (घृत की शोभावाले) सोम ने महिमाको बढाते (भर दिया) ॥२॥

—वसुकर्ण वसुक्र-पुत्र, १०।६५

८. हे अग्नि, एक रथ या नाना रथ पर इन (देवताओं) के साथ आगे जाओ, क्योंकि (तुम्हारे) अश्व विभु (वैभववाले) हैं। पत्नियों-सहित तेंतीस देवताओंको ला, स्वभावानुसार आनन्दित करो ॥९॥

—विश्वामित्र, ३।६

९. तीन-सौ, तीन-हजार, तीस और नौ (३३३९) देवताओंने अग्निकी पूजा की। घृतसे उन्हें सींचा, कुश उनके (बैठनेके) लिए फैलाया, होता मान कर उस (अग्नि)को बैठाया ॥९॥

—विश्वामित्र, ३।९

देवताओंके वास-स्थान—

१०. जो देवताओं को प्रसन्न करता हैं, वह देवोंके पास जाता है, नाक (स्वर्ग) के पीठ पर अधिष्ठान करता है। उसके लिये सिन्धु आप (जलदेवियां) घृत प्रदान करती यह दक्षिणा सदा तृप्त करती है ॥५॥

—कक्षीवान् दीर्घतमा-पुत्र, १।१२५

§ २. देवों के स्वरूप

१. अग्नि--

११. त्वं हि क्षैतवद्यशोग्ने मित्रो न पत्यसे।
त्वं विचर्षणे श्रवो वसो पुष्टिं न पुष्यसि ।।१।।

वेषि ह्यध्वरीयतामग्ने होता दमे विशां।
समृधो विश्पते कृणु जुषस्व हव्यमंगिरः ।।१०।।

अच्छा नो मित्रमहो देव देवानग्ने वोचः सुमतिं रोदस्योः।
वीहि स्वस्तिं सुक्षितिं दिवो नृन्द्विषो अंहांसि दुरिता।
तरेम ता तरेम तवावसा तरेम ।।११।।

—६।२

१२. तिग्मं चिदेम महि वर्पो अस्य भसदश्वो न यमसान आसा।
विजेहमानः परशुर्न जिह्वा द्रविर्न द्रावयति दारु धक्षत् ।।४।।

—६।३

यथा होतर्मनुषो यज्ञेभिः सूनो सहसो यजासि।
एवा नो अद्य समना समानानुशन्नग्न उशतो यक्षि देवान् ।।१।।

—६।४

१३. हुवे वः सूनुं सहसो युवानमद्रोघवाचं मतिभिर्यविष्ठं।
य इन्वति द्रविणानि प्रचेता विश्ववाराणि पुरुवारो अध्रुक् ।।१।।

—६।५

§२. देवोंके स्वरूप

१. अग्नि—

११. हे अग्नि, मित्र की तरह राजयशवाले स्वामी हो। हे सक्रिय वसु (बरानेवाले) तुम पुष्टिसे पुष्ट करते हो ॥१॥

हे अग्नि, यज्ञकी इच्छावाले विशोंके घरमें होता होकर तुम प्रविष्ट होते हो। हे विशांपति (प्रजाओंके स्वामी) समृद्ध करो, हे अंगिरा, हव्यका सेवन करो ॥१०॥

हे मित्र-तेजवाले अग्नि देव, रोदसी (द्यौ और पृथिवी) में देवोंके लिये हमारी स्तुतिको कहो। द्यौसे स्वस्ति लाओ, मनुष्य का सुन्दर वास हो। पापवाले दुष्ट शत्रुओंसे (हम) बचे। तुम्हारी सहायता से हम तरें, हम तरें, हम तरें ॥११॥

—भरद्वाज, ६।२

१२. तीक्ष्ण सा (इसका) आकार है, महान् शरीर है, अश्वकी तरह मुंहसे तृण-काष्ट[1] खाता, कुठारकी तरह जिह्वाको हिलाता है, कलछीकी तरह काष्टको जलाते भगाता है ॥४॥

—भरद्वाज, ६।३

हे सहस-पुत्र[2] होता अग्नि, जैसे मनुष्य के यज्ञमें हवि द्वारा तुमने देवों का यजन किया, उसी प्रकार चाहते आज हमारे यज्ञमें देवोंको साथ ले आओ और यजन करो ॥१॥

—भरद्वाज, ६।४

१३. तुम अमिथ्याभाषी प्रशस्त तरुण सहस-पुत्र (अग्नि) को स्तुतियों द्वारा हम हवन करते हैं; जो कि प्राज्ञ अद्रोही बहुदाता बहुत श्रेष्ठ धनोंको प्रदान करता है ॥१॥

—भरद्वाज, ६।५

---

[1] लगाम [2] शक्ति (साहस) के पुत्र।

१४. स जायमानः परमे व्योमनि व्रतान्यग्निर्व्रतपा अरक्षत।
व्यन्तरिक्षममिमीत सुक्रतुर्वैश्वानरो महिना नाकमस्पृशत् ।।२।।

अपामुपस्थे महिषा अगृभ्णत विशो राजानमुपतस्थुर्ऋग्मियं।
आ दूतो अग्निमभरद्विवस्वतो वैश्वानरं मातरिश्वा परावतः ।।४।।

—६।८

१५. त्वां दूतमग्ने अमृतं युगे युगे हव्यवाहं दधिरे पायुमीड्यं।
देवासश्च मर्तासश्च जागृविं विभुं विश्पतिं नमसा निषेदिरे ।।८।।

—६।१५

१६. वैश्वानरं मनसाग्निं निचाय्या हविष्मन्तो अनुषत्यं स्वर्विदं।
सुदानुं देवं रथिरं वसूयवो गीर्भीरण्वं कुशिकासो हवामहे ।।१।।

अश्वो न क्रन्दन् जनिभिः समिध्यते वैश्वानरः कुशिकेभिर्युगे युगे।
स नो अग्निः सुवीर्यं स्वश्व्यं दधातु रत्नममृतेषु जागृविः ।।३।।

अग्निरस्मि जन्मना जातवेदा घृतं मे चक्षुरमृतं म आसन्।
अर्कस्त्रिधातू रजसो विमानोऽजस्रो धर्मो हविरस्मि नाम ।।७।।

—३।२६

१७. आ वो राजानमध्वरस्य रुद्रं होतारं सत्ययजं रोदस्योः।
अग्निं पुरास्तनयित्नोरचित्ताद्धिरण्यरूपमवसे कृणुध्वं ।।१।।

अयं योनिश्चकृमा यं वयन्ते जायेव पत्य उशती सुवासाः।।
अर्वाचीनः परिवीतो निषीदेमा उ ते स्वपाक प्रतीचीः ।।२।।

—४।३

१४. परम आकाश में उत्पन्न हो वह व्रतपालक अग्नि व्रतोंकी रक्षा करता है। सुकर्मा वैश्वानर ने अंतरिक्ष को नापा, अपनी महिमासे नाक (स्वर्ग) को छुआ ॥२॥

महिषों (महानों) ने अन्तरिक्षमें उसे धारण किया। प्रजाओंने पूजनीय कह कर राजा अग्निका उपस्थान किया। विवस्वान् (सूर्य) का दूत वायु वैश्वानर अग्निको दूर (पश्चिम) से लाया ॥४॥

—भरद्वाज, ६।८

१५. हव्य-वाहक, रक्षक, पूज्य हे अग्नि, तुम अमर दूतको युग-युगमें (लोग) धारण करते हैं। विभु जागरूक प्रजाओंके पति तुमको देव और मनुष्य नमस्कारपूर्वक स्थापित करते हैं ॥८॥

—भरद्वाज, ६।१५

१६. हम हविवाले धनकामी कुशिक सत्य-अनुगत, स्वर्गवेत्ता, सुदाता, अश्व-सारथी, अणु (सूक्ष्म) वैश्वानर अग्निको मनसे जान कर पुकारते हैं ॥१॥

हिनहिनाता स्त्रियों द्वारा (जलाया) वैश्वानर अग्नि कुशिकों द्वारा युग-युगसे वर्धित होता है। वह अमरोंमें जागरूक अग्नि हमें सुवीर्य (सुन्दर वीरों-युक्त), सुन्दर अश्वोंवाला रत्न प्रदान करे ॥३॥

मैं जन्मसे सबका जाननेवाला, अग्नि हूं, घृत मेरा चक्षु है, अमृत मेरे मुख में है। मैं त्रिविध अर्क (सूर्य) हूं, लोकोंका नापनेवाला, सदा गर्म हूं, और हवि नामवाला हूं ॥७॥

—विश्वामित्र, ३।२६

१७. बिजली पडने के कारण मृत होनेसे पहले तुम रुद्र, होता द्यौ-पृथिवी सत्य-याजी, सुवर्ण-रूप, यज्ञके राजा अग्निको अपना रक्षक बनाओ ॥१॥

हे अग्नि, जैसे अभिलाषिणी सुवस्त्रा स्त्री पतिके लिये, वैसे ही हम यह तुम्हारे लिये स्थान बनाते हैं। परिच्छादित हो सामने बैठो, और (यह) स्वपाक पीछेकी ओर ॥२॥

—वामदेव, ४।३

१८. नित्वा दधे वर आपृथिव्या इळायास्पदे सुदिनत्वे अह्नां।
वृषद्वत्यां मानुष आपयायां सरस्वत्यां रेवदग्ने दिदीहि ।।४।।

—३।२३

२. अरण्य—

१९. न वा अरण्यानिर्हन्त्यन्यश्चेन्नाभिगच्छति।
स्वादो फलस्य जग्ध्वाय यथाकामं नि पद्यते ।।५।।

—१०।१४६

आंजनगंधि सुरभिं बह्वन्नामकृषीवलां।
प्राहं मृगाणां मातरमरण्यानिमशंसिषं ।।६।।

—१०।१४६

३. आप—

२०. आपो हिष्ठा मयोभुवस्ता न ऊर्जे दधातन। महे रणाय चक्षसे ।।१।।
यो वः शिवतमो रसस्तस्य भाजयतेह नः। उशतीरिव मातरः ।।२।।
तस्मा अरंगमामवो यस्य क्षयाय जिन्वथ। आपो जनयथा च नः ।।३।।
शं नो देवीरभिष्टय आपो भवन्तु पीतये। शंयोरभि स्रवन्तु नः ।।४।।

—१०।९

१८. हे अग्नि, दिनोंके सुदिनमें लिये पृथिवीके उत्तम अन्न-स्थान में तुम्हें स्थापित करता हूं। तुम दृषद्वती (घग्घर) आपया (मरकण्डा), सरस्वती पर आदमियोंके लिये धन-युक्त दीप्तिमान् होओ ।।४। (१।९)

—देवश्रवा-देववात भारत, ३।२३।

२. अरण्य—

१९. दूसरा यदि न आक्रमण करे, तो अरण्यानी (जंगल) नहीं मारती। (वहां) स्वादु फल खाकर यथेच्छ पडा (रहा) जा सकता है।।५।। आंजनके गंधवाली सोंधी (सुरभि) बिना किसानोंके बहुअन्नवाली, मृगोंकी माता अरण्यानीकी मैं बहुत स्तुति करता हूं।।६।। (४।१६.६)

—देवमुनि इरम्मद-पुत्र, १०।१४६

२. अश्विद्वय देखो १७।५

३. आप (जल) देवी—

२०. हे आप, तुम सुखमय हो। वह (आप) हमें शक्ति (रस) महान् रमणीयता देखने के लिये दे।।१।।

जो तुम्हारा कल्याणतम रस है। उसे स्नेहवती माताकी तरह हमें प्रदान करो।।२।।

हे आपो, जिसके स्थान में (हमें) भेजती हो, हम प्रसन्नता पूर्वक तुम्हारे पास आते हैं। हमें (प्रजा) जनन कराओ।।३।।

दिव्य आप कल्याण और आनन्द के वास्ते हमारे पीनेके लिये होवें। (तुम) हमारे स्वास्थ्यके लिये क्षरित होओ।।४।।

—सिन्धुद्वीप अम्बरीष-पुत्र १२।९

४. इळा, भारती, सरस्वती—

२१. आ भारती भारतीभिः सजोषा इळा देवैर्मनुष्येभिरग्निः।
सरस्वती सारस्वतेभिरर्वाक् तिस्रो देवीर्बर्हिरेदं सदन्तु ॥८॥
—३।४

५. इन्द्र—

२२. स इं पाहि य ऋजीषी तरुत्रो यः शिप्रवान्वृषभो यो मतीनां।
यो गोत्रभिद्वज्रभृद्यो हरिष्ठाः स इन्द्र चित्रां अभितृन्धि वाजान् ॥२॥
—६।१७

२३. त्रातारमिन्द्रमवितारमिन्द्रं हवे हवे सुहवं शूरमिन्द्रं।
ह्वयामि शक्रं पुरुहूतमिन्द्रं स्वस्ति नो मघवा धात्विन्द्रः ॥११॥
रूपंरूपं प्रतिरूपो बभूव तदस्य रूपं प्रतिचक्षणाय।
इन्द्रो मायाभिः पुरुरूप ईयते युक्ता ह्यस्य हरयः शता दश ॥१८॥
—६।४७

२४. अयं सोम इन्द्र तुभ्यं सुन्व आ तु प्र याहि हरिवस्तदोकाः।
पिबा त्वस्य सुषुतस्य चारोर्ददो मघानि मघवन्नियानः ॥१॥
—७।२९

२५. इम इन्द्राय सुन्विरे सोमासो दध्याशिरः।
तां आ मदाय वज्रहस्त पीतये हरिभ्यां याह्योक आ ॥४॥
—७।३२

४. इळा, भारती, सरस्वती—

२१. भारतीयोंके साथ भारती, देवोंके साथ इळा (दिव्य अन्न), मनुष्यों के साथ अग्नि, सरस्वती-तीरवाले (देवों) के साथ सरस्वती— तीनों देवियां आकर इस कुश (-आसन) पर बैठें ।।८।

—विश्वामित्र, ३।४

५. इन्द्र—

२२. वह सोम को पान करे, जो घातक-ऋजीषी (विजयी), जो शत्रु-रक्षक है, जो शिप्र (मुकुट) धारी, जो मतियों का वृषभ (स्वामी) है, जो पर्वत-ध्वंसक, वज्रधर, जो अश्वारोही है, वह इन्द्र अद्भुत बलोंको बेधें ।।२।।

—भरद्वाज, ६।१७

२३. त्राता इन्द्र, सहायक इन्द्र, हवन-हवनमें अच्छी तरह पुकारने लायक शूर इन्द्र, शक्र (शक्तिशाली) पुरुहूत (बहुतों द्वारा पुकारे गये) इन्द्रको मैं पुकारता हूं। वह मघवा (इन्द्र) हमारे लिये स्वस्ति प्रदान करे ।।११।।

जो रूप-रूपमें प्रतिरूप हुआ, वह है उसके रूपको प्रकट करनेके लिये। मायाओंसे इन्द्र बहुत रूपोंवाला (बना) डोलता है, उसके दस सौ घोड़े जुते हुये हैं ।।१८।।

—गर्ग भरद्वाज-पुत्र, ६।४७

२४. हे इन्द्र, तुम्हारे लिये यह सोम छाना गया है, हे घोड़ेवाले, उसके स्थान पर जल्दी आओ। इस अच्छे प्रकार छाने चारु सोमको पियो। हे मघवन्, आकर मघ (धन) दो ।।१।।

—वसिष्ठ, ७।२९

२५. यह दध्याशिर (दधि-मिश्रित) सोम इन्द्रके लिये छाने गये हैं। हे वज्रहस्त, उनके पीने, मस्त होनेके लिये दोनों घोड़ोंके साथ (हमारे) घर आओ ।।४।।

—वसिष्ठ, ७।३२

२६. इन्द्र जहि पुमांसं यातुधानमुत स्त्रियं मायया शाशदानां।
विग्रीवासो मूरदेवा ऋदन्तु मा ते दृशन्त्सूर्यमुच्चरंतं ।।२४।।
—७।१०४

२७. गवाशिरं मन्थिनमिन्द्र शुक्रं पिबा सोमं ररिमा ते मदाय।
ब्रह्मकृता मारुतेना गणेन सजोषा रुद्रैस्तृपदा वृषस्व।।२।।

ये ते शुष्मं ये तविषीमवर्धन्नर्चन्तु इन्द्र मरुतस्त ओजः।
माध्यन्दिने सवने वज्रहस्त पिबा रुद्रेभिः सगणः सुशिप्रः।।३।।
—३।३२

२८. आमन्द्रैरिन्द्र हरिभिर्याहि मयूररोमभिः।
मा त्वा केचिन्नियमन्विं न पा शिनोति धन्वेवतां इहि।।१।।
—३।४५

२९. सूर उपाके तन्वं दधानो वियत्ते चेत्यमृतस्य वर्पः।
मृगो न हस्ती तविषीमुषाणः सिंहो न भीम आयुधानि बिभ्रत्।।१४।।

तिग्मा यदन्तरशनिः पताति कस्मिंचिच्छूरमुहुके जनानां।
घोरा यदर्य समृतिर्भवात्यर्धस्मानस्तन्वो बोधि गोपाः।।१७।।

भुवोविता वामदेवस्य धीनां भुवः सखा वृको वाजसातौ।
त्वामनु प्रमतिमाजगन्मोरुशंसो जरित्रे विश्वधस्याः।।१८।।
—४।१६

२६. हे इन्द्र, पुरुष यातुधान (राक्षस) को और माया द्वारा हानि पहुं-चाती स्त्री यातुधानको मारो। मूर (मारक या मूर्ख) देव (राक्षस) बिना गर्दनके हो नष्ट होवें, वह उगते सूर्य को न देख पावे ॥२४॥

—वसिष्ठ, ७।१०४

२७. हे इन्द्र मंथे गवाशिर (गोरस-मिश्रित) शुक्र (श्वेत) सोमको पियो, तुम्हारे मद के लिये हम उसे देते हैं। (उसे) ब्रह्म (ऋचा)-कृत्, मरुतों, रुद्रोंके साथ तृप्ति होने तक पियो ॥२॥

हे इन्द्र, जिन्होंने तुम्हारे बलको, जिन्होंने तेजको बढाया, वे मरुत तुम्हारे ओजको पूजें। हे वज्रहस्त, सुशिप्र (सुमुकुट) रुद्रों-सहित, गणयुक्त माध्यंदिन सवन (मध्यान्हके पान) में सोम पियो ॥३॥

—विश्वामित्र ३।३२

२८. हे इन्द्र, मादक मयूर रोमवाले मस्त घोडोंके साथ आओ। पक्षी फंसानेवाले की तरह कोई तुम्हें न रोकें। मरुभूमि की तरह उन्हें पार करके आओ ॥१॥

—विश्वामित्र, ३।४५

२९. हे इन्द्र, सूर्यके पास बैठते जब तुम्हारा शरीर तुम्हारा अमर रूप विस्तृत होता है, तब मृगहस्तीकी तरह तेजसे शत्रुओंको जलाते, भयंकर सिंह की तरह आयुधों को धारण करे भयंकर दीखते हो ॥१४॥

हे शूर इन्द्र, जब हमारे किसी जनोंके युद्ध बीच तीक्ष्ण असनि गिरे, हे स्वामी, जब घोर युद्ध होवे; तो तुम हमारे शरीरोंके रक्षक होना जानो ॥१७॥

वामदेवके विचारोंके तुम रक्षक होना, तुम युद्ध में अकुटिल सखा होना। रक्षक तुम्हारे पास हम आते हैं। सदा तुम स्तोताके लिये बहु-प्रशंसित सदा सर्वत्र स्थित हो ॥१८॥

—वामदेव, ४।१६

३०. त्वं महां इन्द्र तुभ्यं ह क्षा अनुक्षत्रं मंहना मन्यत द्यौः।
त्वं वृत्रं शवसा जघन्वान्त्सृजः सिन्धुरहिना जग्रसानान्॥१॥

तव त्विषो जनिमन्रेजत द्यौरेजद् भूमिर्भियसा स्वस्य मन्योः।
ऋधायन्त सुभ्वः पर्वतास आर्दन्धन्वानि सरयन्त आपः॥२॥

—४।१७

३१. वृषा वृषन्धिं चतुरश्रिमस्यन्नुग्रो बाहुभ्यां नृतमः शचीवान्।
श्रिये परुष्णीमुषमाण ऊर्णां यस्याः पर्वाणि सख्याय विव्ये॥२॥

यो देवो देवतमो जायमानो महो वाजेभिर्महद्भिश्च शुष्मैः।
दधानो वज्रं बाह्वोरुशन्तं द्याममेन रेजयत् प्रभूम॥३॥

—४।२२

३२. अहं मनुरभवं सूर्यश्चाहं कक्षीवां ऋषिरस्मि विप्रः।
अहं कुत्समार्जुनेयन्यृंजे'हं कविरुशना पश्यता मा॥१॥

अहं भूमिमददामार्यायाहं वृष्टिं दाशुषे मर्त्याय।
अहमपो अनयं वावशाना मम देवासो अनु केतमायन्॥२॥

अहं पुरो मन्दसानो व्यैरं नव साकन्नवतीः शम्बरस्य।
शततमं वेश्यं सर्वताता दिवोदासमतिथिग्वं यदावं॥३॥

—४।२६

३३. यस्याश्वासः प्रदिशि यस्य गावो यस्य ग्रामा यस्य विश्वे रथासः।
यः सूर्यं य उषसं जजान य अपां नेता स जनास इन्द्रः॥७॥

३०. हे इन्द्र, तुम महान् हो। तुम्हारे बल की पृथिवी अनुमोदन करती है, द्यौ अनुमोदना करता है। तुमने अपने बलसे वृत्रको मारा, अहि द्वारा ग्रस्त सिन्धुको तुमने मुक्त किया ॥१॥
जन्म लेते समय तुम्हारी दीप्तिसे द्यौ कांपा, तुम्हारे अपने क्रोधके भयसे भूमि कांपी। सुरूप पर्वत डोले, मरु-भूमियां भीगीं, नदियां प्रवाहित हुईं ॥२॥

—वामदेव, ४।१७

३१. वृष्टि-धारक कामवर्षी दोनों बाहोंसे चार कोरवाले वज्र को फेंकनेवाले, उग्र, महानतम नेता शची-युक्त वृषभ (इन्द्र) ऊनकी तरह परुष्णी (रावी) को श्रीके लिये सेवन करता है, उसके पोरको मैत्रीके लिये ढांक दिया ॥२॥ (१।६)
बहुत अन्नों और महा वेगों और बलोंके साथ उत्पन्न जो देव देवोंमें श्रेष्ठतम हैं, दोनों बाहोंमें कान्तिमान् वज्र धारे जिसने द्यौ और भूमिको कंपित किया ॥३॥

—वामदेव, ४।२२

३२. मैं (इन्द्र) मनु हूं, मैं सूर्य हूं, मैं विप्र ऋषि कक्षीवान् हूं। मैंने अर्जुन-पुत्र कुत्सका समर्थन किया, मैं उशना कवि हूं, मुझे तुम देखो ॥१॥
मैंने आर्यके लिये भूमि दी, मैंने भक्त मर्दके लिये वृष्टि दी। शब्द करती आपों (नदियों) को मैं लाया। देव लोग मेरी कल्पना का अनुगमन करते हैं ॥२॥
मैंने सोमसे मस्त हो शंबरकी नौ-सहित नब्बे (९९) गढ़ियों को ध्वस्त किया। जब युद्ध में अतिथिग्व दिवोदासकी रक्षा की, तो सौवीकी (उसके) प्रवेश-योग्य बनाया ॥३॥ (८।६१)

—वामदेव, ४।२६

३३. दिशाओं में जिसके घोडे हैं, जिसकी गायें हैं, जिसके ग्राम, जिसके सारे रथ हैं। जिसने सूर्यको, जिसने उषाको पैदा किया, जो आपों (नदियों) का नेता है। हे लोगो, वह इन्द्र है ॥७॥

यः शम्बरं पर्वतेषु क्षियन्तं चत्वारिंश्यां शरद्यन्वविन्दत्।
ओजायमानं यो अहिं जघान दानुं शयानं स जनास इन्द्रः ।।११।।

—६।१२

अत्यासो न ये मरुतः स्वंचो यक्षदृशो न शुभयन्त मर्याः।
ते हर्म्येष्ठाः शिशवो न शुभ्रा वत्सासो न प्रक्रीळिनः पयोधाः ।।१६।।

—७।५६

३४. त्वे ह यत् पितरश्चिन्न इन्द्र विश्वा वामा जरितारो असन्वन्।
त्वे गावः सुदुघास्त्वे ह्यश्वास्त्वं वसु देवयते वनिष्ठः ।।१।।

राजेव हि जनिभिः क्षेष्येवाव द्युभिरभि विदुष्कविः सन्।
पिशा गिरो मघवन् गोभिरश्वैस्त्वायतः शिशीहि राये अस्मान् ।।२।।

इमा उ त्वा पस्पृधानासोत्र मन्द्रा गिरो देवयन्तीरुपस्थुः।
अर्वाची ते पथ्या राय एतु स्याम ते सुमताविन्द्र शर्मन् ।।३।।

धेनुं न त्वा सुयवसे दुदुक्षन्नुप ब्रह्माणि ससृजे वसिष्ठः।
त्वामिन्मे गोपतिं विश्व आहा न इन्द्रः सुमतिं गन्त्वच्छ ।।४।।

—७।१८

३५. इन्द्राय गाव आशिरं दुदुह्रे वज्रिणे मधु। यत् सीमुपह्वरे विदत् ।।६।।

अर्चत प्रार्चत प्रियमेधासो अर्चत।
अर्चन्तु पुत्रका उत पुरं न धृष्ण्वर्चत ।।८।।

अव स्वराति गर्गरो गोधा परि सनिष्वणत्।
पिंगा परि च निष्कददिन्द्राय ब्रह्मणोद्यतं ।।९।।

अर्भको न कुमारको'धि तिष्ठन्नवं रथं।
स पक्षन्महिषं मृगं पित्रे मात्रे विभुक्रतुं ।।१५।।

जिसने पर्वतमें रहते शंबरको चालीसवीं शरद (वर्ष) में जा घेरा। जिसने ओजायमान हो सोते दानव अहिको मारा। हे लोगो, वह इन्द्र है ॥११॥

—गृत्समद, २।१२

३४. हे इन्द्र, जो कि हमारे स्तोता पितरोंने तुमसे ही सारे धन प्राप्त किये, तुमसे सुन्दर दुहानेवाली गायें, तुमसे अश्व प्राप्त किये। देवों के भक्तों केलिये अत्यन्त दाता तुम धन जीतते हो ॥१॥

स्त्रियोंके साथ जैसे राजा, वैसे तुम रहते हो। विद्वान् कवि हमें यश दो। गौवों और अश्वों द्वारा हे मघवन्, (हमारी) वाणी को मानो। अपने (भक्त) हमें धन प्रदान करो ॥२॥

हे इन्द्र, स्पर्धा करती हर्षप्रद, देवोंकी कामना करती ये हमारी स्तुतियां तुम्हारे पास जाती हैं। तुम्हारा पथ धन के लिये हमारे पास आये, तुम्हारी सुमतिमें हम शरण पावें ॥३॥

दुहनेकी इच्छासे धेनुको जैसे सुन्दर घास, वैसे ही वसिष्ठने तुम्हारे लिये मन्त्र रचे। सभी मुझसे तुमको ही गोपति कहते हैं, इन्द्र हमारी सुमति (स्तुति) सुनने पास आये ॥४॥

—वसिष्ठ, ७।१८

३५. वज्रधारी इन्द्रके लिये गायें मीठा दूध (आशिर) दुहाती हैं। जब वह उन्हें पास पाये ॥६॥

हे प्रियमेधो, पूजा करो, खूब पूजा करो, पूजा करो, हे पुतवो, पूजा करो, दृढ पुर की तरह पूजा करो ॥८॥

गर्गरा (घड़ा-बाजा) आवाज दे रहा है। इन्द्रके लिये ब्रह्म (मन्त्र) उद्घोष हुआ। गोधा (चर्मवाद्य) चारों ओर शब्द कर रहा है। पिंगा (तंतु-वाद्य) चारों ओर बज रही है ॥९॥

शिशु कुमारकी तरह नये रथपर वह इन्द्र बैठा है। उसने पिता-माताके लिये बलिष्ट महिष मृगको पकाया ॥१५॥

आ तू सुशिप्र दम्पते रथं तिष्ठा हिरण्ययं।
अध द्युक्षं सचेवहि सहस्रपादमरुषं स्वस्तिगामनेहसं ॥१६॥

—८।५८

३६. ब्रह्मा त इन्द्र गिर्वणः क्रियन्ते अनतिद्भुता।
इमा जुषस्व हर्यश्व योजनेन्द्र या ते अमन्महि॥३॥

त्वं हि सत्यो मघवन्ननानतो वृत्रा भूरि न्यृंजसे।
स त्वं शविष्ठ वज्रहस्त दाशुषेर्वाचं रयिमा कृधि॥४॥

—८।७९

३७. यजामह इन्द्रं वज्रदक्षिणं हरीणां रथ्यं विव्रतानां।
प्र श्मश्रु दोधुवदूर्ध्वथा भूद्वि सेनाभिर्दयमानो वि राधसा॥१॥

सो चिन्नु वृष्टिर्यूथ्या स्वा सचां इन्द्रः श्मश्रूणि हरिताभि प्रुष्णुते।
अव वेति सुक्षयं सुते मधूदिद्धूनोति वातो यथा वनं॥४॥

—१०।२३

३८. स्तोमं त इन्द्र विमदा अजीजनन्नपूर्व्यं पुरुतमं सुदानवे।
विद्मा ह्यस्य भोजनमिनस्य यदा पशुं न गोपाः करामहे॥६॥

—१०।२३

३९. अद्रिणा ते मन्दिन इन्द्र तूयान्त्सुन्वन्ति सोमान् पिबसि त्वमेषां।
पचन्ति ते वृषभां अत्सि तेषां पृक्षेण यन्मघवन् हूयमानः॥३॥

हे सुशिप्र,[1] घरोंके स्वामी इन्द्र, सुनहले रथ पर आकर बैठो। द्यौवाले, सहस्रपाद, लाल, स्वस्तिपूर्वक जानेवाले, निर्दोष रथपर हम दोनों मिलेंगे ॥१६॥

—प्रियमेध, ८।५८

३६. हे इन्द्र, स्तुति-योग्य तुम्हारे लिये अद्भुत ब्रह्म (स्तुतियां) बनाये जाते हैं। उन्हें हे सुनहले घोडेवाले, स्वीकार करो। इन स्तुतियों को सुनो, जिन्हें तुम्हारे लिये पढते हैं॥३॥

हे मघवन्, तुम सत्य हो, तुमने बिना नत हुये बहुत से शत्रुओंको हराया। हे बलिष्ट वज्रहस्त, सो तुम भक्तके पास धन करो॥४॥

—नृमेध, पुरमेध, ८।७९

३७. विविध गति कुशल घोडोंके रथी दाहिने हाथमें वज्र धारे इन्द्र की हम पूजा करते हैं। जो सोम पी मूंछ-दाढीको हिला कर सेनाओं के साथ संहार करते ऊपर उठा॥१॥

वह यूथ (गायों) की तरह वृष्टिके साथ है। इन्द्र (सोमसे) अपनी दाढी-मूछ भिगोता है। छाने जाने सुन्दर स्थान पर पीकर वनको जैसे वायु वैसे (उसे) कंपाता है॥४॥

—विमद, १०।२३

३८. हे इन्द्र, सुदानी हमारे लिये विमदोंने अपूर्व अत्यन्त विस्तृत स्तुति बनाई। इस स्वामीके भोजनको हम जानते हैं, गोपाल जैसे पशुको वैसे जब हम बुलाते हैं॥६॥

—विमद, १०।२३

३९. हे इन्द्र, तुम्हारे लिये ऋत्विक् शीघ्र मस्त करनेवाले सोमोंको पत्थर-से तैयार करते हैं, तुम उन्हें पीते हो। वह तुम्हारे लिये सांडों (वृषभों) को पकाते हैं, हे मघवन्, भोजनार्थ पुकारे गये तुम उन्हें खाते हो॥३॥

---

[1] शिरस्त्राण (ग्रिफिथ)।

इदं सु मे जरितरा चिकिद्धि प्रतीपं शापं नद्यो वहन्ति।
लोपाशः सिंहं प्रत्यंचमत्साः क्रोष्टा वराहं निरतक्त कक्षात् ।।४।।

शशः क्षुरं प्रत्यंचं जगाराद्रिं लोगेन व्यभेदमारात्।
बृहन्तं चिदृहते रन्धयानि वयद्वत्सो वृषभं शूशुवानः ।।९।।

सुपर्ण इत्था नखमासिषायावरुद्धः परिपदं न सिंहः।
निरुद्धश्चिन्महिषस्तर्ष्यावान् गोधा तस्मा अयथं कर्षदेतत् ।।१०।।
—१०।२

४०. सो अस्य वज्रो हरितो य आयसो हरिर्निकामो हरिरा गभस्त्योः।
द्युम्नी सुशिप्रो हरिमन्युसायक इन्द्रे नि रूपा हरिता मिमिक्षिरे ।।३।।

हरिश्माशरुर्हरिकेश आयसस्तुरस्पेये यो हरिपा अवर्धत।
अर्वद्भिर्यो हरिभिर्वाजिनीवसुरति विश्वा दुरिता पारिषद्धरी ।।८।।
—१०।९६

६. ऋभु—

४१. आगन्नृभूणामिह रत्नधेयमभूत् सोमस्य सुषुतस्य पीतिः।
सुकृत्यया यत् स्वपस्यया च एकं विचक्र चमसं चतुर्धा ।।२।।

किं मयस्विच्चमस एष आस यं काव्येन चतुरो विचक्र।
अथा सुनुध्वं सवनं मदाय पात ऋभवो मधुनः सोम्यस्य ।।४।।

हे स्तोता, मेरी यह (पहेली) बतलाओ :—(इन्द्रकी इच्छा होनेपर) नदियां (अपनी) बाढ उलटी बहायें, लोमडी आते सिंहको ले जाये, स्यार वराहको वनसे भगा दे ॥४॥
इन्द्रकी इच्छा होनेपर खरगोश तीक्ष्ण विरोधीको निगल जाये, एक डलेसे दूरके पत्थर (पहाड) को में तोड दूं। छोटेके बसमें मैं बडेको कर सकूं, बछडा भी फूलकर वृषभ (सांड) को खा जाये ॥९॥
यहां सुपर्ण (गरुड) नखको छोड दे, जैसे कि पकडा सिंह पिंजरेको। प्यासा महिष पकडा जाये, चमडेकी रस्सी उसके उलझे पैरोंको पकडे रहे ॥१०॥

—वसुक्र, १०।२८

४०. सो जो बहुत आकर्षक, सुनहला आयस ताम्रमय वज्र उसके हाथोंमें है। वह द्युतिमान्, सुशिप्र,[1] संहारक, क्रोधरूपी बाणवाले इन्द्रके-लिये पीले रूपवाले सोम (सिक्त) करते हैं ॥३॥
जो सुनहले मूंछ-दाढी, सुनहले केशवाला, पत्थरसे दृढ, जो अश्व-स्वामी बढता है। अश्वधनिक, घोडोंके स्वामी अपने द्रुतगामी घोडोंको सारे कष्टोंसे पार कराता है ॥८॥

—वरु आंगिरस, १०।९६

६. ऋभु—

४१. यहां (तृतीय सवनमें) ऋभुओं का रत्न-दान है। अच्छी तरह छाने सोमका पान हुआ। सुन्दर कर्म द्वारा और सुन्दर कौशल द्वारा जब एक चमसको चार किया ॥२॥
किस चीजका यह चमस था, जिसे तुमने काव्य (कौशल) द्वारा चार किया? हे ऋत्विजो, मदके लिये फिर सोम छानो, हे ऋभुओ, तुम मधुर सोमको पियो ॥४॥

---

[1] शिप्र—शिरस्त्राण (ग्रिफिथ)

यत्तृतीयं सवनं रत्नधेयमकृणुध्वं स्वपस्या सुहस्ताः।
तदृभवः परिषिक्तं व एतत् सं मदेभिरिन्द्रियेभिः पिबध्वं ।।९।।
—४।३५

४२. अनश्वो जातो अनभीशुरुक्थ्यो रथस्त्रिचक्रः परिवर्तते रजः।
महत्तद्वो देवस्य प्रवाचनं द्यामृभवः पृथिवीं यच्च पुष्यथ ।।१।।
—४।३६

७. क (प्रजापति)—

४३. हिरण्यगर्भः समवर्तताग्रे भूतस्य जातः पतिरेक आसीत्।
स दाधार पृथिवीं द्यामुतेमां कस्मै देवाय हविषा विधेम ।।१।।

य आत्मदा बलदा यस्य विश्व उपासते प्रशिषं यस्य देवाः।।
यस्य छाया'मृतं यस्य मृत्युः कस्मै देवाय हविषा विधेम ।।२।।

यः प्राणतो निमिषतो महित्वैक इद्राजा जगतो बभूव।
य ईशे अस्य द्विपदश्चतुष्पदः कस्मै देवाय हविषा विधेम ।।३।।

यस्येमे हिमवन्तो महित्वा यस्य समुद्रं रसया सहाहुः।
यस्येमाः प्रदिशो यस्य बाहू कस्मै देवाय हविषा विधेम ।।४।।

येन द्यौरुग्रा पृथिवी च दृह्ळा येन स्वः स्तभितं येन नाकः।
यो अन्तरिक्षे रजसो विमानः कस्मै देवाय हविषा विधेम ।।५।।

प्रजापते न त्वदेतान्यान्यो विश्वा जातानि परिता बभूव।
यत् कामास्ते जुहुमस्तन्नो अस्तु वयं स्याम पतयो रयीणां ।।१०।।
—१०।१२१

हे सुहस्त ऋभुओ, तृतीय सवन (सायंकालीन सोमपान) में जो तुम सुन्दर कौशल से अर्जित रत्न दान करते हो, सो मस्त इन्द्रियोंसे परिषिक्त (सोम) को पियो ॥९॥

—वामदेव ४।३५

४२. हे ऋभुओ, तुम्हारा काम स्तुत्य है। लोगोंका अश्विद्वयको दिया त्रिचक्र रथ, बिना अश्वके, बिना लगामके आकाशमें चारों ओर घूमता है। हे ऋभुओ, वह तुम्हारे दिव्यत्वका बडा ख्यापन है, जो कि तुम द्यौ और पृथिवीका पोषण करते हो ॥१॥

—वामदेव, ४।३६

७. क (देवता)——

४३. पहले हिरण्यगर्भ (सुनहले गर्भवाला) मौजूद था। (वह) उत्पन्न भूतोंका एकमात्र पति था। उसने पृथिवी और इस द्यौको धारण किया। उस क (देवता) के लिये हम हवि से (पूजा) करते हैं॥१॥

जो आत्मदायक, बलदायक है, जिसकी सभी उपासना करते हैं। देवगण जिसकी प्रशंसा करते हैं। जिसकी छाया अमृत है, जिसकी (छाया-हीनता) मृत्यु, उस क (देवता) ॥२॥

जो सांस लेनेवाले, पलक मारनेवाले जगत्का एकमात्र राजा अपने हुआ। जो इस दो पाये-चौपाये प्राणियोंका स्वामी है, उस क (देवता)० ॥३॥

जिसकी महिमा से यह हिमवान्, पृथिवी सहित समुद्र जिसको बतलाते हैं, जिसकी ये दिशायें हैं, जिसकी (वह) बाहु हैं, उस क (देवता)० ॥४॥

जिसके द्वारा द्यौ उग्र है, और पृथिवी दृढ़ है। जिसने स्वर्गको, जिसने नाक को थामा है। जिसने अन्तरिक्षमें लोको को नापा, उस क (देवता)० ॥५॥

—हिरण्यगर्भ प्रजापति-पुत्र, १०।१२१

८. पर्जन्य--

४४. पर्जन्याय प्रगायत दिवस्पुत्राय मीह्ळुषे। स नो यवसमिच्छतु ।।१।।
यो गर्भमोषधीनां गवां कृणोत्यर्वतां। पर्जन्यः पुरुषीणां ।।२।।
तस्मा इदास्ये हविर्जुहोता मधुमत्तमं। इळां नः संयतं करत् ।।३।।
—७।१०२

९. पितरौ (द्यौ-पृथिवी)—

४५. वैश्वानर तव तानि व्रतानि महान्यग्ने नकिरादधर्षं।
यज्जायमानः पित्रोरुपस्थे'विन्दः केतुं वयुनेष्वह्नां ।।५।।
—६।७

१०. पुरुष--

४६. सहस्रशीर्षा पुरुषः सहस्राक्षः सहस्रपात्
स भूमिं विश्वतो वृत्वा'त्यतिष्ठद्दशांगुलं ।।१।।

पुरुष एवेदं सर्वं यद् भूतं यच्च भव्यं।
उतामृतत्वस्येशानो यदन्नेनातिरोहति ।।२।।

यत् पुरुषेण हविषा देवा यज्ञमतन्वत।
वसन्तो अस्यासीदाज्यं ग्रीष्म इध्मः शरद्धविः ।।६।।

तस्मादश्वा अजायन्त ये के चोभयादतः।
गावो ह जज्ञिरे तस्मात्तस्माज्जाता अजा'वयः ।।१०।।

ब्राह्मणो'स्य मुखमासीद् बाहू राजन्यः कृतः।
ऊरू तदस्य यद् वैश्यः पद्भ्यां शूद्रो अजायत ।।१२।।
—१०।९०

८. पर्जन्य—

४४. द्यौके पुत्र सेचनकर्त्ता पर्जन्यका गान करो। वह हमारे भोजनको (देना) चाहे ॥१॥

जो पर्जन्य ओषधियों में, गायोंमें, घोडियोंमें, पुरुषियों (स्त्रियों) में गर्भ (उत्पन्न) करता है ॥२॥

उसके मुखमें इस अत्यन्त मधुर हविको हवन करो। वह हमारे लिये अन्न जमा करे ॥३॥

—वसिष्ठ, ७।१०२

९. पितरद्वय (द्यौ, पृथिवी)—

४५. हे वैश्वानर अग्नि, तुम्हारे उन महान् व्रतों (कर्मों) को कोई खराब नहीं कर सकता। जब पितरद्वय (द्यौ-पृथिवी) की गोदसे उत्पन्न हो (तुमने) दिनोंके मार्गमें प्रकाश (सूर्य) स्थापित किया ॥५॥

—भरद्वाज, ६।७

१०. पुरुष—

४६. (वह) पुरुष हजार सिरवाला, हजार आंखोंवाला, हजार पैरोंवाला (है)। वह चारों ओर भूमिको ढांककर दस अंगुल आगे बढा अवस्थित है ॥१॥

यह जो कुछ भूत और भावी है, सब पुरुष ही है। (वह) अमृतत्वका स्वामी है, जो कि अन्नसे अधिक बढता है ॥२॥

जब पुरुषरूपी हविसे देवोंने यज्ञको पसारा, (तो) उसका घी वसन्त था, ईंधन ग्रीष्म, हवि शरद थी ॥६॥

अश्व और जो कुछ भी मुखमें दोनों ओर दांतवाले (प्राणी) हैं, वह उससे जनमे, गायें उससे जनमीं, उससे भेड-बकरियां जनमीं ॥१०॥

इसका मुख ब्राह्मण हुआ, दोनों बाहोंसे राजन्य (क्षत्रिय) बना। उसकी दोनों जांघें जो सो वैश्य (है)। और दोनों पैरोंसे शूद्र जनमा ॥१२॥

—नारायण, १०।९०

११. पूषन्

४७. वयमु त्वा पथस्पते रथं न वाजसातये। धिये पूषन्नयुज्महि ॥१॥
अदित्सन्तं चिदाघृणे पूषन्दानाय चोदय। पणेश्चिद्वि म्रदा मनः ॥३॥
—६।५३

४८. पूषन्विदुषा नय यो अंजसानुसासित। य एवेदमिति ब्रवत् ॥१॥
माकिर्नेशन् माकीं रिषन् माकीं संशारि केवटे। अथारिष्टाभिरागहि।७।
परि पूषा परस्ताद्धस्त दधातु दक्षिणं। पुनर्नो नष्टमाजतु ॥१०॥
—६।५४

४९. रथीतमं कपर्दिनमीशानं राधसो महः। रायः सखायमीमहे ॥२॥
—६।५५

५०. य एनमादिदेशति करम्भाविति पूषणं। न तेन देव आदिशे ॥१॥

उत घा स रथीतमः सख्या सत्पतिर्युजा। इन्द्रो वृत्राणि जिघ्नते ॥२॥

उतादः परुषे गवि सूरश्चक्रं हिरण्ययं । न्यैरयद्रथीतमः ॥३॥
—६।५६

५१. सोममन्य उपासदत्पातवे चम्वोः सुतं। करम्भमन्य इच्छति ॥५
अजा अन्यस्य बह्नयो हरी अन्यस्य सम्भृता।
ताभ्यां वृत्राणि जिघ्नते ॥३॥
—६।७

११. पूषन्—

४७. हे मार्गोंके पति पूषन्, अन्न लाभ के लिये हमने तुम्हें रथकी तरह जोत दिया ।।१।।
हे पूषन्, अ-दाता को दानके लिये प्रेरित करो, पणिके मन को कोमल करो ।।३।।

—भरद्वाज, ६।५३

४८. हे पूषन्, हमें तुम ऐसे विद्वान् के पास ले चलो, जो हमारा ठीक अनुशासन करे, जो (हमसे) "यही है" कहे ।।१।।
(हमारे गौ-अश्व) नष्ट न हों, उन्हें कोई न मारे, कूयें-गढेमें न गिरें, तुम (उन्हें लिये) अरिष्टों (मंगलों) के साथ आओ ।।७।।
पूषन् दूरसे दाहिने हाथको पसारे, हमारा खोया पशु फिर आवे ।।१०।।

—भरद्वाज, ६।५४

४९. (जो) महानतम रथी कपर्द (जूडा)—धारी महान् वैभवका स्वामी है, (उस) पूषन् सखासे हम धन मांगते हैं ।।२।।

—भरद्वाज, ६।५५

५०. जो इस पूषन्को "करंभ (सत्तू) भक्षी" कह स्तुति करता है, उसे (दूसरे) देवताकी स्तुति नहीं करनी पडती।। १।।
(वह) महानतम रथी, सत्पति है। इन्द्र अपने सखा (पूषन्) के साथ मिलकर शत्रुओंको मारता है ।।२।।
महानतम रथी पूषा सूर्यके रथके सुनहले चक्केको इस मेघ में चलाता है ।

—भरद्वाज, ६।५६

५१. (हे इन्द्र-पूषन्, तुममेंसे) एक (इंद्र) दो चमुओंमें छाने सोमको पीने जाता है, दूसरा पूषन् करंभ (सत्तू) चाहता है ।।२।।
एक (पूषन्) के वाहन छाग हैं, दूसरे (इन्द्र) को ले जानेवाले दो घोडे। उनके द्वारा शत्रुओंको मारते हैं ।।३।।

—भरद्वाज, ६।५७

५२. अजाश्वः पशुपा वाजपास्त्यो धियं जिन्वो भुवने विश्वे अर्पितः।
अष्टां पूषा शिथिरामुद्वरीवृजत् संचक्षाणो भुवना देव ईयते ॥२॥

यास्ते पूषन्नावो अन्तः समुद्रे हिरण्ययीरन्तरिक्षे चरन्ति।
ताभिर्यासि दूत्यां सूर्यस्य कामेन कृत श्रव इच्छमानः ॥३॥

पूषा सुबन्धुर्दिव आ पृथिव्या इळस्पतिर्मघवा दस्मवर्चाः।
यं देवासो अददुः सूर्यायै कामेन कृतं तवसं स्वंचं ॥४॥

—६।५८

१२. प्रजापति—

५३. नासदासीन्नो सदासीत्तदानीं नासीद्रजो नो व्योमा परो यत्।
किमावरीवः कुह कस्य शर्मन्नम्भः किमासीद् गहनं गभीरं ॥१॥

न मृत्युरासीदमृतं न तर्हि न रात्र्या अह्न आसीत् प्रकेतः।
आनीदवातं स्वधया तदेकं तस्माद्धान्यन्न परः किंचनास ॥२॥

तम आसीत्तमसा गूह्ळमग्रे प्रकेतं सलिलं सर्वमा इदं।
तुच्छ्येनाभ्वपिहितं यदासीत्तपसस्तन्महिना जायतैकं ॥३॥

कामस्तदग्रे समवर्तताधिमनसो रेतः प्रथमं यदासीत्।
सतो बन्धुमसति निरविन्दन् हृदि प्रतीष्या कवयो मनीषा ॥४॥

तिरश्चीनो विततो रश्मिरेषामधः स्विदासीदुपरि स्विदासीत्।
रेतोधा आसन् महिमान आसन्त्स्वधा अवस्तात् प्रयतिः परस्तात् ॥५॥

५२. जो अजवाहन, पशुपालक, शक्तियुक्त भवनवाला, स्तुति-प्रेरक, सारे भुवन में व्याप्त है। वह पूषन् देव सारे भुवनको प्रकाशित करते हाथमें तीक्ष्ण आरा धारे जाता है।२॥

हे पूषन्, समुद्र के मध्यमें अन्तरिक्षमें जो तुम्हारी सोनेकी नौकायें चलती हैं, उनके साथ तुम सूर्यकी दूतता के लिये प्रेमवश, श्रव (यश, धन) की इच्छा से जाते हो, ॥३॥

पूषन् द्यौ और पृथिवीका सु-बन्धु, अन्नपति, मघ(धन)वान्, दर्शनीय तेजवाला है। जिस सुगामी, शक्तिशाली प्रेमपरवशको देवोंने सूर्याके लिये प्रदान किया॥४॥

—भरद्वाज, ६।५८

१२. प्रजापति—

५३. उस समय न असत् था न सत् था, न रज (लोक) था, न जो व्योमसे परे है (वह था)। क्या आवरण था? कहां किसका शरण था? जल कैसा गहन-गम्भीर था॥११॥

उस समय न मृत्यु थी, न अमरता, न रात-दिनका भेद था। बिना वायुका वह अकेला अपनी प्रकृति से सांस ले रहा था। उससे दूसरा कुछ भी नहीं था।२॥

तम था, पूर्वकालमें तम से ढंका यह सब अज्ञात सलिल था। जब छूछेसे सब ढंका हुआ था, तपस्याकी महिमा द्वारा वह एक उत्पन्न हुआ॥३॥

तब पहले काम (कामना) मौजूद था, जो कि मन में प्रथम रेत (वीर्य) था। कवियोंने बुद्धि द्वारा हृदयमें विचार करके असत्में उस सत्को प्राप्त किया॥४॥

इनकी किरण तिरछी फैली नीचे थी या ऊपर थी। वीर्यधारक थे, महिमायें थीं, यहां स्वधायें (स्वतन्त्र क्रियायें) थीं, परे प्रयति, शक्ति थी॥५॥

को अद्धा वेद क इह प्र वोचत् कुत आजाता कुत इयं विसृष्टिः।
अर्वाग्देवा अस्य विसर्जनेनाथा को वेद यत आबभूव ॥६॥

इयं विसृष्टिर्यत आबभूव यदि वा दधे यदि वा न।
यो अस्याध्यक्षः परमे व्योमन्त्सो अंग वेद यदि वा न वेद ॥७॥
—१०।१२९

५४. यो यज्ञो विश्वतस्तन्तुभिस्तत एकशतं देवकर्मेभिरायतः।
इमे वयन्ति पितरो य आययुः प्र वयाऽप वयेत्यासते तते ॥१॥

कासीत् प्रमा प्रतिमा किं निदानमाज्यं किमासीत् परिधिः क आसीत्।
छन्दः किमासीत् प्रउगं किमुक्थं यद्देवा देवमयजन्त विश्वे ॥३॥

अग्नेर्गायत्र्यभवत् सयुग्वोष्णिहया सविता सं बभूव।
अनुष्टुभा सोम उक्थैर्महस्वान् बृहस्पतेर्बृहती वाचमावत् ॥४॥

विराण्मित्रावरुणयोरभिश्रीरिन्द्रस्य त्रिष्टुबिह भागो अह्नः।
विश्वान् देवान् जगत्या विवेश तेन चाक्लृप्र ऋषयो मनुष्याः ॥५॥

सहस्तोमा सह छन्दस आवृतः सहप्रमा ऋषयः सप्त दैव्याः।
पूर्वेषां पन्थामनुदृश्य धीरा अन्वालेभिरे रथ्यो न रश्मीन् ॥७॥
—१०।१३०

१३. मन्यु—

५५. यस्ते मन्यो विधद्वज्रसायक सह ओजः पुष्यति विश्वमानुषक्।
साह्याम दासमार्यं त्वया युजा सहस्कृतेन सहसा सहस्वता ॥१॥

ठीक कौन जानता है। कौन यहां उसको कहे? कहां से पैदा हुई, कहां से यह सृष्टि आई? देवलोक इसके सृजनके पीछे पैदा हुये। कौन जानता है, जहांसे वह आई ॥६॥

यह सृष्टि जहांसे आई (किसने) बनाया या (किसने) नहीं बनाया। जो इसका अध्यक्ष परम व्योममें है, सो हे दोस्त, जानता है अथवा नहीं जानता ॥७॥

—प्रजापति, १०।१२९

५४. जो यज्ञ तन्तुओंसे चारों ओर ताना, एक सौ देवकर्मों द्वारा लम्बा बना। उसे, जो यह पितर आये हैं, वह बुनते हैं। लम्बा बुनो, चौडा बुनो, यह कहते तने (वस्त्र) पर लगे हैं॥१॥

जब सारे देवोंने देव (प्रजापति) का यजन किया, तब यज्ञका नाप (प्रतिकृति) क्या थी, निदान (संकल्प) क्या था, घी क्या था, परिधि (पलाश आदिका माप) क्या था, छन्द क्या था, प्रउग और उक्थ (स्तोत्र) क्या था ॥३॥

अग्नि की जोडीदार गायत्री हुई, उष्णिक्‌के साथ सविता सम्मिलित हुआ। अनुष्टुब्‌से सोम, उक्थोंसे तेजस्वी बृहस्पतिकी वाणीकी बृहतीने सहायता की ॥४॥

विराट् मित्र-वरुणकी आश्रित हुई, दिनको इन्द्र का भाग यहां त्रिष्टुब् हुआ। सारे देवताओंको जगती व्याप्त हुई, इस प्रकार ऋषियों और मनुष्यों ने यज्ञ किया ॥५॥

स्तोम, छन्द, माप के साथ घिरे सात दिव्य ऋषि थे। जैसे सारथी लगामको वैसे धीरोंने पूर्वजोंके पंथको देखकर पकडा।७॥

—यज्ञ प्रजापति-पुत्र, १०।१३०

१३. मन्यु (क्रोध)—

५५. हे वज्र, बाण, मन्यु, जिसने तुम्हें पूजा, वह सर्व-विजयी ओजका पोषण करता है। साहसकारी बल-युक्त बल (-रूप) तुम्हारे साथ मिलकर हम दास और आर्यको पराजित करेंगे॥१॥

मन्युरिन्द्रो मन्युरेवास देवो मन्युर्होता वरुणो जातवेदाः।
मन्युं विश ईळते मानुषोर्याः पाहि नो मन्यो तपसा सजोषाः ॥२॥

अभीहि मन्यो तवसस्तवीयान् तपसा युजा वि जहि शत्रून्।
अमित्रहा वृत्रहा दस्युहा च विश्वा वसून्या भरा त्वं नः ॥३॥

—१०।८३

५६. त्वया मन्यो सरथमारुजन्तो हर्षमाणासो धृषिता मरुत्वः।
तिग्मेषव आयुधा संशिशाना अभि प्र यन्तु नरो अग्निरूपाः ॥१॥

अग्निरिव मन्यो त्विषितः सहस्व सेनानीर्नः सहुरे हूत एधि।
हत्वाय शत्रून् विभजस्व वेद ओजो मिमानो वि मृधो नुदस्व ॥२॥

—१०।८४

१४. मित्र—

५७. मित्रो जनान् यातयति ब्रुवाणो मित्रो दाधार पृथिवीमुत द्यां।
मित्रः कृष्टीरनिमिषाभिचष्टे मित्राय हव्यं घृतवज्जुहोत ॥१॥

प्र स मित्र मर्तो अस्तु प्रयस्वान् यस्त आदित्य शिक्षति व्रतेन।
न हन्यते न जीयते त्वोतो नैनमंहो अश्नोत्यन्तितो न दूरात् ॥२॥

महां आदित्यो नमसोपसद्यो यात यज्जनो गृणते सुशेवः।
तस्मा एतत् पन्यतमाय जुष्टमग्नौ मित्राय हविराजुहोत ॥५॥

मन्यु इन्द्र है, मन्यु ही देव है, मन्यु होता, वरुण, अग्नि है।[१] मानुषी प्रजायें मन्यु की स्तुति करती हैं। हे मन्यु, तपसे युक्त हो तुम हमारी रक्षा करो ॥२॥

हे बलवानोंमें अत्यन्त बलवान् मन्यु, तपके साथ आओ, और शत्रुओंको मारो। अमित्रहन्ता, वृत्र-हन्ता और दस्यु-हन्ता तुम हमारे लिये सारे धनोंको लाओ ॥३॥

—मन्यु तपस्-पुत्र, १०।८३

५६. हे मन्यु, तुम पर आरूढ हो प्रहार करते, हर्षित होते, धर्षण करते मरुतवाले, तीक्ष्ण बाणवाले, आयुधोंको तेज करते, अग्निरूप नेता आक्रमण करने के लिये जायें ॥१॥

हे मन्यु, अग्निकी तरह दीप्तिमान् हो, युद्धमें पुकारे जाकर, हमारे सेनानी हो, बढो। शत्रुओंको मारकर धनको बांटो, ओजको बढाते दुश्मनों को दबाओ ॥

—मन्यु तपस्-पुत्र, १०।८४

मित्र—

५७. मित्र बोलता हुआ लोकोंको प्रेरित करता है, मित्रने पृथिवी और द्यौको धारण किया, मित्र आदमियोंको अनिमिष दृष्टिसे देखता है, मित्रके लिए घृत-युक्त हवि हवन करो ॥१॥

हे मित्र आदित्य, जो व्रत (यज्ञ) द्वारा तुम्हारी सेवा करता है, वह मनुष्य सर्व प्रथम होवे। तुम्हारे द्वारा रक्षित आदमी न मारा जाता है, न जीता जाता है, न उसे नजदीक या दूरसे संकट खाता ॥२॥

महान् आदित्य नमस्कार से सेवनीय हैं। जन-प्रेरक वह स्तुतिकर्ता पर कृपालु है। उस अत्यन्त स्तुत्य मित्रके लिये इस प्रिय हविको आगमें हवन करो ॥।५॥

---

१. पुरोहित

मित्राय पंच येमिरे जना अभिष्टिशवसे । स देवान्विश्वान्विभर्ति ॥८॥
—३।५९

१५. यम—

देखो १५।७८, ७९

१६. रुद्र—

५८. इमा रुद्राय स्थिरधन्वने गिरः क्षिप्रेषवे देवाय स्वधान्वे ।
अषाह्ळाय सहमानाय वेधसे तिग्मायुधाय भरता शृणोतु नः ॥१॥

या ते दिद्युदवसृष्टा दिवस्परि क्ष्मया चरति परि सा वृणक्तु नः ॥
सहस्रन्ते स्वपिवात भेषजा मा नस्तोकेषु तनयेषु रीरिषः ॥३॥

मा नो वधी रुद्र मा परा दा मा ते भूम प्रसितौ हीळितस्य ।
आ नो भज बर्हिषि जीवशंसे यूयं पात स्वस्तिभिः सदा नः ॥४॥
—७।४६

५९. इमा रुद्राय तवसे कपर्दिने क्षयद्वीराय प्र भरामहे मतीः ।
यथा शमसद् द्विपदे चतुष्पदे विश्वं पुष्टं ग्रामे अस्मिन्ननातुरं ॥१॥

त्वेषं वयं रुद्रं यज्ञसाधं वंकुं कविमवसे नि ह्वयामहे ।
आरे अस्मद् दैव्यं हेळो अस्यतु सुमतिमिद्वयमस्या वृणीमहे ॥४॥

दिवो वराहमरुषं कपर्दिनं त्वेषं रूपं नमसा नि ह्वयामहे ।
हस्ते बिभ्रद् भेषजा वार्याणि शर्म वर्म च्छर्दिरस्मभ्यं यसत् ॥५॥
—१।११४

बहुत बली मित्रके लियें पांचों जन नियम करते हैं, वह सारे देवों का पालन करता है ॥८॥

—विश्वामित्र, ३।५९

यम—

देखो यहीं (१५,७८, ७९)

१५. रुद्र—

५८. हे भरतो, स्थिरधनुष, क्षिप्र-वाण, स्वधा-युक्त, अजेय, जेता, विधाता, तीक्ष्ण-आयुध रुद्र के लिये यह हमारी स्तुतियां हैं, इन्हें सुनो ॥१॥

हे रुद्र, द्यौके ऊपरसे छोडी जो तुम्हारी बिजली पृथ्वीपर विचरण करती है, वह हमें छोड दे। हे स्वपिवात (कृपामय), तुम्हारी हजारों औषधियां हैं। हमारे पुत्र-पौत्रों को हानि न पहुंचाओ ॥३॥

हे रुद्र, हमें न मारो, न दूर करो। क्रुद्ध हुये तुम्हारे बन्धन में हम न होवें। हमारे प्राणि-हितकर यज्ञमें आओ। तुम हमेशा स्वस्तिके साथ हमारी रक्षा करो ॥४॥

—वसिष्ठ, ७।४६

५९. शक्तिशाली, जूडाधारी, वीर, पति रुद्रके लिये हम यह स्तुतियां लाते हैं; जिसमें कि इस ग्राम में दो-पायों-चौपायोंका कल्याण हों, सभी पुष्ट और निरोग हों ॥१॥

हम दीप्तिमान्, यज्ञसाधक, वक्र, कवि रुद्रको पुकारते हैं। वह (अपने) दिव्य क्रोधको हमसे दूर फेंके। हम उसकी सुमति (कृपा) की प्रार्थना करते हैं ॥४॥

हम द्यौ के लाल वराह कपर्दधारी दीप्तिमान् रूप (रुद्र) को पुकारते हैं। हाथमें श्रेष्ठ औषधियों को धारण किये वह हमें सुख, रक्षा, गृह प्रदान करें ॥५॥

—कुत्स आंगिरस, १।११

१७. वरुण—

६०. आचष्ट आसां पाथो नदीनां वरुण उग्रः सहस्रचक्षाः ।।१०।।
राजा राष्ट्राणां पेशो नदीनामनुत्तमस्मै क्षत्रं विश्वायु ।।११।।
—७।३४

६१. ता नो रासन्रातिषाचो वसून्या रोदसी वरुणानी श्रृणोतु।
वरुत्रीभिः सुशरणो नो अस्तु त्वष्टा सुदत्रो विदधातु रायः ।।२२।।
—७।३४

६२. यदद्य सूर्य ब्रवो नागा उद्यन्मित्राय वरुणाय सत्यं।
वयं देवत्रादिते स्याम तव प्रियासो अर्यमन् गृणन्तः ।।१।।
—७।६०

६३. धीरा त्वस्य महिना जनूंषि वि यस्तस्तम्भ रोदसी चिदुर्वी।
प्र नाकमृष्वं नुनुदे बृहन्तं द्विता नक्षत्रं पप्रथच्च भूम ।।१।।

पृच्छे तदेनो वरुण दिदृक्षुपो एमि चिकितुषो विपृच्छं।
समानमिन्मे कव्रयश्चिदाहुरयं तुभ्यं वरुणो हृणीते ।।३।।

किमाग आस वरुण ज्येष्ठं यत् स्तोतारं जिघांससि सखायं।
प्र तन्मे वोचो दूळभ स्वधावोव त्वानेना नमसा तुर इयां ।।४।।

अरं दासो न मीह्ळुषे कराण्यहं देवाय भूर्णये नागाः।
अचेतयदचितो देवो अर्यो गृत्सं राये कवितरो जुनाति ।।७।।
—७।८६

१६. वरुण—

६०. सहस्र-नेत्र, उग्र, वरुण इन नदियों के पाथ को जानता है।।१०।। वह राष्ट्रोंके राजा नदियोंका गौरव है, उसका क्षत्र (राज्य) विश्वव्यापी और अनुपम है।।११।।

—वसिष्ठ, ७।३४

६१. वे दान-निपुण (देवपत्नियां) हमें धन दें। द्यौ-पृथिवी, वरुणानी हमारी प्रार्थना सुनें। सुदानी, सुशरण, त्वष्टा रक्षिका देवियों के साथ हमारे लिये धन प्रदान करे।।२।।

—वसिष्ठ, ७।३४

६२. हे सूर्य, जो कि उगते हुये (हमें) पाप-रहित करो, मित्र-वरुणको सत्य कहो। हे अदिति, हम देवोंके प्रिय हों। हे अर्यमा, स्तुति करते हम (तुम्हारे) प्रिय हों।।१।।

—वसिष्ठ, ७।६०

६३. इस (वरुण) की महिमासे लोग धीमान् होवें, जिसने विशाल द्यौ-पृथिवीको थामा, जिसने दोनों उच्च नाक (स्वर्ग) और वृहत् नक्षत्रको प्रेरित किया, और भूमिको विस्तृत किया।।१।।

हे वरुण, देखनेकी इच्छासे मैं (अपने) उस पापके बारेमें तुमसे पूछता हूं। पूछते हुए मैं विद्वानोंके पास जाकर पूछता हूं। कवियोंने एक सी ही (बात) मुझे कही, "यह वरुण तुम पर क्रुद्ध है"।।३।।

हे वरुण, मेरा कौन सा पाप है, जो कि तुम अपने ज्येष्ठ सखा स्तोताको मारना चाहते हो। हे दुर्धर्ष शक्तिशाली, उसे मुझे बतलाओ, (कि) मैं इस नमस्कारके साथ तुरन्त तुम्हारे पास आऊं।।४।।

निष्पाप हो दासकी तरह सेचक वरुणदेवकी सेवा कर लो। हम अज्ञानियोंको स्वामी (वरुण) देव चेताये, अत्यन्त कवि वरुण स्तुति-कर्ताको धन दिलवाये।।७।।

—वसिष्ठ, ७।८६

६४. अयमु वां पुरुतमो रयीयन् छश्वत्तममवसे जोहवीति।
सजोषाविन्द्रावरुणा मरुद्भिर्दिवा पृथिव्या शृणुतं हवं मे॥२॥

आ नो मित्रावरुणा घृतैर्गव्यूतिमुक्षतं। मध्वा रजांसि सुक्रतू॥१६॥
—३।६२

६५. (देखो ६१)

१८. वायु—

६६. वायवायाहि दर्शतेमे सोमा अरङ्कृताः। तेषां पाहि श्रुधी हवं॥१॥
वाय उक्थेभिर्जरन्ते त्वामच्छा जरितारः। सुतसोमा अहर्विदः॥२॥
—१।२

१९. वास्तोष्पति—

६७. अमीवहा वास्तोष्पते विश्वा रूपाण्याविशन्।
सखा सुशेव एधि नः॥१॥

यदर्जुन सारमेय दतः पिशंग यच्छसे।
वीव भ्राजन्त ऋष्टय उप स्रक्वेषु बप्सतो नि षु स्वप॥२॥
—७।५५

२०. विश्वकर्मा—

६८. य इमा विश्वा भुवनानि जुह्वदृषिर्होता न्यसीदत् पिता नः।
स आशिषा द्रविणमिच्छमानः प्रथमच्छदवरां आ विवेश॥१॥

किं स्विदासीदधिष्ठानमारम्भणं कतमत् स्वित् कथासीत्।
यतो भूमिं जनयन् विश्वकर्मा वि द्यामौर्णोन्महिना विश्वचक्षाः॥२॥

६४. हे इन्द्र-वरुण, धन-इच्छुक यह महान् (यजमान) तुम दोनोंको रक्षाके लिये सदा पुकारता है। मरुतों, द्यौ-पृथिवीके साथ मेरी पुकार (स्तुति) सुनो ।।२।।

सुकर्मा मित्र-वरुण, हमारे गोठोंको घृतसे पूर्ण करे, हमारे आवासोंको मधुसे (पूर्ण करे) ।।१६।।

—विश्वामित्र, ३।६२

१७. वायु—

६६. हे दर्शनीय वायु, यह सोम सजाये हैं, उन्हें पियो और पुकार सुनो ।।१।। हे वायु, सोम छाने दिन-ज्ञ स्तोता उक्थों (गानों) द्वारा तुम्हारी खूब स्तुति करते हैं ।।२।।

—मधुच्छन्दा विश्वामित्र-पुत्र, १।२

१८. वास्तुपति (गृहोंका अधिष्ठाता देवता)—

६७. हे वास्तुपति, तुम रोगनाशक हो, सारे रूपोंको धारे हमारे सखा और सुखकारी बनो ।।१।।

हे श्वेत, पिंगल, सरमा-पुत्र, जब तुम दांत दिखलाते हो, उस समय (वह) ओष्ठके पास ऋष्टियों (छुरों) की तरह निकले शोभा देते हैं। तुम सो जाओ ।।२।।

—वसिष्ठ, ७।५५

१९. विश्वकर्मा—

६८. जो इस सारे भुवनोंको हवन करता होता, ऋषि हमारा पिता (विश्वकर्मा) बैठा है। वह आशीर्वाद द्वारा धनकी इच्छा करते प्रथम भक्तोंमें प्रविष्ट हुआ ।।१।।

उस समय कौन सा अधिष्ठान था ? कौन सा आलम्ब और कैसे था, जिससे कि विश्वदर्शी विश्वकर्माने भूमिको उत्पन्न कर अपनी महिमासे द्यौको खोला ।।२।।

विश्वतश्चक्षुरुत विश्वतो मुखो विश्वतो बाहुरुत विश्वतस्पात्।
सं बाहुभ्यां धमति सं पतत्रैर्द्यावाभूमी जनयन् देव एकः ।।३।।

किं स्विद्वनं क उ स वृक्ष आस यतो द्यावा पृथिवी निष्टतक्षुः।
मनीषिणो मनसा पृच्छतेदुतद्यदध्यतिष्ठद् भुवनानि धारयन् ।।४।।
—१०।८१

२१. विष्णु—

६९. त्रिर्देवः पृथिवीमेष एतां विचक्रमे शतर्चसं महित्वा।
प्र विष्णुरस्तु तवसस्तवीयान्त्वेषं ह्यस्य स्थविरस्य नाम ।।३।।

विचक्रमे पृथिवीमेष एतां क्षेत्राय विष्णुर्मनुषे दशस्यन्।
ध्रुवासो अस्य कीरयो जनास उरुक्षितिं सुजनिमा चकार ।।४।।
—७।१००

२२. सरस्वती—

७०. प्र क्षोदसा धायसा सस्र एषा सरस्वती धरुणमायसी पूः।
प्रबाबधाना रथ्येव याति विश्वा अपो महिना सिन्धुरन्याः ।।१।।

एका चेतत् सरस्वती नदीनां शुचिर्यती गिरिभ्य आसमुद्रात्।
रायश्चेतन्ती भुवनस्य भूरेर्घृतं पयो दुदुहे नाहुषाय ।।२।।

अयमु ते सरस्वति वसिष्ठो द्वारा वृतस्य सुभगे व्यावः।
वर्ध शुभ्रे स्तुवते रासि वाजान्यूयं पात स्वस्तिभिः सदा नः ।।६।।

सब ओर चक्षु, सब ओर मुख, सब ओर बाहु, और सब ओर पैरवाला वह अकेला देव, द्यौ-भूमिको उत्पन्न करके दोनों बाहु रूपी पंखोंसे धौंकता है ॥३॥

कौन सा वन और कौन सा वह वृक्ष था, जिससे (उसने) द्यौ-पृथिवी-को गढ़ा। हे मनीषियों, (अपने) मनसे यह पूछो, भुवनोंको धारण करते जिसपर वह खड़ा रहा ॥४॥

—विश्वकर्मा भुवन-पुत्र, १०।८१

२०. विष्णु—

६९. सौ तेजोंसे युक्त इस (विष्णु देव) ने अपनी महिमासे पृथिवीका चंक्रमण किया। विष्णु बलियोंमें अत्यन्त बलवान् होवें, इस स्थायीका नाम दीप्तिमान् हो ॥३॥

इस विष्णुने मनुको क्षेत्र देनेकी इच्छासे इस पृथिवीका चंक्रमण किया। इसके स्तोता जन अचल होते हैं। (इसने) विस्तृत क्षितिको सुन्दर जनों-युक्त बनाया ॥४॥

—वसिष्ठ, ७।१००

२१. सरस्वती—

७०. आयसी (पत्थरवाली) पुरीकी तरह यह धारा-धारिणी सरस्वती जलके साथ बहती है। यह सिन्धु रथीकी तरह (दूसरी) सभी नदियोंको अपनी महिमासे बाधित करती जाती है ॥१॥

गिरियोंसे समुद्र तक जाती नदियोंमें शुचि यह सरस्वती अद्वितीय है। भुवनके भूरि-भूरि धनको चेताती मनुष्योंके लिये घृत और दूध दुहाती है ॥२॥

हे सरस्वती, सुभगे, यह वसिष्ठ तुम्हारे लिये ढंके द्वारको खोलता है। हे शुभ्रे, बढ़ो और स्तुति करनेवालेको अन्न प्रदान करो, तुम सदा स्वस्तिके साथ हमारी रक्षा करो ॥६॥

—वसिष्ठ, ७।९५

—७।९५

७१. वृहदु गायिषे वचोसुर्या नदीनां।
सरस्वतीमिन्महया सुवृक्तिभिः स्तोमैर्वसिष्ठ रोदसी ।।१।।

उभे यत्ते महिमा शुभ्रे अन्धसी अधिक्षियन्ति पूरवः।
सा नो बोध्यवित्री मरुत्सखा चोद राधो मघोनां ।।२।।

—७।९६

७२. आ भारती भारतीभिः सजोषा इळा देवैर्मनुष्येभिरग्निः।
सरस्वती सारस्वतेभिरर्वाक् तिस्रो देवीर्बर्हिरेदं सदन्तु ।।८।।

—३।४

७३. नित्वा दधे वर आपृथिव्या इळायास्पदे सुदिनत्वे अह्नां।
दृषद्वत्यां मानुष आपयायां सरस्वत्यां रेवदग्ने दिदीहि ।।४।।

—३।२३

७४. इयमदादद्रभसमृणच्युतं दिवोदासं बध्र्यश्वाय दाशुषे।

या शश्वन्तमाचखादावसं पणिं ता ते दात्राणि तविषा सरस्वति ।।१।।
इयं शुष्मेभिर्विसखा इवारुजत् सानु गिरीणां तविषेभिरूर्मिभिः।।

पारावतघ्नीमवसे सुवृक्तिभिः सरस्वतीमा विवासेम धीतिभिः ।।२।।
उत नः प्रिया प्रियासु सप्तस्वसा सुजुष्टा। सरस्वती स्तोम्या भूत्।।१०।।

सरस्वत्यभि नो नेषि वस्यो मा प स्फरीः पयसा मा न आ धक्।
जुषस्व नः सख्या वेश्या च मा त्वत्क्षेत्राण्यारणानि गन्म ।।१४।।

—६।६१

७१. नदियोंमें शक्तिशालिनी सरस्वतीके लिये वृहद् वाणी (गीत) गाता हैं। वसिष्ठ, द्यौ-पृथिवी तक सुरचित स्तोमों (गानों) द्वारा सरस्वतीकी ही पूजा करो ॥१॥

हे शुभ्रे, तेरी महिमा है, जो कि पुरु लोग दोनों तटोंपर बसते हैं। सो तुम रक्षिका हमें बोध दो। मरुतोंकी सखी होकर धनवानोंके धनको भेजो ॥२॥

—वसिष्ठ, ७।९६

७२. भारतीयोंके साथ भारती, देवोंके साथ इळा (अन्न), मनुष्योंके साथ अग्नि, सारस्वतों (सरस्वती-तीरके देवों) के साथ सरस्वती—तीनों देवियां (हमारे) सामने इस कुशपर बैठें ॥८॥

—विश्वामित्र, ३।४

७३. हे अग्नि, दिनोंके सुदिनके लिये पृथिवीके उत्तम अन्न-स्थानमें मैं तुम्हें स्थापित करता हूं। तुम दृषद्वती (घग्घर) आपया (मरकण्डा), सरस्वती पर आदमियोंके लिये धन-युक्त दीप्तिमान् होओ ॥४॥ (११९)

—देवश्रवा-देववात भारत, ३।२३

७४. इस (सरस्वती) ने मुझ वध्र्यश्वको ऋणमोचक भयंकर दिवोदास (पुत्र) प्रदान किया। जिस (तू) ने दानहीन पणिको बराबर खाया, हे सरस्वती, तेरे वे दान बलिष्ठ हैं ॥१॥ (९।५)

यह सरस्वती भिस खोदनेवालेकी तरह अपने बलों, वेगवती तरंगों द्वारा गिरियोंके पाद-भागको भग्न करती है। रक्षाके लिये तटोंको ध्वस्त करनेवाली सरस्वतीको हम स्तुतियों और गीतों द्वारा बुलायें ॥२॥

और प्रियाओंमें प्रिया सात बहिनोंवाली सुप्रसन्ना सरस्वती हमारी स्तुति-योग्य हो ॥१०॥ (५।८)

हे सरस्वती, हमें धनके लिये ले जाओ, हमें न अपने जलसे वंचित करो, न हमें दूर करो। हमारी मित्रता और भक्ति स्वीकार करो। हम तुमसे दूर क्षेत्र अरण्यमें न जावें ॥१४॥ (५।६)

—भरद्वाज, ६।६१

२३. सविता—

७५. तत् सवितुर्वरेण्यं भर्गो देवस्य धीमहि। धियो यो नः प्रचोदयात् ॥१०॥
—३।६२

७६. उदुष्य देवः सविता हिरण्यया बाहू अयंस्त सवनाय सुक्रतुः।
घृतेन पाणी अभिप्रष्णुते मखो युवा सुदक्षो रजसो विधर्मणि ॥१॥

अदब्धेभिः सवितः पायुभिष्ट्वं शिवेभिरद्य परि पाहि नो गयं।
हिरण्यजिह्वः सुविताय नव्यसे रक्षा माकिर्नो अघशंस ईशत ॥३॥

उदु ष्य देवः सविता दमूना हिरण्यपाणिः प्रतिदोषमस्थात्।
अयोहनुर्यजतो मन्द्रजिह्व आ दाशुषे सुवति भूरि वामं ॥४॥

वाममद्य सवितर्वाममु श्वो दिवेदिवे वाममस्मभ्यं सावीः।
वामस्य हि क्षयस्य देव भूरेरया धिया वामभाजः स्याम ॥६॥
—६।७१

२४. सोम—

७७. स्वादुष्किलायं मधुमां उतायं तीव्रः किलायं रसवां उतायं।
उतो न्वस्य पपिवांसमिन्द्रं न कश्चन सहत आहवेषु ॥१॥

अयं स्वादुरिह मदिष्ठ आस यस्येन्द्रो वृत्रहत्ये ममाद।
पुरूणि यश्च्योत्ना शम्बरस्य वि नवतिं नव च देह्यो हन् ॥२॥

अयं स यो वरिमाणं पृथिव्या वर्ष्माणं दिवो अकृणोदयं सः।
अयं पीयूषं तिसृषु प्रवत्सु सोमो दाधारोर्वन्तरिक्षं ॥४॥
—६।४७

७५. सवितादेवके उस अतिश्रेष्ठ तेजको हम पावें, जो (सविता) हमारी बुद्धियोंको प्रेरित करे ॥१०॥

—विश्वामित्र, ३।६२

२२. सविता—

७६. वह सुकर्मा सवितादेव (जीवन) देनेके लिये अपनी सुनहली बाहोंको ऊपर उठाता है। महान् युवा, सुदक्ष सविता लोकोंकी रक्षाके लिये घृत (जल) से युक्त (अपने) हाथोंको चुपड़ता है ॥१॥

हे सविता, हिंसा-रहित कल्याणकारी रक्षाओं द्वारा आज हमारे गये (निवास) की चारों ओरसे रक्षा करो। तुम हिरण्यजिह्व हो। नवीन सुखके लिये रक्षा करो, हमारे ऊपर बुराई चाहनेवाला शासन न करे ॥३॥

और यशस्वी, गृह-सखा, लोहेके जबड़ेवाले, सुवर्णपाणि, वह सविता देव प्रदोषमें उठे, और वह मनोहर वचनवाला भक्त यजमानके लिये बहुत सा धन पठाये ॥४॥

हे सविता, आज हमें धन, कल धन, दिन-दिन धन प्रदान करो। हे देव, तुम बहुत धन, गृह के स्वामी हो। इस स्तुति द्वारा हम धनके भागी हों ॥६॥

—भरद्वाज, ६।७१

२३. सोम—

७७. यह सोम स्वादु है, और मधुर है, यह तीव्र भी, और रसवान् है। इसे पी लिये इन्द्रको युद्धमें कोई दबा नहीं सकता ॥१॥

यहां यह स्वादु है, अत्यन्त मदयुक्त है, जिससे इन्द्र वृत्र-युद्धमें मस्त हुआ। जिसने शंबरके बहुतेरे (सैनिकों) को हराया, निन्नानबे पुरियों (देहियों) को नष्ट किया ॥२॥

यह वह है, जो पृथिवीकी वरिमा, है। (जिसने) द्यौकी ऊंचाईको बनाया, यह वह है। तीनों वहतियोंमें यह पीयूष (जल) है। सोमने विस्तृत अन्तरिक्षको धारण किया है ॥४॥

—गर्ग भरद्वाज-पुत्र, ६।४७

§३. अन्य पूज्य

१. पितर--

७८. यमो नो गातुं प्रथमो विवेद नैषा गव्यूतिरपभर्तवा उ।
यत्रा नः पूर्वे पितरः परेयुरेना जज्ञानाः पथ्या अनु स्वाः ॥२॥

मातली कव्यैर्यमो अंगिरोभिर्बृहस्पतिर्ऋक्वभिर्वावृधानः।
यांश्च देवा वावृधुर्ये च देवान्त्स्वाहान्ये स्वधयान्ये मदन्ति ॥३॥

इमं यम प्रस्तरमा हि सीदां गिरोभिः पितृभिः संविदानः।
आ त्वा मन्त्राः कविशस्ता वहन्त्वेना राजन् हविषा मादयस्व ॥४॥

प्रेहि प्रेहि पथिभिः पूर्व्येभिर्यत्रा नः पूर्वे पितरः परेयुः।
उभा राजाना स्वधया मदन्ता यमं पश्यासि वरुणं च देवं ॥७॥

यौ ते श्वानौ यम रक्षितारौ चतुरक्षौ पथिरक्षी नृचक्षसौ।
ताभ्यामेनं परि देहि राजन्त्स्वस्ति चास्मा अनमीवं च धेहि ॥११॥

उरुणसावसुतृपा उदुम्बलौ यमस्य दूतौ चरतो जनां अनु
तावस्मभ्यं दृशये सूर्याय पुनर्दातामसुमद्येह भद्रं ॥१२॥

मायय सोमं सुनुत यमाय जुहुता हविः।
यमं ह यज्ञो गच्छत्यग्निदूतो अरङ्कृतः ॥१३॥

यमाय मधुमत्तमं राज्ञे हव्यं जुहोतन।
इदं नम ऋषिभ्यः पूर्वजेभ्यः पूर्वेभ्यः पथिकृद्भ्यः ॥१५॥

—१०।१४

७९. उदीरतामवर उत्परास उन्मध्यमाः पितरः सोम्यासः।
असुं य ईयुरवृका ऋतज्ञास्ते नोऽवन्तु पितरो हवेषु ॥१॥

§३. अन्य (पितर आदि)

१. पितर—

७८. सबमें प्रथम यमने हमारे मार्गको जाना। यह चरागाह (हमसे) नहीं छीनी जा सकती। जहां हमारे पूर्वज पितर गये, वहां (जगमें) उत्पन्न (जन) अपने मार्गसे जायेंगे ॥२॥

कव्य (पितरोंकी हवि) के साथ मातली, अंगिरोंके साथ यम, ऋक्वोंके साथ बृहस्पति बढ़े—जिन्हें देवोंने बढ़ाया, और जिन्होंने देवोंको। कोई (देवता) स्वाहासे, कोई (पितर) स्वधासे प्रसन्न होते हैं ॥३॥

अंगिरा पितरोंके साथ हे यम, इस प्रस्तरपर आकर बैठो। कवियों द्वारा प्रशस्त मंत्र तुम्हें लायें। हे राजन्, इस हविसे तुम खुश होओ ॥४॥

(उन) पूर्ववाले पथोंसे (वहां) जाओ, जहां हमारे पूर्वज पितर गये, स्वधासे यम और वरुण दोनों राजाओं को आनन्दित देखोगे ॥७॥

हे यम, रक्षक, मार्गरक्षी मनुष्यों की देखभाल करनेवाले, चारआंखों वाले जो तुम्हारे दोनों श्वान (कुत्ते) हैं, हे राजन्, इसे उनकी रक्षामें दो, इसे स्वस्ति और निरोग करो ॥११॥

विस्तृत नाकवाले, प्राणभोजी, काले, दोनों यम-दूत जनोंके पीछे-पीछे चलते हैं। वे सूर्यके दर्शनके लिये यहां हमें भद्र प्राण प्रदान करें ॥१२॥

यमके लिये सोम छानो, यमके लिये हवि हवन करो, अग्नि-दूतवाला अलंकृत यज्ञ यमके पास जाता है ॥१३॥

राजा यमके लिये अत्यन्त मधुर हविका हवन करो। पूर्वज ऋषियोंके लिये, पूर्वके मार्गकर्त्ताओंके लिये यह नमस्कार है ॥१५॥

—यम वैवस्वत, १०।१४

७९. निचले, उपरले और बीचवाले सोमपायी पितर ऊपर चढ़ें। जो अकुटिल ऋतज्ञ (सत्यज्ञाता) पितर (परलोकमें) प्राणको प्राप्त हुए, वे पुकारनेपर हमारी रक्षा करें ॥१॥

इदं पितृभ्यो नमो अस्त्वद्य ये पूर्वासो य उपरास ईयुः ।
ये पार्थिवे रजस्या निषत्ता ये वा नूनं सुवृजनासु विक्षु ॥२॥

आसीनासो अरुणीनामुपस्थे रयिं धत्त दाशुषे मर्त्याय ।
पुत्रेभ्यः पितरस्तस्य वस्वः प्रयच्छत त इहोर्जं दधात ॥७॥

ये नः पूर्वे पितरः सोम्यासो नूहिरे सोमपीथं वसिष्ठाः ।
तेभिर्यमः संरराणो हवींष्युशन्नुशद्भिः प्रतिकाममत्तु ॥८॥

ये अग्निदग्धा ये अनग्निदग्धा मध्ये दिवः स्वधया मादयन्ते ।
तेभिः स्वराळसुनीतिमेतां यथावशं तन्वं कल्पयस्व ॥१४॥

—१०।१५

§ ४. सकाम कर्म

८०. आ यस्ततन्थ रोदसी वि भासा श्रवोभिश्च श्रवस्यस्तरुत्रः ।
बृहद्भिर्वाजैः स्थविरेभिरस्मे रेवद्भिरग्ने वितरं वि भाहि ॥११॥

नृवद्वसो सदमिद्धेह्यस्मे भूरि तोकाय तनयाय पश्वः ।
पूर्वीरिषो बृहतीरारे अघा अस्मे भद्रा सौश्रवसानि सन्तु ॥१२॥

पुरूण्यग्ने पुरुधा त्वाया वसूनि राजन् वसुता ते अश्यां ।
पुरूणि हि त्वे पुरुवार संत्यग्ने वसु विधते राजनि त्वे ॥१३॥

—६।१

आज यह पितरोंके लिये नमस्कार है, जो कि पहले या पीछे मरे, जो पार्थिव लोकोंमें या जो वही प्रजाओंके बीचमें बैठे हैं ।।२।।

लाल (किरणों) के पास बैठे तुम भक्त पुरुषको धन प्रदान करो। हे पितरो, उसके पुत्रोंको धन प्रदान करो, वे यहां शक्ति प्रदान करें ।।७।।

जो हमारे पूर्वके सोमपायी वसिष्ठ (श्रेष्ठ) पितर सोम-पानमें बुलाये गये। उनके साथ खुश हो यम भी रुचिसे हविको यथेच्छ भोजन करें ।।८।।

जो अग्निमें जले, जो अग्निमें न जले[1] (हमारे) पितर द्यौमें स्वधासे प्रसन्न हैं। उनको हे स्वराज् (स्वयं प्रकाशित अग्नि), यथाशक्ति प्राणवाला शरीर प्रदान करो ।।१४।।

—शंख यम-पुत्र, १०।१५

§ ४. सकाम कर्म

८०. हे अग्नि, अपनी प्रभा द्वारा तुमने द्यौ-पृथिवीको ढांक दिया, और (तुम) यशोंसे यशस्वी और विजयी हो। बहुत शक्ति-युक्त स्थायी धन प्रदान करते प्रकाशित होओ ।।११।।

हे वसु (धनी), हमें तुम मनुष्यों जैसा धन दो, हमारे पुत्र-पौत्रोंके लिए बहुत पशु दो। पाप-रहित दूर बहुत-सा पहलेका अन्न भद्र, सुन्दर यशवाले हमारे लिए होवें ।।१२।।

हे दीप्तिमान् राजा अग्नि, हम तुम्हारे पाससे बहुत सा धन पावें, हम तुम्हारी वसुता (धन) को प्राप्त करें। हे सर्वप्रिय, अग्नि, तुम राजामें बहुत धन निहित है ।।१३।।

—भरद्वाज, ६।१

---

[1] शवोंको दफनानेका भी आर्योंमें रवाज था। केवल जलानेकी प्रथा पीछे अपनाई गई (१०।१५।१४)। दफनानेका उल्लेख (१०।१८।९, १०) हुआ है।

८१. नू नो अग्ने' वृकेभिः स्वस्ति वेषि रायः पथिभिः पर्ष्यंहः ।
ता सूरिभ्यो गृणते रासि सुम्नं मदेम शतहिमाः सुवीराः ॥८॥

—६।४

८२. अश्याम तं काममग्ने तवोती अश्याम रयिं रयिवः सुवीरं ।
अश्याम वाजमभि वाजयन्तो' श्याम द्युम्नमजराजरन्तं ॥७॥

—६।५

८३. सचस्व नायमवसे अभीक इतो वा तमिन्द्र पाहि रिषः ।
अमा चैनमरण्ये पाहि रिषो मदेम शतहिमाः सुवीरा। ॥१०॥

—६।२४

८४. शीर्ष्णः शीर्ष्णो जगतस्तस्थुपस्पतिं समया विश्वमा रजः ।
सप्त स्वसारः सुविताय सूर्यं वहन्ति हरितो रथे ॥१५॥

तच्चक्षुर्देवहितं शुक्रमुच्चरत् ।
पश्येम शरदः शतं जीवेम शरदः शतं ॥१६॥

—७।६६

८५. त्र्यम्बकंयजामहे सुगन्धिं पुष्टिवर्धनं ।
उर्वारुकमिव बन्धनान्मृत्योर्मुक्षीय मामृतात् ॥१२॥

—७।५९

८६. ध्रुवासु त्वासु क्षितिषु क्षियन्तो व्यस्मत् पाशं वरुणो मुमोचत् ।
अवो वन्वाना अदितेरुपस्थाद्यूयं पात स्वस्तिभिः सदा नः ॥७॥

—७।८८

८७. शुनं हुवेम मघवानमिन्द्रमस्मिन् भरे नृतमं वाजसातौ ।
शृण्वन्तमुग्रमूतये समत्सु घ्नन्तं वृत्राणि संजितं धनानां ॥२२॥

—३।३०।२२; ३।३१।२२; ३।३२।१७; ३।३४।११; ३।३५।११; ३।३६।११; ३।३८।१०; ३।३९।९

८१. हे अग्नि, तुम हमारे पास स्वस्तिपूर्वक निरापद धन-मार्गों द्वारा आओ, (हमें) कष्टसे बचाओ, स्तोता सूरियोंको सुख प्रदान करो। हम सुन्दर वीर सन्तानोंवाले हो सौ हिमों (वर्षों) तक आनन्दसे रहें ॥८॥

—भरद्वाज, ६।४

८२. हे अग्नि, तुम्हारी सहायता से हम उस कामनाको प्राप्त करें। हे धनवान्, हम सुवीर सन्तानों-युक्त ऐश्वर्य प्राप्त करें। शक्तिकी अभिलाषा करते हम शक्ति को प्राप्त करें। हे अजर, हम तुम्हारे अजर प्रतापको पायें ॥७॥

—भरद्वाज, ६।५

८३. हे इन्द्र, रक्षाके लिये तुम स्तोताके पास आओ। यहां उसे शत्रुओंसे बचाओ। घर और अरण्यमें शत्रुओंसे इसकी रक्षा करो। हम सुन्दर वीर सन्तानोंवाले हो सौ हिमों (वर्षों) तक आनन्दसे रहें ॥१०॥

—भरद्वाज, ६।२४

८४. मस्तकके मस्तक चराचरके पति सारे लोगोंके समीपी सूर्यको सात बहिनें (किरणें) घोड़ोंके रथपर धनके लिये ले जाती हैं ॥१५॥ वह देव-प्रहित सफेद नेत्र उगा। (उसे) हम सौ शरद (वर्ष) देखें, हम सौ शरद जियें ॥१६॥

—वसिष्ठ, ७।६६

८५. सुगन्धित, पुष्टिवर्धक त्र्यम्बक (तीन माथावाले) का हम यजन करते हैं। हमें बेरके फलकी तरह बन्धन-मृत्युसे मुक्त करो, अमृतसे नहीं ॥१२।

—वसिष्ठ ७।५९

८६. इन निश्चल क्षितियोंमें बसते हुए हमारे पशुको वरुण छुड़ावे। अदितिके पाससे हम सहायता चाहते हैं। हमारी सदा स्वस्तिके साथ रक्षा करो ॥७॥

—वसिष्ठ, ७।८८

८७. सुननेवाले, उग्र, वृत्रोंको हनन करनेवाले, धन देनेवाले मंगलमय श्रेष्ठ नेता मघवा (इन्द्र) को हम युद्धमें पुकारते हैं ॥२२॥

—विश्वामित्र, ३।३०

८८. अनुद्वा जहिता नयोधं श्रोणं च वृत्रहन्। न तत्ते सुम्नमष्टवे ॥१९॥
—४।३०

८९. पिशंगभृष्टिमम्भृणं पिशाचिमिन्द्र संमृण[1]। सर्वं रक्षो निवर्हय ॥५॥
—१।१३३

९०. इहैव स्तं मा वियौष्टं विश्वमायुर्व्यश्नुतं।
क्रीळन्तौ पुत्रैर्नप्तृभिर्मोदमानौ स्वे गृहे ॥४२॥
—१०।८५

§५. अर्चनाकी सामग्री

१. हवि––

९१. अग्ने जुषस्व नो हविः पुरोळाशं जातवेदः। प्रातः सावे धियावसो ॥१॥
पुरोळा अग्ने पचतस्तुभ्यं वाघा परिष्कृतः। तं जुषस्व यविष्ठ्य ॥२॥

अग्ने वीहि पुरोळाशमाहुतं तिरो अह्न्यं। सहसः सूनुरस्यध्वरे हितः।३।
माध्यन्दिने सवने जातवेदः पुरोळाशमिह कवे जुषस्व।

अग्ने हवस्य तव भागधेयं न प्रमिनन्ति विदथेषु धीराः ॥४॥
अग्ने तृतीये सवने हि कानिषः पुरोळाशं सहसः सूनवाहुतं।

अथा देवेष्वध्वरं विपन्यया धा रत्नवन्तममृतेषु जागृविं ॥५॥
अग्ने वृधान आहुतिं पुरोळाशं जातवेदः। जुषस्व तिरो अह्न्यं ॥६॥
—३।२८

---

[1] संमृण––निर्णयसागर प्रेस-पुस्तकें

८८. हे वृत्रहन्ता, तुमने परित्यक्त अन्धे और पंगु पर कृपा की। वह तुम्हारा (दिया) सुख पाया नहीं जा सकता॥१९॥

—वामदेव, ४।३०

८९. हे इन्द्र, पीले दांतवाले भयंकर पिशाचको नष्ट करो, सब राक्षसोंको खतम करो॥५॥

—परुच्छेप दिवोदास-पुत्र, १।१३३

९०. (हे पति-पत्नी), तुम दोनों यहीं रहो, वियुक्त मत होओ, सारी आयुको प्राप्त करो, पुत्र-नातियोंके साथ खेलते-आनन्द करते अपने घरमें रहो॥४२॥

—सूर्या, १०।८५

६५. अर्चनकी सामग्री

१. हवि—

९१. हे स्तुतिके धनी, सर्वज्ञ अग्नि, हमारे प्रातः सवनमें हवि (पुरोडाश)को स्वीकार करो॥१॥

हे अग्नि, पकाया और परिष्कृत पुरोडाश तैयार है। हे तरुणतम, उसे स्वीकारो॥२॥

हे सहस्-पुत्र, तुम यज्ञमें स्थित हो। हे अग्नि, दिनके अन्तमें हवन किये गए पुरोडाशका आहार करो॥३॥

हे कवि जातवेदा (सर्वज्ञ), माध्यन्दिन सवन (दोपहर पूजा) में यहां पुरोडाशको सेवन करो। हे बलिष्ट अग्नि, तुम्हारे भागको यज्ञमें धीर लोग नष्ट नहीं करते॥४॥

हे सहस्-पुत्र अग्नि, तृतीय सवन (सायं पूजा) में हवन किये गये पुरोडाशको पसन्द करो। फिर अविनाशी, रत्न-युक्त जागरूक सोमको स्तुतिके साथ अमर देवोंके पास ले जाओ॥५॥

हे बर्धमान जातवेद अग्नि, दिनके अन्तमें आहुति दिये पुरोडाशका सेवन करो॥६॥

—विश्वामित्र, ३।२८

९२. इममिन्द्र गवाशिरं यवाशिरं च नः पिब। आगत्या वृषपिः सुतं ।।७।।

तुभ्येदिन्द्र स्व ओक्ये सोमं चोदामि पीतये। एष रारन्तु ते हृदि ।।८।।

त्वां सुतस्य पीतये प्रत्नमिन्द्र हवामहे। कुशिकासो अवस्यवः ।।९९।।
—३।४२

९३. धानावन्तं करंभिणमपूपवन्तमुक्थिनं। इन्द्र प्रातर्जुषस्व नः ।।१।।

पुरोळाशं पचत्यं जुषस्वेन्द्रा गुरस्व च। तुभ्यं हव्यानि सिस्रते ।।२।।

पुरोळाशं च नो घसो जोषयासे गिरश्च नः। वधूयुरिव योषणां ।।३।।

पुरोळशं सनश्रुत प्रातः सावे जुषस्व नः। इन्द्र क्रतुर्हि ते बृहन् ।।४।।

माध्यन्दिनस्य सवनस्य धानाः पुरोळाशमिन्द्र कृष्वेह चारुं।
प्र यत् स्तोता जरिता तूर्ण्यर्थो वृषायमाण उप गीर्भिरीट्टे ।।५।।

तृतीये धानाः सवने पुरुष्टुत पुरोळाशमाहुतं मामहस्व नः।
ऋभुमन्तं वाजवन्तं त्वा कवे प्रयस्वन्तः उपशिक्षम धीतिभिः ।।६।।

पूषण्वते ते चकृमा करम्भं हरिवते हर्यश्वाय धानाः।
अपूपमद्धि समणो मरुद्भिः सोमं पिब वृत्रहा शूर विद्वान् ।।७।।
—३।५२

९२. हे इन्द्र, हमारे इस यवाशिर (जौ-दूध मिले) गवाशिर (दूध-दही मिले) छने सोमको पराक्रमियोंके साथ आकर पियो ॥७॥

हे इन्द्र, अपने घरमें तुम्हारे पीनेके लिये सोमको मैं प्रस्तुत करता हूं, यह तुम्हारे हृदयको प्रसन्न करे ॥८॥

हे इन्द्र, सहायतेच्छुक हम कुशिक तुम पुरातनको छाना सोम पीनेके लिए पुकारते हैं ॥९॥

—विश्वामित्र, ३।४२

९३. हे इन्द्र, प्रातःकाल हमारे धाना (भुने अन्न)-युक्त करम्भ (सत्तू)-युक्त, अपूप (रोटी)-युक्त उक्थ (गीत)-सहित सोमको स्वीकार करो ॥१॥

हे इन्द्र, पके पुरोडाशका सेवन करो, और खाओ। (यह) हव्य तुम्हारे लिये परोसी गई है ॥२॥

हमारे पुरोडाशको खाओ, और जैसे वधूको वर वैसे हमारे गीतोंको स्वीकार करो ॥३॥

हे सनातनसे प्रसिद्ध इन्द्र, प्रातःसवनमें हमारे पुरोडाशका सेवन करो। तुम्हारी क्षमता महान् है ॥४॥

हे इन्द्र, यहां माध्यन्दिन सवन (दोपहरकी पूजा) के धाना (भुने दाना) और चारु पुरोडाश तुम्हें रुचिकर हों। जब जल्दी करते गायक स्तोता वृषभोंकी तरह वचनों द्वारा तुम्हारी स्तुति करते हैं ॥५॥

बहुस्तुत, तृतीय सवनमें हमारे धाना और आहुति दिये पुरोडाशको भक्षण करो। हे कवि, वाजवान् ऋभुवान् हविके लिये तुम्हारी हम स्तुतियोंसे सेवा करते हैं ॥६॥

पूषन्-वान् हरिवान् (हरे अश्वोंवाले) तुम्हारे लिये हम करम्भ और धाना तैयार करते हैं। मरुतों-सहित गण-युक्त अपूप (रोटी) खाओ। हे विद्वान् शूर वृत्रहन्ता तुम, सोमको पियो ॥७॥

—विश्वामित्र, ३।५२

९४. अपाः सोममस्तमिन्द्र प्रयाहि कल्याणीर्जाया सुरणं गृहे ते।

—३।५३

यत्रा रथस्य बृहतो विधान विमोचनं वाजिना दक्षिणावत् ।।६।।

पुरोळाशं च नो घसो जोषमासे गिरश्च नः । वधूयूरिव योषणां।।१६।।

९५. सहस्रं व्यतीनां युक्तानामिन्द्रमीमहे। शतं सोमस्य खार्यः ।।१७।।

—४।३२

९६. तं हि शश्वन्त ईळते स्रुचा देवं घृतश्चुता। अग्निं हव्याय वोह्ळवे ।।३।।

—५।१४

२. पशु-बलि—

९७. यस्मिन्नश्वास ऋषभास उक्षणो वशा मेषा अवसृष्टास आहुताः।
कीलालपे सोमपृष्ठाय वेधसे हृदा मतिं जनये चारुमग्नये ।।१४।।

अहाव्यग्ने हविरास्ये ते स्रुचीव घृतं चम्वीव सोमः ।
वाजसनिं रयिमस्मे सुवीरं प्रशस्तं धेहि यशसं बृहन्तं ।।१५।।

—१०।९१

९८. असत् सु मे जरितः साभिवेगो यत् सुन्वते यजमानाय शिक्षं।
अनाशीर्दामहमस्मि प्रहन्ता सत्यध्वृतं वृजिनायन्तमाभुं ।।१।।

यदीदहं युधये संनयान्यदेवयून् तन्वा शूशुजानान्।
अमा ते तुम्रं वृषभं पचानि तीव्रं सुतं पंचदशं निषिंचं।।२।।

—१०।२७

९९. पीवानं मेषमपचन्त वीरा न्युप्ता अक्षा अनु दीव आसन्।
द्वा धनुं बृहतीमप्स्वन्तः पवित्रवन्ता चरतः पुनन्ता ।।१७।।

—१०।२७

९४. हे इन्द्र, जल्दी सोम पी चुके, (अब) जाओ। तुम्हारी पत्नी कल्याणी है, सुरमणीय तुम्हारा गृह है। जहां तुम्हारे वृहत् रथका अवस्थान है, घोड़ोंका दक्षिणा-युक्त विमोचन है ॥६॥

—विश्वामित्र, ३।५३

९५. हम इन्द्रसे जुतनेवाले हजार घोड़े और सोमकी सात खारियाँ मांगते हैं ॥१७॥

—वामदेव, ४।३२

९६. हव्य वहन करनेके लिये उस अग्निदेवकी सदा घृत चुवानेवाली श्रुवाओंसे पूजा करते हैं ॥३॥

—सुतम्भर, ५।१४

२. पशुबलि—

९७. जिसमें अश्व, वृषभ (सांड़), उक्षा (तरुण बैल), बशा (बहिला गाय), भेड़ दिये और हवन किये गए, उस रसपायी, सोम छिड़के विधाता अग्निके लिये मैं हृदयसे सुन्दर स्तुति बनाता हूं ॥१४॥
हे अग्नि, जैसे घृत श्रुवामें, जैसे सोम चमूमें, वैसे तुम्हारे मुखमें हवि हवन की गई। तुम हमारे लिये अन्न-युक्त धनको, सुवीर-सन्तान-युक्त बड़े प्रशस्त यशको प्रदान करो ॥१५॥

—अरुण वीतहव्य-पुत्र, १०।९१

९८. हे स्तोता (भक्त), मेरा यह स्वभाव है कि सोम-यज्ञ करनेवाले यजमानको (फल) देता हूं। बिना यज्ञवाले, कुटिल, सत्यनाशक, आशीष न देनेवालेको (मैं) नाश करता हूं ॥१॥
शरीरसे फूले अदेव-भक्तोंके विरुद्ध जब मैं लड़नेके लिये अभियान करता हूं, तो तुम्हारे लिये पन्द्रह गुने तक छाने गये तीव्र सोमको पिलाते मोटे वृषभ (सांड़) को पकाता हूं ॥२॥

—वसुक्र इन्द्र-पुत्र, १०।२७

९९. वीरोंने मोटे भेड़को पकाया। दावपर पासे फेंके गये। दो बड़े मरुके पास पानीके भीतर शुद्ध पवित्र हुए विचरण करते थे ॥१७॥

—वसुक्र, १०।२७

१००. ये वाजिनं परिपश्यन्ति पक्वं य ईमाहुः सुरभिर्निर्हरेति।
ये चार्वतो मांसभिक्षामुपासत उतो तेषामभिगूर्तिर्न इन्वतु ॥१२॥

यन्नीक्षणं मांस्पचन्या उखाया या पात्राणि यूष्ण आसेचनानि।
ऊष्मण्यापिधाना चरूणामंकाः सूनाः परिभूषयन्त्यश्वं ॥१३॥

—१।१६२

§ ६. मन्त्र-तन्त्र

१०१. इमां खनाम्योषधिं वीरुधं बलवत्तमां।
यया सपत्नीं बाधते यया संविन्दते पतिं ॥१॥

उत्तानपर्णे सुभगे देवजूते सहस्वति ।
सपत्नीं मे परा धम पतिं मे केवलं कुरु ॥२॥

उत्तराहमुत्तर उत्तरेदुत्तराभ्यः।
अथा सपत्नी या ममाधरा सोधराभ्यः ॥३॥

नह्यस्या नाम गृभ्णामि नो अस्मिन्रमते जने।
परामेव परावतं सपत्नीं गमयामसि ॥४॥

अहमस्मि सहमानाथ त्वमसि सासहिः।
उभे सहस्वती भूत्वी सपत्नीं मे सहावहै ॥५॥

—१०।१४५

§ ७. परलोक

१. यमलोक—

१०२. यमो नो गातुं प्रथमो विवेद नैषा गव्यूतिरपभर्तवा उ।
यत्रा नः पूर्वे पितरः परेयुरेना जज्ञानाः पथ्या अनु स्वाः ॥२॥

—१०।१४

१००. जो पके घोड़ेको देखते, जो बोलते "सोंधा है /उतारो" और जो घोड़ेके मांस भोजनका सेवन करते हैं, उनका संकल्प हमारा सहायक हो ॥१२॥
जो कि मांस पकानेकी उखा (हंड़िया) का देखना है, जो जूस डालनेके पात्र हैं। चरुओं (बर्तनों) को गरम रखनेवाले ढक्कन हैं, सूना (पशु काटनेके पीढ़े) और चिन्ह-करना (ये) अश्वको तैयार करते हैं ॥१३॥ (४।९)

—दीर्घतमा उचथ्य-पुत्र, १।१६२

§ ६. मन्त्र-तन्त्र

१०१. इस अत्यन्त बलवान् लता औषधिको मैं खोदता हूं, जिसके द्वारा (पत्नी) अपनी सपत्नीको बाधित करती है, जिसके द्वारा वह पतिको प्राप्त करती है। देवप्रिया, बलवती सुभगा हे उत्तानपर्णी, मेरी सौतको दूर भगा, पतिको केवल मेरी (ही) बना ॥२॥।
हे उत्तरा (उत्तम), मैं उत्तरा (प्रधाना) होऊं, उत्तराओंसे भी मैं उत्तरा होऊं, और जो मेरी सौत है, वह अधरा (हेठी,) से भी अधरा होवे ॥३॥
उस सौत का नाम मैं नहीं लेती, उस जनमें मन नहीं रमता। मैं सौतको दूरसे दूर भेजती हूं ॥४॥
हे औषधि, मैं पराक्रमी हूं, तुम भी अत्यन्त पराक्रमी हो। दोनों बलवती हो मेरी सौतको दबायें ॥५॥

—इन्द्राणी, १०।१४५

§ ७. परलोक

१. यमलोक—

१०२. सबमें प्रथम यमने हमारे मार्गको जाना। यह चरागाह (हमसे) नहीं छीनी जा सकती। जहां हमारे पूर्वज पितर गये, उत्पन्न (जन) वहां अपने मार्गसे जायेंगे ॥२॥ (५।७८।२

—यम वैवस्वत, १०।१४

२. स्वर्ग—

१०३. नाकस्य पृष्ठे अधितिष्ठति श्रितो यः पृणाति सहदेवेषु गच्छति।
तस्मा आपो घृतमर्षन्ति सिन्धवस्तस्मा इयं दक्षिणा पिन्वते सदा ।५।
—१।१२५

१०४. यत्र ज्योतिरजस्रं यस्मिन्ल्लोके स्वर्हितं।
तस्मिन् मां धेहि पवमानामृते लोके अक्षित इन्द्रायेन्दो परि स्रव ।।७।।

यत्रानन्दाश्च मोदाश्च मुदः प्रमुद आसते।
कामस्य यत्राप्ताः कामास्तत्र मामममृतं कृधीन्द्रायेन्दो परि स्रव ।।११।।
—९।११३

अध्याय १६

ज्ञान-विज्ञान

§१. कृषि

१. हल, फाल—

१. पूर्वीरुषसः शरदश्च गूर्ता वृत्रं जघन्वां असृजद्वि सिन्धून्।
परिष्ठिता अतृणद्बद्बधानाः सीरा इन्द्रः स्रवितवे पृथिव्या ।।८।।
—४।१९

२. युनक्त सीरा वि युगा तनुध्वं कृते योनौ वपतेह बीजं।
गिरा च श्रुष्टिः सभरा असन्नो नेदीय इत् सृण्यः पक्वमेयात् ।।३।।

२. स्वर्ग—

१०३. जो दान करता है, वह देवोंके पास जाता है, नाक (स्वर्ग) की पीठपर अधिष्ठान करता है। उसके लिये सिन्धु आप (जल देवियां) घृत प्रदान करती हैं, यह दक्षिणा उसको सदा तृप्त करती है ॥५॥

—कक्षीवान् दीर्घतमा-पुत्र, १।१२५

१०४. जहां निरन्तर ज्योति है। जिस लोकमें स्वर्ग अवस्थित है। हे पवमान सोम, उस अक्षुण्ण अमर लोकमें मुझे ले चलो। हे सोम, इन्द्रके लिये क्षरित होओ ॥७॥ (१४।२८।७)

जहां आनन्द और मोद और मुद-प्रमुद अवस्थित हैं, कामकी कामनायें जहां प्राप्त होती हैं, वहां मुझे अमर बनाओ ॥११॥ (४।२९।११)

—कश्यप मारीचि, ९।११३

अध्याय १६

ज्ञान-विज्ञान

§१. कृषि

१. पुरानी उषायें और सुंदर शरदोंमें उसने वृत्रको मारा और सिन्धुओंको मुक्त किया। इन्द्रने घेरी रोकी धाराओंको पृथिवीपर बहनेके लिए काटा और मुक्त किया ॥८॥

—वामदेव, ४।१९

१. हल, फाल—

२. सीरा (हल) को जोतो, जूयेको तानो, यहां तैयार खेतमें बीज बोओ। हमारी वाणियोंके साथ खेती हरी-भरी हो। पक्व शस्यके नजदीक हंसुये जायें ॥३॥

सृण्यः युंजन्ति कवयो युगा वि तन्वते पृथक् । धीरा देवेषु सुम्नया ।।४।।
निराहावान् कृणोतन संवरत्रा दधातन ।

सिंचामहा अवतमुद्रिणं वयं सुषेकमनुपक्षितं ।।५।।
इष्कृताहावमवतं सुवरत्रं सुषेचनं । उद्रिणं सिंचे अक्षितं ।।६।।

प्रीणीताश्वान् हितं जयाथ स्वस्तिवाहं रथमित् कृणुध्वं ।
द्रोणाहावमवतमश्चक्रमंसत्रकोशं सिंचता नृपाणं ।।७।।

—१०।१०१

२. कुआं—

३. या आपो दिव्या उत वा स्रवन्ति खनित्रिमा उत वा याः स्वयंजा ।
समुद्रार्था याः शुचयः पावकास्ता आपो देवीरिह मामवन्तु ।।२।।

—७।४९

४. माकिर्नेशन्माकीं रिषन्माकीं संशारि केवटे । अथारिष्टाभिरागहि ।।७।।

—६।५४

५. प्र ते नावं न समने वचस्युवं ब्रह्मणा यामि सवनेषु दाधृषिः ।
कुविन्नो अस्य वचसो निबोधिषदिन्द्रमुत्सं न वसुनः सिचामहे ।।७।।

—२।१६

३. कुल्या—

६. आपो न सिन्धुमभि यत् समक्षरन्त्सोमास इन्द्रं कुल्या इव ह्रदं ।
वर्धन्ति विप्रा महो अस्य सादने यवं न वृष्टिर्दिव्येन दानुना ।।७।।

—१०।४३

देवोंमें सुखके लिये धीर कवि लोग हल जोड़ते हैं, जूआ तानते हैं ॥४॥

मोंट बनाओ, रस्सा रक्खो। सुन्दर सिंचाईवाले, अक्षय जलवाले महाकुएंके जलको हम सींचेंगे ॥५॥

अन्नकारक मोंट, (चरसा) सुन्दर रस्सा, सुन्दर सेचनवाले अक्षय जल-युक्त अवत (कूआं) से मैं सींचता हूं ॥६॥

अश्वोंको तृप्त करो, हितको जीतो, रथको स्वस्ति-वाहक बनाओ। काठकी मोटवाले, पत्थरकी मनवाले कवच-कोशवाले मनुष्य-प्याव कूयेंसे सींचो ॥७॥

—बुध सोम-पुत्र, १०।११

२. कुआं—

३. जो आप (जल) आकाशीय हैं अथवा खोदी जाकर बहती हैं, अथवा जो स्वयं उत्पन्न हैं। जो शुचि पवित्र समुद्रके लिये (जाती) हैं, (वह) आप देवियां यहां हमारी रक्षा करें ॥२॥

—वसिष्ठ, ७।४९

४. (गौ-अश्व) नष्ट न हों, उन्हें (कोई) न मारे। वह कूएं-गढ़ेमें न गिरें। तुम अरिष्टों (सुरक्षातों) के साथ आओ ॥७॥

—भरद्वाज, ६।५४

५. युद्धमें ललकारते नाव जैसे इन्द्रके पास सवनोंमें ढीठ हो ब्रह्म (मन्त्र) मैं लाता हूं। हमारे इस वचनको अवश्य वह समझेगा, हम धनके उत्स (चश्मे) की तरह इन्द्रको सींचेंगे ॥७॥

—गृत्समद शुनहोत्र-पुत्र, २।१६

३. कूल (नहर)—

६. सिन्धुमें जैसे नदियां, ह्रदमें जैसे कुल्यायें, वैसे इन्द्रके पास जब सोम क्षरित होते हैं तो (यज्ञ-)सदनमें विप्र इसके तेजको वैसे ही बढ़ाते हैं, जैसे वृष्टि (जलके) दिव्य दानसे जौको ॥७॥

—कृष्ण आंगिरस, १०।४३

७. महान्तं कोशमुदचा निषिंच स्यंदंता कुल्या विषिताः पुरस्तात्।
घृतेन द्यावा पृथिवी न्युंधि सुप्रपाणं भवत्वघ्न्याभ्यः ॥८॥
—५।८३

§२. वास्तु

८. अत्यासो न ये मरुतः स्वंचो यक्षदृशो न शुभयन्त मर्याः।
ते हर्म्येष्ठाः शिशवो न शुभ्रा वत्सासो न प्रक्रीळिनः पयोधाः ॥१६॥
—७।५६

९. अक्रविहस्ता सुकृते परस्पा यन्त्रासाथे वरुणेळा स्वन्तः।
राजाना क्षत्रमहृणीयमाना सहस्त्रस्थूणं विभृथः सह द्वौ ॥६॥
—५।६२

§३. काल

१. मास—

१०. वेद मासो धृतव्रतो द्वादश प्रजावतः। वेदा य उपजायते ॥८॥
—१।२५

२. ऋतु—

११. स पूर्व्यो महानां वेनः क्रतुभिरानजे।
यस्य द्वारा मनुष्पिता देवेषु धिय आनजे ॥१॥
—८।५२

१२. न यं जरन्ति शरदो न मासा न द्याव इन्द्रमवकर्शयन्ति।
वृद्धस्य चिद्वर्धतामस्य तनूः स्तोमेभिरुक्थैश्च शस्यमाना ॥७॥
—६।२४

७. (हे पर्जन्य), महान् कोश (मेघ) को ऊपर उठाओ, सींच दो। बंधी हुई कूलें आगेको बहें। द्यौ-पृथिवीको जलसे भिगो दो, गायोंके लिये सुन्दर प्याव होवे ॥८॥

—भौम आत्रेय, ५।८३

§२. गृह

८. जो मरुत् घोड़ोंकी तरह सुन्दर गतिवाले हैं, यक्ष (मेला) दर्शीकी तरह मनुष्य (अपनेको) संवारते हैं। वे हममें स्थित शिशुओंकी तरह शुभ्र, खिलाड़ी बछड़ोंकी तरह जलधर हैं ॥१६॥

—वसिष्ठ, ७।५६

९. सुकृत (यज्ञ) में अ-रक्तपाणि, भक्तपाल हे वरुण, स्तुतिसे सुन्दर हृदयवाले जिसकी रक्षा करते हो। न क्रुद्ध होते (हे मित्र-वरुण) राजाओ, हजार खम्भोंवाले क्षत्र (राज्य) को तुम दोनों मिल कर धारण करते हो ॥६॥

—श्रुतविद् आत्रेय, ५।६२

§३. काल

१. मास—

१०. व्रतधारी वरुण, प्रजावाले बारह मास जानता है, जो अधिक (मास) उत्पन्न होता है, (उसे भी) जानता है ॥८॥

—शुनःशेप अजीगर्त-पुत्र, १।२५

२. ऋतु—

११. वह प्रिय (इन्द्र) प्रथम (पूजनीय) महानोंकी क्षमताके साथ सन्नद्ध है। पिता मनुने जिसके द्वारा देवोंमें (प्रिय) स्तुतियां तैयार कीं ॥१॥

—प्रगाथ, कण्व-पुत्र, ८।५२

१२. 'जिसे न शरद, न मास बूढ़ा करते हैं, न इन्द्रको दिन कृश बनाते हैं। वृद्ध (बढ़े) का यह तनु स्तोमों और उक्थों द्वारा प्रशंसित हो बढ़े ॥७॥

—भरद्वाज, ६।२४

१३. सचस्व नायमवसे अभीक इतो वा तमिन्द्र पाहि रिषः ।
अमा चैनमरण्ये पाहि रिषो मदेम शतहिमाः सुवीराः ॥१०॥

—६।२४

१४. यत् पुरुषेण हविषा देवा यज्ञमतन्वत ।
वसन्तो अस्यासीदाज्यं ग्रीष्म इध्मः शरद्धविः ॥६॥

—१०।९०

१५. शतं जीव शरदो वर्धमानः शतं हेमन्तान् छतमु वसन्तान् ।
शतमिन्द्राग्नी सविता बृहस्पतिः शतायुषा हविषेमं पुनर्दुः ॥४॥

—१०।१६१

१६. अभि द्विजन्मा त्रिवृदन्नमृज्यते संवत्सरे वावृधे जग्धमी पुनः ।
अन्यस्यासा जिह्वया जेन्यो वृषान्यन्येन वनिनो मृष्टवारणः ॥२॥

—१।१४०

ऋतुओं के अनुसार चिड़ियों का बोलना । (देखो १८।९)

३. नक्षत्र—

१७. सूर्याया वहतुः प्रागात् सविता यमवासृजत् ।
अघासु हन्यन्ते गावोऽर्जुन्योः पर्युह्यते ॥१३॥

—१०।८५

§ ४. तोल-माप

१. तोल—

१८. सहस्रं व्यतीनां युक्तानामिन्द्रमीमहे शतं सोमस्य खार्यः ॥१७॥

—४।३२

१३. हे इन्द्र, रक्षाके लिये तुम स्तोताके पास आओ। यहां उसे शत्रुओंसे बचाओ। घर और अरण्यमें शत्रुओंसे इसकी रक्षा करो। हम सुन्दर वीर सन्तानोंवाले हो सौ हिमों (वर्षों) तक आनन्दसे रहें ॥१०॥ (१५।८३)

—भरद्वाज, ६।२४

१४. जब पुरुषरूपी हविद्वारा देवोंने यज्ञ रचा, तो इसका घी वसंत था, ईंधन ग्रीष्म और शरद हवि थी ॥६॥

—नारायण, १०।९०

१५ बढ़ते हुए सौ शरद जियो, सौ हेमन्त और सौ वसंत (जियो)। इन्द्र-अग्नि, सविता, बृहस्पति हवि द्वारा इसे फिर शतायु प्रदान करें ॥५॥

—यक्ष्मनाशन, १०।१६१

१६. दो (अरणियोंसे) जन्मनेवाला (अग्नि) त्रिविध अन्नों (सोम, घृत, पुरोडाश) को खाता है, फिर खाया हुआ संवत्सर (साल) भरमें (नया) बढ़ता है। अन्यके मुख (श्रुवा) और जिह्वा (दावानल) द्वारा वह पराक्रमी सबको दूर करता है (मत्त हाथी) वृक्षोंको (जलाता) है ॥२॥

—दीर्घतमा उचथ्य-पुत्र, १।१४०

३. नक्षत्र—

१७. सविताने जिसे प्रदान किया, (वह) सूर्याकी बरातके आगे-आगे गई। मघा नक्षत्रोंमें (विवाह भोज के) बैल मारे गये, दोनों फाल्गुनी (पूर्वा, उत्तरा) में वह व्याही गई ॥१३॥

—सूर्या, १०।८५

§ ४. भार और नाप

१. भार—

१८. हम इन्द्रसे जोतनेके हजार घोड़े मांगते हैं, और सौ सोमकी खारियाँ[1] ७६॥१७॥

—वामदेव, ४।३२

---

१. एक खारी=बुशल ३।

१९. प्रीणीताश्वान् हितं जयाथ स्वस्तिवाहं रथमित् कृणुध्वं।
द्रोणाहावमवतमश्मचक्रमंसत्रकोशं सिंचता नृपाणं ।।७।।

—१०।१०१

२. माप—

२०. सहस्रशीर्षा पुरुषः सहस्राक्षः सहस्रपात्।
स भूमिं विश्वतो वृत्वात्यतिष्ठद्दशांगुलं ।।१।।

—१०।९०

२१. सदृशीरद्य सदृशीरिदु श्वो दीर्घं सचंते वरुणस्य धाम।
अनवधास्त्रिंशतं योजनान्येकैका ऋतुं परियंति सद्यः ।।८।।

—१।१२३

२२. धन्व च यत् कृन्तत्रं च कति स्वित् ता वियोजना।
नेदीयसो वृषाकपेऽस्तमेहि गृहां ।।२०।।

—१०।८६

§५. संख्या

१. एक, अर्ध, उभे—

२३. भूय इद्वावृधे वीर्याय एको अजुर्यो दयते वसूनि।
प्र रिरिचे दिव इन्द्रः पृथिव्या अर्धमिदस्य प्रति रोदसी उभे ।।१।।

—६।३०

२. द्वाविंशति—

२४. द्वयां अग्ने रथिनो विंशतिं गा बधूमतो मघवा मह्यं सम्राट्।
अभ्यावर्ती चायमानो ददाति दूणाशेयं दक्षिणा पार्थवानां ।।८।।

—६।२७

१९. अश्वोंको तृप्त करो, हितको जीतो, रथको स्वस्ति-वाहक बनाओ। काठकी मोटवाले, पत्थरकी मनवाले, कवच कोशवाले मनुष्य-प्याव कूयेंसे सींचो ॥७॥ (१६।२०७)

—बुध सोम-पुत्र, १०।१०१

२. माप—

२०. सहस्र-सिर, सहस्र-नेत्र, सहस्र-पाद वह पुरुष भूमिको चारों ओर लपेट कर दस अंगुल अधिक बढ़ कर अवस्थित है ॥१॥

—नारायण, १०।९०

२१. (उषायें) आज वैसी, कल भी वैसी ही, वरुणके दीर्घ धामको मानती हैं। वह दोषहीनायें एक-एक तीस योजन (जाती) तुरन्त कर्तव्यको पूरा करती हैं ॥८॥

—कक्षीवान् दीर्घतमा-पुत्र, १।१२३

२२. जो धन्व (मरु) और छेदनीय (वन) है, कितने वे योजन हैं ? हे वृषाकपि (अग्नि), सबसे नजदीकके घरोंमें तुम (अपने) घर जाओ ॥२०॥

—इन्द्राणी, १०।८६

१. एक, अर्ध, उभय—

२३. पराक्रमके लिये वह और भी बढ़ा, वह जरा-रहित एक धन प्रदान करता है। (महिमामें) इन्द्र द्यौ-पृथिवीसे बढ़कर है। उभय (दोनों) द्यौ-पृथिवी इसके अर्धके बराबर हैं ॥१॥

—भरद्वाज, ६।३०

२. दो, बीस—

२४. हे अग्नि, धनवान् पार्थवोंके सम्राट् चयमान-पुत्र अभ्यावर्तीने मुझे बधुओं-सहित दो रथके घोड़े और बीस गायें प्रदान कीं। उसकी दक्षिणा (औरोंसे) दुर्लभ है ॥८॥

—भरद्वाज, ६।२७

३. **एक, द्वौ**—

२५. **त्वमेकस्य वृत्रहन्नविता द्वयोरसि।**
उतेदृशे यथा वयं॥५॥

—६।४५

४. **प्रथम**—

२६. दधिक्रावा **प्रथमो** वाज्यर्वाग्रे रथानां भवति प्रजानन्।
संविदान उषसा सूर्येणादित्येभिर्वसुभिरंगिरोभिः॥५॥

—७।४४

५. **त्रि, चतुर**—

२७. प्रातारथो नवो योजि सस्निश्चतुर्युगस्त्रिकशः सप्तरश्मिः।
दशारित्रो मनुष्यः स्वर्षाः स इष्टिभिर्मतिभी रंह्यो भूत्॥१॥

—२।१८

६. **प्रथम, द्वितीय, तृतीय**—

२८. सास्मा अरं **प्रथमं** स **द्वितीयमुतो तृतीयं** मनुषः स होता।
अन्यस्या गर्भमन्य ऊजनन्त सो अन्येभिः सचते जेन्यो वृषा॥२॥

—२।१८

७. **त्रि, चत्वार, दश**—

२९. चत्वार ईं विभ्रति क्षेमयन्तो दश गर्भं चरसे धापयन्ते।
त्रिधावतः परमा अस्य गावो दिवश्चरन्ति परि सद्यो अन्तान्॥४॥

—५।४७

३. एक, दो—

२५. हे वृत्रहन्ता, तुम एकके, दोके रक्षक हो, और ऐसोंके भी जैसे कि हम ।।५।।

—शंयु, बृहस्पति-पुत्र, ६।४५

४. प्रथम—

२६. रथका घोड़ा दधिक्रा[1] जानते हुए वह उषा, सूर्य, आदित्यों, वसुओं, अंगिराओंके साथ मेल कर रथोंके आगे होता है।।४।।

—वसिष्ठ, ७।४४

५. तीन, चार, सात, नौ, दस—

२७. प्रातःको **चार** धुरों, **तीन** कशा, **सात** लगामोंवाले नये रथको जोड़ा। दस पतवारोंवाला मनुष्योंका हितकर वह लालसाओं (यज्ञों) और स्तुतियों द्वारा वेगवान् हुआ ।।१।।

—गृत्समद शुनहोत्र-पुत्र, २।८१

६. प्रथम, द्वितीय, तृतीय—

२८. वह (इंद्र) **प्रथम**, वह **द्वितीय** और तृतीय (वार) इसके लिये तैयार हुआ। वह मनुष्योंका होता (पुकारनेवाला) हुआ। दूसरे (ऋत्विक्) दूसरेके गर्भको उपजाते हैं। वह विजेता पराक्रमी अन्योंसे मिलता है ।।२।।

—गृत्समद शुनहोत्र-पुत्र, २।१८

७. तीन, चार, दस—

२९. क्षेम कामना करते **चार** (ऋत्विक् सूर्यको) धारण करते हैं। **दस** गर्भ (शिशु) को चलनेके लिये प्रेरित करते हैं। **तीन** धातुओंकी (लोकों) वाली इस (सूर्य) की गौवें (किरणें), तुरन्त द्यौके अन्त तक विचरती हैं।।४।।

—प्रतिरथ, ५।४७

---

[1] **दिवोदासका घुड़दौड़-विजेता घोड़ा।**

८. पंच

३०. यः पंच चर्षणीरभि निषसाद दमेदमे । कविर्गृहपतिर्युवा ।।२।।
—७।१५

३१. इन्द्रियाणि शतक्रतो या ते जनेषु पंचसु । इन्द्र तानि त आवृणे ।।९।।
—३।३७

९. षट्, षष्ठि, शत—

३२. नि गव्यवो' नवो द्रुह्यवश्च षष्टिः शता सुषुपुः षट्सहस्रा ।
षष्टिर्वीरासो अधि षड् दुवोयु विश्वेदिन्द्रस्य वीर्या कृतानि ।।१४।।
—७।१८

१०. सप्त, द्वा, चतु :—

३३. सोमारुद्रा धारयेथामसूर्यं प्र वामिष्टयोरमश्नुवन्तु ।
दमेदमे सप्त रत्ना दधाना शं नो भूतं द्विपदे शं चतुष्पदे ।।१।।
—६।७४

११. अष्ट, त्रि, सप्त—

३४. अष्टौ व्यख्यत् ककुभः पृथिव्यास्त्री धन्व योजना सप्त सिन्धून् ।
हिरण्याक्षः सविता देव आगाद्दधद्रत्ना दाशुषे वार्याणि ।।८।।
—१।३५

८. पांच—

३०. जो कवि, गृहस्वामी, युवा (अग्नि) पाँचों जनोंके पास घर-घरमें बैठा ॥२॥

—वसिष्ठ, ७।१५

३१. हे शतक्रतु इन्द्र, पांचों जनोंमें[1] जो तुम्हारी इन्द्रियां (शक्तियां) हैं, उन्हें हम तुम्हारी मानते हैं ॥९॥

—विश्वामित्र, ३।३७

९. छ, साठ, सौ, हजार—

३२. गौ लूटने के इच्छुक साठ सौ हजार और छ्यासठ अनु और द्रुह्यु (वीर, मरकर) सो गये। (भक्तोंके लिये) यह सब इन्द्रके पराक्रमके काम हैं ॥१४॥ (१०।१७।१४)

—वसिष्ठ, ७।१८

१०. सात, दो, चार—

३३. हे सोम-रुद्र, तुम असुर-बल धारण करो। (हमारी) कामनायें शीघ्र तुम्हें प्राप्त होवें। घर-घरमें (अपने) सातों रत्नोंको रखते तुम (दोनों) हमारे दोपायोंके कल्याणकारी चौपायोंके कल्याणकारी होओ ॥१॥

—भरद्वाज, ६।७४

११. आठ, तीन, सात—

३४. उसने पृथिवीकी आठों दिशायें तीनों मरुस्थल और सातों नदियां प्रकाशित कीं। सुनहली आखोंवाला सविता देव दानियों (यजमान)के लिए उत्तम रत्न लिये आये ॥८॥ (१।१)

—हिरण्यस्तूप आंगिरस, १।३५

---

[1] आर्योंके पुरातन पांच कबीले—पुरु, द्रुह्यु, अनु, तुर्वश और यदु।

१२. नव, नवति, शत—

३५. तव च्यौत्नानि वज्रहस्त तानि नव यत्पुरो नवतिं च सद्यः।
निवेशने शततमाविवेषीरहन्च वृत्रं नमुचिमुताहन् ।।५।।

—७।१९

१३. दश—

३६. दशारित्रो मनुष्यः स्वर्षाः स इष्टिभिर्मतिभी रंह्यो भूत् ।।१।।

—२।१८

१४. दश, एकादश—

३७. इमां त्वमिन्द्र मीढ्वः सुपुत्रां सुभगां कृणु।
दशास्यां पुत्रानाधेहि पतिमेकादशं कृधि ।।४५।।

—१०।८५

१५. द्वादश—

३८. द्वादश द्यून्यदग्रोह्यस्यातिथ्ये रणन्नृभवः ससन्तः।
सुक्षेत्राकृण्वन्ननयन्त सिधून्धन्वातिष्ठन्नोषधीर्निम्नमापः ।।७।।

—४।३३

१६. चतुर्दश, सप्त—

३९. चतुर्दशान्ये महिमानो अस्य तं धीरा वाचा प्रणयन्ति सप्त।
आप्नानं तीर्थं क इह प्रवोचद्येन पथा प्रपिबन्ते सुतस्य ।।७।।

—१०।११४

१७. पंचदश, सहस्र—

४०. सहस्रधा पंचदशान्युक्था यावद् द्यावापृथिवी तावदित्तत्।
सहस्रधा महिमानः सहस्र यावद् ब्रह्म विष्ठितं तावती वाक् ।।८।।

—१०।११४

१२. नौ, नब्बे, सौ––

३५. हे वज्रहस्त इन्द्र, (यह) तुम्हारा विक्रम है, जो कि उन निन्नानबे पुरियोंको तुरन्त (नष्ट किया), सौवींमें प्रवेश रक्खा, वृत्रको मारा और नमुचिको मारा ॥५॥

––वसिष्ठ, ७।१९

१३. दस––

३६. देखो यहीं १६। २७

१४. दस, ग्यारह––

३७. हे सिंचक इन्द्र, इस स्त्रीको तुम सु-पुत्रा, सु-भगा बनाओ। इसमें दस-पुत्र स्थापित करो, (और) पतिको ग्यारहवां बनाओ ॥४५॥

––सूर्या १०।८५

१५. बारह––

३८. जब अगोप्य (सूर्य) के आतिथ्य (भवन) में बारह नक्षत्रोंको ग्रहण करते ऋभु प्रसन्नतापूर्वक रहे (तो) उन्होंने सुक्षेत्र (सुधान्य) बनाया। वह सिन्धुओंको लाये। धन्व (मरु) में औषधियां हुईं, जल निम्न (भूमिकी ओर) गये ॥७॥

––वामदेव, ४।३३

१६. चौदह, सात––

३९. इस (रथ) की चौदह महिमाएँ हैं, उसे सात धीर (होता) वाणी द्वारा आगे ले जाते हैं। जिस पथसे (जा) छाने सोमको पीते हैं, उस आप्नान (व्याप्त) तीर्थको यहां कौन बतलायेगा ॥७॥

––सध्रि विरूप-पुत्र, १०।११४

१७. पन्द्रह, सहस्र––

४०. पन्द्रह उक्थ (गान) सहस्र प्रकारके हैं, जहाँ तक द्यौ-पृथिवी, वहां तक ये (विस्तृत) हैं। (वह) सहस्र सहस्र-प्रकारकी महिमावली है, जहाँ तक ब्रह्म (ऋचा) व्याप्त है, वहाँ तक वाणी है ॥८॥

––सध्रि विरूप-पुत्र, १०।११४

१८. अष्टादश, द्वा, चतु, षट्—

४१. आ द्वाभ्यं हरिभ्यामिन्द्र याह्या चतुर्भिराषड्भिर्हूयमानः।
आष्टाभिर्दशभिः सोमपेयमयं सुमख मा मृधस्कः ॥४॥

—२।१८

१९. विंशति त्रिंशत्, शत—

४२. आ विंशत्या त्रिंशता याह्यर्वाङा चत्वारिंशता हरिभिर्युजानः।
आ पंचाशता सुरथेभिरिन्द्रा षष्ठ्या सप्तया सोमपेयं ॥५॥

आशीत्या नवत्या याह्यर्वाङाशतेन हरिभिरुह्यमानः।
अयं हि ते शुनहोत्रेपु सोम इन्द्र त्वया परिषिक्तो मदाय ॥६॥

—२।१८

२०. सहस्र, अयुत—

४३. चित्र इद्राजा राजका इदन्यके यके सरस्वतीमनु।
पर्जन्य इव ततनद्धि वृष्ट्या सहस्रमयुता ददत् ॥१८॥

—८।२१

अध्याय १७

आर्य नारी

१. अदिति—

१. भूर्जज्ञ उत्तानपदो भुव आशा अजायन्त।
अदितेर्दक्षो अजायत दक्षाद्वदितिः परि ॥४॥

१८. अठारह, दो, चार, छ---

४१. हे इन्द्र, पुकारे जाते तुम दो, घोड़ोंके साथ, चार, छ, आठ, दसके साथ सोमपानमें आओ। हे सुवीर, यह छना (सोम) तैयार है, इसे बुरा न कहना ॥४॥

---गृत्समद, २।१८

१९. बीस, तीस, चालीस, पचास, साठ, सत्तर, अस्सी, नब्बे, सौ---

४२. हे इन्द्र, बीस, तीस, चालीस, घोड़ों जोते पास आओ। पचास, साठ, सत्तर, सुरथोंके साथ सोमपेयमें आओ ॥५॥

अस्सी, नब्बे, सौ घोड़ों द्वारा वहन किये जाते पास आओ। हे इन्द्र शुनहोत्रोंमें तुम्हारे लिए यह सोम (तैयार) है। तुम्हारे द्वारा पिया गया (यह) मदके लिए है ॥६॥

---गृत्समद, २।१९

२०. हजार, दस हजार---

४३. **चित्र** ही राजा है, दूसरे राजक (छोटे राजा) हैं, जो कि सरस्वतीके पास रहते हैं। जैसे पर्जन्य वृष्टि द्वारा व्याप्त होता, वैसे **चित्र** हजार और दस हजार देता (व्याप्त) है ॥१८॥

---सौभरि कण्व-पुत्र, ८।२१

अध्याय १७

आर्य नारी

ऋग्वेदमें वास्तविक नारियां घोषा, लोपामुद्रा, विश्पला, विश्ववारा, सुदेवी ही हैं, बाकी काल्पनिक नारियां हैं; पर काल्पनिकोंसे भी आर्य नारियोंके बारेमें कितनी ही बातें मालूम होती हैं।

१. अदिति---

१. उत्तानपाद (ऊपर पैरवाले) मूल वृक्ष से भूमि उत्पन्न हुई, भूमिसे दिशाएँ हुईं। अदितिसे दक्ष उत्पन्न हुआ, और दक्षसे पीछे अदिति ॥४॥

अदितिर्ह्यजनिष्ट दक्ष या दुहिता तव।
तां देवा अन्वजायन्त भद्रा अमृतबन्धवः ।।५।।

अष्टौ पुत्रासो अदितेर्ये जातास्तन्वस्परि।
देवां उप प्रैत् परा सप्तभिः मार्ताण्डमास्यत् ।।८।।

—१०।७२

२. इन्द्र-माता—

२. इंखयन्तीरपस्युव इन्द्रं जातमुपासते। भेजानासः सुवीर्यं ।।१।।

त्वमिन्द्र बलादधि सहसो जात ओजसः। त्वं वृषन्वृषेदसि ।।२।।

त्वमिन्द्र सजोषसमर्कं बिभर्षि बाह्वोः। वज्रं शिशान ओजसा ।।४।।

—१०।१५३

३. इन्द्राणी—

३. वि हि सोतोरसृक्षत नेन्द्रं देवममंसत।
यत्रामदद् वृषाकपिरर्यः पुष्टेषु मत्सखा, विश्वस्मादिन्द्र उत्तरः ।।१।।

परा हीन्द्र धावसि वृषाकपेरति व्यथिः।
नो अह प्र विन्दस्यन्यत्र सोमपीतये० ।।२।।

किमयं त्वां वृषाकपिश्चकार हरितो मृगः।
यस्मा इरस्यसीदु न्वर्यो वा पुष्टिमद्वसु० ।।३।।

यमिमं त्वं वृषाकपिं प्रियमिन्द्राभिरक्षसि।
श्वा न्वस्य जम्भिषदपि कर्णे वराहयुर्० ।।४।।

प्रिया तष्टानि मे कपिर्व्यक्ता व्यदूदुषत्।
शिरो न्वस्य राविषं न सुगं दुष्कृते भुवं० ।।५।।

किं सुबाहो स्वंगुरे पृथुष्टो पृथुजाघने।
किं शूरपत्नि नस्त्वमभ्यमीषि वृषाकपिं० ।।८।।

अवीरामिव मामयं शरारुरभिमन्यते।
उताहमस्मि वीरिणीन्द्रपत्नी मरुत्सखा० ।।९।।

हे दक्ष, अदितिने (तुम्हें) पैदा किया, जो कि तुम्हारी दुहिता है। उस अदितिके पीछे भद्र अमृत-बन्धु देवता पैदा हुए ॥५॥
अदितिके आठ पुत्र, जो शरीरसे पैदा हुए। सातके साथ वह परे देवोंके पास गई, आठवें मार्तण्डको छोड़ दिया ॥८॥

—वृहस्पति लोकनामा-पुत्र, १०।७२

२. इन्द्र-माता—

२. कर्मशील (इन्द्र-माताएँ) इन्द्रके जन्मके समय (उसके) सूवीर्यको ग्रहण करती पास आईं ॥१॥
हे इन्द्र, तुम सहस् (विक्रम), ओजके बलसे उत्पन्न हुए। हे पराक्रमी, तुम बली हो ॥२॥
हे इन्द्र, ओजसे तुम अपनी दोनों बाहोंमें तीक्ष्ण करते वज्रको सूर्यके साथ धारण करते हो ॥४॥

—इन्द्र-माता, १०।५३

३. इन्द्राणी—

३. (लोगोंने वहां) सोम छानना छोड़ दिया। वह इन्द्रको देव नहीं मानते। जहाँ (मद-) तृप्तोंमें मेरा सखा अर्य (स्वामी) वृषाकपि (अग्नि) है। इन्द्र सबसे उत्तम है ॥१॥
(इन्द्राणी)—"हे इन्द्र, तुम व्याकुल हो वृषाकपिके पास दौड़ते हो, अन्यत्र सोमपान नहीं पाते ॥२॥
"क्या है, जो इस पीले (हरे) मृग वृषाकपिने तुम्हें बना दिया, जिसके लिए अर्य (स्वामी) तुम पुष्टिकारक धन देते हो ॥३॥
"हे इन्द्र, जिस इस प्रिय वृषाकपिकी तुम रक्षा करते हो, उसके कानमें वराह-कामी कुत्ता काटे ॥४॥
"मेरे लिए तैयार प्रिय वस्तुको (वृषा-)कपिने दूषित कर दिया, इसके सिरको काट लूंगी, दुष्कर्माको सुख न होवे ॥५॥
(इन्द्र)—"सुबाहु, सुअंगुली, दीर्घकेशी, पृथुजघना हे शूरपत्नी, तुम क्यों हमारे वृषाकपिपर क्रुद्ध हो ॥८॥
(इन्द्राणी)—"यह दुष्ट वृषाकपि मुझे अवीरपुत्रा (माता) ओं सा मानता है। परन्तु मैं वीरपुत्रा इन्द्र-पत्नी हूँ, मेरे सखा मरुत् हैं ॥९॥

संहोत्रं स्म पुरा नारी समनं वाव गच्छति।
वेधा ऋतस्य वीरिणीन्द्रपत्नि महीयते० ॥१०॥

इन्द्राणीमासु नारिषु सुभगामहमश्रवं।
नह्यस्या अपरं चन जरसा मरते पतिर० ॥११॥

नाहमिन्द्राणि रारण सख्युर्वृषाकपेर्ऋते।
यस्येदमप्यं हविः प्रियं देवेषु गच्छति० ॥१२॥

वृषाकपायि रेवति सुपुत्र आदु सुस्नुषे।
घसत्त इन्द्र उक्षणः प्रियं काचित्करं हविर्० ॥१३॥

उक्षणो हि मे पंचदश साकं पचन्ति पंचदश।
उताहमद्मि पीव इदुभा कुक्षी पृणन्ति मे० ॥१४॥

धन्व च यत् कृन्तत्रं च कति स्वित्ता वि योजना।
नेदीयसो वृषाकपेस्तमेहि गृहां उत० ॥२०॥ (१६।२२)

—१०।८६

४. उर्वशी—

४. पुरूरवो मा मृथा मा प्र पप्तो मा त्वा वृकासो अशिवास उक्षन्।
न वै स्त्रैणानि सख्यानि सन्ति सालावृकाणो हृदयान्येता ॥१५॥

—१०।९५

५. अन्तरिक्षप्रां रजसो विमानीमुपशिक्षाम्युर्वशीं वसिष्ठः।
उप त्वा रातिः सुकृतस्य तिष्ठान्निवर्तस्व हृदयं तप्यते मे ॥१७॥

—१०।९५

"पहले हवन या युद्धके समय नारियां वहां जाती। ऋतके विधाता, वीरपुत्रा इन्द्र-पत्नीकी पूजा होती है॥१०॥

(इन्द्र)—"इन नारियोंमें इन्द्राणीको मैंने सौभाग्यवती सुना है। दूसरोंकी तरह इसका पति जरा (बुढ़ापे) से नहीं मरेगा॥११॥

"हे इन्द्राणी, अपने मित्र वृषाकपि (अग्नि) के बिना मैं सुखी नहीं हो सकता, जिसके द्वारा यह मिलनेवाला प्रिय हवि देवताओंके पास जाता है॥१२॥

(इन्द्राणी)—"हे धनवती सुपुत्रा सुबधुका वृषाकपि-पत्नी, इन्द्र तेरे बैलोंकी प्रिय हविको भख जायेगा॥१३॥

"मेरे लिए (एक) बीसके साथ पन्द्रह (३५) बैलोंको पकाते हैं, और मैं खाता मोटा होता हूँ। मेरी दोनों कुक्षियोंको (भक्तजन) पूर्ण करते हैं॥१४॥

"जो धन्व (मरुत्) और छेदनीय (वन) है, वह कितने योजन तक हैं। हे वृषाकपि (अग्नि), सबसे नजदीकके घरोंमें तुम (अपने) घर जाओ॥२०॥ (१६।२२)

—इन्द्राणी, १०।८६

४. उर्वशी—

४. नहीं हे पुरूरवा, तू मत मर, मत गिर, न अशिव भेड़िये तुझे खायें। स्त्रियोंकी मित्रता (स्थायी) नहीं होती, उनके ये हृदय सालावृकों (चरखों) के होते हैं॥१५॥

—उर्वशी, १०।९५

५. (उसका) महानतम प्रेमी आकाशको पूरनेवाली लोकोंको नापनेवाली उर्वशीकी मैं प्रार्थना करता हूँ, तेरे पास मेरे सुकृतका दान पहुँचे। लौट आ, मेरा हृदय संतप्त हो रहा है॥१७॥ (७।७।१७)

—उर्वशी, १०।९६

५. घोषा कक्षीवान्-पुत्री—

६. पुराणां वां वीर्या प्रब्रवा जनेऽथो हासथुर्भिषजा मयोभुवा ।
ता वां नु नव्यावक्से करामहे यं नासत्या श्रदरिर्यथा दधत् ।।५।।

युवं रथेन विमदाय शुन्ध्युवं न्यूहथुः पुरुमित्रस्य योषणां ।
युवं हवं वध्रिमत्या अगच्छतं युवं सुषुतिं चक्रथुः पुरन्धये ।।७।।

युवं श्वेतंपेदवेऽश्विनाश्वंनवभिर्वाजैर्नवती च वाजिनं ।
चर्कृत्यं ददथुर्द्रावयत्सखं भगं न नृभ्यो हव्यं मयोभुवं ।।१०।।

ता वर्तिर्यातं जयुषा वि पर्वतमपिन्वतं शयवे धेनुमश्विना ।
वृकस्य चिद्वर्तिकामन्तरास्याद्युवं शचीभिर्ग्रसितामर्मुचतं ।।१३।।

एतं वां स्तोममश्विनावकर्मातक्षाम भृगवो न रथं ।
न्यमृक्षाम योषणां न मर्ये नित्यं न सूनुं तनयं दधानाः ।।१४।।

—१०।३९

७. यो वां परिज्मा सुवृदश्विना रथो दोषामुषासो हव्यो हविष्मता ।
शश्वत्तमासस्तमु वामिदं वयं पितुर्न नाम सुहवं हवामहे ।।१।।

एतं वा स्तोममश्विनावकर्मातक्षाम भृगवो न रथं ।
न्यमृक्षाम योषणां न मर्ये नित्यं न सूनुं तनयं दधानाः ।।१४।।

—१०।३९

८. युवां ह घोषा पर्यश्विना यती राज्ञ ऊचे दुहिता पृच्छे वां नरा ।
भूतं मे अह्न उत भूतमक्तवे श्वावते रथिने शक्तमर्वते ।।५।।

युवं कवी ष्ठः पर्यश्विना रथं विशो न कुत्सो जरितुर्नशायथः ।
युवोर्ह मक्षा पर्यश्विना मध्वासा भरत निष्कृतं न योषणा ।।६।।

५. घोषा (कक्षीवान्-पुत्री)--

६. तुम दोनोंकी प्राचीन वीरताको मैं लोगोंके पास कहती हूँ, फिर तुम दोनों सुखद चिकित्सक हो, इसलिए नवीन सहायताके लिए तुम्हारी स्तुति करती हूँ, जिसमें कि हे नसत्यो, यह शत्रु श्रद्धा करे ।।५।।

तुम विमदके व्याहनेके लिए पुरुमित्रकी कन्या शुन्ध्युको लाये। तुम बध्रिमतीकी पुकारपर आये। तुमने पुरन्धि (गर्भिणी बध्रिमती) का प्रसव सुखमय किया ।।७।।

हे अश्विनो, तुमने पेदुके लिए वेगोंसे वेगवान् निन्नानबे घोड़ोंके साथ भागकी तरह मनुष्य-सुखद हवि दिया, भगाने वाला एक श्वेत अश्व जैसे सखाको ।।१०।।

हे अश्विनो, तुम स्थूल पर्वत-विजेता (हमारे) घर आओ और शयु के लिए धेनु (दुधार गाय) बनाओ। वृक (भेड़िये) के मुखके भीतर ग्रसी गई बटेरको तुमने युक्तिसे छुड़ाया था ।।१३।।

हे अश्विनो, जैसे भृगु लोग रथको गढ़ते हैं, वैसे तुम्हारे लिए इस स्तोम (गान) को मैंने बनाया। दामादको देनेके लिए जैसे कन्याको सजाते, जैसे पुत्र-पौत्रको किन्या धारण करते हैं, वैसे हमने किया ।।१४।।

—घोषा, १०।३९

७. हे अश्विनो, सर्वभूपर्यटक जो तुम्हारा सुनिर्मित रथ है, जिसे हविवाले (यजमान) प्रतिदिन, प्रतिरात्रि और प्रतिउषा पुकारते हैं। तुम्हारे पिताके सुन्दर पुकारे जानेवाले नामकी तरह तुम्हारे (नाम) का हम सदा आह्वान करते हैं ।।१।।

८. हे अश्वद्वय, मैं भटकती राजदुहिता **घोषा** तुम दोनों नेताओंके पास आकर पूछती हूँ : "दिनमें मेरे पास हो या रातमें हो, अश्व-युक्त रथयुक्त समर्थ (पति) के ढूंढनेमें (मेरी) सहायता करो ।।५।।

हे अश्विनो, तुम दोनों कवि हो। रथपर स्थित हो, जैसे **कुत्स** प्रजाओं के पास, वैसे तुम स्तोताके घर जाओ। तुम्हारी मधुको वैसे ही मक्खियाँ मुखमें लेती हैं, जैसे (उस) शुद्धके हाथमें स्त्री ।।६।।

युवं ह भुज्युं युवमश्विना वशं युवं शिञ्जारमुशनामुपा रथुः ।
युवो रराव परि सख्यमासते युवोरहमवसा सुम्नमाचके ॥७॥

युवं ह कृशं युवमश्विना शयुं युवं विधन्तं विधवामुरुष्यथः ।
युवं सनिभ्यः स्तनयन्तमश्विनाप व्रजमूर्णुथः सप्तास्यं ॥८॥

—१०।४०

९. न तस्य विद्म तदुषु प्र वोचत युवा ह यद्युवत्याः क्षेति योनिषु ।
प्रियोस्त्रियस्य वृषभस्य रेतिनो गृहं गमेमाश्विना तदुश्मसि ॥११॥

—१०।४०

१०. समानमु त्यं पुरुहूतमुक्थ्यं रथं त्रिचक्रं सवना गनिग्मतं ।
परिज्मानं विदथ्यं सुवृक्तिभिर्वयं व्युष्टा उषसो हवामहे ॥१॥

प्रातर्युजं नासत्याधितिष्ठथः प्रातर्यावाणं मधुवाहनं रथं ।
विशो येन गच्छथो यज्वरीर्नरा कीरेश्चिद्यज्ञं होतृमन्तमश्विना ॥२॥

अध्वर्युं वा मधुपाणिं सुहस्त्यमग्निधं वा धृतदक्षं दमूनसं ।
विप्रस्य वा यत् सवनानि गच्छथो त आयातं मधुपेयमश्विना ॥३॥

—१०।४१

११. युवं नरा स्तुवते कृष्णियाय विष्णाप्वं ददथुर्विश्वकाय ।
घोषायै चित् पितृषदे दुरोणे पतिं जूर्यन्त्या अश्विनावदत्तं ॥७॥

—१।११७

६. जुहू—

१२. ते वदन् प्रथमा ब्रह्मकिल्बिषे कूपारः सलिलो मातरिश्वा ।
वीळुहरास्तप उग्रो मयोभूरापो देवीः प्रथमजा ऋतेन ॥१॥

हे अश्विनो, तुमने **भुज्युको**, तुमने **वशको**, तुमने **शिंजारको** और **उशनाको** उबारा था। जो दाता है, वह तुम्हारे सखित्वको पाता है, मैं तुम्हारी सहायताके साथ सुख चाहती हूँ ॥७॥

हे अश्विनो, तुमने कृशको, तुमने शयुको, तुमने सेवक (और) विधवाको बचाया। हे अश्विनो, दाताओंके लिए तुम मेघके कड़कते सप्तमुख वज्र (मेघ) को खोलते हो ॥८॥

९. वह बात हम नहीं जानते, उसे तुम बतला दो, कैसे युवा और युवती गृहोंमें रहते हैं। मैं स्त्री-प्रिय सुपुष्ट पराक्रमी तरुणके गृहमें जाऊँ, हे अश्विनो, (मेरी) उस कामनाको पूरी करो ॥११॥

—घोषा, १०।४०

१०. तीन चक्कोंवाला, बहुतों द्वारा पुकारा जाता, स्तुत्य, भूपर्यटक, यज्ञीय दोनोंके सम्मिलित रथको उषाकालमें उठकर हम सुन्दर ऋचाओंसे प्रार्थना करते हैं ॥१॥

हे नासत्य (न-असत्य) अश्विद्वय, प्रातः जोड़े गये, प्रातः चलनेवाले (उस) मधुवाहन रथपर चढ़ो, जिसके द्वारा यज्ञ करनेवाली प्रजाओंके पास जाते हो; हे नेताद्वय अश्विनो, गरीबोंके होता-युक्त यज्ञमें भी ॥२॥

हे **अश्विद्वय**, मधु-पाणि घृतदक्ष (दृढ़-शक्ति), गृहभिथ, **सुहस्त** ऋत्विक्‌के पास या जब विप्रके सवनों (यज्ञों) में जाओ, तो मधुपान में भी पहुचो ॥३॥

—सुहस्त घोषा-पुत्र, १०।४१

११. हे दोनों नेताओ, तुम **कृष्ण-पुत्र** स्तोता **विश्वकके** लिए (तत्पुत्र) विष्णापुको लाये। तुमने पिता के घर बैठी द्वारपर झुराती **घोषाको** पति प्रदान किया ॥७॥

—कक्षीवान् दीर्घतमा-पुत्र, १।११७

६. जुहू—

१२. उन प्रथमजों (पूर्वजों)—सूर्य, वायु, अनन्त जल, प्रज्वलित उग्र अग्नि, सुखद ऋत-उत्पन्न आप-देवियोंने ब्राह्मणके विरुद्ध पापके बारेमें कहा ॥१॥

सोमो राजा प्रथमो ब्रह्मजायां पुनः प्रायच्छदहृणीयमानः।
अन्वर्तिता वरुणो मित्र आसीदग्निर्होता हस्तगृह्या निनाय ।।२।।

हस्तेनैव ग्राह्य आधिरस्या ब्रह्मजायेयमिति चेदवोचन्।
न दूताय प्रह्ये तस्थ एषा तथा राष्ट्रं गुपितं क्षत्रियस्य ।।३।।

देवा एतस्यामवदन्त पूर्वे सप्त ऋषयस्तपसे ये निषेदुः।
भीमा जाया ब्राह्मणस्योपनीता दुर्धां दधाति परमे व्योमन् ।।४।।

ब्रह्मचारी चरति वेविषद्विषः स देवानां भवत्येकमंगं।
तेन जायामन्वविन्दद् बृहस्पतिः सोमेन नीतां जुह्वं न देवाः ।।५।।

पुनर्वै देवा अददुः पुनर्मनुष्या उत।
राजानः सत्यं कृण्वाना ब्रह्मजायां पुनर्ददुः ।।६।।

—१०।१०९

७. दक्षिणा—

१३. आविरभून्महि माघोनमेषां विश्वं जीवं तमसो निरमोचि।
महि ज्योतिः पितृभिर्दत्तमागादुरुः पन्था दक्षिणाया अदर्शि ।।१।।

उच्चा दिवि दक्षिणावन्तो अस्थुर्ये अश्वदाः सह ते सूर्येण।
हिरण्यदा अमृतत्वं भजन्ते वासोदाः सोम प्र तिरन्त आयुः ।।२।।

दैवी पूर्तिर्दक्षिणा देवयज्या न कवारिभ्यो नहि ते पृणन्ति।
अथा नरः प्रयतदक्षिणासो' वद्यभिया बहवः पृणन्ति ।।३।।

दक्षिणावान् प्रथमो हूत एति दक्षिणावान् ग्रामणीरग्रमेति।
तमेव ऋषिं तमु ब्रह्माणमर्यंज्ञन्यं सामगामुक्थशासं।

सोमराजाने प्रथम आकृष्ट हो ब्रह्मपत्नीको फिर से (बृहस्पतिको) प्रदान किया। मित्र और वरुण उसके अनुगामी हुए। होता अग्नि हाथ पकड़कर उसे ले आया ॥२॥

"इसकी देहको हाथसे ही ग्रहण करना चाहिए, यह ब्रह्म-जाया है," यह सबने कहा। भेजे दूतके लिए यह नहीं हुई, जैसे क्षत्रिय का राष्ट्र रक्षित ॥३॥

—(११।३)

पुराने देवों और तपस्यामें बैठे उन सात ऋषियोंने इसके बारेमें कहा —ब्राह्मणकी भीमा पत्नीको ले भागना। (वह) परम व्योममें दुर्व्यवस्था स्थापित करती है ॥४॥

बिना पत्नीके ब्रह्मचारी (रह) विचरता वह देवताओंका अंग होता है। सोम द्वारा लाई गई जुहू (पात्र) को जैसे देवोंने, वैसे ही (अपनी) पत्नी (जुहू) को बृहस्पतिने प्राप्त किया ॥५॥

देवोंने फिर उसे प्रदान किया, और फिर मनुष्योंने (प्रदान किया)। राजाओंने सच्चा करते ब्रह्मपत्नीको फिर प्रदान किया ॥६॥

—जुहू, १०।१०९

७. दक्षिणा—

१३. इन (मनुष्यों) में मघवा (धनवान्) सूर्यका महान् तेज आविर्भूत हुआ, उसने सारे जीवोंको अन्धकारसे निर्मुक्त किया। पितरों द्वारा दी गई बड़ी ज्योति आई। दक्षिणाका विस्तृत पंख दिखाई पड़ा ॥१॥

दक्षिणावाले (दानी) ऊंचे द्यौ लोकमें स्थान पाते हैं। जो अश्व दाता है, (वह) सूर्यके साथ (रहते हैं)। सोना देनेवाले अमरताको पाते हैं। हे सोम, वस्त्र देनेवाले पास जा आयुको बढ़ाते हैं ॥२॥

देवोंकी पूजावाली दक्षिणा दिव्य मूर्ति है। कंजूसोंको वे (देव) नहीं तृप्त करते। और जो बहुतेरे नर दक्षिणामें तत्पर दोषसे तृप्ति करते हैं ॥३॥

दक्षिणावान् (दानी) पहले निमन्त्रित होते हैं। दक्षिणावान् ग्रामणी श्रेष्ठ होता है। जिसने पहले (पहल) दक्षिणा दी, उसीको मैं जनोंका नृपति मानता हूँ ॥५॥

स शुक्रस्य तन्वो वेद तिस्रो यः प्रथमो दक्षिणया रराध ॥६॥
दक्षिणाश्वं दक्षिणा गां ददाति दक्षिणा चन्द्रमुत यद्धिरण्यं।

दक्षिणान्नं वनुते यो न आत्मा दक्षिणां वर्म कृणुते विजानन् ॥७॥

न भोजा मम्रुर्न न्यर्थमीयुर्न रिष्यन्ति न व्यथन्ते ह भोजाः।
इदं यद्विश्वं भुवनं स्वश्चैतत् सर्वं दक्षिणैभ्यो ददाति ॥८॥

भोजा जिग्युः सुरभिं योनिमग्रे भोजा जिग्युर्वध्वं या सुवासाः।
भोजा जिग्युरन्तः पेयं सुराया भोजा जिग्युर्ये अहूता प्रयन्ति ॥९॥

—१०।१०७

८. निवावरी, सिकता—

१४. अभिक्रन्दन् कलशं वाज्यर्षति पतिर्दिवः शतधारो विचक्षणः।
हरिर्मित्रस्य सदनेषु सीदति मर्मृजानो'विभिः सिन्धुभिर्वृपा ॥११॥

अयं मतवाञ्छकुनो यथा हितो व्ये ससार पवमान ऊर्मिणा।
तव क्रत्वा रोदसी अन्तरा कवे शुचिर्धिया पवते सोम इन्द्र ते ॥१३॥

द्रापिं वसानो यजतो दिविस्पृशमन्तरिक्षप्रा भुवनेष्वर्पितः।
स्वर्जज्ञानो नभसाभ्यक्रमीत् प्रत्नमस्य पितरमाविवासति ॥१४॥

—९।८६

उसीको ऋषि, उसीको ब्रह्मा, उसीको यज्ञ-कर्ता, सामगायक, उक्थ (स्तुति) बोलनेवाला कहते हैं। वह शुक्र (अग्नि) के तीनों शरीरोंको जानता है, जिसने पहले दक्षिणासे आराधना की ॥६॥

दक्षिणा अश्वको, दक्षिणा गायको देती है, दक्षिणा चन्द्र (चांदी) और सोना है, जो उसे देती है। दक्षिणा अन्नको देती है, जो कि हमारा आत्मा (शरीर) है। (यह) जानकर (आदमी) दक्षिणाको कवच बनाता है ॥७॥

भोज (भोजनदाता) न मरते, न नष्ट होते, न क्लेश पाते, न भोज व्यथित होते हैं। यह जो सारे भुवन और यह स्वर्ग है, उसको उन्हें दक्षिणा देती है ॥८॥

भोज (सबसे) पहले ही सुरभि निवास पाते हैं, भोज सुवस्त्र बहू पाते हैं, भोज आन्तरिक पेय सुराको पाते हैं। जो बिना बुलाये आक्रमण करते हैं, उन्हें भोज जीतते हैं ॥९॥

—दक्षिणा, १०।१०७.

८. निवावरी, सिकता—

१४. द्यौपति, विचक्षण, शतधार सोम शब्द करता कलशमें आता है। (वह) सुवर्ण-वर्ण पराक्रमी सिन्धुओं और मेषोंके (लोमों)से मींजा जाता मित्रके घरोंमें बैठता है ॥११॥

यह मेषलोममें छाना जाता तरंगित बेपर्वाह सोम शकुन की भांति चलता है। हे कवि इन्द्र, तुम्हारे कर्मसे द्यौ और पृथिवीके बीच शुचि सोम स्तुति द्वारा पूत होता है ॥१३॥

द्यौ-चुम्बी अन्तरिक्ष-पूरक द्रापि-पहने, भुवनोंमें अर्पित यजनीय स्वर्ग-ज्ञाता (सोम) मेघ द्वारा आ, अपने पुराने पितर (इन्द्र) की सेवा करता है ॥१४॥

—निवावरी, ९।८६

९. यमी वैवस्वती--

१५. ओचित् सखायं सख्या ववृत्यां तिरः पुरू चिदर्णवं जगन्वान्।
पितुर्नपातमा दधीत वेधा अधिक्षमि प्रतरं दीध्यानः ॥१॥

न ते सखा सख्यं वष्ट्येतत् सलक्ष्मा यद्विषुरूपा भवाति।
महस्पुत्रासो असुरस्य वीरा दिवो धर्तार उर्विया परि ख्यन् ॥२॥

उशन्ति घा ते अमृतास एतदेकस्य चित्त्यजसं मर्त्यस्य।
नि ते मनो मनसि धाय्यस्मे जन्युः पतिस्तन्वमा विविश्याः ॥३॥

न यत् पुरा चकृमा कद्ध नूनमृता वदन्तो अनृतं रपेम।
गन्धर्वो अप्स्वप्या च योषा सा नो नाभिः परमं जामि तन्नौ ॥४॥

यमस्य मा यम्यं काम आगन्त्समाने योनौ सहशेय्याय।
जायेव पत्ये तन्वं रिरिच्यां वि चिद् वृहेव रथ्येव चक्रा ॥७॥

आ घा ता गच्छानुत्तरा युगानि यत्र जामयः कृणवन्नजामि।
उप बर्बृहि वृषभाय बाहुमन्यमिच्छस्व सुभगे पतिं मत् ॥१०॥

किं भ्रातासद्यदनाथं भवाति किमु स्वसा यन्निर्ऋतिर्निगच्छात्।
कामपूता बह्वेतद्रपामि तन्वा मे तन्वं सं पिपृग्धि ॥११॥

न वा उ ते तन्वा तन्वं संपपृच्यां पापमाहुर्यः स्वसारं निगच्छात्।
अन्येन मत् प्रमुदः कल्पयस्व न ते भ्राता सुभगे वष्ट्येतत् ॥१२॥

बतो बतासि यम नैव ते मनो हृदयं चाविदाम।
अन्या किल त्वां कक्ष्येव युक्तं परिष्वजाते लिबुजेव वृक्षं ॥१३॥

९. यमी विवस्वान्-पुत्री--

१५. (यमी)--विस्तृत समुद्रमें आओ, सख्यके लिए (मैं) सखा चुनना चाहती हूँ। विधाताने विशेष ध्यान कर पृथिवीपर पिताकी सन्तान रक्खी ॥१॥

(यम)--"तेरा सखा (मैं) इस सख्य (प्रेम) को नहीं चाहता, क्योंकि तू सहोदरा होनेसे इसके अयोग्य है। विस्तृत द्यौके धारक, सहसके पुत्र, असुर-वीर चारों ओर देख रहे हैं ॥२॥

(यमी)--"वे अमर लोग यह एक मर्त्य (मर्द) की संतान तुझसे चाहते हैं। मेरे मन में तू अपने मन को धारण कर, पत्नीका पति हो कर मेरे शरीर में प्रवेश कर ॥३॥

(यम)--"जिसे हमने पहले कभी नहीं किया, सत्यवादी होते कैसे हम झूठा बोलेंगे। जलके गंधर्व और जलकी योषा (स्त्री) वह हमारा परम संबंध, वह हमारा बंधुत्व है। ॥४॥

(यमी)--"यमके प्रति मुझ यमीकी कामना एक घरमें साथ सोने के लिये हो आई है। मैं जायाकी तरह पतिके लिये शरीर खोलती हूं। (आओ) मिलते रथके चक्रकी तरह (हम) मिलें ॥७॥

(यम)--आगे वह युग अवश्य आयेंगे, जब भगिनियां अभगिनी बनेंगी। (किसी) दूसरे वृषभ (संड-मुसंड) का तकिया अपने बाहुको बनाओ। हे सुभगे, मुझसे अन्यको पति चाहो ॥१०॥

(यमी)--(वह) "क्या भाई (है), यदि (उसके) होते (बहिन) अनाथ होवे ? क्या बहिन जो नाश को पायें ? कामवश हो मैं यह बहुत बोल रहीं हूं, (अपने) शरीर से मेरे शरीर को आलिंगन कर ॥११॥

(यम)--(अपने) शरीरसे तेरे शरीरको मैं नहीं स्पर्श करता, जो बहिनको अभिगमनकरे (उसे) पापी कहते हैं। मुझसे भिन्नसे तू प्रमोद प्राप्त कर, हे सुभगे, तेरा भाई यह नहीं चाहता ॥१२॥

(यमी)--अफसोस है अफसोस यम, मैं तेरे (भीतर) मन, हृदय नहीं पा सकी। जैसे वृक्षको लता वैसे कटिबंधकी तरह दूसरी (स्त्री) तुझे आलिंगन करेगी ॥१३॥

अन्यमू षु त्वं यम्यन्य उ त्वां परिष्वजाते लिबुजेव वृक्षं।
तस्य वा त्वं मन इच्छा स वा तवाधा कृणुष्व संविदं सुभद्रां ।।१४।।
—१०।१०

१६. सोम एकेभ्यः पवते घृतमेक उपासते।
येभ्यो मधु प्रधावति तांश्चिदेवापि गच्छतात् ।।१।।

तपसा ये अनाधृष्यास्तपसा ये स्वर्ययुः।
तपो यें चक्रिरे महस्तांश्चिदेवापि गच्छतात् ।।२।।

ये युध्यन्ते प्रधनेषु शूरासो ये तनूत्यजः।
ये वा सहस्रदक्षिणास्तांश्चिदेवापि गच्छतात् ।।३।।
—१०।१५४

१०. रात्रि—

१७. रात्री व्यख्यदायती पुरुत्रा देव्यक्षभिः। विश्वा अधि श्रियो धित ।।१।।
निरु स्वसारमस्कृतोषसं देव्यायती। अपेदु हासते तमः ।।३।।

नि ग्रामासो अविक्षत नि पद्वन्तो नि पक्षिणः।
नि श्येनासश्चिदर्थिनः ।।५।।

उप मा पेपिशत्तमः कृष्ण यक्तमस्थित। उष ऋणेव यातय ।।७।।
—१०।१२७

११. लोपामुद्रा—

१८. पूर्वीरहं शरदः शश्रमाणा दोषावस्तोरुषसो जरयन्तीः।
मिनाति श्रियं जरिमा तनूनामप्यूनु पत्नीर्वृषणो जगम्युः ।।१।।

ये चिद्धि पूर्व ऋतसाप आसन्त्साक देवेभिरवदन्नृतानि ।
ते चिदवासुर्नह्यन्तमापुः समूनु पत्नी० ।।२।।

(यम)—हे यमी, दूसरेका आलिंगन कर, दूसरा तुझे वृक्षको लताकी तरह आलिंगन करे। उसके मनको तू चाहे और वह तेरे साथ मंगलमय संबंध करे ॥१४॥

—यमी, १०।१०

१६. किन्हीं (पितरों) के लिये सोम छाना जाता है, कोई घृतका सेवन करते हैं। जिनके लिये मधु बहता है, हे उनके पास ही वह जाये ॥१॥
तपस्याके कारण जो दुर्धर्ष हैं, तपस्यासे जो स्वर्ग गये, जिन्होंने महान् तपस्या की, उनके पास ही वह जाये ॥२॥
जो युद्धोंमें, लड़ते जो शूर शरीर छोड़ते हैं, और जो सहस्र दक्षिणा देनेवाले हैं, उनके पास ही वह जाये ॥३॥

—यमी, १०।१५४

१०. रात्रि—

१७. रात्रि देवीने आते हुए नेत्रोंसे बहुत देखा। उसने सारी शोभाको धारण किया ॥१॥
देवीने आते हुए (अपनी) बहिन उषाको प्रतिष्ठापित किया और (उसने) तमको हटाया ॥३॥
ग्राम (घरों) में घुस गये, बटोही और पक्षी, (शिकार) चाहने वाले बाज भी चुप हैं ॥५॥
वह मेरे पास आई, (यहाँ) काला अन्धकार स्पष्ट अवस्थित है। हे उषा, ऋणकी तरह (उसे) हटा ॥७॥

—रात्रि, १०।१२७

११. लोपामुद्रा—

१८. (लोपामुद्रा)—"पहिले वर्षों दिन-रात, बुढ़ापा लानेवाली उषाओंको मैं सहती रही। बुढ़ापा शरीर-शोभाको भी नष्ट कर देता है। पति पत्नी के पास (कैसे) जाये ॥१॥
"जो पुराने सत्यपालक थे, देवोंके साथ सच बोलते थे, उन्होंने चाहा पर अन्त नहीं पाया। फिर०" ॥२॥

न मृषा श्रान्तं यदवन्ति देवा विश्वा इत्स्पृधो अभ्यश्नवाव।
जयावेदत्र शतनीथमाजिं यत् सम्यंचा मिथुनावभ्यजाव ।।३।।

नदस्य मारुधतः काम आगन्नित आ जातो अमुतः कुतश्चित्।
लोपामुद्रा वृषणं नीरिणाति धीरमधीरा धमति श्वसन्ते ।।४।।

—१।१७९

१२. वसुक्र-पत्नी—

१९. विश्वो ह्यन्यो अरिराजगाम ममेदहः श्वशुरो नाजगाम।
जक्षीयाद् धाना उत सोमं पपीयात् स्वाशितः पुनरस्तं जगायात् ।।१।।

—१०।२८

१३. वाक्—

२०. अहं रुद्रेभिर्वसुभिश्चराम्यहमादित्यैरुत विश्वेदेवैः।
अहं मित्रावरुणोभा विभर्म्यहमिन्द्राग्नी अहमश्विनोभा ।।१।।

अहमेव स्वयमिदं वदामि जुष्टं देवेभिरुत मानुषेभिः।
यं कामये तन्तमुग्रं कृणोमि तं ब्रह्माणं तमृषिं तं सुमेधां ।।५।।

—१०।१२५

१४. विवृहा—

२१. अक्षीभ्यां ते नासिकाभ्यां कर्णाभ्यां छुबुकादधि।
यक्ष्मं शीर्षण्यं मस्तिष्काज्जिह्वाया वि वृहामि ते ।।१।।

ग्रीवाभ्यस्त उष्णिहाभ्यः कीकसाभ्यो अनूक्यात्।
यक्ष्मं दोषण्यमंसाभ्यां बाहुभ्यां वि वृहामि ते ।।२।।

—१०।१६३

(अगस्त्य)—हम व्यर्थ नहीं थके, जो कि देव लोग (हमारी) रक्षा करते हैं। हम सारे भोगोंको पा रहे हैं। यहां (हम) सैकड़ों पायें, यदि दोनों ठीकसे प्रयास करें ॥३॥

कामको मैंने रोका है, पर यहां-वहां कहींसे वह उत्पन्न होता है। लोपामुद्रा पतिका संगम करती है। उसास लेती वह अधीरा धीर का चुंबन करती है ॥४॥

—लोपामुद्रा, १।१७९

१२. वसुक्र-पत्नी—

१९. दूसरे सारे मित्र आये, (पर) मेरा ससुर यहां नहीं आया, कि वह भुना दाना खाता, और सोम पीता, अच्छी तरह खाकर पुनः (अपने) घर जाता ॥१॥

—वसुक्र-पत्नी, १०।२८

१३. वाक्—

२०. मैं रुद्रों, वसुओंके साथ, मैं आदित्यों और सारे देवोंके साथ विचरण करती हूं। मैं मित्र और वरुण दोनोंको धारण करती हूं। मैं इन्द्र-अग्नि और दोनों अश्विनोंको (धारण करती हूं) ॥१॥

मैं स्वयं ही देवताओं और मनुष्योंको पसंद कर यह कहती हूं "जिसे मैं चाहती हूं, उसे उग्र, उसे ब्रह्मा, उसे ऋषि, उसे सुमेध बनाती हूं ॥५॥

—वाक, १०।१२५

१४. विवृहा—

२१. तेरी दोनों आंखोंसे, दोनों नाकोंसे, दोनों कर्णोंसे, ठुड्डीके ऊपरसे, मस्तिष्कसे, जिह्वासे, शीर्षस्थानसे तेरे यक्ष्म (रोग) को मैं दूर करता हूं ॥१॥ (१२।९।१)

तेरी ग्रीवासे, धमनियोंसे, हड्डीके जोड़ोंसे, दोनों कन्धोंसे, दोनों बाहुओंसे, हाथसे तेरे यक्ष्मको मैं दूर करता हूं ॥२॥ (१२।९।२)

—विवृहा, १०।१६३

१५. **विश्पला**––

२२. अभूदिदं वयुनमोषु भूषता रथो वृषण्वान्मदता मनीषिणः।
धियं जिन्वा धिष्ण्या विश्पल। वसू दिवो नपाता सुकृते शुचिव्रता ॥१॥
––१।१८२

१६. **विश्ववारा**––

२३. समिद्धो अग्निर्दिवि शोचिरश्रेत् प्रत्यङ्ङुषसमुर्विया विभाति।
एति प्राची विश्ववारा नमोभिर्देवां ईळाना हविषा घृताची ॥१॥

अग्ने शर्ध महते सौभगाय तव द्युम्नान्युत्तमानि सन्तु।
सं जास्पत्यं सुयममा कृणुष्व शत्रूयतामभितिष्ठा महांसि ॥३॥
––५।२८

१७. **शची पौलोमी**––

२४. उदसौ सूर्यो अगादुदयं मामको भगः।
अहं तद्विद्वला पतिमभ्यसाक्षि विषासहिः ॥१॥

अहं केतुरहं मूर्धाहमुग्रा विवाचनी।
ममेदनु क्रतुं पतिः सेहानाया उपाचरेत् ॥२॥

मम पुत्राः शत्रुहणोऽथो मे दुहिता विराट्।
उताहमस्मि संजया पत्यौ मे श्लोक उत्तमः ॥४॥
––१०।१५९

१८. **शश्वती**––

२५. अन्वस्य स्थुरं ददृशे पुरस्तादनस्थ ऊरुरवरम्बमाणः।
शश्वती नार्यभिचक्ष्याह सुभद्रमर्य भोजनं बिभर्षि ॥३४॥
––८।१

१५. विश्पला—

२२. यह काम था। हे मनीषियों, खुश होओ, (अश्विनोंका) घोड़ोंवाला रथ आया। वह हृदयहारी, कमनीय, शुचिव्रत, द्यौकी संतान, सुकर्मा विश्पलाके हितू हैं ॥१॥

—विश्पला, १।१८२

१६. विश्ववारा—

२३. प्रज्वलित अग्नि द्यौ लोकमें किरणोंको फैलाता है, उषाके सामने विस्तृत शोभा देता है। हवि और नमस्कारके साथ देवोंको पूजती विश्ववारा (सब वरोंको लानेवाली) स्रुवा दिशाकी ओर जाती है ॥१॥

हे अग्नि, महान् सौभाग्यके लिये (शत्रुओंको) नाश करो। तुम्हारे प्रकाश उत्तम हों, दाम्पत्य (सम्बन्ध) को तुम सुनियमित करो। शत्रुता करनेवालोंके तेजको नष्ट करो ॥३॥

—विश्ववारा, ५।२८

१७. शची पुलोमा-पुत्री—

२४. वह सूर्य उगा, (मानो) यह मेरा भाग्य उगा। उसे जानते मुझ विजयिनीने पतिको (अपने) बसमें कर लिया ॥१॥

मैं केतु (ध्वज) हूं, मैं मस्तक हूं। मैं उग्र पंच हूं, मुझ दबंगकी इच्छाके अनुसार पति चले ॥२॥

मेरे पुत्र शत्रुहन्ता हैं, और मेरी दुहिता रानी है। मैं संजया (जीतनेवाली) हूं। पतिके पास मेरा उत्तम श्लोक (प्रशंसा) है ॥३॥

—शची, पुलोमा-पुत्री, १०।१५९

१८. शश्वती—

२५. फिर अस्थि-रहित विस्तृत लटकता इसका स्वस्थ (शरीर) सामने शश्वती नारीने देखकर कहा "हे आर्य, (तुम) बढ़िया भोग धारण करते हो" ॥३४॥

—शश्वती, ८।१

१९. **शिखंडिनी काश्यपी**—

२६. स नो मदानां पत इन्दो देवप्सरा असि।
सखेव सख्ये गातुवित्तमो भव ॥५॥

सनेमि कृध्यस्मदा रक्षसं कं चिदत्रिणं।
अपादेवं द्वयुमंहो युयोधि नः ॥६॥

—९।१४०

२०. **श्रद्धा कामायनी**—

२७. श्रद्धयाग्निः समिध्यते श्रद्धया हूयते हविः।
श्रद्धां भगस्य मूर्धनि वचसा वेदयामसि ॥१॥

प्रियं श्रद्धे ददतः प्रियं श्रद्धे दिदासतः।
प्रियं भोजेषु यज्वस्विदं म उदितं कृधि ॥२॥

यथा देवा असुरेषु श्रद्धामुग्रेषु चक्रिरे।
एवं भोजेषु यज्वस्वस्माकमुदितं कृधि ॥३॥

—१०।१५१

२१. **सरमा—देखो** (६।१९)

२२. **सार्पराज्ञी**—

२८. मयोभूर्वातो अभि वातूस्रा ऊर्जस्वतीरोषधीरा रिशन्तां।
पीवस्वतीर्जीवधन्याः पिबन्त्ववसाय पद्वते रुद्र मृळ ॥१॥

या देवेषु तन्वमैरयन्त यासां सोमो विश्वा रूपाणि वेद।
ता अस्मभ्यं पयसा पिन्वमानाः प्रजावतीरिन्द्र गोष्ठे रिरीहि ॥३॥

—१०।१६९

२३. **सिकता—देखो निवावरी १७।८**

२४. **सुदेवी**—

२९. याभिः पत्नीर्विमदाय न्यूहथुराघ वा याभिररुणीरशिक्षतं।
याभिः सुदास ऊहथुः सुदेव्यं ताभिरूपु ऊतिभिरश्विना गतं ॥१९॥

—१।११२

१९. शिखंडिनी काश्यपी--

२६. वह हमारे मर्दोंके पति हे सोम, तुम देव-भोजन हो। सखाको सखाकी तरह (तुम हमारे लिये) अत्यन्त हित-ज्ञ होओ ॥५॥

२०. श्रद्धा कामायनी--

२७. श्रद्धासे अग्नि प्रज्वलित होता है, श्रद्धासे हवि होम की जाती है। ऐश्वर्यके शिखरपर रहनेवाली श्रद्धाको मैं वचनसे जतलाती हूं ॥१॥
हे श्रद्धे, देनेवालेका प्रिय करो। हे श्रद्धे, देनेकी इच्छावालेका प्रिय करो। भोज देनेवालों (भोजों) का प्रिय करो। यज्ञ करनेवालोंमें मेरे इस कथनको (पूरा) करो ॥२॥
जैसे देवताओंने, उग्र असुरोंमें (शत्रुताकी) श्रद्धा की, ऐसे ही भोजों और यज्ञकर्त्ताओंमें हमारे कथनको करो ॥३॥

—श्रद्धा, १०।१५१

२१. सरमा--देखो ६।१६

२२. सार्पराज्ञी--

२८. सुखमय वायु गायोंपर बहे, वह बलदायक वनस्पतियोंको खायें, मोटा करनेवाले, आयु बढ़ानेवाले (जल) को पीयें। हे रुद्र, पैरोंवाली (गायों) के लिये भोजन सुखमय बनाओ ॥१॥
जो गौवें अपने शरीरको देवोंके लिये देती हैं, जिनके सारे रूपोंको सोम जानता है, सन्तानवाली हो, हमें दूधसे पूर्ण करती उन (गायों) को हे इन्द्र, (हमारे) गोष्ठमें लाओ ॥३॥

—सार्पराज्ञी, १०।१६९

२३. सिकता--देखो निवावरी १७।८

२४. सुदेवी--

२९. हे अश्विद्वय, जिन सहायताओं द्वारा विमदके लिये तुम पत्नी लाये, जिनसे लाल गायें प्रदान कीं, जिनसे सुदासके लिये सुदेवीको तुम लाये, उन सहायताओंके साथ आओ ॥१९॥

—कुत्स आंगिरस, १।११२

२५. **सूर्या**--

३०. सत्येनोत्तभिता भूमिः सूर्येणोत्तभिता द्यौः।
ऋतेनादित्यास्तिष्ठन्ति दिवि सोमो अधि श्रितिः ॥१॥

सोमेनादित्या बलिनः सोमेन पृथिवी मही।
अथो नक्षत्राणामेषामपस्थे सोम आहितः ॥२॥

रैभ्यासीदनुदेयी नाराशंसी न्योचनी।
सूर्याया भद्रमिद्वासो गाथयैति परिष्कृतं ॥६॥

चित्तिरा उपवर्हणं चक्षुरा अभ्यंजनं।
द्यौर्भूमि कोश आसीद्यदयात् सूर्या पतिं ॥७॥

स्तोमा आसन् प्रतिधयः कुरीरं छन्द ओपशः।
सूर्याया अश्विना वराग्निरासीत् पुरोगवः ॥८॥

सोमो बधूयुरभवदश्विनास्तामुभा वरा।
सूर्यां यत् पत्ये शंसन्तीं मनसा सविता ददात् ॥९॥

मनो अस्या अन आसीद् द्यौरासीदुता छदिः।
शुक्रावनड्वाहावास्तां यदयात् सूर्या गृहं ॥१९॥

शुची ते चक्रे यात्या व्यानो अक्ष आहतः।
अनो मनस्मयं सूर्यारोहत् प्रयती पतिं ॥१२॥

सूर्याया वहतुः प्रागात् सविता यमवासृजत्।
अघासु हन्यन्ते गावो'र्जुन्योः पर्युह्यते ॥१३॥

सुकिंशुकं शल्मलिं विश्वरूपं हिरण्यवर्णं सुवृतं सुचक्रं।
आरोह सूर्ये अमृतस्य लोकं स्योनं पत्ये वहतुं कृणुष्व ॥२०॥

उदीर्ष्वातः पतिवती ह्येषा विश्वावसुं नमसा गीर्भिरीळे।
अन्यामिच्छ पितृषदं व्यक्तां स ते भागो जनुषा तस्य विद्धि ॥२१॥

२५. सूर्या—

३०. सत्य द्वारा भूमि थामी गई, सूर्य द्वारा द्यौ थामा गया। ऋत (सत्य) द्वारा देव आदित्य द्यौमें स्थित हैं, द्यौमें सोम आश्रय प्राप्त है ॥१॥ सोमसे आदित्य बली हैं, सोमसे पृथिवी महान् है। और इन नक्षत्रोंके पास सोम रक्खा गया है ॥२॥

रैभी (ऋचायें) अनुदेयी (बधूके साथ अनुदान की जानेवाली सखी) थी, नाराशंसी (ऋचायें) (बहूकी) दासी थीं, सूर्याका बढ़ियां वस्त्र गाथासे परिष्कृत था ॥६॥

जब सूर्या पतिके पास गई, तो चिन्तन तकिया था, चक्षु अंजन था। द्यौ-पृथिवी कोश थे ॥७॥

स्तोम चक्केके अरे थे, कुरील छन्द ओपश (सीसफूल) था। सूर्याके वर अश्विद्वय थे, अग्नि अगुआ था ॥८॥

सोम व्याह-इच्छुक था, दोनों अश्विद्वय वर थे। जब पतिकी कामना करनेवाली सूर्याको सविताने अश्विनोंको मनसे दिया ॥९॥

जब सूर्या (पतिके) घर गई, तो मन इसका शकट था, और द्यौ छत (ओहार) थी। दोनों शुक्र (रथके) दो बैल थे ॥१०॥

जाती हुई तेरे चक्केके धुरेमें वायु पड़ा था। पतिके पास जाती सूर्या मनोमय रथपर चढ़ी ॥१२॥

सविताने जिसे प्रदान किया, वह सूर्याकी बरातके आगे-आगे चला। मघा नक्षत्रोंमें बैल मारे गये, अर्जुनी-(फाल्गुनी) पूर्वा-उत्तरा में वह व्याही गई ॥१३॥ (१६।१७)

हे सूर्ये, नाना रूपके सुनहले, सुआच्छादित, किंशुक-सेमलके सुन्दर चक्रवाले (रथपर) चढ़। जाकर पतिको सुखमय अमृत लोक जानेके लिये बना ॥२०॥

विश्वावसु (सारे वसुओं) को नमस्कारपूर्वक वाणीसे मैं प्रार्थना करता हूं—तुम यहांसे उठो। यह पतिवती है। तुम पिताके घरमें बैठी दूसरी होशियार कन्याकी कामना करो, वह तुम्हारा भाग है। उसके पतिको ढूंढ़ो ॥२१॥

सुमंगलीरियं **वधूरिमां** समेत पश्यत ।
सौभाग्यमस्यै दत्वायाथास्तं वि परेतन ।।२३।।

इहैव स्तं मा वियौष्टं विश्वमायुर्व्यश्नुतं ।
क्रीळन्तौ पुत्रैर्नप्तृभिर्मोदमानौ स्वे गृहे ।।४२।।

इमां त्वमिन्द्र मीढ्वः सुपुत्रां सुभगां कृणु ।
दशास्यां पुत्रानाधेहि पतिमेकादशं कृधि ।।४५।।

सम्राज्ञी श्वशुरे भव सम्राज्ञी श्वश्र्वां भव ।
ननान्दरि सम्राज्ञी भव सम्राज्ञी अधि देवृषु ।।४६।।

—१०।८५

अध्याय १८

भाषा और काव्य

§१. भाषा

१. भरद्वाज—

१. त्वं ह्यग्ने प्रथमो मनोतास्या धियो अभवो दस्म होता ।
त्वं सीं वृषन्नकृणोर्दुष्टरीतु सहो विश्वस्मै सहसे सहध्यै ।।१।।

अधा होता न्यसीदो यजीयानिळस्पद इषयन्नीळ्यः सन् ।
तं त्वा नरः प्रथमं देवयन्तो महो राये चितयन्तो अनुग्मन् ।।२।।

—६।१

२. रक्षोहा—

२. ब्रह्मणाग्निः संविदानो रक्षोहा बाधतामितः ।
अमीवा यस्ते गर्भं दुर्णामा योनिमाशये ।।१।।

यह सुमंगली बधू है, आकर इसे तुम देखो। इसको सौभाग्य प्रदान कर अपने-अपने घरोंको जाओ ॥३३॥

दोनों (पति-पत्नी) यहीं रहें, न बिछुड़ें, सारी आयुको प्राप्त करें। पुत्र और नातियोंके साथ खेलते अपने घरमें प्रमुदित रहें ॥४२॥

हे सिंचन-समर्थ इन्द्र, इस (बधू) को सुपुत्रा सुभगा बनाओ। इसमें दस पुत्रोंको धारण करो, (और) पतिको ग्यारहवां बनाओ ॥४५॥

हे बधू, तू ससुरपर सम्राज्ञी हो, सासपर सम्राज्ञी हो। ननदपर सम्राज्ञी हो, देवरोंपर सम्राज्ञी हो ॥४६॥

—सूर्या, १०।८५

अध्याय १८

भाषा और कविता

§ १. भाषा

१. भरद्वाज—

१. हे अग्नि, तुम इस बुद्धिके प्रथम मननकर्त्ता, अद्भुत होता हो। हे पराक्रमी, तुम (हमारे भीतर) दुर्धर्ष सारे बल पैदा कर दो, (जिससे) सारे दुश्मनोंको हम पराजित करें ॥१॥

स्तुति-योग्य होता, पूजनीय हो तुम पूज्यस्थानमें अन्न देते विराजो। महाधनकी इच्छा करते तुम्हें प्रधान देव मानते (नर) तुम्हारा अनुगमन करते हैं ॥२॥

—भरद्वाज, ६।१

२. रक्षोहा—

२. राक्षसहन्ता (अग्नि) (हमारे) ब्रह्म (ऋचा, स्तुति) के साथ एक हो, यहांसे तुम्हारे गर्भमें जो रोग, योनिस्थानमें दुर्णामा (रोग) है, उसे हटाये ॥१॥

यस्ते गर्भममीवादुर्णामा योनिमाशये ।
अग्निष्टं ब्रह्मणा सह निष्क्रव्यादमनीनशत् ।।२।।

—१०।१६२

§२. छन्द

३. कासीत् प्रमा प्रतिमा किं निदानमाज्यं किमासीत् परिधिः क आसीत् ।
छन्दः किमासीत् प्रउगं किमुक्थं यद्देवा देवमयजन्त विश्वे ।।३।।

अग्नेर्गायत्र्यभवत् सयुग्वोष्णिहया सविता सं बभूव ।
अनुष्टुभा सोम उक्थैर्महस्वान् बृहस्पतेर्बृहती वाचमावत् ।।४।।

विराणिमत्रावरुणयोरभिश्रीरिन्द्रस्य त्रिष्टुबिह भागो अह्नः ।
विश्वान् देवान्जगत्या विवेश तेन चाक्लृप ऋषयो मनुष्याः ।।५।।

—१०।१३०

३. रचना

१. वाणी—

४. इन्द्रं वाणीरनुत्तमन्युमेव सत्रा राजानं दधिरे सहध्यै ।
हर्यश्वाय बर्हया समापीन् ।।१२।।

—७।३१

२. सूक्त—

५. का ते अस्त्यरङ्कृतिः सूक्तैः कदा नूनं ते मघवन् दाशेम ।
विश्वा मतीरा ततने त्वा याधा म इन्द्र शृणवो हवेमा ।।३।।

—७।२९

जो तेरे गर्भमें रोग, योनिस्थानमें दुर्णामा (उपद्रव) है, ब्रह्म (ऋचा) के साथ अग्नि उसे अ-मांसभक्षी बना नष्ट कर दे ॥२॥

—रक्षोहा ब्रह्म-पुत्र, १०।१६२

§ २. छन्द

३. जब सारे देवोंने देव (प्रजापति) का यजन (भजन) किया, तब प्रमा (सीमा)-प्रतिमा क्या थी ? क्या निदान (कारण), क्या घी था, परिधि (घेरा) क्या थी ? छन्द क्या था ? उक्थ (गान) क्या था ॥१॥

अग्निकी सहकारी गायत्री हुई, उष्णिक्के साथ सविता एक हुआ। सोम अनुष्टुप्से, उक्थों द्वारा तेजस्वी (सूर्य), वृहतीने वृहस्पतिके वाक्यको अवलम्ब दिया ॥४॥

विराट् मित्र-वरुणका अवलम्ब हुआ, इन्द्र और दिनके भागका यहां त्रिष्टुप् (आश्रय) हुआ। सारे देवोंमें जगतीने प्रवेश किया। उससे ऋषियों और मनुष्योंने यज्ञ किया ॥५॥

—यज्ञ प्रजापति-पुत्र, १०।१३०

§ ३. रचना

१. वाणी—

४. वाणीने अप्रतिहत-क्रोध, इन्द्रको दबानेके लिये सदाके वास्ते राजा स्थापित किया। हर्यश्व (अश्वपति इन्द्र) के लिये भक्तोंको बढ़ाओ ॥१२॥

—वसिष्ठ, ७।३१

२. सूक्त—

५. हे मघवन्, जब हम सूक्तों द्वारा तुम्हारी स्तुति करते हैं, तुम्हारी क्या तुष्टि होती है ? तुम्हारे लिये सारी प्रशंसायें हम रचते हैं। हे इन्द्र, मेरी स्तुतियोंको सुनो ॥३॥

—वसिष्ठ, ७।२९

६. प्र सा वाचि सुष्टुतिर्मघोनामिदं सूक्तं मरुतो जुषंत।
आराच्चिद् द्वेषो वृषणो युयोत यूयं पात स्वस्तिभिः सदा नः ॥६॥
—७।५८

३. श्लोक—

७. मिमीहि श्लोकमास्ये पर्जन्य इव ततनः। गाय गायत्रमुक्थ्यं ॥१४॥
—१।३८

४. साम—

८. उप नो देवा अवसा गमन्त्वंगिरसां सामभिः स्तूयमानाः ॥२॥
—१।१०७

९. प्रदक्षिणिं दभिगृणन्ति कारवो वयो बदन्त ऋतुथा शकुन्तयः।
उभे वाचौ वदती सामगा इव गायत्रं च त्रैष्टुभं चानुराजति ॥१॥
—२।४३

१०. प्रस्तोषदुप गासिषच्छ्रवत् साम गीयमानं। अभि राधसा जुगुरत् ॥५॥
—८।७०

५. स्तोम—

११. अश्रवं हि भूरिदावत्तरा वां वि जामातुरुत वा घा स्यालात्।
अथासोमस्य प्रयती युवभ्यामिन्द्राग्नी स्तोमं जनयामि नव्यं ॥२॥
—१।१०९

§४ काव्य

उपमा—

१२. ग्रावाणेव तदिदर्थं जरेथे गृध्रेव वृक्षं निधिमन्तमच्छ।
ब्रह्मणा वे विदथ उक्थशासा दूतेव हव्या जन्या पुरुत्रा ॥१॥

६. हे मरुतो, महानोंका जो यह सूक्त है (इसे) स्वीकार करो। हे कामनावर्षी, शत्रुओंको दूर हटाओ, तुम स्वस्तिपूर्वक सदा हमारी रक्षा करो ॥६॥

—वसिष्ठ, ७।५८

३. श्लोक—

७. मुखमें श्लोक बनाओ, मेघकी तरह (उसे) फैलाओ, गायत्र गान गाओ ॥१४॥

—कण्व घोर-पुत्र, १।३८

४. साम—

८. सामों द्वारा स्तुति किये जाते देव सहायताके साथ हमारे पास आयें ॥२॥

—कुत्स आंगिरस, १।१०७

९. जैसे ऋतुओंमें पक्षी बोलते हैं, वैसे दाहिनी ओर कवि स्तुति करते हैं। गायत्र और त्रैष्टुप्को सामगायक, दोनों वाणियोंको बोलता वैसे अनुरंजन करता है॥१॥

—गृत्समद शुनहोत्र-पुत्र, २।४३

१०. स्तवन हो, गान हो, इन्द्र, गीयमान सामको सुने। वह धनसे हमारे ऊपर कृपा करे॥५॥

—कुसीदी कण्व-पुत्र, ८।७०

५. स्तोम—

११. हे इन्द्राग्नि, सुना है तुम दामाद और सालेसे भी ज्यादा देनेवाले हो। इसलिए सोमके प्रदानके समय तुम्हारे लिये मैं नवीन स्तोम रचता हूं ॥२॥

—कुत्स आंगिरस, १।१०९

§४. काव्य

उपमा—

१२. (अश्विद्वय) इसके लिये (सोमके) सिलबट्टेकी तरह स्तुति करो, शत्रुको बाधा दो, कंजूसकी तरह निधियुक्त वृक्षको प्राप्त करो। ब्रह्माकी तरह यज्ञमें उक्थ (गीत) गानेवाले हो, जन-दूतकी तरह बहुतोंके पुकारने लायक होओ ॥१॥

प्रातर्यावाण रथ्येव वीरा'जेव यमा वरमा सचेथे ।
मेने इव तन्वा शुंभमाने दंपतीव क्रतु विदा जनेषु ।।२।।

श्रृंगेव नः प्रथमा गन्तमर्वाक् शफाविव जर्भुराणा तरोभिः ।
चक्रवाकेव प्रति वस्तोरुस्रार्वाचा यातं रथ्येव चक्रा ।।३।।

नावेव नः पारयतं युगेव नभ्येव न उपधीव प्रधीव ।
श्वानेव नो अरिषण्या तनूनां खृगलेव विस्रसः पातमस्मान् ।।४।।

वातेवाजुर्या नद्येव रीतिरक्षी इव चक्षुषा यातमर्वाक् ।
हस्ताविव तन्वे शंभविष्ठा पादेव नो नयतं वस्यो अच्छ ।।५।।

ओष्ठाविव मध्वास्ने वदन्ता स्तनाविव पिप्यतं जीवसे नः ।
नासेव नस्तन्वो रक्षितारा कर्णाविव सुश्रुता भूतमस्मे ।।६।।

हस्तेव शक्तिमभिसन्ददी नः क्षामेव नः समजतं रजांसि ।
इमा गिरो अश्विना युष्मयन्तीः क्ष्णोत्रेणेव स्वधितिं संशिशीतं ।।७।।

एतानि वामश्विनो वर्धनानि ब्रह्म स्तोमं गृत्समदासो अक्रन् ।
तानि नरा जुजुषाणोपयातं बृहद्वदेम विदथे सुवीराः ।।८।।

—२।३९

१२. किं देवेषु त्यज एनश्चकर्थाग्ने पृच्छामि नु त्वामविद्वान् ।
अक्रीळन् क्रीळन् हरिरत्तवे दन् विपर्वशश्चकर्त गामिवासिः ।।६।।

—१०।७९

हे वीरो, प्रातः जानेवाले रथियोंकी तरह तुम दोनों हो, दो जुड़वां बकरोंकी तरह, दो सुंदरियोंकी तरह शरीरसे शोभा-युक्त, चतुर दम्पतीकी तरह जनोंके पास आओ ॥२॥

हे प्रधान (अश्विद्वय), सींगकी तरह, दो खुरोंकी तरह, हर प्रातः हमारे पास आओ। हे शक्तिशाली, चक्रवाक्की तरह या दो रथियोंकी तरह हमारे पास आओ ॥३॥

नावोंकी तरह हमें तुम पार कर दो, रथकी नाभि, चक्र, अराकी तरह (हमें पार कर दो)। कुत्तोंकी तरह शरीरको हानिसे बचाओ, दो बैसाखियोंकी तरह हमें क्षतिसे बचाओ ॥४॥

तुम वायुकी तरह न जीर्ण होनेवाले, नदीकी तरह शीघ्रगामी, दो नेत्रोंकी तरह दर्शक हो, तुम हमारे पास आओ। दोनों हाथोंकी तरह तुम शरीरके सुखदाता, पैरोंकी तरह हमें श्रेष्ठ धनके लिये ले चलो ॥५॥

मुखमें ओष्ठोंकी तरह मधुर वचन बोलो, दो स्तनोंकी तरह जीनेके लिये हमें दूध पिलाओ। दो नासिकाओंकी तरह हमारे शरीरके रक्षक, दो कानोंकी तरह हमारे सुन्दर श्रोता बनो ॥६॥

दो हाथोंकी तरह हमें शक्ति प्रदान करो। द्यौ-पृथिवीकी तरह लोकों-को मिलाओ। हे अश्विद्वय, ये वाणियां तुम्हें चाहती हैं, (उन्हें) शानकी तरह तेज करो ॥७॥

हे अश्विद्वय, गृत्समदोंने तुम्हारे बधावे ये मन्त्र और स्तोम बनाये। हे नरो, उनका सेवन करते (हमारे) पास आओ। सुन्दर वीरवाले हम सभामें (तुम्हारी) बड़ाई कहें ॥८॥

—गृत्समद, २।३९

१३. हे अग्नि, क्या देवोंके विषयमें तुमने पाप किया, अनजान हो मैं तुमसे पूछता हूं। खेलते न खेलते सुनहले, वेदांतके तुम जैसे गाय का तलवार वैसे ही पोर-पोर करके काट डालते हो ॥६॥

—सप्ति वाजंभर-पुत्र, १०।७९

१४. त्वेषस्ते धूम ऋण्वति दिविषञ्छुक्र आततः।
सूरो न हि द्युता त्वं कृपा पावक रोचसे ॥६॥

अधा हि विक्ष्वीड्योसि प्रियो नो अतिथिः।
रण्वः पुरीव जूर्यः सूनुर्न त्रययाय्यः ॥७॥

—६।२

१५. तिग्मं चिदेम महि वर्पो अस्य भसदश्वो न यमसान आसा।
विजेहमानः परशुर्न जिह्वां द्रविर्न द्रावयति दारु धक्षत् ॥४॥

स इदस्तेव प्रति धादसिष्यन् छिशीत तेजो'यसो न धा।

नि गावो गोष्ठे असदन्नि मृगासो अविक्षत।
नि केतवो जनानां न्यदृष्टा अलिप्सत ॥४॥

—१।१९१ अगस्त्य

घृणा न यो ध्रजसापत्मना यन्ना रोदसी वसुना दं सुपत्नी ॥७॥

धायोभिर्वा यो युज्येभिरर्कैर्विद्युन्न दविद्योत्स्वेभिः शुष्मैः।
शर्धो वा यो मरुतां ततक्ष ऋभुर्न त्वेषो रभसानो अद्यौत् ॥८॥

—६।३

§५. कवि

१. वसिष्ठ—

१६. व्युषा आवो दिविजा ऋतेनाविष्कृण्वाना महिमानमागात्।
अप द्रुहस्तम आवरजुष्टमंगिरस्तमा पथ्या अजीगः ॥१॥

एते त्ये भानवो दर्शतायाश्चित्रा उषसो अमृतास आगुः।
जनयन्तो दैव्यानि व्रतान्यापृणन्तो अन्तरिक्षा व्यस्थुः ॥३॥

एषा स्या युजाना पराकात् पंच क्षितीः परि सद्यो जिगाति।
अभिपश्यन्ती वयुना जनानां दिवो दुहिता भुवनस्य पत्नी ॥४॥

१४. (हे अग्नि,) तुम्हारा दीप्तिमान् उज्वल धूम द्यौलोकमें विस्तृत फैला है। हे पावक, कृपालु हो (अपनी) द्युतिसे तुम सूर्यकी तरह प्रकाशते हो ।।६।।

घरोंमें तुम हमारे पूज्य प्रिय अतिथि हो। गढ़में वृद्ध जैसे प्रसन्न, सूनुकी तरह रक्षा-इच्छुक हो ।।७।।

—भरद्वाज, ६।२

१५. तीक्ष्ण इसका आकार है, महान् शरीर है, अश्वकी तरह मुंहसे तृण-काष्ट खाता है, कुठारकी तरह जिह्वाको छोड़ता है, कलछीकी तरह काष्टको जलाते भगाता है ।।४।।

रात्रिका संक्षिप्त और सुन्दर वर्णन देखिये—

गायें गोष्ठमें बैठ गईं। मृग अपने स्थानोंमें प्रवेश कर गये। आदमियोंकी आगें बुझ गईं। अदृष्ट चीजोंने मुझे लिप्त कर दिया ।।४।।

—अगस्त्य, १।१९१

जो बिजलीकी तरह धारक जोड़ी किरणों, और अपने बलों द्वारा प्रकाशित होता है। मरुतोंके वाणशिल्पीकी तरह जो गया, ऋभुकी तरह दीप्तिमान् (वह अग्नि) वेगसे प्रकाशता है ।।८।।

—भरद्वाज, ६।३

§ ५. कवि

१. वसिष्ठ—

१६. द्यौपुत्री उषा चमकी, (वह) सत्यसे अपनी महिमा आविष्कृत करती आई। अप्रिय द्रोही तमको दूर किया, श्रेष्ठतम अंगिराने पथको जगाया ।।१।।

उषाकी यह वे विचित्र दर्शनीय अमृत किरणें आईं, (और) दिव्य व्रतोंको उत्पन्न करती अन्तरिक्षको भरती उठीं ।।३।।

यह वह द्यौकी दुहिता, भुवनकी रक्षिका, उषा दूरसे (रथ) जोड़े, जनोंके कामोंको अवलोकन करती, तुरन्त पांचों जनोंके चारों ओर पहुंचती है ।।४।।

वाजिनीवती सूर्यस्य योषा चित्रामघा राय ईशे वसूनां।
ऋषिष्टुता जरयन्ती मघोन्युषा उच्छति वह्निभिर्गृणाना ॥५॥

प्रति द्युतानामरुषासो अश्वाश्चित्रा अदृश्रन्नुषसं वहन्तः।
याति शुभ्रा विश्वपिशा रथेन दधाति रत्नं विधते जनाय ॥६॥

सत्या सत्येभिर्महती महद्भिर्देवी देवेभिर्यजता यजत्रैः।
रुजद्दृह्ळानि ददुस्रियाणां प्रति गाव उषसं वावशन्त ॥७॥

नू गोमद्वीरवद्धेहि रत्नमुषो अश्वावत् पुरुभोजो अस्मे।
मा नो बर्हिः पुरुषता निदे कर्यूयं पात स्वस्तिभिः सदा नः ॥८॥

—७।७५

२. विश्वामित्र—

१७. उषो वाजेन वाजिनि प्रचेताः स्तोमं जुषस्व गृणतो मघोनि।
पुराणी देवि युवतिः पुरन्धिरनुव्रतं चरसि विश्ववारे ॥१॥

उषो देव्यमर्त्या विभाहि चन्द्ररथा सूनृता ईरयन्ती।
आ त्वा वहन्तु सुयमासो अश्वा हिरण्यवर्णां पृथुपाजसो ये ॥२॥

उषः प्रतीची भुवनानि विश्वोर्ध्वा तिष्ठस्यमृतस्य केतुः।
समानमर्थं चरणीयमाना चक्रमिव नव्यस्यावव्रृत्स्व ॥३॥

—३।६१

३. वामदेव—

१८. इदमु त्यत् पुरुतमं पुरस्ताज्ज्योतिस्तमसो वयुनावदस्थात्।
नूनं दिवो दुहितरो विभातीर्गातुं कृणवन्नुषसो जनाया ॥१॥

घोड़ियोंवाली विचित्र प्रभा-युक्त सूर्य-पत्नी वसुओं और धनपर शासन करती है। (जरा-)जीर्ण करती, ऋषियोंसे प्रशंसित, ऋत्विजों द्वारा स्तुति की जाती धना उषा प्रकाशित होती है॥५॥
प्रकाशमान उषाको वहन करते विचित्र लाल अश्व दिखाई दे रहे हैं नाना रूपोंवाली (वह) शुभ्रा रथसे जाती (सेवक) जनके लिये रत्न देती है॥६॥
वह सत्या सत्योंके साथ, महती महानोंके साथ, देवी देवोंके साथ, पूज्या पूजनीयोंके साथ, दृढ़ (दुर्गों) को भेदन करती, गौओंको (चारा) देती है। गायें उषाके लिये हुंकारती हैं॥७॥
हे उषा, हमें तुम गो-युक्त, वीरों-युक्त रत्न दो, अश्व-युक्त बहुत भोग दो। हमारे कुशको पुरुषोंकी निंदासे बचाओ। (देवताओ), तुम सदा स्वस्तिके साथ हमारी रक्षा करो॥८॥

—वसिष्ठ, ७।७५

२. विश्वामित्र—

१७. हे शक्तिसे शक्तिमती, ज्ञानवाली, मघोनी उषा, स्तुतिकर्ताके स्तोम (स्तुति) को ग्रहण करो। प्राचीन युवती, बहु बुद्धिवाली, सबके लिये वरणीया हे देवि, (तुम) व्रतका अनुगमन करती हो। ॥१॥
हे उषा, अमर देवि, सुनहले रथवाली, (तुम) मधुरवाणी प्रेरित करती हो। सुवर्णवर्णा तुम्हें सुशिक्षित बहुत बलशाली अश्व वहन करें॥२॥
हे उषा, तुम सारे भुवनोंके ऊपर अमृतकी ध्वजा सी अवस्थित हो। हे नवीना, एक से अर्थपर विचरण करती चक्रकी तरह तुम पुनः-पुनः घूमो॥३॥

—विश्वामित्र, ३।६१

३. वामदेव—

१८. अन्धकारके बीचसे पूर्वमें यह वह शक्तिमती अतिविशाल ज्योति उठी। निश्चय जनोंका हित करती द्यौकी दुहितायें उषायें प्रकाशित हो रही हैं॥१॥

अस्थुरु चित्रा उषसः पुरस्तान्मिता इव स्वरवो'ध्वरेषु।
व्यू व्रजस्य तमसो द्वारोच्छन्तीरव्रञ्छुचयः पावकाः ।।२।।

उच्छन्तीरद्य चितयन्त भोजान्राधोदेयायोषसो मघोनीः ।
अचित्रे अन्तः **पणयः** ससन्त्वबुध्यमानास्तमसो विमध्ये ।।३।।

यूयं हि देवीर्ऋतयुग्भिरश्वैः परिप्रयाथ भुवनानि सद्यः।
प्रबोधयन्तीरुषसः ससन्तं द्विपाच्चतुष्पाच्चरथाय जीवं ।।५।।

क्व स्विदासां कतमा पुराणी यया विधाना विदधुर्ऋभूणां।
शुभं यच्छुभ्रा उषसश्चरन्ति न विज्ञायन्ते सदृशीरजुर्याः ।।६।।

—४।५१

१९. प्रतिष्या सूनरी जनी व्युच्छन्ती परि स्वसुः। **दिवो** अदर्शि **दुहिता** ।।१।।

अश्वेव चित्रारुषी माता गवामृतावरी। सखाभूदश्विनोरुषाः ।।२।।

उत सखास्यश्विनोरुत माता गवामसि। उतोषो वस्व ईशिषे ।।३।।

यावयद्द्वेषसन्त्वा चिकित्वित् सूनृतावरि। प्रति **स्तोमैरभुत्स्महि** ।।४।।

प्रति भद्रा अदृक्षत गवां सर्गा न रश्मयः। ओषा अप्रा उरु ज्रयः ।।५।।

आपप्रुषी विभावरि व्यावर्ज्योतिषा तमः। उषो अनु स्वधामव ।।६।।

—४।५२

२०. देखो ७।६

२१. विधुं दद्राणं समने बहूनां युवानं सन्तं पलितो जगार।
देवस्य पश्य काव्यं महित्वा' द्या ममार स ह्यः समान ।।५।।

—१०।५५

यज्ञोंमें खड़े यूपोंकी तरह मित पूर्वमें विचित्र उषायें उगीं। बाधक अंधकारके द्वारको खोलती वह दीप्त पवित्र प्रकाशिल होती हैं ।।२।।
तमनाशिका, मघोनी (धनवती) उषायें धन देनेके लिये भोजोंको चेताती हैं। पणि लोग अन्धकारके मध्यमें जागे बिना बेहोश सोये रहें ।।३।।
हे उषा देवियो, सोये दोपाये-चौपाये जीवोंको जगातीं सत्यके जुड़े अश्वोंके साथ तुरन्त भुवनोंके चारों ओर जाती हो ।।५।।
जिसने ऋभुओंके विधान बनाये, वह कौन इनमें पुरानी है? (जब) शुभ्र उषायें विचरण करती हैं, तो वह अजरा एकसमान (होनेसे) पहचानी नहीं जातीं ।।६।।

—वामदेव, ४।५१

१९. वह प्रशंसित हर्षदा सुनायिका, अन्धकारनाशिनी, द्यौकी दुहिता अपनी बहिन (रात्रि) को हटाती दिखाई पड़ीं ।।१।।
घोड़ी सी विचित्र लाल, गायोंकी माता, तेजस्वी उषा अश्विद्वयकी सखी हुई ।।२।।
हे उषा, तू अश्विद्वयकी सखी है, या गायों (किरणों) की माता, या तुम धनकी अधीश्वरी हो ।।३।।
द्वेषोंको हटाती सी, तेरे बारेमें सोचते, हे हर्षिणी, हम स्तोमों (स्तुतियों) से तुझे मिलनेके लिये जगते हैं ।।४।।
गायोंके झुंड सी (उसकी) भद्र किरणें दिखाई दीं। उषाने अपने विस्तृत तेजसे (विश्वको) भर दिया ।।५।।
हे विभावरि (प्रकाशवती), (अपनी) ज्योतिष भरके तुमने तमको दूर किया। हे उषा, अपनी प्रकृतिसे रक्षा करो ।।६।।

—वामदेव, ४।५२

२०. **देखो ७।६**

२१. बहुत चक्कर काटते चन्द्रमाको युवा होते बूढ़ेने जगा दिया। देवके महत्वपूर्ण काव्यको देखो, जो कल जीवित था, वह आज मर गया ।।५।।

—वामदेव, १०।५५

४. भौम—

२१. अच्छा वद तवसं गीर्भिराभिः स्तुहि पर्जन्यं नमसा विवास ।
कनिक्रदद्वृषभो जीरदानू रेतो दधात्योषधीषु गर्भं ॥१॥

वि वृक्षान् हन्त्युत हन्ति रक्षसो विश्वं बिभाय भुवनं महावधात् ।
उतानागा ईषते वृष्ण्यावतो यत्पर्जन्यः स्तनयन् हन्ति दुष्कृतः ॥२॥

रथीव कशयाश्वाँ अभिक्षिपन्नाविर्दूतान् कृणुते वर्ष्याँ अह ।
दूरात्सिंहस्य स्तनथा उदीरते यत्पर्जन्यः कृणुते वर्ष्यं नभः ॥३॥

प्र वाता वान्ति पतयन्ति विद्युत उदोषधीर्जिहते पिन्वते स्वः ।
इरा विश्वस्मै भुवनाय जायते यत पर्जन्यः पृथिवीं रेतसावति ॥४॥

यस्य व्रते पृथिवी नन्नमीति यस्य व्रते शफवज्जर्भुरीति ।
यस्य व्रत ओषधीर्विश्वरूपाः स नः पर्जन्य महि शर्म यच्छ ॥५॥

दिवो नो वृष्टिं मरुतो ररीध्वं प्र पिन्वत वृष्णो अश्वस्य धाराः ।
अर्वाङेतेन स्तनयित्नुनेह्यपो निषिंचन्नसुरः पिता नः ॥६॥

अभिक्रन्द स्तनय गर्भमा धा उदन्वता परिदीया रथेन ।
दृतिं सु कर्ष विषितं न्यंचं समा भवन्तूद्वतो निपादाः ॥७॥

महान्तं कोशमुदचा निषिंच स्यंदंतां कुल्या विषिताः पुरस्तात् ।
घृतेन द्यावा पृथिवी व्युन्धि सुप्रपाणं भवत्वघ्न्याभ्यः ॥८॥

—५।८३

४. भौम--

२१. हे इन वाणियोंसे बलकी प्रशंसा करो, नमस्कारपूर्वक पर्जन्यकी स्तुति करो। दानशील गरजता वृषभ (पर्जन्य) औषधियोंमें वीर्य धारण करता है॥१॥

वह वृक्षोंको नष्ट करता, मानो राक्षसोंको नष्ट करता है, महावधसे सारे भुवनको डराता है। वृष्टिवाले उनसे निरपराध भी भागते हैं, क्योंकि पर्जन्य शब्द करते दुष्टोंको मारते हैं॥२॥

रथीकी तरह चाबुकसे घोड़ोंको हांकता, (वृष्टि-) दूतोंको बढ़ाता, जब पर्जन्य नभको वर्षा-युक्त करता है, तो दूरसे सिंहकी गर्जना उठती है॥३॥

वायु जोरसे बहते हैं, बिजलियां गिरती हैं, औषधियां उगती हैं, आकाश भर जाता है। सारे प्राणियोंके लिये पृथिवी समर्थ होती है, जबकि पर्जन्य पृथिवीको (अपने) वीर्यसे सहायता करता है।।४॥

जिसके व्रत (कर्म) से पृथिवी नम्र होती है, जिसके व्रतसे खुरोंवाले पोषित होते हैं, जिसके व्रत से औषधियां नाना रूपकी पैदा होती हैं, वह पर्जन्य हमें महाशरण प्रदान करे॥५॥

हे मरुतो, द्यौसे हमें वृष्टि प्रदान करो। वर्षा करनेवाले अश्व (मेघ) की धाराओंको बरसाओ। हे पर्जन्य, इस कड़कके साथ पास आओ। हमारा पिता असुर जलसे सेचन करे॥६॥

आवाज करो, कड़को, गर्भ धारण करो, जलवाले रथसे परिभ्रमण करो। चमड़े (मशक) को खींचो, बंधेको मुक्त करो, (जिसमें) ऊभड़-खाभड़ प्रदेश समतल होवें॥७॥

महाकोश (मेघ) को ऊपर उठा सींचो, बन्धन-मुक्त कुल्यायें (नदियां) आगे बहें। जलसे द्यौ और पृथिवीको भिगो दो, गौओंके लिये सुन्दर प्याउ हो॥८॥

—भौम, आत्रेय, ५।८३

परिशिष्ट २

नाम-सूची[1]

अगस्त्य—५।१२ (वसिष्ठ), ५।६ (के लिये विश्पलाको), ५।६२-६६, ६।१६ (लाल घोड़े जोड़ना)

अंगिरा—५।७५ (प्रथम सुकृति), ७।११ (पूर्वज)

अघा—१७।३० (१३) (मघा)

अज—१०।२१ (यमुनाके पास सुदासके करद), ५।१५

अतिथिग्व (देखो दिवोदास भी)—२। ७, १३; ५।५० (कुत्स और आयु साथी)

अत्रि—५।४८; ९।१ (दध्यङ, अंगिरा, प्रियमेध, कण्व, मनु पूर्वज), ९।१० (और गविष्ठिर, कण्व, त्रसदस्यु, वसिष्ठ साथ)

अथर्वा—५।७४ (मनु, दध्यङ्के साथ), ५।७५ (प्रथम यज्ञकर्ता)

अध्रिगु—२।१७; १२।१५ (के रक्षक अश्विद्वय)

अनु (जन)—१।५, २।११, २।१३, २।१४, २।१५, १०।१७।१४ (सुदासके शत्रु अनु और द्रुह्यके ६० हजार ६०६६ आदमी परुष्णीपर मरे), १०।१७ (सुदासके शत्रु, परंतु दस राजाओंमें नहीं, जिन्होंने कि परुष्णीपर अधिकार किया था)

अपाला—३।८ (सूर्यत्वक् हुई)

अभ्यावर्ती—९।१६ (चायमान पार्थवों के सम्राट्ने बधुओं-सहित दो रथवाहन बीस गायें भरद्वाजको दीं), ९।३५

अयास्य—६।१९ (अंगिरस्, नवग्व)

अरुणी—१०।२३, १७।२९ (को विमदके लिये अश्विनी लाये)

अर्घदेव—९।३०।८, ९ (त्रसदस्यु)

अर्वावत्—१४।२१ (पूर्ववाले देशमें सोम छानता)

अलिन—२।१८, १०।१४ (दस राजाओंमें २. तुर्वश, ३. यक्षु, ४. मत्स्य, ५. भृगु, ६. द्रुह्य, ७. पक्थ, ८. भलान, ९. विपाणी, १० शिव)

अशुष—५।४९ (कुत्स-शत्रु दस्यु, शुष्ण, व्यंस, पिप्रु, नमुचिके साथ), ५।५२, ६।२ (शुष्णके साथ वध), ८।२२ (श्वस्न, शुष्ण, व्यंस, पिप्रु, सधिक्रा का मारा जाना), ८।२२ (शुष्ण, कुयवका कुत्सके लिये मारा जाना)

---

१. अङ्क अध्याय, अनुच्छेद के हैं

असिक्नी (चनाव)—१।१०, ५।४१
आंगिरस—६।१९।८ (अयास्य, नवग्व भी), ६।१९।१० (घोर भी)
आनव (अनुलोग)—२।१२, २।१६ (द्रोघवाक्), १०।१७।१३ (सुदास-शत्रुके स्थानको त्रित्सुओंको दिया, देखो अनु भी)
आपया—१।९ (मर्कंडा नदी)
आयु—५।५० (कुत्स-अतिथिग्वका साथी), ५।८० (प्रियमेधोंमें, मेधातिथिकी ऋचामें), ५।८१।१६ (प्रियमेधोंमें), ९।१४, १७ (कुत्स अतिथिग्वका साथी)
आर्जीक—३।१९ (में सोम), १४।२१ (में सोम छानना, शायद ऋचीक-देश), १४।१९ (से सोम आये)
आर्जीकीया—१।१०
आर्जुनेय—(देखो कुत्स)
आर्य—२।१८, ९।५७ (और दास अमित्रों को इन्द्रने मारा), १४।१८ (सोमपान सबको आर्य बनाता)
इन्द्र—६।१७।२ (शिप्रवान्, वज्रभृत्) ६।५७।१८ (मायावान्), ३।३२।३ (सुशिप्र), ३।४५।१४ (मयूररोम अश्वोंवाला), ४।१५।१४ (आयुध-धारी), १५।३५।९ (वाद्योंसे स्वागत), १०।३।१४ (पकाये सांडोंको खाता) १०।९३।८ (सुन-हली दाढ़ी-मूछोंवाला)
उदब्रज—(जहां वर्ची और शंबर मारे गये)
उर्वशी—५।१८ (वसिष्ठ), ७।७।१० (पुरूरवाका प्रत्याख्यान करती), ७।७।१७ (से पुरूरवाकी प्रार्थना), १७।४ (स्त्रियोंका सख्य भेड़ियोंका हृदय), १७।५ (के लौटनेके लिये पुरूरवाकी प्रार्थना)
उशना—२।८, ५।७५ (काव्य, गोतमके सूक्तमें), १७।८।७ (को अश्विद्वयने उबारा)
ऋजिश्वा—८।१२ (के लिये पिप्रु, मृगय, शूशुवानको मारा, ५० हजार कृष्णोंको नष्ट किया, पुरोंको ध्वस्त किया), ८।४० (वैदथी, पिप्रु-मृगय-हन्ता), ८।४३ (औषिजने पिप्रुके ब्रजको नष्ट किया), ८।४४ (वैदथीके लिये पिप्रुको मारा, गौरिवीतिके स्तोमोंसे बढ़ावा पाकर) ८।४५ (के लिये दस्यु-हत्योंमें पिप्रुको नष्ट किया), ८।४६ (ऋजिश्वा द्वारा वंगदके सौ पुरोंको नष्ट किया), ८।४७ (ऋजिश्वा ने कृष्ण-गर्भोंको मारा), ८।४८ (ऋजिश्वा ने मायी असुर पिप्रुके गढ़ नष्ट किये), ८।४२ (वैदथिनके लिये पिप्रु, मृगय, शूशुवान् तथा ५० हजार कृष्ण मारे), ८।४३ (औशिज ऋजिश्वाने पिप्रुके ब्रज नष्ट किये), ८।४५ (की रक्षा दस्युहत्यामें पिप्रुको मार कर की), ८।४६-८७, ९।३८ (का वंगृदके सौ पुरोंका नष्ट करना)
ऋज्रा—५।८१।२२
ऋज्राश्व—५।५८ (को पिताने अंधा किया)
ऋणंचय—९।१८।१२ (रुशमोंने चार हजार गायें बभ्रुको दीं,), ९।१८।१४ (रुशमोंके इस राजाने बभ्रुको चार

हजार घोड़े दिये)
एतश——२।५, ५।८१ (को मारा)
औचथ्य (दीर्घतमा)——५।६७, ५।६८
कक्षीवान्——५।५७-६१, ५।६१ (ने असुरकी सौ गायें पाई), ५।६१।२-४ (को दशरथने १० वधुयें-दासियां और ६० हजार गायें दीं), ५।६१।४ (ने घोड़े पाये)
कण्व——२।६ (तुर्वश यदुके), ५।७८ (मेधातिथिके सूक्तमें), ५।८० (कण्वोंकी तरह भृगु लोग), ५।८१।१६ (भृगु लोग, सूर्य भी) ७।२, ८।३, ९।१ (और दध्यङ्, अंगिरा, प्रियमेध, मनु, पूर्वज),
करंज——८।३९ (और पर्णयको महान वृत्रहत्यामें मारा), ८।४ (पर्णयको अतिथिग्वके लिये मारा), और ९।३८ (०), ९।३९ (और पर्णय-को वृत्रहत्या=शंबरयुद्धमें मारा)।
कवष——२।१३ (श्रुत, वृद्ध), ३।१७, १०।१७ (सुदास-शत्रु, द्रुह्युओंका नेता बृद्ध श्रुत कवष परुष्णीमें डूबा), ९।१३ (दाता त्रसदस्यु)
कवि——२।१८ (चायमान), (देखो चायमान भी)
कशु चैद्य——९।३५।२ (ब्रह्मातिथिका दाता)
काण्व——५।८१ (मेधातिथिके सूक्तमें)
काव्य——५।७५ (उशना गोतमके सूक्तमें)
कीकट——४।५ (देश)
कीनाश——५।४५ (कृपि देवता)
कुत्स (ऋषि)——५।८५
कुत्स——२।८, ५।४९ (-विरोधी, शुष्ण अशुष कुयव) ५।५० (आयु, अतिथिग्वका साथी), ५।८१ आर्जुनेयने शुष्णकी चरिष्णु ऋी=पुरको नष्ट किया), ८।३३-३७, ४१ (दस्युओंको मारा), ८।८५-८७, ९।११ (सारथीके लिये इन्द्रने शुष्णको मारा), ९।१२ (कुत्सके साथ रथ चला), ९।१३।९ (कुत्सकी रक्षाकी, श्रुतर्यकी), ९।१३ (आर्जुनेय और तुर्वीति तथा दभीतिकी रक्षा की, ध्वसन्ति, पुरुषन्तिकी रक्षा की), ९।१४ (कुत्स, आयु, अतिथिग्व की रक्षा की, हजारों पुरु और तुर्वयाणको नष्ट किया), ९।४३ (के लिये शुष्णको मारा), १७।८ (जैसे कुत्स विशोंको पाता)
कुभा——१।१०, १।१३
कुभार——५।३९ (शौमक), ५।३९।७-९ (साहदेव्य)
कुयव——५।४९ (के विरोधी दास), ५।८६ (शुष्ण, पिप्रु, वृत्र, शंबर भी), ५।८७ (कुयवकी दो स्त्रियां, क्षीरसे स्नात), ८।२१ (और शुष्ण, पिप्रु, वृत्रको मारा), ८।३० (और दास शुष्णको आर्जुनेय कुत्सके लिये मारा), ८।३९ (की दो पत्नियां शिफाके किनारे क्षीर, स्नात)
कुरुश्रवण त्रासदस्यव——९।३५ (सम्राट् दाता सौभरिके, राजा कुरुश्रवण त्रासदस्यव मंघिष्ठ) ९।३५
कुशिकाः——४।२६ (अग्नि परिचारक युग-युगम), ५।२६ (विप्र, अग्नि

की सेवा की), ५।२६, ५।२६।११ (सुदासके अश्वके लिये), ५।२९ (कुशिकोंके साथ विश्वामित्रने सिन्धु पार किया।
कुशिक—१०।२५ (कुशिकोंके साथ इन्द्रने सुदासको नदी पार कराया), १०।२६ (कुशिकोंने युग-युग वैश्वानर अग्निकी सेवा की), १०।२७ (कुशिक एक एक घरमें अग्निकी सेवा करते हैं), १०।२९ (कुशिको, सुदासके घोड़े को धनके लिये छोड़ो, राजा शत्रुको मारे, पूर्व-पश्चिम-उत्तर पृथिवीमें यजन करे), १५।९२
कुशिकासः—५।२६ (कुशिकस्य सूनु) —५।२९ (०)
कृत्व—१४।२१ (कृत्वोंमें सोमका छानना)
कृप—५।८१।१२ (रुशम, श्यावाक, स्वर्णरके साथ), ९।३ (और रुम, रुशम, श्यावाकको इन्द्रने खुश किया)
कृष्ण—३।१२ (दस्यु)
कृष्णत्वक्—१।१८, ८।२ (=दास, अव्रत)
कृष्णयोनि—१।१७ (=दास), ३।१३ (दास), ५।५१, ८।१ (दासीर)
कृष्णिय—५।६० (अश्विनोंके कृपा-पात्र), १२।१०, १७।११ (विश्व-कके लिये, अश्विद्वय विष्णापूको लाये)
कृश—१७।८ (८) (को अश्विद्वयने बढ़ाया)
कौरयाण (देखो पाकस्थामा)
कौलितर (देखो शंबर)
क्रुम—१।१०, १।१३ (कुर्रम)
क्षिति, पंच—५।६६
गर्ग—९।१ (दाता प्रस्तोक)
गंगा—१।१०
गंधारी—५।६१ (की रोमश भेड़ें)
गुंग—८।५३, ९।३९ (से अतिथिग्व वृत्रतुरको धन, अन्न दिलवाया)
गृत्समदासः—५।४७-५६, १८।१२ (गृत्समदोंने ब्रह्म स्तोम बनाये)
गैरिक्षित—९।३१ (त्रसदस्युके दस घोड़े)
गोमती—१।१० (गोमल)
गोतम—५।३३ (पिता, वामदेवके), ५।७७ (कक्षीवान् के सूक्तमें), ५।७३-७ (राहूगुण)
घोषा—५।६० (पिताके घर बैठी पतिके लिये झुराती), ११।२० (राजाकी दुहिता), १२।१० (पिताके घरमें झंखतीने पति पाया), १७।६-११ (में भी)
चायमान—२।१८ (कवि), १०।१४ (कवि पशु परुष्णी के पास पृथिवीपर गिर कर सदाके लिये सो गया, सुदासका प्रतिद्वंदी), (देखो अभ्या-वर्त्ती)
चित्र—१।६।४१ (सरस्वती तटे)
चुमुरि—५।५३ (दस्यु, धुनिके साथ दभीतिके शत्रु), ८।१९ (औ धुनि, पिप्रु, शंबर, शुष्णको मारा)
च्यवान—१३।१० (से वव्रिको द्रापिकी तरह छुड़ाया)
जना—१४।२१ (पांचों जनों—यदु-तुर्वश-द्रुह्यु-अनु-पुरु—में सोम सवन)

तुर्वयाण—९।१७ (और सुश्रवस्‌को कुत्स, अतिथिग्व, आयु तरुण महाराजके लिये नष्ट किया)

तुर्वण—२।१२ (जन)

तुर्वश—१।५, २।४, २।६-८, २।१०-१३, २।१५, ५।६४ (और यादु साथी जन), ८।११ (और यदुको पश्चिमसे लाये), ९।३६ (को अतिथिग्वके लिये परास्त किया), ९।३७ (और यदुको दिवोदासके लिये नीचा करना), १०।१४ (दस राजाओंमें यक्षु, मत्स्य, भृगु, द्रुह्यु, पक्थ, भलान, विषाणी, शिव)

तुर्वीति—२।५ (यदु), ८।११ (नववास्त्व वृहद्रथ, दस्युको दबाते अग्नि), ९।१३ (और दभीति, कुत्स, ध्वसन्ति, पुरुषन्तिकी रक्षा की)

तृष्टामा—१।१०

तृत्सु—२।२, २।१२, २।१८, ५।१२ (विश्), ५।१५ (यमुना पकड़ी), ५।२३ (सफेद जूड़ाधारी), १०।१ (वसिष्ठके पुरोहित होनेसे पहले ये भरत, अर्भक थे, जिनकी प्रजा वसिष्ठके पुरोहित होनेपर बढ़ी, त्रित्सु भरत भी), १०।२ (त्रित्सु इन्द्र द्वारा नीचे बनाये जलको पार हुए, दुर्मित्रोंने सुदासके लिये सारा भोजन छोड़ दिया), १०।१४ (त्रित्सुओंके लिये आर्यकी गायें दीं, परुष्णीको दुश्मनोंने पकड़ा), १०।१५ (श्वित्यंच=सफेद और कपर्दी त्रित्सु), १०।१७ (त्रित्सुओंके लिये अहनौके गय=गृह और मृध्रवाँच पुरुके गायको जीता, गौ लुटेरे ६ हजार और ६०६६ मर कर सो गये), १०।२०।४ (त्रित्सुओंकी रक्षा की), १०।२०।६ (त्रित्सुओंके साथ दस राजाओं द्वारा बाधित सुदासकी रक्षा इन्द्र-वरुणने की), १०।२१ (त्रित्सु और जमुना इन्द्रके पास आये, यहां भेदको नष्ट किया, अज, शिग्रु और यक्षु सिरपर बलि लेकर आये)

त्रसदस्यु—३।१८ (पौरुकुत्स्य अर्य, सत्पति, पचास बधू-दाता), ९।२९ (पुरु पौरुकुत्सि त्रसदस्युकी वृत्र-हत्या=शंबरयुद्धमें रक्षा की), ९।३० (दौर्गहमें सात ऋषियोंने त्रसदस्युसे यज्ञ कराया), ९।३०।९१ (पुरुकुत्सानीने वृत्रहा अर्धदेव राजा त्रसदस्युको पाया), ९।३१ (पौरुकुत्स्य गैरिक्षित त्रसदस्युके दस घोड़े मुझे बहन करें), ९।३२ (पुरुओंसे दस्युओंके लिये अभिभव प्रदान किया), ९।३३ (पौरुकुत्स्य अर्य, सत्पति, मंघिष्ट त्रसदस्युने सुवास्तुके तटपर ५० बधुएं, २१० श्याव सोभरिको दीं), ९।४१ (की रक्षा पूर्भिद्या=शंबर-युद्धमें किया)

त्रसदस्यु-पुत्र—(देखो कुरुश्रवण)

त्रासदस्यव—९।३ (देखो कुरुश्रवण भी)

त्रिपस्त्य—७।१२

त्वष्टा—२।१४

त्वाष्ट्र—८।६ (विश्वरूपको मारना)

दधिक्रा—१७।२६ (दिवोदासका घोड़ा)

दधीचि—५।७६ (की अस्थियोंसे इन्द्रने ९९ वृत्रोंको मारा) (देखो दध्यङ् भी)

दध्यङ—५।७४ (अथर्वा और मनुके साथ), ९।१ (प्रियमेध, कण्व, अत्रि, मनु भी पूर्वज)

दभीति—५।५३ (के शत्रु दस्यु चुमुरि और धुनि) ८।१८ (के लिये ३० हजार दासोंको सुला दिया), ९।१३ (और तुर्वीति, कुत्स, ध्वसंति, पुरुषंतिकी रक्षा की)

दशरथ—५।६१ (की ४० हजार लाल गायें ले जाते)

दश राजा—५।२३, १०।१३ (दश राजाओं द्वारा बाधित सुदास और त्रित्सु), १०।१३।७ (अयज्वा दश राजा युद्धक्षेत्रमें जमे), १०।१४ (ये दस राजा थे—१. तुर्वश, २. यक्षु, ३. मत्स्य, ४. भृगु, ५. द्रुह्यु, ६. पक्थ, ७. भलान, ८. अलिन, ९. विषाणी, १०. शिव, जिन्होंने परुष्णीको पकड़ा)

दस्यु—३।५ (वृत्र), ३।१२ (अनास), ३।१७ (विश), ६।६ (पणि), ७।५ (के लिये मनुको लोक दिया), ८।६।१९ (को नाश करते), ८।७ (अकर्मा, अमन्तु, अन्यव्रत, अमानुष), ८।११ (को तुर्वीतिके लिये दबाया, धनीको मारो), ८।९ को मार कर आयसी पुरोंको नष्ट करना), ८।१३ (दस्युसे लड़नेके लिये), ८।१४

दाशराज्ञ—५।१७ (सुदास, वसिष्ठाः), ५।२३ (दस राजा), १०।३ (में सुदासकी रक्षा वसिष्ठोंके ब्रह्म द्वारा इन्द्रने की), १०।१३ (में दस राजाओं द्वारा बाधित सुदास और त्रित्सु, दस राजा अयज्यु युद्धके लिये एकत्रित), १०।१४ (में शत्रु: १. तुर्वश, २. यक्षु, ३. मत्स्य, ४. भृगु, ५. द्रुह्यु, ६. पक्थ, ७. भलान, ८. अलिन, ९. विषाणी, १०. शिव थे; जिसमें आर्यकी गायें त्रित्सुओंको मिलीं; शत्रुओंने परुष्णीको पकड़ा, कवि चायमान गिर कर लेट गया), १०।१५ (में सुदासकी रक्षा इन्द्र-वरुणने की, शिवत्यंच, कपर्दी, त्रित्सु लड़े), १०।१६ (में सुदासके लिये नदियोंको गाध और सुपारा बनाया, शिम्युको मारा), १०।१७ (दोनों वैकर्णोंके २१ जनोंको गिराया, श्रुत कवषको पानीमें डुबाया, अनु-द्रुह्यु को मारा, में त्रित्सुओंके लिये अनुके स्थानको जीता, मृध्रवाच पुरुको हराया, में ६० हजार और ६०६० गाय-लुटेरे अनु और द्रुह्यु सदाके लिये सो गये), १०।१८ (भेदको मारा), १०।२० (गौ लूटनेकी इच्छावाले पृथु, परशु पूर्वकी ओर गये, दास और आर्य शत्रु मारे और सुदासकी इन्द्रावरुणने रक्षा की), १०।२०।२-३ (जिस युद्धमें आदमी ध्वजा फहराते जाते हैं, जिस युद्धमें कोई चीज प्रिय नहीं होती, जहां सुख देखनेवाले भुवन भयद होते, भूमि अन्त तक ध्वंस होती दिखाई देती है, द्यौलोक तक कोलाहल उठता

है), १०।२०।४ (वहां भेदको मार कर सुदासकी इन्द्रावरुणने रक्षा की), १०।२०।८ (दाशराज्ञमें चारों ओरसे घिरे सुदासकी इन्द्रा-वरुणने सहायता की, जिसमें गोरे कपर्दी त्रित्सु लड़ रहे थे), १०।२०।९ (कोई शत्रुओंको मारता, कोई सदा व्रतोंकी रक्षा करता),— (देखो दश राजा भी)

दासाः—३।१४ (सौ), ३।१६ (नीच वर्ण), ५।६९ (का सिर काटना), ५।४२।१५ (वर्ची), ५।४२ (कोलितर शंबर), ८।७ (दस्यु, अन्यव्रत), ८।१५-१७ (अधर वर्ण, नमुचिको मनुके लिये मारना), ८।१४ (ने स्त्रियोंको आयुध बनाया, उसकी अबला सेना), ९।५७ (और आर्य दोनों, अमित्रोंको इन्द्रने मारा)

दासी—३।१५, १७ (=दासीय, विश्), ५।१० (दासीय सात पुरियोंको पुरुकुत्सके लिये तोड़ीं), ९।२५ (दासीय सात शारदी पुरोंको नष्ट किया)

दासीर—१।१७ (=दासोंकी), ३।१३, ५।५१ (=कृष्णयोनि)

दिवोदास—१।१६, ५।७, ५।३५ (=अतिथिग्वके लिये सौवीं पुरी रक्खी), ५।४९ (९९ पुर ध्वंस), ५।५८ (और भरद्वाज), ९।५ दिवोदास ऋणच्युतको सरस्वतीने वध्र्यश्वको दिया), ९।९ (अति-थिग्वसे शम्बरका धन भरद्वाजने पाया), ९।३६ (=अतिथिग्व), ९।३७ (के लिये तुर्वश और याद्वको हानि पहुंचाया), ९।३८ (के लिये शंबर, तुर्वश, यदुको पराजित करना), ९।३९ (अति-थिग्वके लिये करंज, पर्णयको मारना), ९।४० (अतिथिग्व वृत्वतुरके लिये गुंगुओंको करद बनाना, वृत्रहत्यामें पर्णय और करंजको मारना), ९।४१ (दिवो-दासके लिये, भरद्वाजके लिये अश्विनोंका आना), ९।४२ (अतिथिग्व दिवोदासकी शंबर हत्यामें रक्षा करना, पुर तोड़नेमें त्रसदस्युकी रक्षा करना), ९।४३ (दिवोदासके लिये युवा भुज्युको उबारना), ९।४४ (अथितिग्वके लिये अश्मका सिर काटना, कुत्सके लिये शुष्णको मारना), ९।४५ (पुरु दिवोदासके लिये ९० पुरोंका तोड़ना, अतिथिग्वके लिये शम्बर को गिरिसे नीचे गिराना), ९।४६ (दिवोदास, भरद्वाजके लिये धन देना), ९।४७ (दिवोदासके लिये भारत अग्निका आना), ९।४८ (दिवोदासके लिये शंबरको मारना), ९।४८ (दिवोदास अतिथिग्वकी रक्षा करते शँबरकी ९९ पुरियोंको नष्ट करना, सौवींको प्रवेश लायक बनाना), १४।१७ (के लिये सोमसे मस्त इन्द्रने शंबरकी ९९ पुरियां नष्ट कीं, तुर्वश-यदुको पराजित किया)

दीर्घतमा—६७-७२ (औचथ्य)

दृषद्वती—१।९

देवक—८।५३ (मान्यमानको इन्द्रने मारा, शंबरको नष्ट किया), ९।१५ (मान्यमान और शंबरको मारा)
देववात—९।२०।२ (और देवश्रवा भारत)
देवश्रवा—९।२०।२ (भारत देवश्रवा और देवदास), ९।२०।३ (जनोंको वशमें करनेवाला), ९।२०।५ (की वृषद्वती, आपया, सरस्वतीमें धनकी प्रार्थना)
दैववात—२।९ (वृचीवतः) (देखो सृंजय भी)
दौर्गह—९।३० (बध्यमानमें हमारे पितर सात ऋषियोंने त्रसदस्युसे यज्ञ कराया)
द्रुह्यु—१।५, २।११, १२; २।१३ (के ६६ हजार ६६ मरे), १०।१४ (दस राजाओंमें २. तुर्वश, ३. यक्षु, ४. मत्स्य, ५. भृगु, ६. पक्थ, ७. भलान, ८. अलिन, ९. विषाणी, १०. शिव), १०।१७ (वृद्ध श्रुत कवपको पानीमें डुबाया, फिर द्रुह्युको वज्रबाहुने मार भगाया), १०।१७।१४ (गाय-लुटेरे द्रुह्यु और अनुके ६० सौ और ६०६६ आदमी मर कर सो गये)
धुनि—५।५३ (दस्यु और चुमुरि दभीतिके शत्रु), ८।१९ (और चुमुरि, पिप्रु, शुष्ण, शंबरको मारा)
ध्वसन्ति—९।१३ (पुरुषन्ति, कुत्स, तुर्वीति, और दभीतिकी रक्षा की)
नमुचि—५।५२ (और श्वष्ण, शुष्ण, अशुष, व्यंस, पिप्रु, रुधिक्राके के साथ), ८।१५ (दासको मनुके लिये मारा), ८।१६,१७ (दास नमुचिका सिर काटा), ८।२२ (को मारा)
नर्य (तुर्वश)—२।५ (तुर्वश), ८।८५ (और कुत्स, श्रुतर्य भी), ९।१२ (और कुत्स, श्रुतर्यकी रक्षा की)
नवग्व—६।१९।८ (अंगिरस अयास्य)
नववास्त्व—८।११ (नववास्तुवाला बृहद्रथ तुर्वीति)
नहुष—७।८ (की बलिहृत विश्), ७।९ (विश्पति), ७।१० (नहुष-पुत्र ययाति)
नैचाशाख—४।५ (कीकट देशमें)
पक्थ—२।१७, १८; १०।१४ (दस राजाओंमें २. तुर्वश, ३. यक्षु, ४. मत्स्य, ५. भृगु, ६. द्रुह्यु, ७. भलान, ८. अलिन, ९. विषाणी, १०. शिव), १२।१५ (की रक्षा अश्विनोंने की)
पणि—१।२ (जिनकी निधि गुहाहित), ५।७५ (के अश्वगौवाले, भोजन), ५।७८ (की गायें हरना), ६।१, २ (कंजूस), ५।३ (पणियोंको मारो), ६।४,५ (मृध्रवाक्का अयज्ञ, दस्यु, अयज्यु), ६।६ (देवत्व न पानेवाले), ६।७ (की गायोंको हरना), ६।८ (की निधि परम-गुहाहित), ६।९ (हमसे न बढ़ें), ६।१० (सो जायें), ६।११ (का भोजन हरें), ५।१२ (वह वृक

है), ६।१३ (से गायोंको लाओ), ५।१४ (के धनको जीतना), ५।१५ (पर आक्रमण), ५।१६ (में वृबं गंगाकी कक्षकी तरह विस्तृत स्थानमें), ६।१७ (पणिसे सरमाकी मांग), ५।१९ (की निधि पहाड़ोंकी चोटीपर सुगोप), ९।१५ (को सरस्वतीने खाया), १४।१० (की गायें सोम छानता)

परावत—१४।२१ (पश्चिमवाले देशमें सोमका छानना)

पराशर—(शतायु वसिष्ठ)–८।५

परुष्णी—१।४, ६,१०; २।१८, ५।३८, १०।१४ (को दस राजाओंने पकड़ा, कवि चायमान धरतीपर गिर पड़ा, नदियोंको) १०।१६ (सुदासके लिये इन्द्रने गाध और सुपारा किया), १०।१७ (श्रुत (कवषको पानीमें डुबाया), १० १७।१४ (अनु और द्रुह्युके ६० सौ और ६०६६ आदमी मर कर सो गये)

पर्णय—८।४६ (और करंजको अतिथिग्वके लिये मारा), ९।३९ (और करंजको वृत्रहत्या=शंबरयुद्धमें मारा)

पर्शु—१०।२० (यह और पृथु सुदासके शत्रु होकर आक्रमण करने पूर्व गये,)

पस्त्य—१४।२१ (पस्त्योंके बीच सोमका छानना)

पाकस्थामा—५।८१।२१, २२ (कौरयाण, मेधातिथिका समकालीन), ५।८१।२३, २४ (ने मेधातिथिको दस लाल घोड़ेको अभ्यंजन, वास आदि दिये), ९।१९।२ (ने काण्व मेध्यातिथिको लाल रथ दिया), ९।१९।१४ (भोजने मेध्यातिथि को वस्त्र,अभ्यंजनऔर रोहित रथ दिया)

पार्थव—९।६ (के सम्राट् अभ्यावर्ती चायमानने भरद्वाजको गाय और दासियां दीं),

पिप्रु—५।४० (ऋजिश्वाके लिये इसे और ५० हजार कृष्णोंको मारा), ५।५२ (और स्वश्न, शुष्ण, अशुष, व्यस, नमुचि, रुधिक्रको मारा), ५।८६ (और शुष्ण, कुयव, वृत्र, शंबरको मारा), ८।१२ (और मृगवको ऋजिश्वा वैदथीके लिये मारा), ८।१९ (चुमुरि, धुनि, शंबर, शुष्णको इन्द्रने मारा), ८।२२ (और नमुचि, रुधिका, शुष्ण, अशुष, व्यंस (स्वश्नको मारा), ८।४२ पिप्रु, मृगय, शूशुवान् और ५० हजार कृष्णोंको ऋजिश्वाके लिये मारा), ८।४५ (पिप्रुके नगरोंको दस्यु-हत्यामें ऋजिश्वाके लिये नष्ट किया), ८।४८ (मायी असुर पिप्रुके गढ़ ऋजिश्वाके लिये नष्ट किये)

पुर—२।२ (सात), २।५, ५।३५ (निन्नानबे), ५।१० (दासोंकी सात शारदी पुर), ५।३६ (सौ आयसी), ५।३७ (सौ दिवोदासके लिये तोड़ीं), ५।५० (शंबरकी सौ पुरियां), ५।४० (पिप्रुकी)

पुरन्धि—१७।६ (के लिये वध्रिमतीके साथ अश्विद्वय आये)

पुरु—(देखो पुरु जन) ९।२९ (पौरु कुत्सि)
त्रसदस्यु), २।१९ (सरस्वती तट)
पुरु—१।५, २।१, २।२ (मृध्रवाक्), २।११, ५।७ (दिवोदास), ५।१०, ५।१३, ९।२६ (स्तुति करते हैं), ९।२७ (-सुदासके लिये धन,) ९।२९ (पौरुकुत्सि त्रसदस्युकी वृत्रहत्या में रक्षा की), ९।४४ (दिवोदासके लिए ९० पुरोंको नष्ट किया), १०।१७।१३ (मृध्रवाक् पुरु सुदास-शत्रु), १०।२२ (को युद्धमें परास्त किया), १५।७१ (-जन सरस्वतीके दोनों तटपर बसते) (पूरु दिवोदास देखो)।
पुरुकुत्स—५।१० (दासोंकी सात शारदी पुरें), ९।२५ (पुरुके लिये दासोंकी सात शारदी पुरोंको नष्ट किया), ८।२६, २७ (युवा पुरु-कुत्सके लिये मृध्रवाचोंकी सात शारदी पुरोंको नष्ट किया), ९।२७ (सुदास पुरुके लिये धन) ९।२८ (पुरुकुत्स पृश्निगुकी रक्षा की)
पुरुकुत्स-पुत्र (पौरुकुत्सि, देखो त्रस-दस्यु)
पुरुकुत्सानी—९।३० (पुरुकुत्स-पत्नी, त्रसदस्यु-माताने वृत्रहा अर्धदेव राजा त्रसदस्युको इन्द्र-वरुणसे पाया)
पुरुणीथ—९।८ (शातवनेय, भर-द्वाजोंमें)
पुरुमित्र—१७।६ (की योषणाको अश्विद्वय लाये)
पुरुषन्ति—(ध्वसन्ति, कुत्स, तुर्वीति और दभीतिकी रक्षा की), ९।१३
पुरूरवा—७।६ (सुकृत द्यौमें), ७।७ (का उर्वशी द्वारा प्रत्याख्यान), १७।४ (स्त्रियोंकी मित्रता भेड़ियेका हृदय)
पूर्—५।११ (आयसी)
पूर्णा—५।३८ (परुष्णी)
पूर्भिद्या—९।४१ (=शम्बरहत्या=वृत्रहत्या)
पृथु—१०।२० (दाशराज्ञ युद्धमें यह और पर्शु गये, पूर्वको गायें लूटने-आक्रमण करने)
पृश्निगु—९।२८ (पुरुकुत्स)
पेदु—१७।६ (के लिए अश्वि श्वेत अश्वको नौ बाजों और नब्बे बाजियों के साथ लाये)।
पेरु (और सुमीळ्हको सांडने दस बशायें दीं)—९।७
पैजवन—१०।१९ (सुदास पैजवनका खेत अजर क्षेत्र)।
पौर—५।८१।१२ (की इन्द्रने रक्षा की), ९।२।(०)।
पौरुकुत्स्य—३।१८ (त्रसदस्यु पचास बधूदाता)।
प्रस्कण्व—५।८१।९, ५।९०-९३, ९।.... (दाता दस्युओं का भेड़िया)।
प्रस्तोक—९।९ (ने भरद्वाजको दस कोश और दस बाजी दिये)।
प्रियमेध—५।८० (आयु, मेधा-तिथिका सूक्त), ५।८१।१६, ९।१ (और दध्यंङ्, अंगिरा, कण्व, अत्रि, मनु, पूर्वज)।
प्लायोगि—५।८१

बल्बूथ—८।२३ (दाससे सौ पाये)।

ब्रह्म—९।३ (ऋचायें)।

भरत—१।७ (जन), २।१, १०।१ (पहिले अभंक अजन थे, जिन तृत्सुओंको वसिष्ठने बढ़ाया), ५।१२-१३, ५।२८।११, १२; १०।२२ (की अग्नि सूर्यकी तरह प्रकाशमान) १०।२४ (की रक्षा विश्वामित्रकी वाणी करती है), १०।३० (भरतके पुत्र यज्ञार्थ अश्व छोड़ते हैं)।

भरद्वाज—१।१०, १।१६, ५।७, ५।५८ (और दिवोदास), ८।६२ (को दिवोदासने धन दिया), ९।८ (के सूक्तमें पुरुणीथ शातवनेय), ९।२४ (ने महिराध सृंजय-पुत्रसे यज्ञ कराया), ९।४० (और दिवोदासके लिए अश्विद्वय आये), ९।४५ (और दिवोदासके लिए धन देवें), ९।... (दाता पूरय, सुमीलूह, पेरुक, शांड, अभ्यवर्ती)।

भलान—२।१८, १०।१४ (दस राजाओं में २. तुर्वश, ३. यक्षु, ४. मत्स्य, ५. भृगु, ६. द्रुह्यु, ७. पक्थ, ८. अलिन, ९. विषाणी, १०. शिव)

भारत—५।३२, ९।२०।२ (भारत जन के देवश्रवा, देववात), ९।४६ (भरतों की अग्नि)।

भाव्य—५।६१ (सिन्धुके तटपर बसते)

भुज्यु—५।५९ (को समुद्रमें सौ पतवारोंवाली नावसे पार किया), ९।५२ (तरुणकी रक्षा की), ९।५८ (की अश्विनोंने सौ पतवारकी नावसे रक्षा की), १७।८।७ (को अश्विनोंने उबारा)।

भृगु—२।१३, ५।८।१९, ५।८।११६ (और कण्वाः सूर्याः), १०।१४ (दस राजाओंमें २. तुर्वश, ३. यक्षु, ४. मत्स्य, ५. द्रुह्यु, ६. पक्थ, ७. भलान, ८. अलिन, ९. विषाणी, १०. शिव), १७।६।१४ (भृगु जैसे रथ गढ़ते)।

भेद—५।१५, ५।१७ (को मारा), १०।१८ (सुदासके दुश्मन, जिसको इन्द्रने मारा), १०।२०।४ (भेदको मार कर इन्द्र-वरुणने सुदासकी रक्षा की), १०।२१ (यमुनाके पास सुदास-शत्रु हारा)।

मगन्द—४।५

मघवा—२।१२

मत्स्य—२।१३, १०।१४ (दस राजाओं में २. तुर्वश, ३. यक्षु, ४. भृगु, ५. द्रुह्य, ६. पक्थ, ७. अलान, ८. अलिन, ९. विषाणी, १०. शिव)।

मंधाता—७।१२ (अग्निका अर्चक)

मधुच्छन्दा—८८, ८९

मनु—१।१८, ५।५१, ५।७४ (-पिता अथर्वा और दध्यंगके साथ), ७।१ (विशिशिप्र विजेता), ७।३ (हमारे पिता), ७।४, ७।५ (ने दस्युके लिए करभीक किया), ७।६ (सुकृतको द्यौमें रक्खा), ७।१० (विवस्वान् के), ८।२ (के लिए कृष्णत्वचोंको मारा), ८।४६ (के लिए इन्द्रने वृत्र को मारा), १४।२५ (के लिए सोम पुना गया), १६।११ (हमारे पिता)

मरुद्वृधा—१।१० (नदी)

महिराध—९।२४ (सार्ञ्जयने भरद्वाजोंसे यज्ञ कराया)।

मान्यमान---(देखो देवक)।
मामतेय---५।३४ (अन्ध)।
मृगय---५।४० (और पिप्रुको एवं शुशुवान तथा ५० हजार कृष्णोंको ऋजिश्वाके लिए मारा) ८।१२
मेध्यातिथि---५।८१।३०, ५।७९-८१ (काण्व),...९।१६ (दाता पाकस्थामा)।
मेहत्नु---१।१० (नदी)
मैत्रावरुण---५।१८ (वसिष्ठ)।
मौंजवत---१।११९ (सोम), १४।३३ (मुंजवान्में पैदा होनेवाला सोम)।
यक्षु---३।१३, ५।१५, १०।१४ (दस राजाओंमें २. तुर्वश, ३. मत्स्य, ४. भृगु, ५. द्रुह्यु, ६. पक्थ, ७. भलान, ८. अलिन, ९. विषाणी, १०. शिव), १०।२१ (सिरपर बलि लेकर आये) १०।२१ (सुदासके करद)।
यदु---१।५, २।४-६, २।८, २।१०, २।११, ५।६४ (और तुर्वश), ८।११ (और तुर्वशको पश्चिमसे लाये), ९।३७ (और तुर्वश को दिवोदासके लिए नीचा किया, देखो याद्व भी)।
यमदग्नि---५।२५ (और विश्वामित्र), १४।२१ (की गोमस्तुति)।
यमुना---१।१०, ५।१५, ५।८३ (में शाकीने श्यावाश्वको ७।७००० दिया), १०।२१ (ने इन्द्रको संतुष्ट किया, यहाँ भेदको हराया, यहीं अज, शिग्रु और यक्षु सिरपर बलि लेकर आयें)।
ययाति---७।१० (नहुष्य), ७।११ (की तरह)।
याद्व---२।७, ५।८१।३१ (पशु), ९।३६ (और तुर्वशको अतिथिग्वके लिए परास्त करना, देखो यदु भी)।
रसा---१।१०, १।१४
रहूगणाः (अग्निके लिए मीठे वचन बोले)---५।७३
राहतव्य---२।७ (सुदास)।
रुधिक्रा---५।५२ (स्वश्न, शुष्ण, अशुष, व्यंस, पिप्रु, नमुचिके साथ), ८।२२ (स्वश्न, शुष्ण, अशुष, व्यंस, पिप्रुको मारा)।
रुम---९।३ (रूशम, श्यावक, कृपको इन्द्रने खुश किया)।
रूशम---५।८१।२ (और श्यावक, स्वर्ण, कृप), ९।२ (और श्यावक, कृप तथा स्वर्णर की इन्द्रने रक्षा की), ९।३ (रुम, श्यावक, कृपको इन्द्रने प्रसन्न किया), ९।१८।१२ (ने चार हजार गायें दीं), ९।१८।१४ (का राजा ऋणंचय)।
लोपामुद्रा---५।६२ (अगस्त्यको प्यार करती), १७।१८ (अधीरा धीरको चूमती)।
वंकु---५।८१ (ने एतशको मारा), ७।१ (वणिक्)।
वंगृद---८।४६ (के सौ पुरोंको ऋजिश्वा द्वारा नष्ट कराया), ९।३८ (के सौ पुरोंको ऋजिश्वाने नष्ट किया)।
वणिग्---७।१ (वंकुने जल पाया)।
वध्रिवाश्व (सुदास)---२।१८
वध्रिमती---१।११७।२४ (के साथ पुरंधिके लिए अश्विद्वय आये)।
वध्र्यश्व---९।४ (का दान घृत-अन्न), ९।४।११, १२ (की अग्नि शत्रुजेता)

९।५ (वध्रयश्वको दिवोदास दिया सरस्वतीने), ९।५

वभ्रु—२।१७, १२।१५ (पत्नि-विरहत की रक्षा अश्विनोंने की), ९।... (दाता ऋणंचय)।

वर्ची—५।४२।१५ (के सौ हजार मृत), ५।५०।(०) (असुर के सौ हजार वीरोंको मारा, शंबरके ९९ पुरोंको नष्ट किया), ८।४९ (के सौ हजार मारे, शंबरके सौ पुरोंको नष्ट किया), ८।५० (दास वर्चीके सौ हजार मारे), ८।५१

वम्रि—१३।१० (को च्यवानसे द्रापिकी तरह छुड़ाया)।

वश—१७।८।७ (को अश्विद्वयने पार किया)।

वसिष्ठा—३।६ (वसिष्ठाः), ५।१२, १४, ५।१८ (अर्वशीजात मैत्रा-वरुण), ५।१९, ५।३२ (और अगस्त्य), ५।८५ (कुत्सके सूक्तमें), ७।७।१७ (--बसनेवाला), ८५।१ (शतायु पराशर), ११।२३

वसुक्र-पत्नी—१७।१९ (स्वसुर नहीं आया कि धाना खाता, सोम पीता)

वामदेव—३३-४६

वितस्ता—१।१०

विपाश् (शुतुद्रि)—५।२८ (और शु-तुद्रि), ५।४२

विभीदक—१।१९

विमद—१०।२३ (के लिए अश्विन अरुणीको लाये), १२।५ (के लिए धन लाये), १७।६ (के लिए शुंध्यु को अश्वी लाये)

विशिशिप्र—७।१ (का विजेता मनु)।

विश्—५।१२ (प्रजा, तृत्सुओंकी)

विश्पला—५।५८ (को आयसी जंघा दी), ५।६० (अगस्त्य-सूक्तमें), ५।६३, १७।२२ (शुचिव्रता)।

विश्वक—५।६० (के लिए विष्णापुको दिया), १७।११ (कृष्णियके लिए विष्णापू)।

विश्वरूप—८।६ (त्वाष्ट्रको मारना)।

विश्ववारा—१७।२३ (ऋषिका) (विश्ववारा नमस्कारसे पूजा करती प्राचीसे आती है)।

विश्वामित्र—५।२४-३२(७), ५।२५ (और यमदग्नि), ५।२६।९ (सुदा-सार्थ सिन्धुस्तम्भन), ५।२९ (ने कुशिकोंके साथ सुदासको पार कराया), ५।३२ (का ब्रह्म भारत जनकी रक्षा करता), १०।२४ (का यह ब्रह्म मन्त्र, भारत जनकी रक्षा करता है), १०।२५ (महान् ऋषि विश्वामित्रने सिन्धुको स्तम्भित किया, कुशिकोंके साथ इन्द्रने पार किया)।

विषाणी—२।१८,१०।१४(दस राजाओं में २. तुर्वश, ३. यक्षु, ४. मत्स्य, ५. भृगु, ६. द्रुह्यु, ६. पक्थ, ८. भलान, ९. अलिन, १०. शिव)।

विषुण—८।३ (जन्तु, दस्यु)।

विष्णापू—५।६० (को कृष्णिय विश्वक के लिए), ११।१० (को कृष्णिय विश्वकके लिए), १७।११

विष्वक्—१२।१० (कृष्णियके लिए विष्णापुको दिया)।

वीतहव्य (देखो सुदास)।

वृचीवान्—२।९ (दैववात), ९।२२ (से सृंजयके लिए तुर्वशको दूर किया)

वृत्रतुर—९।३९ (को मारा)।
वृत्रहत्या—९।३९ (=शम्बरयुद्ध), १५।१७
वृद्ध—(देखो कवष)।
वृबु—६।१८ (पणियोंमें ऊंचे स्थानपर स्थित, सहस्रोंका दाता)।
वृषशिप्र—८।२० (दासको मारा)
वृसय—५।७८ (का पुत्र), ६।८(०)
वृहद्अद्रि—१।१५ (=हिमालय)।
वृहद्रथ—९।२१ (नववास्त्व तुर्वीति.)
वृहस्पति—६।१९।११
वैकर्ण—१०।१७ (दोनों वैकर्णोंके २१ जनोंको पराजित किया)।
वैदथिन—५।४० (देखो ऋजिश्वा)।
व्यय—२।५
व्यंस—५।५२ (स्वश्न, शुष्ण, अशुष, पिप्रु, नमुचि, रुधिक्राके साथ), ८।२२(०)।
शची (पौलोमी)—१७।२४ (यह सूर्य उगा या मेरा भाग्य, मैं केतु, मूर्धा, उग्रा हूँ, पति मेरा अनुगमन करता है, मेरे पुत्र शत्रुहन् हैं, मैं संजया)।
शचीवान्—५।३८ (उग्र, नृतम)।
शतक्रुर—८।४
शयु—१७।६ (के लिए धेनुको अश्विद्वय ने बढ़ाया), १७।८।९ (को अश्विद्वय ने बढ़ाया)।
शंबरहत्या—९।४१ (में दिवोदासकी रक्षा करना), ९।३९ (शंबरहत्या-वृत्रहत्या, शंबरयुद्ध)।
शंबर—१।१६ (के सौ पुर), २।३ (गिरिसे उग्र,), ५।६ (की पुरियां नष्ट कीं), ५।३५ (की निन्नानबे पुरियां), ५।५० (के सौ पुरोंका नाश), ५।५५ (पर्वतवासी शंबर को ४०वीं शरदमें धर दबाया), ५।४२।१४ (कौलितर-कुलितर-पुत्र दास पर्वत पर), ८।१९ (चुमुरि, धुनि, पिप्रु, शुष्णको इन्द्रने मारा), ८।२१ (के पुरोंको नष्ट किया, शुष्ण, पिप्रु, कुयव, वृत्रको मारा), ८।५० (९९ पुरोंको नष्ट किया, सौ पत्थर की पुरोंको नष्ट किया), ८।५४ (शंबरको मारा), ८।५५ (दास कौलितर वृहद्पर्वतके ऊपर शंबर को मारा), ८।५६ (शंबरके पुरोंको नष्ट किया, बसुमन्त पर्वतमें घुसे), ८।५७ (पर्वतमें रहते शंबरको ४० वीं शरदमें धर पकड़ा), ८।५८ (दास शंबरको गिरिके नीचे मारकर दिवोदासकी रक्षा की), ८।५९ (शंबरकी ९९ दृढ़ पुरोंको नष्ट किया, असुर वर्चीके शत सहस्र वीरों को मारा), ८।६० (शंबरकी ९९ पुरियोंको नष्ट किया, दिवोदास अतिथिग्व के लिए, सौवीं रक्खी), ८।६१ (की ६० पुरियां पूरु दिवोदासके लिए नष्टकिया, अतिथिग्वके लिए गिरिसे शंबरको नीचे गिराया) ८।६२ (दस्यु शंबरकी सौ पुरियोंको नष्ट किया, दिवोदासके लिए), ८।६३ (को वर्चीके साथ उदब्रजमें मारा), ८।६३।२२ (शंबरके धन को दिवोदाससे भारद्वाज पाये), ८।६३ (के धन दस कोश, दस घोड़े, भरद्वाजने दिवोदाससे पाये), ९।४४ (को गिरिसे गिराया), ९।४७ (को

मारा दिवोदासार्थ), ९।४८ (की ९९ पुरियां नष्ट कीं सौवीं रख, दिवोदास अतिथिग्वकी रक्षा)।
शर्यणावत—१।२०,३।१९ (का सोम), ५।७६ (के पर्वतोंमें अश्वके सिरको), १४।२१ (में सोमका सवन), १४।२९ (में सोमको इन्द्रने पिया)।
शाकी—५।८३ (लोगोंने यमुना तटपर सात-सात एक-एक सौ गायें-घोड़े दिये)।
शांड—९।७ (हिरणिन्‌ने सुमीळ्हको दस वशायें दीं), ९।८ (=पुरुणीथ)
शातवनेय—(देखो पुरुणीत)।
शिग्रु—५।१५, १०।२१ (यमुनाके पास सुदासके करद)।
शिंजार—१७।८(७) (को अश्विद्वयने पार किया)।
शिफा—५।८७ (के प्रवणपर कुयवकी दोनों स्त्रियां क्षीर द्वारा स्नात)
शिम्यु—१०।१६ (सुदास प्रतिद्वन्द्वी शिम्युको मारते)।
शिव—२।१८, १०।१४ (दस राजाओं =जनोंमें, २. तुर्वश, ३. यक्षु, ४. मत्स्य, ५. भृगु, ६. द्रुह्य, ७. पक्थ, ८. भलान, ९. अलिन, १०. विषाणी)।
शिश्नदेव—५।१६, ८।३, ४ (कृष्ण-=योनि, दस्यु)।
शुतुद्रि—१।१०, २।२८ (और विपाश)
शुंध्यु—१७।१६ (पुरुमित्र-पुत्र, विमद-पत्नी)।
शुष्ण—५।४९ (कुत्स के शत्रु अशुष, व्यंस, पिप्रु, नमुचि, रुधिक्राके साथ), ५।८१।२८ (के चरिष्णु पुर कुत्सके लिए नष्ट), ५।८६ (और पिप्रु, कुयव, शंबर), ६।२ (और अशुष), ८।१९ (चुमुरि, धुनि, पिप्रु, शंबर को मारा), ८।२१ (पिप्रु, कुयवको मारा, शंबरके पुर नष्ट किये), ८।२४ (अशुष, स्वश्न, व्यंस, पिप्रु-शत्रु, रुधिक्राको मारा), ८।२२ (शुष्णके अंडोंको नष्ट किया), ८।२५ (शुष्णकी चरिष्णु पुरको मारा), ८।२७ (मायी शुष्णको इन्द्रने मायासे हराया), ८।२८ (मायी शुष्णको मारा), ८।३० (और कुयवको आर्जुनेय कुत्सके लिए मारा), ८।३३ (शुष्णको कुत्सके लिए मारा, अतिथिग्वकी भलाई करते), ८।३४ (युवा कुत्स के लिए शुष्णको मारा), ८।३५ (शुष्णहत्या=शुष्णयुद्ध, इन्द्रने दस्युहत्याको जीतते शंबर को अतिथिग्वके लिए मारा), ८।३७ (शुष्ण, अशुष, कुयव, हज़ार दस्युओं को कुत्सके लिए मारा), ८।४१ (शुष्णको कुत्सके द्वारा मारा)।
शूशुवान्—८।१२ (और पिप्रु, मृगय ५० हज़ार कृष्णोंको ऋजिश्वाके लिए मारा), ८।१२ (के पुरोंको नष्ट किया)।
श्याव—३।१८ (भरद्वाजका दाता), ५।८१।१२ (रुशम, कृप, स्वर्णरके साथ), ६।३ (रुम, रुशम और कृपको इन्द्रने निहाल किया)
श्रद्धा, कामायनी—१७।२७ (श्रद्धासे अग्नि जगता है, हवि हवन की जाती है, देवोंने उग्र असुरोंमें श्रद्धा की)

श्रुत—२।१३ (देखो कवष)
श्रुतर्य—५।८५ (कुत्स भी), ६।१३ (और कुत्स, नर्यकी रक्षा की)
श्वेत्या—१।१० (नदी)
सप्त आपः (देवी)—१।११, ५।६३ (देवी)
सप्तसिन्धु—१।११
सप्तस्वसा—१।८, ५।८ (सरस्वती)
समुद्र—१।१४, १।२२, ५।२८
सरयू—१।१२, १।१३
सरस्वती—१।८ (सप्तस्वसा=सात बहिने), १।६, १।१०, १२, ४।१७, ५।८ (सप्तस्वसा) ५।६ (तट-ध्वंसिका, गिरि-सानु-नाशिका)
संवर्ण—६।. . . (दाता त्रसदस्यु)
साञ्जय (देखो महिराध)
सार्पराज्ञी—१७।२८ (ऊर्जस्वती औषधि, गोष्ठमें दूध भरा-पूरा)
सावर्णि—११।१ (देखो मनु भी)
साहदेव्य—५।३९।९ (कुमार सोमक), ५।३९।७, ८ (कुमार)
सिंधु—१।१०-१२, १।१७, ५।१७, ५।२६ (=अर्णव-स्तंभन), ५।२८, ५।२९ (अर्णव), ५।९० (-तीर्थ), ५।९३ (को पार किया)
सुदास—२।७ (=रातहव्य), २।१८ (वध्रिवाक्), ५।२३ (के शत्रु दस राजा), ५।२६ (-राजाका अश्वमेध घोड़ेको छोड़ना), ५।२७ (सिंधुस्तंभन), ५।२९ (को विश्वामित्रने सिंधु पार कराया), ५।८४ (के लिये श्यावाश्वकी प्रार्थना), ५।९१ (के लिये समुद्र और द्यौसे परेका धन), ९।२७ (=पूरुके लिये धन दान, पुरुकुत्सके लिये सात पुरोंका ध्वंस), ९।२९ (=वीतहव्यकी, पौरुकुत्सि त्रस-दस्युकी, वृत्रहत्यामें रक्षा की), १०।२ के (लिये दुर्मित्रोंका सारा भोजन छोड़ जाना, त्रित्सुओंका नीची नदियां पार करना), १०।३ (दाशराज्ञमें सुदासकी रक्षा वसिष्ठोंके ब्रह्म द्वारा करना, सिंधुका पार होना, भेदका मारा जाना), १०।५ (देववान्‌के नाती सुदासके बधूमन्त रथ पैजवन-सुदासका दान, सुदास पैजवन), १०।६ (पिता दिवोदासकी तरह पैजवन सुदासकी रक्षा करना), १०।७ (वीतहव्य सुदासकी रक्षा करना), १०।८ (रातहव्य सुदास के लिये भोजन देना), १०।१० (सुदासके लिये सौ हजार रक्षायें और दान होना), १०।११ (सुदासका रक्षक इन्द्र गोमान् ब्रजमें गया), १०।१२ (सुदासकी रक्षाकी, दास और आर्य शत्रुओंको मारा), १०।१३ (दस राजाओं द्वारा बाधित सुदासकी त्रित्सुओंके साथ रक्षा की। दस राजाओंने युद्धमें सुदाससे लड़ाई की), १०।१४ (तुर्वश आदिका त्रित्सुओं और सुदाससे लड़ना, १०।१५ (सुदास की दाशराज्ञमें इन्द्र-वरुणने रक्षा की, के लिये नदियोंको गाधा और सुपारा किया, शिम्युको मारा), १०।१९ (पिता दिवोदासकी तरह पैजवनकी मरुतोंने सहायता की),

१०।२० (भेदको मार कर सुदास की इन्द्रावरुणने रक्षा की), सुदास त्रित्सु के दाशराज्ञ में) शत्रु), १०।१४ (दस राजा= जन : १. तुर्वश, २. यक्षु, ३. मत्स्य, ४. भृगु, ५. द्रुह्यु, ६. पक्थ, ७. मलानस, ८. अलिन, ९. विषाणी, १०. शिव। और भी : ११. कवि चायमान), १०।१६ (१२. शिम्यु,), १०।१७ (१३. दोनों वैकर्णोंके २१, १४. श्रुत कवष वृद्ध, द्रुह्यु, १५. आनव=अनु), १०।१८ (१६. भेद), १०।२० (१७। पृथु, १८. पर्शु), १०।२१ (१९. अज, २०. शिग्रु, बलि लानेवाले), १०।२३ (के लिये सुदेवी अश्विन् लाये), १०।२९ (सुदासके घोड़ेको धनके लिये छोड़ो, हे कुशिको), १०।२५ (को कुशिकोंके साथ इन्द्रने नदी पार कराया, महान् ऋषि विश्वामित्रने सिन्धु अर्णवको स्तंभित किया), १०।२९ (का अश्वमेध) घोड़ा धनकेलिये छोड़ा गया, कुशिकोंको तैयार होनेको विश्वामित्रने कहा, राजाने पृथिवी पर पूर्व-पश्चिम-उत्तरमें शत्रुओंको मारा), १३।१४ (के लिये शिप्री इन्द्र ने सहस्रों धन दिया), (सुदास के मित्र—वसिष्ठ और विश्वामित्र तथा उनकी संतान। त्रित्सुओंके अतिरिक्त और कोई प्रधान व्यक्ति या जन सुदासका सहायक नहीं था)

सुदेवी—१०।२३, १७।२९ (को सुदासके लिये अश्विन् लाये)

सुंध्यु—१७।६ (को विमदके लिये रथ द्वारा अश्विद्वय लाये)

सुमीळ्ह—९।७ (को शांडने दस वशायें दीं)

सुवास्तु—३।१८ (त्रसदस्यु दाता), ९।२३ (के तटपर त्रसदस्युने सोभरिको ५० वधुयें=दासियां, २१० काली गायें दीं)

सुश्रवा—९।१६ (राजाके पास गये, ६६०९९ मारे), ९।१७ (और तुर्वयाणकी इन्द्रने रक्षा की, कुत्स, अतिथिग्व, आयुको युवा महाराज के लिये नष्ट किया)

सुषोमा—१।१० (नदी)

सूर्या—५।८१, १३।२५ (व्याह), १७।३० (१) (सूर्य द्वारा भूमि और द्यौ थामे, ऋत द्वारा आदित्य स्थित, द्यौमें सोम अवस्थित), १७।३० (२) (सोम द्वारा आदित्य बली, पृथिवी बड़ी है), १७।३० (८) (सूर्याके आभूषण प्रतिधि, ओपश), १७।३० (१०) सूर्याका शकट, दो बैल), १७।३० (४६) (ससुर, सास, ननद, देवरपर साम्राज्ञी होओ)

सृंजय—२।९, ९।२१ (दैववात), ९।२२ (तुर्वशको दूर किया, वृचीवान्से), ९।२२

सेना—८।१४ (अबला दासकी)

सौभरि—९।३३ (को त्रसदस्युने सुवास्तु तीरपर ५० बधुयें और ३×७० गायें दीं), ९।३४ (को सम्राट् त्रासदस्युसे धन मिला)

सोमक—५।३९।९ (कुमार साहदेव्य)

सौश्रवस—५।१ (सुश्रवा-पुत्र)
स्रवन्ती—१।११ (नौ)
स्रोत्या—१।११ (नब्बे सोते)
स्वर्णर—५।८१।१२ (रुशम, श्यावक, कृपके साथ)
स्वश्न—५।५२ (और शुष्ण, अशुष, पिप्रु, नमुचि, रुधिक्रा), ८।२२ (और शुष्ण, अशुष, व्यंस, पिप्रु, रुधिक्रा मारे गये)
हिमवन्त—१।१४

परिशिष्ट ३

शब्द-सूची[1]

अक्ष (=जूआ)—१४।३३ (मौंजवत सोमकी तरह आकर्षक . विभीदक पाशा है) १४।३३।२ (केवल इसके लिये जायाको मैंने छोड़ा), १४।३३।३ (कितवका भोग नहीं रहता), १४।३३।४ (अक्ष वालेकी जायाको दूसरे ले जाते हैं)

अक्षा—४।१

अघा (=मघा नक्षत्र)—१६।१७ (सूर्य-सम्बन्धी)

अघ्न्या—४।२०, (अहंतव्या धेनु)

अंगुल (=माप)—१६।२० (दस अंगुल)

अतिथि—२।१, ५।१३ (दिव्य), ११।१३ (जनोंका अग्नि), १८।१४ (प्रिय-)

अत्क—९।५७ (सुधित=तीक्ष्ण द्वारा बनकी तरह) १३।१२, १३ (सुरभि अत्क पहिने इन्द्र)

अधिवस्त्रा—१३।८ (चादरवाली वधू की तरह)

अध्वर्यव—५।५०, ५२

अनस् (गाडी, विपाश्या सुसंपिष्टं)—५।२८, ५।४२ (विपाशाके पास पिस गया)

अनास—३।१२ (छोटी नाकवाले, दस्यु)

अनुदेयी—१७।३० (३) (दहेजमें दी जानेवाली दासी)

अनुष्टुब्—८।३ (छन्द)

अपूप—४।१२, १५।१३।७ (इन्द्र अपूप खाओ)

अपूपवान्—४।११, ४।१२, १५।१३ (रोटीवाली हवि)

अमीवचातन—१२।११ (रोग हटाने वाला भिषग्)

अरण—५।२७ (नदी, सुदासके लिये गाध की)

अरण्य—४।१०, १६, १७ २४; ५।३; ५।६, १५।८३

अर्य—५।१६ (पूजा)

अर्जुनी—१६।१७ (पूर्वा-फाल्गुणी, उत्तरा-फाल्गुणी नक्षत्र)

अर्भक—५।१२, १५।१ (=शिशु)

अर्बतो मांस—४।२ (घोड़े का०)

अर्वन्त—४।१२, १६; ५।७१ (का मांस भोजन), १५।१ (०)

अर्हन्त (सुदानवः)—५।८२ सु-दानी)

अवरंबमाण—१७।२५ (=अवलंब-मान)

अव्यवार—१४।२८ (भेड़के बाल, ऊनी वस्त्र)

अव्रत—१।१८ (=अधर्मी)

---

१. इस पुस्तक के अध्याय, अनुच्छेद के यहां अंक दिये हैं।

अशनि—५।६६ (बिजली)
अश्मा—५।५ (=पत्थर, दृढ़)
अश्व—४।९ (-परिभूषण, मांस ठीक करना), ५।२६ (-मेध), १४।... (दौड़)
अश्व-मांस—४।२ (वाजी=अश्व), ५।११ (० अर्वन्=अश्व)
अश्ववान्—५।७५ (भोजन, अश्व मांस भोजन)
अश्वमेध—(देखो सुदास)
अष्ट्रा—४।२१ (कृषि-उपकरण), ५। ५६ (०)
अंसत्रकोश—१६।२ (हल-सम्बन्धी)
असि—१८।१३ (जैसे गायको पोर-पोर काटती)
आखेट—१४।...(पक्षी, बैल, सूअर, हरिन, हाथी, सिंह)
आतुर—२।१७, १२।४ (=रोगीके लिये भेषज)
आयुध—१४।१५ (=हथियार)
आरा—९।५८ (पाद टिप्पणी)
आशिर—४।४ धेनुसे दोहन), ४।५ (दोहन), ४।५ (सोम-मिश्रित)
आशिर। गव—४।६ (गायके दूधका आशिर), १५।९२ (इन्द्र, गवाशिर पियो)
आशिर। दधि—४।७
आशिर। यव—४।६, १५।९२ (जौ के सत्तू और दूध से मिश्रित सोम)
इन्द्र—५।५६ (सोम मेष-वस्त्रमें छनता चमू और कलशमें)
इन्द्र—३।९ (तुविग्रीव, वपोदर, सुबाहु)
इन्द्रिय—४।२ (इन्द्रत्व)
इषु—९।४९ (=वाण, इषुहस्त)
इषुधि—६।१० (तरकश)
इषुमान्—९।५४ (सुधन्वा, निषंगी स्वायुध)
इळा—१।९ (=अन्न), ५।८४ (सुदासके लिये)
ईशान—११।१६ (इन्द्र जंगम और स्थावरका ईशान)
उक्थ—५।४८, १६।१२ (द्वारा प्रशंसित), १८।३ (छन्द), १८।७ (=गान, उद्गीथ)
उक्थ्य—३।३ (उक्थवाला), ४।११, १२; ५।५७, १४।२ (=संबंधी गायत्र साम=०गाना)
उखा (मांस-पचन्या)—४।९ (मांस-पचनीबर्त्तन), ९।५३ (का फेन फेंकना)
उत्स—१६।५ (कुआं या निर्झर)
उपधि—१८।१२ (रथ, युग, नाभि, प्रतिधि)
उपमा—१८।१२ (इव), १८।१४, १५ (न=इव)
उर्वारुक—१५।८५ (फल, शायद बेर)
उलूखल—४।१५
उषा—१८।१७ (पुरानी युवति, पुरंधि), १८।१६, १८,१९ (द्यौकी दुहिता), १८।१६ (-पर वसिष्ठकी कविता), १८।१७ (-पर विश्वा-मित्रकी कविता), १८।१८ (-पर वामदेवकी कविता)
उष्णिक्—१८।३ (छन्द)
उष्मा—४।९
ऋचीक—(देखो आर्जिकीय)

ऋत—३।१९ (=सत्य)
ऋतुथा—१८।९ (ऋतुके अनुसार)
ऋषि—६।१९।११ (विप्र) १७।२०
ऋष्टि—९।५४ (हथियार), १३।२२ (कंधेका भूषण), ९।५४ (छुरा, तलवार)
ओपश—१३।२५ (सूर्याका), १७।३०।८ (सीसफूल)
औषधि—१२।६।१२ (पोर-पोर अंग-अंगमें औषधि घुसे), १२।११ (औषधियोंका जया होना देखो भेषज भी)
कक्ष्या—१७।१५ (३ कमरबन्द),
कपर्दा—३।६ (दक्षिण-वसिष्ठोंकी), ५।२३ (तृत्सु)
कपर्दी—५।२३ (तृत्सु), १०।१५ (जूड़ाधारी तृत्सु), १३।२६ (कपर्दी रथीतम), १३।२७ (दाहिने कपर्दी), १३।२८ (चार कपर्दोवाली युवति)
करभीक—७।५ (मनु)
करंभ—४।१२ (=सत्तू), ४।१३, ५।६५, १५।९३।७ (इन्द्रके लिये)
करंभी—४।११, ४।१२, १५।९३ (सत्तूवाली हवि)
कर्करी—१४ (ऋ २।४३।३ तंतुवाद्य)
कर्णशोभन—१३।१६ (कानका भूषण)
कलश—५।४६, ५।५६, १४।९ (में सोम), १४।२३ (०), १४।१८ (में सोम रस), १७।१४ (में द्यौ-पति शतधार वाजी =सोम)
कवच—९।५० वर्म)
कवि—१६।२ (हल जोतते)
कशा—११। (ऋ० १।१५७।४ चाबुक)
कशोजुव—९।४१ (अतिथिग्व दिवोदासकी रक्षा करना)
कारु (=कवि)—६।१८, ५।२८, ७।५, १८।९
काव्य—१८।२१ (देवके काव्यको देख)
कितव—१४।३३ (जुआरीको भोग नहीं रहता, कितव सभामें फूल कर जाता है, उसकी माता संतप्त होती है)
कीनाश—५।४५ (कृषि-देवता)
कुमारक—१५।१ (=छोरा)
कुरीर—१३।२५ (एक भूषण), १७।३०।८ (छन्द)
कुलप—११।२८ (कुलपति जैसे व्राजपतिको वैसे तुम्हारे पास निधियों के साथ सेवा करते हैं, कुलप व्राजपतिके नीचे थे)
कुलिश—९।५२ (कुठार, वज्र)
कुल्या—४।२०, १६।६ (ह्रदमें जाने वाली कुल्या), १६।७ (कुल्या बहें), १८।२३।८
कुशर—५।६५ (शर, दर्भ, सूर्याके साथ)
कूपार—१७।१२ (सलिल)
कृषि—१४।३३ (जूआ मत खेलो, खेती करो, गायें हैं, जाया है)
कृषीवल—४।१६ (अ—), ४।१०
केवट—१६।४ (कुआं)
कोश—१७।३० (७) (घन)
क्षेत्र—४।१७ (सरस्वतीके) ५।६

खनित्रिम—१६।२ (खोदा जल)
खादि—१३।२१ (=पैर और हाथके कड़े), १३।२२, (कन्धोंपर खादि), १३।२३ (पैरोंमें खादि) १३।१४ (हाथमें खादिवाले शिशुकी तरह)
खारि (तोल)—१६।१८ (सोमकी सौ खारियां)
गंधर्व—३।१९
गर्गरा—१५।३४।९ (हुडुक)
गर्दभ—३।१३
गवाशिर—४।६
गव्यत्वक्—१४२।८ (गायके चमड़ेपर सोमका पिसा जाना, देखो गोत्वक् भी)
गायत्र—५।८१, १४।२ (उक्थ्य गायत्रको गाओ), १४।१६ (-सामसे सोमका गान), १७।३०।६, १८।७ (गायत्र उक्थ, गायत्र साम)
गायत्री—१८।३ (छन्द)
गाथा—१४।२७ (पुरानी गाथा सोमके लिये)
गायत—१४।७ (पवमान इन्द्र= सोमके लिये नरो गाओ), १४।२४ (गायत्र उक्थका गाना)
गूह—९।५८ (पा० टि०)
गो—४।१९ (से कृषि)
गो—९।(गोफन)
गोत्वक्—१४।२१ (गायके चमड़ेपर सोमका सवन करना)
गोमान्—५।७५ (गोमांसवाला भोजन)
गोश्रीत—४।३०
ग्राम—१७।१७
ग्रामणी—११।१ (मनु सावर्णि)
ग्रावा—४।१५, ६।१३ (=पत्थर)
ग्रीष्म—१६।१४ (-ऋतु)
ग्राहि—१२।७ (भूत लगनेका रोग)
घृत—४।४
चन्द्रवान्—५।२६ (=राधस, भोग)
चमस—१४।३ (सोम पीनेका प्याला)
चमू—४।१३ (=तमिल चंबू), ५।४७, ५।५६ (में सोम), १४।३, २३ (सोमका घड़ा, दो चमुओंमें रखा सोम), १५।९७ (में सोम)
चरु—४।९
चर्मन्—३।२१।११ (ढाल)
चषाल—४।१६ (पात्र)
छन्द—१३।२५, १८।३ (छन्द, उक्थ ७—१. गायत्री, २. उष्णिक्, ३. अनुष्टुब्, ४. बृहती, ५. विराट्, ६. त्रिष्टुब्, ७. जगती)
छुबुक—१७।२१ (चिबुक, ठुड्डी)
जगती—१८।३ (छन्द)
जन—३।१६ (=कबीला)
जल—१६।३ (खनित्रिम=खोद कर निकाला और स्वयंज=अपने उत्पन्न)
जातवेद—५।२१ (अग्नि)
जामि—१४।२० (=स्त्री)
जार—१४।१४ (यारको जैसे कन्या स्पर्श करती है)
जूर्य—१८।१४ (पुरीकी तरह)
जूर्यंती—५।६० (झुराती घोषा)
ज्या—९।५० (=प्रत्यंचा), ९।५१ (ज्याका)

तनय—५।३० (सूनु-)
तप—१७।१६ (तपसे अजेय और स्वर्ग गये)
तरेम ता तरेम—५।२ (हम तरें)
तितउ—४।१४ (छलनी)
तुविग्रीव—३।९, ३।१० (पुष्ट-गर्दन, इन्द्र)
तोक-तनय—५।१ (=तनय), १५।२ (पुत्र-पौत्र), १५।८०(०)
त्रिधातु—१२।१३ (त्रिधातु शर्म=तीन प्रकारका सुख)
त्रिष्टुब्—१८।३ (छन्द)
त्रैष्टुब्—१८।९ (त्रिष्टुब् छन्दमें गाया जानेवाला साम)
त्वचा—५।८१।३२ (सुनहली)
त्वष्टा—४।५
दक्षिणा (=दान)—१७।३ (१।९) (**दक्षिणा**का विशाल पंथ। सोना देनेवाले अमृतत्वको पाते, वस्त्र देनेवाले दीर्घायु प्राप्त होते। दक्षिणा दैवी पूर्ति है। दक्षिणा-वाला पहले बुलाया जाता। वह ग्रामणी होता। उसे जनोंका नृपति मानते। उसे ऋषि, ब्रह्मा, साम-गायक और उक्थपाठी कहते। दक्षिणा अश्व-गाय-चांदी-हिरण्य-अन्न देती)
दंड—५।१२
दध्याशिर—४।७, १४।१० (दधि-मिश्रित सोम)
दर्भ—५।६५ (=कुश, शर, कुशर, सैर्य, मौंजके साथ)
दासता—१७।२५
दासी—१७।३० (६)—(अनुतेयी=दहेजमें दी जानेवाली दासी)
दुंदुभि—ऋ ६।४७।३१ (वाद्य)
दुर्ग—६।१२
देव (=देवता)—१५।१ (देवता न शिशु न कुमार), १५।२ (रुद्र, वसु, मरुत्, आप, नासत्य, सरस्वती, विष्णु, ऋभुक्षा, पर्जन्य), १५।३ (द्योस्पिता, पृथिवी माता), १५।४ (उषसः, सिंधवः, पर्वत, इन्द्र, पर्जन्य), १५।५ (इंद्राग्नी), इन्द्रावरुण, इन्द्रासोम, इन्द्रापूषण, भग, पुरंधि, अर्यमा, धाता, धर्ता, रोदसी, अग्नि, मित्रावरुण, अंत-रिक्ष, ओषधी, जिष्णु, आदित्य, वरुण, त्वष्टा, सोम, ब्रह्म, ग्रावा, यज्ञ, वेदि, सूर्य, प्रदिशा, पूषा, वायु, क्षेत्रपति, विश्वेदेवा, ऋभवः, पितर, अज, अहिर्बुध्न्य, समुद्र, अपान्नपात्, पेरु, पृश्न), १५।६ (मित्रावरुण, अश्वि, ब्रह्म-णस्पति, सोम)
द्रबि—१८।१५ (दर्बि, दर्बिली)
द्रापि—१३।९ (पिशंग द्रापि धारण करता), १३।१० (द्रापिकी तरह छुड़ाना), १३।११ (सुनहली द्रापिको धारण किये वरुण)
द्रोघवाच—५।४ (अ-) ५।२१ (झूठा)
द्रोण—१४।४ (सोम रखनेका बर्तन) १६।२, १६।१९ (भार, नाप), १८।१४।८ (में स्थित)
धनुष—९।५० (धनुः, धन्वा)
धन्व—३।१, १६।२२, १७।३।२० (मरुभूमि)
धन्वा। सु—९।५४ (सुधन्वा, इषु-मान्, निषंगी)

धातु-शिल्प—३।२१ (पा० टि०)
धाना—४।११, १२ (भुना जौका दाना), १५।९३।५ (माध्यन्दिन सवनमें धाना), १५।९३।६ (तृतीय सवनमें धाना), १५।९३।७ (इन्द्रके लिये), १७।१९ (ससुर नहीं आया कि धाना खाता सोम पीता)
नक्षत्र—१६।१७ (अघा=मघा, दोनों अर्जुनी=पूर्वा-फाल्गुणी उत्तरा फाल्गुणी)
नदी—५।२८ (स्तुति)
नप्ता—१५।९० (=नाती)
नळा—५।८१।३३ (नरकट)
नाभि—१८।१२ (चक्केकी नाभि)
नाराशंसी—१७।३०(६) (ऋचा)
नाव—३।२१ (पा० टि० शिल्प) ५।७० (अरित्र=पतवार), ९।५८ (सौ पतवारकी), १६।५
नासत्य—५।५७ (अश्विद्वय)
निषंग—९।४९ (तरकश), ९।५४
निषंगी—९।५४ (तूणीरधारी, सुधन्वा, इपुमान्, स्वायुध)
निष्क—५।६१ (सौ निष्क कक्षीवान्‌ने पाये, स्वर्णखंड)
निष्कग्रीव—१३।१८ (कंठमें सोनेका निष्कधारण करना), १३।१९ (सुनिष्क=सुंदर निष्क कंठमें धारण करनेवाला)
नृत्य—१२।५ (नृत्य करते विमदके लिये धन लाना), १४।१
नृपति—११।१८ (इन्द्र नृपति)
नृपाण—१६।२ (प्याव)
न्योचनी—१७।३०।६ (=दासी)
पक्व वृक्ष—१४।२६ (=पक्व फल)
पंचक्षिति—५।६६
पति—१७।३०(४५) (इस स्त्रीमें ग्यारहवां पतिको बनाओ)
पतिद्विष—५।९२
पति राजा—११।१९ (शाश्वत प्रजाओंका पति राजा इन्द्र)
परशु—९।५३ (द्वारा शिम्बल काटना), १८।१५
परिच्छिन्न—५।१२ (बिखरे भरत)।
पर्जन्य—१८।२२ (पर भौम आत्रेयकी कविता)।
पवित्र—१४।९, १२ (सोम रखनेका पात्र)।
पशु—४।४ (ग्राम्य, गाय, घोड़ा, भेड़, बकरी, गदहा, ऊंट)।
पारिषद्—३।२
पितर—१४।१५।२५ (पूर्व पितरोंने सोमसे कर्म किया)।
पितृषद्—१७।३०(२१) (पिताके घर में रहती)।
पिशंगरूप—३।११ (आर्य)।
पुत्र—१७।३०।४५ (इस स्त्रीमें दस पुत्र धारण करो)।
पुरंदर—३।१३ (पुरतोड़क इन्द्र)।
पुरंधि—१८।१७ (गिहृथिन)।
पुरोगव—१३।२५ (दहेजमें दी गई आगे-आगे जानेवाली गाय या अगुवा)
पुरोळा—२।१३ (पुरोडाश), ४।३, ५, १५।९१-१५।९३-१५।९५ (हवि)
पुरोहित—(प्रधान-मन्त्री) ११।२९ (प्राचीन ऋषि पुरोहित हुए), ११।३० (वसिष्ठ-तृत्सुओंके पुरोहित हुए)।

पूर्णावती—३।१४
पूषन्—४।१२, ४।१३ (करंभप्रिय)।
पृथुबुध्न—४।१५ (मोटा शीर्ष)।
पेश—१३।२८ (सुपेशा चतुष्कपर्दा युवती, पेश=सज्जा)।
प्रतिधि—१३।२५ (बधूका आभूषण), १७।३०।८ (चक्केका धुरा)।
प्रधि—१८।१२ (रथका धुरा, उपधि, नाभि, युग भी)।
प्रपाण—४।२० (प्याव)
फल—४।२४ (स्वादु), ४।२२ (सुफल)
फाल—४।२३, ५।४५ (कृषिका)
बधू—१३।८ (दुलहन, अधिवस्त्रा=चादरसे ढंकी), १४।३२ (सुवासा), १७।३७।३३ (सुमंगली)।
बधूयु—१५।९३ (दुलहा), १७।३०।९(०)
बलि—५।१५ (=कर), १५।९७=(हवि, अश्व, सांड, बैल, वशा, मेषकी)
बलिहृत्—७।८ (=करद) प्रजा
ब्रह्म—५।३२, १२।३ (=ऋचा, मन्त्र), १८।१२ (=ऋचा)
ब्रह्मचारी—१७।१२ (देवोंका एक अंग होता)
ब्रह्मजाया—१७।१२।५ (बृहस्पति की पत्नी जुहू), १७।१२।२, ३, ६
ब्रह्मा—३।१०, १७।२० (प्रधान ऋत्विक्)
व्राजपति—११।२८ (की सेवा निधियों द्वारा कुलप करते, अनेक कुलोंका मिलकर व्राज होता, जिसपर अधिकारी व्राजपति था)।
ब्राह्मण—३।२०
भिषग्—१२।११ (राक्षसोंका नाशक बीमारी हटानेवाला), १२।१२ (अश्विद्वय दैव्य भिषज)
भिषजौ—१७।६ (अश्विद्वय)
भूषण—(देखो अत्क, कर्णशोभन—हिरण्य-कर्ण, मणिग्रीव, निष्कग्रीव, सुनिष्क खादि, रुक्म, ऋष्टि, शिप्र, ओपश)
भेषज—१२।१३ (तीन प्रकारके दिव्य, पार्थिव और जलके), १२।१४ (आतुरका भेषज)
भोज—१४।३२ (भोजनदाता, भोज, सुरभि स्थानको, सुवस्त्रा बधूको, आंतरिक पेय सुराको प्राप्त करते हैं), १७।१३।८, ९ (भोज मरते दुख पाते नहीं, भोज सुरभि स्थान, सुवस्त्रा बहू, अच्छी सुरा पाते)
भोजन—५।७५ (अश्ववान्, गोमान्)
मघ—१८।१६ (धन, चित्रामघा, मघोनी)
मघवा—२।७, ५।३१ (=धनवान् इन्द्र)
मणिग्रीव—१३।१७ (कण्ठमें मणि=मनका धारण करना)
मन्त्र—३।२१
मदिर—४।३० (मधु)
मधु—४।२६ (सारघ)
मधुर—४।३० (मदिर)
मर्त्य—४।२९, ७।१५(३) (मनुष्य)
माया—८।१८ (के द्वारा दभीतिके लिए ३० हजार दास सुला दिये)
मायी—८।६ (दानव)
मास—१६।१० (बारह), १६।१२ (मास, शरद)
मांस-पचनी—४।९ (हांडी)

मित्रावरुण—५।२२
मुष्टिहत्या—५।८२,१२।४ (मुष्टियुद्ध, मुष्टि द्वारा लड़ाई), १५।२ (मुष्टियुद्ध)
मृण्मय—१०।१२ (घर)
मृत्युबन्धु—७।७।१८
मृध्रवाक्—६।६ (झूठे, पणि)
मेष—४।१ (पकाना), ५।५८ (सौ), १५।११ (मोटा भेड़ पकाया)
मोघ—५।२०, ५।२१
मौंज—५।६५ (शर, कुशर, दर्भ, सैर्यके साथ)
मौंजवत—१४।३३ (के सोमका भक्ष्य)
यक्ष—१५।३३ (मेला)
यक्ष्म—१२।६।११, १२; १२।९ (सिर, भुजा, कन्धे, आंख, गुदा, हृदय, स्नायु, गुर्दा, जंघे, एड़ी, पैर, जांघके यक्ष्म) (देखो राजयक्ष्मा भी), १७।२१ (सिर, मस्तक, जिह्वा, ग्रीवाका रोग)
यज्ञ—४।१६ (-पात्र)
यव—४।१९ (जौ), १६।६ (वृष्टि जौको बढ़ाती)
यवाशिर—४।६ (जाउर, जौ की खीर)
यातु—५।१६ (-जादू), ८।३
यातुधान—५।२० (जादूगर)
यामि—१७।१५।१० (उत्तर युगमें जामि बहिन अजामि का काम करेगी)
युग—१६।२ (जुआठ), १८।१२ (जुआ, जुआठ)
यूप—४।१६ (अश्वका-)
यूष—४।९ (जूस)
योजन—१६।२१, १७।३।२० (माप)
योषा—५।२८, ५।४६ (मुसकराती स्त्री), १४।१३ (पितावाली योषा की तरह परिष्कृत सोम)
रक्षस्—१७।२६ (राक्षस)
रक्षोहा—१२।११ (राक्षस भगानेवाले वैद्य), १८।२ (अग्नि)
रत्न—५।२६
रथ—१४।८ (दौड़)
रथीतम—१३।२६ (कपर्दी ईशान)
रशना—३।२१, (पा. टि. रस्सी)
राजदुहिता—११।२० (घोषा)
राजन्य—३।२० (क्षत्रिय)
राजपुत्र—११।२० (की तरह)
राजयक्ष्मा—१२।७
राजा—५।६१, ११।४ (विश् राजाका उपस्थान करती हैं), ११।५ (राजा की तरह), ११।६ (सर्वत्राता राजा की तरह), ११।७ (जगत् चर्षणीका राजा इन्द्र), ११।८ (इन्द्र सारे भुवनका राजा), ११।९ (इन्द्र जगत् और चर्षणीका पृथिवीपर राजा), ११।१० (मित्र और वरुण ऋतुके राजा), ११।११ (इन्द्र जनोंके राजा), ११।२५ (समितिके सदस्य भी राजा), १७।१२।६ (और मनुष्य)
राजाभिषेक—११।१२
रात्रि—१७।१६ (देवी)
रारपीति—१८।१५ (दहकता, सनसनाता)
राष्ट्र—११।२ (राष्ट्रोंका राजा), ११।३ (क्षत्रिय का रक्षित राष्ट्र), १७।१२ (क्षत्रियका गोपित)

रुक्म—१३।२१, २२ (छातीपरका सुवर्णाभूषण)
रैभी—१७।३०।(३) (ऋचा)
रोग—१२।८ (हृद्रोग)
रोमशा—५।६१ (गंधारी भेड़ जैसी)
लक्ष्मी—४।१४
लांगल—४।२१, ५।४३ (हल)
लिबुज—१७।१५(१३) (लता)
वज्र—९।५६ (को हाथमें धारण करना)
वतो वत—१७।१५।१३ (छिः छिः)
वधूमान्—५।६१ (दस रथ कक्षीवान्को मिले)
वन—४।१८ (हिम में)
वपोदर—३।९ (इन्द्र)
वप्ता—१३।२९ (श्मश्रुका वप्ता, हजाम)
वरत्रा—४।२१ (वरही, रस्सी), ५।४३
वरुण—११।२ (उग्र, सहस्र-चक्षा नदियोंके जलको बतलाते), १५।८६ (पाश छोड़ा)
वर्म—९।५० (कवच, वर्मी), ९।५०।२
वसंत—१६।१४ (=ऋतु)
वस्त्र—१३।५ (श्वेत-अर्जुन पहने, देखो अधिवस्त्र भी), १४।१५ (को सोम देता)
वाजी—४।२ (=घोड़ा, पका), ५।२१ (पका सोंधा), ५।२७ (बलि दिया नहीं मरता, देवोंके पास जाता), १५।१०० (पक्व वाजी)
वाणी—१८।४
वाद्य—१५।३५ (वाद्य)
वाशी—९।५४ (वसूला), ९।५५ (आयसी), ९।५४ (छुरा)
वासस्—१७।३०।६ (=वस्त्र, सुवासा, शुक्रवासा, दुर्वासा भी)
वाह—५।४३ (वाहन)।
विदथ—११।(ऋ. २।१२।१३,) सभा, यज्ञ)
विद्युत्—५।२२
विप्र—३।३
विभीदक—१४।३१ (सुरा विभीदक है), १४।३३ (भेलेकी लकड़ीका पासा)
विराट्—१८।३ (छन्द)
विश्—४।४(=प्रजा, जनता), ११।४ (राजाका उपस्थान करती), ११।१२ (सारी विश् चाहती, तू राष्ट्रभ्रष्ट नहीं, च्युत नहीं हो। इन्द्रने करद बनाया विश्को)
वीरासू—५।३
वृक—२।७, ५।३
वृक्ष (पक्व)—१४।२६ (=पक्व फल)
वृत्रतुर—९।३० (=शत्रुहन्ता), ९।३०।९ (=वृत्रहा), ९।३९ (=शत्रुनाशक)
वृत्रहा—३।१२, ३।१३ (इन्द्र), ४।१२ (शूर, विद्वान्), ९।४६ (=शत्रुनाशक)
वृषभ—४।२ (पकाता), ४।३ (यजन), १५।९८ (=सांड मैंने पकाया)
बृहती—१८।३ (छन्द)
वैश्य—३।२०
शर—५।६५
शरद—१५।८४ (=वर्ष, सौ), १६।१, १६।१२, १६।१४ (ऋतु), १६।१४ (सौ)
शव—१५।१०२, (पा. टि. दफनाना)
शास—११।१५ (इन्द्र दिक्-शास है)

शिक्षा—१२।१ (देना), १२।२ (शिक्षमाण—मांगते हुए)
शिप्र—१३।१४ (शिप्री इन्द्र), १३।१५ (अघः शिप्र और सुनिष्क), १३।२२ (सिरपर फैला सुनहला)
शिशुमार—५।१८ (अश्विनीके साथ)
शुक्रवासा—१३।४ (युवती सी उषा)
शुचिवंत—३।१
शूद्र—३।२०
शूर—१७।१६ (युद्धमें शरीर छोड़नेवाले स्वर्ग जाते)
श्मश्रु—१३।२९ (मूंछ-दाढ़ी बनानेवाला, हजाम)
श्वा—४२१ (कुत्ता)
श्वित्यंच—३।६ (सफेद, गोरा), ५।२३ (तृत्सु), १०।३, १०।१५ (गोरे तृत्सु)
श्रव—१५।८० (यश, रूसी,स्लवा)
श्लोक—१४।२ (मुखमें पर्जन्यकी तरह), १५।२४ (=यश), १८।३ (=ऋचा)
सक्तु—४।१४ (-छानना)
संख्या—१६।२३-४३
सपत्नी (=सौत)—१५।१०१ (सपत्नीबाधा)
सप्तस्वसा—१५।८४ (घोड़ेके रथपर सूर्यको बहन करती)
सभा—११।२१ (जूएकी सभा), ११।२२ (सभेय विप्र), ११।२३ (में चन्द्र जाता), ११।२४ (में बड़ाई की जाती)
सभेय—११।२२ (सभ्य विप्र)
समिति—३।२१, ११।२५ (समितिमें राजाओंकी तरह), ११।२६ (समितियोंमें जाते राजाकी तरह), ११।२७ (तुम्हारी समिति समान हो)
समुद्र—२।४, ५।५९, ६४, ९१; १६।३
सम्राज्ञी—१७।३० (४६) (सास-ससुर-ननद-देवरपर साम्राज्ञी होओ)
सम्राट्—११।१३ (जनोंका सम्राट् अग्नि), ११।१४ (सम्राट् स्तुति करते हैं)
सवन (=सोम छाननेके समय)—१५।९१ (प्रातःसाव, माध्यन्दिन-सवन, तृतीय-सवन), १५।९३ (माध्यन्दिन-सवन)
संवत्सर—१६।१६
संवरत्रा—१६।२ (जुआठकी रस्सी)
सहस्रदान—५।१९
सहस्रस्थूण—१६।९ (हजार खंभोंवाले घरको राजा रखते हैं)
साम—(सामवेदमें सबसे अधिक साम गायत्र गायत्री छन्दमें गाया जाता है, उसके बाद त्रैष्टुब्, बार्हत् हैं। दूसरे चार छंदोंवाले भी साम उसमें मिलते हैं), १८।८ (सामों द्वारा स्तुति), १८।१० (गाना)
सामग—१८।९ (साम गानेवाले,गायत्र और त्रैष्टुब्को गाते)
सारघ—४।२६ (मधु)
सालावृक्—७।७।१५ (लकड़बग्घे के हृदय हैं स्त्रियोंका सख्य)
साव (=सवन)—१५।९३ (प्रातःसाव)
सिंह—१५।३९।४
सीता—४।२२, ५।४४।६, ७ (कृषि)
सीरा—२।४ (नदी), ५।६४ (धीरा), १६।१, २ (=हल जोड़ते बीज बोते)
सुदानु—५।८२ (=सुदानी)

सुनार—३।२१ (पा. टि. शिल्प)
सुभर—३।११ (आर्य)
सुरभि—४।१६, ४।१० (सुगंध, सोंधा)
सुरा—१४।३० (पीनेपर दुमर्द हो लड़ते हैं), १४।३१ (होश उड़ानेवाली), १४।३२ (भोज-दाता, आंतरिक पेय सुराको पाते हैं)
सुवरत्रा—१६।२ (सुन्दर जोता, और सुन्दर सोचना भी)
सुवासा—१३।१ (युवा), १३।२, ३ (सुवासा जाया, अभिलाषिणी)
सूक्त—१८।५, १८।६ (ऋचासमूह)
सूना—४।९ (पशु काटनेका काठ)
सूनु-तनय—५।२०, १७।७ (पूत-नाती)
सूर—१८।१४ (=सूर्य)
सूरि—२।५, ५।३ (राजकुमार, वीर)
सूर्यत्वक्—३।७, ८ (अपाला)
सृणी—१६।२ (फसल)
सेनानी—८।३१ (सेनापति)
सैर्य—५।७५ (शर, कुशर, दर्भ, मौंजके साथ)
सोम—१४।२३ (भेड़के ऊनी कपड़ेमें सोमका छाना जाना, दो चमुओंमें डालना, कलशोंमें रखना), १४।२४ (सोम शूरोंका समूह, सारे वीरोंवाला, जेता, धनोंका देनेवाला,तीक्ष्ण-, आयुध, क्षिप्रधन्वा, युद्धमें हरानेवाला है), १४।१५ (वनोंके लिए स्वधिति सोम पवित्रको पार होता है, पुराने पितरके कामोंको सोमने बनाया, मनुके लिए वह अमित्र नाशक हूआ), १४।२६ (पके वृक्षकी तरह आनन्द के लिए, ६० हजार धनोंको दिया), १४।२७ (पुरानी गाथासे उसकी प्रशंसा की), १४।२८ (भेड़के बालोंसे गायके चमड़ेपर सोम छाना जाता), १४।२९ (शर्यणावतमें इन्द्रने सोम पिया, सोम आर्जीकसे आ बिराजे, सोम अनाशमान (ऋत) लोकमें ले जाता, जो लोक कि ज्योतिष्मन्त हैं, वहाँ अमर करें, जहाँ कि आनन्द, मोद, मुद, प्रमुद हैं), १४।२३ (भांग)
सोमपीति—४।४ (सोमपानगोष्ठी)
सोमराजा—३।१९
स्कम्भः—५।४७ (स्तम्भ)
स्तोम—५।६१, ५।८१, १६;९।३, १३।२५, १६,१२ (द्वारा प्रशंसा), १७।३० (=ऋचा), १८।११ (नये सोम पैदा करता), १८।१७, १८ (ऋचा), १८।१९ (=भजन, गान)
स्थविर—१५।८० (स्थायी, बूढ़ा, वृद्ध)
स्रोत्या—५।२८, ५।९३ (नदी)
स्रवन्ती—५।९३ (नौ)
स्वधिति—१४।१५ (कुठार वनोंका)
स्वराट्—११।१७ (इन्द्र, स्वराट्)
स्वसा (=बहिन) — १७।१५।११, १२ (के साथ भ्राताका सम्बन्ध निषिद्ध)
हरिकेश—३।२, ३ (पीले बालोंवाला)
हरिमाण—१२।१८ (पीलिया रोग)
हरिश्मशारु—३।२ (पीली दाढ़ीवाला)
हरिश्मश्रु—३।१ (पीली दाढ़ीवाला)
हरिशिप्र—३।५ (पीले मुकुटवाला)
हर्म्य—१६।८ (पर, स्थित शिशु)
हव्य—५।११ (हवि)
हिम—४।१८ (शी वन)

हिम, शत-,—५।३, १५।८१, १५।८३, १६।१३ (सौ हिम-वर्ष वीर पुत्रों-सहित सानन्द रहें)
हिरण्यकर्ण—१३।१७ (कानमें सोना धारण करनेवाला)
हिरण्यकेश—३।४ (सुनहले बालोंवाला)
हृद्‌रोग—१२।८
हेमन्त—१६।१५ (सौ हेमन्त-ऋतु)

परिशिष्ट ४

देवता-सूची

अग्नि (-देवता)—१५।११ (पुष्टि-कारक होता), १५।१२, १३ (सहस्र सूनु), १५।१३ (युवा अद्रोघवाक्), १५।१४ (व्रतपा, नाकस्पर्शी, विशों का राजा वैश्वानर, को पश्चिमसे लाये), १५।१५ (हव्यवाह् विश्पति), १५।१६ (वैश्वानर स्वर्विद = स्वर्ग-ज्ञाता, रथिर, कुशिक आहूवाता, कुशिकों द्वारा युग-युगमें सेवित), १५।१७ (राजा, रुद्र, होता, सत्य-यज), १५।१९ (दृषद्वती आपया, सरस्वतीमें धनयुक्त), १५।२, १५।५, १५।६, १५।७-९, १८।१ (प्रथम, दर्शनीय, होता इळस्पद)

अग्नीषोम—५।७८ (अग्नि-सोम)

अज—१५।५ (एक पैरोंवाला देवता)

अदिति—१५।२, १५।३ (आदित्य भी), १५।५ (आदित्य), १५।७ (आदित्य), १७।१ (अदितिसे दक्ष और दक्षसे अदिति जनमे)

अद्रि—५।५ (=देवता)

अपांनपात्—१५।५ (=देवता)

अप्या—१५।५ (=पानीके देवता)

अप्सरसः—५।१९

अमृत—४।२९, १७।१५।३ (देवता)

अमृतबन्धु—१७।१ (देवता)

अरण्यानी—१५।१९ (नहीं मारती, स्वादु फलदायक, बिना किसानके बहुअन्नवाली, मृगोंकी माता)

अर्यमा—१५।२ (सु-मंगल), १५।८

अश्विनौ—२।१७, १५।५, ६; १७।७ (तुम दोनों के लिए मैंने स्तोम बनाया, जैसे भृगु रथको बनाते हैं), १७।८ (कवि कुत्सकी तरह विशों = प्रजाको पानेवाले, भुज्यु, बश, सिंजार उशनाके उपकारक, कृश, शयुके उपकारक), १७।१० (नासत्य सबेरे मधुवाहन रथपर चढ़ते हैं), १७।११ (उन्होंने क्रण्णिय विश्वको विष्णापू दिया, पीहरमें बैठी झुराली घोषाको पति दिया) (देखो नासत्य भी)

असुर—१७।१५ (के वीर, महस्पुत्र द्यौके धर्ता)

अहिर्बुध्न्य—१५।५

आप (देवी)—१५।२० (सुखमय, शिव-तम रस, माता, देवी), १६।३ (आपो देवी)

इन्द्र—४।३१ (स्थूल-गर्दन), ६।१९।३ (जैसा), १५।५ (वसुओंके साथ), १५।६, १५।७, १५।२२ (शिप्रवान्, वृषभ, गोत्रभिद्, वज्रभृत्), १५।२३ (त्राता, अविता, सुहव = अच्छी तरह पुकारा जानेवाला, शूर, शक्र,

हूत, मघवा, रूपरूपगर प्रतिरूप, (मघवा, हरिवः), १५।२५ (इन्द्रके ११० जुते घोड़े, पुरुरूप), १५।२४ (मघवा, हरिवः), १५।२५(वज्रहस्त इन्द्रके लिए दध्याशिर सोम छाने, मदके लिए), १५।२६ (यातुधान स्त्री-पुरुषको माया द्वारा मारे), १५।२७ (गवाशिर शुक्र सोमको मदके लिए पिये, सजोषा, मरुत् गणके साथ, रुद्रोंके साथ वर्षण करे, माध्यंदिन सवनमें पिये, रुद्रोंके साथ गण-सहित, सुशिप्र), १५।२८ (मयूर रोमवाले घोड़ोंके साथ आवे), १५।२९ (सिंह जैसा, भीम आयुधोंको धारण करता, वामदेवकी स्तुतियोंका रक्षक, भूमि का रक्षक, सखा), १५।३० (ने वृत्रको मारा, अहि द्वारा ग्रस्त सिन्धुको मुक्त किया, जलोंने मरुको भर दिया), १५।३१ (उग्र, नृतम, शचीवान्, परुष्णीकी श्री को चाहता, देवतम देव, दोनों बाहोंमें वज्रधारी), १५।३२ (ने मनु, सूर्य, कक्षीवान् विप्र ऋषि, कुत्स आर्जुनेयकी रक्षा की, कवि उशना, आर्योंको मैंने भूमि, वृष्टि दी, शंबर-की ९९ पुरियां नष्ट कीं, सौवींको रहने लायक किया, दिवोदास अतिथिग्वकी रक्षा की), १५।३३ (जिसके घोड़े दिशाओंमें, जिसकी गायें, जिसके सारे रथ हैं। जिसने सूर्य और उषाको पैदा किया, जो आपोंका नेता, जिसने ४०वीं शरद= संवत्सरमें पर्वतोंके रहनेवाले शंबर को मारा), १५।३४ (इन्द्रके लिए पितरोंने स्तुति की, उसके लिए गायें दूध देनेवाली, उसके लिए अश्व हैं। राजा कवि मघवा, इन्द्रके लिए वसिष्ठने ब्रह्म रचे, गोपति), १५।३५ (इन्द्रके लिए गायोंने आ-शिर दुहाया। वज्री, इन्द्रको हे प्रिय-मेधों अर्चो, प्रार्चो, पुतवा अर्चो, गर्गर, गोधा बजें, पिंगा ध्वनित हों, सुशिप्र हिरण्य सुनहले रथपर बैठा, द्यौ-निवासी, सहस्रपाद), १५।३६ (हर्यश्व, मघवा, वज्रहस्त), १५।३७ (वज्र दक्षिण, घोड़ोंके रथ, हरित श्मश्रुको हिलाता), १५।३८ (सुदानु), १५।३९ ("तेरे लिए वृषभ पकाते, तू खाता, सिंह जैसा'), १५।४० (उसका वज्र हरित आयस, वह सुशिप्र, हरा श्मश्रु, हरा केश), १५।९३।७ (५) (मरुतोंके साथ अपूप खाओ, सोम पियो, तुम्हारे लिए करंभ, धाना तैयार किया), १७।२ (सहस्के बलसे उत्पन्न वज्र-धारी),१७।३ (वृषाकपि=अग्नि के साथ इन्द्रके सौहार्दसे इन्द्राणी रुष्ट), १७।३।१४(मेरे लिए पाँच-बीस बैल पकाया, मैं खा के मोटा, मेरा पेट भरा)

इन्द्रपत्नी—१७।३ (वृषाकपि=अग्निके साथ इन्द्रके सौहार्दसे नाराज), १७।३-८-२० (शूर-पत्नी सुबाहु, सुअंगुरी, पृथु-नितम्बा, पृथु-जघना), १७।३(११) (सुभगा, इसका पति जरासे नहीं मरता), १७।१२ (इन्द्राणी)

इंद्राग्नी—२।११ (इन्द्र और अग्नि) १५।५(०)
इन्द्रापूषन्—१५।५ (इन्द्र और पूषन्)
इन्द्रावरुण—५।२३, १५।५ (इन्द्र और वरुण)
इन्द्रासोम—१५।५ (इन्द्र और सोम)
इळा (=देवी)—५।३०, १५।२१ (योषा-सहित भारती और सरस्वती)
उषा—१५।४ (हमारी रक्षा करें), १५।५
ऋभु—१५।२ (ऋभुक्षा), १५।५ (ऋभवः सुकृत, सुहस्त), १५।४१ (ऋभुओंका रत्न धेय हुआ, सुश्रुत, भली प्रकार छाने मधु सोम पियो, तृतीय सवनको रत्नध्येय करो), १५।४२ (अनश्व, बिना लगामका त्रिचक्र रथ ऋभुओंका, पृथिवीके पोषक ऋभु), १८।१५ (चमकता)-
क—१५।४३ (वह हिरण्यगर्भ भूतका एक पति पहले था, जिसकी छाया अमृत। जगत्का राजा दोपायों-चौपायों का ईश। जिसकी महिमा-वाले ये हिमवान्। जिसकी दिशायें। जिससे द्यौ ऊंची, पृथिवी दृढ़, नाक=द्यौलोक थमा है, वह प्रजा-पति, सारे उत्पन्नोंके चारों ओर है)
कीनाश—४।३२ (कृषिदेवता)
क्षेत्रपति—१५।५ (देव)
जिष्णु—१५।५ (देवता)
त्र्यम्बक—१५।८५(सुगंधि, पुष्टिबर्धन)
दक्ष—१७।१ (दक्षकी माता और दुहिता अदिति)
देव—५।२४ (तेंतीस), १५।२, ८, ९, (देवसंख्या), १५।१० (देवलोक), १७।१ (अमृतबन्धु अदितिके आठपुत्र)
देवी आप—१।१२ (दिव्य जलदेवियाँ)
द्यौ—१५।३ (पिता)
द्यौ-पृथिवी—१५।५
धर्ता—१५।५
धाता—१५।५
धिषणा—१५। (ऋ. १।१०९।४ धनकी देवी)
नाक—१५।१० (=स्वर्ग लोक)
नासत्य—१५।२, १७।६ (घोषाने भिषज् नासत्योंसे प्रार्थना की। उन्होंने विमदका सुध्युसे ब्याह किया, पुरुमित्रको स्त्री लाये, पुरंध्रिके लिए वध्रिमतीके साथ आये, पेदुके लिए श्वेत अश्व, नव अन्नों और नब्बे बाजियों=घोड़ोंके साथ दिया। शयुके लिए धेनु दिया, वृक=भेड़ियेके मुखसे वर्तिकाको छुड़ाया), (देखो अश्विनौ भी)
पर्जन्य—४।२३, ५।४५, १५।४,५; १५।४४ (द्यौ-पुत्र सिंचक पर्जन्यके लिए गाओ, वह गायों-घोड़ों-औष-धियोंमें गर्भ-धारक)
पर्वत—१५।४, १५।५ (देवता)
पार्थिव—१५।५ (पृथिवीके देवता)
पितर—१५।३ (द्यौ-पिता), १५।५ (पितर हमारे कल्याणकारक हों), १५।७८ (जहाँ हमारे पुराने पितर गये हैं। अंगिरा पितरोंके साथ हैं यम, इस प्रस्तरपर बैठो), १५।७९ (उरे-परे-बीचवाले सोम्य, पुत्रोंको पितर धन देवें, पूर्वज पितर, अग्निदग्ध, अनग्निदग्ध द्यौके बीच स्वधासे आनन्द करते)

पितरौ—१५।४५ (-दो पितर देवता, द्यौ पृथिवी। पितरोंके उपस्थमें उत्पन्न अग्नि वैश्वानर)
पिशाचि—१५।८९ (पिशंग)
पुरंदर—५।५१ (पुर-नाशक, इन्द्र)
पुरन्धि—१५।५ (-देवता)
पूरुष—१५।४५ (हजार सिरों, हजार आंखों, हजार पैरोंवाला दशांगुल बढ़ा पूरुष ही भूत-भविष्य सब अमृतत्वका ईशान है। पूरुष-हविद्वारा द्यौने यज्ञ किया, इसका घी वसन्त,, ईंधन, ग्रीष्म, हवि शरद है। उससे अश्व और मुंहमें दोनों ओर दांतवाले पशु पैदा हुए, गायें, बकरियां और भेड़ें पैदा हुईं। इसका मुंह ब्राह्मण, दोनों भुजायें राजन्य, दोनों जंघे वैश्य हैं, दोनों पैरोंसे शूद्र पैदा हुआ)
पूर्भित्—५।९३ (पुरध्वंसक इन्द्र)
पूषन्—१।२२, ४।२२ (कृषिदेवता), १५।५ (इन्द्र-पूषन्), १५।६, ७; १५।४७ (पथके पति। देनेके अनिच्छुक पणिको प्रेरित करो), १५।४८ (कूएंमें हमारे पशु न गिरें, नष्ट पशु हमें फिर मिलें), १५।४९ (रथीतम कपर्दी ईशान), १५।५० (करंभ = सत्तूके लिए पूषन्को बुलाना), १५।५२ (पशुपा, वाजपस्त्य। पूषाकी नावें समुद्रके बीच, अन्तरिक्ष में सुनहली नावें चलती हैं। वह द्यौसे पृथिवीका सुबन्धु, इळस्पति अन्नपति मघवा, जिसे देवोंने सूर्याके लिए दिया)
पृथिवी—१५।३ (माता)
पृश्नि—१५।५ (देवगोपा)
पेरु—१५।५
प्रजापति—१५।५३ (न सद् था न असद् था, न व्योम था न मृत्यु, न अमृत था, न रात न दिन। उससे दूसरा कुछ नहीं था। तमसे आच्छादित चारों ओर सलिल था। कौन जाने कौन कहे, कहाँसे उत्पन्न हुई यह सृष्टि), १५।५४ (जो एक सौ कर्मोंसे आयत, चारों ओर तन्तुओंसे ताना यज्ञ)
प्रदिश—१५।५ (दिशायें)
ब्रह्म—१५।५ (=ऋचा, देवता)
भग—१५।२, १५।५, १५।६
मघवा—५।२ (=धनवान् इन्द्र)
मन्यु—१५।५५ (मन्यु=क्रोध वज्र सहायक सबको कोसता है, उस सहसवान् द्वारा दास और आर्यको हम परास्त करें। मन्यु इन्द्र है, वह वरुण अग्नि है। मानुषी प्रजायें मन्युकी पूजा करती हैं। वह अमित्रहा, वृत्रहा दस्युहा, सारे धनोंको लानेवाला), १५।५६ (उसके साथ रथपर चढ़े, तीक्ष्ण बाण और आयुधवाले नर अभियान करें। अग्निकी तरह दागते हमारे सैनानियोंको बढ़ाओ)।
मरुतः—१५।२, १५।५ (स्वर्क)
मार्तण्ड—१७।१ (अदिति उस पर बैठी)।
मित्र—१५।१, २, ५ (मित्र-वरुण), १५।६ (मित्र- वरुण), १५।७, १५।५७ (मित्रने पृथिवी और द्यौको धारण किया है। मित्रके लिये हवन करो, मित्रके व्रतवाला न मारा जाता है, न जीता जाता है।

मित्र के लिये पंचजन नियम करते हैं)
मित्रावरुण—१५।५, १५।६ (मित्र और वरुण)
यम—(=देवता)—१५।७८(मातली काव्यों द्वारा बढ़ता। यम पितरों के साथ इस प्रस्तर पर बैठे। वह राजा इस हविसे प्रसन्न हो। यम और वरुण दोनों राजा स्वधासे खुश होते हैं। यम के चार आंख वाले पथिरक्षी दो कुत्ते। यमके दो उदुम्बल दूत लोगोंके पास विचरते। यमके लिये सोम छानो, यम राजाके लिये मधुमत्तम हवि हवन करो), २५।१०२ (के पास पुराने पितर)।
रक्षस्—५।४७ (राक्षस)
रुद्र—१५।२ (रुद्रके सूनु वसु लोग), १५।५ (रुद्रावरुण, रुद्रोंके साथ वरुण), १५।६, १५।७, १५।५८ (स्थिरधन्वा=क्षिप्रवाणवाला देव, अपराजित तीक्ष्ण-आयुध। उसकी छोड़ी विद्युत्, द्यौ और पृथिवीपर विचरती है। उसकी हजारों दवा-इयां हैं, वह हमारे स्तोकतनय-पुत्र-पौत्रों-, को हानि न पहुंचाये), १५।५९ (रुद्र कपर्दी दोपायों चौपायों का कल्याण करे। इस ग्राम में सबको तुष्ट और निरोग करे। वह यज्ञसाधक और वंकु कवि है। वह द्यौका वराह अरुष=अरुण कपर्दी है, उत्तम भेषजों को धारण करता है)
रोदसी—५।३२, १५।५ (द्यौ और पृथिवी)।
लोक, अमृत—१४।२९ (अनाशमान, कामचार-वाला, ज्योतिष्मान्, आनन्द-मुद-प्रमुदवाला)
वरुण—१५।२, १५।७, १५६० (नदीपाथज्ञ, राष्ट्रोंका राजा), १५।६२, १५।६३
वरुणानी—१५।६१
वसु—१५।२ (देवगण अजेय), १५।३ (भाई) १५।४, १५।५, १५।७, १५।६० (नदीपाथज्ञ, राष्ट्रोंके राजा)।
वाक्—१७।२० (मैं सारे देवों के साथ चलती हूँ, जिसे चाहूं उसे ब्रह्मा, ऋषि बनाऊं)।
वात—१५।५ (वायु)
वायु—१५।२, १५।५, १५।७, १५।६६ (वायुके लिये सजे सोम, उसको उक्थों से स्तुति करते)।
वास्तोष्पति—१५।६७ (=मकानोंका देवता। वह रोगनाशक सभी रूपोंमें प्रविष्ट सखा है, के सफेद सारमेय)
विश्वकर्मा—१५।६८ (हमारे पिता, ऋषि होता, विश्वकर्मा ने भूमिको जन्माया द्यौको बढाया। वह चारो ओर चक्षु-मुख-बाहु-पैरोंवाला है, दोनों बाहुओं से धौंकता है, पंखों से, उस एक देवने द्यौ और भूमि को जन्माया)
विश्वेदेवा—१५।५(=सारे देवता)
विष्णु—१५।५, १५।७, १५।६९ (उस देवने इस पृथिवीको तीन बार विचंक्रम=लंघन किया, वह बलियोंमें बलिष्ट)
वृषाकपि—१७।३ (=अग्नि के प्रति इन्द्र के सौहार्द्र से इन्द्राणी रुष्ट)

वृत्रहा—५।५१ (=पुरन्दर, कृष्णयोनि दासीर-का नाश)।
वेदि—१५।५ (देवता)
शचीपति—५।८५ (वृत्रहा)
शुनासीर—४।३२, ५।४५ (कृषि-देवता)।
सरमा—६।१९ (-देव=कुतियाकी पणियों से मांग)।
सरस्वती—५।६, १५।२, १५।४ (सिंधुओं-सहित फूली), १५।५, १५।७० (आयसी पुरको नाश करती रथ्याकी तरह जाती। नदियोंमें शुचि। गिरियों से समुन्द्र तक जाती। धन चेताती। नाहुष=मनुषी प्रजाके लिये घी-दूध दुहाती। वसिष्ठ उसकी स्तुति करते हैं), १५।७१, (सरस्वतीकी महिमा वसिष्ठ गाते हैं, उसके दोनों तटों पर पूरु बसते, सारस्वतोंके साथ सरस्वती, भारती, इळा तीनों देवियां इस यज्ञ में बैठें। सरस्वती दृषद्वती, आपयाके तट पर धनयुक्त अग्नि प्रदीप्त हों) १५।७४ (उसने दाता बध्र्यश्वको दिवोदास प्रदान किया। पणिको खाया। ने अपनी उर्मियोंसे गिरियोंके सानुओंको तोड़ा। पारावत=वार-पारको तोड़नेवाली, सात बहिन सरस्वती स्तोमनीय हैं। उसके क्षेत्र और अरण्यको हम पायें)
सविता—१५।२, १५।४ (उगता सूर्य), १५।५ (सूर्य बहुदर्शी), १५।७ (आदित्याः) १५।७५ (सविता के वरेण्य भर्ग का हम ध्यान करते हैं), १५।७६ (उसकी सुनहली दोनों बाहुयें हैं। वह दक्ष, सुदक्ष, हिरण्य-जिह्व, हिरण्यपाणि, अयोहनु=वज्र ठुड्डीवाला, मंद्रजिह्व है)
सहसोसूनु—५।४ (अग्नि), ७।४ (सहसूका पुत्र)
सिंधवः—१५।४, १५।७० (सिंधु), १५।७४ (सरस्वतीकी सात बहिनोंमें)
सोम—४।२७ (चमुओंमें), ४।२८ (मदिष्ठ, स्वादिष्ठ धारा), ४।२९ (पीनेसे अमर), ५।४७ (का चमस, कलश), ५।७७ (रोगनाशक पुष्टि-बर्धन) ५।८९ (की धारा स्वादिष्ट, मदिष्ट), १४।३ (चमुओंमें छाना, चमसोंमें पीना, चमुओंमें जलमें चन्द्र=माकी तरह दिखलाई देता), १४।३।१ (स्वादिष्ठ=अत्यन्त स्वादु, मदिष्ठ-अत्यन्त नशा देनेवाला), १४।४ (द्रोणोंमें रक्खा), १४।५ (पवमान=छाना जाता, आवाज करता), १४।६ (को दस अंगुलियां मींजती, पीछे विप्र पीकर मस्त होते। कलशोंमें लाल वस्त्रोंसे ढंके), १४।७ (सोमके लिये गाओ) १४।७।३ (सोमराजा) १४।८ (वह यूथके वृषभ सा सींगोंको हिलाता है), १४।९ (वह कलशोंमें दौड़ता पवित्रमें सीचा जाता, उक्थों द्वारा यज्ञमें बधावा पाता है) १४।१० (रथोंकी तरह तेज जानेवाले, छूटे घोड़ोंकी तरह हिनहिनानेवाले, पर्जन्यकी तरह फैले, अग्निकी तरह घुमनेवाले दध्याशिर) १४।१२ (पवित्रमें पीनेके लिये छाना हुआ रहता है), १४।१३

(पर्वतसे क्षरण करता), १४।१४ जारको जैसे कन्या वैसे सोमको दस अंगुलियां स्पर्श करती हैं), १४।१५ (सोम गोजित्, अश्वजित्, विश्वजित्, रणजित्, प्रजायुक्त रत्न लानेवाला है), १४।१६ (गायसे सोमको गाओ), १४।१७ (सोम-के नशेमें इन्द्रने शंबरके ९९ नगरोंको दिवोदासके लिये नष्ट किया, और युदु-तुर्वशको परास्त किया, अमित्र वृत्रको मारा। दिन-प्रतिदिन अन्न-दाता, वह गौ और अश्व देनेवाला) १४।१८ (इन्द्र-विष्णुके लिये छाना सोम कलशमें क्षरित हुआ। वह भूरा है। इन्द्रको बढाता सबको आर्य बनाता वह शत्रुओंको नष्ट करता है), १४।१९ (सोम सूर्यदेवकी तरह पत्थरोंसे निचोडा पवित्र होता कलशमें रसता), १४।२० (हरी=पीले वर्णका। तीव्र जिसका मद्यरस), १४।२१ (दूर और नज-दीक शर्यणावतमें छाना गया सोम। आर्जीकोंमें, कृत्वोंमें, पस्त्योंके बीच पंचजनोंमें छाना गया। जम-दग्नि द्वारा स्तुति किया जाता। हरा सोम गौके चमडेपर पवित्र हो रहा है), १५।५ (इन्द्रासोम, सोम) १५।६, १५।७, १५।७७ (स्वादु मधुमान्, तीव्र, रसवान्, मदिष्ठ। जिसे पी वृत्रहत्या में इन्द्रने मस्त हो शंबरकी ९९ देहियोंको नष्ट किया। पृथिवीकी श्रेष्ठता द्यौकी उच्चता-को उसने बनाया। वह पीयूष है। सोमने विस्तृत अंतरिक्षको धारण किया), १७।१९ (ससुर नहीं आया कि धाना खाता, सोम पीता)

सोमराजा—१७।१२ (सोम)

स्वर्ग—१५।१०३ (नाकके पृष्ठपर देवोंके साथमें जाते), १५।१०४ (स्वरहित=सुखयुक्तलोक जहां निरन्तर ज्योति। जो अमृत-लोक)।